John H. Backer

Die deutschen Jahre des Generals Clay

John H. Backer

Die deutschen Jahre des Generals Clay

Der Weg zur Bundesrepublik 1945–1949

Verlag C. H. Beck München

Vom Verfasser autorisierte Übersetzung aus dem Englischen von
Hans Jürgen Baron von Koskull.
Eine englische Ausgabe erschien unter dem Titel
‚Winds of History. The German Years of Lucius DuBignon Clay' im Verlag
Van Nostrand Reinhold Company, New York 1983.

Mit 12 Abbildungen

CIP-Kurztitelaufnahme der Deutschen Bibliothek

Backer, John H.:
Die deutschen Jahre des Generals Clay: d. Weg zur Bundesrepublik 1945–1949 / John H. Backer. Mit e. Vorw. von John J. McCloy u. e. Epilog von Don D. Humphrey. [Vom Verf. autoris. Übers. aus d. Engl. von Hans Jürgen Baron von Koskull]. – München: Beck, 1983.
ISBN 3 406 09306 X

ISBN 3 406 09306 X

Umschlagentwurf: Rainer Pickel, München

Satz und Druck: C. H. Beck'sche Buchdruckerei, Nördlingen
Printed in Germany

Inhalt

Abbildungsverzeichnis

Vorwort

von John J. McCloy,
dem ehemaligen amerikanischen Hohen Kommissar
für Deutschland

Während des Zweiten Weltkrieges, als ich Staatssekretär im Kriegsministerium war, wurde mir immer wieder von den Qualitäten eines Mitarbeiters von General Brehon Sommervell berichtet. Sein Name war Lucius Clay. Sommervell nahm während des Krieges eine außerordentlich wichtige Stellung ein. Unter Kriegsminister Robert Patterson war er der für den Nachschub und die Versorgung der Truppe verantwortliche Offizier. Überall dort, wo sich, besonders im internationalen Bereich, Schwierigkeiten ergaben, hatte man offenbar Clay mit der Lösung der Probleme beauftragt. Deshalb wurde das Büro des Kriegsministers immer wieder auf seine besonderen Fähigkeiten aufmerksam gemacht. Die Berichte über seine Tätigkeit waren manchmal begleitet von lebendigen Darstellungen seiner etwas willkürlichen und schroffen Methoden. Clay war ein bemerkenswertes Produkt der Militärakademie von West Point und des amerikanischen Pionierkorps. Die Tradition dieser beiden Institutionen hatte ihn entscheidend geprägt. Während seiner Tätigkeit innerhalb und außerhalb der Armee hatte er augenscheinlich reiche Erfahrungen gesammelt. Er wußte genau, wie unser ziviler Regierungsapparat funktionierte, besonders das bundesstaatliche System der Legislative und der Exekutive. An diese seine Kenntnisse erinnerte ich mich ebenso wie an die Tatsache, daß er ein besonders fähiger Heeresoffizier war.

Gegen Ende des Krieges, im März 1945, erhielt ich die überraschende Aufforderung, mich im Weißen Haus beim Präsidenten zu melden. Ich hatte schon an einer Reihe von Konferenzen oder Besprechungen teilgenommen, auf denen politische und militärische Aspekte des Krieges behandelt wurden und bei denen auch der Präsident anwesend war, hatte aber noch kein persönliches Gespräch mit Roosevelt geführt. Er begrüßte mich mit der in diesem Buch geschilderten zuvorkommenden Art, und ich entnahm daraus, daß er mich für die Periode nach dem Kriege zum US-Hochkommissar für Deutschland ernennen wollte. Nachdem ich mich von meiner Überraschung, auf diese Art begrüßt zu werden, erholt hatte, sagte ich dem Präsidenten sehr deutlich, ich hielte es für unklug, die Verwaltung Deutschlands unmittelbar nach dem Kriege einem Zivilisten anzuvertrauen, denn die Lage werde, wenigstens zu Beginn, die Ernennung eines Militärgouverneurs erfordern. Ein ziviler Hochkommissar könne später eingesetzt werden. Ich trug die Gründe für meine Auffassung so knapp und nachdrücklich wie möglich vor. Der Präsident erwiderte, er kenne keinen Soldaten, der die komplexe und schwierige Aufgabe übernehmen könnte, der gegenwärtigen Lage in Deutschland gerecht zu werden. Ich war mir der ungeheuren Schwierigkeiten durchaus bewußt, habe mich seither aber immer wieder darüber gewundert, daß ich sofort an General Clay denken mußte, als der Präsident mit mir über die Besetzung Deutschlands nach dem Kriege sprach. Ich nannte ihm seinen Namen und sagte, er sei der einzig mir bekannte aktive Offizier, der die Fähigkeiten hätte, mit den schwierigen Problemen fertigzuwerden, die sich bei einer Besetzung Deutschlands ergeben würden. Ich sagte dem Präsidenten, Senator James Byrnes kenne Clay sehr gut, und Clays Vater hätte sich über eine längere Zeit als Senator aus Georgia einen Namen gemacht. Ich glaube, der Präsident horchte auf, als ich ihm sagte, Clay hätte im Kongreß als Amtsbote gearbeitet. Er bat mich, die Angelegenheit mit Senator Byrnes zu besprechen. Byrnes war begeistert, als ich Clay erwähnte.

Es gab auch noch andere, die sich – anders als Clay – lebhaft dafür interessierten, eine führende Position bei der Besetzung Deutschlands zu übernehmen, aber nach meiner Auffassung war keiner von ihnen den Herausforderungen einer solchen Mission so gut gewachsen wie er. Mit diesem Vorschlag war, wie ich glaubte, die Basis für eine intelligente, gut fundierte Leitung der Verwaltung Deutschlands nach dem Kriege geschaffen. Trotz des häufigen Wandels der politischen Linie und des gelegentlichen Fehlens klarer Anweisungen aus Washington ist die Tatsache, daß mit der Bundesrepublik schließlich eine geachtete und wohl motivierte Demokratie nach westlichem Vorbild entstand, zum großen Teil der effektiven Administration des Generals Clay zu verdanken.

John H. Backers Bericht über die Verwaltungstätigkeit des amerikanischen Militärgouverneurs von Deutschland, Lucius D. Clay, ist eine umfassende und detaillierte Darstellung der Ereignisse, die dazu führten, daß Clay zum Mittelpunkt der formbildenden Periode der Besetzung Deutschlands wurde, der dann viele spätere Phasen dieser Entwicklung beeinflußt hat. Der Bericht des Verfassers weckt viele Erinnerungen und könnte jeden, der die Besatzungszeit aufmerksam verfolgt hat, dazu führen, sich ausführlich mit diesem Thema zu beschäftigen. Aber dies ist nicht der Ort, kritisch über Erfolg oder Mißerfolg der Politik der damaligen amerikanischen Regierung oder der Maßnahmen zu sprechen, für die General Clay vielleicht in erster Linie verantwortlich gewesen ist.

Trotz vieler Enttäuschungen hat sich Clay den von Washington und Moskau vorgenommenen Kursänderungen intelligent und konstruktiv angepaßt. Bei der Schaffung der Bundesrepublik Deutschland und der Errichtung eines lebensfähigen deutschen Staates in der Gemeinschaft der demokratischen Nationen des Westens ist er ein entscheidender Faktor gewesen. Dieses Ziel wurde tatsächlich erreicht, ohne daß die traditionellen Feindschaften und Vorurteile wieder auflebten, die andere Versuche, nach den Kriegen von

1870 und 1914 in Europa Frieden und Stabilität wieder herzustellen, belastet haben.

Während der ganzen Amtszeit des Generals Clay waren es seine Klugheit, seine Ausdauer, sein Mut, sein Schwung, sein Pflichtbewußtsein und seine Kenntnis der praktischen Regierungsarbeit, wodurch er den hohen Anforderungen dieser Mission gerecht wurde. Man brauchte einen Mann mit solchen Qualitäten, um die Regierung von den Einflüssen der negativen Politik Morgenthaus und Churchills zu befreien, die ihr Handeln zunächst bestimmt hatte, und um nach dem Scheitern der ernsthaften Bemühungen, für die östlichen und westlichen Zonen in Deutschland eine gemeinsame politische Linie zu finden, einen eigenen Weg zu suchen. So wurde die Regierung in die Lage versetzt, einen erfolgreichen Übergang aus der Periode der Entnazifizierung, der wirtschaftlichen Entflechtung und der Demontage in eine Phase zu finden, die von der Währungsreform, dem Rehabilitierungsprogramm, der Durchsetzung unserer Rechte in Berlin mit Hilfe der Luftbrücke und den anderen Entwicklungen bestimmt wurde. Sie führten direkt zur politischen und wirtschaftlichen Erstarkung der neuen Bundesrepublik.

Kurz gesagt, es ist in erster Linie die Geschichte des Mutes und der Ausdauer dieses bemerkenswerten Mannes, die Vorwort und Epilog zu jedem Bericht über die Laufbahn des Generals Clay bilden sollte.

Lucius D. Clay hat niemals danach gestrebt, amerikanischer Militärgouverneur in Deutschland zu werden. Sein Wunsch ist es immer gewesen, einen militärischen Verband im Felde zu befehligen. Er hat sich immer wieder darum bemüht, im aktiven Truppendienst im Pazifik eingesetzt zu werden, aber die Erfüllung dieses Wunsches ist ihm versagt geblieben. Dennoch gibt es nur wenige Offiziere, die während ihrer militärischen Laufbahn die Geschichte Deutschlands so entscheidend mitgestaltet haben wie General Lucius Clay.

24. Mai 1982 *John J. McCloy*

Einführung

Die vorliegende Arbeit ist die Fortsetzung von zwei Büchern, die ich über die Besetzung Deutschlands geschrieben habe. Es sind die von der Duke University Press, Durham, N. C., veröffentlichten Bände *Priming the German Economy* und *The Decision to Divide Germany* [Die Entscheidung zur Teilung Deutschlands, München 1981].

Der Verfasser hat während des ganzen europäischen Feldzuges, von der Landung in der Normandie bis zum Eintreffen in Berlin im Juli 1945, bei der 82. Luftlandedivision gedient. Nach der Kapitulation Japans und der darauf folgenden Demobilisierung der amerikanischen Armee kehrte die 82. LLD in die Vereinigten Staaten zurück; er wurde jedoch zur Wirtschaftsabteilung der Militärregierung versetzt, was schon an sich eine interessante Aufgabe für ihn bedeutete. Sie führte darüber hinaus zu einem fortdauernden wissenschaftlichen Interesse an Studien sowjetischer Probleme und zur Fortsetzung der beruflichen Laufbahn im amerikanischen auswärtigen Dienst mit der Übernahme von Pflichten sowohl in der Bundesrepublik Deutschland als auch in der Sowjetunion. Viel später, nach seiner Pensionierung, hat der Verfasser aus den Erfahrungen beim Wiederaufbau des deutschen Exporthandels und durch Forschungsarbeiten auf diesem Gebiet, unter Zuhilfenahme der inzwischen freigegebenen Akten der Militärregierung, das Material für sein Buch *Priming the German Economy* sammeln können.

Die Arbeit des Verfassers mit der deutschen Industrie ist durch die vorgesehenen Demontagen nicht direkt beeinflußt worden. Aber die Untersuchungen und die dabei gewonnenen Einsichten vermittelten neue Erkenntnisse im Hinblick auf das außerordentlich komplexe Problem der Reparationen, dessen Wurzeln bis in die 1920er Jahre zurückreichen. Die politischen Auswirkungen der unbezahlten alliierten Kriegsschulden, die Kontroverse um die Frage der Zahlungsfähigkeit des Deutschen Reiches, die von amerikanischen Banken geförderte Spekulation in deutschen Anleihen, die internationale Wirtschaftskrise und die hohen Verluste der Inhaber deutscher Schuldverschreibungen führten dazu, daß in der Öffentlichkeit der Vereinigten Staaten ein chaotisches Bild entstand. Wie wir es in unserem Buch *Die Entscheidung zur Teilung Deutschlands* geschildert haben, beeinflußte dieses Bild die Deutschlandpolitik der Vereinigten Staaten nach dem Zweiten Weltkrieg ganz wesentlich und beschleunigte letzten Endes die Teilung.

Die Forschungsarbeit für diese beiden Bücher und die persönliche Teilnahme an den Wirtschaftsproblemen des besetzten Deutschlands überzeugte den Verfasser davon, daß die entscheidende Rolle des Generals Lucius D. Clay im Rahmen der Nachkriegspolitik seiner Regierung nicht entsprechend gewürdigt wird. Er wird oft als ein führender „Kalter Krieger" gesehen, wobei *Operation Vittles*, der Deckname für die Berliner Luftbrücke, als die bedeutendste Leistung in der militärischen Laufbahn des Generals gilt. Diese Interpretation wird jedoch einer der hervorragendsten Persönlichkeiten dieser Periode nicht gerecht.

Wie die dienstliche Korrespondenz des Generals dokumentiert, gab es damals in den Vereinigten Staaten wahrscheinlich keinen politischen Führer, der sich konsequenter und energischer für die Fortführung des im Kriege geschlossenen Bündnisses und die freundschaftliche Zusammenarbeit mit der Sowjetunion einsetzte. Und viele der hier zitierten Dokumente zeigen ein seltenes Verständnis für geschichtliche Zusammenhänge und einen nahezu prophetischen politischen Weitblick.

General Clay änderte seine politische Haltung erst, als er erkannte, daß die geschichtliche Entwicklung in eine neue Richtung ging und man ihm offiziell mitteilte, daß man das auf die Sicherung des Weltfriedens gerichtete Experiment der Politik Roosevelts aufgeben mußte. Es hat niemanden, der diesen kämpferischen Mann aus Georgia kannte, überrascht, daß er die neue politische Linie sehr bald an führender Stelle vertrat und die Notwendigkeit einer gesunden und starken deutschen Volkswirtschaft betonte. Dieses Ziel ständig vor Augen, wurde er der Architekt eines demokratischen Westdeutschlands. Seine vorbildliche Haltung während der Blockade von Berlin machte in der Weltpresse Schlagzeilen, die in den Augen der breiten Massen seine viel schwierigeren politischen Leistungen überschatteten. Der Verfasser hofft, daß das vorliegende Buch dazu beitragen wird, das dringend notwendige Gleichgewicht wieder herzustellen.

Für die freundliche Unterstützung bei diesen Bemühungen gebührt Mrs. Lucius D. Clay, dem „besten Soldaten" des Generals, wie ihr Gatte sie genannt hat, besondere Anerkennung. Mrs. Clay gewährte dem Verfasser nicht nur eine Reihe von Interviews, sondern sie stellte ihm auch eine Sammlung von Familienfotos und die Führungszeugnisse des Generals zur Verfügung. Paul A. Smith jr., der das ganze Manuskript gelesen hat, hat manche wertvolle Anregung gegeben und gelegentlich mit Recht gemahnt, ein Biograph müsse es seinem Leser überlassen, ein eigenes Werturteil zu fällen. Robert T. Tims, ein ehemaliger Kollege im auswärtigen Dienst, hat mit seinem guten Gefühl für stilistische Feinheiten bei der Bearbeitung des Textes zutreffende Hinweise gegeben. Auch William I. Parker und Karl und Martha Mautner haben Teile des Manuskripts gelesen und den Verfasser darauf aufmerksam gemacht, welche Abschnitte klarer formuliert werden sollten. Charles A. W. Kraft hat bei der Auswahl der geeigneten Fotos seine langjährige Berufserfahrung zur Verfügung gestellt. Nancy Roberts hat das Manuskript auf der Maschine geschrieben und sich durch Zuverlässigkeit und die Korrektheit ihrer Arbeit ausgezeichnet. Am Schluß möchte der Verfasser seiner Frau Evelyn für ihr Interesse, ihr Urteilsvermögen und die Unterstützung bei seiner viele Jahre dauernden mühevollen Arbeit danken.

1. Kapitel

Der General nimmt die Zügel in die Hand

An einem Vorfrühlingstag des Jahres 1945 versammelten sich etwa dreißig Offiziere der amerikanischen Gruppe des Kontrollrats (USGCC), des Planungsstabes für eine künftige alliierte Regierung Deutschlands, in einem geräumigen Salon des einstmals hocheleganten Hotels Trianon in Versailles. Ihre Blicke waren auf das scharf geschnittene Gesicht des Dreisterne-Generals gerichtet, der eben das Zimmer betreten hatte. Der kaum mittelgroße, drahtige Lucius DuBignon Clay, der keine Kriegsauszeichnungen am Uniformrock trug, hätte auf dieser Versammlung höherer Militärs kaum Aufsehen erregt, wäre nicht vom Weißen Haus seine Ernennung zum Stellvertreter Eisenhowers in der Militärregierung bekannt gegeben worden, und wäre ihm nicht der Ruf eines hochbegabten militärischen Führers vorausgegangen. Die Eingeweihten hatten ihren Kameraden von seinen großen Leistungen als Direktor für Rüstungsbeschaffung im Heeresamt (ASF) unter General Somervell und später als Stellvertreter Justice J. Byrnes' im Amt für Kriegswirtschaft (OWMR) berichtet. Man hatte auch von dem Nachschubengpaß bei Cherbourg gesprochen, den er in kürzester Frist beseitigt hatte. Er galt als glänzender Administrator und Menschenführer, als energischer und immer einsatzbereiter Offizier, und deshalb war die Wahl des Kriegsministeriums auf ihn gefallen. Er verfügte über eine unglaubliche Arbeitskraft, ein hervorragendes Gedächtnis und hatte die Gabe, den wesentlichen Inhalt einer Denkschrift mit einem Blick zu erfassen. Er galt als unnachgiebig wenn man sich ihm widersetzte, und neigte – manchmal zu seinem eigenen Schaden – zu vorschnellen Entscheidungen. Gerüchtweise verlautete bei SHAEF, dem Hauptquartier der alliierten Expeditionsstreitkräfte, Eisenhower sei von seiner plötzlichen Ernennung überrascht gewesen, und sein Stabschef Bedell Smith hätte selbst mit diesem Posten gerechnet.

Der stellvertretende Militärgouverneur eröffnete die Sitzung[1] mit einer kurzen Erklärung. Er sagte, die Planungsphase der amerikanischen Gruppe des Kontrollrats sei jetzt beendet. Alle Offiziere, die gegenwärtig für die praktische Arbeit der Militärregierung verantwortlich seien, sollten deshalb versuchen, die Amerikaner bei SHAEF zu unterstützen. Dort liege in Zukunft ihr Tätigkeitsfeld. Der Stab des Kontrollrats müsse sich dringend diese praktische Erfahrung zunutze machen. Sobald die Feindseligkeiten eingestellt seien und SHAEF aufgelöst werde, könnten sie in ihre gegenwärtigen Positionen zurückkehren. Dann würden ihnen auch einige Fachleute zur Verfügung stehen, die jetzt bei SHAEF arbeiteten. Nachdem Clay den Mitgliedern seines Stabes das Wort erteilt hatte, hörte er sich die Berichte der Abteilungsdirektoren an. Einige von ihnen schienen durch seine bohrenden Fragen oder auch nur einen Blick aus seinen durchdringenden dunklen Augen eingeschüchtert zu sein. Clay schloß die Sitzung und sagte, von nun an werde jeden Samstag um die gleiche Zeit eine reguläre Sitzung der Abteilungsdirektoren stattfinden. Er verlange, daß die Direktoren vollzählig dazu erschienen. Besonderen Wert lege er auf die Teilnahme von Mitgliedern der Gruppe, die aufgrund ihrer Position bei SHAEF eine doppelte Funktion erfüllten. Auf diese Weise könne die Arbeit am besten koordiniert werden.

Beamte des Kriegsministeriums in Washington hatten nach Inspektionsreisen in Europa erklärt, die amerikanische Gruppe des Kontrollrats habe nicht die richtigen Aufgaben und leiste kaum etwas. Das wirke sich natürlich negativ auf die Stimmung der Angehörigen dieses Stabes aus. Aber nach dem Erscheinen von Clay verschwand dieser Eindruck vollständig. Mit seiner ruhigen und überzeugenden Art zu sprechen – er hob nie die Stimme, um etwas zu betonen –, erweckte er, wie ein Angehöriger des Stabes später gesagt hat, den Eindruck eines Mannes, der seine Zuhörer und sich selbst absolut beherrschte. Augenscheinlich hatte er die Schwierigkeiten, mit denen es die Gruppe zu tun hatte, gründlich durchdacht, war zu bestimmten Schlußfolgerungen gekommen und würde sich in Zukunft nach diesen Erkenntnissen richten. Als die Sitzung nach einer knappen Stunde zu Ende ging, zweifelte keiner der Anwesenden mehr daran, daß die amerikanische Militärregierung in Deutschland jetzt einen Führer hatte.

Clay war am 7. April, einige Wochen vor der Sitzung im Trianon-Hotel, in Paris eingetroffen. Ohne daß er es wußte, hatte man schon seit vielen Monaten nach einem Stellvertreter für Eisenhower gesucht. Die Frage war an hohen Stellen in Washington eingehend erörtert und in der Korrespondenz mit dem Hauptquartier Eisenhowers in Europa behandelt worden. Bevor man sich für den richtigen Kandidaten entschied, mußte man sich darüber klar werden, ob es ein Zivilist oder ein Soldat sein sollte. Präsident Roosevelt, der bei solchen Entscheidungen immer auch an seine Wähler dachte, hätte einem Zivilisten den Vorzug gegeben; aber als die amerikanischen Armeen nach Deutschland kamen und feststellten, welche chaotischen Verhältnisse dort herrschten, erkannte er, daß sich ein Soldat besser für diesen Posten eignen würde.

Henry Morgenthau erhob Einwände gegen Persönlichkeiten, die enge Beziehungen zur Wirtschaft hatten wie John J. McCloy, der als Staatssekretär des Kriegsministers Henry Stimson von vielen als der richtige Kandidat angesehen wurde.[2] Der einflußreiche Finanzminister Morgenthau begründet seine Auffassung nicht im einzelnen, glaubte aber, damit rechnen zu müssen, daß ein Wirtschaftsfachmann zögern würde, die drastischen Maßnahmen zu ergreifen, die die von Morgenthau geplante Zerschlagung der deutschen Industriekapazität erforderlich machte. Der stellvertretende Kriegsminister Judge Patterson gehörte zu den aussichtsreichsten zivilen Kandidaten. Zunächst hatte er sich für den Posten interessiert, aber nach ausführlichen Beratungen mit Henry Stimson kamen beide Männer zu der Überzeugung, daß es ein Soldat sein sollte. Unter anderen wurden die Namen von General Omar Bradley, von John Lee (des Quartiermeisters von Eisenhower), des Brigadegenerals Kenneth Royall und von Clay[3] genannt.

Am 25. Oktober 1944 unterrichtete McCloy General Eisenhower davon, daß das Kriegsministerium der Auffassung sei, die erste Phase der Besetzung Deutschlands solle Sache des Militärs sein. Er fügte hinzu, Judge Patterson habe das Angebot abgelehnt, den Posten zu übernehmen, jedoch gesagt, wenn Eisenhower seine Mitarbeit wünsche, „werde er sich nicht weigern".[4] Eisenhower antwortete, es werde ihn freuen, wenn man „Judge Patterson oder einen höheren Offizier" ernenne, „der nach Auffassung des Ministers und General Marshalls die nötige Eignung besitze".[5] Einige Tage danach schlug Eisenhowers Stabschef, Walter Bedell Smith,[6] dem Leiter der Abteilung für Zivilangelegenheiten im Kriegsministerium, John Hilldring, vor, „entweder Judge Patterson zum Generalmajor zu ernennen und ihn herüberzuschicken, oder den besten Soldaten" mit diesem Posten zu betrauen, „den Sie finden können. Die Entscheidung sollte so rasch wie möglich getroffen werden". Der Vorschlag, dem Kandidaten den temporären Rang eines Generalmajors zu geben, zeigte, welche Pläne Smith für seine Person hatte. Er war damals Generalleutnant und rechnete damit, daß ihm die Abteilung für Zivilangelegenheiten, wie die Militärregierung im Kriege bezeichnet wurde, unterstellt werden würde. Über diese Frage kam es sofort nach Eintriffen von Clay in Paris zu einem grundlegenden Konflikt.

Die Entscheidung verzögerte sich einige Monate durch die deutsche Ardennen-Offensive – im Dezember 1944 – und weil der Präsident mit den Vorbereitungen für die Jalta-Konferenz zu sehr beschäftigt war. Doch im März 1945 lag das Dritte Reich in den letzten Zügen, und es mußte dringend etwas geschehen. Am 3. März schrieb Smith, der sich vielleicht denken konnte, daß Clay sein Hauptkonkurrent war, an Hilldring, er würde sich freuen, wenn Clay die Leitung der Stabsabteilung für zivile Angelegenheiten (G-5) auf dem europäischen Kriegsschauplatz übernähme. Dieser Posten sei „ebenso wichtig oder sogar noch wichtiger" als der des stellvertretenden Militärgouverneurs.[7] Um die gleiche Zeit waren Stimson und McCloy zu der Auffassung gekommen, daß die Militärregierung in Deutschland unabhängig von der Armee arbeiten sollte und ihr Chef dem Oberbefehlshaber Eisenhower direkt unterstellt werden müßte, damit er in seiner Arbeit nicht vom Generalstab behindert werde. Stimson schrieb in sein Tagebuch: „Smith hat angedeutet, er glaube, er könne diese Aufgabe auch neben seinen anderen Pflichten übernehmen. Das ist töricht, und ich werde es nicht zulassen."[8]

Da der Präsident augenscheinlich immer noch zögerte, einen Soldaten an diesen Posten zu setzen, hatte das Kriegsministerium einige andere Kandidaten ausgesucht, gab aber Clay immer noch den Vorzug. Die Entscheidung fiel Ende März, als John McCloy im Ovalen Zimmer des Weißen Hauses vom Präsidenten mit dem Hitler-Gruß und den Worten „Heil Reichskommissar für Deutschland!" empfangen wurde.[9] Völlig überrascht erklärte McCloy, er hielte es nicht für richtig, die Aufgabe zu diesem Zeitpunkt zu übernehmen. Angesichts der in Deutschland herrschenden Zustände sollte man einen Offizier damit betrauen, der für den Katastropheneinsatz wie etwa bei der Überschwemmung am Mississippi ausgebildet sei. Er müsse die Gemeindeverwaltungen in der amerikanisch besetzten Zone Deutschlands umorganisieren und dafür sorgen, daß die Elektrizitätswerke, die Wasserwerke und die Krankenhäuser ihre Arbeit aufnehmen könnten. Die deutschen Soldaten müßten gesammelt und ordnungsgemäß entlassen und die Nazis aufgespürt und aus ihren Ämtern entfernt werden. Millionen von Zwangsarbeitern müßten repatriiert werden, und für diejenigen, die nicht in ihre Heimat zurückkehren konnten oder wollten, müßte man Unterbringungsmöglichkeiten schaffen. Der Offizier, der diese Aufgaben übernehme, solle nach Möglichkeit ein Pionier sein. Dann nannte McCloy den Namen von Clay. Der Präsident kannte ihn nicht, aber nachdem sich auch James Byrnes energisch für ihn eingesetzt hatte – „ich kenne keinen Offizier des Heeres, der den Standpunkt des Zivilisten so gut versteht wie er" –, gab er seine Einwilligung.

In der Zeit zwischen den beiden Weltkriegen wurden die amerikanischen Offiziere nur sehr langsam befördert. Der Mann, der, wie Byrnes sagte, ebenso gut Direktor von General Motors oder Befehlshaber der Armeen des Generals Eisenhower hätte sein können, hatte 22 Jahre als Subalternoffizier – im Leutnants- und Hauptmanns-Rang – gedient und dabei vor allem Dämme gebaut und als Lehrer auf der Kriegsakademie von West Point gearbeitet. Erst als er im Kriege in verantwortlicher Stellung wichtige Aufgaben übernehmen mußte, war er sehr rasch aufgestiegen und zum Oberst befördert worden. Im März 1942 erhielt er den temporären Rang eines Brigadegenerals und wurde neun Monate später zum Generalmajor befördert. Nachdem Clay in Brasilien Militärflughäfen eingerichtet hatte, verbrachte er bis auf eine kurze Abkommandierung nach Cherbourg den größten Teil des Krieges in Washington, wo er sich als versierter Administrator und guter Techniker mit der Lösung von Produktionsproblemen beschäftigte.

Zwar machte er sich viele Feinde, genoß in der Armee jedoch bald hohes Ansehen. Er bemühte sich mit großer Energie um die Herstellung von Munition und ihre Auslieferung an die Fronttruppe. Dabei gab es für ihn nur eine Regel; die Armee stand an erster Stelle, der zivile Sektor an zweiter. „Die sehr energische und manchmal eigenmächtige Art, mit der er sich für die Priorität der Kriegswirtschaft einsetzte, gab einigen Zivilbeamten und sogar manchen Offizieren das Gefühl, er hätte vergessen, daß die Vereinigten Staaten – auch im Kriege – eine Demokratie waren."[10] Als seine Versetzung nach Deutschland bekannt wurde, bezeichnete ihn die *New York Times* als den „Sturmvogel" des Pentagon, und die *Washington Post* meinte, „die hervorragenden Fähigkeiten des Generals Clay passen besser nach

Deutschland als hierher, denn seine Aufgabe dort muß autoritär gelöst werden."

Drew Middleton kommentierte die Ernennung Clays in der *New York Times* ganz ähnlich: „General Clay war ein Führer in dem Feldzug gegen die antiquierten Methoden, von denen sich das Kriegsministerium nicht hatte lösen können." Er schrieb:

„Er hielt sich streng an den Grundsatz, daß die Produktion ausschließlich den Bedürfnissen des Krieges Rechnung tragen müsse. Er setzte sich über bürokratische Pedanterie hinweg, fand Material, wo man es nicht vermutet hatte, und hielt die militärischen Terminpläne ein. Er bekämpfte an führender Stelle die Umstellung der Industrie auf Friedensproduktion und begründete diese Haltung folgendermaßen: ‚Zum Zeitpunkt der deutschen Kapitulation wird unser Bedarf für militärischen Nachschub am größten sein. Wer glaubt, diesen Zeitpunkt voraussagen zu können, und die Rüstungsproduktion entsprechend vernachlässigt, riskiert die Verlängerung des Krieges.' Mit solchen Erklärungen hat sich General Clay nicht beliebt gemacht, aber sie haben sehr viel dazu beigetragen, daß die amerikanische Industrie 1944 und Anfang 1945 die an sie gestellten Anforderungen erfüllte. Clay hat den Zorn von Subalternen und hohen Offizieren, von Prominenten und einflußreichen Industriellen sowie von Politikern auf sich gezogen. Seine Argumente haben sich zum größten Teil als richtig erwiesen. Augenscheinlich kommt es General Clay nur darauf an. Man hat den Eindruck, daß es Lucius Clay völlig gleichgültig ist, was die private oder öffentliche Meinung von ihm persönlich hält."[11]

Clay selbst hatte sich nicht danach gedrängt, einen Posten in der Militärregierung zu übernehmen, der ihm die Beförderung zum Generalleutnant bringen würde. Später hat er gesagt: „Ich habe mich für diese Aufgabe nicht interessiert; es war das letzte, was ich mir gewünscht hätte."[12] Als Absolvent von West Point hielt er es für beschämend, in zwei Weltkriegen nicht an der Front eingesetzt gewesen zu sein, aber seine Versetzungsgesuche, die er an den Kommandierenden General des Heeresamtes für Nachschub (ASF), Brehon Somervell, richtete, wurden abgelehnt. Auch mit seinem Versuch, seinen guten Freund und Klassenkameraden, Hugh Casey, der zum Stabe von MacArthur gehörte, im Januar 1944 abzulösen, hatte er keinen Erfolg. Somervell kannte Casey gut, und Clay hatte geglaubt, wenn Casey seinen Posten übernähme, würde er an die Front gehen dürfen. Er sagte, er sei sogar bereit, sich mit dem Rang eines Obersten zufrieden zu geben, aber Casey, der damals Brigadegeneral war – wollte auf den Vorschlag nicht eingehen.[13] Der Krieg in Europa stand zwar schon unmittelbar vor seinem Ende, aber die Armee rechnete noch immer mit einer Landung in Japan, und daran wollte Clay teilnehmen. Als er daher von seiner Versetzung nach Deutschland erfuhr, reagierte er sehr ablehnend. „Das ist lächerlich", sagte er böse, als Robert Murphy seinem künftigen Vorgesetzten gratulieren wollte. „Ich weiß gar nicht, wovon Sie sprechen."[14] Als sich Murphys Mitteilung bestätigte, hatte Clay den Gedanken, auf den pazifischen Kriegsschauplatz versetzt zu werden, immer noch nicht aufgegeben. Noch einmal versuchte er, die Ernennung rückgängig zu machen, vergeblich.[15]

Das Kriegministerium ließ ihm nicht viel Zeit zum Überlegen. Clay berichtet: „Ich wurde sofort aus Fort Myer hinausgeworfen. Das sind die freundlichen Methoden der Armee. Wenn eine Sache anfängt, schwierig zu werden, dann macht sie alles noch schwieriger." Da er sofort das hübsche Haus in Fort Myer gegenüber dem Offizierskasino räumen mußte, hatte er keine Zeit mehr, eine Wohnung für seine Frau zu suchen. Das war während des Krieges in Washington besonders schwierig. Doch schließlich konnte Marjorie Clay mit Hilfe von Freunden in den Marlyn-Apartments an der Cathedral Avenue eine geeignete Wohnung finden, die sie mit der jungen Frau ihres Sohnes Lucius teilte.

Clay führte ein längeres Gespräch mit General William Draper, der im Zivilleben Investmentbankier war und sich nun bereiterklärte, den Posten seines Wirtschaftsberaters zu übernehmen. Justice Byrnes stellte die Verbindung zu dem ehemaligen Budgetdirektor Lewis Douglas her, der den Posten des Finanzberaters übernahm. Als persönliche Assistenten nahm er zwei junge Anwälte, Robert Bowie und Donald S. McLean mit. Bowie hatte schon im Amt für Kriegswirtschaft für ihn gearbeitet, und McLean war in der Abteilung für zivile Angelegenheiten (CAD) des Kriegsministeriums sein Vertreter gewesen. Der Bergbauingenieur Dr. James Boyd, der im Pentagon unter Clay in leitender Position tätig gewesen war, erklärte sich ebenfalls bereit, ihn nach Deutschland zu begleiten.

Charakteristisch für die in Washington herrschende Rivalität zwischen den Behörden und ihre Selbstüberschätzung war es, daß niemand daran gedacht hatte, einen Kontakt zum Außenministerium aufzunehmen, und auch Clay hatte es in der Eile, mit der er seinen neuen Posten übernehmen mußte, übersehen.[16] Vor seiner Abreise aus Washington sprach er mit John Hilldring, seinem alten Freund aus der CAD beim Kriegsministerium. Beide Generäle waren sich einig, daß die Militärregierung eine Aufgabe für Zivilbeamte sei, die nur vorübergehend von der Armee übernommen werden sollte. Deshalb müßte sie als selbständige Organisation konzipiert sein, die sich ohne weiteres vom militärischen Zuständigkeitsbereich lösen ließ.

Bei seinem Gespräch mit Hilldring erfuhr Clay, daß der Präsident es ursprünglich abgelehnt hatte, das Militär mit Aufgaben der Zivilverwaltung zu betrauen. Die Erfahrungen im nordafrikanischen Feldzug hatten jedoch gezeigt, daß es nicht richtig gewesen war, dem Außenministerium die Überwachung der zivilen Angelegenheiten zu übertragen. Das Kriegsministerium hatte sich zunächst den Wünschen des Präsidenten gefügt, aber erklärt, daß, falls es zu Behinderungen der militärischen Operationen kommen sollte, Ausnahmen gemacht werden müßten. In der Praxis stellte sich jedoch sehr bald heraus, daß sich, solange die Kampfhandlungen in Nordafrika andauerten, alles direkt auf die militärische Lage auswirkte. Eisenhower sah sich deshalb gezwungen, General Marshall mitzuteilen, daß sein Chef der Zivilverwaltung, Robert D. Murphy, nicht gleichzeitig dem militärischen Stab auf diesem Kriegsschauplatz angehören und dem Außenministerium verantwortlich sein konnte.[17] Man führte deshalb ein neues Verfahren ein und schuf im Kriegsministerium eine Abteilung für zivile Angelegenheiten (CAD). Nach Auffassung von Hilldring war das Außenministerium nicht in der Lage, die Aufgaben der Besatzungsmacht wahrzunehmen. Sie gehörten in die Zuständigkeit der Armee, und zwar nicht nur bis zur Einstellung der Feindseligkeiten, sondern auch noch längere Zeit danach. Nach Auffassung des Generals war das eine schwierige und undankbare Aufgabe. Die Verantwortlichen hätten mit der sehr kritischen amerikanischen Presse zu rechnen, die den Ruf eines jeden Offiziers oder Beamten ruinieren konnte.

General Eisenhower war vor der Ernennung von Clay nicht konsultiert worden,[18] und nun unternahm John McCloy in aller Eile eine Reise, um die Wogen zu glätten. Doch als Clay sich bei SHAEF meldete, wurde er nicht nur sehr kühl empfangen, sondern stellte fest, daß er zwar eine neue Dienstbezeichnung, aber keine entsprechende Arbeit hatte. Er war sich zudem durchaus der Tatsache bewußt, daß er von den Verhältnissen in Deutschland kaum eine Ahnung hatte und über die politischen Absprachen sowie die von den drei Großmächten geschlossenen Vereinbarungen nicht unterrichtet worden war, die als Richtlinie der Besatzungspolitik dienen sollten.[19] Seine Erfahrungen in der militärischen Bürokratie sagten ihm, daß unter solchen Umständen zwei Dinge geschehen müßten. Er mußte sich in das schon vorhandene Team integrieren und die ihm jetzt zur Verfügung stehende Zeit dazu ausnutzen, die Struktur der militärischen Zivilverwaltung und die Probleme kennenzulernen, die sich aus der Praxis für die Besatzungspolitik ergaben.[20] Trotz einer gewissen professionellen Rivalität schätzte er Bedell Smith. Ein zeitweiliger Posten als Vertreter von Smith, verantwortlich für die Umgruppierung der amerikanischen Streitkräfte für den Krieg gegen Japan, diente beiden Zwecken, denn er ließ ihm genug Zeit, sich mit der Praxis und den Methoden der Militärregierung in den besetzten Teilen Deutschlands vertraut zu machen. Als Unterkunft wurde ihm ein beschlagnahmtes Haus in Vauxcusson, die Villa „Monte Cristo", zur Verfügung gestellt. Auch Draper und Bowie bezogen auf seine Einladung dieses Haus. Für den Haushalt verantwortlich war Clays Adjutant, Captain William Livingston, der aus Arkansas stammte.

Bei SHAEF fand Clay die neugeschaffene Generalstabsabteilung G-5 vor, die für zivile Angelegenheiten verantwortlich war. Das war zunächst die offizielle Bezeichnung für die Militärregierung in einem befreiten Land. Entsprechend dem bei SHAEF üblichen Verfahren teilten sich britische und amerikanische Offiziere die Verantwortung. An der Spitze der Abteilung G-5 stand der britische Generalleutnant Sir A. E. Grassett. Sein Stellvertreter, der amerikanische Generalmajor Frank McSherry leitete den Führungsstab. Bei den unterstellten Verbänden gab es die G-5 Stäbe der 12. und 6.

Heeresgruppe sowie die entsprechenden Abteilungen bei den Armeen, Armeekorps und Divisionen. Weil im dienstlichen Verkehr bei der Militärregierung der reguläre Dienstweg eingehalten werden mußte, gab es keine direkten Verbindungen zwischen den G-5 Stäben auf den verschiedenen Kommandoebenen. So mußte zum Beispiel ein Befehl der Abteilung G-5 bei SHAEF auf dem Wege bis zur nächsten Kommandoebene durch drei Büros laufen, bevor er den Adressaten erreichte. Das gleiche galt für die unteren Ebenen. Wie McSherry berichtet, war man bei den Dienststellen der Militärregierung mit dieser schwerfälligen Methode[21] sehr unzufrieden. Er sagte jedoch, dieses Verfahren sei sehr sorgfältig ausgearbeitet worden, und Bedell Smith habe es eingeführt, weil man in Italien mit einem doppelten Dienstweg, dem sogenannten Mittelmeer-Muster, schlechte Erfahrungen gemacht hatte. Die enge Verknüpfung der Stäbe für zivile Angelegenheiten mit den normalen Stäben der Kampfverbände während des Krieges schien auch Clay vernünftig zu sein. Er erkannte aber auch, welche Schwierigkeiten sich bei Anwendung dieses Systems für seine Militärregierung ergeben könnten. Deshalb beschloß er, sich rechtzeitig dieses Problems anzunehmen.

Solange die Kampfhandlungen andauerten, mußten die operativen Aufgaben im Bereich der Zivilverwaltung in erster Linie von den Stäben auf Divisionsebene wahrgenommen werden. Beim Studium ihrer Berichte erkannte Clay, daß die Tätigkeit der Militärregierung gegenwärtig in enger Beziehung zu den taktischen Operationen der Kampfverbände standen, denen die G-5 Stäbe zugeteilt waren. Sie sorgten dafür, daß die Zivilbevölkerung möglichst mit der kämpfenden Truppe nicht in Berührung kam, beschafften zivile Arbeitskräfte für militärische Zwecke und requirierten, wenn notwendig, von der Truppe gebrauchtes Material. Wo sich die Lage noch nicht stabilisiert hatte, blieben die G-5 Stäbe nur so lange an einem Ort, bis sie die Proklamationen und Anordnungen der Militärregierung bekanntgemacht, die Befehle für die Sperrstunden herausgegeben und den amtierenden Bürgermeister ernannt hatten. Wenn ihnen mehr Zeit zur Verfügung stand, beschlagnahmten sie Unterkünfte für die Truppe, sorgten für die Beerdigung der Toten auf den Straßen, gaben Anweisungen für die Polizei heraus und brachten die Strom- und Wasserversorgung in Ordnung.[22] Wenn die Kampfgruppen weiter vorgingen, folgten ihnen die Dienststellen der Militärregierung, die für die Verwaltungsaufgaben der verschiedenen deutschen Regierungsstellen verantwortlich waren. McSherry berichtet, die kleinsten Einheiten der Militärregierung übernahmen jeweils Gebiete mit bis zu 100000 Einwohnern. Größere Kommandos übernahmen die Aufgaben der Länderregierungen, der Regierungsbezirke und einiger Großstädte. Nach den geltenden Bestimmungen waren sie für alle Gebiete der öffentlichen Verwaltung verantwortlich. Dazu gehörten das Gesundheitswesen, die öffentliche Sicherheit, der öffentliche Dienst, Transport und Verkehr, die Rechtspflege und die Versorgung mit Lebensmitteln.[23] Clay stellte fest, daß manche Probleme, die sich aus einer andauernden Besetzung ergaben, schon in Aachen deutlich geworden waren. Die Stadt war schon im Oktober eingenommen und während der großen Kesselschlacht von einer Reihe verschiedener Kampfverbände besetzt worden. Bis Ende Dezember hatte es in Aachen drei verschiedene Kommandanten als Befehlshaber der örtlichen Militärregierung gegeben.[24] Der Versuch, eine funktionsfähige, nicht nazistische, deutsche Stadtverwaltung einzusetzen, war auf große Schwierigkeiten und die heftige Kritik der amerikanischen Presse gestoßen. Diese Aufgabe wurde erschwert durch den Umstand, daß das zuständige amerikanische Personal immer wieder abgelöst wurde. Clay war überzeugt, daß es auch an anderen Orten zu den gleichen Schwierigkeiten kommen werde wie in Aachen, sobald die Armee ihren Vormarsch fortsetzte, und daß die Entnazifizierung, wie sie weisungsgemäß durchgeführt werden sollte, zu einem seiner größten Probleme werden würde.

Bei Durchsicht der umfangreichen G-5 Akten stieß Clay auf eine Reihe von Personalpapieren, die ihn beunruhigten. Die meisten Offiziere waren ältere Männer, weil man nur wenige unterhalb der wehrpflichtigen Altersgrenze von 38 Jahren für den Dienst in der Zivilverwaltung eingeteilt hatte. Man hatte sie direkt aus dem Zivilleben übernommen und zu Offizieren befördert, und zwar aufgrund ihrer Erfahrungen auf bestimmten Gebieten, auf denen sie freiberuflich oder in der Geschäftswelt tätig gewesen waren. Nach einem Lehrgang auf der Military Government School in Charlottsville oder einem entsprechenden Kursus für Zivilverwaltung an einer Universität waren sie zunächst nach England gekommen. Dort hatten sie in irgendeinem Militärdepot ein Jahr oder sogar noch länger untätig warten müssen, bis sie einem Kampfverband zugeteilt wurden.[25] Die Mannschaftsdienstgrade waren im allgemeinen viel jünger. Etwa die Hälfte waren unter dreißig. Zwar waren sie nicht auf Armeelehrgängen auf ihre Tätigkeit in der Zivilverwaltung vorbereitet worden, aber viele von ihnen hatten praktische Erfahrungen und waren deshalb einigen der für die Zivilverwaltung vorgesehenen Offiziere weit überlegen. Das führte zu manchen Unstimmigkeiten. Nach den Arbeitsberichten ließ die Moral in diesen Verbänden oft zu wünschen übrig, was sich wiederum in der praktischen Arbeit auswirkte. Bei den von der Abteilung G-5 durchgeführten Inspektionen stellte man bei manchen Einheiten einen fast missionarischen Geist fest, aber in einzelnen Fällen stieß man auf ein vollständiges moralisches Versagen. McSherry glaubte, nach Beendigung des Krieges würden die meisten versuchen, möglichst bald ins Zivilleben entlassen zu werden, aber Clay hielt das für ein untergeordnetes Problem. Er rechnete mit einer raschen Verkleinerung der Stäbe bei den Militärregierungen und glaubte, daß die örtlichen Verwaltungsaufgaben sehr bald wieder von Deutschen übernommen werden würden. In einem zusammenfassenden Bericht über seine Eindrücke von der Arbeit der Abteilung G-5 schrieb Clay an Hilldring,[26] daß er von ihren Leistungen nicht sehr viel halte. Im Einsatz zur Behebung unmittelbarer Notstände hätte sich die Abteilung zwar zunächst glänzend bewährt, er zweifele aber daran, daß sich die langfristigen Programme ebenso reibungslos durchführen ließen, und darauf vor allem kam es ihm an. Er schlug vor, sich intensiv um die Anwerbung der für solche Aufgaben geeigneten Persönlichkeiten zu kümmern und sagte, alles, was Hilldring in dieser Richtung tun könnte, werde sehr wertvoll sein.

McSherry rechnete damit, nach Auflösung von SHAEF die Leitung der Abteilung G-5 auf diesem Kriegsschauplatz zu übernehmen, aber Clay hatte anderer Pläne. Nachdem er viele Jahre in der militärischen Hierarchie zugebracht hatte, war er sich der Gefahren eines internen Machtkampfs sehr deutlich bewußt und wollte diesen entscheidend wichtigen Posten mit einem Offizier seiner Wahl besetzen. Dann würde er selbst jederzeit die Zügel in der Hand behalten. Er ging sehr geschickt ans Werk und schrieb an Hilldring: „Ich glaube, wir werden McSherry aus G-5 herausnehmen und ihm die Leitung der für Arbeitnehmerfragen zuständigen Abteilung im Kontrollrat übergeben. Für diese Aufgabe ist er besonders gut geeignet, auch wenn er selbst lieber bei G-5 bleiben würde. Ich kenne keinen Angehörigen der Armee, der in Arbeitnehmerfragen so erfahren ist wie er.“[27]

Bevor Clay nach Paris kam, hatte Brigadegeneral Cornelius W. Wickersham provisorisch die Leitung der amerikanischen Gruppe des Kontrollrates (USCC) übernommen. Er war Reserveoffizier, von Beruf Anwalt und blieb bis Ende Mai Stellvertreter von Clay, um anschließend zu seiner Anwaltspraxis in New York zurückzukehren. 1942 hatte Wickersham die Military Government School in Charlottsville aufgebaut und war ihr Kommandant und Direktor gewesen. Anschließend ging er nach London, wurde dort der amerikanischen Botschaft zugeteilt und arbeitete ebenfalls als Beobachter des Kriegsministeriums bei der Europäischen Beratenden Kommission (EAC). Er und einige andere höhere Offiziere beim USGCC hatten sich schon gleich zu Beginn an den Planungen für die Militärregierung beteiligt. Sie bestätigten Clay, daß die Planer bei SHAEF lange Zeit ihre Aufmerksamkeit nur auf die Tätigkeit der Militärregierung während der Kampfhandlungen und kurze Zeit danach gerichtet hatten. Eine sich über längere Zeit hinziehende militärische Besetzung Deutschlands forderte aber fundamentale politische Entscheidungen, die auf höchster Ebene getroffen werden mußten. Aber auch bei SHAEF hatte man auf bestimmten Gebieten auf längere Sicht vorausgeplant.

Wie Wickersham berichtete, war man im Hauptquartier Eisenhowers über den Mangel an politischen Richtlinien von höherer Stelle zunehmend enttäuscht gewesen. Ende 1943 schien ein plötzlicher Zusammenbruch Deutschlands und eine Kapitulation der deutschen Armee durchaus im Bereich der Möglichkeiten zu liegen, und nach den Gepflogenheiten in der amerikanischen Armee mußten die Vorbereitungen für einen solchen Eventualfall getroffen sein. Als Washington auf wiederholte Anfragen nicht reagierte,[28] richtete SHAEF in England eine Deutschlandabteilung (German Country Unit) ein, die den Auftrag erhielt, die notwendigen Pläne für eine langfristige Besetzung Deutschlands auszuarbeiten. Dieser neue Stab, aus dem sich dann die USGCC entwickelte, erhielt außerdem den Auftrag, ein Handbuch als Leitfaden für das Personal der Militärregierung für die Zeit nach Beendigung der Feindseligkeiten zu verfassen.

Clay hatte erfahren, daß es um dieses Handbuch auf höchster Regierungsebene zu einer Kontroverse gekommen war, wußte aber nichts Genaues darüber. Nun erfuhr er von den Mitgliedern seines neuen Stabes, daß bei dem Entwurf des Handbuchs praktische Überlegungen gegenüber ideologischen Aspekten den Vorrang gehabt hatten. Nach ihrer Auffassung kam es vor allem darauf an, dafür zu sorgen, daß die Militärregierung wirksam arbeiten konnte. Da zu wenige qualifizierte Amerikaner zur Verfügung standen, hielten sie es für notwendig, ehemalige deutsche Verwaltungsbeamte in ihren Ämtern zu belassen, und zwar unter Umständen auch ohne Rücksicht auf ihre nationalsozialistische Vergangenheit. Da zudem die wichtigsten landwirtschaftlichen Gebiete Deutschlands von den Russen besetzt werden würden, mußten Importmöglichkeiten für Lebensmittel und andere Verbrauchsgüter geschaffen werden. Abschließend empfahl das Handbuch die Umstellung von Rüstungsfabriken auf die Produktion von Verbrauchsgütern, die finanzielle Unterstützung lebenswichtiger Wirtschaftszweige und den Wiederaufbau des deutschen Außenhandels, wobei die Bedürfnisse der Vereinten Nationen in erster Linie berücksichtigt werden sollten. Wickersham sagte, Oberst Bernstein, der Vertreter des Finanzministeriums in der Deutschlandabteilung von SHAEF, habe dem Finanzminister Morgenthau wahrscheinlich privat ein Exemplar des Handbuchs übergeben. Jedenfalls gelangte es auch in die Hände des Präsidenten Roosevelt, der seinen Inhalt auf das Entschiedendste ablehnte. Aus diesem Grund wurde nur eine sehr kleine Auflage herausgegeben, und zwar mit der Vorbemerkung, daß das Handbuch nicht als Richtlinie für die administrative Arbeit nach Einstellung der Feindseligkeiten gelten dürfe.

Clay hatte den Eindruck, der Vorfall mit dem Handbuch und die Instruktionen des Kriegsministeriums für die Besatzungspolitik, mit denen er sich immer noch eingehend beschäftigte, seien Ausdruck der Atmosphäre in Washington und der politischen und psychologischen Gegebenheiten, mit denen die Militärregierung bei ihrer Arbeit rechnen müsse. Diese Atmosphäre erhielt Gesetzeskraft durch die Direktive JCS 1067 der Vereinigten Stabschefs (JCS). Clay und sein Finanzberater Lewis Douglas hatten schwere Bedenken,[29] und zwar weniger wegen der in JCS 1067 enthaltenen Strafbestimmungen, nach denen zum Beispiel Kriegsverbrecher festgenommen und vor Gericht gestellt werden mußten, die nationalsozialistische Partei aufgelöst, alle höheren Regierungsbeamten automatisch interniert werden sollten und deutsche Industrieanlagen zu demontieren waren – sondern sie waren entsetzt darüber, daß die Direktive die Zuständigkeit der Militärregierung sehr stark zu beschneiden schien. Bei der Lektüre der Anweisungen stellte Clay fest, daß sie der Militärregierung untersagte, irgendwelche Schritte zum

Wiederaufbau oder zur Weiterführung der deutschen Wirtschaft zu unternehmen. Nur die landwirtschaftliche Produktion sollte gesteigert werden. Bis zum Abschluß von Vereinbarungen im Alliierten Kontrollrat waren lediglich die Produktion leichter Verbrauchsgüter und der Kohlebergbau zu fördern. Clay schrieb später, „wir waren erschüttert zu sehen, daß die Direktive die Realitäten der finanziellen und wirtschaftlichen Verhältnisse nicht berücksichtigte, vor denen wir standen. Wir glaubten schon damals zu erkennen, daß Deutschland verhungern werde, wenn es nicht für den Export produzieren und seine Industrieproduktion sofort wieder aufnehmen könnte". Angesichts des Vorfalls mit dem Handbuch mußte man erkennen, daß JCS 1067 in der damals in Washington herrschenden *vae victis*-Atmosphäre verfaßt worden war, und es wäre wahrscheinlich vergeblich gewesen, drastische Änderungen zu verlangen. Trotzdem kehrte Douglas auf Wunsch von Clay nach Washington zurück und versuchte, John J. McCloy davon zu überzeugen, daß JCS 1067 modifiziert werden müsse. Da er jedoch nur sehr unwesentliche Revisionen durchsetzen konnte, trat er sehr bald von seinem Posten zurück.

Auch über die Arbeitsweise der Europäischen Beratenden Kommission (EAC) wußte Wickersham detailliert zu berichten. Diese Organisation mit Sitz in London war im Januar 1944 aufgrund eines Beschlusses der Moskauer Außenministerkonferenz ins Leben gerufen worden. Sie bestand aus Vertretern der Vereinigten Staaten, Großbritanniens und der Sowjetunion. Wie Wickersham erklärt hat, erkannte man vielerorts nicht, daß die EAC nur eine begrenzte Rolle spielte. Sie war im wesentlichen ein Verhandlungsgremium, das bestimmte Probleme untersuchen und den darin vertretenen Regierungen Empfehlungen geben konnte, aber nur auf ausdrückliche Anforderung. Da auch der kleinste Schritt bei den Beratungen der EAC über die bei der Verwaltung der besetzten Gebiete anzuwendenden Verfahren die Zustimmung der vertretenen Regierungen erforderte, kam man nur sehr langsam voran. Die Anweisungen für den amerikanischen Vertreter, Botschafter John Winant,[30] mußten zum Beispiel in Washington vom Außenministerium, von den Vereinigten Stabschefs, von der Abteilung für Zivilangelegenheiten (CAD) des Kriegsministeriums und vom interministeriellen Ausschuß für Sicherheitsfragen (WSC) genehmigt werden. Nur wenige Papiere konnten dieses komplizierte Verfahren durchlaufen. Der sowjetische Behördenapparat ist wahrscheinlich noch schwerfälliger gewesen, denn bei den Russen dauerte es am längsten, bis sie auf eine bestimmte Frage reagierten. Wickersham berichtete, daß der Ausschuß während der Zeit seines Bestehens nur zwei bedeutende Aufgaben gelöst hat. Das waren der Entwurf der Kapitulationsurkunde für Deutschland und der Plan für die Gliederung der Vier-Mächte-Verwaltung in Deutschland. Als die Alliierten im Juni 1944 in der Normandie landeten, hatte man den Eindruck, daß die EAC mit ihrer Arbeit nicht fertig werden würde. Deshalb hatte Eisenhower Wickersham mit einer Denkschrift für die Vereinigten Stabschefs nach Washington geschickt und als Oberbefehlshaber der alliierten Streitkräfte ersucht, für die Periode nach der Kapitulation seine eigenen Pläne ausarbeiten zu dürfen. Wie Wickersham nicht ohne Stolz berichtete, hatte er diesen Antrag persönlich durch 25 verschiedene Behörden und Abteilungen durchgebracht, darunter auch im Weißen Haus und bei General Marshall.[31] Schließlich genehmigten die Vereinigten Stabschefs die Aufstellung eines amerikanischen Planungsstabes, des USGCC (Germany), dessen provisorische Leitung Wickersham übernahm. Die Aufgabe der USGCC war die Planung für die Verwaltung Deutschlands nach Einstellung der Kampfhandlungen, möglichst in Übereinstimmung mit den Direktiven der Europäischen Beratenden Kommission (EAC) oder, wo es solche Direktiven nicht gab, in Übereinstimmung mit unilateralen amerikanischen Auffassungen zu Problemen, die der EAC vorlagen, aber noch nicht entschieden waren. Der amerikanische Durchbruch bei Avranches am 6. August 1944 hatte den sowjetischen Vertreter bei der EAC schließlich veranlaßt, aktiv zu werden. Am Tag der Einnahme von Paris, dem 25. August, legte er einen sowjetischen Vorschlag für die in Deutschland einzurichtende Kontrollbehörde vor. Der russische Entwurf wurde mit ganz geringen Veränderungen von Großbritannien und den Vereinigten Staaten als ,,Vereinbarung über die Kontrollverwaltung in Deutschland" (Agreement on Control Machinery in Germany) angenommen und am 14. November unterzeichnet.[32] Damit wurde ein alliierter Kontrollrat geschaffen, der sich aus den drei Oberbefehlshabern und einem ständigen Koordinationsausschuß zusammensetzte, dem ihre drei Stellvertreter angehörten, welche die Beschlüsse des Kontrollrats durchführen sollten. Der Stab des Kontrollrats sollte in 12 Verwaltungsabteilungen gegliedert sein, um mit Hilfe einer deutschen Verwaltung alle Lebensbereiche in dem besetzten Land zu überwachen. In Berlin sollte eine interalliierte Kommandantur gebildet werden, die aus den drei alliierten Kommandanten bestand, deren Aufgabe es war, die Verwaltung von Groß-Berlin zu beaufsichtigen.

Clay hielt das für eine gute Lösung, besonders da auf diese Weise die Frage nach den zivilen und militärischen Zuständigkeiten geregelt war. Während es innerhalb der amerikanischen Regierung über diesen wichtigen Punkt Meinungsverschiedenheiten gegeben hatte, ging aus der Londoner Vereinbarung klar hervor, daß Eisenhower auch nach der vorgesehenen Auflösung von SHAEF Militärgouverneur in der amerikanischen Besatzungszone bleiben würde. Zugleich werde er die Vereinigten Staaten beim Kontrollrat in Berlin vertreten. Doch aus der Sicht von Clay war die Frage nach den organisatorischen Zuständigkeiten innerhalb des amerikanischen Militärapparats noch nicht vollständig gelöst, wie er später erwähnte. ,,In der gleichen Minute, in der man mir sagte, daß ich diese Aufgabe übernehmen mußte, rechnete ich schon mit Schwierigkeiten. Ich wußte, daß die Militärs verlangen würden, die Organisation dem Generalstab zu unterstellen. Ich war überzeugt, daß der Generalstab diese Aufgabe nicht übernehmen konnte. Sogar auf Kuba hatten wir das festgestellt. Und wir hatten im Kriegsministerium eine Sonderabteilung für die Verwaltung von Kuba und den Philippinen eingerichtet. Ich sah auch voraus, daß jeder Chef des Stabes bei SHAEF versuchen würde, dafür zu sorgen, daß ihm dieser Aufgabenbereich unterstellt werde. Ich hielt es aber nicht für möglich, unter solchen Voraussetzungen erfolgreich zu arbeiten."[33]

Bei der Abteilung G-5 von SHAEF fürchtete man andererseits, daß sich der Stab der neugeschaffenen USGCC Befugnisse anmaßen könnte, die G-5 vorbehalten waren. Smith hatte versucht, diesem Problem mit zwei Direktiven zu begegnen. Die erste bestimmte, daß die USGCC ihre Arbeitsmethoden gemeinsam mit dem Stab des Befehlshabers auf dem europäischen Kriegsschauplatz entwickeln sollte, das heißt, mit SHAEF. Die zweite Direktive beauftragte SHAEF mit der praktischen Durchführung und Überwachung der vom Kontrollrat festgelegten Richtlinien.[34] Clay hatte ganz andere Vorstellungen. Er hatte sein Konzept kurz nach seinem Eintreffen in Paris schriftlich festgelegt und eine diesem Papier entsprechende Organisationsstruktur mit Eisenhower und Smith besprochen. Da er sich der Unterstützung durch das Kriegsministerium sicher war, teilte er dem Oberbefehlshaber in einer kurzen, aus 7 Abschnitten bestehenden Denkschrift mit, er beabsichtige, mit den verschiedenen Kommandoebenen direkt über ihre G-5 Abteilungen zusammenzuarbeiten".[35] Damit war klar gesagt, woher die Befehle kommen würden. Bedell Smith beantwortete die Denkschrift zwei Wochen später. Er tat es in der Form einer aus 17 Abschnitten bestehenden detaillierten Direktive, die bestimmte, daß der stellvertretende Militärgouverneur die Zusammenarbeit mit Hilfe des stellvertretenden Chefs des Stabes von G-5 koordinieren werde. Der stellvertretende Militärgouverneur sollte sich in seiner Eigenschaft als Vertreter der Vereinigten Staaten beim alliierten Kontrollrat zwar an der Entwicklung der politischen Richtlinien für ganz Deutschland beteiligen, aber die praktische Ausführung und Überwachung in der amerikanischen Besatzungszone blieb im Zuständigkeitsbereich des Stabes des Oberbefehlshabers auf diesem Kriegsschauplatz, mit anderen Worten, bei G-5.[36]

Die beiden Papiere brachten den hier bestehenden Konflikt klar und deutlich zum Ausdruck. Bedell Smith verlangte, daß die amerikanische Armee die amerikanische Besatzungszone von ihren Truppenbefehlshabern verwalten lassen würde. Für die Beaufsichtigung dieser Verwaltungsarbeit würde der Generalstab der Armee verantwortlich sein, der seine Direktiven und politischen Richtlinien von Washington erhielt. Clay interpretierte diese Methode mit Recht so, daß danach die USGCC nur die Rolle einer Botschaft übernehmen würde,[37] die den Oberbefehlshaber der amerikanischen Streitkräfte bei den Verhandlungen mit den Befehlshabern der anderen Besatzungsstreitkräfte vertraten. Clay faßte seinen Auftrag ganz anders auf. Sein Konzept gründete sich auf die feste Überzeugung, daß die Aufgaben einer Militärregierung im wesentlichen auf dem zivilen Sektor lagen. Als stellvertretender Militärgouverneur hatte er vor allem dafür zu sorgen, möglichst bald eine demokratische deutsche Regierung einzusetzen. „Ich glaubte, es läge im besonderen Interesse der Armee, deutlich zu zeigen, daß wir uns nicht an diese Aufgabe klammerten, sondern sie anderen übergeben wollten."[38]

Deshalb sollte die Militärregierung nach Auffassung von Clay rasch von der Armee getrennt und nach Möglichkeit mit fachkundigen Zivilisten besetzt werden. Auf diese Weise wollte er erreichen, daß die Zuständigkeiten bald einer zivilen Regierungsbehörde übertragen wurden, um eine spätere Übergabe der Verantwortung an eine deutsche Regierung vorzubereiten. Als stellvertretender Militärgouverneur würde Clay die politischen Richtlinien vom Kriegsministerium in Washington bekommen und in seinem Auftrag mit den anderen drei Besatzungsmächten verhandeln. Seine Anweisungen würden direkt an die Dienststellen der amerikanischen Militärregierung in den deutschen Ländern gehen. Diese Dienststellen würden ihm direkt und nicht den amerikanischen Truppenbefehlshabern unterstehen. Clay wußte, das Kriegsministerium und General Eisenhower würden ihn bei der Durchsetzung dieses Konzepts unterstützen. Aber seine lange Erfahrung mit der militärischen Bürokratie sagte ihm, daß es klug sei, sich Zeit zu lassen.

Es gab viele gute Gründe für ein schrittweises Vorgehen. Mit der Kapitulation Deutschlands am 7. Mai endeten zwar die Feindseligkeiten, es ergaben sich daraus aber auch Probleme der verschiedensten Art. Viele von ihnen ließen sich mit der Zeit lösen wie etwa die Umgruppierung und die Demobilisierung der amerikanischen Streitkräfte, die Eingliederung von Millionen deutscher Flüchtlinge aus dem Osten und die Rückkehr einer ähnlich großen Zahl von verschleppten Personen aus verbündeten Ländern in ihre Heimat. Es hätte wenig Sinn gehabt, wenn Clay übereilt die volle Verantwortung übernommen hätte, bevor die Ordnung einigermaßen wiederhergestellt war. Die USGCC verfügte nicht über die notwendigen Erfahrungen und das benötigte Personal. Clay hatte den Eindruck, der Stab hätte ein „zu klösterliches und akademisches Leben geführt, um mit den realen Schwierigkeiten fertig zu werden".[39] Die Planungsdokumente waren so umfangreich, daß „ein einzelner sie nicht überblicken konnte". Zudem hatte man mit der Existenz deutscher Ministerien gerechnet, die beaufsichtigt werden mußten, aber es gab keine deutschen Ministerien. Deshalb erklärte Clay, alle diese Pläne wären nichts anderes als „Zeitverschwendung" gewesen. In dieser Lage hatte es auch keinen Sinn, in dem Konflikt mit General Smith auf eine Entscheidung zu drängen.

Als er hörte, daß in Reims wegen eines Versehens bei der Verwaltung die falschen Kapitulationsurkunden unterzeichnet worden waren, sagte Clay seinen Offizieren, dieser Zwischenfall sei „eine Illustration dafür, daß es eine konkrete Wirklichkeit gibt, die sich nicht vorausplanen läßt".[40] Aus ähnlichen pragmatischen Erwägungen kommandierte er einige Hundert seiner Offiziere zeitweilig zu SHAEF ab. „Damit werden diese Leute in den (bürokratischen) ‚Sumpf' geraten", schrieb er an Hilldring, „und sie werden praktische Erfahrungen sammeln."[41] Wenn er sich allmählich in seine Aufgaben als stellvertretender Militärgouverneur einarbeitete, dann konnte er schließlich auch aus den Fehlern anderer lernen. Das war eine wohldurchdachte und angemessene Methode, besonders da die Verhältnisse äußerst komplex und ständig im Fluß waren, so daß sich rasche Lösungen nicht finden ließen.

Eine Woche nach der deutschen Kapitulation, am 16. Mai 1945, hielt Clay seine erste Pressekonferenz als stellvertretender Militärgouverneur ab. Flankiert von Robert Murphy und Frank McSherry beantwortete er die Fragen der Kriegsberichterstatter im Hotel Scribe in Paris und erläuterte den Status und die künftigen Aufgaben der amerikanischen Militärregierung im Nachkriegs-Deutschland: SHAEF werde aufgelöst werden, das werde aber noch einige Wochen dauern. Die Grenzen der vier Besatzungszonen seien noch nicht endgültig festgelegt, und da Berlin so stark zerstört sei, zweifle man sogar daran, daß die zentrale alliierte Regierung dort eingerichtet werden könne. „Ich möchte ganz klar sagen, daß die Regierung, die wir in Deutschland einsetzen wollen, eine Militärregierung sein wird", fuhr er fort, „und daß die Deutschen wissen werden, daß es eine Militärregierung ist. Wir haben Zeit genug, uns später mit der Frage zu beschäftigen, was auf längere Sicht in Deutschland geschehen und wie das deutsche Volk regeneriert werden soll. Unsere erste Aufgabe besteht darin, alles zu zerschlagen, womit Deutschland ein künftiges Kriegspotential entwickeln könnte. Wir müssen die Macht der Nazis brechen und dafür sorgen, daß sie nicht wieder an die Macht kommen. Kriegsverbrecher werden für ihre Verbrechen mit ihrem Leben, ihrer Freiheit und ihrem Schweiß und Blut bezahlen. Das ist die vordringlichste Aufgabe der Militärregierung in Deutschland. Wenn das erreicht ist, werden wir uns an die langfristigen Aufgaben machen und uns mit der Behandlung Deutschlands auf längere Sicht beschäftigen." Anhand einiger Diagramme, welche die zwölf Unterabteilungen der Militärregierung zeigten, erläuterte er die vorgesehene Struktur der amerikanischen Militärregierung und nannte einige der wichtigen Beamten beim Namen wie zum Beispiel Lewis D. Douglas, Generalmajor Oliver P. Echols, Joseph B. Keenan und andere. Er berichtete, daß 500 amerikanische Spezialisten für die verschiedenen Verwaltungsgebiete nach Europa gekommen seien und sich jetzt darauf vorbereiteten, an der Regierung Deutschlands teilzunehmen. Die nun folgenden Fragen der Journalisten beantwortete Clay mit überlegener Ruhe. Er stellte sich mit missionarischem Eifer hinter Roosevelts Konzept von einer geeinten Nachkriegswelt. Als er gefragt wurde, welche Erfolgschancen er der Zusammenarbeit der Alliierten einräume, schlug er mit der Faust in die hohle Hand und sagte: „Es muß klappen. Wenn wir vier es jetzt nicht fertig bringen, Deutschland zu regieren, wie sollen wir dann im Rahmen einer internationalen Organisation zusammenarbeiten, um den Weltfrieden zu sichern? Wir werden geben und nehmen und vieles tun müssen, was der amerikanischen Öffentlichkeit nicht gefällt, aber wir können diese Aufgabe nicht mit vier Nationen bewältigen, wenn

1. Nürnberg, Frühjahr 1945. „Washington muß seine Ansicht revidieren, das dringlichste Problem sei die Zerstörung des deutschen Kriegspotentials. Das ist bereits durch den Kriegsverlauf geschehen ...“ (Clay in einem Brief an McCloy)

wir nicht bereit sind, zu geben und zu nehmen; und wenn die Menschen zu Hause erkennen, daß dieses Experiment der vier Nationen für die Zukunft der Welt viel bedeutet, dann dürfen wir auch hoffen, daß unsere Arbeit eine Zukunft hat.“[42]

In den Monaten nach der Kapitulation Deutschlands lag die größte Schwäche der amerikanischen Militärverwaltung in ihrer Unbeständigkeit. Die Kampfhandlungen hatten aufgehört, aber die Kampfverbände wurden ständig verlegt und mit ihnen die Verwaltungseinheiten der Militärregierung. Als SHAEF im Juli aufgelöst wurde, mußte Clay mit der Nachfolgeorganisation, den US-Streitkräften in Europa (USFET), zusammenarbeiten, dem Oberkommando, dem jetzt die amerikanischen Besatzungsstreitkräfte unterstanden. Die amerikanische Besatzungszone wurde in einen östlichen und einen westlichen Militärbezirk aufgeteilt, in denen jeweils die 3. und 7. Armee die Besatzungsaufgaben übernahmen. So war das Büro G-5 der 3. Armee für die Militärregierung in Bayern verantwortlich, während das Büro G-5 der 7. Armee die gleichen Aufgaben in dem aus Hessen und Württemberg bestehenden westlichen Militärbezirk erfüllte. Aber während der ersten Phasen der Besetzung stimmten die Grenzen der Militärbezirke nicht immer mit denen der besetzten Länder überein. Da außerdem im Hinblick auf die französische Besatzungszone gewisse Unklarheiten herrschten, kam es wiederholt zu Verschiebungen der Zonengrenzen. Diese beiden Faktoren wirkten sich nachteilig auf die Verwaltung der betreffenden Gebiete aus.[43] Im Juni erteilte Clay als stellvertretender Militärgouverneur die Genehmigung zur Verstärkung der 250 regulären[44] Dienststellen der Militärregierung, die Verbänden der 3. und 7. Armee angegliedert waren, und schuf weitere 200 provisorische Dienststellen, deren Personal schon über gewisse Erfahrungen auf diesem Gebiet verfügte. Aber nach Einrichtung dieser Dienststellen setzte sich bei USFET die Auffassung durch, daß es richtiger wäre, weniger aber größere Abteilungen zu schaffen. So wurden die provisorischen Dienststellen aufgelöst, und das Personal ging zu den regulären Stammeinheiten zurück. Im Sommer 1945 verdoppelte sich die Personalstärke der einzelnen regulären Dienststellen der Militärregierung. Diese Maßnahme hatte Vor- und Nachteile. So weit die Offiziere, die jetzt hinzugekommen waren, über entsprechende Erfahrungen verfügten, ließ sich die Arbeit auf bestimmten Spezialgebieten intensivieren. Aber oft fehlte es den neuen Männern an der entsprechenden Ausbildung, und in solchen Fällen war es nicht möglich, ihnen die Verantwortung für die selbständige praktische Arbeit zu übertragen. Oft kam es zu Unklarheiten über die Pflichten und Funktionen der Militärregierung. Clay hatte wiederholt erklärt, daß die Aufgabe der amerikanischen Militärregierung nach seiner Auffassung nicht darin bestand, selbst zu regieren, sondern die deutschen Regierungsbehörden zu beaufsichtigen. Die amerikanischen Streitkräfte waren nach seiner Meinung nicht in der Lage, das für alle Verwaltungsaufgaben notwendige Personal zur Verfügung zu stellen. Aber in vielen Fällen war es schwierig, für diese Aufgaben geeignete Deutsche zu finden, die nicht nazistisch belastet waren, und dann mußten die Büros der Militärregierung die Bearbeitung solcher Sachgebiete länger übernehmen als es wünschenswert gewesen wäre. Während dieser ganzen Zeit galt die Hauptsorge von Clay den Beziehungen zwischen den Büros der Militärregierung und den Stäben der Feldtruppe. Wenngleich die Feindseligkeiten beendet waren, blieben die Kommandos der Militärregierung den taktischen Verbänden unterstellt. Die Verantwortungsbereiche der taktischen Verbände und der Büros der Militärregierung waren nicht klar voneinander getrennt, und daher kam es oft zu ernsten Konflikten. Besonders peinlich war es, wenn diese Konflikte vor den Augen der Deutschen ausgetragen wurden. In einem Fall, der Clay gemeldet wurde, hatten die Beamten einer deutschen Stadtverwaltung ihre Militärregierung offiziell gebeten, keine Befehle zu erlassen, ohne daß sie vorher vom Hauptquartier der amerikanischen Division genehmigt worden seien.[45] Schon Hilldring hatte in einem Brief an Clay vorausgesagt,[46] daß sich die Leiter der einzelnen Militärregierungsbüros, die bestenfalls im Oberstenrang standen, in keiner beneidenswerten Position befanden, wenn sie in unmittelbarer Nähe eines höheren Stabes arbeiten mußten, der unter dem Kommando eines Generalmajors stand.

Clay wußte, jetzt war die Zeit gekommen, mit diesem Problem fertig zu werden. Im Mai hatte er sein Hauptquartier nach Hoechst in die Nähe von Frankfurt verlegt. Dort war die USGCC in einem von den Bombenangriffen verschonten I. G.-Farbengebäude untergebracht, das Drew Middleton[47] als groteske Kulisse für eine Filmkomödie bezeichnet hat. Clay verfügte über ein zweites Büro bei SHAEF in Frankfurt und benutzte auf den Fahrten zwischen Frankfurt und Hoechst eine kleine Plymouth-Limousine. Am 21. Juni fand bei SHAEF auf seine Veranlassung eine Besprechung statt,[48] auf der Clay den Armeebefehlshabern sagte, nach Auffassung des Kriegsministeriums wären die Aufgaben der Militärregierung in einem besetzten Land nichts für Soldaten, die sie aus diesem Grunde nur so lange wahrnehmen sollten wie dies aus militärischen Gründen unbedingt erforderlich sei. „Die Verantwortung sollte, sobald das praktisch durchführbar ist, der politischen Seite übertragen werden." Um dies zu ermöglichen, würden in die gegenwärtige Organisation der Militärregierung hochqualifizierte Zivilisten aufgenommen. Das galt nicht nur für die USGCC, sondern auch für die Abteilung G-5 von SHAEF (später USFET). Am Schluß sei es beabsichtigt, die ganze Organisation dem Außenministerium zu unterstellen und die Armee von der Verantwortung für die Regierung in Deutschland zu entlasten.

Nachdem der stellvertretende Militärgouverneur die Armeebefehlshaber darauf vorbereitet hatte, daß die Armee die Zuständigkeit für die Militärregierung in absehbarer Zeit würde abgeben müssen, versicherte er ihnen, daß sich die USGCC bis hinunter zu den Militärbezirken der 3. und 7. Armee an den üblichen Militärdienstweg halten werde. Er verlangte jedoch energisch, daß die taktischen Verbände mit den Kommandos der Militärregierung unterhalb der Ebene der Bezirke zusammenarbeiten sollten. Er sagte: „Das ist bisher nicht geschehen.“ Eine Woche nach dieser Besprechung schrieb Clay an McCloy und wies noch einmal darauf hin, daß seine Hauptaufgabe nach seiner Auffassung darin bestünde, eine aus Zivilisten bestehende Aufsichtsbehörde für Deutschland zu schaffen.[49]

Die Demobilisierung der amerikanischen Streitkräfte nach dem Zweiten Weltkrieg erfolgte übereilt, und daraus entstanden, wie nicht anders zu erwarten, zahlreiche Probleme. Zu den folgenschwersten gehörten die Schwierigkeiten, die sich für die Militärregierung in Deutschland ergaben. Am Tag des Sieges in Europa standen 61 amerikanische Divisionen in Deutschland. Die Gesamtstärke der amerikanischen Streitkräfte in Europa betrug damit 3 Millionen Mann. Das Kriegsministerium hatte damit gerechnet, anderthalb Millionen Soldaten vom europäischen Kriegsschauplatz in den Pazifik zu verlegen und weitere 600.000 Mann zur Entlassung in die Vereinigten Staaten zu schicken. Die restlichen 900.000 Mann sollten in Europa bleiben und die Besatzungsarmee bilden. Nach den Instruktionen aus Washington sollten die in den pazifischen Raum zu verlegenden Verbände nur aus Soldaten zusammengesetzt sein, die für eine vorzeitige Entlassung am wenigsten in Frage kamen, während diejenigen, die nach den geltenden Bestimmungen am ehesten dafür qualifiziert waren, in die Heimat geschickt werden sollten.[50] Die Kriterien für die Entlassung waren nach den neuesten Sonderbestimmungen vor allem die Länge der Dienstzeit, die Dienstzeit in Übersee und die Kriegsauszeichnungen. Die Umstrukturierung der Streitkräfte begann sofort, und als sich der Druck der öffentlichen Meinung verstärkte, die mit zunehmender Lautstärke forderte, „bringt die Jungs nach Hause“, nahm die Zahl der zur Entlassung in die Vereinigten Staaten verlegten Soldaten jeden Monat drastisch zu. Bis zum 16. August, dem Tag nach der Kapitulation Japans, wurden in erster Linie diejenigen entlassen, die alle Voraussetzungen dafür erfüllten. Anschließend ließen sich jedoch die lautstarken Forderungen in den Vereinigten Staaten nach einer raschen Demobilmachung nicht mehr unterdrücken. Die Stimmung im amerikanischen Volk zeigte sich sogar in Deutschland, wo Soldaten vor dem Hauptquartier von USFET mit Plakaten demonstrierten, die die Aufschrift trugen, „wir wollen nach Hause“. Ein Offizier aus dem Stabe von Clay sagte dazu: „Noch vor wenigen Monaten wäre das Meuterei gewesen – jetzt waren es nur ein paar anständige Burschen, die sich zusammengefunden hatten, um Dampf abzulassen.“ Die Auflösung der amerikanischen Streitkräfte beschleunigte sich immer mehr. Im August bestand die Besatzungsarmee nur noch aus 370.000 Mann, und alles deutete darauf hin, daß sich die Zahl noch weiter verringern würde. Qualität und Leistungsfähigkeit der Truppe konnten nicht mehr berücksichtigt werden. Ob der einzelne in Europa bleiben mußte oder nach Hause geschickt wurde, hing nur noch davon ab, wieviele Punkte er nach dem geltenden System für sich verbuchen konnte.[51] Clay hatte sich darum bemüht, daß die Offiziere der Militärregierung, die für Sonderaufgaben eingesetzt waren, nicht nach dem Punktsystem entlassen wurden, aber die meisten von denen, die die geforderten Bedingungen erfüllten, waren trotzdem bald auf dem Weg in die Heimat, und es gab nur wenig qualifizierten Ersatz für sie. Im November waren 2 Millionen Soldaten aus dem Heeresdienst entlassen. Der Plan, aus 10 Divisionen bestehende Besatzungsstreitkräfte aufzustellen, konnte nicht verwirklicht werden, und es blieben nur noch 1½ Divisionen in Deutschland. In einem Bericht über die Einsatzbereitschaft dieser Truppen, der im Herbst 1945 auf Clays Schreibtisch lag, hieß es, „eine ausgebildete Truppe, die aus aufeinander abgestimmten Infanterieverbänden, Panzertruppen, Luftstreitkräften und Hilfstruppen zusammengesetzt ist, existiert nicht mehr. Deshalb sind die Streitkräfte auf diesem Kriegsschauplatz heute nicht in der Lage, größere Offensivoperationen durchzuführen." Die Fähigkeit, begrenzte Verteidigungsaufgaben zu übernehmen, wurde etwas günstiger beurteilt.[52]

Die amerikanische Armee, die Westeuropa befreit hatte, hatte aufgehört zu existieren. Ein scharfsichtiger Beobachter hat von Lucius Clay gesagt, er sei „nach Geburt und Veranlagung ein altmodischer Liberaler im Geiste Jeffersons".[53] Und als solcher bedeuteten ihm die demokratischen Grundwerte der Republik, der er diente, zu viel, als daß er die Autorität einer von der Mehrheit der Nation erhobenen Forderung hätte in Frage stellen können. Andererseits waren es die gleichen demokratischen Überzeugungen, die seinen Ärger schürten, als sich die Berichte über die schlechte Führung einiger Elemente der in Europa verbliebenen amerikanischen Truppen häuften. Clay gehörte einer alten, gesellschaftlich angesehenen Familie aus dem amerikanischen Süden an, und die meisten dieser Familien hatten nach dem Bürgerkrieg unter den Übergriffen der Besatzungstruppen aus dem Norden gelitten. Die Berichte über Plünderungen, Raub, Willkür, Brutalität und Vergewaltigungen, die Clay jetzt zu lesen bekam, erinnerten ihn nur allzu deutlich an eine traumatische Phase in der Geschichte seiner eigenen Familie.[54] Die Militärregierung war zwar nicht für die Disziplin der amerikanischen Besatzungsstreitkräfte verantwortlich, denn sie unterstanden der militärischen Führung. Als Clay daher im März 1947 neben seinen Pflichten in der Militärregierung auch das Kommando über die Kampftruppe übernahm, hielt er es für eine seiner wichtigsten Aufgaben, die Moral und Disziplin der Truppe so rasch wie möglich wiederherzustellen.

Die Verfasser des Handbuchs hatten richtig vorausgesehen, daß eines der schwierigsten Probleme, mit denen es die Besatzungsarmeen zu tun haben würden, die Versorgung der deutschen Bevölkerung mit Lebensmitteln sein werde. Das galt insbesondere für die Westzonen, die immer von den landwirtschaftlichen Gebieten im Osten abhängig gewesen waren, und die befanden sich jetzt in russischen und polnischen Händen. Die vier Besatzungsmächte hatten sich von Anfang an um eine Intensivierung der Landwirtschaft bemüht, aber jeder wußte, daß man mit einem harten Winter zu rechnen hatte. In ganz Europa waren die Lebensmittel knapp, aber SHAEF begann trotzdem schon im Juni, Weizen nach Deutschland zu liefern. Clay konnte nicht daran zweifeln, daß der Erfolg seiner Mission zu einem nicht unbedeutenden Teil auch davon abhängen würde, ob es ihm gelänge, Lebensmittelimporte für Deutschland zu organisieren und die finanzielle Unterstützung des amerikanischen Kongresses dafür zu gewinnen.

Der einzig positive Aspekt der Lebensmittelknappheit war ihre Auswirkung auf die Entlassung deutscher Kriegsgefangener. Bei Kriegsende befanden sich fast 5 Millionen Kriegsgefangene und entwaffnete feindliche Soldaten in den Händen von SHAEF. Eine Zeitlang wurden diese Gefangenen aus erbeuteten Wehrmachtsbeständen verpflegt. Aber als die Vorräte erschöpft waren und amerikanische Bestände angegriffen werden mußten, beschloß man, die Entlassung der Kriegsgefangenen zu beschleunigen.[55] Auf Empfehlung von Clay entließ man zuerst landwirtschaftliche Arbeiter, Bergleute, Transportarbeiter und Angehörige anderer Schlüsselberufe. Ende Juni genehmigte SHAEF offiziell, was die Armee bereits praktizierte. Jetzt durften alle Kriegsgefangenen mit Ausnahme derjenigen entlassen werden, die zu dem Personenkreis gehörten, der automatisch interniert wurde.

Doch die Probleme, die durch das Vorhandensein von 5 Millionen alliierten und neutralen verschleppten Personen (DP) entstanden, ließen sich nicht so rasch lösen und waren Anlaß für ernste Besorgnisse des stellvertretenden Militärgouverneurs. Die Kriegspropaganda der Alliierten hatte das schwere Schicksal der zur Zwangsarbeit nach Deutschland verschleppten Personen so sehr in den Vordergrund gestellt, daß ihre Befreiung zu einem wichtigen Kriegsziel wurde. Das große Interesse der Öffentlichkeit an dieser Frage beeinflußte daher entscheidend das Verhalten der amerikanischen Besatzungsarmee. Die Direktive JCS 1067 der Vereinigten Stabschefs verlangte, „dafür zu sorgen, daß verschleppte Personen aus den Vereinten Nationen versorgt und repatriiert werden". Während die Deutschen mit einer Tagesration von 1.000 Kalorien auskommen mußten, erhielten die verschleppten Personen in der amerikanischen Zone auf Veranlassung von Clay 2.000 Kalorien täglich, und zwar auch, wenn dazu auf Heeresbestände zurückgegriffen werden mußte. Die Tatsache, daß in Übergangslagern untergebrachte verschleppte Personen nicht die Möglichkeit erhielten, sich frei zu bewegen, erregte das Mißfallen höherer Stellen, und das führte zu ernsten Schwierigkeiten in den Lagern selbst. Für die Westeuropäer war es relativ einfach, in ihre Heimat zurückzukehren. Die meisten von ihnen verließen Deutschland, sobald die dazu notwendigen Transportmittel zur Verfügung standen. Die Repatriierung von Millionen Russen (die in vielen Fällen gegen ihren Willen erfolgte) in Verbindung mit der gleichzeitigen Rückkehr gefangener amerikanischer und britischer Soldaten erforderte jedoch langwierige und nicht immer in freundschaftlicher Atmosphäre verlaufende Gespräche mit einer sowjetischen Verhandlungsdelegation. Ende September waren bis auf etwa 600.000 alle verschleppten Personen repatriiert worden, aber die Zurückbleibenden wurden zu einem besonderen Problem. Viele von ihnen waren Juden, die sich nicht repatriieren ließen. Sie lebten ohne Beschäftigung in verwahrlosten, überfüllten Unterkünften, geplagt von Erinnerungen an die Zeit der grausamen Unterdrückung einer ungewissen Zukunft entgegen, und da sie gegenüber der deutschen Polizei praktisch immun waren, nahm die Kriminalität unter ihnen zu. Hier befand sich Clay in einem Dilemma. Die Öffentlichkeit in den Vereinigten Staaten nahm regen Anteil an ihrem Schicksal, und alle gegen sie ergriffenen restriktiven Maßnahmen lösten kritische Kommentare in den Medien aus.

Clay selbst war überzeugt, daß sie furchtbar gelitten hatten, und lehnte es ab, sie der deutschen Gerichtsbarkeit zu unterstellen, was er für schlimmer hielt, als die Disziplinlosigkeit und Kriminalität in den Lagern.[56] Die jüdischen DPs stellten ihn, wie er sich später erinnerte, vor ein besonderes disziplinarisches Problem:

„Sie beachteten die Deutschen Gesetze nicht. Sie haßten Soldaten. Das Militär war für sie die Verkörperung der Unterdrückung, und wir waren die einzigen – unsere Militärpolizei –, die sich ihnen gegenüber durchsetzen konnten, wenn sie in Schwierigkeiten gerieten. Das war ein großes Problem für uns. Deshalb bat ich meinen (jüdischen) Berater, mit einer Gruppe von führenden Persönlichkeiten aus den Lagern zu mir zu kommen. Ihnen sagte ich: ‚Ich gewähre Ihnen eine möglichst weitgehende Selbstverwaltung. Ich setze Sie als Ausschuß ein, und Sie bestimmen, wer in den Lagern die Verantwortung übernehmen soll. Sie stellen in den Lagern Ihre eigene Polizei. Wenn Ihre Leute in die Stadt gehen, dann soll Ihre Polizei sie beaufsichtigen. Wenn sie sich schlecht betragen, dann soll diese Polizei sie festnehmen und ins Lager zurückbringen.' Diese Methode bewährte sich. Ich will nicht sagen, daß sie sich hundertprozentig bewährt hat, denn das gibt es nicht, aber sie hat sich bewährt. Wir hatten die Situation jetzt so fest in der Hand wie nie zuvor. Wenn wir unsere Militärpolizei beauftragt hätten, sie festzunehmen, dann hätte das in Amerika Schlagzeilen gemacht. AMERIKANISCHE SOLDATEN DRINGEN IN JÜDISCHES LAGER EIN. Man hätte so getan, als wären die Nazis wieder am Werk. Die neue Regelung war für uns am günstigsten."

Als die deutsche Wehrmacht kapitulierte, waren britische und amerikanische Verbände weit in das Gebiet vorgestoßen, das der Sowjetunion zugeteilt worden war. Churchill hatte mit dieser Entwicklung gerechnet. Seine außenpolitischen Auffassungen entsprachen der pragmatischen Tradition von Downing Street, und es war für ihn fast unvorstellbar, auf strategische Vorteile zu verzichten, die man im Kriege gewonnen hatte, ohne sicherzustellen, daß ein möglicher Gegner Zugeständnisse entsprechend honorierte. Er hatte Truman schon im April gesagt, die in die russische Zone vorgestoßenen britischen und amerikanischen Truppen dürften nicht abgezogen werden, ehe alle die Besetzung Deutschlands betreffenden Fragen geklärt seien. Eine dieser Fragen war die Lebensmittelversorgung für ganz Deutschland. Ein britisches Aide-mêmoire bezeichnete die Behandlung Deutschlands als

Wirtschaftseinheit und die Bedingungen für die Besetzung Österreichs als zwei der wichtigsten Fragen.[57]

Doch die Vorstellungen Churchills entsprachen nicht den von Präsident Wilson geprägten Grundsätzen, die für die Diplomatie der Vereinigten Staaten im 20. Jahrhundert maßgebend gewesen waren, und auch die Meinungen im amerikanischen Außenministerium gingen in diesen Fragen auseinander. General Eisenhower in Deutschland drängte auf eine baldige Errichtung des Kontrollrats und setzte sich für den raschen Abzug der amerikanischen und britischen Truppen aus der sowjetischen Zone ein. Die amerikanische Neigung, eine unangenehme Sache möglichst bald hinter sich bringen zu wollen, hat sicher auch eine Rolle dabei gespielt. London wurde davon unterrichtet, daß die Vereinigten Staaten bereit seien, den Truppenabzug noch etwas hinauszuschieben, daß der Kontrollrat jedoch sofort zusammentreten sollte. Sollten die Sowjets jedoch darauf bestehen, die Truppen vorher abzuziehen, würden sich die Vereinigten Staaten verpflichtet fühlen, es zu tun.[58] Der amerikanische Botschafter in London, John Winant, wurde daher angewiesen, alles in die Wege zu leiten. Auf der nächsten Sitzung der Europäischen Beratenden Kommission empfahl er, als dieses Problem zur Sprache kam, den vier Regierungen, ihre Truppenbefehlshaber sollten am 1. Juni in Berlin zusammenkommen, die Deklaration über die Kapitulation Deutschlands und die Übernahme der Regierungsgewalt durch die Alliierten unterzeichnen und den Kontrollrat bilden. Zugleich sollten sie das Protokoll über die Besatzungszonen und die Kontrollverwaltung in Kraft setzen.

Im Stab der USGCC war man sich der Tatsache bewußt, daß es in der Vereinbarung, die man im Rahmen der Europäischen Beratenden Kommission getroffen hatte, keine Bestimmungen über den Zugang nach Berlin gab. Bei den Vorbesprechungen für das Treffen der vier Befehlshaber bei SHAEF soll Clay – der sich auch hier als „Sturmvogel" erwies – gesagt haben, er werde dem Oberbefehlshaber raten, die Deklaration nicht zu unterzeichnen, wenn die Russen den Westalliierten nicht das unwiderrufliche Recht zugestanden, die nach Berlin führenden Straßen, Eisenbahnlinien und Nachrichtenverbindungen zu benutzen.[59] Es gibt jedoch keine schriftlichen Unterlagen darüber, daß Clay Eisenhower diesen Vorschlag tatsächlich gemacht hat. Das bevorstehende feierliche Treffen in Berlin hätte sich jedenfalls nicht dazu geeignet, die Russen so unter Druck zu setzen, wie Clay es vorhatte.

Die Sowjets gingen am 4. Juni auf die Vorschläge Winants ein, und das Treffen wurde auf den folgenden Tag festgelegt. Der Oberbefehlshaber und sein Gefolge, zu dem auch Clay und Murphy gehörten, trafen am Vormittag in Berlin ein.[60] Montgomery und Lattre de Tassigny, die zwar noch SHAEF unterstanden, benutzten ihre eigenen Flugzeuge, um zu demonstrieren, daß sie hier als selbständige Vertreter ihrer Regierungen auftraten. Bei ihrer Ankunft auf dem von Bombenangriffen schwer beschädigten und erst zum Teil reparierten Flughafen Tempelhof wurden die Amerikaner vom Stellvertreter Schukows, General Wassily Sokolowskij, begrüßt. Auf dem Rollfeld war ein Infanteriebataillon angetreten, der erste sowjetische Truppenteil, den die Amerikaner zu Gesicht bekamen. Mit ihren Stahlhelmen, den geschulterten Waffen mit aufgepflanzten Bajonetten, die in der Sonne glänzten, vermittelten die Russen eher den Eindruck eines ins Gefecht ziehenden Verbandes als einer Paradetruppe. Die Uniformen waren abgetragen, aber die Männer machten einen sauberen Eindruck und befanden sich offenbar in bester Kondition. Auf der Fahrt durch das zerstörte Stadtzentrum spürten die Offiziere überall den Geruch des Todes. Die Abwasserkanäle waren von Leichen und Abfällen verstopft. Die Nazis hatten noch in letzter Minute die U-Bahn-Schächte fluten lassen, und Tausende, die sich dorthin geflüchtet hatten, waren ertrunken.[61] Clay war tief beeindruckt von den Gesichtern der Menschen, die er auf den Straßen sah. Später berichtete er: ,,Im übrigen Deutschland sah man so etwas nicht. Sie sahen wirklich gedrückt, ängstlich und niedergeschlagen aus. Ich nehme an, sie haben beim Einmarsch der Russen Schlimmes erlebt. Und dann die Trümmer – die Zerstörungen waren schlimm, aber so war es auch in vielen anderen Städten. Die Bevölkerung von Berlin dagegen war wirklich geschlagen." In Wendenschloß, einem östlichen Vorort von Berlin, war für jeden westalliierten Befehlshaber eine Villa requiriert worden. Bei einer privaten Zusammenkunft verlieh Eisenhower im Namen seiner Regierung dem sowjetischen Marschall Schukow das Kommandeurskreuz der Legion of Merit und fuhr anschließend in seine Unterkunft, wo er mit dem britischen und französischen Oberbefehlshaber zusammentraf.

Das Vier-Mächte-Treffen sollte um 12.00 Uhr mittags beginnen, aber es vergingen mehrere Stunden, ohne daß sich die Russen meldeten. Als Eisenhower und Montgomery schließlich erklärten, sie würden abreisen und das Dokument nicht mehr unterzeichnen, brachte man sie zum Yachtklub, wo alles für die Zeremonie vorbereitet worden war. Hier erfuhren sie auch den Grund für die Verzögerung. Es war ein Artikel in der Deklaration, der die Sowjets verpflichtet hätte, japanische Staatsangehörige in Deutschland zu internieren, obwohl sich Japan und die Sowjetunion nicht im Kriegszustand befanden. Nun bot Eisenhower den Russen an, diesen Artikel zu streichen, aber damit war die Angelegenheit noch nicht erledigt, denn Schukow mußte in Moskau Rückfrage halten, bevor er der Streichung zustimmte. Während der ganzen Unterredung erwies sich Clay als guter Diplomat und räumte sogar lächelnd ein, daß sich derartige Verzögerungen nicht vermeiden ließen. Einer seiner Offiziere meinte später: ,,Wenn das bei meinem Stab passiert wäre, dann wäre ich hinausgegangen und hätte mich erschossen."[62]

Gegen 17.00 Uhr waren die Sowjets endlich so weit, die Deklaration zu unterschreiben. Nach einer kurzen Zeremonie fragte Eisenhower, ob der damit konstituierte Kontrollrat jetzt mit der Arbeit beginnen könnte. Schukow erwiderte, die Stäbe des Kontrollrats müßten so lange warten, bis alle westlichen Truppen aus der sowjetischen Zone abgezogen seien. Er könnte sich mit den die Besetzung Deutschlands betreffenden Fragen erst beschäftigen, wenn er Herr in seiner eigenen Zone sei. Auf die Frage Schukows, wann der Truppenabzug beendet sein werde, sagte Montgomery, das könnte noch drei Wochen dauern. Eisenhower unterbrach das anschließende gemeinsame Essen und erklärte, er müßte zur vorgesehenen Zeit abfliegen. Clay und das Vorauskommando der USGCC durften entgegen ihren Erwartungen nicht in Berlin bleiben. Sie kehrten noch am gleichen Abend nach Frankfurt zurück. Am nächsten Tag entwarf Clay für die Vereinigten Stabschefs einen Bericht über das Treffen.[63] Darin äußerte er die Meinung, daß die Sowjets sich „in irgendeiner Form an dem Kontrollapparat beteiligen würden", aber daß „der Kontrollrat unter Umständen nur zu einem Verhandlungsgremium und keineswegs zu einer Regierung für ganz Deutschland" werden könnte. Wie es seine Gewohnheit war, blickte er schon weit in die Zukunft und fügte hinzu, daß „unsere Regierung jetzt über die möglichen Alternativen zu einer Vier-Mächte-Regierung für ganz Deutschland nachdenken sollte". Zu diesen Möglichkeiten gehörten nach seiner Ansicht eine Drei-Mächte-Regierung oder eine unabhängige Verwaltung der amerikanischen Zone. Er wies aber ausdrücklich darauf hin, daß beide Alternativen keine Ideallösungen seien.

Da der Zeitpunkt des Truppenabzugs noch nicht festgelegt war, unternahm Churchill einen letzten Versuch, ihn hinauszuzögern. Man durfte jedoch weder von dem neuen unerfahrenen Präsidenten (Truman) noch von dem kriegsmüden amerikanischen Volk erwarten, daß sie sich wirklich auf harte Verhandlungen mit der Sowjetunion einlassen würden. Das einzige Zugeständnis Trumans gegenüber Churchill war ein kurzer Satz in der an den Kreml gerichteten Note zum Truppenabzug, in dem es hieß, daß der Präsident „die Regelung des österreichischen Problems für ebenso dringend hält wie die Deutschland betreffenden Fragen". Churchill hat später dazu gesagt: „Das war für mich ein böses Omen, aber ich hatte keine andere Wahl und mußte nachgeben."[64] Stalin, der etwas vom politischen Geschäft verstand, begriff sofort, worum es hier ging, und die Österreich betreffenden Fragen wurden in kürzester Zeit gelöst. Der Abzug der britischen und amerikanischen Truppen begann am 1. Juli, und zehn Tage später hatten die amerikanischen Streitkräfte alle Gebiete geräumt, die nicht zur amerikanischen Besatzungszone gehörten.

Zur Regelung der noch offenen Fragen fanden drei weitere Besprechungen mit Marschall Schukow statt. Die Vereinigten Staaten wurden dabei jedesmal von General Clay vertreten. Am 29. Juni regelten er und Generalleutnant Sir Ronald Weeks im Auftrage von Montgomery die Einzelheiten des Abzugs ihrer Truppen, wobei britische und amerikanische Streitkräfte 41.000 Quadratkilometer der sowjetischen Besatzungszone räumten und dafür 480 Quadratkilometer in Westberlin eintauschten, die in die britischen, französischen und amerikanischen Sektoren aufgeteilt wurden.[65] Schukow, den Clay als freundlich und humorvoll charakterisierte, erklärte, je schneller die amerikanischen und britischen Divisionen die sowjetische Besatzungszone räumten, desto eher könnten Amerikaner und Briten ihre Truppen nach Berlin verlegen. Zunächst waren für die Räumung der Sowjetzone neun Tage angesetzt worden, aber jetzt wurde diese Frist auf vier Tage verkürzt. Der nächste Tagesordnungspunkt war die Verlegung alliierter Truppen nach Berlin. Marschall Schukow sagte, ihm lägen Anforderungen für drei Eisenbahnlinien, zwei Straßen und zwei Luftkorridore vor. Nach seiner Auffassung genügten für die Versorgung von nur 50.000 amerikanischen und britischen Soldaten eine Eisenbahnlinie und eine Straße. Clay und Weeks waren sich der Tatsache bewußt, daß über den Zugang nach Berlin im Rahmen der Europäischen Beratenden Kommission keine Vereinbarungen getroffen worden waren, und deshalb bestanden sie energisch auf ihrer Forderung. Als Clay erklärte, der Zugang müßte unbeschränkt sein, erwiderte Schukow, das könnte er nicht verstehen. Für ihn wie für alle Russen, die seit jeher gewohnt waren, daß jeder Schritt eines Ausländers auf russischem Gebiet überwacht werden mußte, war das Verlangen nach unbeschränktem Zugang unverständlich. Er wiederholte deshalb sein Angebot, den Westalliierten eine Straße, eine Eisenbahnlinie und einen 32 Kilometer breiten Luftkorridor zuzugestehen. Nach einigem Hin und Her gingen der amerikanische und der britische stellvertretende Militärgouverneur auf den russischen Vorschlag ein und wahrten das Gesicht damit, daß sie erklärten, die Frage des Zugangs nach Berlin könnte durch Verhandlungen im Kontrollrat endgültig geklärt werden. Als Schukow vorschlug, die Vereinbarungen schriftlich festzulegen, weigerte sich Clay, weil er glaubte, „damit würden einer Gesamtlösung Grenzen gesetzt". Er sagte Jean Smith: „Ich wäre höchstens darauf eingegangen, wenn vereinbart worden wäre, daß nach 30 oder 60 Tagen alle Straßen und Eisenbahnlinien geöffnet würden. Andernfalls hätte ich den Eindruck erweckt, diese Beschränkungen gutzuheißen."[66] In seinen Erinnerungen hat Clay die Verantwortung dafür übernommen, daß es zu keiner schriftlichen Vereinbarung gekommen ist, das Angebot von Marschall Schukow jedoch nicht erwähnt.[67]

Bei diesen Gesprächen blieben die persönlichen Beziehungen kühl. Als Clay dem sowjetischen Marschall eine neue Beretta-Pistole schenkte, in die die Worte „von General Clay für General Schukow" eingraviert waren, warf Schukow nur einen kurze Blick darauf und reichte sie seinem Adjutanten, der sie in einen Seesack stopfte. Der mit Clay befreundete Jim O'Donnell meinte dazu: „Für einen Gentleman der alten Schule aus dem amerikanischen Süden war das eine Demütigung."[68]

Auf der nächsten Konferenz mit Schukow wurde die Vier-Mächte-Verwaltung Berlins behandelt. Sie verlief ebenso unbefriedigend. Nach ihrem Eintreffen aus Frankfurt am 7. Juli fuhren Clay und Murphy vom Flughafen Tempelhof zum britischen Hauptquartier und trafen dort mit der britischen Delegation zusammen. In ihrer Begleitung befanden sich auch General Floyd L. Parks, der eben ernannte amerikanische Stadtkommandant von Berlin, und Oberst Frank Howley, ein hartgesottener Werbefachmann aus

Philadelphia, der nun das Kommando über die für Berlin zuständige Behörde der Militärregierung übernehmen sollte. Vor ihrer Abfahrt zu den Russen nach Karlshorst besprachen sich die Generäle, während Howley im Vorzimmer wartete.[69] Als er hereingerufen wurde, sah er, daß sie über den von ihm und Parks entworfenen Plan für die Kommandantur gesprochen hatten. Wie Howley berichtet, sagte Clay dem General Parks ,,in recht grober Form", daß ihm der Plan, der vorsah, daß die einzelnen Sektoren getrennt verwaltet werden sollten, nicht gefiele. Clay verlangte, daß alle Berlin betreffenden Probleme gemeinsam von allen Besatzungsmächten behandelt werden sollten. Nachdem Howley eine Zeitlang schweigend zugehört hatte, meldete er sich zu Wort und erklärte, niemand hätte beabsichtigt, ,,im amerikanischen Sektor ein kleines Imperium zu gründen". Es gäbe aber eine ganze Reihe von Fragen, die sich nicht gemeinsam lösen ließen, zum Beispiel kirchliche oder Schulprobleme. Er sagte: ,,Die Briten, Franzosen und Amerikaner werden sich vielleicht über eine Million Fragen einigen können, aber es wird viele Probleme geben, bei denen wir nicht die Zustimmung der Russen erhalten werden." Clays Augen wurden, wie seine Mitarbeiter zu sagen pflegten, ,,stählern".[70] ,,Sie irren sich", erklärte er kategorisch. ,,Ich bin eben aus Washington zurückgekommen, und es ist die eindeutige Absicht unserer Regierung, Berlin gemeinsam mit den anderen Verbündeten zu verwalten." Wie Clay selbst zu diesem Problem gestanden hat, wissen wir nicht. Es steht jedoch fest, daß er entschlossen war die Absichten seiner Regierung zu verwirklichen. Howley beschreibt die Szene wie folgt:

,,Die Amerikaner saßen an der rechten, die Briten an der linken Seite des Tisches. Keine der beiden Delegationen hatte irgendwelche Fachleute mitgebracht. Schukow eröffnete sofort die Sitzung. Er sagte: ,Nun, meine Herren, wollen wir mit der Arbeit beginnen?' Beide Delegationen schienen überrascht. Wenn sie geglaubt hatten, daß die Konferenz mit einem zwanglosen Gespräch beginnen würde, dann wurde ihnen diese Illusion sofort genommen. Offensichtlich hatten sich weder Briten noch Amerikaner auf die Konferenz vorbereitet. Wir hatten keinen Plan. Das gleiche traf für die Briten zu, die ihren Sektor viel später übernommen hatten als wir. Und der erste Tagesordnungspunkt war die Errichtung einer Kommandantur.

Die Vertreter Großbritanniens und der Vereinigten Staaten waren noch überraschter, als Schukow ein Blatt Papier auf den Tisch legte und der schweigenden Versammlung zynisch einen Plan für die Struktur und Arbeitsweise der Kommandantur vorlas, nach dem selbstverständlich auch das Vetorecht eingeräumt werden sollte: ,Die Beschlüsse sind einstimmig zu fassen'. Mit einigen Verallgemeinerungen versuchten Briten und Amerikaner vergeblich, die Tatsache zu verschleiern, daß sie keine konkreten Vorschläge machen konnten. Schließlich wendete sich Clay, der ein Exemplar des Plans bekommen hatte, an Parks und fragte: ,Sind diese Übersetzungen korrekt?'

Parks wendet sich an mich. ,Frank', sagte er, ,lassen Sie das bitte durch die

Dolmetscher überprüfen.‘ Ich ging mit den Dolmetschern ins Nebenzimmer, als die Russen plötzlich feststellten, daß ich Oberst war. Auch der russische Offizier war ein Oberst. Das war eine unmögliche Situation. Deshalb wurde der Oberst jetzt von einem Ein-Sterne-General abgelöst. Das war typisch für die Russen. Ihr Vertreter mußte einen jeweils höheren Rang einnehmen. Als ich in das Konferenzzimmer zurückkam, übergab ich General Clay das Blatt Papier, er wendete sich halb um und fragte: ‚Ist es in Ordnung?‘ ‚Nun ja‘, sagte ich, ‚als juristisches Dokument stinkt es, aber im allgemeinen behandelt es die gleichen Fragen, über die Sie hier sprechen; es ist schon in Ordnung.‘

Clay nahm seine Feder heraus und setzte seine Unterschrift unter das Dokument. Offenbar hatte er nicht die Absicht, sich über die Interpunktion oder irgendetwas anderes zu streiten. Wir stimmten also den Russen zu und waren bereit, die Arbeit zu den von ihnen vorgeschlagenen Bedingungen zu beginnen. Ich glaube, das zeigte deutlich, welcher politischen Linie wir in den nächsten Monaten in Berlin folgen sollten. Wir versuchten dabei fast alles, um das Vertrauen der Russen zu gewinnen, ihr Mißtrauen abzubauen und sie davon zu überzeugen, daß wir ihre Freunde waren.“

Die zweite Überraschung für die Vertreter der Westalliierten war das Verlangen Schukows, daß sie die Verantwortung für die Versorgung ihrer Sektoren mit Lebensmitteln und Kohle übernehmen müßten. Howley fährt fort:

„‚Nun, meine Herren, werden wir über die Lebensmittel und die Kohle sprechen, mit denen Sie Berlin versorgen werden‘, erklärte Schukow.

Ein eisiger Windstoß aus der russischen Steppe fegte durch das Zimmer. Der amerikanische und der britische Befehlshaber blickten sich verwirrt an, bewahrten aber ihre Haltung. Dies war das erste Mal, daß die Russen die Erwartung aussprachen, Briten und Amerikaner sollten Berlin mit Lebensmitteln und Brennmaterial versorgen. Bei SHAEF hatten wir erfahren, daß die Russen für die Versorgung Berlins mit Lebensmitteln verantwortlich seien.

‚Wie Sie wissen, gibt es weder in der amerikanischen noch in der britischen Zone einen Überschuß an Lebensmitteln‘, sagte Clay den Russen. Um die Stimmung etwas aufzulockern fügte er scherzend hinzu: ‚Ich kann Ihnen Berge, aber keine Kohle geben. Und dafür ist General Weeks verantwortlich.‘ Schukow lächelte, beendete das Geplänkel aber sofort und sagte: ‚Was ich wissen will, meine Herren, ist, wann werden Sie mit der Lieferung beginnen? Ich denke, in dieser Angelegenheit darf es keine Zweideutigkeiten geben.‘“[71]

Weder Clay noch sein britischer Kollege hatten die Vollmacht, auf diese Forderung einzugehen, und deshalb wurde für den 10. Juli eine neue Sitzung anberaumt. Trotz seiner Offenheit hatte Howley augenscheinlich einen guten Eindruck auf Clay gemacht, denn vor seinem Abflug nach Frankfurt sagte der General einem Adjutanten, der für die Unterkünfte verantwortlich war, er sollte Howley nicht ,,wie irgendeinen beliebigen Oberst" behandeln.[72]

Nachdem die Frage der Versorgung mit Lebensmitteln und Kohle zur Zufriedenheit Schukows gelöst war, legte Clay auf der folgenden Konferenz die Papiere über die Gliederung der alliierten Kontrollbehörde vor. Obwohl der Entwurf auf der Grundlage einer Vier-Mächte-Vereinbarung in London entstanden war, erklärte Schukow, er brauche, bevor er seine Zustimmung geben könne, die Genehmigung Moskaus.[73] Die erste Sitzung des Kontrollrats fand am 30. Juli statt, aber auch jetzt konnte der Kontrollrat wegen sowjetischer Vorbehalte nicht mit seiner Arbeit beginnen. Diesmal behauptete Schukow, das könnte nicht geschehen, bevor die Potsdamer Konferenz erfolgreich zu Ende gegangen sei. Aus diesem Grund konnte die alliierte Kontrollbehörde erst Mitte August ihre Arbeit als aktive Organisation aufnehmen. Sie bestand aus dem Kontrollrat, der sich aus den vier Oberbefehlshabern zusammensetzte, dem Koordinationsausschuß, dem die stellvertretenden Militärgouverneure angehörten, und einem Dutzend Arbeitsdirektorien, ihren Ausschüssen und Unterausschüssen. Wie sich sehr bald herausstellte, kam es im Kontrollrat selbst kaum zu fruchtbaren Verhandlungen. Der Koordinationsausschuß leitete direkt die Arbeit der Gremien, die der alliierten Kontrollbehörde unterstellt waren, und bemühte sich darum, Schwierigkeiten aus dem Wege zu räumen, mit denen diese Dienststellen nicht allein fertig werden konnten. Wenn der Kontrollrat und der Koordinationsausschuß sich nicht einigen konnten, blieb das Problem entweder ungelöst oder wurde den Regierungen vorgelegt. Der Sitz der alliierten Kontrollbehörde war das Kammergericht, ein durch Bomben beschädigtes barockes Gebäude, in dem früher das Oberste Gericht in Preußen untergebracht war. Hier waren viele Deutsche, denen im Juli 1944 vorgeworfen worden war, sich am Attentat gegen Hitler beteiligt zu haben, von einem Volksgerichtshof unter dem berüchtigten Nazirichter Roland Freisler verurteilt worden. Das Gebäude lag im amerikanischen Sektor von Berlin, und an den Fahnenmasten vor dem Haupteingang waren die Fahnen der vier Siegermächte gehißt.

Clay verfolgte sehr aufmerksam die Vorgänge auf der Potsdamer Konferenz und machte sich Gedanken, wie sich die britischen Wahlen auf die britische Außenpolitik und seine eigene Mission in Deutschland auswirken würden. Er kannte die Verhältnisse in Europa nur flüchtig und war tief beeindruckt von der Selbstverständlichkeit, mit der sich die Übernahme der Verantwortung durch die neue Regierung vollzog. Später bemerkte er: ,,Damals habe ich gelernt, die Stabilität der Briten und die Kontinuität ihrer Regierung aufrichtig zu bewundern. Als die Wahlergebnisse bekannt wurden, begannen die Amerikaner in Berlin nervös zu werden. – Dann landete ein Flugzeug mit Attlee und seinen Mitarbeitern und flog mit Churchill und seinem Gefolge wieder nach England zurück. Ein zweites Flugzeug kam mit Bevin und seinem Stab und holte Eden und seine Mitarbeiter ab. Und tatsächlich, die Show ging weiter als wäre nichts geschehen. Man bemerkte nur einen Unterschied im Akzent, und das betraf lediglich Eden und Bevin! Erstaunliche Leute!“[74]

Angesichts des bevorstehenden Endes der Konferenz machte sich der stellvertretende Militärgouverneur Sorgen um die Auswirkungen. JCS 1067, ein unilaterales amerikanisches Dokument und die einzige maßgebende Direktive, nach der sich Clay während der ersten Monate der Besetzung Deutschlands richten konnte, war am 15. Juli, dem Tag der Auflösung von SHAEF, in Kraft getreten. Da es sich um eine Übergangsverordnung handelte, hatte Clay die begründete Hoffnung, daß ihre unangenehmsten Bestimmungen bald modifiziert werden könnten. Als Freeman Matthews und James Riddleberger ihn vom Inhalt der eben abgeschlossenen und die bisher geltenden Bestimmungen aufhebenden Potsdamer Vereinbarungen unterrichteten, stellte er fest, daß dies – wenigstens zum Teil – der Fall war. An die Stelle der in JCS 1067 verfügten Politik des „Hände weg“ trat nun die Aufgabe, ein ausgewogenes Wirtschaftsgefüge zu entwickeln, das es einem vereinten Deutschland ermöglichte, sich aus eigener Kraft zu erhalten. Clay glaubte den beiden Diplomaten jedoch nicht, als sie ihn warnten und sagten, die Sowjets würden die Wiedervereinigung Deutschlands wahrscheinlich nicht zulassen. „Es war ein folgenschwerer politischer Kurswechsel“, meinte er,[75] blieb sich allerdings der Tatsache bewußt, daß andere unerwünschte Aspekte von JCS 1067 sich nicht geändert hatten. Das waren vor allem die radikal reformistischen Bestimmungen der Direktive, und eine im Grunde negative Verfahrensweise. „Schlechte Befehle“, pflegte Clay zu sagen, „aber wir müssen etwas daraus machen.“ Weder er noch die Angehörigen seines Stabes erkannten, daß es noch zwei andere Faktoren gab, die der stellvertretende Militärgouverneur – obwohl sie jeden Fortschritt wesentlich behinderten – nicht beeinflussen konnte. Das waren die unzureichende Kohleförderung im Ruhrgebiet, also im Verantwortungsbereich der Briten, und ein Währungsüberhang in Höhe von 500 Milliarden Reichsmark, dessen inflationäre Auswirkungen in Deutschland zur wirtschaftlichen Lähmung führen mußten.

Nachdem die alliierte Kontrollbehörde geschaffen war und Clay die endgültigen politischen Anweisungen in der Hand hatte, konnte er sich wieder auf die Verwaltungsstruktur in der amerikanischen Besatzungszone konzentrieren. Nach seiner Interpretation der fundamentalen Aspekte seiner Aufgabe mußte er dafür sorgen, daß die amerikanische Besatzungszone im Rahmen eines vereinten Deutschland autark wurde. Er mußte eine Übergangsorganisation schaffen und möglichst viele sachkundige zivile Mitarbeiter finden, und er mußte den Deutschen, so weit dies technisch und politisch durchführbar war, so rasch wie möglich die Verantwortung für die örtlichen Verwaltungsaufgaben übertragen. Da es also vor allem darauf ankam, die Autorität der Militärregierung zu transferieren und ihren Zuständigkeitsbereich bald von dem der Besatzungsarmee zu trennen, schien es dringend notwendig zu sein, die administrativen Verantwortlichkeiten in einer Hand zusammenzufassen.

Im Herbst 1945 hatte sich die amerikanische Feldarmee aufgelöst, und die meisten Soldaten waren nach Hause gegangen. Millionen deutscher Kriegsgefangener waren entlassen. Millionen von Flüchtlingen aus dem Osten waren behelfsmäßig untergebracht, und Millionen von verschleppten Personen waren in ihre Heimat zurückgekehrt. Das Verkehrs- und Transportsystem in Deutschland war zum Teil wiederhergestellt worden. Eine gewisse Normalität schien sich am Horizont abzuzeichnen. Nachdem Clay innerhalb des bestehenden Rahmens den ganzen Sommer über gearbeitet hatte, hielt er die Zeit für gekommen, seine organisatorischen Pläne zu verwirklichen. Ohne seine weit gesteckten Ziele in der militärischen Bürokratie aus dem Auge zu verlieren, hatte er schon vorher dafür gesorgt, daß sein alter Freund und ehemaliger Mitstudent, General Clarence L. Adcock, zum Leiter der wichtigen Abteilung G-5 bei USFET ernannt wurde. Zwar war Adcock hier Bedell Smith unterstellt, aber er sorgte dafür, daß Clay über alle wichtigen Fragen auf dem laufenden gehalten wurde.[76] Später sagte Clay: „General Smith war viel zu klug, um nicht zu wissen, was hier vorging; und das entsprach durchaus nicht seinen Wünschen." General Eisenhower stand jedoch hinter Clay und „Smith wußte das sehr gut und wollte es in dieser Frage nicht auf eine Kraftprobe ankommen lassen".[77] Es war tatsächlich eine ungewöhnliche Lage, aber Clay war zufrieden. Er wollte – wenn auch indirekt – Einfluß auf die praktische Arbeit der Militärregierung haben. Im September kamen Adcock und Clay überein, ihre Stäbe zusammenzulegen. Im Verlauf der folgenden Monate wurde dieses Vorhaben schrittweise verwirklicht. Der U.S. Group CC erhielt die neue Bezeichnung Office of Military Government (U.S.), und aus USFET G-5 wurde das Office of Military Government (U.S. Zone). Von diesem Zeitpunkt an war General Adcock praktisch der Stellvertreter Clays.[78] Die Dienststellen der Militärregierung in der amerikanischen Zone erhielten die Bezeichnung Office of Military Government for Bavaria, Hesse usw. und waren Berlin direkt unterstellt. Es folgten Direktiven, mit denen die Armeen angewiesen wurden, alle Aktivitäten im Zuständigkeitsbereich der Militärregierung aufzugeben, und aus dem Office of Military Government (U.S. Zone) wurde OMGUS REAR. Mit der Versetzung des betreffenden Personals wurde die Umstrukturierung abgeschlossen. Nun hatte Clay die Zügel der Militärregierung fest in der Hand. Zwar versuchte er im Lauf der folgenden Jahre immer wieder, sie an andere zu übergeben, doch gelang ihm dies nicht. Seine wiederholten Pensionierungsgesuche wurden abgelehnt. Das Außenministerium erklärte sich erst im Sommer 1949 bereit, die Verantwortlichkeiten des Kriegsministeriums in den besetzten Teilen Deutschlands zu übernehmen.

2. Kapitel

Die Rahmenbedingungen

„Als wir unsere Arbeit bei OMGUS begannen", schrieb Robert Murphy, Clays politischer Berater, „hatten wir keinen Präzedenzfall, auf den wir uns stützen konnten, um die verschiedenen deutschen, französischen und russischen Probleme zu lösen. Wir mußten ständig improvisieren." ... „Ich war enttäuscht, festzustellen, daß Clay praktisch nichts von Deutschland wußte. Doch in Berlin stellte ich bald fest, daß er viel wertvollere Kenntnisse hatte. Außer seinem technischen Wissen hatte er politisches Fingerspitzengefühl. Eine Kenntnis der Geschichte Deutschlands, seiner vormaligen Finanzlage und Industrien, seiner Vorkriegsprominenz und so fort hätte dem stellvertretenden Militärgouverneur vielleicht nur den Blick verstellt."[1]

Murphy hätte das gleiche über Clays Kenntnis von Europa im allgemeinen sagen können, und seine Schlußfolgerung, daß solche Kenntnisse „dem stellvertretenden Militärgouverneur vielleicht nur den Blick verstellt" hätten, kann bestritten werden. Eine Reihe von Prämissen bestimmten die Rahmenbedingungen, unter denen Clay zu arbeiten hatte. Frühe Vertrautheit mit ihnen hätte nicht nur Clays Aufgabe erleichtert, sondern ihm auch für die künftigen Auseinandersetzungen den Blick geschärft. Die Geschichte der amerikanisch-sowjetischen Beziehungen, die immer durch gegenseitiges Mißtrauen belastet und nur wenigen vertraut war, liefert ein treffendes Beispiel. Sie wird kurz zusammengefaßt.

Die russische Revolution vom März 1917 hatte die Zustimmung der amerikanischen Öffentlichkeit gefunden, weil man glaubte, sie bedeute das Ende der Unterdrückung durch das zaristische Regime. Der sieben Monate später erfolgte sowjetische Aufstand wurde jedoch mit großem Mißtrauen aufgenommen. Als die neue Regierung unter Lenin beschloß, den Krieg gegen den gemeinsamen Feind einzustellen, wurde aus dem Mißtrauen Feindschaft. Großbritannien und Frankreich stellten sich sofort gegen die Bolschewiken und nahmen auf der Seite der weiß-russischen Armee an den Kämpfen teil. Präsident Wilson zögerte dagegen noch mehrere Monate, gab aber schließlich dem Druck seiner Verbündeten nach. 1918 landeten amerikanische Truppen in Murmansk, Archangelsk und Wladiwostok. Amerikanische Historiker rechtfertigten den Einsatz der Expeditionsstreitkräfte in Nordrußland als erfolgreiche Maßnahme zum Schutz wertvoller militärischer Nachschubgüter vor einem drohenden deutschen Angriff. Die gleichen Quellen betonten, die Truppenlandungen in Wladiwostok dienten in erster Linie dem Zweck, den territorialen Ansprüchen Japans einen Riegel vorzuschieben.[2] Was auch immer die Motive der amerikanischen Regierung gewesen sind, aus der Sicht der Bolschewiken war die Intervention ein feindlicher Akt mit dem Ziel, das neue Regime in Zusammenarbeit mit konterrevolutionären und anderen kapitalistischen Kräften zu stürzen. So werden diese Ereignisse auch noch heute in der Sowjetunion beurteilt.

Als man erkennen mußte, daß die Konterrevolution in Rußland gescheitert war, beeilten sich die kapitalistischen Länder in Europa, das neue Regime in Moskau de facto und de jure anzuerkennen. Aber die Vereinigten Staaten weigerten sich, ihrem Beispiel zu folgen. Die Regierung Wilson hielt es nicht für möglich, die neuen Beherrscher Rußlands anzuerkennen, weil „sich das Regime auf die Ablehnung aller Prinzipien der Ehre und des guten Glaubens und der Einhaltung der Bestimmungen stützt, die der ganzen Struktur des internationalen Rechts zugrunde liegen."[3] Nach Auffassung der folgenden drei Regierungen und der gesamten amerikanischen Öffentlichkeit sprachen vor allem auch die Weigerung Rußlands, seine Schulden zu bezahlen, und die Militanz der kommunistischen Propaganda gegen eine Anerkennung.

Nach der Amtseinführung des Präsidenten Roosevelt im Jahr 1933 änderten sich die Voraussetzungen für die diplomatische Anerkennung der Sowjetunion. Das sowjetische Regime war seit fünfzehn Jahren an der Macht, und, wie Roosevelt in einem Gespräch mit Morgenthau erklärte,[4] war es eine wirkungslose Geste, eine fest im Sattel sitzende Regierung nicht anerkennen zu wollen. Nach seiner Auffassung mußte die Frage der Anerkennung im weltpolitischen Rahmen beurteilt werden.[5] Deshalb nahm Roosevelt die Angelegenheit selbst in die Hand und lud Moskau ein, einen Vertreter der sowjetischen Regierung nach Washington zu schicken. Als der sowjetische Beauftragte, Maxim Litwinow, nach Amerika kam, erklärte er nachdrücklich, daß eine Regelung der Kriegsschulden erst erfolgen könnte, nachdem die Vereinigten Staaten die Sowjetunion diplomatisch anerkannt hätten und normale Beziehungen hergestellt worden seien. Das war kein sehr aussichtsreicher Beginn, denn wer die sowjetische Taktik kannte, konnte voraussehen, daß sich die Haltung der Sowjetunion nach der diplomatischen Anerkennung der russischen Regierung höchstwahrscheinlich verhärten würde. Die folgenden bilateralen Gespräche verliefen nach dem gleichen Muster wie alle seither zwischen den Vereinigten Staaten und der Sowjetunion geführten Verhandlungen. Die Amerikaner hatten es eilig, zu einer Vereinbarung zu kommen, während die Russen hartnäckig auf ihrem Standpunkt verharrten. Litwinow erklärte, wenn die Sowjetunion auf die amerikanischen Forderungen nach Rückzahlung der Schulden eingehen würde, müßte man damit rechnen, daß auch Großbritannien und Frankreich ihre Ansprüche von neuem geltend machten. Im übrigen hätte die sowjetische Regierung keine Möglichkeit, etwas gegen die Aktivitäten der KOMINTERN zu unternehmen. Doch die Anerkennung ließ sich jetzt nicht mehr vermeiden, und deshalb erhob sich die schwierige Frage, wie man die Zustimmung der amerikanischen Öffentlichkeit gewinnen könnte. Eine offizielle Note Litwinows an die Adresse des amerikanischen Präsidenten diente diesem Zweck. Sie enthielt feierliche „Zusicherungen" im Hinblick auf die kommunistische Propaganda und erweckte damit den Eindruck, daß die Schwierigkeiten aus dem Wege geräumt seien. Ähnliche Zusicherungen garantierten den rechtlichen Schutz von Amerikanern in Rußland und das Recht der freien Religionsausübung für amerikanische Staatsbürger auf russischem Territorium.[6] Ein vom amerikanischen Präsidenten und Litwninow unterzeichnetes „Gentleman's Agreement" verknüpfte die Rückzahlung der Kriegsschulden mit der Gewährung eines amerikanischen Kredits. Diese Vereinbarung wurde nicht öffentlich bekanntgegeben.[7] Auch erfuhr die amerikanische Öffentlichkeit nichts davon, daß Litwinow den Präsidenten Roosevelt mündlich, aber ausdrücklich gewarnt und gesagt hatte, Rußland könnte für die Aktivitäten der Dritten (kommunistischen) Internationale nicht die Verantwortung übernehmen.[8]

William C. Bullitt, der 1919 als Vertreter der Vereinigten Staaten mit Lenin verhandelt und sich seither um die Wiederaufnahme der Beziehungen zwischen den Vereinigten Staaten und der Sowjetunion bemüht hatte, wurde der erste amerikanische Botschafter in Moskau. Doch angesichts der Realitäten im Umgang mit dem Kreml verflogen seine Sympathien für die Erben Lenins sehr bald. Eine Vereinbarung über die Regelung der russischen Kriegsschulden kam nicht zustande, und die Zusicherungen über eine Einschränkung der kommunistischen Propaganda erwiesen sich als wertlos. Als die Regierung der Vereinigten Staaten gegen den 7. Kongreß der KOMINTERN, des sowjetischen internationalen politischen Aktionsapparats, protestierte, der 1935 in Moskau stattfand, erklärten die Sowjets, die KOMINTERN sei eine private Organisation, für welche die sowjetische Regierung nicht verantwortlich sei. Andererseits hatte sich der Kreml um die Unterstützung Amerikas gegen die japanische Aggression bemüht. Da die Vereinigten Staaten diese Unterstützung nicht gewährten, verloren die Russen das Interesse am Ausbau der guten Beziehungen zu Amerika. Die Atmosphäre blieb daher gespannt, und viele Amerikaner hielten das kommunistische Rußland sogar für noch gefährlicher als das nazistische Deutschland.[9] Als Sowjetrußland daher das kleine Finnland angriff, steigerte sich die Ablehnung in der amerikanischen Öffentlichkeit zur Feindschaft, und es wurde die lautstarke Forderung erhoben, die Vereinigten Staaten sollten die diplomatischen Beziehungen zur Sowjetunion abbrechen.[10]

Nach dem Einfall Hitlers in die Sowjetunion verbesserte sich das Klima nur sehr langsam. Präsident Roosevelt versprach den Russen zwar die Lieferung großer Mengen von Kriegsmaterial, aber Senator Truman machte zur gleichen Zeit öffentlich den Vorschlag, die Vereinigten Staaten sollten beide Diktaturen gleichzeitig dadurch erschöpfen, daß sie die jeweils schwächere Seite unterstützten.[11] Vielen Amerikanern schien es sogar zu gefallen, daß sich Hitler und Stalin im Krieg gegeneinander befanden, und konservative

Zeitungen gaben der Hoffnung Ausdruck, daß sich „die beiden abstoßenden Ideologien jetzt gegenseitig vernichten werden".[12]

Pearl Harbor und die deutsche Kriegserklärung an die Vereinigten Staaten bewirkten einen schnellen Stimmungsumschwung. Da sich Rußland und Amerika jetzt in einem eigenartigen Bündnis vereinigt sahen, das sie beide nicht angestrebt hatten, wurde die fundamentale Feindschaft zwischen der stärksten kapitalistischen und der führenden kommunistischen Macht bewußt oder unbewußt unterdrückt. Als politischer Realist beurteilte Roosevelt die Lage ganz richtig. Er wußte, daß die Vereinigten Staaten auf die bevorstehende kriegerische Auseinandersetzung schlecht vorbereitet waren und auch ein voll aufgerüstetes Amerika, das nur von Großbritannien unterstützt wurde, wahrscheinlich nicht in der Lage sein würde, den Krieg gegen Hitler-Deutschland siegreich zu beenden. Wie er die Dinge sah, mußte nicht nur der Zusammenbruch der russischen Armeen, sondern auch ein Separatfrieden zwischen den beiden Diktatoren um jeden Preis vermieden werden.[13] Als Lösung bot sich ein Pacht- und Leihvertrag an. Außerdem mußte das traditionelle Mißtrauen zwischen Amerika und der Sowjetunion beseitigt werden. Man erinnerte sich noch gut an den zwischen Molotow und Ribbentrop ausgehandelten Pakt und war entschlossen, eine solche Entwicklung nicht noch einmal zuzulassen. Damals war der plumpe Versuch, Rußland in einen Krieg mit Deutschland zu verwickeln, bei dem Frankreich und England hinter der Maginot-Linie die Rolle der unbeteiligten Zuschauer übernehmen sollten, an der Skrupellosigkeit Stalins gescheitert. Aber der amerikanische Präsident hatte daraus gelernt, daß das Vertrauen Stalins zu seinem amerikanischen Verbündeten gestärkt werden mußte. Die Vereinigten Staaten hatten daher Rußland das benötigte Kriegsmaterial zu liefern, so weit dies möglich war, und die sowjetischen Hoffnungen auf die baldige Errichtung einer zweiten Front am Leben zu erhalten.

Daß die Vereinigten Staaten die bedingungslose Kapitulation Deutschlands verlangten, sollte dem russischen Verbündeten beweisen, daß Amerika nicht die Absicht hatte, einen Separatfrieden zu schließen.[14] Die amerikanische Öffentlichkeit wurde des weiteren in einem systematischen Werbefeldzug immer wieder auf den heldenhaften Kampf der Roten Armee hingewiesen, um freundschaftliche Gefühle und Vertrauen zu fördern, die die unerläßliche Voraussetzung für ein erfolgreiches Bündnis waren. Wenn man daher „im Herbst 1942 Rußland kritisierte, dann war das so, als kritisierte man den eigenen Sohn, der sich von einer schweren Krankheit erholt, und niemand außer der ultrakonservativen Hearst-Mc-Cormick-Patterson-Presse tat das".[15] Der Leiter der amerikanischen Militärmission in Moskau, General John R. Deane, schrieb später: „Wenn wir Rußland mit Kriegsmaterial beliefert haben, dann war unser zwingendstes Motiv, daß wir die eigene Haut retten wollten." Und da sich die Sowjets keine Illusionen darüber machten, „haben sich ihre Führer nicht zu Dank verpflichtet gefühlt und werden uns auch niemals dafür danken".[16] Obwohl viele Amerikaner und

Sowjets versuchten, die Verdienste des Verbündeten im gemeinsamen Ringen gegen den Nazismus anzuerkennen, kam das beiderseitige Mißtrauen immer wieder zum Vorschein. (Ein Beispiel dafür war die beleidigende Note Stalins an den Präsidenten Roosevelt, mit der die Sowjetunion die Vereinigten Staaten des Verrats bezichtigte, weil sie 1945 über die Kapitulation der deutschen Streitkräfte in Italien in Verhandlungen eingetreten waren.)

Zur Zeit der Konferenz von Teheran im November 1943 waren die Beziehungen zwischen den großen Drei noch verhältnismäßig harmonisch gewesen. Damals war man sich augenscheinlich noch einig darin, ein besiegtes Deutschland aufzuteilen. Während es im Außenministerium erheblichen Widerstand gegen eine solche Politik gab, führten der Präsident, Churchill und Stalin sehr ausführliche Gespräche über alternative Teilungspläne. Darüber hinaus erklärte sich Roosevelt bereit, der schwer angeschlagenen Sowjetunion nach dem Kriege wirtschaftliche Hilfe zu gewähren. In den Gesprächen mit Stalin wurde dieses Thema zwar nicht berührt, aber der Präsident erörterte die Frage mit Hopkins und Botschafter Harriman.[17] Im Auftrag Roosevelts besprach Harriman bei seiner Rückkehr nach Moskau das Angebot mit Molotow. Er erklärte, nach den vom Kongreß genehmigten Bedingungen werde der Leih- und Pachtvertrag nach Beendigung der Kampfhandlungen außer Kraft gesetzt werden müssen.[18] Es sei jedoch möglich, eine Vereinbarung auszuhandeln, nach der die Sowjets auch noch während einer Übergangsperiode Materiallieferungen erhalten könnten, vorausgesetzt daß man sich über die Zahlungsbedingungen einigte. Die sowjetische Regierung nahm diesen Vorschlag sofort auf.

Sie legte ihren amerikanischen Verbündeten eine Liste für Waren im Wert von 1 Milliarde Dollar vor, und es folgten intensive Verhandlungen. Aber die Russen feilschten so hartnäckig um immer bessere Zahlungsbedingungen, daß die Verhandlungen scheiterten. Im März 1945 hatte man sich noch immer nicht einigen können, und das Außenministerium zog das amerikanische Angebot mit Zustimmung Roosevelts zurück.[19] Als Truman wenige Monate später mit undiplomatischer Plötzlichkeit dem gesetzlich vorgeschriebenen Verfahren folgte und die Beendigung der Lieferungen aus dem Pacht- und Leihvertrag anordnete, reagierte der Kreml verärgert.[20] Die Periode der Kriegsromantik näherte sich ihrem Ende. In Jalta und Potsdam wurden kaum noch konkrete Vereinbarungen getroffen. So konnte es nicht mehr lange dauern, bis das gegenseitige Mißtrauen wieder die Oberhand gewann.

Die komplizierte Entwicklung der amerikanischen Position hinsichtlich deutscher Reparationen – unklar für Clay, als er nach Deutschland kam – war ein anderer wichtiger Faktor in den Rahmenbedingungen, unter denen er zu arbeiten begann. Die Regierung Roosevelt hatte ihre Besatzungspolitik für Deutschland nur sehr langsam entwickelt. Erst im Herbst 1944, als amerikanische Truppen sich den deutschen Grenzen näherten und man mit dem Zusammenbruch des Hitler-Regimes rechnen konnte, bildete der Präsident einen Kabinettsausschuß, der den Auftrag erhielt, die Richtlinien für die Besatzungspolitik auszuarbeiten. Zu ihm gehörten Harry Hopkins, der Außenminister, der Kriegsminister und der Finanzminister. Die erste Sitzung fand Anfang September statt, und ihr folgten im Laufe der Zeit noch mehrere andere.[21] Der Ausschuß stimmte darin überein, daß Deutschland als besiegtes Land zu behandeln sei. Kriegsverbrecher sollten bestraft und alles sollte ausgelöscht werden, was an das Dritte Reich erinnerte. Deutschland mußte entwaffnet und entmilitarisiert werden. Um die Entwicklung eines demokratischen Staatswesens zu garantieren und künftige Aggressionen unmöglich zu machen, beschloß man, in Deutschland einen Bundesstaat zu gründen. Über eine angemessene Wirtschaftspolitik konnte man sich nicht einigen, denn Henry Morgenthau nahm eine extrem antideutsche Haltung ein.

Als sein Vater von 1913 bis 1916 amerikanischer Botschafter in der Türkei gewesen war, hatte Henry Morgenthau sehr unangenehme Auseinandersetzungen mit deutschen Diplomaten und Offizieren gehabt. Als Folge der Judenverfolgung in Deutschland verstärkte sich seine Voreingenommenheit gegenüber den Deutschen. Da der Finanzminister dem Präsidenten sehr nahe stand, hatten seine stark emotionalen Auffassungen weitreichende politische Folgen. Der Außenminister und der Kriegsminister widersetzten sich dem ersten Vorschlag, den Morgenthau im Kabinettsausschuß machte und nach dem die deutsche Schwerindustrie demontiert und das Land zu einem Agrarstaat gemacht werden sollte.[22] Ohne auf ihre Ratschläge zu hören, forderte der Präsident Morgenthau jedoch auf, sich mit ihm und Churchill in Quebec zu treffen, damit er beiden Regierungschefs seine Auffassungen vortrage. Das Resultat war eine Denkschrift, gelegentlich als „Hirtenbrief" bezeichnet, die sich mit der Zukunft der deutschen Schwerindustrie an Ruhr und Saar beschäftigte. Nach den Vorstellungen von Morgenthau sollte sie „demontiert und ausgeschaltet" werden. Eine internationale Aufsichtsbehörde sollte dafür sorgen, daß die demontierten Industriebetriebe nicht unter irgendwelchen Vorwänden wieder aufgebaut würden. Die Denkschrift kam zu dem Schluß, daß „dieses Programm vorsieht, Deutschland in ein Land der Bauern und Hirten zu verwandeln". Der Präsident und der Premierminister „stimmten diesem Programm zu".

Doch der Triumph Morgenthaus dauerte nicht lange. Die Gegner des Plans griffen zu dem bewährten Mittel, ihn an die Presse durchsickern zu lassen, um ihn so zum Scheitern zu bringen. Das gelang ihnen, und der Präsident mußte angesichts des entschiedenen Widerstands der öffentlichen Meinung seine eigene Unterschrift zurückziehen.[23]

Morgenthau betrachtete das nur als einen vorübergehenden Rückschlag. Seine Beauftragten entwarfen während der folgenden sechs Monate gemeinsam mit den Rechtsexperten des Außen- und Kriegsministeriums eine Direktive für die Besetzung Deutschlands, mit der sie hofften, die Vorstellungen ihres Chefs durchsetzen zu können. Darüber hinaus versuchte der Finanzminister, der auf mehreren Ebenen vorstieß, den Präsidenten unter Druck zu setzen. Die Historiker haben sich in erster Linie mit dem Morgenthau-Plan für die Vernichtung der deutschen Schwerindustrie befaßt, und da diese Absicht bald aufgegeben wurde, behandeln viele Darstellungen den Einfluß dieses Finanzministers als ein vorübergehendes Phänomen. Deshalb hat man im allgemeinen nicht erkannt, wie eng seine Reparationspolitik, die eine Entnahme von Reparationen aus der laufenden Produktion ausschloß, mit dem schließlichen Entstehen von zwei deutschen Staaten verknüft ist.

Die Kontroverse um die Reparationen nach dem Ersten Weltkrieg hatte in der amerikanischen Öffentlichkeit einen bitteren Nachgeschmack hinterlassen. Führende Wirtschaftler in den Vereinigten Staaten und im Ausland waren überzeugt, die Schwierigkeiten seien dadurch entstanden, daß die Verbündeten Reparationen in der Form von Geldüberweisungen verlangten, während es durchaus möglich gewesen wäre, sie als Lieferungen aus der laufenden Industrieproduktion einzutreiben. In den Vereinigten Staaten hat jedoch die Nichtbezahlung der Kriegsschulden durch die Verbündeten Amerikas, das Einfrieren von Zahlungen bei Fälligwerden deutscher Obligationen, das Reparationsproblem und die gleichzeitige Wirtschaftskrise zusammen in der öffentlichen Meinung zu dem vereinfachenden Schluß geführt, daß es nach dem Zweiten Weltkrieg nicht möglich sein werde, Reparationen einzutreiben. Diese unklaren Vorstellungen führten dazu, daß das Morgenthau-Konzept vielfach akzeptiert wurde und die amerikanische Besatzungspolitik in Deutschland wesentlich beeinflußte. Wie der Finanzminister plante, sollten die Deutschen ihre Reparationen fast ausschließlich in der Form demontierter Fabriken und Maschinen leisten. Reparationen aus der laufenden Produktion hätten das Weiterbestehen und unter Umständen sogar den Ausbau der schon bestehenden industriellen Basis erfordert und waren deshalb tabu.

Als die Reparationsfrage in Jalta besprochen wurde, kam auch die Legende, die aus der alten Reparationskontroverse entstanden war, sogleich wieder zum Vorschein. Roosevelt interpretierte den spekulativen Kauf deutscher Schuldverschreibungen durch amerikanische Investoren in den zwanziger Jahren als ein umfangreiches Auslandshilfsprogramm zur Finanzierung deutscher Reparationen auf Kosten des amerikanischen Steuerzahlers. Er sagte, das dürfe sich nicht wiederholen.[24] Churchill, der zugegebenermaßen die Konkurrenz einer wiedererstarkten deutschen Industrie fürchtete, machte die gleichen Vorbehalte wie der Präsident. Aber beide Regierungschefs vertraten nichtsdestoweniger die Auffassung, daß die Sowjetunion Reparationen erhalten müßte. Nur im Hinblick auf die Zahlungsform waren sie verschiedener Meinung. Während Churchill ablehnte, sich auch nur vorläufig auf irgendeinen Betrag festzulegen, erklärte sich Roosevelt einverstanden, die sowjetischen Forderungen „als Diskussionsbasis" anzunehmen. In den Vereinigten Staaten wurde dieser Vertragspunkt später verschieden interpretiert. Viele glaubten, damit hätte Amerika keine Verpflichtungen übernommen, während andere meinten, der Betrag von 10 Milliarden Dollar wäre als Richtbetrag akzeptiert worden, und die Vereinigten Staaten wären verpflichtet gewesen, diese Zusage zu honorieren. Nach langem Hin und Her kamen die drei Regierungschefs überein, Deutschland sollte die Reparationen in Sachwerten mit demontierten Fabrikanlagen und Maschinen, mit Lieferungen aus der laufenden Produktion und in der Form von Arbeitsleistung bezahlen. Weitere Einzelheiten sollten von einer Vier-Mächte-Reparationskommission festgelegt werden, die demnächst in Moskau zusammentreten würde.

Inzwischen waren die Planer für die Besetzung Deutschlands in Washington eifrig an der Arbeit, der Direktive JCS 1067 die endgültige Form zu geben. Sie war das Ergebnis der gemeinsamen Arbeit des Kriegsministeriums, des Außenministeriums und des Finanzministeriums, und da die Meinungen hier in vielen Fällen stark auseinandergingen, enthielt die Direktive zahlreiche Kompromisse. Die Handschrift Morgenthaus erkannte man jedoch deutlich in der Bestimmung, daß nichts unternommen werden durfte, was ,,zum wirtschaftlichen Wiederaufbau in Deutschland oder zur weiteren Stärkung der deutschen Wirtschaft führen könnte". Auch die Anweisung, daß nichts getan werden dürfte, ,,was dazu führen könnte, daß der allgemeine Lebensstandard ein höheres Niveau erreicht als der in irgendeinem benachbarten Land existierende", stammte natürlich aus dem Finanzministerium. Das durch John J. McCloy vertretene Kriegsministerium andererseits hatte bei den Beratungen ein hartnäckiges und pragmatisches Rückzugsgefecht geliefert. Die geschickte Formel, daß positive Anstrengungen zur Förderung der deutschen Wirtschaft gestattet waren, ,,um Krankheiten und Unruhen zu verhindern", war eine wichtige Klausel, die den Besatzungsbehörden einen gewissen Spielraum verschaffte. Nach der Direktive sollte der Oberbefehlshaber der amerikanischen Besatzungsstreitkräfte für die Verwaltung der amerikanischen Besatzungszone verantwortlich sein. Er sollte ,,gemeinsam" mit dem britischen und dem sowjetischen Befehlshaber vorgehen, und alle drei Befehlshaber sollten einen Kontrollrat als ,,oberstes Kontrollorgan in Deutschland" bilden. ,,Die im Kontrollrat festgelegten politischen Richtlinien sollen in allen Zonen Gültigkeit haben", hieß es in der Direktive. ,,Die Durchführung dieser politischen Richtlinien bei der Verwaltung durch die Militärregierung soll in der alleinigen Verantwortung des Oberbefehlshabers liegen." Mit anderen Worten, in allen Fällen, in denen sich der Kontrollrat nicht einigen konnte, hatten die Befehlshaber in den einzelnen Besatzungszonen freie Hand, einem eigenen Kurs zu folgen. Welche folgenschweren Risiken mit einer solchen Politik verbunden waren, ließ sich leicht erkennen.

Nach seiner Rückkehr aus Jalta beschleunigte Roosevelt die Planungen dadurch, daß er einen ,,inoffiziellen politischen Ausschuß für Deutschland" bildete, dem Vertreter der zuständigen Ministerien angehörten.[25] Der Ausschuß übernahm außerdem die Aufgabe, die Instruktionen für den amerikanischen Vertreter bei der Moskauer Reparationskommission zu entwerfen. Diese Direktive trachtete, zwei einander widersprechenden Auffassungen gerecht zu werden. Auf der einen Seite gab es diejenigen, die ein starkes Bollwerk gegen den kommunistischen Expansionismus errichten wollten. Diese Gruppe lehnte hohe Reparationszahlungen ab, weil sie die deutsche Wirtschaft schwächen würden. Auf der anderen Seite standen Morgenthau und seine Leute, die ein schwaches Deutschland wünschten und die deutsche Industrie zerschlagen wollten, was jedoch, wenn es sofort und in drastischer Form geschehen wäre, Reparationszahlungen aus der laufenden Produktion unmöglich gemacht hätte.

Lord Keynes hatte im September 1943[26] bei einer Besprechung mit Dean Acheson, Averell Harriman und anderen die weitverbreitete „falsche Meinung" kritisiert, daß jeder Versuch, von Deutschland nach dem Kriege Reparationszahlungen einzutreiben, vergeblich sein werde. Statt dessen hatte er von Deutschlands „ungeheuer leistungsfähiger industrieller Organisation" gesprochen, die eine beachtliche Produktionskapazität besäße. Wenn man das Geschick, den Fleiß und die Entschlossenheit, die Deutschland für eine schlechte Sache aufgebracht hatte, für friedliche Zwecke einsetzte, dann werde, wie er sagte, die Kapazität der deutschen Industrie nach einigen Jahren sehr groß sein. In ähnlichem Sinn hatten Vertreter der amerikanischen Notenbank und der Geheimdienstorganisation OSS wissenschaftliche Expertisen verfaßt, nach denen es durchaus möglich war, aus der laufenden Produktion der deutschen Industrie wesentliche Reparationszahlungen zu leisten. Die Geschichte zeigt jedoch, daß es damals keinen verantwortlichen Politiker in Washington gab, der sich Sorgen gemacht hätte, wie die russischen Reparations-Forderungen befriedigt werden könnten.

Wie schon gesagt, war die öffentliche Meinung grundsätzlich gegen die Eintreibung von Reparationen. Viele glaubten sich daran erinnern zu können, daß Reparationszahlungen zu Wirtschaftskrisen führten, bei denen schließlich der amerikanische Steuerzahler die Rechnung begleichen mußte. Die Anweisungen für den Vertreter der Vereinigten Staaten bei der alliierten Kommission entsprachen deshalb dieser im Grunde negativen Haltung.[27] Die wichtigste Aufgabe der Reparationskommission sollte es sein, dafür zu sorgen, daß „Deutschland hohe Reparationsleistungen erbrachte, und daß daher die Industriekapazität in Deutschland, so weit sie die Sicherheit der Vereinten Nationen gefährdete, beseitigt werden sollte". Der Reparationsplan dürfte sich aber nicht „auf die Annahme stützen, daß die Vereinigten Staaten oder irgend ein anderes Land einen Wiederaufbau in Deutschland oder Reparationsleistungen durch Deutschland direkt oder indirekt finanzieren würden". Der Plan sollte nicht den Wiederaufbau der Wirtschaftskapazität Deutschlands fördern. Wenn es „aus politischen Gründen" notwendig werden sollte, Reparationsleistungen aus der laufenden Produktion zu entnehmen, dann sollten sie möglichst gering sein und „in erster Linie aus Rohmaterial und Naturprodukten und in möglichst geringem Ausmaß aus

Fertigwaren bestehen". Eine weitere Vorsichtsmaßnahme war die Bestimmung, daß der Umfang der Lieferungen nicht dazu führen dürfte, daß „andere Länder nach Einstellung der Reparationsleistungen auch weiterhin von Deutschland abhängig sind". Die Vereinigten Staaten sollten nicht in die Lage geraten, „in der sie die Verantwortung für die weitere Unterstützung des deutschen Volkes übernehmen müssen". Nach dem sogenannten „Erstbelastungsprinzip" sollten die Exporte gegenüber den Reparationen den Vorrang haben, und die Länder, die deutsche Waren importierten, sollten diese bezahlen müssen. Es hat den Anschein, daß der Leiter der amerikanischen Delegation bei der Moskauer Reparationskommission, Botschafter Pauley, die für diese Aufgabe erforderlichen Qualifikationen nicht mitbrachte, doch spielte dies kaum eine Rolle, denn die sehr restriktiven Anweisungen für die Delegation sorgten dafür, daß in Moskau keine Vereinbarungen getroffen werden konnten. Die Beratungen der Reparationskommission mußten deshalb auf Regierungsebene fortgesetzt werden.

Als die Großen Drei zu ihrer Konferenz in Potsdam zusammenkamen, gab es keinen gemeinsamen Feind mehr, der dafür sorgte, daß die drei Verbündeten ein gemeinsames Ziel verfolgten. Die Sowjets waren jetzt im Besitz fast aller Gebiete, die sie nach ihrer Auffassung als Basis für ihre politische und militärische Macht brauchten – angeblich zu ihrer Verteidigung. Andererseits war, soweit es die Vereinigten Staaten betraf, die Stunde der Gefahr vorüber, und wie es im Leben von Menschen und Nationen nun einmal üblich ist, nahmen die Spannungen zwischen den Beteiligten zu. Das Ergebnis der Konferenz war vorauszusehen. Die umstrittensten Fragen, die Westgrenze von Polen und die deutschen Reparationen, waren vom amerikanischen Außenminister Byrnes in einem „Paket" zusammengefaßt worden.[28] Das Ergebnis war eine de facto-Anerkennung der neuen Grenzen Polens und die Verschiebung der endgültigen Entscheidung über die Reparationen. Die Ursache für diese Verschiebung war eine Bestimmung, nach der die Besatzungsmächte die Reparationsleistungen in der Form von demontierten Fabrikationsanlagen aus den von ihnen besetzen Zonen für sich entnehmen und nicht aus ganz Deutschland zusammentragen und dann verteilen sollten. Da sich die Westmächte geweigert hatten, sich auf einen bestimmten Betrag festzulegen, sollte der Kontrollrat innerhalb von sechs Monaten einen detaillierten Vorschlag für das künftige Niveau der deutschen Industrie vorlegen, der nicht über den für die anderen europäischen Länder ermittelten Durchschnitt hinausgehen sollte. Zehn Prozent der „Industrieanlagen, die für die deutsche Friedenswirtschaft nicht gebraucht werden", sollten dann aus den Westzonen in die Sowjetunion gebracht werden, und weitere Ausrüstungen sollten im Austausch gegen Lebensmittel, Kohle und andere Verbrauchsgüter geliefert werden. Die Regelung der Reparationsfrage wurde jedoch nicht nur von den dafür getroffenen Vereinbarungen, sondern auch von gewissen „wirtschaftlichen Grundsätzen" beeinflußt, die auf der Konferenz festgelegt wurden. Deutschland sollte als wirtschaftliche Einheit behandelt werden, und die Industrieproduktion, die Reparationen und der Außenhandel sollten nach Richtlinien geordnet werden, die für das ganze Lande galten.

Die Potsdamer Beschlüsse erwähnten nicht die entscheidend wichtige Frage der Reparationsleistungen aus der laufenden Produktion. Die Vereinigten Staaten hatten darauf bestanden und die Sowjetunion hatte abgelehnt, daß die Reparationen erst entnommen werden dürften, nachdem für die allgemeinen Konsumgüter, die Besatzungskosten und die Exporte – in Bezahlung der notwendigen Importe – gesorgt war. Präsident Truman hatte den Termin seiner Abreise festgelegt, und es schien, daß, wenn diese Frage nicht gelöst werden konnte, die Konferenz scheitern würde. Wie so oft bei diplomatischen Verhandlungen, nahm man schließlich Zuflucht zu einem Text, der für die verschiedenen Parteien eine jeweils andere Bedeutung hatte. Das sogenannte Erstbelastungsprinzip, wie es in den Potsdamer Beschlüssen festgelegt worden war, besagte daher:

„Um eine ausgeglichene Wirtschaftsbilanz in Deutschland zu erzielen, müssen die für die Bezahlung der vom Kontrollrat in Deutschland genehmigten Importe notwendigen Mittel bereitgestellt werden. Die mit den Exporten aus der laufenden Produktion und aus vorhandenen Beständen erzielten Erlöse sollen in erster Linie für solche Importe zur Verfügung stehen."

Das entsprach durchaus der amerikanischen Auffassung. Da es jedoch keine Erlöse für Reparationen gab, konnte man argumentieren, daß diese Formel mit der Frage der Reparationen nichts zu tun hatte.[29] Die Sowjets unterzeichneten die Vereinbarungen erst, nachdem man ihnen die zweite Interpretation erläutert hatte. Wie nicht anders zu erwarten, brach als Folge der inhärenten Widersprüche der gleiche Streit nach einem Jahr wieder aus.

Nach der Kapitulation Deutschlands war es selbstverständlich, daß jede der vier Besatzungsmächte die gesellschaftlichen und wirtschaftlichen Probleme des besiegten Landes auf ihre Weise behandelte. Die historische Vergangenheit und die kollektive Erinnerung der Sieger mußten hier eine entscheidende Rolle spielen. Die sich daraus ergebenden Unterschiede in der Besatzungspolitik führten zu zahlreichen Konflikten zwischen den Verbündeten. Die Vereinigten Staaten betrachteten es als ihre Aufgabe, die Macht des Dritten Reichs zu brechen und alles zu beseitigen, was noch an das nazistische Regime erinnerte. Die Amerikaner erwarteten, wenn dies geschehen sei, würde sich in Deutschland auf natürliche Weise eine neue demokratische Führungsschicht entwickeln.[30] In Übereinstimmung mit diesen Vorstellungen sollte sich der stellvertretende Militärgouverneur nicht in das politische und gesellschaftliche Leben des besetzten Landes einmischen. Die Gestaltung der neuen Gesellschaft sollte ganz den Deutschen überlassen bleiben.

Diese Vorschriften, welche zum Anlaß von Gegensätzen zwischen den Vereinigten Staaten und ihren Verbündeten wurden, waren ein anderer wesentlicher Faktor in den Rahmenbedingungen von Clays Aufgabe. Weder die Briten noch die Franzosen waren als direkte Opfer der deutschen Aggression bereit, das Risiko eines so idealistischen Konzeptes einzugehen. Obwohl man in England viel früher als in den Vereinigten Staaten angefangen hatte, über eine angemessene Nachkriegspolitik nachzudenken, hatten die Briten bei Kriegsende in Europa ihre Deutschlandpolitik noch nicht festgelegt. Man hatte keine klaren Vorstellungen davon, welche politische Linie Washington und Moskau verfolgen würden. Darüber hinaus wußte man auch nicht, ob man Deutschland teilen sollte oder nicht. Ein vereinigtes Deutschland hätte im wirtschaftlichen und finanziellen Interesse Großbritanniens gelegen, aber wenn man die militärischen und politischen Aspekte berücksichtigte, schien die Teilung Deutschlands wesentliche Vorteile zu bieten.[31] Großbritannien war nach zwei Weltkriegen finanziell ruiniert und hoffte, in Dumbarton Oaks einen großen nicht rückzahlbaren Dollarkredit zu erhalten, aber die Bemühungen von Lord Keynes in dieser Richtung waren gescheitert. Als es sich nun herausstellte, welche Kosten die Besetzung Deutschlands in harter Währung verursachen werde, kamen die Politiker in London zu dem Schluß, daß es angesichts der prekären Finanzlage in England sehr schwierig sein würde, eine unabhängige britische Deutschland-Politik zu führen. Aber diese Unabhängigkeit wurde zunächst in einem gewissen Ausmaß gewahrt. Besonders vor der Zusammenlegung der beiden Zonen war die offizielle britische Haltung mehr antideutsch und prosowjetisch als die der Verbündeten jenseits des Atlantik. Mehrere Wochen nach der berühmten Rede des amerikanischen Außenministers Byrnes in Stuttgart, der den besiegten Deutschen „einen ehrenhaften Platz unter den Mitgliedern der Vereinten Nationen" versprochen hatte, sagte Ernest Bevin im Unterhaus, man dürfe nicht vergessen, „daß Verbrechen begangen worden sind und Millionen von Deutschen an diesen Verbrechen beteiligt waren, und daß Nürnberg das Konto noch nicht ausgeglichen hat ... Es ist im höchsten Maße abstoßend zu sehen, wie siegreiche Nationen einen geschlagenen Feind aus ideologischen Gründen hofieren."[32]

Die Schwierigkeiten Englands entstanden nicht nur dadurch, daß sich die Briten der amerikanischen Besatzungspolitik anpassen mußten, sondern es war auch ebenso wichtig, die guten Beziehungen zu Frankreich zu pflegen. Schon vor Kriegsende war es ein wichtiges Nachkriegsziel Großbritanniens gewesen, ein starkes westeuropäisches Bündnis unter Einschluß von Frankreich und den Benelux-Ländern zu entwickeln. Gegen das Verlangen der Franzosen nach einer Abtrennung des Ruhrgebiets und des Rheinlands ließ sich nur durch schöpferische Diplomatie etwas unternehmen. Mit dem britischen Plan, die Kohle- und Stahlindustrie an der Ruhr und die deutsche chemische Industrie zu verstaatlichen und anschließend international zu kontrollieren, sollte Deutschland in Zukunft daran gehindert werden, eine aggressive Politik zu treiben, zugleich war das Vorhaben als ein an den Quai d'Orsay gerichteter Kompromißvorschlag gedacht. Als dieser Plan dem Parlament vorgelegt wurde, schien er durchaus vernünftig zu sein, denn man erinnerte sich dort noch sehr deutlich daran, welche Rolle die deutschen Industriellen bei der Finanzierung der Angriffskriege Hitlers gespielt hatten. Die Aussicht auf ein Bündnis der Labour-Party mit den deutschen Sozialdemokraten zur Durchsetzung der Sozialisierung deutscher Industriebetriebe konnte die Franzosen kaum beruhigen, und sie führte auch zu einem erbitterten und langwierigen amerikanisch-britischen Konflikt.[33] Angesichts der Opposition Washingtons – die nach dem Wahlsieg der Republikaner noch entschiedener wurde –, mußten die Briten ihre Pläne für die Verstaatlichung der deutschen Schwerindustrie aufgeben.

Ähnlich wie die Amerikaner zeigten die Franzosen kaum ein Interesse daran, sich in das politische oder gesellschaftliche Leben des eroberten Landes einzumischen. Aber nach ihrer Auffassung gehörte der aggressive Expansionismus zum deutschen Nationalcharakter, der sich auch unter einem neuen Regime nicht verändern würde. Die Sicherheit war deshalb nur gewährleistet, wenn Deutschland lange besetzt blieb und die wirtschaftlich wichtigen Provinzen von dem künftigen deutschen Staat abgetrennt wurden. Auch in der Zeit zwischen den beiden Weltkriegen hatte Frankreich Schwierigkeiten gehabt, seine Vormachtstellung in Europa und in seinem afrikanischen und asiatischen Kolonialreich zu behaupten – und darin lag nach Auffassung der Franzosen ihre historische Mission. Die Konsequenzen der militärischen Niederlage und die chaotischen wirtschaftlichen Verhältnisse nach der Befreiung Frankreichs schienen eine Wiederherstellung der traditionellen Vormachtstellung unmöglich zu machen. Dennoch widersetzten sich de Gaulle und seine Nachfolger entschieden einer Wiedererstarkung Deutschlands. Wenngleich ihr Land militärisch, politisch und wirtschaftlich schwach war, verwendeten die politischen Führer in Frankreich die Diplomatie mit der traditionellen gallischen Geschicklichkeit als politisches Werkzeug. Da die Besatzungspolitik von Paris bestimmt und streng kontrolliert wurde, hatten die französischen Generäle beim alliierten Kontrollrat ganz ähnlich wie ihre sowjetischen Kollegen kaum die Möglichkeit, bei den Verhandlungen mit den anderen Besatzungsmächten eigene Initiativen zu entwickeln. Weder über die Eingliederung des Saargebiets noch über die Abtrennung des Ruhrgebiets und des Rheinlandes von einem künftigen deutschen Staat konnte in Berlin verhandelt werden.

Was schließlich die Sowjets anging, so wollten sie das Sicherheitsproblem damit lösen, daß sie die deutsche Gesellschaft unter der aktiven Teilnahme der Siegermacht umstrukturierten. Deshalb übernahmen die Russen schon in den ersten Tagen der Besetzung eine führende Rolle bei der Umwandlung des von ihnen verwalteten Teils Deutschlands in einen kommunistischen Staat.[34] Während zunächst alle „antifaschistischen" Parteien in der Sowjetzone zugelassen waren, arbeiteten sie systematisch darauf hin, daß die von den Kommunisten beherrschte Sozialistische Einheitspartei (SED) das politische Leben beherrschte.

Die Bevölkerung in Deutschland betrachtete ihrerseits die Besatzungsmächte mit Mißtrauen und Furcht, was durchaus verständlich war. Da sie seit vielen Jahren von allen ausländischen Informationsquellen abgeschnitten gewesen war, hatte sie die finsteren Thesen der Goebbels-Propaganda in sich aufgenommen und glaubte daran: Die Siegermächte würden die deutsche Nation vernichten und die Bevölkerung für lange Zeit in ein unsagbares Elend stürzen. Die schweren Bombenangriffe hatten wesentlich dazu beigetragen, das deutsche Volk zu demoralisieren. Wenn die Amerikaner 1945 mit den Worten „alles kaputt" begrüßt wurden, dann entsprach das nicht nur den Empfindungen der Besiegten, sondern bedeutete auch, daß jetzt die Sieger für Hilfe und Wiederaufbau verantwortlich seien.

Zu Beginn der Besatzungszeit und während sich die deutschen Armeen auf dem Rückzug befanden, entstanden im ganzen Land die verschiedensten locker organisierten Ausschüsse. Als die alliierten Truppen in die deutschen Großstädte kamen, wurden sie von Abordnungen linker Antifaschisten empfangen, die ihnen ihre Mitarbeit anboten und Personen namhaft machten, die bereit waren, Verwaltungsaufgaben zu übernehmen und bei der Entnazifizierung mitzuarbeiten. Zu den ersten dieser Gruppen gehörte das Nationalkomitee Freies Deutschland,[35] eine von den Sowjets ins Leben gerufene Propagandaorganisation und „politische Bewegung", die sich aus deutschen Kommunisten und Offizieren zusammensetzte, die in russische Kriegsgefangenschaft geraten waren. Andere sogenannte Antifa- oder Arbeiterausschüsse standen unter dem Einfluß spontan gegründeter Betriebsräte bei den großen Industrieunternehmen. Sie setzten sich in der Hauptsache aus ehemaligen Mitgliedern der sozialdemokratischen und der kommunistischen Partei zusammen. Die Antifa hatte sowohl politische als auch gesellschaftliche Ziele. Ihre Absicht war es, den Nationalsozialismus in jeder Form zu bekämpfen, die Bevölkerung für den Frieden und die Demokratie zu gewinnen, die Hungernden zu ernähren und die Heimatlosen unterzubringen. Zunächst hatten einige örtliche Stellen der amerikanischen Militärregierung gern die Hilfe dieser Leute angenommen. Aber das hörte sehr bald auf, als Eisenhower mit einer Direktive jede politische Tätigkeit untersagte, alle politischen Organisationen verbot und ganz allgemein alles zu verhindern suchte, was das politische Leben in Deutschland fördern konnte. Robert Murphy, Clays politischer Berater, hatte sich ebenso wie andere diesen Einschränkungen widersetzt, weil er glaubte, daß damit „die demokratischen Elemente, die begonnen hatten, ihren Auffassungen Ausdruck zu verleihen, entmutigt würden". Die Verbote blieben zwar nur drei Monate in Kraft,[36] wie sich dann aber herausstellte, war es schwierig, den revolutionären Eifer dieser antinazistischen Elemente aufs neue zu beflügeln. Als die Direktive zurückgenommen und die Gründung politischer Parteien erlaubt wurde, stand der Mangel an Lebensmitteln, Unterkünften und Heizmaterial im Vordergrund, und das materielle Elend war gewöhnlich begleitet von politischer Apathie und Lethargie.[37]

Die konservativen Elemente innerhalb der deutschen Gesellschaft hielten sich nach Möglichkeit im Hintergrund. Diejenigen, die sich von den Nationalsozialisten distanziert hatten, wollten es jetzt vermeiden, als Kollaborateure angesehen zu werden. Andere, die den Nationalsozialismus tatkräftig unterstützt hatten, wollten die Aufmerksamkeit der Öffentlichkeit aus guten Gründen nicht auf sich lenken. Die traditionsgebundene, hierarchisch strukturierte Bourgeoisie, die die bestehende Gesellschaftsordnung bejahte, hatte ihren Einfluß seit der Zeit des Kaiserreichs erhalten können. Nach dem Motto „going along to get along“ (Mitmachen, um keine Schwierigkeiten zu haben) hatte es die Weimarer Republik und das Dritte Reich kommen und gehen sehen. Auch die Militärregierungen der Westmächte würden eines Tages wieder verschwinden. Die Bourgeoisie war entschlossen, ihren Einfluß zu bewahren.

3. Kapitel

Schlechte Befehle

An der Pionierschule von Fort Belvoir in Virginia, einer von Lucius Clays Ausbildungsstätten, lernten die Kadetten, bei jedem Projekt nach der Critical Path Methode (CPM), der Methode des systematischen Weges, vorzugehen. Sie verlangt die Analyse des Auftrags, stellt seine einzelnen Elemente fest, organisiert Teams, die jeweils bestimmte Aufgaben übernehmen, und setzt einen Termin für die Erfüllung des Auftrags und Zwischentermine für die einzelnen Schritte fest. Robert Bowie, der während des ersten Jahres in Berlin Chefberater von Clay war, bezog sich auf diese Methode, wenn er sagte:[1] „Er war seiner Veranlagung nach ein Mann, der sich genau vorstellen mußte, wohin er ging, was er zu erreichen versuchte, welchen Richtlinien er folgte und in welcher Beziehung die Dinge zueinander standen." Mit anderen Worten, er folgte bei jedem Vorhaben einem genau ausgearbeiteten Gesamtplan. Wenn dieser feststand, dann ließen sich einzelne Teile ohne besondere Schwierigkeiten zu einem logischen Ganzen zusammenfügen. Diese Übersicht, die Clay nach der Methode Belvoir nahezu instinktiv suchte, half ihm, seine Aufgaben im militärischen und im zivilen Bereich erfolgreich zu lösen. Die Methode bewährte sich ebenso beim Bau des Denison-Damms in Texas wie bei dem komplexen Vorhaben des Pentagons im Rahmen der Kriegsproduktion und der folgenden Umstellung der Industrie auf die Friedenswirtschaft. Die Methode war von Nutzen, als er den Hafen Cherbourg in Betrieb nahm und erleichterte es ihm, die Anweisungen für die Besetzung Deutschlands zu analysieren. Doch in einem ganz elementaren Bereich nützte die Methode ihm kaum etwas. Die Pläne Clays für sein persönliches Leben scheiterten, weil die Ereignisse seiner Laufbahn eine andere Richtung gaben.

Clay wurde am 27. April 1897 in Marietta, Georgia, einer kleinen Stadt in unmittelbarer Nähe von Atlanta, geboren. Er stammte aus einer in der Politik der Südstaaten bekannten und angesehenen Familie. Sein Vater, Alexander Stevens Clay, war Anwalt und über drei Wahlperioden Senator der Vereinigten Staaten gewesen und trug den Namen des Vizepräsidenten der Konföderation, Alexander Stevens. Henry Clay, „der große Mann des Kompromisses" und zweimaliger Präsidentschaftskandidat, war ein entfernter Verwandter. Marietta lag am Wege des großen Marsches von General Sherman zur Atlantikküste, und in der Jugend Lucius Clays waren die Erinnerungen an die grausamen Zerstörungen des Bürgerkrieges in seiner Familie noch sehr lebendig. Sein Großvater mütterlicherseits, der auf der

Seite der Konföderierten gekämpft hatte, war im Bürgerkrieg umgekommen, und seine Witwe, die geborene Sarah G. White, war mittellos auf einer von feindlichen Soldaten geplünderten Farm zurückgeblieben. Auch die Familie von Alexander Clay war im Kriege verarmt, und der künftige Senator hatte sich sein Studiengeld selbst verdienen müssen. Bevor er als Anwalt zugelassen wurde, bereitete er andere Studenten als Repetitor auf das Examen vor. Eine seiner Schülerinnen war Sarahs Tochter, Frances White, seine spätere Frau. Alexander Clay war sehr bald ein erfolgreicher Anwalt, und schon nach wenigen Jahren hatte er sich nicht nur großes Ansehen, sondern auch ein beachtliches Vermögen erworben. Die gleichen Eigenschaften, die ihn beruflich auszeichneten, machten ihn auch zu einer führenden Persönlichkeit innerhalb des Gemeinwesens. Sein Sohn Lucius erzählt stolz, daß Alexander Clay in seinem ganzen Leben keine einzige Wahlniederlage hat hinnehmen müssen. Sechs aufeinanderfolgende Jahre gehörte er der Legislative des Staates Georgia an. Anschließend war er von 1897 bis zu seinem Tode im Jahr 1910 Senator der Vereinigten Staaten. Obwohl er der demokratischen Partei angehörte, war er eng mit Theodore Roosevelt befreundet und stimmte mit ihm darin überein, daß das Monopol der Großunternehmer gebrochen werden müßte. Als Senator hatte er den Kampf gegen den Zuckertrust angeführt und sich mit Erfolg gegen die Verabschiedung eines Gesetzes zur Unterstützung des Schiffsbaus gestellt. Doch trotz dieser liberalen Auffassungen war er, wenigstens nach heutigen Maßstäben, ein Konservativer, denn er bekämpfte entschlossen alle Tendenzen zur Stärkung der Zentralregierung. In dem schönen Haus in Marietta, wo die sechs Kinder des Senators aufwuchsen, herrschten eine großzügige Gastfreundschaft und ein reges Interesse für Politik. Lucius Clay berichtet:[2] „Zuhause wurde ständig über Politik gesprochen. Einer meiner Brüder interessierte sich sehr lebhaft für Politik und bewarb sich schon vor dem Tode meines Vaters um ein öffentliches Amt. Wir wußten nie, wie viele Personen wir bei Tisch sein würden, denn jeder von uns durfte mitbringen, wen er wollte. Es kamen die Freunde meines Vaters und die Freunde der Kinder. Zu diesem Leben gehörten auch die Besuche von Predigern, von Geistlichen und Beamten, die die Runde in der Gemeinde machten. Aber das Leben war in vieler Hinsicht sehr schlicht. Hinter dem Haus besaßen wir 14 Hektar Land und bauten fast alles, was wir zum Essen brauchten, selbst an."

Um die Jahrhundertwende gab es im Kongreß abwechselnd in einem Jahr eine lange und im nächsten eine kurze Sitzungsperiode. Lucius begleitete seinen Vater während der langen Sitzungsperioden nach Washington und arbeitete im Sitzungssaal des Senats als Page – sein erster Kontakt mit der gesetzgebenden Körperschaft. Schon damals war er ein eifriger und ungewöhnlich schnell auffassender Leser. Auf die Frage nach seinen Jugendinteressen sagte er:[3] „Ich glaube, den tiefsten Eindruck hat es auf mich gemacht, daß mir die Bibliothek des Kongresses zur Verfügung stand. Ich konnte hingehen und jedes Buch bekommen, das ich lesen wollte. Ich durfte die

Bücher sogar mit nach Hause nehmen und tat das einmal wöchentlich." Am stärksten interessierten ihn militärische Angelegenheiten, und als er die Oberschule verließ, stand für ihn schon fest, daß er Soldat werden würde. Seine großen Vorbilder waren die Helden der konföderierten Armee im amerikanischen Bürgerkrieg, und wie sie wollte er sich vor dem Feind auszeichnen. Noch vor seinem Eintritt in die Kriegsakademie von West Point hatte er den „Krieg zwischen den Staaten", wie er zu Hause genannt wurde, in allen seinen Phasen gründlich studiert. Aus der Folklore und zeitgenössischen Schriften kannte er die militärischen Führer auf beiden Seiten, die Schlachtfelder, die logistischen Probleme, mit denen sie es zu tun gehabt hatten, und den Verlauf der einzelnen Schlachten. Sein ehemaliger Stubenkamerad in West Point und lebenslanger Freund, General Hugh Casey, erinnerte sich:[4] „Die Jungen aus dem Süden hatten noch sehr lebendige Erinnerungen an den Bürgerkrieg. Es gab ein ganz besonderes Gefühl für den Norden und den Süden, die Union und die Konföderation. Und Lucius wußte, welche Schwierigkeiten die Konföderierten gehabt hatten – schlechte Ausrüstung und andere Mängel. So vertrat er sehr überzeugend den Standpunkt, daß sie sich in Wirklichkeit besser geschlagen hatten als die Armeen aus dem Norden." Obwohl Clay später behauptet hat,[5] West Point sei eine „verhältnismäßig leichte Sache" gewesen, zeigen seine Zeugnisse doch, daß seine Leistungen nicht besonders gut waren. In den Fächern Geschichte und Englisch wurde er sehr positiv beurteilt. Doch hatte er Schwierigkeiten mit der Mathematik, besonders mit der Trigonometrie, obwohl ihm Casey dabei half.[6] Sein größtes Problem war die Disziplin, die ebenso viel zählte wie die Mathematik und viel mehr als Geschichte oder Englisch. In seinem letzten Jahr häuften sich die schlechten Noten, weil, wie Clay selbst erklärte, „ich glaubte, man hätte uns erlauben sollen, am Krieg teilzunehmen; daß wir in West Point bleiben mußten, schien mir wirklich eine Zeitverschwendung zu sein".[7] Durch sein Verhalten verlor er einige Punkte und machte den Abschluß als 27. seiner Klasse. Er war schon damals ein angriffslustiger Nonkonformist und gehörte zum sogenannten „schmutzigen Dutzend", einer Gruppe von Kadetten, die in Opposition zum mächtigen Kadettenstab stand. Aber gerade deshalb war er bei seinen Kameraden sehr beliebt, obwohl er sich nicht am Sport beteiligte. Zunächst versuchte er es mit dem Ringen, aber da Casey ihn immer wieder bezwang, ob das nun im Sport, in einem Spiel, in der Diskussion oder in irgendeinem anderen Wettbewerb war, gab er es wieder auf.[8] Als geborener Kämpfer mußte er gewinnen. „Er hatte einen starken Willen und gewöhnlich seine eigene Meinung", berichtet General Casey,[9] „und wenn man mit ihm in eine Diskussion geriet, dann war immer seine Auffassung die richtige. Er blieb hartnäckig dabei, und es war recht schwierig, ihn umzustimmen." Er hörte sich das, was sein Gesprächspartner zu sagen hatte, höflich und geduldig an, aber wenn er sich eine Meinung gebildet hatte, ließ er sich nicht mehr davon abbringen. „Er hatte eine hervorragende Auffassungsgabe und konnte logisch und klar denken",[10] erinnerte sich Robert Bowie. „Aber wenn er in einen Meinungsstreit geriet, dann reagierte er scharf und aggressiv. Wenn man eine Behauptung aufstellte und dabei vielleicht ein wenig übertrieb, dann ging er nicht sofort auf die Kernfrage ein, sondern auf diesen nebensächlichen Irrtum oder das schwache Argument, und versuchte, einen damit zu widerlegen, anstatt zum wirklichen Thema zu kommen." Der Finanzier Sidney J. Weinberg, mit dem Clay gelegentlich Golf spielte, hielt ihn für „einen unangenehmen Gegner an den letzten drei Löchern, wenn es wirklich darauf ankommt".[10a] Und sein Enkel, Lucius III., mit dem er Dame spielte, erzählt:[11] „Großvater wollte immer gewinnen. Sie glauben vielleicht, er würde den Kleinsten gewinnen lassen, aber er war vom Spiel immer so fasziniert, daß er alles vergaß und nur noch gewinnen wollte."

Clay verließ West Point nach bestandenem Examen im Juni 1918 und hätte noch an die Front geschickt werden können, aber das geschah nicht mehr. Er hatte sich zur Feldartillerie gemeldet, weil das eine der wichtigsten Feldtruppen war, wurde aber zu den Pionieren eingeteilt. Er glaubte, es handelte sich um ein Versehen und beschwerte sich beim Kriegsministerium, wo ihm gesagt wurde, er hätte „Befehlen zu gehorchen". Doch in anderer Hinsicht meinte es das Schicksal besser mit ihm. In letzter Minute war er für einen erkrankten Kadetten eingesprungen und zu einer Omnibushaltestelle gegangen, um eine junge Dame abzuholen, die zu einer Veranstaltung nach West Point eingeladen worden war. Als Marjorie McKeown, die attraktive Tochter eines Industriellen aus New Jersey, aus dem Bus stieg, stolperte sie und fiel Lucius Clay buchstäblich in die Arme. Aus dieser abrupten Begegnung entwickelte sich eine Liebe auf den ersten Blick. Das junge Paar verlobte sich, und die Hochzeit, bei der Hugh Casey Trauzeuge war, fand unmittelbar nach seiner Beförderung zum Offizier statt.[12]

In den nächsten zehn Jahren folgten eine intensive Ausbildung an der Pionierschule von Fort Belvoir und Kommandos als Lehrer in West Point und am polytechnischen Institut von Alabama. An allen Dienststellen, zu denen Clay im Laufe der Jahre versetzt wurde, war er ein eifriger Benutzer der Truppenbüchereien. Sein Enkel Lucius berichtet:[13] „Er hatte sehr bestimmte Vorstellungen über das nach seiner Ansicht richtige Erziehungssystem. Er war der Ansicht, wenn man nicht Naturwissenschaften oder Ingenieurwesen studierte, vergeudete man seine Zeit auf dem College. Das war für ihn ein unverrückbares Dogma. Er selbst suchte sich auf allen möglichen Gebieten weiterzubilden. Ihn interessierte die Wirtschaft ebenso wie die bildende Kunst und die Literatur. Dazu las er alles, was ihm in die Hände kam, vor allem moderne europäische Literatur und Bücher über bildende Kunst. Aber wenn man aufs College ging, dann sollte man sich nach seiner Auffassung in den Naturwissenschaften weiterbilden." Mit seinem photographischen Gedächtnis hatte er eine unglaubliche Fähigkeit, Fakten und Zahlen zu zitieren. In Fort Belvoir borgte ihm einer seiner Kameraden, James Stratton, einen umfangreichen Roman, für dessen Lektüre er vier

Abende gebraucht hatte. Clay gab ihm das Buch am nächsten Morgen zurück. Stratton glaubte, sein Freund hätte kaum hineingesehen und fragte ihn nach den Charakteren und der Handlung, aber Clay konnte jede Frage beantworten.[14] Bei einer Besprechung im Kriege sagte ein Offizier: ,,Wir haben im Mai oder Juni 500000 Tonnen von diesen Rationen abgeschickt." Clay schüttelte den Kopf: ,,Es waren 824000 am 14. April." Bei einer Überprüfung der Unterlagen stellte sich heraus, daß er recht hatte.[15] Drew Middleton von der *New York Times,* der in Berlin jede Woche mit Clay zusammenkam, bewunderte seine umfassende Bildung und sein Wissen über so verschiedene Themen wie die Entwicklung rückstoßfreier Geschütze, die Entstehung der amerikanischen Verfassung, die amerikanische China-Politik und die Persönlichkeit von Charles de Gaulle.[16] Sein Enkel hat gesagt, ,,daß er seinen Gesprächspartner mit Argumenten zudeckte und man keine Möglichkeit hatte, ihm zu widersprechen, denn er schüttelte alle Tatsachen und Zahlen aus dem Ärmel. Er konnte einen in fast jeder Diskussion schlagen. Ich erinnere mich zum Beispiel daran, wie wir uns eines Abends nach dem Essen über amerikanische Geschichte unterhielten. Dabei hielt er eine spontane Vorlesung über alle Präsidenten beginnend mit Washington. Er kannte alle Daten und gab uns über jeden einzelnen und seine Politik eine kurze Beurteilung. Von jedem Präsidenten und von allen Wahlen kannte er das jeweilige politische Programm und konnte sagen, ob die Wahlversprechungen eingehalten worden waren. Aus diesem oder jenem Grunde hielt er einen Präsidenten für einen großen Mann oder erklärte, er wäre seiner Aufgabe nicht gerecht geworden. So sprach er über alle 37 Präsidenten, die dieses Amt bisher innegehabt hatten."[17]

Natürlich wies das intellektuelle Rüstzeug von Clay auch gewisse Lücken auf. Er hatte kaum irgendwelche Erfahrungen auf wirtschaftlichem Gebiet und nur sehr rudimentäre Kenntnisse von den Verhältnissen in Europa. Robert Murphy schreibt: ,,Er wußte praktisch nichts über Deutschland." In Berlin entdeckte Murphy allerdings: ,,Clay wußte mehr als man annehmen durfte."[18] Als er viele Jahre später gefragt wurde, ob seine formale Ausbildung genügt hätte, ihn für seine verschiedenen Aufgaben vorzubereiten, meinte Clay, er verdankte alles in seinem Leben dem Pionierkorps.[19] Über West Point sagte er, ,,die Grundausbildung dort hat mir mehr geholfen als alles andere, meine Aufgaben zu erfüllen. Wenn man einen Auftrag bekam, sagte man Jawohl, ging hinaus und tat es oder versuchte, es zu tun."[20]

Gerade dieses Pflichtbewußtsein, das gegenüber jeder persönlichen Meinung den unbedingten Vorrang hatte, zeigte sich auch in Deutschland und hatte vorher die Aufmerksamkeit seiner Vorgesetzten und Kameraden geweckt. General Arthur Trudeau, mit dem er schon in West Point befreundet gewesen war, erzählt eine Geschichte, die sich Ende der zwanziger Jahre in Panama zugetragen hat.[21]

,,Ich weiß nicht mehr genau, welcher General damals unser Kommandeur gewesen ist, aber Clay war jedenfalls noch Oberleutnant. Dieser General, es könnte General Preston Brown gewesen sein, war ein kleinlicher und strenger Vorgesetzter. Brown pflegte täglich auszureiten, um sich die Gegend anzusehen. Es war ein dichter tropischer Urwald. Damals kamen sehr viele Leute dorthin. Kleine Gruppen bauten sich Hütten, ließen sich darin nieder und lebten praktisch von den Früchten des Waldes. Auf einem Ausritt entdeckte General Brown ein kleines Dorf, das in der amerikanischen Zone entstanden war, der Panama-Kanal-Zone, und das ärgerte ihn sehr. Er wendete sich an die Regierung von Panama und verlangte, sie sollte diese Leute entfernen. Aber nichts geschah. Also setzte der General einen Termin und sagte, wenn ihr es nicht bis dahin tut, werde ich die Gegend räumen lassen, denn diese Menschen verschmutzen alles, und das können wir nicht dulden. Dann ging ein entsprechender Befehl an die Pioniere hinaus. General Clay, der damals noch Oberleutnant war, und eine Kompanie führte, erhielt den Auftrag. Der Regimentskommendeur sagte: ‚Oberleutnant Clay, gehen Sie hinaus und zerstören Sie dieses Dorf. Man hat den Leuten gesagt, die Regierung von Panama würde ihre Polizei schicken und die Räumung veranlassen, weil das Dorf einen grausigen Anblick bietet und die Gegend verseucht.‘ Clay ging mit seiner Kompanie hinaus, ließ das Dorf räumen und zerstörte die Hütten. Auch General Preston Brown machte am gleichen Tag seinen Ausritt – er war, wie gesagt, ein strenger Vorgesetzter – und Oberleutnant Clay lief zu ihm hinüber und meldete ihm. Der General sah sich die Stelle an. Von der Siedlung war nichts mehr stehen geblieben. Er sagte: ‚Mr. Clay (er redete die Leutnante und Oberleutnante immer mit Mister an), Mr. Clay, Sie scheinen diesen Platz tatsächlich gründlich gesäubert zu haben.‘ Clay sagte, ‚Danke, Herr General‘, und Brown sagte, ‚Mr. Clay, wer hat Karthago zerstört?‘ Clay überlegte einen Augenblick und sagte: ‚Scipio Africanus, Herr General.‘ Nach einer Pause fragte der General mit wichtiger Miene: ‚Und was hat er getan?‘ Clay antwortete: ‚Er hat die Stadt dem Erdboden gleichgemacht.‘ Der General nickte und zeigte mit der Reitgerte auf die Stelle, wo das Dorf gestanden hatte. Dann sagte er: ‚Mr. Clay, dies ist Karthago.‘“

Die Jahre, die Clay in der Kanalzone zugebracht hatte, waren die einzigen, die er bei der aktiven Truppe diente. Seine Beurteilung aus dieser Zeit – „ein Kompanieführer, der seinen Männern aufrichtig zugetan ist; er ist ständig um ihr Wohl besorgt und spornt sie zu großen Leistungen an“ – zeigt, wie gut er sich zum Truppenbefehlshaber eignete. Andere Vorgesetzte dagegen erwähnten in ihren Beurteilungen sein „unausgeglichenes Temperament“, seine „Empfindlichkeit gegenüber Kritik“ oder „seine Hartnäckigkeit bei der Verfolgung eigener Ideen“. Aber sie alle stimmten augenscheinlich darin überein, daß Taktgefühl, wenn man es definiert als die „Fähigkeit, im Umgang mit anderen entgegenkommend und verständnisvoll zu sein“, nicht seine stärkste Seite war. Der Umstand, daß die Beurteilungen allmählich besser wurden, läßt jedoch vermuten, daß Clay es mit der Zeit gelernt hatte, sich mehr zu beherrschen. In späteren Jahren brauste er, wie Casey berichtet, immer noch sehr leicht auf, neigte aber dazu, hitzige Streitgespräche rechtzeitig abzubrechen. Dann sagte er etwa: „Verdammt, Pat, laß uns nicht mehr davon sprechen. Du hast deine Ansicht und ich meine. Wir sind gute Freunde, und ich möchte nicht, daß unsere Freundschaft darunter leidet. Deshalb laß uns nicht länger darüber streiten."[22]

Zwischen beiden Weltkriegen gab es nur wenige Pionierverbände, deren Kommando Clay hätte übernehmen können, und deshalb wurde er nach dem Kommando in Panama vor allem beim Bau von Dämmen und beim Katastrophenschutz eingesetzt – in erster Linie für nichtmilitärische Aufgaben. Zusammen mit Casey ging Clay für ein Jahr auf die Philippinen zur Planung eines Wasserkraftwerks. Dabei hatte er auch dienstlich mit Eisenhower zu tun, der damals General MacArthurs Stabschef war. In den Jahren 1933 bis 1937 arbeitete er in der Abteilung für Flüsse und Häfen im Washingtoner Büro des Chefs der Pioniere. Als Verbindungsoffizier zum Kongreß lernte er sehr genau die Arbeit der Legislative und die Planungen für den Rüstungsetat kennen. Sein Büro im alten Munitionsgebäude wurde bald zu einem Informationszentrum, wo jeder Abgeordnete die Unterlagen für die Projekte in dem von ihm vertretenen Bezirk bekommen und erfahren konnte, wie weit das einzelne Vorhaben gediehen war, was noch geschehen mußte, wie ein Projekt durch den Kongreß gebracht werden könnte und welche Voraussetzungen im einzelnen dafür bestanden. Clay selbst berichtet: „Auf diese Weise haben wir, glaube ich, viel dafür getan, daß die Abgeordneten für uns das notwendige Verständnis entwickelten. Wir hatten die Informationen und konnten sie anderen rasch zur Verfügung stellen." Als Zeuge vor den verschiedensten Ausschüssen im Kongreß und Senat sammelte Clay wertvolle Erfahrungen. „Dabei habe ich unter den Abgeordneten und Senatoren viele Freunde gefunden, aber vor allem habe ich gelernt, wie die Regierung funktioniert. Vorher wußte ich nicht, daß man eine Genehmigung brauchte, bevor (in einem zweiten legislativen Schritt) das notwendige Geld zugeteilt werden konnte. Daß ich in dieser Zeit der relativen Expansion gesehen habe, wie die Regierungsgeschäfte abgewickelt werden, ist für mich von großem Vorteil gewesen."[23]

Während all dieser Jahre war Clay ebenso wie seine Jahrgangskameraden nicht befördert worden und bezog nur das geringe Gehalt eines Subalternoffiziers. Als gut ausgebildeter und geachteter Pionieroffizier erhielt er zahlreiche lohnende Angebote von der Privatindustrie. Manche dieser Stellungen hätten ihn gereizt, aber nach Rücksprache mit seiner Frau Marjorie lehnte er es ab, die militärische Laufbahn aufzugeben. Er war ein begeisterter Soldat, und schließlich konnte es auch noch zum Kriege kommen. Als sich die Kriegsgefahr verstärkte, wurde er mehrmals befördert und bekam den Auftrag, in Südamerika ein System von Militärflughäfen zu entwerfen. Nach der Bombardierung von Pearl Harbor wurde er von General Brehon Somervell angefordert, zunächst als stellvertretender Stabschef für die Truppenversorgung und vier Monate später als Direktor für Rüstungsbeschaffung im Heeresamt mit dem temporären Rang eines Brigadegenerals. Clay protestierte, und beantragte wiederholt seine Versetzung zur Fronttruppe – selbst mit dem Rang eines Obersten.[24] Doch seine Anträge wurden abgelehnt, und der Krieg nahm seinen Fortgang.

Als die amerikanischen Truppen in Afrika landeten, konnte er von Patton und anderen Offizieren lesen, die jetzt an der Spitze ihrer Verbände den „Wüstenfuchs" jagten. Es folgten Sizilien, Anzio, die Normandie, Neu-Guinea und Guadalcanal, und Clays Jahrgangskameraden waren überall dabei, wo amerikanische Soldaten gegen Berlin und Tokio vorrückten. Indessen beschäftigte Clay im Pentagon zwei Schichten von Stenographen und arbeitete rund um die Uhr für das größte Nachschubunternehmen, das die Welt bisher gesehen hatte. Innerhalb und außerhalb der Armee wurde er zu einer bekannten und angesehenen Persönlichkeit. Aber die Arbeit befriedigte ihn nicht. Marjorie Clay erinnert sich: „Jeden Tag, wenn er nach Hause kam, beklagte er sich darüber, daß man ihm nicht erlauben wollte, an die Front zu gehen."[25] Er beneidete seine beiden Söhne bei der aktiven Truppe. Der eine war Kommandeur verschiedener Panzereinheiten, der andere führte eine Fliegerstaffel. Doch schließlich schien sich eine Schicksalswende anzuzeigen. Eisenhower, den er von den Philippinen her kannte und mit dem ihn seither eine enge Freundschaft verband, brauchte seine Hilfe für die Beseitigung des Versorgungsengpasses in Cherbourg, der im Oktober 1944 den Vormarsch der amerikanischen Verbände behinderte. Clay hatte drei Wochen Zeit, dieses Problem zu lösen, doch schon kurz nach seinem Eintreffen zeigte sich eine Besserung. Als er nach Washington zurückkehrte, hatte sich die Nachschubkapazität verfünffacht. Clay selbst behauptet in aller Bescheidenheit, es habe sich um eine reine Routineangelegenheit gehandelt. Er schrieb, der Engpaß sei allein dadurch entstanden, daß man einen tüchtigen Hafendirektor zu streng beaufsichtigt habe. Aber James Stratton, der inzwischen auch zum General befördert worden war, sieht die Sache anders. Er berichtet: „Clay nahm sofort alle verfügbaren deutschen Kriegsgefangenen und teilte sie in Arbeitskommandos ein. Dabei verzichtete er praktisch auf alle Wachmannschaften und sagte: ‚Die brauchen wir nicht mehr. Diese Burschen werden nicht fortlaufen, denn dann würden sie nur in die Hände ihrer französischen Feinde geraten.' Er überließ die Deutschen also praktisch sich selbst, und sie bildeten diese Arbeitskommandos und leisteten hervorragende Arbeit. Als ich Lucius besuchte, saß er in einem Lehnstuhl und las ein Buch. Ich sagte, um Gottes willen, Lucius, hast Du denn nichts anderes zu tun? Und er sagte, sieh Dich nur um. Soll ich vielleicht hinausgehen und den Vorarbeiter spielen? Ich sagte, das weiß ich nicht, aber wollen wir nicht doch einmal durch den Hafen fahren? Und ich kann Ihnen sagen, ich war tief beeindruckt. Organisation – das war wirklich seine starke Seite."[26]

Als Cherbourg und Clay bei SHAEF erwähnt wurden, machte eine andere Geschichte die Runde. Ein in Paris stationierter General hatte Clay angerufen und ihn gebeten, die Beförderung von sechs Kisten Whisky zu beschleunigen, die mit dem nächsten Transport ankommen sollten. „Aus alter Freundschaft erlaube ich Ihnen, zwei Flaschen für sich zu behalten, Lucius", sagte der General. Clay sorgte dafür, daß die Sendung sofort weiterging, behielt aber nicht zwei Flaschen, sondern zwei Kisten für sich, um zu zeigen, daß der vielbeschäftigte Kommandant eines großen Hafens sich nicht mit einem so lächerlichen Geschenk abspeisen ließ.[27]

Man hatte Clay versprochen, ihm nach Cherbourg ein Frontkommando zu geben, aber das Schicksal wollte es auch diesmal anders. Die Lieferung schwerer Artilleriemunition hatte sich verzögert, und Clay mußte in die Vereinigten Staaten zurückkehren, um das Kriegsministerium von der Dringlichkeit des Problems zu überzeugen. „Sie werden mich nicht wieder zurückkommen lassen", sagte er verzweifelt. Aber Eisenhower glaubte, ihm helfen zu können. Ein persönlicher Brief an General Marshall, den Chef des Generalstabs, sollte Clays Rückkehr sichern. Aber Clays Befürchtungen bewahrheiteten sich. Als Justice Byrnes erfuhr, daß Clay wieder in Washington war, forderte er ihn als seinen Stellvertreter im Amt für Kriegswirtschaft (OWMR) an. Damit waren die Würfel gefallen. Einer seiner Mitarbeiter sagte:[28] „Er war wirklich verzweifelt." Marjorie Clay hat später gesagt: „Damit war sein Leben verpfuscht."[29] Jetzt blieb nur noch die schwache Hoffnung, in den pazifischen Kriegsschauplatz versetzt zu werden, aber auch sie sollte sich nicht erfüllen. „Sogar Sie haben mehr Fronterfahrung als ich", sagte Clay später seinem politischen Berater, James Riddleberger, der in Berlin die Bombenangriffe der Royal Air Force und in London die der Luftwaffe erlebt hatte. „Diese Wunde ist niemals geheilt", berichtete der Diplomat, „sie schnitt ihm in die Seele."[30]

In einem seiner letzten Interviews sprach Lucius Clay davon, was er in West Point hauptsächlich gelernt hatte. „Befehl ist Befehl, auch wenn es die Routinearbeit des grauen Alltags ist."[31] Von diesem Motto hat er sich während all der Jahre in Deutschland leiten lassen und unbeirrbar seine Pflicht getan, auch wenn es immer wieder zu Konflikten mit der Hierarchie in Washington kam. Clay hatte sich nicht danach gedrängt, den Posten in Berlin zu übernehmen, und er wußte kaum etwas über Deutschland. Aber trotzdem war er für diese Aufgabe bestens qualifiziert. Mit seiner für den Südstaatler charakteristischen liberalen Einstellung, seinen autokratischen Neigungen und demokratischen Überzeugungen wußte er, was eine militärische Besetzung sein konnte und nicht sein sollte. Darüber hinaus hatte Clay innenpolitische Erfahrungen. „Die Fähigkeit, sich nicht im Papierkrieg zu verzetteln und widerspenstige Beamte zum Handeln zu bewegen, diese nützliche politische Begabung war Clay angeboren und seit seiner Kindheit in ihm gefördert worden."[32] Präsident Roosevelt hatte sich mit seiner Ernennung einverstanden erklärt, als man ihm sagte, Clay hätte für die Belange des Zivilisten mehr Verständnis als die meisten Soldaten. Da er in den Jahren vor dem Kriege vor allem in Zivil an zivilen Projekten gearbeitet hatte, konnte er, wie ein aufmerksamer Beobachter ausdrückt, „die Armee sowohl von außen als auch von innen her betrachten".[33] Daß er, was nur selten vorkam, diese Fähigkeiten in sich vereinigte, machte ihn zu dem für die neue Aufgabe geeigneten Mann. Mit einem unabhängigen Geist und einem durchdringenden, weitblickenden Verstand verband er militärische Entschlossenheit und die beeindruckende Fähigkeit, sich in der Öffentlichkeit darzustellen. Alle diese Elemente einer fundierten politischen und militärischen Erziehung kamen zum Ausdruck, als er seine Aufgabe im besetzten Deutschland übernahm.

Sehr bald überwand er den zunächst durch JCS 1067 ausgelösten Schock, um die Lage in aller Ruhe zu analysieren. Da er an die gewissenhafte Ausführung klarer militärischer Befehle gewöhnt war, war es für ihn etwas ganz Neues, sich auf ambivalente Anweisungen einstellen zu müssen. Er stellte fest, daß man die Besatzungspolitik im Frühjahr 1945 in mancher Weise modifiziert hatte. Die Anordnung, mit der die Herstellung von Treibstoff, synthetischem Gummi und anderen Verbrauchsgütern verboten wurde, war gestrichen worden. Der Finanzminister Morgenthau hatte dagegen protestiert, aber das Pentagon hatte sich mit seiner Auffassung durchgesetzt, daß durch dieses Verbot zusätzliche und wahrscheinlich von den Vereinigten Staaten zu bezahlende Importe notwendig werden würden. Später hatte es Lewis Douglas mit seinem energischen Einspruch beim stellvertretenden Kriegsminister, John J. McCloy, erreicht, daß Maßnahmen zur Bekämpfung der Inflation getroffen wurden. Aber damit verbesserte sich die Gesamtlage nur geringfügig. Doch Clay erkannte bald, daß die Direktive mit der Bestimmung über „Krankheiten und Unruhen" eine wichtige Klausel enthielt, mit der die schwerstwiegenden wirtschaftlichen Restriktionen möglicherweise umgangen werden konnten. Er war sich noch nicht ganz klar darüber, was mit dieser Klausel alles erreicht werden konnte, als er Mitte Juni an McCloy schrieb und ausdrücklich auf dieses Problem hinwies: „JCS 1067 kann, wie alle allgemeinen Anweisungen, auf verschiedene Art interpretiert werden."[34]

Die Bestimmungen für die Entnazifizierung konnten ebenfalls verhängnisvolle Folgen haben, aber sie waren klar und eindeutig: „Alle Mitglieder der Nazipartei, die nicht nur nominell an ihren Aktivitäten teilgenommen haben, alle aktiven Anhänger des Nazismus oder Militarismus und alle anderen Personen, die sich feindlich gegenüber den Zielen der Alliierten verhalten, werden aus öffentlichen Ämtern und wichtigen Positionen in quasi-öffentlichen und privaten Unternehmen entfernt und ausgeschlossen, und zwar 1. aus behördlichen, wirtschaftlichen und Arbeitnehmerorganisationen, 2. aus Körperschaften und anderen Organisationen, in denen die deutsche Regierung oder ihre Behörden erhebliche finanzielle Beteiligungen haben, 3. aus Industrie, Handel, Landwirtschaft und Finanzwesen, 4. aus dem Erziehungsbereich und 5. aus der Presse, dem Verlagswesen und anderen Organen des Nachrichtenwesens und der Propaganda. Niemand darf in einer der oben genannten Institutionen aus Gründen der administrativen Notwendigkeit, der Bequemlichkeit oder Zweckdienlichkeit weiterbeschäftigt werden."

Hier gab es nicht nur keine Klausel, die ein Umgehen dieser Bestimmungen ermöglicht hätte, sondern die ständigen Angriffe der Presse gegen die Militärregierung zeigten, daß die öffentliche Meinung in den Vereinigten Staaten ein hartes Durchgreifen verlangte.

Die Nationalsozialistische Deutsche Arbeiterpartei hatte Ende des Krieges 12 Millionen eingeschriebene Mitglieder, und ein Viertel dieser Parteimitglieder lebten in der amerikanischen Besatzungszone. Nun mußte Clay seine Anweisungen so interpretieren, daß sie alle schuldig waren, wenn sie ihre Unschuld nicht nachweisen konnten, während andere, die aus irgendwelchen Gründen nicht in die Partei aufgenommen worden waren oder die dieses System unterstützt hatten, ohne sich um eine Aufnahme in die Partei zu bewerben, unschuldig waren, so lange man ihnen nicht das Gegenteil beweisen konnte. Einige Juristen beim Stabe von Clay hatten Zweifel an der These von der deutschen Kollektivschuld. Sie wiesen auf den Umstand hin, daß die Hitler-Regierung legal an die Macht gekommen war. Wenn nun die Unterstützung einer legalen Regierung durch rückwirkende Gesetze zur strafbaren Handlung gemacht wurde, dann widersprach das offensichtlich den fundamentalsten Grundsätzen der Demokratie.

Als Clay, der sich noch nicht zu einer klaren Stellungnahme durchgerungen hatte, die Entnazifizierung mit den Vertretern Großbritanniens und Frankreichs besprach, stellte er fest, daß sich ihre Auffassungen auch von denen seiner Regierung unterschieden. Für die Briten bedeutete die Entnazifizierung die systematische und gründliche Suche nach den Hauptschuldigen, wobei sie sich wenig um die Mitläufer kümmerten. Für die Franzosen jedoch, die es dreimal erlebt hatten, daß ihr Land von den Deutschen besetzt worden war, und zwar jedesmal unter einem anderen Vorwand, war das amerikanische Konzept bedeutungslos. Sie machten keinen Unterschied zwischen „guten" und „bösen" Deutschen, sondern für sie waren alle Deutschen *boches.* Es zeigte sich auch, daß die Russen von ganz anderen Voraussetzungen ausgingen und das Problem dadurch zu lösen suchten, daß sie erklärten, alle Nazis mit Ausnahme der obersten Führer könnten ihre Verfehlungen dadurch wiedergutmachen, daß sie sich der von den Kommunisten beherrschten und von der Sowjetunion unterstützten sozialistischen Einheitspartei anschlossen. Robert Bowie empfahl Clay die britische Methode. Nach seiner Auffassung konnte die Entnazifizierung nur erfolgreich durchgeführt werden, wenn man sich auf die führenden 200000 Parteimitglieder konzentrierte. Aber Clay – den genauen Wortlaut seiner Befehle ständig vor Augen – war sich seiner Sache nicht sicher und mußte immer wieder daran denken, daß er seine Befehle buchstabengetreu zu befolgen hatte.

Angesichts der kritischen Reaktionen der amerikanischen Medien auf die Entnazifizierungspraktiken von SHAEF hatte er den Eindruck, daß sich eine genaue Befolgung der vorgeschriebenen Methoden kaum würde vermeiden lassen. „Die Briten und Franzosen hatten gegenüber den Nazis nicht die gleiche Einstellung wie wir", erklärte Clay viele Jahre später. „Es gab in keinem dieser Länder einen so großen jüdischen Bevölkerungsteil, der einen sehr verständlichen Haß entwickelt hatte. Ich kritisiere das durchaus nicht. Aber in England und Frankreich stand man nicht unter solchem Druck."[35] Es war eine rationelle, aber ungebührlich vereinfachte Erklärung komplizierter amerikanischer Vorgänge, die Freunde und Feinde von Juden gelegentlich erwähnten. Zweifelsohne war in Clays Gedankenwelt die Empfindsamkeit des jüdischen Bevölkerungsteils in den USA gegenüber der Politik der Militärregierung in Deutschland ein Faktor von größter Bedeutung. Aber von noch größerer Bedeutung war der traditionelle Kreuzfahrergeist der Amerikaner – des „nahezu auserwählten Volkes"; um Abraham Lincoln zu zitieren –, der auf die Deutschlandpolitik der Vereinigten Staaten einen entscheidenden Einfluß nahm. Ein prominenter Amerikaner sagt dazu: „Die Amerikaner wollen wissen, wer die Burschen mit den weißen Hüten und wer die Burschen mit den schwarzen Hüten sind. Ein Cowboy-Film ist immer noch das archetypische amerikanische Moralstück."[36] In der amerikanischen Geschichte ist es aus realpolitischen Gründen oft nicht möglich gewesen, moralische Ziele zu verfolgen,[37] aber 1945 sollte das anders werden. Die Regierenden in den Vereinigten Staaten hatten beschlossen, mit der Entnazifizierung eine künstliche Revolution herbeizuführen. Mit einer Reihe von bürokratischen Verordnungen sollte eine ganz neue Nation geschaffen werden.[38]

Das in der amerikanischen Direktive enthaltene Fraternisierungsverbot hatte ähnliche Wurzeln und war ebenso unrealistisch. Die Armeebefehlshaber bemühten sich nach Kräften, die strengen Anweisungen von SHAEF durchzusetzen. Der Chef der Militärpolizei bei der amerikanischen 82. Luftlandedivision, der so unvorsichtig war, eine deutsche Krankenschwester zu einer Veranstaltung seiner Einheit einzuladen, wurde sofort seines Postens enthoben und erhielt eine hohe Geldstrafe.[39] Es gab zahlreiche ähnliche Fälle. In entspannter Stimmung zitierte Clay gern den Oberst, der einem seiner Männer erklären wollte, was Fraternisierung ist: „Ich denke, es bedeutet, daß du zum Frühstück bleibst."[40] Doch mit Rücksicht auf die Stimmung im Kongreß riet er Eisenhower, in dieser Sache vorsichtig zu sein. Er schrieb: „Zwar wissen wir, daß die Disziplin in der Armee sich nicht nach der öffentlichen Meinung richten sollte, aber wir können die Auswirkungen der öffentlichen Meinung nicht übersehen." Er meinte, eine Aufhebung des Fraternisierungsverbots – vielleicht mit Ausnahme des Verhaltens gegenüber kleinen Kindern – würde „von der Presse und der Öffentlichkeit mißverstanden werden".[41] Wenige Tage später meldete er McCloy: „Unser Fraternisierungsverbot wird von unseren Soldaten entschieden abgelehnt, und man kann ihnen eigentlich keinen Vorwurf daraus machen. Offen gesagt habe ich für dieses Problem noch keine Lösung gefunden, und ich glaube, wir müssen uns noch eine Weile vorsichtig vorantasten, bevor wir etwas daran ändern."[42]

An alle diese Fragen mußte Clay denken, als Eisenhower ihn während der Konferenz von Potsdam zu einem Essen mit dem Kriegsminister Henry Stimson einlud, der sich zu einem Besuch in Deutschland aufhielt. Eisenhower sagte: „Sie können ihm von Ihren Sorgen berichten." Als die drei Männer an einem warmen Sommertag auf der Terrasse der für General Eisenhower in Bad Homburg beschlagnahmten Villa vor der grünen Kulisse des Taunus saßen, ergriff Clay die Gelegenheit, dem Minister offen zu sagen, was ihn bedrückte.[42a] Er erklärte, selbstverständlich könnten es die Vereinigten Staaten nicht zulassen, daß die Menschen in dem Gebiet, für das sie verantwortlich seien, verhungerten. Die Vereinigten Staaten würden einen sehr hohen Preis bezahlen müssen, wenn die Militärregierung nicht eingriff und wieder ein normales Leben ermögliche. Wenn er jedoch seine Anweisungen wörtlich befolge, dann dürfe die Militärregierung den Deutschen finanziell und wirtschaftlich nicht helfen. Das wäre seine Hauptsorge, es wäre aber auch sehr schwierig, andere Bestimmungen der Direktive JCS 1067 zu befolgen.

Der 78jährige Stimson, vielleicht der bedeutendste amerikanische Staatsdiener dieses Jahrhunderts – er war unter Taft Kriegsminister, unter Coolidge Gouverneur auf den Philippinen und unter Hoover Außenminister gewesen – hörte verständnisvoll zu und sagte dann, welche Aufgaben nach seiner Auffassung mit der Besatzungspolitik erfüllt werden müßten. Clay erinnert sich, daß der Minister die Notwendigkeit für Kontrollen und angemessene Sicherheitsmaßnahmen anerkannte. Erst vor wenigen Monaten hatte er erklärt, daß die Militärregierung in Deutschland „die wichtige Aufgabe der Entnazifizierung rücksichtslos durchführen" müßte.[43] Die Sicherung des Friedens mache es nach seiner Meinung unabdingbar, die Naziführer und Kriegsverbrecher zu verhaften und vor Gericht zu stellen. Aber an einem Rachefeldzug wolle er sich nicht beteiligen und halte es auch für sinnlos, die deutsche Wirtschaft absichtlich zu vernichten. Er sagte: „Gleichgültig, welche Rachegefühle in der amerikanischen Öffentlichkeit heute noch lebendig sind, und gleichgültig, wie streng Ihre Maßnahmen sein mögen, denken Sie immer daran, daß die gleichen Menschen, die Ihnen diese Anweisungen gegeben haben, Sie letzten Endes dafür verantwortlich machen werden, wenn Sie die Wirtschaft in diesem Lande nicht wieder aufbauen, so daß seine Bewohner wieder Hoffnung schöpfen können. Sicher müssen Sie mit der Direktive JCS 1067 leben, aber gehen Sie dabei nicht so weit, daß Sie dieses Land aushungern oder ihm jede Möglichkeit zum wirtschaftlichen Wiederaufbau nehmen. Auf die Dauer wird es das amerikanische Volk niemals zulassen, daß in einem von den Vereinigten Staaten kontrollierten Gebiet Chaos und Hunger herrschen."[44] Damit hatte Clay endlich die allgemeinen Richtlinien, die er brauchte. Die Entnazifizierung mußte natürlich mit aller Härte durchgeführt werden, aber in der Wirtschaftspolitik hatte er einen gewissen Handlungsspielraum. Später schrieb Clay: „Der Besuch des Ministers hat mir mehr geholfen, als mir damals bewußt gewesen ist. General Eisenhower und ich waren von dem, was er sagte, beeindruckt, und es hat mich bei der Wahrnehmung meiner Pflichten entscheidend beeinflußt."[45]

Wenige Tage nach dieser Begegnung in Bad Homburg hatte Clay die Potsdamer Beschlüsse in der Hand. Stimson hatte ihm allgemeine Richtlinien gegeben, aber das Drei-Mächte-Protokoll enthielt neue Bestimmungen, welche die Direktive JCS 1067 überall dort außer Kraft setzten, wo sie dieser Direktive widersprachen. Im Gegensatz zu der bisher vollkommen negativen Politik war die Militärregierung jetzt angewiesen, Transport und Verkehr, die Nachrichtenverbindungen und die öffentlichen Versorgungsbetriebe in dem besetzten Land sofort wieder herzustellen. Die landwirtschaftliche Produktion und die Kohleförderung sollten gesteigert werden. Während nach der Direktive JCS 1067 der Lebensstandard in Deutschland nicht höher sein durfte „als in irgendeinem den Vereinten Nationen angehörenden benachbarten Land", bestimmten die Potsdamer Beschlüsse, daß „der Lebensstandard nicht höher sein darf als der Durchschnitt in den europäischen Ländern mit Ausnahme des Vereinigten Königreichs und der Sowjetunion". Das waren nach Auffassung von Clay ganz neue Gesichtspunkte, und, wie er sofort erkannte, war die Tatsache am wichtigsten, daß man in Potsdam übereingekommen war, das besetzte Deutschland als wirtschaftliche Einheit zu behandeln.

Als Clay und sein Hauptquartier nach Berlin umzogen, kannten die Abteilungsdirektoren und andere höhere Beamte in seinem Stab schon die Arbeitsmethoden des Generals. Er hatte ihnen von Anfang an gesagt, daß er auf mündlichen Vortrag keinen besonderen Wert lege, sondern präzise schriftliche Berichte verlange. Wenn er sie gelesen und den Inhalt der Seiten so rasch in sich aufgenommen hatte, wie er umblätterte, verwickelte er die Verfasser oft in ein Streitgespräch, um festzustellen, wo die schwachen Punkte in der Argumentation lagen. „Er stellte fast jedesmal Fragen zu dem Teil des Berichts, über den es sich wirklich zu sprechen lohnte", erinnert sich Robert Bowie. „Dann fand er sehr bald das wesentliche Problem, das irgendwelche Zweifel zuließ oder über das es sich aus irgendeinem Grund wirklich lohnte, zu debattieren. Er hatte einen sehr schnellen und scharfen Verstand und war sehr wortgewandt. Er konnte sich sehr klar und präzise ausdrücken. Manchmal hatte ich den Eindruck, er träfe seine Entscheidungen zu schnell. Er hatte eine solche Auffassungsgabe, daß ich manchmal glaubte, er träfe Entscheidungen und nähme eine bestimmte Haltung ein, bevor er alle Konsequenzen und Aspekte des Problems durchdacht hatte. Er wirkte als Persönlichkeit wie der unerwartete Strahl eines Scheinwerfers. Wenn er seine Aufmerksamkeit auf einen richtete, um einen auf die Probe zu stellen, dann hatte man fast das Gefühl, einen körperlichen Schlag bekommen zu haben. Ich kann das illustrieren", fährt Bowie fort. „Wir hatten in Berlin einen Mann, einen bekannten Anwalt aus Chicago, der als Seniorpartner bei einer der angesehensten Anwaltsfirmen arbeitete. Er war 60 oder 65 Jahre alt und hatte den Ruf eines ausgezeichneten Fachmanns. Ich kann mich noch genau daran erinnern, daß er mir sagte, wenn er zu Clay ging, um etwas mit ihm zu besprechen, fürchtete er sich fast vor dem General, und das, obwohl er gewohnt war, sich mit den schwierigsten juristischen Fragen zu beschäftigen. Aber die persönliche Ausstrahlung von Clay und sein scharfer Verstand, mit dem er etwas bestritt oder eine eigene Meinung vertrat – das war fast wie ein physischer Schlag."[46] Ein anderer enger Mitarbeiter erinnert sich: „Er nahm die Leute und ihre schriftlichen Berichte regelrecht auseinander. Er wußte, wie er aus seinen Leuten das herausholen konnte, was er brauchte, um die richtigen Entscheidungen treffen zu können. Er bearbeitete sie nach allen Richtungen. Ständig zu kämpfen lag in seinem Charakter, und es war seine Technik." John J. McCloy sagte: „Er kämpfte bis zum Knockout." Aber Riddleberger hatte den Eindruck, daß sich bei Clay in der rauhen Schale ein sehr vernünftiger Mann verbarg.[47]

Natürlich konnte er seine Meinung auch ändern, aber niemand weiß von einem Fall zu berichten, in dem er während einer Diskussion von seinem Standpunkt abgewichen wäre. Wenn das Gespräch vorüber war, konnte er in aller Ruhe eine andere Haltung einnehmen und entsprechend verfahren, aber er war nicht bereit, es zuzugeben. Wenn sich herausstellte, daß er sich geirrt hatte – und das kam nur selten vor – sagte er nur, „das war keine besondere Leistung von mir".

Wenn er jedoch erkennen mußte, daß er in seiner Ausdrucksweise zu scharf gewesen war und es sich nicht um eine substantielle Meinungsverschiedenheit handelte, dann war er als höflicher Südstaatler sofort bereit, sich zu entschuldigen. Bei einem Wortwechsel mit seinem britischen Kollegen, General Sir Brian Robertson, machte er eine unvorsichtige Bemerkung, die Robertson verletzte. Delbert Clark von der *New York Times* berichtet:[48] „Clay hatte es nicht bemerkt, aber als er in sein Büro zurückkam, sagte ihm einer seiner Mitarbeiter, der dabei gewesen war, ‚Sir, ich glaube, Sie sollten wissen, daß Sie heute nachmittag General Robertson verletzt haben.' ‚Zum Teufel, glauben Sie das wirklich!' rief Clay aus. Er sprang auf, griff nach seiner Mütze, befahl seinem Sekretär, im britischen Hauptquartier anzurufen und ihn anzumelden, und lief, immer zwei Stufen auf einmal nehmend, die Treppe hinunter zu seinem Wagen. Nach 15 Minuten in Robertsons Hauptquartier angekommen, ging er, ohne sich anzumelden, an den Militärpolizeiposten vorbei in das Privatbüro des Generals, streckte Robertson die Hand entgegen, lächelte mit allem Charme des Südstaatlers und entschuldigte sich. Dieser Zwischenfall machte sehr bald die Runde im britischen Hauptquartier und löste dort großes Erstaunen aus. Nichts hätte Clay größere Achtung verschaffen können, als dieses Verhalten, denn die Briten wußten, wie schwer es jedem von ihnen fallen würde, so spontan auf die dienstliche Würde zu verzichten und nur ein menschliches Wesen zu sein."

Die Direktive JCS 1067, die Potsdamer Beschlüsse und das Gespräch mit dem Kriegsminister waren für Clay die Grundlage für seine künftige Arbeit in Deutschland. Für ihn stand jetzt fest, daß die Wiedervereinigung Deutschlands seine Hauptaufgabe war. Da das Gebiet, für das er die Verantwortung übernommen hatte, nicht autark war, glaubte er, auf die Zusammenarbeit mit den Russen angewiesen zu sein. ,,Es muß gelingen", sagte er seinen etwas skeptischen Mitarbeitern, und wiederholte damit, was er schon vor ein paar Monaten den Journalisten im Hotel Scribe gesagt hatte: ,,Wenn die vier Nationen in Berlin nicht zusammenarbeiten können, wie sollen sie dann in den Vereinten Nationen den Weltfrieden sichern? Natürlich muß man auch bereit sein, Konzessionen zu machen, und beim alliierten Kontrollrat sollte das die amerikanische Politik sein."

Den Angehörigen seines Stabes sagte er, seine Mission habe vier Elemente, die sofort in Angriff genommen und ständig aufeinander abgestimmt werden müßte. Das wären die Entmilitarisierung, die Demokratisierung, die Entnazifizierung und die Entflechtung der Kartelle (Dekartellisierung). Dieses aus vier Teilen bestehende Programm wurde zum Thema einer Reihe von Treffen auf höchster Ebene in Berlin und einer drei Tage dauernden Konferenz in Frankfurt.[49]

,,Aus den mir vorliegenden Berichten geht hervor, daß es den Dienststellen der Militärregierung an Verständnis für die fundamentalen Ziele und Absichten der Besatzungsmacht fehlt", schrieb Clay in einem Bericht an McCloy. ,,Angesichts der Potsdamer Beschlüsse haben wir uns entschlossen, in Frankfurt am 27., 28. und 29. August für die Stäbe der Bezirkskommandeure und der regionalen Dienststellen eine Konferenz abzuhalten, um über die bei der Besetzung zu verfolgenden Ziele und die praktischen Probleme zu sprechen. Mehr als 150 Mitarbeiter haben an den Sitzungen teilgenommen."[50] Die Befehlshaber der beiden amerikanischen Armeen in Deutschland, die Generäle Patton und Haislip nahmen an der Eröffnungssitzung teil, die Eisenhower mit der Erklärung einleitete, daß ,,die Hauptaufgabe der Armee in Europa jetzt die Militärregierung ist, und daß alle Elemente der Armee diese Aufgabe tatkräftig unterstützen müssen". Der Oberbefehlshaber wies außerdem auf die besondere Bedeutung eines gründlichen Entnazifizierungsprogramms hin. Seine Ausführungen blieben jedoch nicht unwidersprochen. Patton erklärte mit starken Worten, eine vollständige Entnazifizierung werde zum administrativen Zusammenbruch führen. Er widersetzte sich dem Programm so energisch, daß Eisenhower nach Rücksprache mit Clay ein Schreiben an die Befehlshaber der Armeen verfaßte, in dem es hieß, ,,daß die Diskussionsphase des Entnazifizierungsprogramms vorüber ist und ich es nicht mehr tolerieren werde, wenn man die gewissenhafte Ausführung des Befehls öffentlich kritisiert".[51]

Im Gegensatz dazu rechnete Clay bei dem Entmilitarisierungsprogramm kaum mit irgendwelchen Schwierigkeiten. Im Herbst 1945 zeigte sich deutlich, daß das deutsche Volk – wenigstens zunächst – vom Krieg und vom militärischen Leben genug hatte (und zwar so sehr, daß es zehn Jahre später in einer ganz neuen politischen Konstellation starken Drucks bedurfte, wieder die allgemeine Wehrpflicht einzuführen). In der amerikanischen Zone hatten die Besatzungstruppen die Entmilitarisierung praktisch schon zum Abschluß gebracht, bevor die Militärregierung die Verantwortung übernahm. Die deutschen Streitkräfte und alle anderen militärischen und paramilitärischen Organisationen und Einrichtungen waren aufgelöst worden. Waffen, Munition und Kriegsgerät waren beschlagnahmt. Alle Industrien mit einem Rüstungspotential waren im Rahmen des noch nicht endgültigen Programms für den Abbau der Industriekapazität für die Demontage vorgesehen. Außerdem befahl Clay, alles zu beseitigen, was an die militärische Vergangenheit Deutschlands erinnerte, und zwar nicht nur die nazistischen Namen von Straßen, Parks und öffentlichen Gebäuden, sondern auch die Namen von Bismarck, Moltke, Gneisenau und anderen historischen Persönlichkeiten aus dem vorigen Jahrhundert. Sogar das weltbekannte Forschungsinstitut, die Kaiser-Wilhelm-Gesellschaft, durfte seine Arbeit erst wieder aufnehmen, nachdem es in Max-Planck-Institut umbenannt worden war. Der öffentlichen Meinung in den Vereinigten Staaten folgend verfügte die gleiche Direktive die Beseitigung von Denkmälern, Statuen, Emblemen und Symbolen, die etwas mit dem deutschen Militarismus zu tun hatten. Wie Clay nach Washington meldete, waren auch noch andere Maßnahmen vorgesehen „als Teil unserer unwiderruflichen Absicht, jeden nazistischen Einfluß in Deutschland auszumerzen“.[52]

Was nun das zweite Programm, die Demokratisierung, betraf, so glaubte Clay zu wissen, wie er vorgehen müßte. Er sagte: „Wer wirklich an die Demokratie glaubt, weiß, daß sie keine Ware ist, die sauber verpackt zusammen mit den Lebensmittelrationen verteilt und mit einer magischen Wirkung verdaut werden kann. Um es negativ auszudrücken: Es gibt auch kein politisches Wunderserum, das man dem Patienten injizieren kann, um ihn gegen die Krankheit des Militarismus immun zu machen.“[53] Deshalb hielt er es für seine Aufgabe, alle demokratischen Neigungen zu fördern, wo er sie vorfand, ohne sich dabei hinter einzelne Persönlichkeiten oder Parteien zu stellen. Wie er Delbert Clark[54] sagte, ließ sich in Deutschland eine demokratische Regierung entwickeln, wenn man das Land vereinigte und die Mittel fand, den verzweifelten Mangel an Lebensmitteln, Heizmaterial, Wohnraum, Bekleidung und so weiter zu beheben. Er sagte: „Aber man kann eine wirkliche Demokratie nicht in einer Atmosphäre von Verzweiflung und Hunger aufbauen.“ Im Herbst 1945 war es noch zu früh, damit zu beginnen, aber wie Clay es sah, hatte man die besten Chancen, wenn man in Deutschland ähnliche demokratische Strukturen und Institutionen schuf wie in den Vereinigten Staaten. „Man muß ihnen die Erfahrung vermitteln, zur Abstimmung zu gehen, zu wählen, sich zu entscheiden und dann mit dem Ergebnis dieser Wahlen zu leben.“[55] Das sagte er seinen Mitarbeitern immer wieder. Als eine der ersten Maßnahmen befahl er, alle Lehrbücher einzuziehen, die im Dritten Reich an den Schulen verwendet worden waren, und dazu alle nationalsozialistische Literatur zu vernichten. Dann veranlaßte er den Druck und die Verteilung mehrerer Millionen von Schulbüchern, deren Texte in Vorbereitung dieser Maßnahme schon verfaßt worden waren.[56] Wie es seine Gewohnheit war, verlangte er die sofortige Befolgung des Befehls. Auf einer Stabsbesprechung sagte er, auch in dem für ihn beschlagnahmten Haus habe er nationalsozialistische Literatur vorgefunden. „Ich nehme an, so wird es in den meisten deutschen Häusern sein. Was wollen Sie dagegen unternehmen?" fragte er Oberst William Paley, den Vertreter der Informationsabteilung.[57] Der Vorschlag, alle Bücher sollten mit deutschen Bürgern besetzten Ausschüssen übergeben und eingestampft werden, genügte dem stellvertretenden Militärgouverneur nicht. „Ich glaube, das ist nicht genug", sagte er. „Nach meiner Ansicht ist das gefährliches Material, und es muß sofort vernichtet werden." Paley war Reserveoffizier und stand kurz vor seiner Entlassung ins Zivilleben. Er wagte zu widersprechen. Ein solches Vorgehen würde an nazistische Praktiken erinnern und deshalb im Ausland einen schlechten Eindruck machen. Die Augen von Clay wurden stahlhart. „Ich bin anderer Meinung", sagte er. „Und da Sie mir widersprechen, werde ich meinen Stabschef beauftragen, sofort einen Befehl aufzusetzen, der die Vernichtung aller Naziliteratur in ganz Deutschland anordnet. Das ist alles, Herr Oberst." Das war charakteristisch für den „Sturmvogel" des Pentagon, aber schließlich nahm die Sache doch ein ungewöhnliches Ende. Paley wendete sich an den Stabschef von Clay, Bryan Milburn, und überzeugte ihn mit allen ihm zur Verfügung stehenden Argumenten von der Richtigkeit seines Vorschlags.

Wie die Kontroverse zwischen Patton und Eisenhower in Frankfurt schon hatte ahnen lassen, war die Entnazifizierung das schwierigste Problem. Während des Frühsommers 1945 waren viele Offiziere im Stabe von Clay noch vorübergehend zu SHAEF abkommandiert gewesen. Da sie jeden Samstag an seinen Stabsbesprechungen teilnahmen, waren sie über die Entwicklungen in der amerikanischen Besatzungszone auf dem laufenden.

Zunächst war die Entnazifizierung Aufgabe der Besatzungsarmeen gewesen, die sich dabei nach den Direktiven in dem von SHAEF herausgegebenen Handbuch für die Militärregierung in Deutschland richteten. Diese Anweisungen verlangten die Festnahme der Kriegsverbrecher, den automatischen Arrest bestimmter Personen, die Auflösung der NSDAP und die Entlassung aller aktiven Nazis und Sympathisanten aus öffentlichen Ämtern. Das wichtigste Instrument für diese Säuberungsaktion waren Millionen in der ganzen amerikanischen Besatzungszone verteilter Fragebogen, auf denen jeweils 131 Fragen beantwortet werden mußten. Clay war sich des Umstandes bewußt, daß die Military Government Detachments unmittelbar nach Einstellung der Feindseligkeiten vor allem daran interessiert waren, für die Sicherheit der vorrückenden Verbände zu sorgen, daß jedoch andererseits auch der deutsche Verwaltungsapparat funktionsfähig bleiben mußte. Eine spätere auf Anordnung der Vereinigten Stabschefs erlassene Direktive von

SHAEF bestimmte, daß alle Personen, die nach der Machtübernahme durch die Nationalsozialisten im Januar 1933 der Partei beigetreten waren, nicht automatisch aus ihren Ämtern zu entlassen seien, wenn sie nachweisen konnten, daß sie es nur getan hatten, um ihre Posten zu behalten. Aber als Clay nach Europa kam, wurde die Direktive unter dem Druck der amerikanischen Presse durch die neue Bestimmung ersetzt, daß alle Parteimitglieder, die ein wichtiges politisches Amt innegehabt hatten, ohne Rücksicht auf das Datum ihres Eintritts in die Partei entlassen werden müßten.[58]

Diese Direktive ging auf dem Dienstweg vom Hauptquartier zu den Stäben der Heeresgruppen, wo sie neu formuliert und dann an die Armeen weitergegeben wurde. Auch dort erhielt die Anweisung eine neue Form und ging so als Befehl an die Truppe. Das Ergebnis war, daß die einzelnen Büros der amerikanischen Militärregierung im Sommer 1945 nach vier verschiedenen Entnazifizierungsdirektiven arbeiten mußten. Da es jedoch auch Befehle gab, die eine baldige Wiedereinsetzung eines deutschen Verwaltungsapparats verlangten, wurde die Entnazifizierung von Ort zu Ort verschieden gehandhabt.[59] Aus den Meldungen der Teilnehmer an den von Clay abgehaltenen Samstagsbesprechungen ging hervor, daß in einigen Gegenden sehr streng durchgegriffen wurde, während man die Anweisungen anderswo nur pro forma befolgte.

Die Festnahme der Personen, die automatisch interniert werden sollten, erfolgte sehr rasch, und in den ersten Monaten der Besetzung waren mehr als 100000 Personen interniert, ihr Vermögen war beschlagnahmt worden. Wo jedoch Beamte im Rahmen der Entnazifizierung aus ihren Ämtern entlassen wurden, war es außerordentlich schwierig, geeigneten Ersatz für sie zu finden. Die prominenten Nazis waren im allgemeinen vor Eintreffen der Amerikaner geflohen oder untergetaucht. Die meisten angesehenen Bürger versuchten, im Hintergrund zu bleiben, und vermieden alle Kontakte mit der Besatzungsmacht. Die Deutschen, die die Verbindung zur Militärregierung aufnahmen, waren oft Opportunisten oder Intriganten. Da man wußte, daß die katholische Kirche die nationalsozialistische Ideologie ablehnte, suchten die Angehörigen der Militärregierung in vielen Fällen Rat bei den örtlichen Geistlichen. Man mußte aber sehr bald feststellen, daß ihr Widerstand gegen das nationalsozialistische Regime gewöhnlich nur eine passive politische Neutralität und nicht aktive Opposition gewesen war. Die von der Militärregierung eingesetzten neuen Verwaltungsbeamten erfüllten zwar nominell oft die in den Direktiven verlangten Voraussetzungen, aber die amerikanischen Vorstellungen von der Demokratie waren ihnen ebenso fremd wie ihren nationalsozialistischen Vorgängern. Wie Walter Dorn, James Pollock und andere Deutschlandexperten im amerikanischen Hauptquartier immer wieder sagten, war die Monarchie nach dem Ersten Weltkrieg zwar abgeschafft worden, aber die fundamentale Struktur einer im wesentlichen autokratischen und feudalistischen Gesellschaft war intakt geblieben. Während der fünfzehn Jahre der Weimarer Republik hatte sich das Mißtrauen gegenüber der Demokratie nur noch vertieft. Die von der Militärregierung ausgewählten neuen Männer gehörten einer breiten Schicht des Bürgertums an und vertraten autoritäre, nationalistische, großdeutsche und militaristische Überzeugungen. Sie hatten nicht das autoritäre Regierungssystem, sondern den Antiklerikalismus, gewisse sozialistische Programmpunkte oder die aus den unteren Schichten stammenden nationalsozialistischen Führer abgelehnt.

Clay, der von der Gesellschaftsstruktur in Deutschland kaum etwas wußte, hörte sich diese Berichte sehr aufmerksam an, denn sie ergänzten die kritischen Leitartikel in der amerikanischen Presse und bestätigten einen Bericht der Abteilung für psychologische Kriegführung (Psychological Warfare Division – PWD), der bei den amerikanischen Verbänden auf dem europäischen Kriegsschauplatz im Umlauf war. Dieser Bericht stützte sich auf eine Untersuchung der Verhältnisse in Aachen, der ersten von amerikanischen Truppen besetzten deutschen Großstadt, und beschuldigte die Militärregierung, das Entstehen einer neuen Elite zugelassen zu haben. Sie bestand aus Technikern, Juristen, Ingenieuren, Geschäftsleuten, Fabrikanten und Vertretern der Kirchen, die zwar wahrscheinlich keine Nazis waren, deren Auffassungen aber mit Sicherheit nicht den amerikanischen Vorstellungen von Demokratie entsprachen.[60] Der Oberbürgermeister war Rechtsberater der Diözese Aachen und Syndikus des Rüstungsbetriebs Vertrup, wo Panzerteile und Ersatzteile für die V1- und V2-Waffen hergestellt worden waren. Zwar war er ein Antinazi, vertrat jedoch autoritäre Auffassungen und hatte kein Verständnis für einige der fundamentalen Grundsätze der amerikanischen Demokratie. Seine vierzehn Stellvertreter und Abteilungsleiter, die alle von ihm ernannt worden waren, vertraten ähnliche Ansichten. Nach Auffassung der Offiziere der PWD waren diese Männer Reaktionäre, wenn auch nur einer von ihnen der nationalsozialistischen Partei angehört hatte. Sie alle hatten während des Krieges einflußreiche Stellungen in der Rüstungsindustrie innegehabt. Sie waren durchaus bereit, Parteimitglieder zu beschäftigen, die jetzt ihre Meinung geändert hatten oder aus geschäftlichen oder beruflichen Gründen in die Partei eingetreten waren.[61]

Sensationelle Schlagzeilen in den amerikanischen Zeitungen („Die Armee versagt im Umgang mit den Nazis" – „Wir geben den Nazis im Reich immer noch Arbeit")[62] hatten zwar zur Folge, daß in der Stadtverwaltung von Aachen drastische Veränderungen vorgenommen wurden, wirkten sich aber nicht auf das Verhalten der Militärregierung in anderen Gebieten aus.[63] Wie Clay zu seinem Ärger feststellen mußte, erfuhren die anderen Dienststellen nichts von den Vorgängen in Aachen, und die Direktiven der Militärregierung über die Entnazifizierung blieben weiterhin unklar und verwirrend.

Hilldring hatte Clay gesagt, er brauchte nicht nur die Unterstützung durch seine Regierung, sondern auch „den besten Public Relations-Fachmann des Abendlandes". Deshalb besuchte Clay regelmäßig den behelfsmäßigen Presseklub der Armee in Berlin. Mit den höflichen Umgangsformen des charmanten Südstaatlers hatte er keine Schwierigkeiten, gute Beziehungen zu den Journalisten zu unterhalten. Beide Seiten profitierten von dem inoffiziellen Meinungsaustausch, und Clay bekam ungeschminkte Berichte über die Zustände in der amerikanischen Besatzungszone. Die Reporter, die Bayern bereisten, hatten den Eindruck, daß sich die örtlichen Büros der Militärregierung ihre Aufgabe recht leicht machten und vor allem dafür sorgten, funktionsfähige Gemeindeverwaltungen einzusetzen. Ermutigt durch die ambivalente Haltung des Stabes der 3. Armee unter General Patton berücksichtigte man in vielen Fällen nicht die politische Vergangenheit der bei den Gemeindeverwaltungen beschäftigten Personen. Darüber hinaus hatten die schlauen Bayern augenscheinlich ihre neuen Herren sehr bald durchschaut und festgestellt, daß auch hier das Sprichwort galt: „Hunde, die bellen, beißen nicht." Sie hatten sich in mehr als zehn Jahren an die Brutalität der Gestapo gewöhnt und hielten es nicht für besonders riskant, sich den Verordnungen der Militärregierung offen oder stillschweigend zu widersetzen. Parteimitglieder, die auf Anordnung der Militärregierung hätten entlassen werden sollen, blieben – wie die amerikanischen Journalisten berichteten – in ihren Ämtern, und Fragebogen wurden entweder nicht ausgefüllt oder verschwanden auf geheimnisvolle Weise.[64]

Im Presseklub konnte Clay darüber hinaus auch Artikel über die Besatzung in literarischen Organen und Fachzeitschriften lesen, die ihm in den militärischen Dienststellen nicht zur Verfügung standen. Diese Aufsätze enthielten oft sensationelle Vorwürfe, wie zum Beispiel in einem Leitartikel der Zeitschrift *Christian Century*, der unter dem Titel „In Deutschland wird das Spiel des Vatikans gespielt"[65] erschien, oder in einem Artikel „Über den Skandal in Bayern" in *New Republic* von Philipp Loewenfeld.[66] Loewenfeld behauptete, „die Demokratie in Deutschland hat ihren ersten Rückschlag mit der Ernennung von Dr. Friedrich Schäffer zum Ministerpräsidenten von Bayern erlebt, einem der eifrigsten Totengräber der Weimarer Republik". In den 50er Jahren, als sich die Aufregung um die Entnazifizierung gelegt hatte, wurde Schäffer Finanzminister im Kabinett Adenauer, aber in den turbulenten ersten Monaten der Besatzungszeit galt er als „Vertreter reaktionärer klerikaler Kräfte" und war deshalb nach der öffentlichen Meinung in den Vereinigten Staaten nicht geeignet, ein hohes Staatsamt in Deutschland zu übernehmen. Berichte wie diese und die Eindrücke der Journalisten von der praktischen Arbeit der Militärregierung bestätigten, was Clay schon lange gewußt hatte: Dies war keine Aufgabe für Soldaten!

Die Hauptschwäche der amerikanischen Entnazifizierungsmethode lag in dem Versuch, alle Betroffenen in Kategorien einzuteilen. Für die Meinungsmacher in Amerika war es leicht zu verlangen, man sollte alles daransetzen die Nazis loszuwerden, aber wie ein amerikanischer Journalist, der Deutschland aus der Zeit vor dem Krieg kannte, schrieb, „gab es alle möglichen Arten von Nazis. Es gab diejenigen, die unter Druck in die Partei eingetreten waren, es gab die Opportunisten, und es gab ‚Idealisten' – Nazis, die später enttäuscht waren und sich von der Partei abgewandt hatten. Und es gab schließlich Leute, die die Nazis während des Regimes unterstützt hatten, aber nicht der Partei beigetreten waren".[67] Der Unterschied zwischen dem kommunistischen Konzept der Partei als einer kleinen aktivistischen Elite und der Praxis Hitlers, die Gefolgschaft der Massen zu organisieren, war der amerikanischen Öffentlichkeit niemals klar gemacht worden.

Im Juli und August 1945 unternahmen Eisenhower und sein Stab große Anstrengungen, der öffentlichen Meinung gerecht zu werden, die, wie sie wußten, die Haltung der Bewilligungsausschüsse im Kongreß beeinflussen würde. Das erste Ergebnis war eine Entnazifizierungsverordnung vom 7. Juli 1945, zu deren Fertigstellung die Abteilung für öffentliche Sicherheit der USGCC und die Abteilung G-5 bei SHAEF mehrere Monate brauchten. Mit einer Grundsatzerklärung, die wörtlich aus der Direktive JCS 1067 übernommen worden war, trat diese Verordnung an die Stelle von einzelnen unvollständigen Bestimmungen und verfügte, daß alle Personen, die bis zum 1. Mai 1937 in die NSDAP eingetreten waren, aus ihren Ämtern zu entfernen seien.[68] Mit dieser Verordnung sollte die Entnazifizierung in der amerikanischen Besatzungszone einheitlich durchgeführt werden, und alle untergeordneten Dienststellen durften die darin enthaltenen Bestimmungen nicht mehr ändern. Zu den Kategorien von Personen, die nach der Verordnung aus ihren Ämtern zu entfernen waren, gehörten alle Beamten und Angestellten in *öffentlichen* Verwaltungsbehörden, aber nur leitende Angestellte in den Betrieben und Personalabteilungen auf dem *privaten* Sektor. Darüber hinaus sollten alle Personen in wichtigen öffentlichen und privaten Stellungen aufgrund eines 6 Seiten umfassenden Personalfragebogens genau überprüft werden. Man schätzte, daß in der amerikanischen Besatzungszone mehr als 1,5 Millionen Deutsche diesem Verfahren unterworfen werden müßten.

Einen Monat nach Inkrafttreten dieses neuen Befehls befahl Clay, daß er auch auf den gesamten Bereich der privaten Unternehmungen und der Industrie angewendet werden sollte[69] eine Erweiterung, die man später als „Augsburger Fleischer-Direktive" bezeichnet hat. William Griffith berichtete, Clay wurde bei einem Besuch in Augsburg dazu angeregt, als bei einem Tischgespräch die Rede auf einen Fleischer kam, der Nazis bei der Belieferung mit Fleisch bevorzugte.

Doch obwohl sich Eisenhower und Clay darum bemühten, ein vernünftiges Entnazifizierungsprogramm zu entwickeln, gingen die Angriffe der Presse gegen die Militärregierung weiter, und Patton heizte mit seinem Verhalten und seinen öffentlichen Äußerungen die Stimmung weiter an. Am 20. September schrieb Clay an McCloy und teilte ihm mit, daß „die Dinge in Bayern nicht ganz reibungslos verlaufen", und daß Dr. Schäffer, „der uns gute Dienste geleistet hat", wahrscheinlich von einem „Beamten mit liberaleren Neigungen" abgelöst werden müßte.[70] Aber ein Artikel in der *New York Times,* in dem behauptet wurde, daß die Nazis in Deutschland immer noch Schlüsselstellungen innehatten, ließ erkennen, daß es nicht genügte, nur ein paar Beamte zu entlassen. Die Zeitung beklagte die „Tendenz, die ausdrücklichen Befehle Eisenhowers zu umgehen", und berichtete, daß „zwischen den von den höheren Stellen festgelegten politischen Richtlinien und den praktischen von der Armee und der Militärregierung ergriffenen Maßnahmen ein Widerspruch besteht". Es käme immer wieder vor, daß die Beamten der Militärregierung leitende Angestellte in der Industrie wegen ihrer nazistischen Vergangenheit entließen, Leute, die dann „auf Befehl von Offizieren der Armee wieder verwendet werden". Die Zeitung zitierte am Schluß General Patton, der gesagt habe, es wäre „dumm, wenn man versuchen wollte, die intelligentesten Leute in Deutschland auszuschalten".[71]

Wenn die amerikanischen Stäbe in Frankfurt und Berlin noch irgendwelche Zweifel hegten, dann wurden sie durch die provozierende Erklärung Pattons vom 22. September, daß „diese Naziangelegenheit das gleiche sei wie ein Wahlkampf zwischen Demokraten und Republikanern",[72] davon überzeugt, daß sofort etwas unternommen werden mußte. Richter Charles Fahy, der Rechtsberater von Clay, wurde angewiesen, so rasch wie möglich ein radikales Entnazifizierungsgesetz zu entwerfen, und die Direktoren der Militärregierungsbüros wurden bei einer Konferenz in Berlin davon in Kenntnis gesetzt, daß „die Entscheidung getroffen worden ist, alle Lebensbereiche in Deutschland zu entnazifizieren".[73] Als Fahy, der mit dem ersten Gesetzesentwurf nicht zufrieden war, versuchte, ihn zu verbessern, war es schon zu spät. Clay hatte es eilig und war mit dem Entwurf in der Tasche schon nach Frankfurt abgereist.

Am 26. September, 4 Tage bevor Clay die direkte Leitung aller Operationen der Militärregierung übernahm, wurde das Gesetz Nr. 8 der Militärregierung bekanntgegeben. In der Zwischenzeit war Ministerpräsident Schäffer zurückgetreten, und Eisenhower hatte beschlossen, General Patton abzulösen. Bisher hatten sich die Entnazifizierungsmaßnahmen in erster Linie gegen die Angehörigen der öffentlichen Verwaltung gerichtet. Das neue Gesetz konzentrierte sich im Gegensatz dazu auf den privaten Sektor und verbot die Beschäftigung von Parteimitgliedern in allen leitenden Stellungen. Das galt für die Industrie, den Handel, die Finanz, das Erziehungswesen, die zivilen und Arbeitnehmerorganisationen, die Presse und das Verlagswesen. Die deutschen Arbeitsämter wurden für die Befolgung und Durchführung dieser Bestimmungen verantwortlich gemacht. Jeder Betrieb, der weiterarbeiten wollte, mußte dafür sorgen, daß keine Nazis mehr in führenden Stellungen beschäftigt waren. Die Nichtbefolgung dieser Anordnung hatte die Schließung des Betriebs zur Folge. Wenn die Eigentümer von dem Gesetz betroffen waren, wurde der Betrieb der Property Control Abteilung der örtlichen Dienststelle der Militärregierung unterstellt, die die Leitung des Unternehmens einem nicht nazistischen Treuhänder übertrug.[74] Das Gesetz ging von der Voraussetzung aus, daß jedes Parteimitglied als aktiver Nationalsozialist anzusehen sei, bis das Gegenteil bewiesen war. Kurz gesagt, die

Beweislast lag bei dem Betroffenen. Parteimitglieder, die nach diesem Gesetz aus ihren Stellungen entfernt worden waren und behaupteten, nur nominelle Mitglieder gewesen zu sein, konnten bei einer deutschen Spruchkammer Berufung einlegen, aber die endgültige Entscheidung lag bei der Militärregierung. Die Spruchkammern bestanden aus angesehenen Nichtnazis, die vom örtlichen Bürgermeister benannt wurden, und deren Bestellung von der Militärregierung genehmigt werden mußte.

Nach Auffassung von Clay war das Gesetz Nr. 8 die strenge Durchführungsbestimmung der in der Direktive JCS 1067 enthaltenen Anordnungen für die Entnazifizierung. Es entsprach in allen Punkten der öffentlichen Meinung in den Vereinigten Staaten und erlaubte keine Obstruktion – nicht einmal durch einen Nationalhelden wie George Patton. Es war aber der erste Schritt auf dem Wege zur Erreichung eines der wichtigsten Ziele Clays, der Übertragung der Verantwortung an die Deutschen. Da der Vorfall mit General Patton in den Vereinigten Staaten weiterhin im Mittelpunkt der öffentlichen Aufmerksamkeit stand, sah der General in seinen Maßnahmen eine Gelegenheit, zu zeigen, daß die Militärregierung ,,in einem Goldfischaquarium" operierte, wie er den Mitarbeitern in seinem Stab immer wieder sagte. Auf diese Weise dachte er die öffentliche Meinung für sich zu gewinnen. Auf einer in aller Eile einberufenen Pressekonferenz bestätigte er die Absichten des Generals Eisenhower, ,,die ganze Naziorganisation ohne Rücksicht auf gelegentlich auftretende Mängel in der örtlichen Verwaltung mit Stumpf und Stiel auszurotten. Dann erläuterte er die wichtigsten Bestimmungen des Gesetzes. ,,Unsere Politik ist es, Deutschland so rasch wie möglich und so rücksichtslos wie nötig vollständig zu entnazifizieren." Er beantwortete die Fragen der versammelten Journalisten geschickt wie immer und sorgte dafür, daß die Pressekonferenz im besten Einverständnis zu Ende ging, das auch künftig die Beziehungen zwischen der Militärregierung und den Reportern beherrschen sollte. ,,Jetzt möchte ich Ihnen ein paar Fragen stellen. Sind Zusammenkünfte wie diese nützlich für Sie? Werden Sie auch weiterhin herkommen, wenn ich meinen Beitrag leiste, um Ihrerseits Ihren Beitrag zu leisten? Ist das ein fairer Vorschlag? Ich möchte, daß es ganz informell zugeht, und würde gern Ihre Auffassungen und Reaktionen kennenlernen. Ich danke Ihnen sehr."[75] Es war einer seiner ersten Schritte zur Herstellung ehrlicher und offener Beziehungen zur Presse, wobei Clay es vermied, Propaganda für sich zu machen, was sich besonders günstig auswirkte. Sehr bald wußten die Korrespondenten, daß seine Pressekonferenzen spannungsgeladen und anregend waren. ,,Es knistert und sprüht, und die Burschen haben Spaß daran", berichtet ein Beobachter. Da der General darüber hinaus immer für die Presse zu sprechen war, gewann er bald die Unterstützung der meisten amerikanischen Korrespondenten. Was die Entnazifizierungsfrage betraf, so waren die amerikanischen Medien zunächst zufriedengestellt und wendeten ihre Aufmerksamkeit dem nächsten Kriegsziel der Vereinigten Staaten zu, der Demontage der deutschen Industrie.

Clay erkannte von Anfang an, daß der Erfolg seiner Aufgabe entscheidend von der Lösung der Reparationsfrage abhing. Deshalb konferierte er vor und nach der gescheiterten Moskauer Konferenz ausführlich mit Botschafter Pauley, dem Chef der amerikanischen Delegation bei der alliierten Reparationskommission, und versuchte, die in den Potsdamer Beschlüssen enthaltenen Bestimmungen über die Reparationen mit denen des 6 Monate früher unterzeichneten Protokolls von Jalta in Übereinstimmung zu bringen. Während sich die „Großen Drei" in Jalta als Diskussionsbasis auf 20 Milliarden Dollar geeinigt hatten, war in Potsdam keine bestimmte Summe festgelegt worden. Man hatte statt dessen beschlossen, daß 10 Prozent der im Westen demontierten Industrieanlagen in die Sowjetunion gehen sollten. Weitere 15 Prozent sollten im Austausch gegen Industrierohstoffe aus dem Osten geliefert werden. Die vier Mächte sollten einen Ausschuß zur Festsetzung der künftigen Industriekapazität bilden, dessen Aufgabe es war, die Grenzen für die Demontage der Industrieanlagen festzulegen. Mit anderen Worten, der Ausschuß sollte festlegen, welche Industrieanlagen Deutschland für seine Friedenswirtschaft brauchte. Im Protokoll von Jalta war festgelegt worden, daß die Reparationsleistungen aus Industrieanlagen, Erzeugnissen aus der laufenden Produktion und Arbeitsleistungen bestehen sollten, aber der Potsdamer Text sagte nichts über die laufende Produktion. Clay sprach über diese Unstimmigkeit bei einer ganzen Reihe von Besprechungen mit seinem Stab.

Nach der Interpretation von Clays Wirtschaftsberater, William Draper, hatte man sich in Potsdam darauf geeinigt, die laufende Produktion aus den Reparationsleistungen auszuklammern, und er begründete diese These mit einer Anweisung, die festlegte, daß „die Exporterlöse aus der laufenden Produktion in erster Linie für die Bezahlung von Importen zur Verfügung stehen sollen". Andere Mitglieder des Stabes meinten, „in erster Linie" bedeutete nur eine Priorität, und die von Draper erwähnte „Vorrangklausel" könnte auch anders interpretiert werden. Sie sagten, da es für die Reparationen keine Bezahlung gäbe, könnte diese Klausel sogar hinfällig sein.[76]

Nachdem Clay nun bestimmt hatte, daß während der ersten Planungsphase keine Reparationen aus der laufenden Produktion geleistet werden sollten, war er vom Inhalt einer Presseerklärung überrascht, die Botschafter Pauley bei seiner Rückkehr in die Vereinigten Staaten abgab. Hier hieß es:[77] „Hinsichtlich des Wertes und der Termine der jährlich aufzubringenden Reparationsleistungen können, was die Reparationen aus der laufenden Produktion von Jahr zu Jahr betrifft, keine Entscheidungen getroffen werden, bevor Art und Menge der demontierten Industrieanlagen vom Alliierten Kontrollrat festgelegt worden sind und die Zukunft Deutschlands klarer bestimmt worden ist." Beunruhigt durch diesen offenbaren Widerspruch bat Clay in einem Brief an McCloy um Klarstellung dieser Frage. Er schrieb: „Einige Punkte sind noch nicht geklärt. Soll bei der Entscheidung, welche Produktionsmittel als überflüssig zu demontieren oder zu zerstören sind, auch berücksichtigt werden, ob Reparationsleistungen aus der laufenden Produktion zu erbringen sind?"[78] Wie es in den ersten beiden Jahren der Besetzung Deutschlands häufig geschah, blieb diese Frage unbeantwortet, und Clay mußte sich selbst seinen Weg durch das Dickicht einander widersprechender Anweisungen suchen und den Kurs festlegen.

Aus dem ihm vorliegenden Potsdamer Text konnte er nur entnehmen, daß die Vorstellungen Morgenthaus von der Vernichtung der deutschen Industrie noch sehr lebendig waren und der Hauptzweck der Reparationsleistungen darin bestand, die deutsche Industriekapazität zu zerstören. Dieses Vorhaben wurde nur dadurch eingeschränkt, daß Deutschland die Mittel behalten sollte, die ihm ohne finanzielle Unterstützung von außen einen Lebensstandard gewährleisteten, der nicht über dem der anderen europäischen Länder lag. Wie Draper sagte, ergäbe sich der Umfang der Reparationen ganz einfach aus dem Überschuß an Produktionsmitteln und Industrieanlagen, der über das für die deutsche Industrie geplante Niveau hinausging. Offensichtlich mußte dieser Überschuß festgelegt werden, bevor die Demontage beginnen konnte.[79]

Die Höhe solcher Reparationsleistungen sollte von einem Vier-Mächte-Ausschuß festgelegt werden, aber Clay wollte – wie immer ungeduldig – nicht so lange warten, bis der Ausschuß zusammengetreten war. Seinem Stab sagte er: „Wir können schon jetzt damit anfangen und die amerikanische Haltung festlegen." Das Ergebnis dieser Entscheidung war die Bildung einer Studiengruppe mit der Bezeichnung „Prüfungskommission für den Lebensstandard in Deutschland" unter dem Vorsitz des Dekans der Fakultät für Wirtschaftswissenschaften an der Duke University, Calvin Hoover. Wie Benjamin Ratchford, einer seiner wichtigsten Mitarbeiter,[80] schrieb, waren die Bestimmungen über die wirtschaftlichen Aspekte der Reparationsleistungen in den Potsdamer Beschlüssen in vieler Hinsicht unklar und sogar widersprüchlich. Der Lebensstandard in Deutschland sollte zwar nicht über dem europäischen Durchschnitt liegen, die Frage aber war, ob man dabei nur die Verbrauchsgüter und Dienstleistungen zu berücksichtigen hatte, oder ob der Lebensstandard auch alle anderen Elemente der Wirtschaft des Landes umfassen sollte? Sollte er quantitativ oder nach dem Geldwert festgelegt werden? Sollte Deutschland selbst bei der Berechnung der wirtschaftlichen Daten einbezogen werden? Galten die Durchschnittswerte für jede einzelne Industrie? Sollte es einen Ausgleich für Industrien geben, bei denen es in Deutschland aufgrund außergewöhnlicher Umstände eine nur sehr geringe oder gar keine Produktion gab?[81] Und am wichtigsten war schließlich die Frage, welcher Zeitraum den Berechnungen zugrunde zu legen sei. Seine Untersuchungen führten Hoover zu dem Schluß, daß der Lebensstandard in Deutschland um 26 Prozent gesenkt werden mußte, wenn die in den Potsdamer Beschlüssen erhobenen Forderungen erfüllt werden sollten. Da dieser künftige Lebensstandard zufällig dem Lebensstandard in Deutschland von 1932 entsprach, sollten Produktions- und Verbrauchsziffern aus jenem

Jahr – mit einigen Ausnahmen – als allgemeine Richtlinie gelten. Die Berechnungen des Prüfungsausschusses, die rein sachlich von Fachleuten vorgenommen wurden und nicht „Ausdruck von Bestrebungen waren, Deutschland harte oder weniger harte Friedensbedingungen aufzuerlegen", sahen unter anderem eine jährliche Stahlproduktion von 7,8 Millionen Tonnen Rohstahl, eine Elektrizitätserzeugung mit einer Kapazität von 11 Millionen Kilowatt, eine Jahresproduktion von 100000 Personenwagen und die Produktion von Maschinen im Wert von 408 Millionen Reichsmark vor. Der Wert der Exporte und Importe wurde auf etwa 4 Milliarden Reichsmark festgelegt; 1936 waren es insgesamt 4619000 Reichsmark gewesen.[82]

Clay hatte Hoover bestimmte Fragen gestellt, die bis zum 10. September beantwortet werden sollten. Danach sollte der Prüfungsausschuß bestimmen, „auf welchem Niveau der in Potsdam vorgesehene Lebensstandard liegen soll; welches Material – nach Kategorien und Mengen – von der Wirtschaft dafür benötigt wird; welche Mengen davon in Deutschland selbst zur Verfügung stehen; was Deutschland importieren müßte, um diesen Standard aufrecht zu erhalten; und schließlich welche Exportmöglichkeiten in Deutschland bestehen, um die Importe mit den Exporterlösen zu bezahlen".[83]

Als Calvin Hoover und sein Mitarbeiter Don Humphrey ihren Bericht am 10. September vorlegten, glaubten sie, daß der Prüfungsausschuß seine Aufgabe erledigt hätte. Die Fragen von Clay waren beantwortet, aber Hoover glaubte doch, in mancher Hinsicht ernste Vorbehalte machen zu müssen. In den Schlußbemerkungen des Berichts hieß es: „Es war schwierig, wenn nicht unmöglich, ein alle Schlüsselindustrien umfassendes ernsthaftes Programm der industriellen Demontage durchzuführen und gleichzeitig die Mindestanforderungen für den Lebensstandard zu gewährleisten und die Besatzungskosten aufzubringen. Einer der Hauptgründe für diese Schwierigkeit ist der Verlust der landwirtschaftlichen Gebiete in Ostdeutschland, und dazu kommt die Tatsache, daß die von dort vertriebene Bevölkerung in einem verstümmelten Deutschland wesentlich aus dem Erlös industrieller Exporte versorgt werden muß."[84] Clay überflog den Bericht und erhob keine Einwände.[85] Einige der Schlußfolgerungen von Hoover ließen sich augenscheinlich anfechten, aber der Bericht war trotzdem ein wertvoller Beitrag zu den bevorstehenden Überlegungen der vier Mächte. Clay sagte, er werde ihn sofort an den Kontrollrat weiterleiten.

Als er wenige Tage später erfuhr, daß Hoover nach seiner Rückkehr aus Berlin in Washington mit einigen Regierungsbeamten über die Reparationen gesprochen hatte, witterte Clay Unheil. Die Affäre Patton erregte noch immer die Gemüter, und Clay machte sich erhebliche Sorgen wegen der Reaktion der amerikanischen Presse. Er schrieb an Hilldring: „Ich habe zwar nichts gegen diese Gespräche einzuwenden, möchte aber ausdrücklich darauf hinweisen, daß sie (die Studie von Hoover) sowohl intern wie auch bei den Vier-Mächte-Gesprächen nur als Diskussionsgrundlage dient. Hoover verabscheut jede Zerstörung und neigt persönlich zur Nachsicht. Damit Sie auch andere unterrichten können, wenn das notwendig wird, müssen Sie wissen, daß seinen Auffassungen seine persönlichen Untersuchungen zugrunde liegen, sie aber nicht unbedingt unserer offiziellen Haltung hier entsprechen."[86] Diese Stellungnahme kam zur rechten Zeit, denn das ,,Flankenfeuer aus amerikanischen Quellen", vor dem Clay gewarnt worden war, folgte sehr bald.

Kaum war der Brief von Clay im Pentagon eingetroffen, als die *New York Times* auf der Titelseite einen sensationellen Bericht aus Berlin brachte, nach dem die amerikanischen Fachleute bei OMGUS die Potsdamer Beschlüsse falsch interpretierten und angeregt hatten, den deutschen Lebensstandard zu garantieren.[87] Etwa die Hälfte der Exporterlöse, von denen Hoover sprach, sollten von Maschinen, Erzeugnissen der chemischen Industrie, Präzisionsinstrumenten und optischen Instrumenten kommen, ,,die alle an der Grenze der Rüstungsindustrien liegen". Der Bericht sprach außerdem von dem ,,zunehmenden russischen Mißtrauen" im Hinblick darauf, daß die Briten und Amerikaner sich nur ,,nominell" an die Potsdamer Beschlüsse hielten und hofften, ein stärkeres Deutschland am Leben zu erhalten, als es die Russen in Potsdam beabsichtigt hatten. Im Gegensatz zu den Russen, die die deutsche Stahlproduktion auf jährlich 3 Millionen Tonnen begrenzen wollten, waren die Vereinigten Staaten bereit, Deutschland eine Jahresproduktion von 10 Millionen Tonnen zuzugestehen. Schließlich wurde in dem Artikel behauptet, der Hoover-Bericht zeige deutlich den Einfluß der Großunternehmen. William Draper sei früher bei Dillon Read, Rufus Wysor bei Republic Steel und Peter Hougland bei General Motors Opel gewesen. Männer wie sie nähmen heute Schlüsselstellungen in der Militärregierung ein.

Der Bericht, den ein Angehöriger des Stabes von OMGUS später als eine ,,geschickte Mischung von Fehlinformationen, Andeutungen und einigen konkreten Tatsachen"[88] bezeichnet hat, entfachte einen solchen Sturm kritischer Reaktionen in Presse und Rundfunk, daß eine objektive öffentliche Diskussion der Frage praktisch unmöglich wurde. Es war weder das erste noch das letzte Mal, daß Tatsachen an Bedeutung verloren, und einander widersprechende Ideologien die emotional geführte öffentliche Diskussion beherrschten. In den Vereinigten Staaten verlangte Morgenthau sofort, Kriegsminister Robert Patterson sollte den Bericht dementieren, während sich Gegner des New Deal wie Senator Wheeler scharf gegen den beabsichtigten ,,harten Frieden" aussprachen.[89] In einem ausführlichen Telegramm an das Pentagon verteidigte Clay die Integrität des Berichts. In seinen Anweisungen an Dr. Hoover hatte er diesen aufgefordert, ,,seine wohlüberlegte und objektive Auffassung vorzutragen, die sich auf eine Analyse aller verfügbaren Daten stützen und die Potsdamer Beschlüsse berücksichtigen sollte". Von einer Garantie des Lebensstandards sei in der Studie nicht einmal andeutungsweise die Rede. Das sowjetische ,,Mißtrauen", von dem die *New York Times* berichtete, ,,ist mir neu" telegrafierte Clay und fragte, woher die Zeitung die falschen Daten über die Stahlproduktion hätte. Am Schluß erklärte er ärgerlich: „Ich weiß nicht, wie ich ein Programm für die Reparationsleistungen aufstellen soll, wenn ich nicht Studien wie den Bericht von Hoover anfertigen lasse. Der Bericht hatte allein den Zweck, Möglichkeiten für die Anwendung der Potsdamer Beschlüsse aufzuzeigen. Und alle Prophezeiungen über Reparationsleistungen unter Berufung auf diesen Bericht sind gegenwärtig absolut verfrüht."[90] Zwei Tage später erklärte Clay den neugierigen Reportern im „Goldfischaquarium" seines Berliner Hauptquartiers, Hoover habe nur seine persönlichen Auffassungen vorgetragen.[91] Er sagte: „Ich bin nicht bereit jetzt zu sagen, ob ich mit ihm übereinstimme oder nicht. Ich habe große Achtung vor Dr. Hoover und werde seinen Bericht sehr sorgfältig prüfen."

In den letzten Monaten des Jahres 1945 kam man mit der Reparationsfrage nicht sehr viel weiter, und die Entscheidung über das künftige deutsche Industrieniveau blieb in den Händen des vom alliierten Kontrollrat gebildeten Vier-Mächte-Ausschusses. Die wenigen Beschlüsse, die OMGUS auf diesem Gebiet fassen konnte, bezogen sich in der Hauptsache auf die Rückgabe bestimmten Materials, das sich Deutschland angeeignet hatte, ohne etwas dafür zu bezahlen. Außerdem wurden einige Rüstungsbetriebe für die Vorauslieferung von Fabrikationsanlagen ausgesucht. Im Frühherbst hatten die Sowjets eine detaillierte Liste mit 40 Industrieanlagen vorgelegt, die aus Westdeutschland in die Sowjetunion geliefert werden sollten. Neun von ihnen lagen in der amerikanischen Besatzungszone. Während die für die Industrie zuständige Abteilung in seinem Stab eine Aufstellung über die zu demontierenden Anlagen machte, schrieb Clay an McCloy, es liege ihm viel daran, „alles zur Verfügung zu stellen, was von der deutschen Friedenswirtschaft nicht gebraucht werden wird". Er war fest entschlossen, dafür zu sorgen, daß die Arbeit im Rahmen der Vier-Mächte-Verwaltung zum gewünschten Erfolg führte.[92]

Die Entflechtung der Konzerne, die vierte Aufgabe der Militärregierung, fand während der ersten Jahre der Besatzung kaum Beachtung in der Öffentlichkeit. Als Clay mit seinen Wirtschafts- und Finanzberatern über dieses Thema sprach, stieß er auf eine Reihe von Einwänden. Draper sagte, es sei zwar ohne weiteres möglich, in der amerikanischen Besatzungszone ein Entnazifizierungsprogramm durchzusetzen, aber sehr viel schwieriger, die Industriekonzerne zu zerschlagen. Das Netz der Kartelle und Absprachen zwischen den großen Firmen über die Aufteilung des Marktes erstrecke sich über die vier Besatzungszonen und oft sogar über die Grenzen Deutschlands hinaus. Aus technischen und anderen Gründen müsse diese Frage von den vier Besatzungsmächten gemeinsam gelöst werden. Da die wichtigsten deutschen Kartelle für den Kohlebergbau sowie die Eisen- und Stahlindustrie ihren Sitz im Ruhrgebiet hätten, sei es wahrscheinlich richtig, wenn die britische Militärregierung auf diesem Gebiet die Führung übernähme. Andere Angehörige seines Stabes wiesen darauf hin, daß man in Europa zu dem

Problem der industriellen Konzentration eine andere Haltung einnähme als beim Justizministerium in Washington. In der Weimarer Republik wären die Kartelle zum Beispiel nicht vom Staat kontrolliert worden und hätten lediglich registriert werden müssen. Im Gegensatz zu den in der Kriegspropaganda aufgestellten Behauptungen wären die großen Kartelle der europäischen Schwerindustrie nicht von den Nationalsozialisten geschaffen worden; das deutsche Wirtschaftsministerium unter Dr. Hjalmar Schacht wäre nur den schon bestehenden Tendenzen gefolgt, als es die Privatunternehmen veranlaßte, den Zielen einer totalitären Regierung zu dienen.[93] Was nun die praktische Durchführung der Potsdamer Beschlüsse betraf, so erklärte Draper, es hätte wenig Sinn, mit der Entflechtung zu beginnen, solange man sich noch nicht über die Zukunft der deutschen Industrie geeinigt hätte. Nach den Potsdamer Beschlüssen mußten demnächst so viele deutsche Industrieanlagen demontiert werden, daß es noch zu früh war, mit der Entflechtung zu beginnen. Aber der immer ungeduldige Clay wollte nicht länger zuwarten. In der Direktive JCS 1067 und in den Potsdamer Beschlüssen war deutlich gesagt, daß eine übermäßige Konzentration wirtschaftlicher Macht und monopolistischer Absprachen zerschlagen werden sollte. Bisher hatte sich die Presse in der Hauptsache auf die Entnazifizierung konzentriert, aber wie Clay warnte, konnte sich das jeden Tag ändern. Obwohl nur 15 Prozent der zu dem gigantischen I. G.-Farbenkonzern gehörenden Betriebe, die im Juli von der Armee beschlagnahmt worden waren, in der amerikanischen Besatzungszone lagen, wurden 48 Fabriken von Treuhändern verwaltet, welche die Armee eingesetzt hatte, und nun mußte nach Auffassung des Generals dringend etwas geschehen.[94] Wie die meisten Soldaten kannte Clay die sehr komplexen wirtschaftlichen und juristischen Einzelheiten der amerikanischen Antitrustgesetze nur oberflächlich und war sich anscheinend der Tatsache nicht bewußt, daß sich die in seiner Wirtschaftsabteilung vertretenen Geschäftsinteressen der Entflechtung der deutschen Industrie letzten Endes aktiv widersetzen würden. Aber 1945 war diese Opposition noch nicht wirksam geworden, und Clay war in der Lage sofort zu handeln.

Auf der zweiten Sitzung des Koordinationsausschusses des Kontrollrats wurde auf Antrag des amerikanischen Delegierten der Beschluß gefaßt, ein Gesetz zur Entflechtung der deutschen Industrie zu entwerfen. Wenige Tage später legte Clay auf der dritten Sitzung des Kontrollrats den amerikanischen Entwurf vor, nach dem ein Vier-Mächte-Ausschuß bevollmächtigt wurde, die großen Konzerne aufzulösen und alle Verträge mit monopolistischen oder restriktiven Zielen zu kündigen. Nach dem Gesetzentwurf sollten alle Absprachen über Handelsbeschränkungen illegal sein und eine übermäßige Konzentration wirtschaftlicher Macht verboten werden. Die genaue Bedeutung des Begriffs „übermäßig“ wurde jedoch nicht festgelegt.[95] Der amerikanische Entwurf ging routinemäßig an das Wirtschaftsdirektorat, wo die Sowjets sehr bald einen Gegenvorschlag machten. Sie wollten es nicht einem Ausschuß überlassen, von Fall zu Fall zu entscheiden, was als übermäßige Konzentration wirtschaftlicher Macht anzusehen sei, sondern verlangten eine klare Definition dieses Begriffs. Die oberste Grenze sollte bei einem Gesamtumsatz von 25 Millionen Reichsmark und bei 3000 Beschäftigten liegen. Die Unternehmen, die oberhalb dieser Grenze lagen, sollten aufgelöst werden, wenn für ihr Weiterbestehen keine „wirtschaftliche Notwendigkeit" erkennbar war oder wenn „die Größe oder die Praktiken eines bestimmten Unternehmens harmlos sind".[96]

Der sowjetische Vorschlag schien vernünftig zu sein, aber die Briten, bei denen es keine staatlichen Eingriffe in das Wirtschaftsgefüge gab, betrachteten alle Antitrustgesetze als ein amerikanisches „Hobby".[97] Der britische Vertreter, Sir Henry Percy Mills, erklärte daher, seine Regierung lehne alle „obligatorischen" Verbote ab. Er sagte, es solle ein Verwaltungsgericht eingesetzt werden, das die Vollmacht haben müsse, Untersuchungen durchzuführen und Beschlüsse zu fassen. Dagegen verwahrten sich die Amerikaner. Auf Anweisung von Clay sagte General Draper, der britische Vorschlag erfordere einen einstimmigen Beschluß der vier Mächte in jedem einzelnen Fall, während ein Vier-Mächte-Beschluß nur in Ausnahmefällen erforderlich sei, wenn es eine generelle Regelung für die Entflechtung von Industriekonzernen gäbe. Es erhob sich darüber hinaus auch die Frage nach der Verfassungsmäßigkeit, denn die Deutschen sollten im voraus wissen, welche den Markt regulierenden Absprachen illegal sein würden. Draper machte einen Kompromißvorschlag: Alle Kartelle sollten verboten werden. Der Marktanteil und die Größe der Betriebe würden anzeigen, in welchen Fällen eine zu starke Konzentration wirtschaftlicher Macht bestünde, aber die Entflechtung wäre nicht obligatorisch. Als Sir Henry Mills auch gegen diesen Vorschlag Einwände erhob, wendete sich Clay an Washington und bat um genauere Anweisungen. Das Außenministerium war der Auffassung, es sei Sache des Kontrollrats, sich über den Begriff der illegalen Machtkonzentration klar zu werden, und instruierte Clay deshalb, er sollte verlangen, daß die Kriterien für eine obligatorische Entflechtung festgelegt würden. Damit war man endgültig in die Sackgasse geraten. Ende November hatten sich die amerikanischen, französischen und sowjetischen Vertreter beim Kontrollrat über die Kriterien für eine obligatorische Entflechtung geeinigt, aber die Briten lehnten den Vorschlag ab. Clay waren jetzt die Hände gebunden, und er bat um Unterstützung auf diplomatischer Ebene. Er schickte ein Telegramm an das Pentagon: „Wir hoffen, wenn das Außenministerium energisch unseren Standpunkt vertritt, könnten die Briten zum Nachgeben veranlaßt werden. Wir glauben kaum, daß ein Gesetz ohne Bestimmungen für eine obligatorische Entflechtung den gewünschten Erfolg bringen wird, denn in jedem einzelnen Fall müßten die vier Mächte zu einem einstimmigen Beschluß kommen."[98] Das Außenministerium half und wies Botschafter Winant in London an, „diese Weigerung mit den zuständigen Mitgliedern der britischen Regierung zu besprechen, um festzustellen, womit sie ihre Haltung begründete und um eine Modifizierung des britischen Standpunkts vorzuschlagen".[99] Bis zur Beantwortung der amerikanischen Anfrage durch die Briten konnten die Verhandlungen in Berlin nicht weitergehen.

Inzwischen hatte die Entnazifizierung in der amerikanischen Zone Fortschritte gemacht. Das im September 1945 von Charles Fahy in aller Eile entworfene Gesetz Nr. 8 der Militärregierung sorgte für eine energische Durchführung der Entnazifizierung in der amerikanischen Zone, und die unmittelbaren Folgen hätten niemanden überraschen dürfen. USFET sprach von „Erbitterung und Verzweiflung",[100] und in der deutschen Bevölkerung verbreiteten sich Gerüchte, nach denen der Plan bestand, die deutsche Wirtschaft zu vernichten. Das Gesetz betraf potentiell jedes Parteimitglied, das als Fachmann oder in verantwortlicher Stellung tätig gewesen war und wirkte sich auf jedes Unternehmen aus, dessen Eigentümer der NSDAP angehört hatte. Einige Dienststellen in der Militärregierung schlossen alle Betriebe in ihrem Gebiet und verboten die Arbeitsaufnahme so lange, bis alle Nazis identifiziert und entlassen waren. Hunderte von Deutschen erschienen in den verschiedenen Militärregierungsbüros, erklärten, daß sie nominelle Parteimitglieder gewesen waren oder lieferten in vielen Fällen einfach die Schlüssel zu ihren Büros ab.[101] Die für die öffentliche Sicherheit verantwortlichen amerikanischen Beamten stimmten den Deutschen in vielen Fällen stillschweigend darin zu, daß dieses Gesetz schließlich chaotische Zustände zur Folge haben werde. Der Militärgouverneur von Württemberg-Baden, Oberst William W. Dawson, meldete: „Nie zuvor sind Maßnahmen der Militärregierung auf so offene Feindschaft gestoßen und niemals hat man deren Zweckmäßigkeit so sehr in Frage gestellt wie heute. Der Glaube an unsere aufrichtige Absicht, in Deutschland demokratische Verhältnisse zu schaffen, ist erschüttert, und die Angehörigen der Militärregierung, der CIC (Geheimdienst) und andere Verbände der amerikanischen Armee werden öffentlich kritisiert."[102] Von Clay's Gesichtspunkt aus gesehen befolge er nur die ihm gegebenen Befehle. Er meldete daher nach Washington, daß „bisher 42000 Nazis entlassen worden sind" und fügte hinzu, daß „die Ablösung Dr. Schäffers durch einen liberaleren bayerischen Ministerpräsidenten (Wilhelm Hoegner) eine gute Sache gewesen ist, und ich bin überzeugt, sie wird sich günstig auswirken".[103] Durch die Entnazifizierung verlangsamte sich zwar die Rückkehr zu normalen Verhältnissen, aber Clay hatte dafür gesorgt, daß Schlüsselbereiche in der Wirtschaft ungestört weiterarbeiten konnten. Es wurden mit offizieller Genehmigung gewisse Ausnahmen gemacht, und dazu gab es bestimmte inoffizielle Lücken im Gesetz. Die Landwirtschaft war von Anfang an nicht von dem Entnazifizierungsgesetz betroffen. Bei den Ärzten, von denen mehr als 80 Prozent der Partei angehört hatten, war ein besonderes System eingeführt worden, nach dem vorläufige Arbeitsgenehmigungen erteilt wurden, die aber niemals zurückgezogen wurden. Die Angestellten der Reichsbahn, die für die Truppen auf dem europäischen Kriegsschauplatz arbeiteten, konnten in der ersten Zeit Ausnahmegenehmigungen erhalten. Wenn diese später widerrufen wurden, durften die Leute in ihren Stellungen bleiben, bis über ihren Einspruch entschieden worden war. Der zunehmende Druck der öffentlichen Meinung erzwang darüber hinaus den Erlaß einer Zusatzbestimmung, nach der Angehörige von Betrieben mit weniger als 10 Beschäftigten von dem Entnazifizierungsgesetz nicht betroffen waren.

Eine der negativsten Auswirkungen des Gesetzes Nr. 8 war es, daß die Deutschen die Achtung vor den Methoden und Verfügungen der Militärregierung verloren. Wie sie sehr bald feststellen konnten, verlangte das Gesetz nicht unbedingt die Entlassung der Betroffenen, sondern erlaubte ihnen, auch weiter als einfache Arbeiter beschäftigt zu werden.[104] Deshalb änderte man in vielen Fällen einfach die Berufsbezeichnungen und verständigte sich mit Freunden und Verwandten, die sich als Treuhänder einsetzen ließen. Da jeder einzelne den Beweis erbringen mußte, daß er kein aktiver Nationalsozialist gewesen war, kam es zu einer wahren Flut von Unbedenklichkeitsbescheinigungen und Erklärungen. Das waren die sogenannten ,,Persilscheine". Damit drohte die ganze Entnazifizierung zur Farce zu werden. Schwindel und Korruption waren alltägliche Erscheinungen.[105] Dennoch hieß es in einem ersten Bericht der Militärregierung über die Entnazifizierung, ,,das Niveau der Industrieproduktion liegt so niedrig, daß die Entnazifizierung der Betriebsleitungen keine ernsten Auswirkungen gehabt hat. Während es zutrifft, daß durch das Entnazifizierungsprogramm Unbequemlichkeiten und Behinderungen eingetreten sind, glaubt man nicht, daß solche Erwägungen auf längere Sicht für ein entnazifiziertes und rehabilitiertes Deutschland eine wesentliche Rolle spielen werden".[106] Das war die Sprache der Bürokratie, die eine umstrittene Politik der amerikanischen Regierung verteidigen mußte. Der bekannte Professor aus Harvard, Carl Friedrich, klang schon überzeugender, wenn er schrieb: ,,Wenn man die Demokratisierung und Befriedung Deutschlands auf ihren wesentlichen Inhalt untersucht, dann muß man die Ausschaltung aller Nazis als Bestandteil der Kriegführung betrachten."[107]

Tatsächlich hat Lucius Clay selbst seine Maßnahmen mit einer unbedachten Äußerung sehr treffend charakterisiert. Ein Mitarbeiter von Draper, Don Humphrey, glaubte wie viele seiner Kollegen bei OMGUS, daß der stellvertretende Militärgouverneur gegenüber den Deutschen zu hart war und brachte seine Ansichten auch ganz offen zum Ausdruck. Clay war mit der Äußerung seiner Meinung in dieser Sache besonders vorsichtig. Viele Monate saß er Kaffee trinkend und kettenrauchend an seinem schweren Nußbaumschreibtisch und hörte sich schweigend die Kritik der Mitglieder seines Stabes an. Doch als Humphrey eines Tages besonders emotional auf dieses Thema zu sprechen kam, fixierte ihn Clay mit durchdringendem Blick und sagte: ,,Haben Sie nicht gelernt, Humphrey, daß man einen schlechten Befehl am raschesten dadurch rückgängig machen kann, daß man ihn auf das strikteste befolgt?!"[108]

4. Kapitel

Die Macht des Geldbeutels

Der Leutnant Clay, der die Verfassung der Vereinigten Staaten sehr genau kannte, war überrascht, als er im Januar 1923 im Fort Belvoir die Schlagzeilen der *Washington Post* las. Der amerikanische Senat hatte sich fast einstimmig dafür ausgesprochen, die Besetzung des Rheinlands durch amerikanische Truppen zu beenden. Nach der Verfassung hätte die Initiative vom Oberbefehlshaber aller amerikanischen Streitkräfte ausgehen müssen, aber die *Washington Post* versicherte ihren Lesern, daß diese Abstimmung die Vorrechte des Weißen Hauses nicht einschränken werde. Der Präsident werde die letzte Entscheidung treffen. Doch wie Clay sehr gut wußte, würden die notwendigen Geldmittel bald zu Ende gehen, und das Verlangen des Senats, Präsident Harding sollte „die sofortige Rückkehr aller amerikanischen Streitkräfte, die jetzt in Deutschland stationiert sind, in die Vereinigten Staaten befehlen", bedeutete deshalb praktisch ein Mandat. Nach wenigen Monaten würden die letzten amerikanischen Truppen aus dem Rheinland abgezogen werden.

Diese Ereignisse sind Clay fest im Gedächtnis haften geblieben. Noch viele Jahre später verfolgte er sehr aufmerksam die kritischen Stellungnahmen des Kongresses und der Presse zur Politik der Militärregierung. Wenn in Berlin der Etat besprochen wurde, erinnerte er seine Mitarbeiter an den Präzedenzfall von 1923, als die Besetzung Deutschlands durch einen Kongreßbeschluß und nicht durch eine Entscheidung der Exekutive beendet worden war. „Als ich in den 30er Jahren in Washington diente", sagte er, „hatte ich fast täglich Kontakt mit den Kongreßausschüssen und konnte feststellen, wie rasch sich die Stimmung auf dem Kapitol ändern kann. Was nach dem Ersten Weltkrieg geschehen ist, könnte sich wiederholen. Sie können einem jederzeit die Mittel streichen". Während er mit seinen Anordnungen für die Verwaltung Deutschlands Fortschritte machte, war es seine ständige Sorge, daß der Kongreß die amerikanischen Streitkräfte abziehen könnte, bevor sie ihre Aufgabe erfüllt hatten.[1] Es war ihm von Anfang an klar gewesen, daß dem amerikanischen Steuerzahler die zusätzlichen Lasten nur abgenommen werden könnten, wenn Deutschland als wirtschaftliche Einheit erhalten blieb. Aber dazu brauchte man Zeit. Der in Potsdam geschaffene Ausschuß zur Festlegung des deutschen Industrieniveaus, der bestimmen sollte, wie weit die deutsche Industrie zu demontieren war, hatte sechs Monate Zeit, diese Aufgabe zu bewältigen, und man durfte nicht damit rechnen, daß in diesem Zeitraum wesentliche Fortschritte auf dem Weg zur

Wiedervereinigung Deutschlands gemacht werden würden. Daß die im Lande vorhandenen Rohstoffe der ganzen deutschen Wirtschaft zur Verfügung gestellt wurden und man für das ganze Land ein gemeinsames Importprogramm aufstellte, wäre der erste entscheidende Schritt, aber wie der russische Kollege von Clay, Wassili Sokolowsky, gesagt hatte, hatte es keinen Sinn, sich im Kontrollrat mit dieser Frage zu beschäftigen, bevor man sich darüber geeinigt hatte, welches Industrieniveau Deutschland zugestanden werden sollte. Das war ein recht überzeugendes Argument, und Clay hatte sich widerstrebend damit abgefunden. Doch wie er die Dinge sah, gab es bestimmte Bereiche, wie das Transport- und Verkehrswesen, wo man schon jetzt mit einem Zusammenschluß beginnen konnte. Er war entschlossen, im Kontrollrat darauf zu drängen, daß die vier Mächte möglichst bald auf diesen lebenswichtigen Gebieten zusammenarbeiteten.

Bis dahin mußten die Besatzungskosten so niedrig wie möglich gehalten werden. Drei Maßnahmen sollten diesem Ziele dienen. Das amerikanische Personal mußte drastisch verringert und durch Deutsche ersetzt werden. Man mußte feststellen, wie hoch die Kosten für lebenswichtige Importe sein würden, und diese Beträge mußten in den Etat des Kriegsministeriums für das nächste Jahr aufgenommen werden. Und schließlich mußte sofort ein Exportprogramm entwickelt werden, um das unvermeidliche Außenhandelsdefizit, mit dem man für die ersten Jahre der Besetzung Deutschlands zu rechnen hatte, zu reduzieren. Der General hat später dazu gesagt:[2] „Wir – wenigstens ich – wußten nicht, wie lange die Vereinigten Staaten bereit sein würden, die Besatzungskosten zu übernehmen, und wenn ich daher Recht und Ordnung wiederherstellen sollte, dann hielt ich es für das Beste, dazu die Deutschen einzuspannen. Zweitens glaubte ich, je mehr wir das amerikanische Personal und die Dienststellen der Militärregierung reduzieren könnten, desto mehr würden wir in der Heimat bei unserer Arbeit unterstützt werden. Und drittens war ich überzeugt, daß sie es besser tun könnten als wir." Diese Vorstellungen erläuterte er auch in einem Brief an McCloy: „Ich bezweifle, daß ein besiegtes Land jemals unter den hier herrschenden Bedingungen regiert worden ist. Die amerikanische Öffentlichkeit ist daran gewöhnt, daß organisatorische Probleme rasch gelöst und politische Vorhaben rasch verwirklicht werden. Deshalb wird sie es kaum verstehen, weshalb sich der Fortschritt in Deutschland so sehr verzögert. Ich kenne keine andere Lösung für dieses Problem, als daß wir in unserer Zone alle Möglichkeiten ausschöpfen müssen, den Verwaltungsapparat zu stärken und zu verbessern, indem wir versuchen, aus den antinazistischen Kräften in Deutschland einen neuen, wenn auch unerfahrenen Verwaltungsapparat zu schaffen und geduldig und zuversichtlich im Vier-Mächte-Rat zusammenzukommen, um mit den Problemen fertig zu werden, die nur gelöst werden können, wenn man Deutschland als Einheit behandelt oder die Wirtschaftsstruktur in den verschiedenen Teilen von Grund auf verändert."[3]

Unter den so entstehenden organisatorischen Problemen war die Frage nach Umfang und Qualität seines Stabes eine der wichtigsten. Clay wußte aus Erfahrung nur zu gut, daß sich der Kongreß bei jeder kritischen Untersuchung sehr bald auf die allgemeinen Verwaltungskosten konzentrieren würde. Deshalb sagte er der Personalabteilung, der ursprünglich aus 13000 Personen bestehende Stab der Militärregierung müsse bis zum Frühjahr 1946 auf die Hälfte und bis zum Ende des Jahres auf 5000 reduziert werden. Außerdem sollten die Soldaten allmählich von Zivilisten abgelöst werden. Clay glaubte, daß die Personalverringerung als Folge der Routineabgänge automatisch eintreten werde und beschleunigt werden könnte, wenn man möglichst bald den Deutschen die Verwaltungsaufgaben übertrug. Auf unterer Ebene funktionierte das recht gut, aber bei den Inhabern höherer Stellen ergaben sich gewisse Schwierigkeiten. Nach Einstellung der Feindseligkeiten mußten viele Generäle und Obersten, die sich im Krieg ausgezeichnet hatten, aber über keine Erfahrungen in der Zivilverwaltung verfügten, feststellen, daß sie nichts mehr zu tun hatten. Nachdem sie lange Jahre als Subalternoffiziere gedient hatten, waren sie verständlicherweise nicht gern bereit, sich in ihren niedrigeren permanenten Dienstgrad zurückversetzen zu lassen. Da sie sich auch nur ungern vorzeitig pensionieren lassen wollten, war für sie ein Kommando bei den Besatzungsstreitkräften oft die beste Lösung. Für einige dieser Offiziere war die Leitung einer Dienststelle der Militärregierung in Deutschland im wesentlichen das gleiche wie das Kommando eines Truppenlagers oder eines Flugplatzes in den Vereinigten Staaten. Da diese Leute kaum etwas von der ihnen übertragenen Arbeit verstanden und nicht begriffen, welche Bedeutung der Phase der Militärischen Besetzung im Rahmen der Kriegsziele zukam, stellten sie eine ziemliche Belastung dar.[4] John Hilldring, der mit dieser Entwicklung gerechnet hatte, hat einmal gesagt, die Militärregierung werde erst erfolgreich arbeiten können, wenn ,,die Helden nach Hause zurückgekehrt sind".[5]

Auf einigen der vom stellvertretenden Militärgouverneur mit der Personalabteilung abgehaltenen Besprechung wurde auch die Gefahr erwähnt, daß die Militärverwaltung in Deutschland ein Ruhestandszentrum für überzählige hohe Offiziere werden könnte; aber damit, daß man die Frage so betrachtete, hatte man noch keine Lösung gefunden. Wenn ein Offizier in der amerikanischen Armee ein schlechtes Führungszeugnis bekam, dann bedeutete das gewöhnlich das Ende seiner Karriere, und deshalb wollte Clay dieses Mittel nicht benutzen, um die überzähligen Offiziere loszuwerden. Er war geschult, mit den vorhandenen Mitteln das Beste zu leisten und möglichst wenig dabei zu vergeuden. Deshalb versetzte er die ihren Aufgaben nicht gewachsenen Offiziere so lange an neue Dienststellen, bis er einen Platz für sie gefunden hatte, an dem sie besseren Leuten nicht im Wege standen.[6] Er wußte, daß sich die Verwaltungsstruktur so rasch ändern würde, daß schließlich die meisten Dienststellen der Militärregierung aufgelöst werden müßten. In seinem eigenen Hauptquartier faßte er, wie ein Beobachter berichtet, ,,die Funktionen zusammen, beschäftigte sich mit den nützlichen

Teilen, gliederte die offiziellen Dienststellen von Zeit zu Zeit um und sorgte dafür, daß die weniger nützlichen ausgeschaltet wurden".[7] Anstatt Angehörige seines Stabes zu entlassen, übernahm er lieber selbst zusätzliche Verantwortlichkeiten und machte OMGUS damit immer mehr zu einer ,,One-Man Show".

Es war nicht nur schwierig, überzählige Obersten und Generäle loszuwerden, sondern es war auch nicht leicht, qualifizierte Zivilisten als Mitarbeiter zu gewinnen. Das war für Clay und andere, die während des Krieges im Pentagon stets über genügend qualifiziertes Personal verfügt hatten, eine neue Erfahrung. Gelegentlich entstanden bei der Suche nach talentierten Verwaltungsbeamten auch im Berliner Hauptquartier von Clay gewisse Spannungen. Als der enttäuschte Draper versuchte, für seine Abteilung die Dienste von Bowie und McLean ,,leihweise zu benützen", wies Clay, der die Auffassung vertrat, daß jeder seine Aufgaben selbst erfüllen sollte, ihn schroff ab. ,,Hören Sie, Bill", sagte er, ,,ich habe mir, bevor ich nach Deutschland kam, die Leute ausgesucht, die ich brauchte, und wenn Sie das nicht getan haben, dann kann ich Ihnen jetzt nicht aus der Patsche helfen".[8]

Da die höheren Beamten bei der Militärregierung nur ein Jahresgehalt von 10000 Dollar und einen Einjahresvertrag bekamen, war es schwierig für die Werber im Pentagon geeignete Leute zu finden. Viele Neuankömmlinge hatten obskure Motive, einen Posten in Deutschland anzunehmen. Einige wollten sich rächen, andere glaubten, rasch viel Geld verdienen zu können, und wieder andere liefen vor igend etwas davon. Außerdem gingen, wie Clay später feststellte, am Anfang viele kommunistische Sympathisanten oder sogar eingeschriebene Parteimitglieder zum Hauptquartier der Militärregierung. Deshalb fand beim Stab von Clay ein häufiger Personalwechsel statt. Natürlich gab es Ausnahmen, aber im allgemeinen mußte Clay mit einem behelfsmäßigen Stab Notsituationen meistern, und das führte gelegentlich zu sarkastischen und kritischen Äußerungen über seine Arbeitsmethoden.

Baldige Gemeindewahlen und die frühzeitige Einsetzung eines deutschen Regierungsapparats würden die Armee nicht nur von einer Verantwortung befreien, für die sie wenig geeignet war, sondern nach Auffassung von Clay auch die Demokratisierung in Deutschland beschleunigen. ,,Wenn die Deutschen demokratische Methoden lernen sollen, dann wäre es nach meiner Auffassung am besten, sie möglichst bald auf lokaler Ebene beginnen zu lassen", schrieb er an McCloy.[9] Im gleichen Sinn sprach er auch mit Dr. James Pollock, seinem Berater für zivile Angelegenheiten, der ebenso wie die meisten seiner Kollegen bei OMGUS im Hinblick auf baldige Wahlen skeptisch war. Clay sagte ihm: ,,Um zu schwimmen, muß man ins Wasser springen." Später erinnerte er sich: ,,Ich habe ihn immer wieder damit geneckt, daß ausgerechnet er als liberaler Professor für politische Wissenschaft versuchte, einen hartgesottenen Soldaten davon abzuhalten, daß er einem Volk das Wahlrecht wiedergab, dem man dieses Recht bisher vorenthalten hatte."[10] Die Gemeindewahlen in den Dörfern wurden für den Januar 1946 festgesetzt, um den Ländern Zeit für den Entwurf eines Wahlgesetzes zu geben, das den Nazis nicht das passive Wahlrecht gewährte.

Es war Zeit für eine solche Maßnahme, denn damit konnte das bisher geltende Verbot für jede politische Betätigung aufgehoben werden, mit dem auch die Bildung von politischen Organisationen untersagt war, was ein politisches Leben in Deutschland effektiv unterbunden hatte.[11] Unter diesen Verhältnissen hatte die Militärregierung monatelang keine Möglichkeit gehabt, sich ein zutreffendes Bild über die öffentliche Meinung zu machen und die politische Haltung der Bevölkerung zu beurteilen. Die ursprüngliche amerikanische Besatzungspolitik hatte dazu geführt, daß die Deutschen noch tiefer in die Apathie und Lethargie gestoßen wurden, in die sie nach der Niederlage geraten waren. Sie wußten nicht, was die Zukunft ihnen bringen werde, und diese Unsicherheit wirkte demoralisierend.

Was nun die Schaffung eines deutschen Regierungsapparats betraf, so ging Clay noch rascher vor. Zum Teil wurde er dabei durch die Entwicklung in der Sowjetzone beeinflußt, wo Anfang September fünf Länder geschaffen worden waren und elf deutsche Zentralverwaltungen mit ihrer Arbeit begonnen hatten. Mitte des Monats folgte die amerikanische Militärregierung diesem Beispiel und erklärte die Gründung von drei deutschen Ländern. Das waren Großhessen, Württemberg-Baden und Bayern.[12] An der Spitze jeder deutschen Länderverwaltung stand ein von der Militärregierung ernannter Ministerpräsident. In Hessen war es der bekannte Anwalt Dr. Karl Geiler, Mitglied der demokratischen Partei, in Württemberg Dr. Reinhold Maier, der in der Weimarer Republik schon Reichstagsabgeordneter gewesen war, und in Bayern übernahm der Sozialdemokrat Dr. Wilhelm Hoegner das Amt des Ministerpräsidenten. Er war, von den Nazis verfolgt, in die Schweiz geflohen und löste Dr. Fritz Schäffer ab, als der letztere im Zusammenhang mit der Patton-Affäre zurücktreten mußte.[13] Wenige Wochen später schrieb Clay an Adcock: „Wir können nicht erwarten, daß die Deutschen die Verantwortung übernehmen, wenn wir sie ihnen nicht übergeben. Wir wollen die Arbeit auf der unteren Ebene nicht übernehmen. Sie muß von den Deutschen geleistet werden. Wir werden recht schnell vorgehen."[14] Im gleichen Sinne schrieb er an McCloy: „Wie Sie wissen, haben die Russen in ihrer Zone eine vollständige deutsche Verwaltung eingerichtet. Ich habe gezögert, eine derartige Behörde für unsere Zone zu schaffen, weil ich fürchtete, das könnte die Behandlung Deutschlands als einer wirtschaftlichen Einheit behindern. Aber angesichts der bei der Errichtung von Zentralbehörden eingetretenen Verzögerung sind wir zu dem Schluß gekommen, daß wir für die Koordinierung der Aktivitäten in den drei Ländern unserer Zone einen deutschen Verwaltungsapparat brauchen. Wir beabsichtigen, einen Rat zu schaffen, der aus Vertretern dieser drei Länder zusammengesetzt ist und zu diesem Zweck monatlich zusammenkommen soll. Damit sollten die Deutschen in die Lage versetzt werden, gemeinsam eine größere Zahl von

Problemen zu lösen, die mehrere Länder betreffen, und unserem Stab die Arbeit der direkten Koordinierung soweit abzunehmen. Ich glaube nicht, daß diese Methode die Schaffung der Zentralbehörden, wie sie in Potsdam beschlossen worden ist, behindern wird."[15]

Am 5. Oktober befahl Clay den örtlichen Dienststellen der Militärregierung, bis Ende des Jahres die direkte Aufsicht über die deutsche Zivilverwaltung aufzugeben. An die Stelle der Aufsichtsbehörden traten von zwei Offizieren besetzte Dienststellen für Verbindung und Sicherheit, deren Aufgabe es sein sollte, die Tätigkeit der Deutschen zu beobachten und die Verbindung zu den Besatzungsstreitkräften herzustellen. Nach den Vorstellungen des stellvertretenden Militärgouverneurs sollten das Büro der Militärregierung in Berlin, die Länderbüros der Militärregierung und der Länderrat, der aus den drei Ministerpräsidenten und dem Bürgermeister von Bremen bestand, die Exekutive in der amerikanischen Zone übernehmen.[16] Um dieses Programm in die Tat umzusetzen, rief Clay die deutschen Ministerpräsidenten zu einer Konferenz in Suttgart zusammen, wo er ihnen am 17. Oktober in einer offiziellen Ansprache nicht nur die Politik der amerikanischen Regierung, sondern auch seine Pläne für ihre Durchführung erläuterte. Dabei zitierte er aus dem Text der Potsdamer Beschlüsse und wies ausdrücklich darauf hin, daß es das Ziel der Vereinigten Staaten sei, das Kriegspotential Deutschlands zu zerstören, nicht aber das deutsche Volk zu vernichten. Deshalb müßten Entnazifizierung und Entmilitarisierung mit aller Härte durchgeführt werden. Er werde die deutsche Schwerindustrie demontieren lassen und dafür sorgen, daß die industrielle Macht in der Form von Kartellen und Trusts gebrochen würde. Da der Lebensstandard in Deutschland künftig dem europäischen Durchschnitt entsprechen sollte, müßten die Produktionen der Landwirtschaft gesteigert und die Unternehmen der Verbrauchsgüterindustrie weiterentwickelt werden. Das werde eine gewisse Zeit in Anspruch nehmen, denn das könnte erst geschehen, wenn das Transportsystem in Ordnung gebracht und die Kohleförderung wieder aufgenommen worden seien. Dann wendete er sich seinen eigenen Plänen zu, der „positiven" Seite, wie er es nannte. Er erklärte, die Verantwortung für die Selbstverwaltung sollte so rasch wie möglich den Deutschen übertragen werden. Die Regierungsautorität müsse dezentralisiert und von den einzelnen Ländern übernommen werden. Das amerikanische Personal würde zum größten Teil abgezogen, und die Reststäbe würden nur noch Kontroll- und Sicherheitsaufgaben übernehmen. Wenngleich es die Absicht der Militärregierung sei, die Autorität der einzelnen Länder zu stärken, bliebe die wirtschaftliche Vereinigung des Landes und die Errichtung einer föderalen Verwaltung das politische Ziel. Doch zunächst gäbe es beides noch nicht, und deshalb sei es erforderlich, die Regierungsgeschäfte innerhalb der amerikanischen Besatzungszone zu koordinieren. Das beträfe insbesondere das Transportsystem und die Post, die in Deutschland traditionsgemäß zentral verwaltet würden. „Diese Koordinierung wird Ihre Aufgabe sein und nicht unsere", sagte er.

„Als Zwischenlösung werden wir daher in Stuttgart einen Rat der Ministerpräsidenten für die amerikanische Zone einrichten. Sie werden in regelmäßigen Zeitabständen zusammenkommen, um gemeinsame Probleme zu besprechen. Darüber hinaus sollten ein deutsches Sekretariat eingerichtet und Verbindungsoffiziere aus den einzelnen Ländern ernannt werden. Ein kleiner amerikanischer Stab wird die Arbeit des Rats der Ministerpräsidenten überwachen und dafür sorgen, daß er den politischen Grundsätzen der Vereinigten Staaten folgt." Am Schluß verlangte Clay, daß sofort mit der Arbeit begonnen werde und sagte: „Ich möchte betonen, daß Sie im Rahmen der politischen Grundsätze der Vereinigten Staaten die Verantwortung übernehmen werden. Wir werden Ihnen nichts diktieren, solange Sie sich an diese Grundsätze halten."[17] Nachdem er auf diese Weise die rasche Reduzierung der amerikanischen Dienststellen und die Übergabe der Verantwortung an eine deutsche Verwaltung eingeleitet hatte, wendete sich Clay einem anderen dringenden Problem zu, der Versorgung des besetzten Landes mit Lebensmitteln.

Die für die Landwirtschaft verantwortliche Abteilung in der USGCC hatte in den von ihr vorbereiteten Unterlagen schon auf die kritischen Punkte hingewiesen, mit denen es die amerikanische Militärregierung zu tun haben würde. Die topographischen Verhältnisse, der Boden und das Klima der besetzten Gebiete boten keine günstigen Voraussetzungen für eine große Produktivität der Landwirtschaft. Weiter hieß es in den Berichten, die konservativen deutschen Bauern hätten sich seit jeher der Modernisierung ihrer Arbeitsmethoden widersetzt. Sogar das mächtige deutsche Kaiserreich hatte nicht genügend Lebensmittel produzieren können und war auf umfangreiche Importe angewiesen. Diese Schwäche in der deutschen Wirtschaft hatte die Niederlage der Mittelmächte im Ersten Weltkrieg beschleunigt. Als Hitler an die Macht kam, bemühte sich seine Regierung deshalb sehr energisch darum, Deutschland von Lebensmittelimporten unabhängig zu machen. Die Landwirtschaft wurde großzügig subventioniert, man kultivierte Brachland und Moore und entwässerte tiefgelegene Feuchtgebiete. Doch trotz all dieser Anstrengungen, die heimische Produktion zu steigern, war Deutschland vor dem zweiten Weltkrieg, was die Ernährung der Bevölkerung betraf, nur zu 83 Prozent autark, und auch das war nur möglich, solange große Mengen von Futtermitteln und Kunstdünger importiert wurden. Zur Steigerung der landwirtschaftlichen Produktion war es notwendig gewesen, große Mengen künstlichen Düngers zu verwenden. Im Kriege hörten die Importe auf, und die Rohstoffe wurden zur Herstellung von Munition verwendet. Die Ernteerträge gingen so stark zurück, daß man glaubte, diesen Rückgang erst in 3 bis 4 Jahren durch starke Kunstdüngergaben wieder wettmachen zu können.[18]

Unmittelbar vor Ausbruch des Zweiten Weltkrieges wollte die deutsche Führung auf keinen Fall die Fehler wiederholen, die im Kaiserreich begangen worden waren, und führte deshalb ein umfassendes Rationierungssystem für Lebensmittel ein. Ein „Normalverbraucher" erhielt dabei eine Ration von etwa 2000 Kalorien. Solange sich die deutschen Armeen aus den von ihnen besetzten Gebieten ernähren konnten und außerdem Lebensmittelpakete nach Hause schickten, war es möglich, die Bevölkerung mit den vorgesehenen Rationen zu versorgen. Aber im Januar 1945 hatte sich die militärische und wirtschaftliche Lage in Deutschland so verschlechtert, daß die Lebensmittelration für den Normalverbraucher auf 1600 Kalorien herabgesetzt werden mußte. Bei Kriegsende im Mai waren es nur noch 1000 Kalorien. Wie Oberst Hughes Hester, der Landwirtschaftsexperte im Stabe von Clay, erklärte, wäre es auch unter günstigsten Voraussetzungen sehr schwierig gewesen, die deutsche Bevölkerung aus dem eigenen Land zu ernähren, aber die Teilung des Landes stellte die Westmächte vor ein fast unlösbares Problem. In den Ostprovinzen lebten zwar nur 14 Prozent der Bevölkerung, aber hier waren ein Viertel der landwirtschaftlichen Produkte und ein großer Teil der künstlichen Düngemittel erzeugt worden. Darüber hinaus führte der Zustrom von 7 Millionen Flüchtlingen aus dem Osten zu einer Lebensmittelkrise katastrophalen Ausmaßes. Die verschiedenen Dienststellen der Militärregierung hatten, solange sie noch SHAEF unterstanden, ihr möglichstes getan, um dieser Not zu begegnen. Als sie nach Deutschland kamen, hatten die meisten deutschen regionalen Lebensmittelämter aufgehört zu existieren. Keine der von den Nationalsozialisten eingerichteten Lebensmittelverteilungsstellen war intakt geblieben. Viele Beamte waren untergetaucht, ihre Büros waren geschlossen und die Akten waren entweder unauffindbar oder vernichtet. Viele Lagerhäuser, Getreidesilos und andere Lebensmittellager waren schwer beschädigt. Das Verkehrsnetz war weitgehend zerstört, und es war fast unmöglich, auch die wichtigsten Grundnahrungsmittel mit der Eisenbahn oder auf Lastwagen zu transportieren. Unter der Leitung von Oberst Hester hatte die Militärregierung im Juli damit begonnen, die Verteilung von Lebensmitteln zu organisieren. Die Rationen für die Normalverbraucher wurden zunächst auf 1550 Kalorien festgesezt. Das waren etwa ein Drittel der Bevölkerung in der amerikanischen Besatzungszone. Kinder, werdende Mütter und Schwerarbeiter bekamen Sonderzuteilungen. Die Berater Clays wiesen jedoch darauf hin, daß man kaum damit rechnen dürfte, dieses Niveau halten zu können. Mit den Getreidemengen, die auf Veranlassung von SHAEF herangebracht worden waren, ließ sich eine gewisse Zeit überbrücken. Die größten Hoffnungen setzte man auf die umfangreichen Verpflegungsreserven der deutschen Streitkräfte, die in den Wirren der letzten Kriegstage legal oder illegal unter die deutsche Bevölkerung verteilt worden waren. Die Experten erklärten daher, in vielen deutschen Häusern befänden sich beträchtliche versteckte Lebensmittelreserven, die es den Menschen ermöglichen würden, durch den Winter zu kommen.[19]

Clay erkannte, daß es bis zur Vereinigung der Zonen und wahrscheinlich auch noch eine gewisse Zeit darüber hinaus notwendig sein würde, große

Mengen von Lebensmitteln aus den Vereinigten Staaten zu importieren. Jetzt ging es darum, daß der Kongreß die dafür benötigten Geldmittel bewilligte. Als Clay im April Washington verließ, herrschte dort noch eine stark antideutsche Stimmung, und wie aus den Berichten in der amerikanischen Presse hervorging, hatte sich diese Stimmung nach der bedingungslosen Kapitulation der Wehrmacht noch gesteigert. In den 4 Jahren, die Clay bei der Abteilung für Flüsse und Häfen zugebracht hatte, hatte er gelernt, welche Wege man beschreiten mußte, wenn bestimmte Projekte im Kongreß genehmigt werden sollten. Diese Erfahrungen waren ihm jetzt sehr nützlich. Da er während des Krieges auch die Lieferungen nach dem Leih- und Pachtgesetz überwachen mußte, wußte er, wie unpopulär dieses Programm im Kapitol gewesen war. Er zweifelte nicht daran, daß Ausgaben für die Unterstützung des ehemaligen Feindes auf noch größeren Widerstand stoßen würden. Für die Anforderung solcher Mittel brauchte er deshalb wirklich hieb- und stichfeste Begründungen. Seinen Wirtschaftsberatern sagte Clay: „Wir müssen den Kongreß und die Budgetbehörde überzeugen. Können Sie mir dazu irgendwelche Vorschläge machen?" Aber niemand wußte etwas zu sagen. Man erwähnte zwar die Klausel über „Krankheiten und Unruhe", aber man mußte auch zugeben, daß es keine Unruhen gab. Die deutsche Bevölkerung hatte sich offenbar in ihr Schicksal ergeben. Auch die zunächst befürchteten „Werwolf"-Aktionen waren ausgeblieben. Als Clay den leitenden Stabsarzt Morrison Stayer nach dem allgemeinen Gesundheitszustand der Bevölkerung fragte, erfuhr er, daß es auch hier keine besonderen Probleme gab. Es waren kaum ansteckende Krankheiten und keine Epidemien aufgetreten. Dann fragte er, wie es mit der Unterernährung stünde. Der Doktor zuckte mit den Schultern. Natürlich gab es solche Fälle. Doch wie ließ sich das feststellen? Stayer zögerte. „Nun ja", sagte er, „wir könnten eine repräsentative Auswahl treffen, diese Personen in Gruppen nach Alter und Geschlecht einteilen und wiegen lassen". „Das werden wir tun", sagte Clay und fügte hinzu: „Die Direktive JCS 1067 verlangt, daß wir es nicht zu Krankheiten und Unruhen kommen lassen dürfen. Wir brauchen aber nicht so lange zu warten, bis wir tatsächlich in ernste Schwierigkeiten geraten. Wir können den Kongreß überzeugen, wenn wir nachweisen, daß wir mit beidem rechnen müssen." Knapp 6 Monate, nachdem Amerikaner und Briten ihre Bombenangriffe gegen deutsche Städte eingestellt hatten, ging daher ein entsprechender Befehl hinaus, und sehr bald lagen die benötigten Daten auf dem Schreibtisch des stellvertretenden Militärgouverneurs.

Morrison Stayer meldete: „Wir haben einen erheblichen Gewichtsverlust und Mangelerscheinungen festgestellt. Eine weitere Verschlimmerung dieses Zustandes würde die Gesundheit und die körperliche Leistungsfähigkeit ernsthaft gefährden." Die für den Herbst vorgesehenen Lebensmittelrationen würden „zu einer verbreiteten Unterernährung, Arbeitsunfähigkeit, Prädisposition für Epidemien, einer zunehmenden Mortalität und schweren Unruhen führen". Stayer schloß seinen Bericht: „Es ist meine Überzeugung, daß es zu Krankheiten und Unruhen kommen wird, die für die Besatzungstruppen eine Gefahr darstellen werden ... Und daß für den Normalverbraucher eine Ration von 2000 Kalorien sichergestellt werden muß, wenn Epidemien und Unruhen verhindert werden sollen."[20]

Für Clay rechtfertigte das die Anforderung von Weizenimporten und die Bereitstellung von 250 bis 300 Millionen Dollar im nächsten Etat des Kriegsministeriums. Doch wie immer auf Flankenschutz bedacht, erklärte er ausdrücklich, er mache diese Empfehlung „ohne Informationen darüber, welche Rationen der Bevölkerung in den Nachbarländern zur Verfügung stehen, und in der festen Überzeugung, daß die Lebensmittelimporte für Deutschland geringer sein sollen, wenn die Bevölkerung in den befreiten Ländern mit geringeren Rationen auskommen muß".[21] Die Kosten der Lebensmitteleinfuhren sollten gegen deutsche Exporte aufgerechnet werden, aber – und damit wies er auf den entscheidenden Punkt im Rahmen seiner Mission hin – „solange die Viermächte-Behörde die wirtschaftliche Einheit Deutschlands nicht wiederherstellt, ist das nicht wirklich realistisch".

Es wäre in der Tat unrealistisch gewesen, wenn man im Herbst 1945 damit gerechnet hätte, aus der amerikanischen Besatzungszone größere Warenmengen exportieren zu können. Ganz abgesehen von dem Mangel an Kohle und Rohstoffen verhinderten die äußeren Umstände in dem besetzten Land die sofortige Wiederaufnahme des Außenhandels. Die deutschen Grenzen waren hermetisch geschlossen, und nur Angehörige der Besatzungsarmeen durften sie in beiden Richtungen überschreiten. Auch wenn ein deutscher Geschäftsmann die Erlaubnis erhalten hätte, ins Ausland zu reisen, verfügte er über keine Devisen, um eine solche Reise zu finanzieren. Andererseits gab es in Deutschland kaum die Möglichkeit, Reisende unterzubringen oder zu verpflegen, und deshalb durfte man nicht mit dem Besuch ausländischer Einkäufer rechnen.[22] Das immer noch geltende Gesetz über den Handel mit Feindstaaten verbot zudem alle Kontakte zwischen Deutschen und ausländischen Handelsfirmen. Aus technischen und Sicherheitsgründen bestand zum Ausland keine Post- und Telefonverbindung. Es wäre daher verständlich gewesen, wenn man mit der Aufnahme von Geschäftsbeziehungen so lange gewartet hätte, bis das Kommunikationssystem wiederhergestellt war. Aber das entsprach nicht Clays Temperament. Im Rahmen der von Draper geleiteten Wirtschaftsabteilung wurde ein kleines Export-Import-Büro unter Roy Bullock von der Johns Hopkins School of Business eingerichtet, das auf Anweisung von Clay sofort in Aktion treten sollte.

In den Potsdamer Beschlüssen war festgelegt, daß der deutsche Außenhandel unter der gemeinsamen Aufsicht der vier Mächte stehen sollte. Eine der ersten Maßnahmen des alliierten Kontrollrats war es daher, die allgemeinen Bestimmungen einer vorläufigen Vereinbarung zu genehmigen, mit der die einzelnen Befehlshaber in den Besatzungszonen ermächtigt wurden, bei der Regulierung von Exporten und Importen unabhängig voneinander vorzugehen. Die Exporte sollten mit amerikanischer oder jeder anderen Währung bezahlt werden, die der Kontrollrat akzeptierte, und die Importe sollten über die Minimalbedürfnisse des Verbrauchs und der Produktion nicht hinausgehen. Nach dieser theoretischen Anerkennung des Zieles der wirtschaftlichen Einheit für ganz Deutschland erklärten sich die vier Mächte bereit, der alliierten Kontrollbehörde Vorschläge über die Einrichtung einer Außenhandelsbehörde für das ganze deutsche Wirtschaftsgebiet vorzulegen.

So begann die für den Außenhandel zuständige Abteilung des Berliner Stabes mit ihrer Arbeit an einem ersten Entwurf. Zugleich bemühte man sich um die Förderung des Exports aus der amerikanischen Besatzungszone. Das Fehlen einer im Ausland geltenden Währung erwies sich als großes Hindernis. Von 1935 bis 1945 hatten sich die im Umlauf befindlichen Reichsmarkbeträge verzehnfacht, und die Einlagen auf den Banken waren auf das Fünffache angewachsen. Zugleich waren die Staatsschulden von 15 auf 400 Milliarden Reichsmark gestiegen. Angesichts dieses unerhörten Reichsmark-Überhangs und der durch die Besetzung des Landes entstandenen Unsicherheit wurde die Reichsmark nicht mehr auf den internationalen Geldmärkten gehandelt. Damit erhob sich die Frage, in welcher Währung deutsche Produkte auf ausländischen Märkten angeboten werden sollten.[23]

Die europäischen Länder waren wirtschaftlich von einander abhängig, und die Versorgung ihrer Bevölkerung erforderte einen komplexen innereuropäischen Handel, der andererseits gegenüber dem Handel mit der übrigen Welt ausgeglichen werden mußte. In der Zeit zwischen den zwei Weltkriegen war die Handelsbilanz zwischen den europäischen Ländern und Deutschland als dem Hauptlieferanten für Fertigwaren sehr unausgewogen gewesen. Die bei diesem Handel angewendeten Methoden hatten sich nach der Wirtschaftdepression Anfang der dreißiger Jahre entwickelt. In dem Bemühen, sich gegenseitig vor den schädlichen Folgen einer Wirtschaftspolitik zu schützen, bei der man dem Nachbarn „den Schwarzen Peter zuschob", waren die meisten europäischen Länder zu einem kaum noch getarnten System des Tauschhandels übergegangen. Man verfügte kaum über Dollarbeträge oder andere frei konvertierbare Währungen. Deshalb richtete man bei bilateralen Handelsvereinbarungen Clearing-Konten ein, um die Währungsreserven der einzelnen Staaten nicht zu gefährden. Welche Produkte und Mengen ausgetauscht werden sollten, wurde von den Regierungen festgelegt, und da alle Zahlungen über die Clearing-Konten gingen, blieben die Währungen der einzelnen Länder geschützt. Am Ende des Zweiten Weltkriegs waren die europäischen Devisenreserven fast erschöpft, und die europäischen Länder konnten sie auch durch die Steigerung ihrer Exporte nicht aufstocken. Die vor dem Kriege geltenden internationalen Zahlungsmodalitäten gab es nicht mehr. In der gegenwärtigen Notsituation stimmten Clay und seine Finanz- und Wirtschaftsberater darin überein, daß es notwendig sei, sich auf Deutschland und die Schwierigkeiten zu konzentrieren, vor denen die Militärregierung jetzt stand. Da der wichtigste Importartikel der mit amerikanischen Dollar zu bezahlende Weizen war, kamen sie einstimmig zu dem Schluß, daß auch die deutschen Exporte in der amerikanischen Währung bezahlt werden mußten.[24]

Don Humphrey, der sich ,,allein und erfolglos der Verwendung der Dollarwährung widersetzte", verlangte vergeblich die Rückkehr zu den hergebrachten Formen des innereuropäischen Handels. Er berichtet,[25] ,,Clay dachte nur an den Import der zur Abwendung einer Hungersnot erforderlichen Mindestmenge von Weizen, an die Bezahlung der Exporte in Dollar und daran, daß der Kongreß aufgefordert werden sollte, die notwendigen Mittel für den Ausgleich des Restbetrages zur Verfügung zu stellen. Er vertrat seine Auffassungen in dieser Frage mit solcher Entschiedenheit, daß man ihn wahrscheinlich auch nicht hätte umstimmen können, wenn alle Angehörigen seines Stabes ihm etwas anderes vorgeschlagen hätten." Clay ging hier zweifellos mit sehr konservativen Methoden vor. Er wußte aber auch, daß die Alternativen zu seiner Dollar-Politik – der reine Warenaustausch oder Verkäufe gegen nicht konvertierbare Währungen – nicht nur außerhalb der Zuständigkeit seines Stabes lagen, sondern auch die ablehnende Kritik des amerikanischen Kongresses herausgefordert hätten. Als das Außenministerium ihn daher nach Ablauf des ersten Jahres der Besetzung Deutschlands zunehmend unter Druck setzte, seine Politik zu ändern, beendete er die mit großer Erbitterung geführten Debatten mit einem bequemen Alibi: ,,In dieser Frage bin ich nur ein einfacher Junge vom Lande. Ich brauche ein Guthaben auf der Bank, und zwar in Dollar, damit ich das Geld zur Verfügung habe, wenn ich es brauche."[26] Da er sich voll und ganz auf seine Aufgabe in Deutschland konzentrierte, konnte er eine indirekte Folge seiner Politik nicht voraussehen, nämlich den dramatischen Nachweis, daß sich die deutsche Wirtschaft isoliert nicht wieder aufbauen ließe.

Die für den Außenhandel verantwortlichen Beamten bei OMGUS akzeptierten Clays Dollar-Politik als eine der Grundregeln der Besetzung Deutschlands. Da es keinen amtlichen Wechselkurs gab, nach dem die kontrollierten Preise innerhalb Deutschlands in Dollar-Preise umgerechnet werden konnten, wie sie auf dem internationalen Markt galten, zeigte es sich, daß ihre Behörde die Rolle eines Außenhandelsministeriums des sowjetischen Typs übernehmen mußte.[27] Sie mußten die volle Verantwortung für alle Aspekte der Exporte und Importe einschließlich der willkürlichen Festsetzung der Exportpreise durch Regierungsbeschluß übernehmen. Zur Förderung des Außenhandels wurden auch in den Militärregierungsbüros der drei Länder Export-Import-Abteilungen eingerichtet, und zwar in München, Stuttgart und Wiesbaden. Doch das Hauptquartier in Berlin blieb während des ganzen Jahres 1946 verantwortlich für das Aushandeln der Importgeschäfte und die Festsetzung und Genehmigung der Exporte. Mit anderen Worten, während der Anfangsphase der Besetzung Deutschlands lagen alle Entscheidungsvollmachten auf diesem Gebiet in der Hand einer kleinen Gruppe amerikanischer Beamter in Berlin, die während vieler Monate neben anderen Problemen auch damit fertig werden mußten, daß zwischen ihnen und den ausführenden Organen nur sehr mangelhafte Nachrichtenverbindungen bestanden.[28] Das völlig zentralistische Verfahren schrieb einen zwangsläufigen Dienstweg vor, der es notwendig machte, daß alle Korrespondenz von den Exporteuren zu dem deutschen Ministerium, dann zu den amerikanischen Export-Import-Büros auf Länderebene, dann zu den Export-Import-Büros in Berlin, dann zu den amerikanischen Botschaften in den importierenden Ländern und schließlich zu den Importeuren selbst ging. Die Korrespondenz in der entgegengesetzten Richtung mußte den gleichen Weg nehmen. Für die deutschen Exporteure gab es keinerlei Anreiz. Der örtliche Behördenapparat war schlecht organisiert und konnte sich nicht durchsetzen. Auch Clay war sich bewußt, daß eine Militärregierung für die Durchführung einer Planwirtschaft nicht das geeignete Instrument war. Unter diesen Umständen konnte es ihn nicht überraschen, daß die amerikanische Zone zunächst nur etwas Hopfen im Wert von wenigen Millionen Dollar exportieren konnte. Darüber hinaus war der Verwaltungsapparat so schwerfällig, daß es Monate dauerte, bis dieser Hopfen verkauft werden konnte.

Der Ausschuß des Kontrollrats für die Festsetzung des Industriepotentials hatte den Bericht von Calvin Hoover zur Grundlage seiner Überlegungen gemacht und rechnete damit, bis zum Februar des folgenden Jahres zu einem Ergebnis zu kommen. Da Clay kaum etwas unternehmen konnte, um die Untersuchungen dieses Viermächte-Gremiums zu beschleunigen, wendete er sich Gebieten zu, auf denen administrative Tüchtigkeit und für alle Seiten entstehender Nutzen dazu beitragen konnten, politisch motivierte Widerstände zu überwinden. In diese Kategorie fiel die Errichtung gesamtdeutscher Behörden für Transport und Verkehr und eines zentralen deutschen statistischen Amtes. Auf den ersten Sitzungen des Alliierten Kontrollrats hatte Dwight Eisenhower recht gute persönliche Beziehungen zu dem sowjetischen Militärgouverneur, Marschall Gregory Schukow, herstellen können. Man hat oft geglaubt, Soldaten in hohen politischen Stellungen würden ein Hindernis auf dem Wege zum Frieden sein. Aber die beiden alliierten Befehlshaber kannten die Schrecken des Krieges aus eigener Erfahrung und stimmten darin überein, daß die weitere reibungslose amerikanisch-sowjetische Zusammenarbeit großen politischen, wirtschaftlichen und militärischen Nutzen haben konnte. Im Sommer 1945 nahm man auch in Washington noch die gleiche positive Haltung ein, und in vielen Gesprächen mit Clay betonte der amerikanische Oberbefehlshaber Eisenhower, daß es notwendig sei, mit den Russen gut auszukommen.[29]

Erst vor einem Jahr hatte es Clay auf weite Entfernung und indirekt mit dem Kreml zu tun gehabt. Er vertrat damals die Interessen der amerikanischen Armee bei der sogenannten ,,Protokollabteilung" des Kriegsministeriums, die unter der Leitung von Harry Hopkins stand. Sie war verantwortlich für die Genehmigung der Lieferungen von Material an die Sowjetunion und Großbritannien nach dem Leih- und Pachtgesetz, und Clay war dafür bekannt, daß er alle Anforderungen sehr genau prüfte. Wie John Hazard von der Columbia University, der damalige Sekretär der Protokollabteilung, berichtet, lehnte Clay zunächst jedes sowjetische Ersuchen ab, wenn nicht einwandfrei nachgewiesen werden konnte, daß das angeforderte Material benötigt wurde, um den Krieg zu gewinnen.[30] So genehmigte der General zum Beispiel ohne weiteres die Lieferung sehr großer Mengen von Kupferdraht für Telefonleitungen und sagte, ,,im Bewegungskrieg wird dieses Material gebraucht. Bei einem Rückzug müssen die Telefonleitungen liegenbleiben, und bei einer Offensive haben die Truppen keine Zeit, die Kabel aufzurollen und mitzunehmen." Als jedoch Landungsboote angefordert wurden, lehnte Clay, der, wie Hazard berichtet, gegenüber den Russen immer sehr mißtrauisch war, dieses Ersuchen ab. ,,Ich kann nicht erkennen, wo sie Landungsboote verwenden könnten, es sei denn am Kaspischen Meer", sagte Clay. ,,Und wenn sie sie am Kaspischen Meer brauchen, dann für einen Einfall in den Iran. Sie wollen ihren Einfluß an der Südseite des Kaspischen Meeres ausweiten. Ich werde ihnen die Boote nicht geben und sie bei diesem Vorhaben nicht unterstützen."[31] Aus ähnlichen Gründen blockierte er die Lieferung von Anlagen für chemische Fabriken oder Ölraffinerien, die der Sowjetunion bei ihren expansionistischen Bestrebungen nach dem Kriege helfen könnten.

Der Sohn eines amerikanischen Senators war ein scharfblickender Politiker, und es fiel ihm nicht schwer, sich auf die neuen und ganz anderen

2. Clay mit General Sokolowskij, dem russischen Militärgouverneur. ,,Ruhig, bescheiden und würdevoll stellte sich Sokolowskij der Debatte, die er mit köstlichem Humor und zahlreichen russischen Sprichwörtern würzte. Ich habe niemanden gekannt, der die Bibel so gut zitieren konnte wie er. Ich habe seine Sachkenntnis achten gelernt." (Clay, *Decision in Germany* und mündliche Äußerung in einem Interview)

Beziehungen zu dem russischen Verbündeten einzustellen. Der sowjetische Gegenspieler Clays im Kontrollrat war Generalleutnant Wassili Danilowitsch Sokolowskij, der Sieger von Smolensk, unter dessen Befehl die Truppen standen, die diesen Eckpfeiler der deutschen Verteidigungsstellungen genommen hatten. Der ehemalige aus einer armen Bauernfamilie stammende Schullehrer Sokolowskij[32] hatte sich im Bürgerkrieg der Roten Armee angeschlossen und war als tüchtiger Soldat bald zum Offizier befördert worden. Später hatte er als Generalstabsoffizier vor Ausbruch und während des Zweiten Weltkriegs mehrfach in der näheren Umgebung von Schukow gedient.[33] Obwohl sie ganz verschiedener Herkunft waren und sich einander entgegengesetzten Ideologien verpflichtet fühlten, hatten er und Clay viele gemeinsame intellektuelle Berührungspunkte, und während der ersten Besatzungszeit unterhielten die beiden Offiziere durchaus gute persönliche Beziehungen. Clay hat später gesagt: „Ich schätzte Sokolowskij. Er konnte die Bibel häufiger und richtiger zitieren als irgendjemand, den ich kenne. Er war sehr intelligent, ein sehr interessanter Mann."[34] Delbert Clark bestätigt das mit der Beobachtung:[35] „Sie haben sich gegenseitig geachtet, und offenbar haben beide erkannt, daß die Beschimpfungen und Beleidigungen, die bei diesen Besprechungen an der Tagesordnung waren, keine persönliche Bedeutung hatten. Sokolowskij war diplomatisch so geschult, daß er die kalkulierte Beleidigung als Standardwaffe ansah, Clay war wachsam und anpassungsfähig und trug seinem Gegner niemals etwas nach, wenn die Sitzung vorüber war, bei der sie sich wie Marktweiber beschimpft hatten. Dann gingen die beiden Offiziere Arm in Arm an die Bar und tranken ein Glas zusammen."

In dieser aufgelockerten Atmosphäre gelang es Clay gelegentlich, im ruhigen und diplomatisch geführten Privatgespräch etwas zu erreichen. Als der sowjetische Stellvertretende Militärgouverneur im Kontrollrat eines Tages eine besonders beleidigende Erklärung verlesen hatte, die offensichtlich von einem Parteifunktionär in Moskau verfaßt worden war, nahm Clay Sokolowskij zur Seite und wies ihn höflich darauf hin, daß solche Reden einer weiteren fruchtbaren Zusammenarbeit beider Länder kaum etwas nützen könnten. Der Russe hörte schweigend zu und erwiderte nichts. Aber längere Zeit danach enthielt er sich solcher provokativen Reden.[36] In ähnlicher Weise gelang es Clay auch, dafür zu sorgen, daß die Russen keine deutschen Kriegsgefangenen mehr aus Eisenbahntransporten herausholten, die unter amerikanischer Bewachung standen. Nach mehreren solchen Zwischenfällen führte Clay ein Privatgespräch mit seinem sowjetischen Kollegen. Er sagte, er werde sich unter Umständen gezwungen sehen, jeden amerikanischen Zug von 50 mit Maschinengewehren bewaffneten Soldaten bewachen zu lassen, die den Auftrag erhalten würden, auf jeden zu schießen, der unaufgefordert den Zug besteige oder ihn an der Weiterfahrt hindere. Er fügte hinzu, daß solche Zwischenfälle weder in Amerika noch in Rußland begrüßt werden würden. Während des Gesprächs war er betont höflich und vollkommen sachlich. Sehr bald nach diesem Gespräch erließ Sokolowskij einen Befehl, mit dem er solche Übergriffe auf amerikanische Eisenbahnzüge und die damit verbundene Entführung von Deutschen verbot.[37]

Andererseits konnte sich Clay nicht vorstellen, welche Schwierigkeiten ihm die vierte und schwächste Besatzungsmacht, Frankreich, machen würde. Während des Krieges hatte de Gaulle nicht an den Konferenzen von Teheran und Jalta teilnehmen dürfen und auch nicht an der Potsdamer Konferenz der Großen Drei, aber auf Verlangen Amerikas war Frankreich ein Sitz in der alliierten Kontrollbehörde mit dem Vetorecht zugestanden worden. In seinem Elternhaus und beim Militär hatte Clay immer wieder feststellen können, wie der Regierungsapparat arbeitete, und er wußte daher, auf eine wie verworrene Weise es oft zu kritischen Entscheidungen kommt. Der widersprüchliche Status Frankreichs überraschte ihn daher nicht, aber er glaubte annehmen zu dürfen, daß Frankreich angesichts seiner militärischen und wirtschaftlichen Schwäche in Berlin der amerikanischen Führung folgen werde. Da er den Inhalt der Gespräche auf höchster Ebene oft nicht kannte, brauchte er einige Zeit, bis er feststellen mußte, daß er sich geirrt hatte. Es war ein Lernprozeß, der ihn enttäuschte und oft zur Verzweiflung trieb.

Die französische Regierung hatte von Anfang an die Karten auf den Tisch gelegt. Unmittelbar nach Beendigung der Potsdamer Konferenz schrieb der Quai d' Orsay Briefe an die Botschafter der Vereinigten Staaten, Großbritanniens und der Sowjetunion und lehnte darin einige wesentliche Bestimmungen der Dreimächte-Vereinbarungen ab. Frankreich wollte sich nicht mit der Wiederherstellung der wirtschaftlichen Einheit Deutschlands, einer deutschen Zentralregierung und der Wiederzulassung politischer Parteien in ganz Deutschland einverstanden erklären.[38]

De Gaulle ging Ende August bei einem Treffen mit dem amerikanischen Präsidenten Truman im Weißen Haus noch mehr in die Einzelheiten.[39] Hier brachte er die gleichen Gedanken zum Ausdruck wie Clémenceau 26 Jahre zuvor. Deutlicher hätte er den französischen Standpunkt nicht darstellen können. „Der Rhein ist gleichbedeutend mit der Sicherheit Frankreichs und, wie ich glaube, mit der Sicherheit der ganzen Welt. Aber Frankreich ist am stärksten daran interessiert. Es wünscht, daß er in seiner ganzen Länge als die natürliche Grenze anerkannt wird." Außerdem erklärte de Gaulle, alle Einfälle aus dem Osten auf französisches Gebiet wären immer durch das Rheinland erfolgt, und daher müßte Frankreich die Garantie dafür haben, daß sich das in der Zukunft nicht wiederhole. „Die Abtrennung des Rheinlandes von Deutschland wäre eine notwendige Garantie und außerdem eine psychologische Notwendigkeit für das französische Volk." Er fügte hinzu, trotz des Verlustes von Schlesien werde ein vereinigtes Deutschland immer noch ein enormes Industriepotential haben, wenn es das Ruhrgebiet behielte, und deshalb müßte das Ruhrgebiet von den Alliierten verwaltet werden. Am Schluß warnte de Gaulle davor, daß ein vereinigtes Deutschland unter den Einfluß eines starken und mächtigen slawischen Blocks geraten könnte, der sich jetzt in Osteuropa bildete.

Die Regierung der Vereinigten Staaten war vorgewarnt worden. Frankreich war das schwächste der vier Mitglieder der alliierten Kontrollbehörde, aber es war entschlossen, von seinem Vetorecht Gebrauch zu machen. Da Frankreich eine fast panische Furcht vor einem wiedererstarkten Deutschland hatte, war der französische Vertreter in Berlin, General Koeltz, angewiesen, im Kontrollrat jeden Schritt auf eine deutsche Wiedervereinigung hin zu blockieren. Am 22. September, auf der 9. Sitzung des Kontrollrats, traf Clay zum ersten Mal auf die Opposition der Franzosen. Der britische Vorschlag, ein zentrales deutsches statistisches Amt einzurichten, das für die Kontrollbehörde arbeiten sollte, veranlaßte den französischen Delegierten, seine Kollegen vor der Gefährlichkeit ,,einer solchen Organisation als eines Apparats für eine Mobilmachung" zu warnen. Noch energischer widersetzte sich Koeltz dem britisch-amerikanisch-sowjetischen Plan, eine zentrale Transportbehörde einzurichten. Er sagte, Frankreich widersetze sich generell einer Zentralregierung in Deutschland, und insbesondere lehne es eine zentrale Eisenbahnverwaltung ab, weil sie das Kriegspotential entscheidend steigere. Ein von den drei anderen Besatzungsmächten vorgelegter Plan für eine zentrale Organisation der Nachrichtenverbindungen und der Post stieß ebenfalls auf französischen Widerstand.[40] Wie General Koeltz erklärte, ,,hat die französische Regierung ihre Vorbehalte auf diplomatischem Wege zum Ausdruck gebracht", und er fügte hinzu, General Koenig, der Oberbefehlshaber der französischen Besatzungsstreitkräfte, könnte bis zur nächsten Kontrollratssitzung am 1. Oktober neue Anweisungen haben.

Clay ging mit seiner Antwort auf das Kernproblem ein: ,,Ich denke, jetzt geht es um den fundamentalen Grundsatz, wie wir Deutschland regieren sollen. Wenn der Kontrollrat keinen deutschen Verwaltungsapparat einrichtet, dann kann er seine Tätigkeit als Regierungsbehörde einstellen, um zu einem bloßen Verhandlungsgremium zu werden." In diesem Sinne telegraphierte er an das Kriegsministerium: ,,Die möglichst baldige Errichtung eines funktionsfähigen zentralen Verwaltungsapparats, der Deutschland als wirtschaftliche Einheit regieren kann, ist für die Verwirklichung unserer Politik in Deutschland und der in Potsdam vereinbarten politischen Grundsätze unbedingt erforderlich. Die Russen und Briten stimmen mit uns darin überein, daß die Errichtung eines solchen Apparats notwendig ist. Aber die Franzosen sind dagegen. Wir haben jetzt die Einrichtungen für die Länder geschaffen und würden mit einem Verwaltungsapparat, wie er in Potsdam vereinbart worden ist, in der Lage sein, erfolgreich weiterzuarbeiten. Wenn jedoch ein solcher Verwaltungsapparat nicht sofort eingerichtet wird, werden wir im Namen der Vereinigten Staaten einen zentralen Verwaltungsapparat einrichten müssen. Wir fürchten, daß das zur praktischen, wenn nicht zur tatsächlichen Zerstückelung (Deutschlands) führen würde."[41] Wenn der stellvertretende Militärgouverneur an der französischen Obstruktionspolitik und ihren Absichten noch irgendwelche Zweifel hatte, dann wurden sie ihm durch die Erklärung des Generals Koenig im alliierten Kontrollrat am 1. Oktober genommen. „Frankreich ist nicht in der Lage, der Errichtung zentralisierter deutscher Behörden zuzustimmen", erklärte der überzeugte Gaullist, „solange noch keine Entscheidung über die Zukunft des Rheinlands und Westfalens getroffen ist."[42]

Unter diesen Umständen gab es für ein weiteres Vorgehen nur zwei einigermaßen erfolgversprechende Möglichkeiten. Clay konnte um die Genehmigung bitten, auf Dreimächte-Basis weiterzuarbeiten, oder er konnte seiner Regierung dringend empfehlen, Paris diplomatisch unter Druck zu setzen. Seinen Gewohnheiten treu versuchte er beides, aber nachdem er die Genehmigung erhalten hatte, auf der Dreimächte-Basis weiterzuarbeiten, wurde sein Angebot überraschenderweise zuerst von den Briten und dann von den Russen abgelehnt.[43] In beiden Fällen war die Begründung, daß eine getrennte Vereinbarung nicht abgeschlossen werden könnte, weil die Potsdamer Beschlüsse die Einrichtung zentraler Organe für alle vier Zonen verlangten. Aber in der Zwischenzeit setzten die Franzosen ihre Obstruktionspolitik fort. Als am 9. Oktober über die Schaffung einer zentralen Finanzbehörde gesprochen wurde, schickte Frankreich nur einen Beobachter, und als wenige Wochen später der amerikanisch-britische Vorschlag zur Öffnung aller Zonengrenzen für die Deutschen auf der Tagesordnung stand, legten die Franzosen wieder ihr Veto ein. Sogar der Vorschlag, in ganz Deutschland die Gründung eines Gewerkschaftsbundes zuzulassen, wurde von General Koeltz abgelehnt, weil „Gewerkschaften politische Strukturen sind".[44]

Clay hatte seinen Auftrag in Deutschland befehlsgemäß und ohne Begeisterung übernommen. Noch vor seinem Eintreffen in Paris wußte er, daß die Armee versuchen würde, die Militärregierung dem Generalstab zu unterstellen, ein Verfahren, das nach seiner Auffassung katastrophale Folgen haben mußte. Mit Hilfe Eisenhowers war es ihm gelungen, das zu verhindern. Im Herbst 1945 glaubte er zuversichtlich, daß die restriktiv auf die Wirtschaft wirkenden Bestimmungen der Direktive JCS 1067, die ihn bei der Ausführung seines Auftrags erheblich behinderten, wirksam neutralisiert werden könnten. Wie Kriegsminister Stimson vorgeschlagen und John McCloy bestätigt hatte, wollte er sie selektiv anwenden. Doch ein drittes wichtiges Gebiet, seine Arbeit bei der alliierten Kontrollbehörde, schien durch die Haltung seiner eigenen Regierung gefährdet zu sein. Einerseits wurde die französische Opposition, wie er glaubte, dadurch ermutigt, daß das Außenministerium offensichtlich nicht bereit war, auf diplomatischem Wege zu intervenieren. Andererseits waren die Depeschen der amerikanischen Botschaft in Moskau und die Antworten des Außenministeriums darauf in einem bedenklich negativen Ton abgefaßt. Da Clay auf seiner Ebene gute Arbeitsbeziehungen mit den Russen hergestellt hatte, fürchtete er, daß das gegenseitige Mißtrauen beider Regierungen auf die Dauer den Erfolg seiner Bemühungen in Frage stellen könnte.

Als George Kennan, der hervorragende Kenner der Sowjetunion im State Department, unerwartet durch Berlin kam, ergriff Clay die Gelegenheit, ihm seine Sorgen vorzutragen. Bei diesem Anlaß wurde er sich auch der neuen Richtung im politischen Denken der amerikanischen Regierung bewußt. Bei einem Abendessen in der Villa von Bob Murphy erwähnte Clay seine guten persönlichen Beziehungen zu Sokolowskij und deutete sogar an, daß er den Russen unter Umständen eher vertrauen könnte als den Briten. Er fügte hinzu, daß er sich Sorgen wegen der Haltung der amerikanischen Botschaft in Moskau mache. George Kennan erinnert sich:[45]

,,Der General machte mir Vorhaltungen wegen unserer angeblich antisowjetischen Vorurteile. Soweit ich mich erinnere, war er auch etwas mißtrauisch gegenüber der Moskauer Botschaft, weil er in der Atmosphäre lebte, die damals nicht nur von General Eisenhower, sondern auch von anderen hohen Militärs ausging, und zu ihnen gehörten auch Persönlichkeiten, vor denen ich eine große Achtung habe. Ich glaube, auch General Marshall war einer von ihnen. Diese Männer waren am Ende des Krieges sehr stark von dem Gefühl beeinflußt, daß sie mit den sowjetischen Generälen viel besser auskommen könnten als wir mit der sowjetischen Regierung im allgemeinen. Ich bin sicher, die Persönlichkeit von Schukow hat dabei eine bedeutende Rolle gespielt. Ich denke, es ist ganz richtig, daß eine Anzahl sowjetischer Offiziere, höherer Offiziere, ebenso wie die entsprechenden amerikanischen Offiziere durch die Tatsache beeinflußt waren, daß im Kriege eine gewisse Waffenbrüderschaft mit den Amerikanern entstanden war, und sie hätten es wahrscheinlich gern gesehen, die engen und guten Beziehungen miteinander auch weiter zu pflegen. Ich bin überzeugt, daß dies bei Schukow ebenso zutraf wie bei Eisenhower. Ich denke jedoch, daß diese Atmosphäre und diese beiderseitigen Empfindungen etwas irreführend gewesen sind, weil die Militärs in der Sowjetunion nicht eine so bedeutende Rolle spielten, wie unsere Leute glaubten. In Wirklichkeit hatte Stalin die Dinge fest im Griff und hat den Einfluß der Militärs ausgeschaltet, sobald der Krieg vorüber war."

Wahrscheinlich war es für Kennan eine unerwartete Erfahrung, solche Ansichten vor einem Staatsdiener zu äußern, der gewohnt war, sich unbedingt den Anordnungen seiner Regierung zu fügen, und der darüber hinaus die Politik dieser Regierung lautstark und aggressiv verteidigte. Kennan mußte zugeben:[46] ,,Clay nahm die politische Linie ernst, die auf den Konferenzen während des Krieges und auf der Potsdamer Konferenz entwickelt worden war, während ich all dem sehr skeptisch gegenüberstand. Das ist wichtig ... Ich hatte den Eindruck, einem sehr starken Mann gegenüberzusitzen", fuhr er fort, ,,der in eine bestimmte Richtung blickte und an dieser Richtung mit großer physischer und psychischer Intensität festhielt. Ich glaube, er hat nicht viel von mir gehalten." Damit hatte Kennan recht. ,,Kennan ist ein reiner Theoretiker", sagte Clay im Gespräch mit seiner Frau.[47] Offenbar wußte er noch nicht, daß sich auch das Außenministerium und das Weiße Haus allmählich zu ähnlichen Auffassungen wie Kennan durchrangen.

Im Herbst 1945 hatte Präsident Truman Byron Price, den Leiter der Zensurbehörde im Kriege, nach Europa geschickt, um festzustellen, welche Beziehungen sich zwischen den amerikanischen Besatzungsstreitkräften und der deutschen Bevölkerung entwickelt hatten.[48] Unter anderem hatte Price vorgeschlagen, bestimmte Vorschriften der Direktive JCS 1067 zu ändern, und empfohlen, die Vereinigten Staaten sollten zur Unterstützung der Mission Clays beim Kontrollrat am Quai d' Orsay intervenieren. Doch obwohl das Außenministerium von zwei Seiten unter Druck gesetzt wurde, reagierte es nicht, und da auch andere Fragen direkte Konsulationen verlangten, ging Clay in Begleitung von Robert Murphy Anfang November für einige Tage nach Washington.

Hier hatte sich das politische Klima seit seiner Abreise nach Deutschland geändert. Als Clay die Vereinigten Staaten im Vorfrühling verlassen hatte, war Franklin Roosevelt noch Präsident gewesen. Die Sowjetunion war noch der hochgeschätzte Verbündete, und die Kriegsromantik war noch lebendig. Außerdem hatten neue Erkenntnisse über die Greueltaten in den deutschen Konzentrationslagern den Haß gegen den nazistischen Feind zusätzlich geschürt. Als der General ein halbes Jahr später in die Vereinigten Staaten zurückkehrte, hatte sich eine rationalere Haltung im Hinblick auf die Probleme der Besetzung Deutschlands durchgesetzt, was indirekt auch den Deutschen zugute kam. Da man die taktische Unterstützung durch die russische Armee nicht mehr brauchte, glaubten zudem die führenden Meinungsmacher in den Vereinigten Staaten, sie könnten ihre antisowjetischen Vorurteile jetzt wieder deutlicher zum Ausdruck bringen. Der wichtigste außenpolitische Berater des neuen Präsidenten war jetzt Admiral William Leahy, der Vereinbarungen mit der sowjetischen Regierung für „wertlos" hielt.[49] Truman selbst, der sich der Grenzen seiner Fähigkeiten durchaus bewußt war, glaubte, den starken Mann spielen zu müssen. Er hatte den Befehl, die Lieferungen nach dem Pacht- und Leihgesetz an die Sowjetunion einzustellen, unterschrieben, ohne ihn gelesen zu haben. Er brüstete sich damit, daß er Molotow bei einem Gespräch im April einen „Kinnhaken" versetzt habe. Wie Churchill in Potsdam in einem Gespräch mit Lord Moran sagte, nahm der neue Präsident keine Notiz davon, wenn er unsicheren Boden betrat. „Er setzt seinen Fuß nur fest darauf." Die amerikanische Bevölkerung war sich noch nicht bewußt, daß ihr Präsident es leid war, „das Kindermädchen für die Russen zu spielen", und daß sich nach dem Scheitern der letzten Konferenz des Rats der Außenminister in London eine Politik entwickelt hatte, die sich gegen jedes „Appeasement"[50] wendete und in letzter Konsequenz jeden Kompromiß ausschloß. Das Protokoll der Besprechungen von Clay mit den Beamten in der Europaabteilung des Außenministeriums zeigt deutlich, welche Veränderungen auf der politischen Bühne eingetreten waren. Seine sachliche Auswertung der Arbeit im Kontrollrat paßte nicht in das

3. Die erste Sitzung des Kontrollrats, Berlin, 30. August 1945. Von links nach rechts: General Sokolowskij, ein nicht identifizierter jüngerer Offizier, Schukow, Wyschinskij, Murphy, Clay, Eisenhower, Pantuhoff, Hammond. Stehend hinter Eisenhower: Parks. Montgomery sieht sich irgendwelche Papiere an. Hinter ihm Sir William Strang. Der britische Offizier mit einem Arm über der Stuhllehne ist General Brian Robertson. Die französische Delegation ist nicht abgebildet.

Denkschema, das sich jetzt entwickelte, und mußte deshalb zurückgewiesen werden.

„Die bisherige Arbeit im Alliierten Kontrollrat hat gezeigt, daß die Sowjetunion bereit gewesen ist, mit den anderen Mächten zusammenzuarbeiten und Deutschland als eine politische und wirtschaftliche Einheit zu behandeln," erklärte Clay auf dieser Sitzung.[51] „Die UdSSR hat im Kontrollrat nicht mehr als zwei schriftliche Vorlagen blockiert, während die Franzosen gegen alle Gesetzesvorschläge zur Schaffung eines zentralen Verwaltungsapparats ihr Veto eingelegt haben." Er fügte hinzu, daß nach seiner Auffassung die Beziehungen der Vereinigten Staaten zur Sowjetunion im Rahmen der Verwaltung Deutschlands für die Außenpolitik der Vereinigten Staaten von entscheidender Bedeutung seien. „Wenn es den beiden Ländern nicht gelingt, in jenem Laboratorium wirkungsvoll zusammenzuarbeiten, dann wird die ganze Außenpolitik der Vereinigten Staaten gegenüber Rußland in Frage gestellt."

Die alten Europaexperten im Außenministerium (über die John Kenneth Galbraith kürzlich kommentiert hat),[52] hörten höflich zu. Sie erkannten sehr bald, daß sich dieser General noch nicht auf die politische Linie der neuen Regierung eingestellt hatte. Der Leiter der Abteilung für mitteleuropäische

Angelegenheiten, Jim Riddleberger, richtete an Clay als Sprecher des Ministeriums die rhetorische Frage, ob die Sowjetunion wirklich bereit sei, sich an die politischen und wirtschaftlichen Grundsätze des Potsdamer Abkommens zu halten. Er erwähnte nicht, daß Großbritannien und die Vereinigten Staaten die grausame Vertreibung der Sudetendeutschen aus ihrer Heimat unterstützt hatten, als er anfing, die Russen für die „unmenschliche Vertreibung der Bevölkerung" aus dem Osten zu tadeln. Er begründete den neuen „harten Kurs" gegenüber der Sowjetunion außerdem mit der Weigerung der Russen, die Zonengrenzen zu öffnen und den Interzonenhandel weiterzuentwickeln, mit der Kontrolle der Presse in der russischen Zone, der Unterstützung bestimmter politischer Parteien durch die Sowjets und den unilateralen Maßnahmen zur Bodenreform.[53] Wie so oft, wenn er seinen Standpunkt verteidigte, reagierte Clay sehr scharf auf den Vorwurf, daß die Sowjetunion sich nicht an das Potsdamer Abkommen hielte. Er wiederholte, daß die Russen sich für die Schaffung eines zentralen Verwaltungsapparats ausgesprochen hätten, sagte aber auch, sie könnten die amerikanische Haltung gegenüber der französischen Obstruktionspolitik nicht verstehen. Einige seiner sowjetischen Kollegen hätten sogar die Vermutung ausgesprochen, daß die Vereinigten Staaten und Großbritannien die starre Haltung Frankreichs passiv unterstützen.[54] Clay fügte erregt hinzu, die Sowjetunion sei bei der Einführung demokratischer Verfahren in ihrer Zone weiter gegangen als die Franzosen. Die Franzosen hätten sich sogar geweigert, den Gewerkschaften in ihrer Zone die Verbindungsaufnahme zu Gewerkschaften in anderen Zonen zu erlauben. Nazis, die in der amerikanischen Zone ihrer Posten enthoben worden seien, seien von den Franzosen wieder angestellt worden. Was die Bodenreform in der Ostzone betreffe, so sei die sowjetische Militärregierung allerdings unilateral vorgegangen, ohne daß dazu ein Viermächte-Beschluß gefaßt worden sei. Das gleiche könne man aber auch über bestimmte Maßnahmen sagen, die der Befehlshaber der amerikanischen Streitkräfte in Europa getroffen hätte. Am Schluß bat der stellvertretende Militärgouverneur um eine Klarstellung der Haltung der amerikanischen Regierung zu dem französischen Vorschlag, das Ruhrgebiet und das Rheinland unter internationale Kontrolle zu stellen.[55] Das Potsdamer Abkommen verlange, daß das Potential der Friedenswirtschaft in Deutschland bis zum Februar festgelegt werden solle, und deshalb müsse man wissen, ob diese Gebiete von Deutschland abgetrennt würden. Das war eine sehr wichtige Frage, aber es überraschte Clay nicht, als er nur ausweichende Antworten erhielt. Der Direktor der Europaabteilung, Freemann Matthews, sagte, der Außenminister habe die Franzosen eingeladen, die Angelegenheit in Washington zu besprechen, es sei jedoch „unwahrscheinlich, daß der Minister die Haltung der Vereinigten Staaten präjudizieren wolle, bevor er die Argumente der Franzosen gehört habe." Auf die Frage von Clay, ob man die Franzosen unter Druck gesetzt habe, um sie zur Zusammenarbeit mit den anderen Mitgliedern des Kontrollrats bei der Errichtung eines zentralen

Verwaltungsapparats in Deutschland zu bewegen, konnte das Ministerium ebenfalls keine befriedigende Antwort geben. Solche Maßnahmen waren nicht getroffen worden.

Bei dieser Sitzung hatte Clay auch die Gelegenheit, sich über die Verwirrung zu beklagen, die bei der Rückführung der von den Deutschen in den von ihnen besetzten Ländern beschlagnahmten Güter und bei der Frage der Reparationsleistungen eingetreten war. Im Frühherbst 1945 war in Paris eine Interalliierte Reparationsbehörde (IARA) eingerichtet worden, welche die Reparationen unter den westlichen Verbündeten aufteilen sollte, aber ihre Verantwortlichkeit und die des amerikanischen Vertreters, Walter Angell, waren nicht genau festgelegt worden. Nun bat Clay um die Klärung der Frage, welche Aufgaben der amerikanische Vertreter bei der Reparationskommission übernehmen sollte, und welche Rolle der Militärregierung in Deutschland dabei zufiel.[56] Er sagte, die Anweisungen für Angell enthielten eine Aufgabenteilung, der er nicht zustimmen könne. Es müsse eine klare Entscheidung darüber getroffen werden, wer den Umfang und die Art der Reparationen festlegen solle. Die Entscheidung darüber, welche Fabrikanlagen in Deutschland zu demontieren seien, beinhalte eine schwere Verantwortung. Er selbst sei bereit, diese Verantwortung zu übernehmen, wenn seine Regierung es wünsche, doch nach seiner Auffassung solle der amerikanische Vertreter bei der Reparationskommission nicht bevollmächtigt sein, in seinen Berichten nur über „Meinungsverschiedenheiten, vage Vermutungen und Kritik“ zu sprechen. Nachdem er auf diese Weise der traditionellen Auffassung der Armee Ausdruck verliehen hatte, daß in jedem Fall der Dienstweg eingehalten werden müßte, wendete er sich dem Problem der Restitutionsanforderungen einiger verbündeter Staaten zu. Nach seiner Auffassung sollten die Reparationsleistungen gegenüber der Restitution den Vorrang haben. Mit Rücksicht auf den vom Kongreß zu bewilligenden Etat fügte er hinzu, daß die Rückführung beschlagnahmter Güter nicht zu einer Erhöhung der Importe führen dürfe.[57]

Auf dem Rückflug nach Berlin hatte Clay Zeit, über den Inhalt seiner Gespräche in Washington nachzudenken. Er war sich klar darüber, daß die Stimmung sich verändert hatte. Wenn man jetzt vom Wiederaufbau der deutschen Wirtschaft sprach, dann „riskierte man nicht mehr, an dem Obelisken in Washington aufgehängt zu werden“, wie er zu sagen pflegte. Andererseits spürte man deutlich starke antisowjetische Tendenzen. Er hoffte zwar immer noch, daß seine guten Beziehungen zu Sokolowskij nicht darunter leiden würden, aber eine Wiedervereinigung Deutschlands schien in weite Ferne gerückt. Murphy hatte ihm gesagt, das Außenministerium sorge sich um die innenpolitische Situation in Frankreich. Der Einfluß der Kommunisten sei stärker geworden, und Außenminister Byrnes scheue sich offensichtlich, die Franzosen unter Druck zu setzen. Dies könne unter Umständen zum Sturz der französischen Regierung führen und Maurice Thorez an die Macht bringen. Es war nicht Clay's Art, solche äußere Faktoren in

Betracht zu ziehen. Wie George Kennan klar erkannt hatte, blickte der General „mit großer Intensität nur in eine Richtung“ und hielt es für seine Hauptaufgabe, im Kontrollrat die Wiedervereinigung Deutschlands durchzusetzen. Jeder Widerstand, woher er auch kommen mochte, mußte gebrochen werden. Er hatte keine andere Wahl als der gleichen politischen Linie zu folgen wie bisher und dort, wo er es für notwendig hielt, diplomatische Unterstützung zu verlangen. Er hatte inzwischen 26 Dienstjahre hinter sich und konnte jederzeit in Pension gehen, wenn seine Vorgesetzten ihn ablösen wollten. Im Februar, wenn der Ausschuß für die Festsetzung des Industrieniveaus in Deutschland seinen Plan für die deutsche Friedenswirtschaft vorlegen würde, mußten die entscheidenden politischen Entschlüsse gefaßt werden. Bis dahin wollte er sich an der Arbeit des Ausschusses beteiligen und dafür sorgen, daß sich die Vorlage des Berichts nicht verzögerte.

Entsprechend den kompromißlosen Vorstellungen Clays von den Pflichten des Staatsdieners erwähnt er seine Meinungsverschiedenheiten mit dem Außenministerium in seinen 1950, ein Jahr nach seiner Pensionierung erschienenen Erinnerungen nicht. Nach seinem Berufsethos war Diskretion eine unabdingbare lebenslange Verpflichtung. Außerdem hatte es zu der Zeit, als sein Buch erschien, kaum noch Sinn, viel darüber zu sagen, wie er zunächst an die guten Absichten der Sowjets geglaubt hatte. Die Grundrichtung seines Auftrages in Deutschland hatte sich geändert, und General Clay hatte sich der neuen politischen Linie seiner Regierung angepasst.

Bei seiner Rückkehr nach Berlin forderte Clay einen Bericht über den gegenwärtigen Stand der Arbeit des Viermächte-Ausschusses zur Festlegung des Industrieniveaus an. Der Ausschuß war am 18. September zum ersten Mal zusammengetreten, aber in den folgenden zwei Monaten war er kaum weitergekommen.[58] Das lag zum Teil an Personalschwierigkeiten bei den Sowjets und den Franzosen. Im September und Oktober hatten die sowjetischen Vertreter sich kaum an der Arbeit des Ausschusses beteiligt. Im November wurde eine neue sowjetische Delegation dem Stab zugeteilt. Diese Männer waren zwar bessere Fachleute, schienen jedoch über die hier zu behandelnden Fragen wenig zu wissen. Erst am 1. Dezember traf ein Team mit qualifizierten sowjetischen Experten ein. Zu ihm gehörten Wirtschaftswissenschaftler, Regierungsbeamte und Techniker. Die französiche Delegation blieb personell unterbesetzt und leistete wenig konstruktive Arbeit.

Aber nicht nur die Personalprobleme, sondern auch Meinungsverschiedenheiten über Grundsatzfragen behinderten weiterhin jeden Fortschritt. Weil der Lebensstandard pro Kopf der Bevölkerung berechnet werden mußte, war es unbedingt notwendig, die Einwohnerzahl für ganz Deutschland festzustellen. Doch seit 1939 hatte keine Volkszählung stattgefunden, und sowohl die Zahl der Flüchtlinge aus dem Osten als auch die der im Krieg gefallenen Deutschen ließ sich nur schätzen. Die drei Westmächte glaubten, mit wenigstens 68 Millionen Einwohner im künftigen Deutschland rechnen zu müssen, während die Sowjets zunächst von 62 und dann von 65 Millionen sprachen. Man einigte sich schließlich auf die Zahl von 66,5 Millionen, aber die Sowjets gingen auch weiter unilateral von der 62 Millionen-Basis aus.[59]

Noch schwieriger war es, den Begriff der „industriellen Abrüstung" zu interpretieren. Reine Rüstungsbetriebe mußten natürlich demontiert werden. Doch darüber hinaus war der Begriff der industriellen Abrüstung nicht klar definiert. Nach Auffassung der Vereinigten Staaten und Großbritanniens sollte die Schwerindustrie so weit abgebaut werden, daß Deutschland über keine über den zivilen Bedarf hinausgehenden Kapazitäten mehr verfügte. Aber die Sowjets und die Franzosen wollten auch bestimmte Zweige der Friedensindustrie wesentlich reduzieren. Außerdem sahen es die Sowjets nicht als zwingend an, so viele Betriebe intakt zu lassen, daß in Deutschland ein Lebensstandard erhalten blieb, der dem europäischen Durchschnitt entsprach. Sie behaupteten, jeder Lebensstandard, der unter dem Durchschnitt läge, entspräche den Potsdamer Beschlüssen. Da Deutschland bei der Versorgung mit Lebensmitteln und Rohstoffen weniger autark war als das übrige Europa, brauchte es mehr Industrien, um einen vergleichbaren Lebensstandard aufrecht zu erhalten. Die Sowjets lehnten diese Interpretation ab.[60]

Als Clay aus Washington zurückkehrte, hatte der Ausschuß zur Festsetzung des Industrieniveaus eine große Zahl von Problemen untersucht und über zahlreiche Industriezweige debattiert, man hatte sich aber nur über landwirtschaftliche Maschinen und Geräte, Motorräder, die Papierindustrie und die Waggonfabriken einigen können. Neben zahlreichen anderen Problemen gab es auf einem besonders wichtigen Gebiet grundsätzliche Meinungsverschiedenheiten.[61] Die Sowjets waren entschlossen, die pro Kopf zu berechnende durchschnittliche Produktionskapazität bei der Stahlindustrie nach einer sehr niedrigen Schätzung der Gesamteinwohnerzahl festzulegen. Sie kamen dabei auf eine Stahlproduktion, deren obere Grenze bei 4,6 Millionen Tonnen lag, während Großbritannien, die Vereinigten Staaten und Frankreich jeweils 9,0, 7,8 und 7 Millionen Tonnen vorschlugen. Da man sich über diese Frage weder im Ausschuß noch im Wirtschaftsdirektorium einigen konnte, mußte die dahinterstehende Grundsatzfrage vom Koordinierungsausschuß beantwortet werden.

Im Dezember übernahmen die Amerikaner turnusmäßig den Vorsitz im Kontrollrat. Clay nutzte das aus und berief für den letzten Tag des Jahres eine Sondersitzung ein. Er glaubte, wenn er hier die Produktionskapazität für die Stahlindustrie festsetzen lassen könnte, würden die Entscheidungen für die anderen Industriezweige folgen. Der Koordinierungsausschuß war aufgefordert worden, die Grundsatzfrage am Beispiel der Stahlindustrie zu lösen, aber Clay entschied sich, was für ihn charakteristisch war, für eine andere Taktik.[62] Sein Hauptanliegen war auch weiterhin die Errichtung eines zentralen Verwaltungsapparats, der unter anderem die Aufgabe übernehmen sollte, einen von den vier Mächten genehmigten Export-Import-Plan zu entwerfen. Gegenüber diesem Grundsatzziel schienen die Einzelheiten von Plänen über das Produktionsniveau einzelner Industrien von zweitrangiger

Bedeutung zu sein. Angesichts der gegenwärtigen Stahlproduktion von weniger als 2 Millionen Tonnen hatte es darüber hinaus wenig Sinn, zu viel Zeit und Mühe darauf zu verschwenden, die Vorschläge Großbritanniens und der Sowjetunion aufeinander abzustimmen. Ein kürzlich eingegangenes Papier des Außenministeriums über die amerikanische Haltung in der Reparationsfrage schien schließlich ebenfalls bei den Reparationen zu einem pragmatischen Verfahren aufzufordern. Clay erkannte, daß das Ministerium mit dieser letzten Erklärung einen schmalen Grat beschritten hatte und versuchte, einen schwierigen Balanceakt zu vollführen, denn einerseits verlangte es „die strikte Befolgung der Potsdamer Beschlüsse", andererseits aber stellte das Papier eine unilaterale Interpretation „der Bedeutung Potsdams" dar. Im wesentlichen sagte diese neue Interpretation, daß die Reduzierung des deutschen Industrieniveaus, die Kontrolle der Industriekapazität und der in den Potsdamer Beschlüssen festgelegte Lebensstandard nur mittelfristige Vorhaben waren mit dem Zweck, das bestehende Rüstungspotential auszuschalten und die Reparationsleistungen zu ermöglichen. In der Erklärung des Außenministeriums hieß es: „Nach Auffassung des Außenministeriums soll die Berliner Deklaration nicht ein Absinken des Lebensstandards in Deutschland erzwingen, sondern die Festlegung eines niedrigeren Lebensstandards soll es nur ermöglichen, daß Deutschland die geforderten Reparationsleistungen erbringen kann."[63] Clay schloß daraus, daß es nach den neuen Richtlinien eine einmalige und endgültige drastische Reduzierung des deutschen Industriepotentials geben sollte, um danach die Höhe der Reparationsleistungen zu bestimmen. Anschließend sollte es Deutschland jedoch überlassen bleiben, die Industrie wieder aufzubauen und den Lebensstandard zu heben. Clay hatte von Anfang an den Wert aller Pläne für die Festsetzung des Industrieniveaus bezweifelt, und jetzt bestätigte sich seine Skepsis. Von nun an waren die Reparationsleistungen das wichtigste zu erreichende Ziel, und die Reduzierung des Industrieniveaus war nur eine zeitweilige restriktive Maßnahme. Unter diesen Umständen war er entschlossen, anstatt für einen theoretischen Grundsatz zu kämpfen, zu einer Vereinbarung über die Begrenzungen zu kommen, die der deutschen Stahlindustrie aufzuerlegen waren – und er hätte sich mit fast jeder denkbaren Vereinbarung einverstanden erklärt.

Als er sich mit seinen drei Kollegen in dem düsteren Gerichtssaal zusammensetzte, wo noch ein Jahr zuvor die Verschwörer gegen Hitler vom 20. Juli von dem berüchtigten Volksgerichtshof verurteilt worden waren, hatte Clay seinen taktischen Plan gut vorbereitet. Ohne Rücksicht auf die Frage, die der Koordinierungsausschuß aufgefordert worden war zu behandeln,[64] eröffnete er die Sitzung mit der simplen Erklärung, jetzt werde die Höhe der Stahlproduktion festgelegt werden. Kaum einer der Anwesenden hielt das für möglich, denn zwischen den höchsten und niedrigsten Vorschlägen klaffte eine Lücke von fast 100 Prozent, und sie war zu groß, als daß man mit einem Kompromiß hätte rechnen können. Auch bei den anderen Industriezweigen würde es ähnlich sein. Sir Brian Robertson – er war nicht nur der Vertreter des Britischen Empire, er war das Britische Empire, wie einige Amerikaner scharfzüngig bemerkten – legte sofort seinen Einspruch ein. Dieser hochbegabte Offizier, der auf eine erfolgreiche Laufbahn in der Armee und in der internationalen Geschäftswelt zurückblicken konnte, erkannte sofort, worauf sein amerikanischer Kollege hinaus wollte. Er sagte, er sei nicht damit einverstanden, daß Clay das Problem auf den Kopf stelle. Er verlangte, daß das Grundsätzliche zuerst erledigt werde, während man sich erst danach über die Zahlen einigen könne. Aber Clay wußte den Vorteil auszunutzen, der sich ihm als Vorsitzenden bot, und legte zwei Fragen auf den Tisch: Welche Produktionsziffern für die Stahlindustrie sollten genehmigt werden, und welche Industriekapazität sollte den Deutschen bleiben? Zunächst klang das so, als seien es nur zwei Aspekte einer einzigen Frage, und alle Teilnehmer vertraten denselben Standpunkt, den sie auch schon im Ausschuß für die Festsetzung des Industrieniveaus eingenommen hatten.

Doch Clay wiederholte seine Doppelfrage, auf die seine Kollegen nicht vorbereitet waren. Die Vorstellung, daß sie zwei Fragen beantworten mußten und nicht eine, brachte sie so sehr aus dem Gleichgewicht, daß Clay als Vorsitzender die Initiative in der Hand behalten konnte. Er bemühte sich nach Kräften, zu einer Vereinbarung zu kommen, ohne sich auf die bisher von den Amerikanern vertretene Ziffer von 7,8 Millionen Tonnen zu versteifen. Wenn die Sowjets, die auf jeden Fall ein niedrigeres Produktionsniveau durchsetzen wollten, ihren Standpunkt verteidigten, sprach Clay über das Produktionsniveau. Wenn die Briten, die mit gleicher Entschlossenheit für eine doppelt so große Ziffer kämpften, ihre Haltung zu rechtfertigen suchten, sprach Clay über die Kapazität der Stahlindustrie. Dann versuchte er, zu einem möglichst einfachen Kompromiß zu kommen. Er schlug vor, die in den vier Vorschlägen genannten Zahlen zu addieren und die Summe durch Vier zu teilen.

Sokolowskij beharrte auf seinem Standpunkt und wollte sich nicht darauf einlassen. Er sagte, der Stahlverbrauch in Deutschland sollte auf den durchschnittlichen Pro-Kopf-Verbrauch in den anderen europäischen Ländern (ausschließlich der Sowjetunion) reduziert werden. Das wären insgesamt 4,6 Millionen Tonnen, er wäre jedoch bereit, zusätzlich das für den Export benötigte Material zu berücksichtigen.[65]

General Koeltz wies darauf hin, daß sich die sowjetische Zahl auf eine deutsche Bevölkerung von 62 Millionen gründen müßte, während der Ausschuß erst kürzlich eine geschätzte Bevölkerungszahl von 65.285.000 akzeptiert habe. Außerdem sei der Plan für die Umsiedlung von 6.650.000 Deutschen aus dem Ausland nach Deutschland gebilligt worden. Daraufhin erklärte sich der sowjetische Vertreter bereit, bei seiner Berechnung von einer Bevölkerungszahl von 65 Millionen auszugehen, was eine Erhöhung der Produktionsziffern um etwa 5 Prozent bedeutete. Clay widersetzte sich der sowjetischen Methode, machte jedoch das Angebot, sich mit 5,5 Millionen Tonnen für die Stahlproduktion zu begnügen.

Robertson seinerseits machte zwei Vorschläge: Erstens sollten die Produktionsziffern jährlich überprüft werden, und zweitens sollte Deutschland eine Produktionskapazität für 9 Millionen Tonnen erhalten bleiben. Die Sowjets gingen weder auf die Produktionsziffer von 5,5 Millionen noch auf die Produktionskapazität von 9 Millionen Tonnen ein. Aber jetzt hatte jeder begriffen, daß die beiden Konzepte technisch nichts miteinander zu tun hatten. Don Humphrey, der an der Sitzung teilnahm, erklärte: "Das Protokoll vermittelt nicht den richtigen Eindruck von der Subtilität, mit der Clay die beiden Konzepte verwendet hat, und es verdeutlicht auch nicht die Aggressivität, mit der er auf eine Entscheidung drängte."[66]

Dann erinnerte Clay seine Kollegen an den Prestigeverlust, den es für sie bedeutete, wenn sie die Lösung des Problems den Diplomaten überlassen müßten, und versuchte, einen neuen Kompromiß zu finden. Dabei verwendete er wieder beide Konzepte. Die Jahresproduktion sollte auf 6 Millionen Tonnen und die Produktionskapazität auf 7,5 Millionen Tonnen beschränkt werden. Die Franzosen erklärten sich einverstanden. Die Briten lehnten den Vorschlag zwar nicht ab, verlangten aber eine Produktionskapazität von 8 Millionen Tonnen. Sokolowskij lehnte die Produktionskapazität von 7,5 Millionen Tonnen strikt ab, zögerte aber bei seiner Stellungnahme zu der Produktionsziffer von 6 Millionen Tonnen einen Augenblick zu lange. Clay bemerkte das sofort und erklärte kategorisch, die Regierung der Vereinigten Staaten würde sich niemals mit weniger als einer Produktionsziffer von 6 Millionen Tonnen zufrieden geben, aber auch nicht einer Produktionskapazität von 8 Millionen Tonnen zustimmen. Jetzt war man aus der Sackgasse heraus und hatte sich einem Kompromiß genähert. Es war der Silvesterabend, und Clay vertagte die Sitzung.

Auf der nächsten Sitzung erklärten sich die Sowjets mit einer Jahresproduktion von 5,8 und einer Kapazität von 6,5 Millionen Tonnen einverstanden. Clay sagte, er werde einer Jahresproduktion von 5,8 Millionen Tonnen zustimmen, wenn die Sowjets eine Kapazität von 7 Millionen Tonnen akzeptierten. Die Franzosen waren einverstanden, und auch die Sowjets hatten nichts mehr dagegen einzuwenden. Aber die Briten verlangten immer noch eine Produktionskapazität von 7,5 Millionen Tonnen. Sokolowskij war schließlich bereit, 7,2 Millionen Tonnen zuzugestehen, aber es dauerte 3 Tage, bis er auf der nächsten Sitzung des Kontrollrats auch die letzten 300.000 Tonnen geschluckt hatte. So war es im Hinblick auf die Stahlindustrie zu einer Entscheidung gekommen, an die viele Beobachter niemals geglaubt hätten. Don Humphrey schreibt dazu: "Die Produktionsziffer von 5,8 Millionen Tonnen war der sowjetischen Hartnäckigkeit zu verdanken, die Produktionskapazität von 7,5 Millionen Tonnen war das Ergebnis der britischen Hartnäckigkeit, und der Beschluß kam als Folge der Hartnäckigkeit von Clay zustande." Clay hatte die Grundsatzfrage über Bord geworfen und dafür gekämpft, daß man sich auf bestimmte Zahlen einigte, weil er glaubte, eine Vereinbarung über die Schlüsselindustrie werde das Tor zu weiteren Fortschritten öffnen.

Die wirkliche Bedeutung der Entscheidung über den Stahl lag natürlich darin, daß sie deutlich zeigte, welche Strategie Clay im Kontrollrat verfolgte. „Bei den Stahlverhandlungen hat er Sokolowskij praktisch gesagt, es käme ihm nicht auf Grundsätze oder technische Einzelheiten an, sondern auf eine Vereinbarung, zu der er auch die Briten drängen werde. Damals hofierte er einerseits zwar noch die Russen, war andererseits aber auch entschlossen, keine Verzögerung mehr hinzunehmen."[67] Nachdem man sich über die Frage der Industriekapazität geeinigt hatte, wollte er sich sofort der Wiedervereinigung Deutschlands zuwenden.

Der stellvertretende Militärgouverneur wollte gerade einen Jahresbericht darüber verfassen, wie weit er bei der Erledigung seines Auftrags vorangekommen war, als das Kriegsministerium ihn aufforderte, zu einer Neufassung der Direktive JCS 1067 Stellung zu nehmen, die Byron Price dem Präsidenten vorgeschlagen hatte. Clay hatte zu dieser Zeit schon erkannt, daß die Direktive nicht die eigentliche Ursache für seine Schwierigkeiten war. Ihre restriktivsten wirtschaftlichen Bestimmungen waren durch die Potsdamer Beschlüsse aufgehoben worden, die eine ausgewogene und sich selbst erhaltende deutsche Wirtschaft verlangten. Mit der Klausel über Krankheiten und Unruhen und dem Erfordernis, für Export zu produzieren, hatte er genügend Ellbogenfreiheit, besonders solange die Produktionsziffern weit unter allen vertretbaren Beschränkungen lagen. Im übrigen würde es nach der neuen Interpretation der Potsdamer Beschlüsse durch Washington keine dauernden Beschränkungen für die Wirtschaft oder den Lebensstandard in Deutschland geben. In einem Gespräch mit Don McLean[68] erklärte Clay zufrieden: „Ich komme recht gut voran und haben keine neuen Vorschläge." In seinem Zwischenbericht schrieb er: „Im großen und ganzen hat sich die durch die Potsdamer Beschlüsse modifizierte Direktive JCS 1067 bewährt. Ich wüßte nicht, wie wir unsere Militärregierung ohne JCS 1067 hätten einrichten sollen." Er wies trotzdem seinen Stabschef an, die Abteilungsleiter zu fragen und ihre Vorschläge dem Pentagon vorzulegen. Aber auch sie hatten keine wesentlichen Änderungen vorzuschlagen.[69]

Der General verlangte nicht, daß das Entnazifizierungsprogramm abgemildert werden sollte, denn er wußte, daß die öffentliche Meinung das noch nicht zulassen würde. Im übrigen wollte er die Durchführung der Entnazifizierung den deutschen Behörden übertragen und rechnete damit, daß damit manches Problem gelöst werden würde.

Seit Inkrafttreten des Militärregierungsgesetzes Nr. 8 hatte es zahlreiche Beschwerden amerikanischer und deutscher Dienststellen gegeben. Offensichtlich wurde häufig gegen dieses Gesetz verstoßen, denn es war übereilt entworfen und in Kraft gesetzt worden. Dazu fehlten die Handhaben, die Einhaltung des Gesetzes zu erzwingen.[70] In dem bisher angewendeten Verfahren wurden darüber hinaus nur Fälle behandelt, in denen es sich um Parteimitglieder handelte, die öffentliche oder private Ämter bekleidet hatten. Weder die Eigentümer von Unternehmen noch aktive Nazis, die sich im Dritten Reich ein großes Vermögen erworben hatten, oder Personen, die keine Parteimitglieder gewesen waren, aber den Nationalsozialismus aktiv unterstützt hatten, waren von dem Gesetz erfaßt. Ebenso folgenschwer war die Gesetzeslücke, die es zuließ, daß Nationalsozialisten in leitenden Positionen von der gleichen Firma in unteren Stellungen beschäftigt wurden. Der Berater von Clay, Dr. Walter Dorn, hat einmal gesagt, das Gesetz Nr. 8 hätte nur bewirkt, daß unter Briefen diverser Firmen neue Unterschriften standen und sich das Büropersonal zum großen Teil aus besonders tüchtigen Fachleuten zusammensetzte. Die Maßnahmen der Militärregierung erschienen den Deutschen daher willkürlich und inkonsequent, und diese Praktiken mißfielen auch denjenigen, die der Entnazifizierung grundsätzlich zustimmten. In einem Inspektionsbericht aus Bayern hieß es: „Alle deutschen Beamten und alle Offiziere der Militärregierung, mit denen wir gesprochen haben, waren übereinstimmend der Auffassung, daß das Gesetz Nr. 8 in seiner gegenwärtigen Form und so, wie es angewendet wird, das erklärte Ziel nicht erreicht hat und auch nicht erreichen kann."[71]

Offensichtlich mußte sich hier etwas ändern. Einige Dienststellen hatten vorgeschlagen, man sollte den von dem Gesetz betroffenen und entlassenen Personen nicht nur verbieten, eine Position in der gleichen Firma zu bekleiden, sondern dieses Verbot auch auf den ganzen Geschäfts- oder Industriezweig ausdehnen.[72] Von deutscher Seite wurde dagegen vorgeschlagen, man sollte das automatische Kriterium der Parteimitgliedschaft aufgeben und statt dessen gründlich und realistisch untersuchen, welche Rolle der einzelne im Dritten Reich gespielt hatte.[73]

Nachdem der General zunächst unter dem Druck der öffentlichen Meinung übereilt vorgegangen war, entschloß er sich jetzt zu einem besser geplanten Verfahren. Er forderte die Justizminister der Länder in der amerikanischen Zone auf, Vorschläge für ein neues Entnazifizierungsgesetz zu machen. Ähnliche Anweisungen gingen an einen neu gebildeten Ausschuß für die Entnazifizierung unter dem Vorsitz von Richter Fahy, der sich aus mehreren Abteilungsleitern der Militärregierung zusammensetzte. Bis zum Januar 1946 sollte der neue Gesetzesentwurf vorliegen, mit dem den Deutschen die Verantwortung für die Entnazifizierung übertragen wurde.

Wie Clay auch erwähnte, würden Modifizierungen der Direktive JCS 1067 nichts daran ändern, daß seine größten Schwierigkeiten von der Opposition in der alliierten Kontrollbehörde kamen. „Veränderungen in unseren Direktiven sind jetzt nicht so wichtig wie die Errichtung eines zentralen Verwaltungsapparats", schrieb er an Hilldring. „Das ist das eigentliche Hindernis für weitere Fortschritte."[74] Er war fest entschlossen, sobald wie möglich die Entscheidung zu erzwingen. Wenn die vier Besatzungszonen nicht vereinigt werden konnten, mußte man nach einem anderen Ausweg suchen.

Die beste Lösung wäre der wirtschaftliche Zusammenschluß der amerikanischen und der britischen Besatzungszone, besonders weil die Wirtschaftsexperten glaubten, auf diese Weise ließe sich innerhalb von drei bis vier Jahren ein wirtschaftlich autarkes Gebiet schaffen. Bis dahin würde man jährlich Zuschüsse in Höhe von 250 bis 300 Millionen Dollar brauchen. Doch wenn man dem Kongreß nachweisen könnte, daß es sich hier nur um befristete Ausgaben handelte, würde er vielleicht bereit sein, diese Mittel zu genehmigen.

5. Kapitel

Ein General bestimmt die Außenpolitik

Das von Efeu bewachsene Haus in dem zum großen Teil von Bomben verschonten Dahlem, die Berliner Residenz von Clay, war bequem und im Vergleich mit den luxeriösen Villen, in denen die anderen Militärgouverneure untergebracht worden waren, bescheiden. Es war vor dem Ersten Weltkrieg im Stil eines englischen Landhauses für eine Engländerin, die im Stadtzentrum wohnte, gebaut worden und lag auf einem von Pappeln und Buchen umrahmten großen Grundstück. Als das Haus 1939 den Besitzer gewechselt hatte, war Dahlem zu einem eleganten Vorort Berlins geworden. Der neue Besitzer, ein einflußreicher deutscher Geschäftsmann, hatte wie viele seinesgleichen die Partei stillschweigend unterstützt, ohne selbst Parteimitglied zu werden. Als Clay das Haus bezog, waren die Bücherregale angefüllt mit nationalsozialistischer Literatur, und er fand zahlreiche Fotografien von den im Haus gegebenen Gesellschaften, auf denen die meisten Teilnehmer – außer dem Gastgeber – Parteiuniformen trugen.[1] Das Speisezimmer und die beiden Aufenthaltsräume im Erdgeschoß eigneten sich für gesellschaftliche Veranstaltungen im bescheidenen Rahmen. Im zweiten Obergeschoß gab es zwei Gästezimmer, in denen auswärtige Freunde und Bekannte untergebracht werden konnten. Der General beschloß, seine größeren Empfänge in dem nahegelegenen Harnack-Haus oder im Gästehaus am Wannsee zu veranstalten, wo auch offizielle Gäste untergebracht werden konnten.

Seit Kriegsbeginn hatte es sich Clay zur Gewohnheit gemacht, 7 Tage in der Woche und täglich 11 bis 12 Stunden zu arbeiten. Zum Abendessen ging er am liebsten nach Hause, um sich anschließend bei einem Drink und einem zwanglosen Gespräch zu entspannen. In Vauxcusson und Hoechst hatte er die Unterbringung mit Draper und Bowie geteilt, aber es störte ihn, daß Draper beim Essen und auch anschließend fast nur über dienstliche Angelegenheiten sprach. Als sein Hauptquartier im August nach Berlin verlegt wurde, beschloß er, so lange allein zu leben, bis seine Frau nachkommen konnte.[2] Aber seine engeren Mitarbeiter hielten es nicht für gut, daß er abends zu viel allein war, und warteten mit der gleichen Ungeduld wie er auf das Eintreffen von Frau Clay. Nachdem er den ganzen Tag in seinem Büro zugebracht hatte, nahm er das Abendessen allein ein, und nur sein geliebter Scotchterrier George leistete ihm dabei Gesellschaft. Sein persönlicher Stab machte sich außerdem Sorgen darum, daß der General so wenig auf seine Gesundheit achtete und sich weigerte, einen Arzt zu konsultieren, obwohl das offensichtlich notwendig gewesen wäre.[3]

Das Hauptquartier der amerikanischen Streitkräfte in Frankfurt und das Pentagon hatten monatelang darüber debattiert, ob man es erlauben sollte, daß die Familienangehörigen der in Deutschland stationierten Soldaten nachkämen. Clay hatte sich dafür eingesetzt, weil er glaubte, damit werde sich das Leben bei den amerikanischen Besatzungsstreitkräften normalisieren.[4] Außerdem wäre es eine Bestätigung dafür, daß die Vereinigten Staaten wirklich beabsichtigten, eine lange Zeit in Deutschland zu bleiben. Schließlich glaubte er auch, daß es schwierig sein würde, qualifiziertes Personal zu finden, das bereit war, viele Jahre getrennt von den Familienangehörigen in Deutschland zuzubringen. Aber die Sorge um die Sicherheit der Frauen und Kinder verzögerte die positive Entscheidung dieser Frage bis zum Frühjahr 1946. Bis dahin wurden auch in Einzelfällen keine Ausnahmegenehmigungen erteilt. Als Frau Clay und Frau Hugh Casey um die Erlaubnis nachsuchten, zur Hochzeit ihrer Kinder Frank und Patricia nach Frankfurt zu kommen, wurde ihr Gesuch abgelehnt.[5] So konnten sie an den Feierlichkeiten nicht teilnehmen und erlebten auch nicht eine der letzten gesellschaftlichen Veranstaltungen, bei der die freundschaftlichen Beziehungen zwischen Amerikanern und Russen deutlich zum Ausdruck kamen. General Casey und Marschall Sokolowksij blieben mit einer Gruppe verbündeter Offiziere nach dem offiziellen Empfang noch bis in die frühen Morgenstunden zusammen, tranken und sangen amerikanische und russische Soldatenlieder.[6]

Als schließlich an einem Abend im April 1946 der erste Zug mit Familienangehörigen aus Bremerhaven auf dem Bahnhof Wannsee einlief und eine amerikanische Militärkapelle sie mit einer beliebten Melodie empfing, stand auch der stellvertretende Militärgouverneur unter den Soldaten auf dem Bahnsteig, die ihre Ehefrauen in Empfang nehmen wollten. Viele von ihnen hatten ihre Familienangehörigen seit einigen Jahren nicht mehr gesehen, und so floß bei dieser Gelegenheit manche Freudenträne. Aber die Wiedersehensfreude von Marjorie Clay wurde durch die Sorge um die Gesundheit ihres Mannes gedämpft. Die Anstrengungen und Enttäuschungen eines Jahres hatten ihre Spuren hinterlassen. Sie fand, daß er abgemagert war und recht abgearbeitet aussah.[7] Als sie am nächsten Tag auf einer Fahrt durch die zerbombte Stadt die blassen und verdrossen aussehenden Männer und Frauen und abgemagerten Kinder auf den Straßen sah, war sie erschüttert. Wenn sie in Deutschland bleiben mußte, dann wollte sie ein Hilfsprogramm für die deutschen Kinder in der ganzen amerikanischen Besatzungszone ins Leben rufen.[8]

Clay hatte sich nicht nach dem Posten bei der Militärregierung gedrängt, aber solange der Krieg dauerte, hatte er keine andere Wahl. Das änderte sich mit der Kapitulation Japans und der letzten Gelegenheit, ein Frontkommando zu bekommen. Jedenfalls glaubte er das. (Erst 1950, als Süd-Korea nach seiner Pensionierung um die er sich so lange bemüht hatte, angegriffen wurde, mußte er mit Bedauern erkennen, daß er die geschichtliche Entwicklung falsch beurteilt hatte.) Wenige waren sich der Tatsache bewußt, daß nur seine Pflichttreue den General veranlaßt hatte, nach der Kapitulation Japans in Deutschland zu bleiben. Zunächst hatte er angenommen, daß seine Aufgabe in Deutschland bald zu Ende gehen würde, weil die Verwaltung schon nach wenigen Monaten von Zivilisten übernommen werden würde.[9] Aber seine Gespräche in Washington und Eisenhower's Rückkehr in die Vereinigten Staaten veranlaßten ihn, die Aussichten für seine Arbeit zu überprüfen. Unter Eisenhower hatte er praktisch freie Hand gehabt. „Er überließ mir praktisch die ganze Verantwortung, solange ich ihn auf dem laufenden hielt", erwähnte Clay später. „Politisch zogen wir am gleichen Strang."[10] Unter dem neuen Oberbefehlshaber, General Joseph McNarney, würde sich wahrscheinlich manches ändern. Wenigstens deutete vieles darauf hin. Der neue Militärgouverneur zeigte nur geringes Interesse für die Deutschland betreffenden Fragen, verlangte aber „die volle Anerkennung als Vorgesetzter".[11]

Es gab aber auch noch andere Überlegungen. Die Stellung von Clay verlangte große finanzielle Opfer. Seine Repräsentationspflichten verschlangen einen großen Teil seines Jahresgehalts von 12 000 Dollar. So wäre es viel günstiger für ihn gewesen, sich pensionieren zu lassen und einen lukrativen Posten in der Privatwirtschaft anzunehmen. Marjorie war in einem wohlhabenden Elternhaus aufgewachsen, und jetzt hielt er die Zeit für gekommen, ihr den Luxus zu bieten, an den sie gewohnt gewesen war. Da das Außenministerium demnächst die Aufgaben der Besatzungsarmee übernehmen sollte, beschloß er jedoch, diese Entwicklung abzuwarten und festzustellen, wie sich die Umstellung auswirken würde. Aber solange über seine eigene Zukunft noch nicht entschieden war, wollte er auf einen persönlichen Adjudanten verzichten. Bill Livingston, der diesen Posten seit Versailles innegehabt hatte, war ins Zivilleben zurückgekehrt. Bevor Clay im November nach Washington flog, hatte er die Stelle dem Major Charles O'Connor versprochen, der damals dem Geheimdienst für Industrie und Technik (FIAT) in Frankfurt zugeteilt war, aber nach seiner Rückkehr aus Washington sagte er ihm, er habe sich anders entschieden. Er wisse nicht, wie lange er in Berlin bleiben werde, und wollte daher jetzt keine personellen Umbesetzungen vornehmen.[12]

Ein scharfsichtiger amerikanischer Korrespondent beurteilte die Auffassung des Generals von seiner Mission wie folgt:[13] „Schon als junger Leutnant war er ein tüchtiger Bauingenieur, der auch außerhalb der Armee seinen Mann gestanden hätte. Mit den Jahren hat er sein Wissen wesentlich erweitert und die Qualifikation für die verschiedensten Zivilberufe erworben. Seine beiden Söhne sind jetzt selbst Offiziere, seine Frau verfügt über ein bescheidenes eigenes Einkommen, und er selbst ist inzwischen pensionsberechtigt. Bewußt oder unbewußt muß das Gefühl persönlicher Unabhängigkeit zum Teil dafür verantwortlich sein, daß er bei seiner Arbeit immer bereit ist, in einem außergewöhnlichen Ausmaß die Initiative zu ergreifen." Zum Teil lag das in der Tat an den persönlichen Verhältnissen, aber auch der ständige Mangel an klaren politischen Richtlinien und diplomatischer Unterstützung durch die amerikanische Regierung zwangen Clay, selbständig zu handeln.

In den letzten Monaten des Jahres 1945 hatte er eine Reihe von Enttäuschungen erlebt, und sie setzten sich im neuen Jahr fort. Besonders unangenehm waren für ihn das Fehlen qualifizierten Personals und die häufigen administrativen Konflikte mit Washington. Die wichtigsten Berater von Clay wie William Draper, Don Humphrey, Joseph Dodge und Edward Litchfield leisteten hervorragende Arbeit; andere genügten den gestellten Ansprüchen; aber die Leistungen von vielen ließen sehr zu wünschen übrig.[14] „Das Leistungsniveau der Fachleute, die uns zugeteilt werden, sinkt ab", schrieb Clay an Hilldring.[15] „Das ist ein schwieriges Problem, aber die Beamten, die diese Leute anwerben, messen ihren Erfolg an der Zahl der Männer, die sie bekommen. Ich würde hier jedoch lieber mit der Hälfte des Personals arbeiten, wenn es gute Leute sind, als die Fehlstellen mit ungeeigneten Männern auszufüllen." Um einige wichtige Leute bei der Stange zu halten, versprach ihnen Clay auf eigene Verantwortung, daß sie 2 Jahre an ihren jeweiligen Posten bleiben dürften, aber man hätte langfristigere Verträge abschließen müssen, um wirklich erstklassige Verwaltungsleute für diese Arbeit zu interessieren. Viele tüchtige Männer kehrten deshalb in die Vereinigten Staaten zurück, und Washington schien nicht in der Lage zu sein, Ersatz für sie zu finden.

Ein Teil der Schwierigkeiten lag aber auch in Clays Persönlichkeit. Man hatte schon beim Bau des Denison-Damms in Texas festgestellt, daß er ein Einzelgänger war. Jim Stratton, der damals als Stellvertreter Clays für die technische Seite des Unternehmens verantwortlich gewesen war, stellte fest, daß er „nur ein Anhängsel des Stabes" gewesen war, „ohne bestimmte Pflichten und Aufgaben. Ich hatte keine Stellung und keine Verantwortung, aber die Bauingenieure bewunderten Clay, weil er klar denken und alle schwierigen Probleme selbst lösen konnte. Sie waren auf ihre Art Techniker und konnten die technischen Aufgaben übernehmen. Er hatte ganz bestimmte Vorstellungen und wies sie an, an der Verwirklichung dieser Ideen zu arbeiten". Auch viele Mitarbeiter Clays bei OMGUS hatten den Eindruck, daß der General die Fachleute nicht richtig einsetzte und oft die Dinge selbst in die Hand nahm, ohne sich mit ihnen zu beraten.[16] „Clay hatte nicht die Gabe, die Erkenntnisse und die Klugheit anderer für sich zu verwenden. Die Armee lehrt, daß der bedeutende militärische Führer auch ein guter Untergebener sein muß", meinte Don Humphrey und sagte, „der General hat die ihm zur Verfügung stehenden talentierten Leute nicht so eingesetzt, daß sie ihre Fähigkeiten voll ausnutzen konnten."[17] Robert Bowie berichtet, daß Clay seine Untergebenen oft eingeschüchtert hat. Und ein anderer Angehöriger seines Stabes berichtet: „Er trifft seine Entscheidungen ganz allein und läßt sich dabei von dem geradezu mystischen Glauben leiten, nur er denke wirklich im nationalen Interesse." Einige Offiziere bei OMGUS meinten, „Clay brauchte keinen Stab, sondern nur Gehilfen". Aber andere waren beeindruckt von den Detailkenntnissen des Generals. Im amerikanischen Presseklub an der Sven Hedin Allee hörte man immer wieder die Meinung: „Ich möchte den Abteilungschef sehen, der über die Details in seiner Abteilung mehr weiß als Clay."

Die politische Abteilung unter Robert Murphy bestand aus Berufsbeamten des Außenministeriums und hatte nicht mit solchen Personalproblemen zu kämpfen. Hier kam es jedoch zu ernsten Friktionen, weil die politische Abteilung ihre Berichte an das Außenministerium mit einem eigenen Code verschlüsselte. Für Clay war es undenkbar, daß verschiedene Regierungsbehörden in der amerikanischen Besatzungszone unabhängig voneinander arbeiteten, und nach seiner Auffassung mußte es für alle Kommunikationen zwischen den Vereinigten Staaten und diesem Gebiet die gleiche Nachrichtenverbindung geben. Sein Verlangen, diesen Grundsatz zu beachten, führte immer wieder zu Konflikten mit der Bürokratie in Washington. Der General war es gewohnt, sich in solchen Fragen durchzusetzen, auch wenn er es eines Tages mit einem so mächtigen Gegner wie Averell Harriman zu tun hatte. Doch gegenüber dem Außenministerium gab er schließlich nach. Als Murphy drohte, sein Büro in Berlin zu schließen, wenn er auf seinen Sondercode verzichten müßte, folgte Clay seiner politischen Einsicht und akzeptierte einen Kompromiß.[18] Danach sollte die Sonderverbindung über das Außenministerium nur für Informationen verwendet werden, während alle Anweisungen und die Reaktionen darauf auf dem Dienstweg über das Kriegsministerium an OMGUS übermittelt wurden.[19]

Aber im Dezember 1945 lehnte Clay ein Ersuchen des Handelsministeriums ab, eine Gruppe von Sonderbeauftragten nach Deutschland zu schikken, die hier eine selbständige technische Überprüfung der deutschen Industrie vornehmen sollten. Er erinnerte das Kriegsministerium daran, daß diese Aufgabe dem Geheimdienst für Industrie und Technik (FIAT) übertragen worden war, einer Organisation, die vor wenigen Monaten unter Oberst Ralph Osborne, mit dem er schon im Pentagon zusammengearbeitet hatte, geschaffen worden war. Clay sagte Hilldring, er wünsche nicht, daß irgendeine andere Behörde ihre Berichte direkt nach Washington schickte und sich mit Angelegenheiten befaßte, für die er letzten Endes verantwortlich sei. In diesem Sinne sprach Clay auch mit Hilldring.[20] Er sagte, wenn das Handelsministerium es wünschte, dann könnten seine Vertreter mit FIAT zusammenarbeiten. Die Lösung war ein gemeinsames Unternehmen mit dem Hauptquartier in Hoechst und später in Karlsruhe, bei dem zwei Jahre lang systematisch technische, industrielle und wirtschaftliche Informationen gesammelt wurden.

Clay hatte FIAT mit gemischten Gefühlen eingerichtet. Er mußte ständig an die Gefahr denken, daß sich Abenteurer und Schwindler dabei illegal bereicherten; eine Sorge. die auch durch die Erinnerung an die Erzählungen seiner Großmutter von ihrem Leben auf der ausgeplünderten Farm nach dem Bürgerkrieg wachgehalten wurde. Es war jedoch nicht immer einfach, zwischen den legitimen Vorrechten des Siegers und den Aktivitäten privater Profitmacher zu unterscheiden. Um die Übersicht zu behalten, hatte der General die Leitung von FIAT zunächst nach Berlin verlegen wollen und gab erst nach, als Osborne ihm erläuterte, welche administrativen Komplikationen sich dabei ergeben würden. ,,Nun gut", sagte er, ,,ich bin einverstanden, aber ich verlange, daß Sie mir jede Woche persönlich Bericht erstatten."[21] Der stellvertretende Militärgouverneur beschnitt außerdem die Handlungsfreiheit von FIAT in mancher Hinsicht. Dokumente und anderes Material, die dem deutschen Industrieunternehmen gehörten, durften nicht aus deren Büros entfernt werden, sondern alle Schriftstücke mußten an Ort und Stelle auf Mikrofilm aufgenommen werden, damit sie gegebenenfalls der Öffentlichkeit zur Verfügung stünden. Darüber hinaus sollten, um den sowjetischen Verbündeten den guten Willen der Vereinigten Staaten zu demonstrieren, Kopien von allen Filmen, die dem Berliner Patentamt entnommen waren, Marschall Sokolowskij übergeben werden. Im ersten Jahr der Besatzung gelang es Clay sogar, in beschränktem Ausmaß einen Informationsaustausch über die bei sowjetischen und amerikanischen Untersuchungen gewonnenen Erkenntnisse zu arrangieren. Im Herbst 1945 hatte FIAT eine Anzahl von Anfragen an die sowjetischen Behörden in Karlshorst gerichtet und um die Genehmigung dafür gebeten, daß amerikanische Untersuchungsbeamte bestimmte in der russischen Besatzungszone gelegene Industrieanlagen besuchten. Aber die Russen lehnten alle diese Ersuchen ab. Später lud FIAT auf Anregung von Clay ein aus sowjetischen technischen Experten bestehendes Team ein, ein I. G. Farbenwerk in der Nähe von Frankfurt zu besuchen. Diese Einladung wurde monatelang nicht beantwortet. Doch plötzlich erschien um die Weihnachtszeit ein sowjetischer General in Begleitung einer Gruppe technischer Experten unangemeldet bei FIAT. Seinen Anweisungen folgend verweigerte der Vertreter von Osborne, Jack Boyle, den Russen den Zutritt zu der Fabrik. Er sagte: ,,Es tut mir leid, aber ich kann nichts daran ändern. Wir haben Sie wiederholt darum gebeten, unseren Teams solche Inspektionen zu gestatten, und Sie haben das jedesmal abgelehnt." Aber der russische Offizier wollte sich nicht abweisen lassen. Als er schließlich erkannte, daß die Amerikaner sich nicht erweichen ließen, holte er aus einem Stiefelschaft die schriftlichen Anträge von FIAT – sie trugen alle den Stempel ,,Genehmigt".[22]

Als im Lauf der Zeit der Wiederaufbau der westdeutschen Wirtschaft zu einer der wichtigsten Aufgaben der amerikanischen Militärregierung wurde, hatte Clay Zweifel daran, ob es noch einen Sinn hatte, FIAT weiterarbeiten zu lassen. Diese Dienststelle verschaffte sich in Deutschland alle nur denkbaren Informationen über das Wirtschaftsgefüge und die neuesten wissenschaftlichen und technischen Erkenntnisse. Obwohl diese Informationen zum größten Teil der Öffentlichkeit zur Verfügung gestellt wurden, wußte Clay, daß sie angesichts der industriellen Überlegenheit Amerikas für die

4. München 1946, Neuhauser Straße. Der Wiederaufbau beginnt. Deutsche Frauen behauen Ziegelsteine, mit denen beschädigte Häuser repariert werden sollen.

Vereinigten Staaten wertvoller waren als für andere. Er war sich auch der Tatsache bewußt, daß die Vereinigten Stabschefs systematisch die Informationen ausschieden, die sie nicht an die amerikanische Industrie oder an andere Länder mit Ausnahme der britischen Regierung weitergeben wollten.[23] So blieb es seinem klaren und unbestechlichen Verstand nicht verborgen, daß die Hauptaufgabe von FIAT darin bestand, für die Vereinigten Staaten versteckte Reparationen einzutreiben.[24] Im Oktober 1946 schrieb er an den Nachfolger von Hilldring, General Echols: ,,Wenn wir uns diese Informationen verschaffen, ohne sie in Rechnung zu stellen, dann entspricht das nach meiner Auffassung dem Vorgehen der Sowjets, die sich aus der laufenden Produktion bedienen."[25] Wenn die Franzosen Fabrikationsanlagen demontierten, die nicht als Reparationsleistungen angerechnet wurden, dann gehört das, wie er sagte, in die gleiche Kategorie. Deshalb sollten solche Entnahmen in Rechnung gestellt werden, und zwar, wie er vorschlug, ,,nicht um bezahlt, sondern um in die Schlußabrechnung der Reparationsleistungen aufgenommen zu werden". In der Antwort des Kriegsministeriums hieß es, es sei nicht möglich, den Wert des von FIAT beschafften Materials zu bestimmen, weil niemand wisse, wie es verwendet werden würde. Da Washington in dieser Frage nichts unternahm, legte Clay seinen Vorschlag im Januar 1947 noch einmal General Noce vor, der Echols als Leiter der Abteilung für zivile Angelegenheiten im Kriegsministerium abgelöst hatte.[26] Als wieder nichts geschah, glaubte Clay, die Interessen der deutschen Wirtschaft auf andere Weise schützen zu müssen, und schlug vor, die Untersuchungen von FIAT am 31. März 1947 zu beenden.[27] Das Handelsministerium protestierte, aber inzwischen wußte der General, wie er sich durchsetzen konnte. Er meldete dem Kriegsministerium, daß er entsprechend verfahren werde, wenn er keinen Gegenbefehl erhielte. Da Entscheidungen, die Befehle der Kommandeure im Feld widerriefen, im Pentagon nur äußerst selten getroffen wurden, verlief alles nach Plan, und FIAT stellte seine Arbeit im Hochsommer 1947 ein.

Während seines ganzen Aufenthalts in Deutschland hat Clay die Gefahren der illegalen Ausbeutung niemals aus dem Auge verloren. Ohne sich dadurch beirren zu lassen, daß er immer wieder vom Außenministerium und vom Kriegsministerium unter Druck gesetzt wurde, sorgte er dafür, daß keine ausländischen Käufer nach Deutschland hereingelassen wurden, bevor es möglich war, die wirtschaftlichen und finanziellen Interessen der Deutschen wirksam zu schützen. Selbst der Anschein, daß die Militärregierung versuchte, Deutschland auszubeuten, mußte vermieden werden. Als darüber gesprochen wurde, erbeutete Kunstschätze in die Vereinigten Staaten zu bringen, um sie dort vorläufig in Verwahrung zu nehmen, verlangte der General, daß die Vereinigten Staaten offiziell erklärten, dies wäre nur eine vorläufige Maßnahme, und alle Kunstgegenstände würden, sobald sich die Verhältnisse normalisiert hätten, nach Deutschland zurückgebracht werden. Zwei Jahre später erhob er noch einmal Einspruch gegen eine weitere Verzögerung und forderte die sofortige Rückgabe der deutschen Kunstschätze.[28]

Clay hatte damit gerechnet, daß sich die Militärregierung aktiv an der Beschlagnahme deutscher Auslandsguthaben beteiligen werde, und daß diese Gelder letzten Endes zur Bezahlung der steigenden Besatzungskosten verwendet werden könnten. Vielleicht hat er die Komplexität dieses Problems unterschätzt, aber im Frühjahr 1946 wurde die sich daraus entwikkelnde Kontroverse mit dem Außenministerium immer heftiger. Nach einem auf der Konferenz von Potsdam zustande gekommenen Kompromiß waren deutsche Vermögenswerte in Osteuropa der Sowjetunion als Reparationsleistungen zugesprochen worden, und die Guthaben im Westen sollten Großbritannien und den Vereinigten Staaten zufallen. Clay war einem Vorschlag des Präsidenten Truman gefolgt, nach dem der Kontrollrat ein Gesetz erlassen sollte, das eine Viermächte-Kommission ermächtigte, alle deutschen Auslandsguthaben zu beschlagnahmen.[29] Sehr bald lag ein entsprechender Gesetzesentwurf vor und wurde auf der unteren Ebene der alliierten Kontrollbehörde gebilligt. Als er jedoch dem Kontrollrat auf oberster Ebene vorgelegt wurde, legte der britische Stellvertretende Militärgouverneur, General Sir Brian Robertson, Einspruch dagegen ein. Nach Auffassung seiner Regierung entbehrte der Gesetzesvorschlag, wie er sagte, der rechtlichen

Grundlage und war taktisch unklug. Das Gesetz würde von den neutralen Ländern wahrscheinlich nicht anerkannt werden, und es wäre deshalb richtiger, auf diplomatischem Wege zu versuchen, diese Länder zur freiwilligen Herausgabe der Vermögenswerte zu veranlassen. Nachdem sich Clay mehrere Wochen intensiv für die Verabschiedung der Vorlage durch den Kontrollrat eingesetzt hatte, wurde ein Gesetz zur Schaffung einer Kommission für deutsche Auslandsvermögen erlassen, es ergaben sich aber sofort neue Komplikationen. Nach einem britischen Vorschlag sollte die Kommission aus zwei Abteilungen bestehen. Die eine sollte für die Vermögenswerte im Osten und die andere für die in den westlichen Ländern zuständig sein. Clay betrachtete das als eine gegen die gemeinsame Arbeit der vier Mächte gerichtete Maßnahme, mußte aber zu seinem Ärger feststellen, daß seine eigene Regierung dem britischen Vorschlag zustimmte. Darüber hinaus vertrat das amerikanische Außenministerium die Auffassung, die deutschen Vermögenswerte in der westlichen Hemisphäre sollten nicht in den Zuständigkeitsbereich der neuen Kommission fallen.[30] Da die Verhandlungen mit den neutralen Ländern im State Department schon begonnen hatte, ohne daß Clay davon unterrichtet worden war, kam es zu einem Austausch sehr scharf formulierter Telegramme. „Meine Dienststelle tappte völlig im Dunkeln, was die Verantwortlichkeiten der Kommission für deutsche Auslandsguthaben betrifft",[31] beschwerte sich Clay, und da er erkennen mußte, daß die Kommission unter solchen Umständen nicht arbeiten konnte, schlug er ihre Auflösung vor. In einem seiner Telegramme hieß es: „Die Folgen der Maßnahmen und die bisher geführte Korrespondenz haben uns völlig verwirrt, und wir sind nicht mehr in der Lage, an einer Viermächte-Diskussion des Problems in vernünftiger Weise teilzunehmen, denn wir wissen nicht, welche amerikanischen Auffassungen an anderer Stelle von wem und wo zum Ausdruck gebracht werden."[32] Aus diesem Grund wurden die Verhandlungen mit den neutralen Ländern auf diplomatischem Wege weitergeführt, und bei OMGUS arbeitete nur noch ein Stab, der sich mit Untersuchungs- und Buchführungsaufgaben befaßte.

Bei der alliierten Kontrollbehörde war man indessen sehr fleißig gewesen, aber kaum vorangekommen. Man hatte sich über eine Anzahl im wesentlichen negativer Maßnahmen geeinigt, wie etwa über ein Gesetz für die Kontrolle der wissenschaftlichen Forschung und eine Direktive, die es der Polizei untersagte, politische Parteien zu überwachen. In seinen Gesprächen mit Pressevertretern versuchte General Clay, einen möglichst günstigen Eindruck zu erwecken. Er wies dabei auf die wenigen konstruktiven Viermächte-Vereinbarungen hin, die bisher zustande gekommen waren, wenngleich er wußte, daß die Direktiven des Kontrollrats von den Militärgouverneuren in den Besatzungszonen nach eigenem Gutdünken ausgelegt und durchgeführt wurden.[33]

Aber bei dem wichtigsten Vorhaben, der Wiedervereinigung Deutschlands, kam man um keinen Schritt weiter, und die Franzosen setzten ihre

Obstruktionspolitik fort. Am 31. Januar legte Frankreich gegen den britischen Vorschlag zur Schaffung einer zentralen deutschen Finanzbehörde ein Veto ein.[34] Wie General Koenig erklärte, war der Vorschlag „unvereinbar mit der französischen Politik", weil diese Behörde für ganz Deutschland zuständig sein würde, obwohl die deutschen Westgrenzen noch nicht festgelegt seien. Als Clay und Murphy anschließend nach London flogen, um die Angelegenheit mit Außenminister Byrnes zu besprechen, bestätigte dieser, daß die französische Haltung die Normalisierung der Verhältnisse verlangsamte und der europäischen Wirtschaft schweren Schaden zufügte, aber auch er wußte keinen Ausweg aus dieser Sackgasse. In seinem Bericht für den Monat Februar schrieb der verärgerte stellvertretende Militärgouverneur: „Es hat sich gezeigt, daß nur eine Lösung (der Frage nach den Westgrenzen) auf Regierungsebene zu Fortschritten bei der Errichtung zentraler deutscher Verwaltungsbehörden führen wird."[35] Angesichts der immer schwieriger werdenen Lage der deutschen Wirtschaft war die Opposition der Franzosen besonders störend.

Die Ernährungslage in der amerikanischen Zone war von Anfang an schlecht gewesen, aber im Februar wurde die Situation kritisch. Die negativen Auswirkungen einer unterdrückten Inflation wurden immer deutlicher spürbar und die Industrieproduktion lag etwa bei 28 Prozent des Vorkriegsniveaus. Im Herbst 1945 mußte die Hälfte der Getreidereserven von SHAEF in die britische und französische Zone gebracht werden, wo die Lebensmittel noch knapper waren als in den von der amerikanischen Armee besetzten landwirtschaftlichen Gebieten. Die restlichen 320000 Tonnen waren an die deutsche Bevölkerung in der amerikanischen Zone verteilt worden.[36] Nur mit Hilfe dieser zusätzlichen Zuteilungen war es im Winter 1945 möglich gewesen, dem „Normalverbraucher" eine Tagesration von 1500 Kalorien zuzuteilen – und das war erheblich weniger als die von kompetenten Medizinern empfohlenen 2000 Kalorien. Aber im Januar traf bei Clay eine dringende Anforderung der Franzosen für weitere 110000 Tonnen Weizen aus amerikanischen Vorräten ein, die gebraucht wurden, wenn die deutschen Rationen nicht auf 1150 Kalorien reduziert werden sollten. Clay telegrafierte an Hilldring:[37] „Ich bin überzeugt, daß die Ernährungslage in der französischen Zone sehr ernst ist, aber das liegt im wesentlichen daran, daß die Franzosen nicht vorausgeplant und zunächst ihre Streitkräfte in dem von ihnen besetzten Gebiet aus dem Lande verpflegt haben." Er schlug vor, die Vereinigten Staaten sollten im Rahmen des Combined Food Board[38] in Washington intervenieren, und wies auf die möglichen Konsequenzen der französischen Schwierigkeiten für die anderen Westzonen hin. Clay schloß das Telegramm mit den Worten: „Angesichts der Tatsache, daß die Franzosen einem zentralen Verwaltungsapparat nicht zustimmen wollen, sollte man die Zusammenarbeit bei der gegenwärtigen Lebensmittelknappheit in der französischen Zone davon abhängig machen, daß die Franzosen ihre Haltung im Hinblick auf eine Viermächte-Regierung ändern."

Auf das französische Hilfeersuchen folgte sehr bald die drastische Kürzung der Lebensmittelrationen in der britischen Zone, und Clay unternahm verzweifelte Anstrengungen, eine ähnliche Entwicklung in seiner Zone zu verhindern. Die Flut von Telegrammen, die er nach Washington schickte und in denen er um Lebensmittellieferungen bat, zeigen wie enttäuscht er war.[39] „Wenn wir diese Ration kürzen, wird es dem Prestige der Vereinigten Staaten schaden und besonders meinen persönlichen Beziehungen zu den Ministerpräsidenten der drei Länder", telegrafierte er am 16. März. „Wir glauben, die Bevölkerung in der russischen Zone erhält etwa 1 500 Kalorien, und das wird auch bis zur nächsten Ernte so bleiben", hieß es in einem anderen Telegramm. „Wir haben in der amerikanischen Besatzungszone die Schaffung demokratischer Einrichtungen verlangt und gegenüber den politischen Parteien strikte Neutralität gewahrt. Die Kommunistische Partei hat aus diesem Grund kaum Anhänger gewinnen können. Aber wer als Kommunist 1 500 Kalorien bekommt und als Anhänger der Demokratie nur 1 000 Kalorien, hat keine Wahl." Sein Zorn richtete sich in erster Linie gegen die Franzosen. „Wir haben uns nicht aus deutschen Beständen versorgt", schrieb Clay in einem persönlichen Brief an Hilldring. „Doch während wir Reserven bildeten, haben besonders die Franzosen große Mengen deutscher Vorräte für ihre eigenen Bedürfnisse verbraucht. Es wäre ungerecht gegenüber den Deutschen in der Amerikanischen Zone, die unseren Anforderungen nachgekommen sind, wenn sie für derartige Maßnahmen in anderen Zonen bezahlen müßten. Vielleicht sehe ich die Dinge nicht ganz richtig, aber es fällt mir schwer zu verstehen, wenn wir sehen, wie die Deutschen in wenigstens zwei anderen Zonen ausgebeutet werden, weshalb die Vereinigten Staaten ihre Reserven teilen sollen, ohne dafür zu verlangen, daß man der künftigen Behandlung Deutschlands als einer wirtschaftlichen Einheit zustimmt."[40]

Der wirkliche Grund für die Verzögerungstaktik Washingtons in dieser Frage war aus dem Telegrammwechsel zwischen dem Außenminister und der amerikanischen Botschaft in Paris deutlich zu erkennen[41] – von deren Inhalt Clay jedoch nichts wußte. De Gaulle war im Januar zurückgetreten, und der amerikanische Botschafter sprach in seinem Bericht über den Rücktritt von der Möglichkeit, daß sich in Frankreich eine Koalitionsregierung bilden und Maurice Thorez, der Führer der französischen Kommunistischen Partei, Präsident werden könnte. Als schließlich ein aus drei Parteien bestehendes Koalitionskabinett unter dem gemäßigten Sozialisten Felix Gouin gebildet wurde, wollte Washington es unter allen Umständen vermeiden, diese auf sehr schwachen Füßen stehende Regierung zu gefährden. Was nun die Frage nach der Errichtung deutscher Zentralbehörden betraf, meinte Außenminister Byrnes, Botschafter Caffery sollte, wenn er mit dem französischen Außenminister Bidault sprach, ihm „diskret den Gedanken nahelegen, daß alle Maßnahmen, welche die französische Regierung in Richtung auf eine Zusammenarbeit mit den Amerikanern zur Verwirklichung ihrer

Ziele unternähmen, dazu beitragen könnten, für die bevorstehenden Wirtschafts- und Finanzgespräche in Washington eine günstigere Atmosphäre zu schaffen". Als Caffery vier Wochen später über seine vergeblichen Gespräche mit Bidault berichtete, versicherte er dem Ministerium, er werde sich auch weiterhin darum bemühen, die Franzosen zum Umdenken zu veranlassen, fügte aber warnend hinzu, der Rücktritt von Bidault könnte zu einer Regierungskrise führen, „aus der die Kommunisten mit Sicherheit Kapital schlagen werden". Wie er die Dinge sah, „wäre es durchaus unklug, die Angelegenheit zu diesem Zeitpunkt mit Nachdruck weiter zu verfolgen". In der Antwort des Außenministeriums hieß es, „die Franzosen sollten nicht so weit unter Druck gesetzt werden, daß damit die Gefahr eines Rücktritts von Bidault und einer Spaltung der Koalitionsregierung entsteht, was in Frankreich weitreichende politische Folgen haben würde".

Auch wenn Clay in diese Korrespondenz eingeweiht worden wäre, hätte es kaum etwas geändert. Ein Kritiker des Generals meinte, Clay habe niemals „die tiefsitzende Furcht und das Mißtrauen der Franzosen gegenüber Deutschland verstanden, geschweige denn geachtet".[42] Er hätte hinzufügen können, daß es bei der Arbeitsweise von Clay für „Verständnis oder Achtung" gegenüber den Motiven eines Gegners ganz einfach keinen Raum gab. Er hatte den Auftrag, für die Einheit Deutschlands zu sorgen, und was ihn betraf waren alle anderen Fragen irrelevant. Er war deshalb verzweifelt, als er erkannte, daß ihm die erbetene Unterstützung nicht gewährt wurde und die Rationen für den Normalverbraucher in der amerikanischen Zone im Sommer auf 1 200 Kalorien reduziert werden mußten.[43]

In der britischen Zone waren die Rationen sogar noch niedriger, und es gab im Westen kein Gebiet, wo sich die Zerstörungen des Krieges und die Inflation verheerender auswirkten als an der Ruhr. Doch im Gegensatz zu den Feststellungen oberflächlicher Beobachter waren die Hüttenwerke, Bergwerke und Fabriken zum großen Teil nicht zerstört oder rasch repariert worden. Wie die amerikanischen Untersuchungen des U.S. Strategic Bombing Survey über die Auswirkungen der Bombenangriffe ergeben hatten, befanden sich die meisten Industrieanlagen nach Beendigung der Kampfhandlungen in einem recht guten Zustand. Die Zerstörungen waren in den Stadtzentren am größten, und die Bevölkerung im Ruhrgebiet hatte viel mehr gelitten als das Industriepotential.[44] Als sich Clay darüber beschwerte, daß nicht genügend Kohle gefördert würde, wiesen seine britischen Kollegen immer wieder auf die mangelhafte Versorgung mit Lebensmitteln und die Wohnungsnot hin. Für jeweils drei oder vier Familien gab es nur eine „Wohneinheit". Das bedeutete, daß für jede Person nur 3,7 Quadratmeter Wohnraum zur Verfügung standen, weniger als in den meisten deutschen Gefängnissen. Viele Bergarbeiter lebten in Kellerräumen und mußten ständig damit rechnen, daß die Kellerdecken unter der Last der darüberliegenden Trümmer zusammenbrachen. Die Hungerrationen, die sie mit ihren Lebensmittelmarken kaufen konnten, kosteten pro Woche zwar nur etwa 2 Mark, aber wenn jemand auch 50 Mark in der Woche verdiente, und das war damals in Deutschland ein guter Verdienst, konnte er es sich nicht leisten, die hohen Schwarzmarktpreise für Butter und Fleisch zu bezahlen, wenn er sich nicht selbst auf dem schwarzen Markt betätigte. Es gab deshalb kaum einen Anreiz, mehr zu arbeiten als unbedingt notwendig, um damit die Grundrationen kaufen zu können. Das drückte sich darin aus, daß die Produktivität der Industrie auf 45 Prozent ihres Vorkriegsstandes gesunken war, während in der sowjetischen Besatzungszone 90 Prozent oder mehr erreicht wurden. Die Stahlindustrie an der Ruhr war abhängig von dem ebenfalls im Ruhrgebiet erzeugten Koks, und auch hier herrschte ein erheblicher Mangel.[45]

Die britische Militärregierung arbeitete sehr langsam. Sie beschäftigte 20000 Personen und war damit doppelt so stark wie OMGUS, hatte aber bisher nichts anderes getan als die Besitzer der Kohlebergwerke zu enteignen. Das amerikanische Wirtschaftsmagazin *Fortune* meinte dazu: „Es ist ironisch, daß die Briten, die selbst solche Schwierigkeiten mit ihrer Kohle haben, jetzt das Ruhrgebiet verwalten. Sie haben ihre Dienststellen in ihrer Besatzungszone so eingerichtet, als befänden sie sich irgendwo im schwärzesten Afrika." Am Schluß des Artikels hieß es: „Wie üblich werden sie zweifellos schließlich etwas unternehmen – früher oder später."[46] Bis dahin mußte die ganze deutsche Industrie stagnieren. Sogar der Londoner *Economist* mußte zugeben, daß „irgendetwas nicht stimmt. Es ist ein unverzeihlicher Zustand, und man kann dafür nicht – wie man es oft tut, die Potsdamer Beschlüsse verantwortlich machen".[47] Auch Clay konnte an der schlechten Kohleversorgung und dem Mangel an Industrierohstoffen nichts ändern. Ebenso wie alle Angehörigen seines Wirtschaftsstabes hielt er die Unfähigkeit der Briten, die Kohleförderung zu steigern, für einen der größten Skandale in der Besatzungszeit.[48] Da er sich in die Verwaltung des Ruhrgebiets nicht einmischen durfte, konnte er seinen britischen Verbündeten auf den Sitzungen des Kontrollrats nur ernste Vorhaltungen machen und dafür sorgen, daß seine kritischen Äußerungen von der britischen Presse zur Kenntnis genommen wurden. Was die von der deutschen Industrie benötigten Rohstoffe betraf, so mußte er die wiederholten Anforderungen des Generals Draper zurückweisen, der „eine Milliarde Dollar zur Finanzierung wichtiger Importe außerhalb des Lebensmittelsektors" verlangte. Clay sagte ihm: „Dieses Geld steht uns nicht zur Verfügung, und wir können und müssen unser Kapital so lange aufstocken, bis es reicht, den Export richtig in Gang zu setzen."[49] Aber in den ersten beiden Jahren der Besetzung waren die Exporterlöse sehr gering, und wie Clay zugeben mußte, glichen alle Anstrengungen, die deutsche Wirtschaft wieder in Gang zu bringen, dem Versuch, sich am eigenen Zopf aus dem Sumpf zu ziehen.[50]

Nach dem ersten Winter wußten Sieger und Besiegte, was sie voneinander zu halten hatten. Man erkannte, daß die Befürchtungen, es könnte in dem besetzten Land zu einem Guerillakrieg kommen, unbegründet gewesen waren. Die besiegten Deutschen waren fügsam und apathisch und nicht geneigt, sich den Siegern mit Gewalt zu widersetzen. Die Amerikaner wußten jetzt, daß sich das Hitler-Regime der aktiven und passiven Unterstützung durch die Bevölkerung versichert hatte und daß es kaum Deutsche gab, deren Vorstellungen von der Demokratie denen der westlichen Verbündeten entsprachen. Man erinnerte sich in Deutschland noch sehr genau an die rasende Inflation nach dem Ersten Weltkrieg, und das hatte einen entscheidenden Einfluß auf die ganze Bevölkerung. Erst nach der Währungsreform von 1948 und dem darauf folgenden dramatischen Wiederaufbau begriffen die Amerikaner voll und ganz, welche lähmende Wirkung eine unterdrückte Inflation haben kann.

Die Deutschen in der amerikanischen Zone hatten andererseits erkannt, daß die Angehörigen der Besatzungsmacht eine durchaus menschliche Haltung einnahmen. Nachdem sie 12 Jahre von der Gestapo mit grausamen Methoden unterdrückt worden waren, erlebten sie jetzt die Unterschiede in der Verwaltungspraxis und sahen, wie leicht sich die Anordnungen der Regierung in einem liberalen System umgehen ließen – auch wenn die politische Macht von Soldaten ausgeübt wurde. Die Lebensmittelrationen waren unzureichend; man würde unter Umständen wohl hungern müssen, brauchte aber nicht zu verhungern. Doch es blieben die Zweifel an der politischen und wirtschaftlichen Zukunft des Landes. Die Goebbels-Propaganda über den Morgenthau-Plan war nicht vergessen, und niemand wußte, wie hoch die Reparationsforderungen sein würden. In dieser Lage gab es bewußt oder unbewußt nur ein Ziel: Man mußte sein Eigentum schützen und am Leben bleiben. Weil es reichlich Papiergeld gab, das bald seinen Wert verlieren würde, machte man es sich zur Regel, möglichst wenig gegen Bargeld zu verkaufen, sondern suchte sich in die Sachwerte zu flüchten. Für die Bauern bedeutete es, daß sie ihre Erzeugnisse, wenn irgend möglich, nicht zu den offiziell festgesetzten Preisen abgaben, sondern sie gegen dringend benötigte Industrieerzeugnisse eintauschten. Die Arbeiter und Angestellten arbeiteten nur so viel, daß sie mit dem verdienten Geld die auf Lebensmittelkarten zugeteilten Rationen, die Miete und die Dienstleistungen der öffentlichen Betriebe bezahlen konnten. Ihre freie Zeit verwendeten sie zu Schwarzmarktgeschäften und vermieden es, sich körperlich anzustrengen, um mit den mageren Lebensmittelrationen auszukommen. Kaufleute und Fabrikanten beschränkten sich nach Möglichkeit auf Tauschgeschäfte und horteten knapp gewordene Waren, um sie nach der zu erwartenden Währungsreform günstiger verkaufen zu können. So sah es in allen Westzonen aus.[51]

Im Osten war es anders, denn hier zeigten die Russen, wie ein totalitäres Regime mit einer Notsituation fertig werden konnte. Im Gegensatz zum Westen, wo nur die Guthaben der führenden Nationalsozialisten und der nationalsozialistischen Einrichtungen eingefroren waren, hatte Schukow sofort alle Banken schließen und alle Guthaben sperren lassen. Dann ließ er die örtlichen Sparkassen und die landwirtschaftlichen Kreditinstitute wieder öffnen, aber nur die Inhaber von Konten mit Einlagen von weniger als 3 000 Reichsmark durften bis zu 300 Reichsmark abheben. Wer mehr als 3 000 Reichsmark auf seinem Konto hatte, wurde als Kapitalist eingestuft und bekam gar nichts.[52] Alle finanziellen Ansprüche und Verpflichtungen der Finanzinstitute wurden annuliert, ebenso auch die Staatsschulden, die diesen Ansprüchen als Deckung gedient hatten. Die Folge dieser rücksichtslosen Maßnahmen war es, daß der Wirtschaft in der sowjetischen Besatzungszone fast $^4/_5$ ihrer flüssigen Geldmittel entzogen wurden. Zum Teil wurde dieser Mangel durch die Ausgabe des in Moskau gedruckten Besatzungsgeldes ausgeglichen, aber die Kaufkraft der deutschen Bevölkerung wurde drastisch reduziert, der inflationäre Druck ließ nach, und jeder sah sich gezwungen, durch Arbeit Geld zu verdienen. Außerdem wurde die Produktion durch die kommunistischen Propaganda- und Sanktionsmethoden angeregt. Von der Partei eingesetzte Betriebsleiter, die ihre Produktionsquoten nicht erfüllten, mußten damit rechnen, der Sabotage beschuldigt zu werden,[53] und die Furcht, im geheimen festgenommen und deportiert zu werden, war allgemein sehr groß. Im Gegensatz zum Westen gab es keine Arbeitslosen und einen viel kleineren schwarzen Markt. Die Menschen hatten einfach weniger Zeit und Geld dafür, und die Strafen für illegale Schwarzmarktgeschäfte waren hart.[54]

Wir wissen nicht, ob Clay und seine Finanzberater jemals versucht haben, die wirtschaftlichen Konsequenzen der sowjetischen Methode zur Bekämpfung der Inflation auszuwerten. Doch selbst wenn sie es getan haben, konnten sie als Beamte eines demokratischen Staates mit einem liberalen Wirtschaftssystem dem Beispiel der Russen nicht folgen. Clay interpretierte die einschränkenden Bestimmungen der Direktive JCS 1067 zwar sehr liberal, wußte aber, daß sie die drastischen Reformen nicht zuließen, welche die deutsche Wirtschaft brauchte.

Im Frühjahr 1946 hatte der inflationäre Druck jedoch bedrohliche Ausmaße angenommen, und die Haltung Washingtons gegenüber dem besiegten Land hatte sich geändert. Die Initiative für eine Währungsreform ist augenscheinlich von Clays Finanzberater, Joseph Dodge, ausgegangen, der im Januar 1946 in Washington war, um dort wirtschaftspolitische Fragen zu besprechen. Aus Clays erster Reaktion auf den Vorschlag, Währungsexperten nach Deutschland zu schicken, erkennt man, daß er immer noch einer Lösung dieser Frage durch die vier Mächte den Vorzug gab. Er telegrafierte an Hilldring:[55] ,,Von dieser Sondermission bin ich nicht begeistert. Es werden so viele verschiedenartige antiinflationäre Maßnahmen getroffen werden müssen, daß es Monate in Anspruch nehmen wird. Dieses Vorhaben kann nur zum Erfolg führen, wenn es einer permanenten Organisation innerhalb der Militärregierung übertragen wird. Gegenwärtig müssen sich antiinflationäre Maßnahmen darauf beschränken, was mit Zustimmung der vier Mächte geschehen kann. Sobald ein zentraler deutscher Verwaltungsapparat geschaffen ist, wird sich das Problem vereinfachen, denn dann kann man die Verantwortung für die Abwendung einer Inflation den Deutschen aufbürden. Wenn Dodge und Sie jedoch nach Empfang dieses Telegramms immer noch glauben, daß es notwendig ist, diese Delegation herzuschicken, dann werde ich Ihr Urteil akzeptieren."

Im März traf eine Gruppe von Wirtschaftsexperten in Deutschland ein, um das Problem zu untersuchen und entsprechende Vorschläge zu machen. Der daraus resultierende „Plan für die Liquidierung der Kriegsfinanzierung und die finanzielle Rehabilitierung Deutschlands" war das Werk von Gerhard Colm, Joseph M. Dodge, Raymond W. Goldsmith und einer kleinen Gruppe von Mitarbeitern. Ende Mai lag er auf Clays Schreibtisch. Während der inzwischen vergangenen acht Wochen hatten die amerikanischen Wirtschaftsexperten mit den britischen, sowjetischen und französischen Mitgliedern des Viermächte-Finanzdirektoriums gesprochen, Reisen durch alle vier Besatzungszonen unternommen, mit deutschen Steuerbeamten, Bankiers, Industriellen und akademischen Fachleuten konferiert und auf einer Sondersitzung des Länderrats in Stuttgart ihre Empfehlungen erläutert.

Dabei gingen sie von der Voraussetzung aus, daß Deutschland durch die Ablehnung der Reichsmark als Zahlungsmittel seitens der eigenen Bevölkerung und das Entstehen einer Reihe von kleineren Wirtschaftsräumen bedroht sei, in denen nur noch Tauschhandel getrieben würde. Die Hauptursache dafür war der Umstand, daß die Summe des in Umlauf befindlichen Geldes seit 1935 um 1000 Prozent angestiegen war und sich die Staatsschulden auf das 27-fache erhöht hatten. Wenngleich mit einer sofortigen Währungsreform nicht alle Hindernisse beseitigt wären, die einer raschen Steigerung der industriellen und landwirtschaftlichen Produktion im Wege standen, würde sie doch wenigstens „einen verwirrenden Schleier lüften, der über der monetären Situation lag" und eine stabile Verrechnungsbasis für den Wiederaufbau der deutschen Wirtschaft herstellen. Wie der Bericht zutreffend voraussagte, lag die wirkliche Gefahr nicht darin, daß die Wirtschaft plötzlich zusammenbrechen könnte, sondern in einer schleichenden, allmählichen Lähmung des ganzen Wirtschaftssystems. Mit der Währungsreform sollte auch nicht nur die Preiskontrolle unterstützt werden, die sich bisher als recht wirksam erwiesen hatte, sondern sie sollte auch die Produktion schützen und das wirtschaftliche Chaos verhindern. Wenn ein wesentlicher Teil der produzierten Waren auch weiterhin dem regulären Markt entzogen wurde, dann würde das ganze Wirtschaftsgefüge gefährdet. In dem Bericht hieß es, die Inflationsbekämpfung würde illusorisch, wenn die Dienstleistungen nicht mehr erbracht und die Waren nicht mehr zu den offiziell festgesetzten Preisen verkauft werden könnten. Ein immer größer werdender Teil der Gesamtproduktion ging in den schwarzen Markt, wo die Preise oft fünfzig- bis mehrere hundertmal so hoch waren wie die offiziellen. Die Einkäufe auf dem schwarzen Markt konnten nicht mit dem normal verdienten Geld getätigt werden, sondern nur mit gehorteten Beträgen, mit dem Erlös aus dem Verkauf von Besitztümern oder mit Gewinnen aus Schwarzmarktgeschäften. Jedermann wußte, daß ein Arbeiter für eine einzige Zigarette einen ganzen Tagesverdienst bekommen konnte, und das wirkte sich natürlich auf seine Arbeitswilligkeit aus. Das Ergebnis war ein Mangel an Arbeitskräften, obwohl in der Produktion nur sehr wenige Arbeitnehmer beschäftigt werden konnten. Der Geldüberhang und der Mangel an Vertrauen zur Währung wirkten sich in gleicher Weise negativ auf die Bereitschaft der Kaufleute aus, ihre Waren zu verkaufen. „Die Kunst des Kaufmanns besteht heute darin, so wenig wie möglich zu verkaufen." Nach Auffassung der Deutschen konnte es nicht so weitergehen, und diese Haltung allein mußte schon den wirtschaftlichen Wiederaufbau unmöglich machen.

Clay faßte die Empfehlungen des Ausschusses in einem Bericht an das Kriegsministerium zusammen. Darin hieß es: „Ganz allgemein gesagt ist der Ausschuß zu dem Schluß gekommen, daß das Programm aus drei Schritten bestehen muß. Mit dem ersten Schritt würde eine neue Währung geschaffen, und alle Forderungen und Verpflichtungen würden sich in der Weise reduzieren, daß für zehn Reichsmark eine Deutsche Mark zu bezahlen wäre. Die Staatsschulden des Deutschen Reichs müßten gestrichen werden. Jedoch müßte Deutschland eine genügend hohe neue Schuldverschreibung auf sich nehmen und den Banken, Versicherungsgesellschaften, Kreditinstituten usw. zur Verfügung stellen, so daß diese Organisationen ihren (im Rahmen der Währungsreform) reduzierten Verpflichtungen nachkommen konnten." Der zweite Schritt müßte darin bestehen, die Geldentwertung in ganz Deutschland dadurch erträglicher zu machen, daß Grundbesitz, Fabrikanlagen und Inventar mit Zwangshypotheken belegt werden. Der dritte Schritt wäre eine progressive Vermögensabgabe.[56]

Clay war mit dem Plan einverstanden und hielt ihn im großen und ganzen für angebracht, aber er glaubte, „die Durchsetzung dieser Maßnahmen durch das Diktat einer Militärbehörde entspricht nicht vollkommen unserem Wunsch, daß das deutsche Volk oder eine nach demokratischen Grundsätzen gewählte deutsche Regierung die Verantwortung für solche Maßnahmen übernehmen sollten". Andrerseits fragte er sich, wie lange eine neue, demokratisch gewählte deutsche Regierung überleben könnte, wenn sie diese Maßnahmen ergreifen müßte. Der General erbat eine möglichst rasche Stellungnahme Washingtons, um dem Viermächte-Apparat den offiziellen Vorschlag vorlegen zu können. Er rechnete nicht damit, daß die Komplexität des Plans seiner baldigen Verwirklichung im Wege stehen würde. Die vorgesehene Vermögensabgabe und die Einführung einer neuen Währung hatten jedoch Kontroversen und Verzögerungen zur Folge. Wenn auch die psychologischen Vorteile der Ausgabe neuer Banknoten durchaus ersichtlich waren, so verzögerte der Disput zwischen Amerikanern und Sowjets über den Standort der Druckerpresse für das neue Geld die Angelegenheit so lange, daß die Währungsreform nicht als eine Viermächtelösung durchgeführt werden konnte.

Da nun Clay auf wirtschaftlichem Gebiet nicht weiterkommen und die

Arbeit des Ausschusses für die Festlegung des Niveaus der Industrieproduktion nicht weiter beschleunigen konnte, konzentrierte er sich auf die Gebiete, wo er mehr Ellbogenfreiheit hatte. Das Entnazifizierungsgesetz Nr. 8 war vor dem Hintergrund der Patton-Affäre und unter dem Einfluß der erregten öffentlichen Meinung in den Vereinigten Staaten übereilt zustande gekommen. Es war nur eine Zwischenlösung, und der Autor des Gesetzes, Richter Fahy, gab zu, daß er die Mängel hätte vermeiden sollen, und erklärte, er rechnete damit, „den Entwurf noch einmal überarbeiten zu können".[57] Das Inkrafttreten des Gesetzes schien die amerikanische Presse wenigstens vorübergehend beruhigt zu haben, aber Deutsche und Amerikaner in der Zone reagierten sehr kritisch darauf.

Fahy hatte ebenso wie Dodge schon im Oktober erkannt, daß die Entnazifizierung im Rahmen eines umfassenderen Programms durchgeführt werden mußte. In einem Gespräch mit Clay sagte Fahy: „Wir müssen unsere Einstellung zum ganzen Entnazifizierungsprogramm deutlich machen und dafür sorgen, daß unsere Maßnahmen insgesamt von der deutschen Bevölkerung besser verstanden werden, und dazu müssen wir für die Durchführung in der Praxis klarere Rechtsnormen schaffen."[58] Die Erfahrungen im ersten Jahr der Besetzung Deutschlands hatten gezeigt, daß Personen, die im Dritten Reich eine große Rolle gespielt hatten, von der Säuberung nicht immer erfaßt wurden, weil sie aus irgendwelchen Gründen nicht in eine der von der Militärregierung genannten Kategorien fielen. Damit entgingen wichtige Teile der gesellschaftlichen Elite in Deutschland, die das Nazisystem unterstützt hatten, der Strafverfolgung. Auf der anderen Seite gab es sehr viele unbedeutende oder nur nominelle Nazis, die nur deshalb, weil sie einen bestimmten Rang oder eine bestimmte Stellung eingenommen hatten, ihre Arbeit und Lebensgrundlage verloren.[59] Wie die meisten Amerikaner konnte sich Clay die gesellschaftlichen Verhältnisse im Dritten Reich nicht vorstellen, besonders den Umstand, daß alle Lebensbereiche unter politischem Druck standen und dem Terror ausgesetzt waren.[60] Da er die Gesellschaftsstruktur in Deutschland nicht kannte, brauchte er einige Zeit, um zu erkennen, daß viele Angehörige des deutschen Mittelstandes mit nationalistischen und großdeutschen Vorstellungen dem Druck durch die Nazis weniger ausgesetzt gewesen waren und deshalb nicht der Partei hatten beitreten müssen. Er hörte zwar zu, wenn seine Entnazifizierungsberater ihm sagten, daß es praktisch unmöglich sei, einen Nazi unter Anklage zu stellen, solange sich aus dem Fragebogen nicht ergab, daß er der Partei angehört oder diese aktiv unterstützt hatte.[61] Aber selbst der oft zitierte Fall eines Richters, der nicht entlassen werden konnte, ließ ihn nur nach der Direktive JCS 1067 greifen, „dem am häufigsten benutzten Dokument in seinem Büro", wie Captain Allen berichtet. (In den letzten Tagen des Krieges hatte der fragliche Richter einen Mann zum Tode verurteilt, weil er Panzersperren von der Straße geräumt hatte, aber das Urteil konnte wegen Zeitmangel nicht vollstreckt werden. Der Verurteilte war Parteimitglied gewesen und mußte nach dem

Entnazifizierungsgesetz der Militärregierung aus seiner Stellung entlassen werden. Der Richter andererseits hatte nicht der Partei angehört und bekleidete weiterhin das höchste Richteramt in der Stadt.)[62]

Der General erwiderte, offensichtlich ließe es sich nicht immer eindeutig feststellen, wer ein Nazi war, aber die Bestimmungen der Direktive JCS 1067 und die Beschlüsse von Potsdam müßten gewissenhaft beachtet und angewendet werden. Diese Auffassung kam auch in seinen Anweisungen an Fahy zum Ausdruck, der die neue Entnazifizierungsbehörde (Denazification Policy Board) leiten sollte. Diese Behörde sollte eng mit den Ministerpräsidenten der Länder zusammenarbeiten, die ihre Vorschläge für das nach ihrer Auffassung angemessene Verfahren einreichten.[63] Clay betonte, ein neues umfassendes Entnazifizierungsgesetz müßte drei Grundsätze berücksichtigen: Es müßte den in Potsdam gefaßten Beschlüssen über die Entnazifizierung entsprechen; es sollte mit den von den vier Mächten beschlossenen Bestimmungen übereinstimmen, mit deren Kodifizierung man demnächst rechnete, und die Durchführung der Entnazifizierung sollte sobald wie möglich den Deutschen übertragen werden.

Bei den anschließenden Verhandlungen zwischen der Arbeitsgruppe der Behörde unter Robert Bowie und dem Länderrat in Stuttgart zeigte es sich, daß die Auffassungen zum Teil grundsätzlich auseinandergingen. Die Deutschen, die ihre Auffassungen auf die Erfahrungen stützten, die sie während der 12 Jahre des Dritten Reichs gemacht hatten, behaupteten, die Parteimitgliedschaft sei bestenfalls von sekundärer Bedeutung. Sie erklärten, „die formale Mitgliedschaft in einer (nationalsozialistischen) Organisation darf nicht entscheidend sein", und in ihrem ersten Entwurf empfahlen sie, daß „jede Person, die sich als Aktivist, Militarist, Profitmacher, politischer Vertreter oder Mitläufer betätigt hat, ausschließlich nach seinem tatsächlichen Verhalten insgesamt beurteilt werden sollte".[64] Mit anderen Worten, die Deutschen waren der Auffassung, der Nazismus sei ein persönliches Charakteristikum, und es ließe sich nicht aus dem militärischen Rang oder der offiziellen Stellung des einzelnen erkennen, ob er ein Nazi gewesen war oder nicht. Jeder, der Verbrechen begangen hatte, sollte vor Gericht gestellt und bestraft werden, aber niemand sollte nur deshalb aus dem politischen Leben ausgeschlossen werden, weil er der Partei angehört oder eine bestimmte Stellung bekleidet hatte.

Nach Auffassung von Clay jedoch war die Bestrafung wichtig, aber erst in zweiter Linie. Wie er die Dinge sah, kam es bei der Entnazifizierung vor allem darauf an, alle ehemaligen Nazis aus ihren Stellungen zu entfernen und es ihnen unmöglich zu machen, politischen Einfluß zu gewinnen, so daß Personen, die sich durch ihr Verhalten in der Vergangenheit nicht belastet hatten, die Verantwortung übernehmen und ein demokratisches Deutschland aufbauen könnten. Die amerikanische Entnazifizierungsbehörde (Denazification Policy Board) erklärte daher: „Das vorrangige Ziel der Entnazifizierung ist es, die Elemente des Regierungsapparats auszutauschen. Die politische und wirtschaftliche Zuständigkeit muß den Nazis und denjenigen abgenommen werden, die die deutsche Gesellschaft bisher beherrscht haben, damit andere eine freie und friedliebende Gesellschaft aufbauen können." Wie die Behörde erklärte, war die Entnazifizierung für Clay ,,ein Mittel, das es ermöglichen sollte, die Regierungsvollmacht von denjenigen, die sie usurpiert und mißbraucht haben, auf andere zu übertragen".[65]

Während die Verhandlungen zwischen den Amerikanern und Deutschen in Stuttgart weitergingen, kam Clay zu seiner großen Befriedigung ein großes Stück voran, denn eine Direktive der vier Mächte bestätigte ähnlich wie die amerikanische Grundsatzdirektive vom 7. Juli 1945 das Potsdamer Protokoll und die Direktive JCS 1067. Die neue Direktive trug die Überschrift ,,Entlassung von Nazis und Personen, die gegenüber den Zielen der Verbündeten eine feindliche Haltung einnehmen, aus ihren Ämtern und verantwortlichen Stellungen" und umfaßte alle wichtigen Positionen im öffentlichen, quasi-öffentlichen und privaten Leben. Sie enthielt eine Liste mit 99 Kategorien von Personen, die als ,,Hauptschuldige" oder ,,Schuldige" zu klassifizieren waren.[66] Wie Clay später schrieb, war die Übereinstimmung der vier Mächte in dieser Angelegenheit besonders wichtig, weil Deutsche, die in der amerikanischen Besatzungszone aus ihren Ämtern entfernt worden waren, oft gute Stellungen in anderen Zonen gefunden hatten. Aber in der Praxis hatte die Direktive des Kontrollrats kaum einen Wert, denn die Verbündeten der Vereinigten Staaten folgten in ihren Zonen eigenen Entnazifizierungsverfahren, die sich besonders bei den Russen drastisch von den amerikanischen unterschieden.

Der erste deutsche Entwurf[67] fand in vielen Punkten die Zustimmung von Clay, aber ihm ging es in erster Linie darum, daß vier Mächte auf diesem Gebiet einer gemeinsamen politischen Linie folgten.[68] Außerdem mußte er immer mit der Kritik der amerikanischen Presse am Vorgehen der Militärregierung rechnen, die wahrscheinlich nicht damit einverstanden sein würde, wenn die Entnazifizierung den Deutschen übertragen würde – was nach Auffassung von Clay unbedingt erforderlich war. Wenn man nach Abschluß der Affäre Patton auf diese Übergabe der Verantwortung verzichtet hätte, die unbedingt in den Gesamtplan des Generals hineingehörte, dann wäre das töricht gewesen. Clay wies daher Robert Bowie an, sich um die Aussöhnung beider Auffassungen zu bemühen und zu verlangen, daß eine Belastung durch die Parteizugehörigkeit allein in das neue Gesetz aufgenommen werde. Die Deutschen waren ,,wie vom Donner gerührt" und widersetzten sich energisch. Bei mehreren Gelegenheiten wären die Verhandlungen in Stuttgart fast gescheitert. Nach Auffassung der Deutschen waren die Mitgliedschaft in der Partei oder einer nationalsozialistischen Organisation, das Datum des Eintritts und die Dauer der Mitgliedschaft irrelevant. Sie sagten, der öffentliche Ankläger müßte die Schuld des Betroffenen nachweisen. Aber General Clay beharrte auf seinem Standpunkt. Er akzeptierte zwar andere wesentliche Punkte des deutschen Entwurfs, verlangte jedoch die Ergänzung des Gesetzes durch einen Anhang, in dem die Parteiorganisationen aufgeführt werden sollten und die Zugehörigkeit zu diesen Organisationen als ausreichender Schuldbeweis galt,[69] um so „die herrschende Klasse in Deutschland mit allen ihren Verzweigungen unter Anklage zu stellen". Es waren diese Bestimmung und das Verlangen Clays, daß das Gesetz als deutsches Gesetz den ersten Schritt auf dem Wege zur Schaffung einer neuen Demokratie darstellen sollte, die zu einer dramatischen Konfrontation führten.[70]

Die deutschen Delegierten beim Länderrat sahen sich praktisch vor ein Ultimatum gestellt und eilten nach erregten Diskussionen nach Hause, um sich von den Länderregierungen neue Anweisungen geben zu lassen. Zwei Länder fügten sich den amerikanischen Forderungen sofort, aber das dritte Land, Württemberg, wollte nicht nachgeben. Daraufhin wurde eine gemeinsame Sitzung der amerikanischen und deutschen Vertreter einberufen, und der württembergische Ministerpräsident Reinhold Maier ließ die von seinem Kabinett beschlossene Weigerung verlesen. Aber Deutschland hatte erst vor einem Jahr kapituliert, und es war noch nicht möglich, sich der Besatzungsmacht auf die Dauer zu widersetzen. Als die amerikanischen Delegierten erklärten, der stellvertretende Militärgouverneur werde sehr ungehalten sein, gab Dr. Maier sehr bald nach. Er sagte, er werde nicht bei seiner Weigerung bleiben, und die Erklärung sei nur aus innenpolitischen Gründen abgegeben worden.

Das Gesetz wurde bald darauf, wie von der amerikanischen Militärregierung beabsichtigt, als deutsches Gesetz verkündet und in Kraft gesetzt. Es sah in jedem Land die Errichtung eines Ministeriums für die Befreiung vom Nationalsozialismus vor, dessen Leiter dem Kabinett angehören sollte. Die Verantwortung für die Durchführung des Gesetzes wurde örtlichen, quasirichterlichen Gremien mit der Bezeichnung „Spruchkammer" übertragen. Sie glichen insofern den Wehrerfassungsbehörden in den Vereinigten Staaten, als sie sich aus Bürgern der jeweiligen Gemeinden zusammensetzten. Diese Tribunale hatten die Aufgabe, mehr als 13 Millionen Deutsche in der amerikanischen Zone „auf Herz und Nieren zu prüfen" und sie in die fünf Kategorien der von dem Gesetz Betroffenen einzustufen: Hauptschuldige, die mit bis zu zehn Jahren Gefängnis, dem Verlust der bürgerlichen Ehrenrechte und der Einziehung ihres Vermögens bestraft werden konnten; und die zweite Kategorie, Schuldige, die ebenfalls mit Gefängnis bestraft, einer Geldstrafe belegt und/oder die Wählbarkeit in ein öffentliches Amt verlieren konnten, wobei die Verbüßung der Strafe jedoch zur Bewährung ausgesetzt werden konnte. Die Betroffenen der dritten Kategorie konnten nur eine Geldstrafe bekommen. Die vierte Kategorie der Mitläufer behielt die bürgerlichen Ehrenrechte, mußte jedoch unter Umständen eine Geldstrafe bezahlen. Zur fünften Kategorie gehörten die nicht Betroffenen. Die deutschen Angehörigen der Spruchkammern und der Berufungsgerichte waren unabhängige Richter und hatten das Recht, die Betroffenen unabhängig von der

Kategorie, zu der sie zunächst gehörten, nach ihrem Gutdünken einzustufen.[71] Um die nach diesem Gesetz durchzuführenden Verfahren zu ermöglichen, mußten 545 deutsche Spruchkammern eingerichtet werden, bei denen 22000 Personen beschäftigt waren.[72] Wie sich herausstellte, mußten 3,5 Millionen Personen von diesen Spruchkammern abgeurteilt werden, was den stellvertretenden Militärgouverneur veranlaßte zu erklären, daß drei Viertel der Deutschen in der amerikanischen Zone aufgerufen waren, über das restliche Viertel Gericht zu halten.[73] Die damit ausgesprochene Behauptung, daß die große Mehrheit der Deutschen nicht nationalsozialistisch belastet war und diese Leute deshalb das Recht hatten, über ihre Mitbürger zu Gericht zu sitzen, die sich dem Nazismus verschrieben hatten, blieb nicht unwidersprochen. Der angesehene Historiker Harold Zink schreibt nicht zu Unrecht: „Es war sehr schwierig, diesem Argument zuzustimmen. Angesichts der Tatsache, daß mehr als 80 Prozent der Lehrer und etwa der gleiche Prozentsatz der Angehörigen anderer freier Berufe irgendeiner nationalsozialistischen Organisation angehörten, da praktisch die ganze deutsche Wirtschaft von den Nationalsozialisten beherrscht wurde und das ganze öffentliche Leben in Deutschland unter nazistischem Einfluß stand, kann auch der glühendste Verteidiger des deutschen Volkes nicht ehrlich behaupten, die Mehrzahl der Deutschen wären gegen Hitler und Gegner des Naziregimes gewesen."[74]

Während es dem General gelang, bei der Entnazifizierung gewisse Fortschritte zu machen, wurde das Entflechtungsprogramm durch die britische Weigerung blockiert, in die dafür geltenden Vorschriften obligatorische Bestimmungen aufzunehmen. Die amerikanisch-britischen Verhandlungen wurden auf die diplomatische Ebene verlegt, aber obwohl das amerikanische Außenministerium versuchte, starken Druck auf die Briten auszuüben, kam man in dieser Sache nicht voran.[75] Inzwischen waren die meisten Mitarbeiter der für die Entflechtung der Kartelle zuständigen Abteilung in Berlin in die Vereinigten Staaten zurückgekehrt, und Clay bemühte sich, sie durch andere Fachleute zu ersetzen. James Stewart Martin, ein auf das Anti-Trust-Gesetz spezialisierter Anwalt, der vorübergehend bei der Finanzabteilung von SHAEF beschäftigt gewesen war, schien die Voraussetzungen für diese Aufgabe mitzubringen, und Clay ließ ihn nach Berlin versetzen.[76] Zugleich erklärte sich der stellvertretende Militärgouverneur, der sich vielleicht nicht der Tatsache bewußt gewesen ist, wie entschieden General Draper das Entflechtungsprogramm ablehnte, bereit, die Entflechtungsabteilung aufzulösen und die meisten ihrer Aufgaben einem neugeschaffenen Entflechtungsbüro in der Wirtschaftsabteilung von Draper zu übertragen.[77] Damit waren alle Voraussetzungen für einen ideologischen Konflikt geschaffen.

Nach seinem Eintreffen im Januar 1946 nahm der eben ernannte Leiter des Entflechtungsbüros, Martin, sofort die Verhandlungen mit dem britischen Kollegen von Draper, Sir Cecil Weir, auf. Entsprechend den Anweisungen aus Washington sollten die amerikanischen Vorschläge jetzt so formuliert werden, daß sie die britischen Vorbehalte berücksichtigten und überwanden. Die obligatorischen Bestimmungen blieben, aber die „übermäßige Konzentration" wirtschaftlicher Macht sollte am Wert des Bruttovermögens und am Umfang des Unternehmens, des Umsatzes und des Marktanteils gemessen werden. Eine Firma, bei der diese Werte überschritten wurden, konnte der Entflechtung immer noch entgehen, wenn sie nachwies, daß „die technologische Leistungsfähigkeit durch eine solche Maßnahme ernsthaft behindert" würde. Aber die Briten waren nicht bereit, dem Befehlshaber in ihrer Zone das Recht auf die letzte Entscheidung zu nehmen und es einer gemeinsamen Kommission zu überlassen. Deshalb widersetzten sie sich auch weiterhin den amerikanischen Vorschlägen.[78] Aber die Verhandlungen gingen weiter, und schließlich sagte Clay, wenn man sich nicht einigen könnte, werde er in der amerikanischen Zone unilateral vorgehen.

Bei seinen Bemühungen um die Demokratisierung war er, wenigstens im formalen Sinn, erfolgreicher. Die gegen den Rat seiner Mitarbeiter im Januar abgehaltenen Gemeindewahlen verliefen zufriedenstellend mit einer Beteiligung von 86 Prozent aller Wahlberechtigten. Der nächste Schritt, die Wahlen für die Kreis- und Stadträte, war ein ebensolcher Erfolg. Dadurch ermutigt forderte der General die Ministerpräsidenten auf, Entwürfe für vorläufige Länderverfassungen fertigzustellen und die Wahlen für verfassunggebende Versammlungen vorzubereiten, die diese Entwürfe beraten sollten.[79]

Auch in dem neu gebildeten Länderrat in Stuttgart ging die Arbeit gut voran. Er setzte sich aus den drei Ministerpräsidenten und dem Bürgermeister von Bremen zusammen und verfügte über einen großen deutschen Mitarbeiterstab. Bei den Verhandlungen über das in der amerikanischen Besatzungszone geltende Entnazifizierungsgesetz hatte der Länderrat eine wichtige Rolle gespielt. Im Rahmen der ständigen Bemühungen Clays um eine Reduzierung des amerikanischen Personals wurden die Zuständigkeiten des Länderrats ständig erweitert. Zwar waren auf bestimmten Gebieten wie der Umsiedlung der Flüchtlinge, dem Wiederaufbau des Transport- und Verkehrswesens sowie der Post Fortschritte erzielt worden, aber die schwierige Frage der Versorgung mit Lebensmitteln blieb ein ständiger Zankapfel. Die wichtigste Arbeit leistete der Länderrat 1946 und Anfang 1947, als seine Aufgaben von den neuen Bizonenbehörden übernommen wurden. Ein regionales Koordinierungsbüro (RGCO) in Suttgart unter Dr. James Pollock, der dem stellvertretenden Militärgouverneur direkt unterstand, stellte die Verbindung zwischen Clay und den deutschen Länderregierungen her. Clay hatte bei der Einsetzung des Länderrats gehofft, damit den anderen Besatzungsmächten ein Beispiel zu geben und ein Modell für eine deutsche Zentralregierung zu schaffen. Alle Bemühungen auf dieser Ebene um die Wiedervereinigung wurden deshalb von Clay ermutigt, brachten aber keine konkreten Ergebnisse.

Seine monatlichen Besprechungen mit den Ministerpräsidenten in Stuttgart verschafften Clay jedoch in mancher Hinsicht große Befriedigung.[80]

Wenn der offizielle Teil der Sitzungen zu Ende war, führte er gern ungezwungene persönliche Gespräche bei einer Tasse Kaffee mit diesen Herren, und offenbar machte es ihm auch Freude, mit den deutschen Journalisten zu sprechen. Viele Jahre später erinnerte er sich: „Wissen Sie, zuerst wollten es die deutschen Reporter nicht glauben, daß sie dem stellvertretenden Militärgouverneur Fragen stellen durften. Sie beobachteten das Geben und Nehmen mit den Vertretern der alliierten Presse während mehrerer Sitzungen, bevor sie selbst genügend Vertrauen gewannen. Das war für sie eine ganz neue Erfahrung." Mit einigem Stolz fügte er hinzu: „Es ist merkwürdig, aber bis heute werden in Deutschland Pressekonferenzen abgehalten."[81]

Man hat den Eindruck, daß die Besprechungen in Stuttgart nicht nur Clay, sondern auch seinen Zuhörern Freude gemacht haben. Ein Beobachter berichtet: „Die Ausführungen des Generals beschäftigten sich häufig mit unerfreulichen Themen, aber sie waren immer lebendig und meisterhaft abgefaßt. Er sprach meist ohne Manuskript mit einer unaufdringlichen, aber soldatisch klaren Stimme, präzise und sachbezogen, gelegentlich leicht humoristisch, beschönigte nichts, war aber auch nie beleidigt. Seine Zuhörer waren jedesmal beeindruckt von seiner Aufrichtigkeit und Entschlossenheit. Bei Clays Auftreten vor dem Länderrat hat sich die amerikanische Regierung den Vertretern des deutschen Volkes von ihrer besten Seite gezeigt."[82]

Ob er es nun mit der trostlosen Versorgungslage bei Lebensmitteln und Kohle, mit der französischen Obstruktionspolitik, der Entnazifizierung oder irgendeinem anderen Problem zu tun hatte, der General ließ niemals die Arbeit des Ausschusses für die Festlegung des Industrieniveaus aus dem Auge. Er glaubte, dessen Schlußbericht werde das Mittel sein, eine Entscheidung darüber zu erzwingen, ob er seine Mission in Deutschland erfolgreich beenden könnte. Er hatte Byrnes schon in London gesagt, ohne die Wiedervereinigung Deutschlands würden die Alliierten auf die Durchsetzung der wichtigsten Elemente der Potsdamer Beschlüsse verzichten müssen, und dann müßte auch die Mission Clays von neuem überdacht werden, weil die amerikanische Zone allein wirtschaftlich nicht lebensfähig sei. Sokolowskij und dessen Stellvertreter, General Dratwin, hatten ihm wiederholt gesagt, ein Programm für den gesamtdeutschen Außenhandel und eine gemeinsame Nutzung der vorhandenen Rohstoffe ließe sich nur entwickeln, nachdem man sich über den Umfang des Industrieniveaus geeinigt hätte. Im Lauf der Zeit war Clay gegenüber der Haltung der Sowjets zunehmend mißtrauischer geworden und glaubte, daß dies nur eine Verzögerungstaktik sei. Jetzt wartete er auf die Fertigstellung des Plans, um in dem dahinter stehenden Konflikt die Entscheidung zu erzwingen.

Mit seinem großen Verhandlungsgeschick war es ihm gelungen, in der fundamentalen Frage der Stahlerzeugung einen Kompromiß auszuhandeln, aber die Kontroverse um die Produktion in anderen Industriezweigen ging weiter. Nach Auffassung des stellvertretenden Militärgouverneurs ging bei dem Feilschen um die einzelnen Ziffern zu viel Zeit verloren, und das Ergebnis der Verhandlungen würde schließlich jede Bedeutung verlieren. Der Plan selbst würe nur auf Schätzungen beruhen. Die wirklichen deutschen Produktionsziffern lagen 1946 weit unter den erwarteten Grenzen, und es würde mindestens noch drei oder vier Jahre dauern, bis die Produktion diese Grenzen erreicht hatte. Bis dahin würden alle möglichen politischen Veränderungen eintreten, und die in dem Plan genannten Daten würden höchstwahrscheinlich überholt sein.

Der Ausschuß für die Festlegung des Niveaus der Industrieproduktion legte unter ständigem amerikanischen Druck schließlich Ende März 1946 einen Plan vor, der praktisch einen Kompromiß zwischen vier unabhängig voneinander entstandenen Entwürfen war, wobei die von der Sowjetunion vorgeschlagenen Produktionsziffern gewöhnlich die niedrigsten und die des Vereinigten Königreichs die höchsten waren. Wie Don Humphrey erklärte, waren in den letzten Verhandlungsphasen in der Regel politische Überlegungen entscheidend. „Die Differenzen wurden oft auf die einfachste Weise beigelegt, nachdem jeder ein- oder zwei Reden gehalten hatte – man addierte die Ziffern und teilte die Summe durch Vier.“[83] Einige der amerikanischen Wirtschaftsexperten hatten nicht begriffen, daß Clay entschlossen war, es wegen der Industrieproduktion nicht zu einem Bruch mit den Russen kommen zu lassen, und kritisierten die zustandegekommenen Kompromisse. Sie hatten jedoch das Gefühl, wenn Clay die Entscheidung überlassen bliebe, werde er, wenn notwendig, auch mit niedrigeren Produktionsziffern einverstanden sein.[84]

Als der Plan des Ausschusses endlich vorlag, stieß Clay sofort weiter vor. Im Kontrollrat erklärte er: „Das Fundament für die Eintreibung der Reparationen ist jetzt gelegt. Der nächste logische Schritt muß ein gemeinsamer Export-Import-Plan sein.“ Mit der sowjetischen Antwort wurde jedoch sofort jede Hoffnung auf einen wirklichen Fortschritt zerstört. „Wir werden dem Grundsatz folgen, daß die einzelnen Zonen für den Außenhandel und die einzelnen vier Mächte für die Besatzungspolitik in ihren Zonen verantwortlich sind“, erklärte der sowjetische Vertreter.[85] „Wir werden diesen Grundsatz an die Stelle der kollektiven Verantworlichkeit aller vier Mächte setzen. Demnach kann die sowjetische Delegation keine andere Haltung akzeptieren als die des zonalen Prinzips.“[86]

Das war die von Clay schon lange erwartete Klarstellung des Problems. Am folgenden Tag sagte er in seiner Antwort: „Die Potsdamer Beschlüsse sehen einen gemeinsamen Export-Import-Plan vor. Der Plan für die Industrieproduktion gründet sich auf einen ausgewogenen Export-Import-Plan, und wenn ein solcher Plan nicht aufgestellt wird, dann hat auch der Reparationsplan keine Gültigkeit. Die Reparationsleistungen haben erst begonnen, und deshalb ist es Zeit, sich mit diesem Problem zu beschäftigen.“ Mit ruhiger Entschlossenheit fügte er hinzu: „Und wenn wir uns nicht über einen gemeinsamen Export-Import-Plan einigen können, dann wird die Delegation der Vereinigten Staaten zu einem geeigneten Zeitpunkt in nicht allzu ferner Zukunft eine Revision des Reparationsplans verlangen."[87] Jetzt wußten die Russen, woran sie waren, und da sie Clay kannten, war es ihnen klar, daß er im vollen Ernst sprach.

Während der folgenden Sitzungen des Kontrollrats unternahm Clay mehrere erfolglose Versuche, zu Vereinbarungen über die gemeinsame Nutzung der vorhandenen Rohstoffe und anderer Mittel zu kommen. Als Michail Dratwin, der Sokolowskij im Koordinationsausschuß abgelöst hatte, jeden Zusammenhang zwischen Reparationen und einem gemeinsamen Export-Import-Plan bestritt, fuhr Clay auf.[88] Er sagte in scharfem Ton: „Ich erkläre, daß die Reparationen nur einer der Steine sind, mit denen das Haus gebaut werden soll. Aber wenn Sie einzelne Steine aus der Mauer herausziehen, dann stürzt das Haus zusammen, und ich habe den Eindruck, wir haben schon so viele Steine herausgezogen, daß wir kurz vor dem Zusammenbruch stehen. Ich glaube nicht, daß wir eines dieser Probleme lösen können, wenn wir sie nicht alle lösen. Die Verwirklichung des Export-Import-Programms ist mit Sicherheit eng mit der Frage der Reparationen verbunden."

Er gab den Russen noch einige Wochen Zeit, bevor er seine Drohung wahr machte. Am 2. Mai fiel dann die Entscheidung. Auf einer Sitzung des Koordinationsausschusses legte er mit Unterstützung der Franzosen und Briten einen schriftlichen Entwurf für die Zusammenlegung aller Hilfsquellen vor. Wie erwartet erhob Dratwin im Namen der Sowjetunion Einspruch dagegen, wendete sich an General Koeltz und fragte, ob die Franzosen bereit seien, einen zentralen Verwaltungsapparat einzurichten. Die Antwort war immer noch die gleiche. Zwar wollte Frankreich das besetzte Deutschland als wirtschaftliche Einheit behandeln, widersetzte sich aber der Errichtung eines zentralen Verwaltungsapparats. Dann meldete sich Clay zu Wort. „Ich glaube, ich verstehe jetzt die Haltung der sowjetischen Delegation, die den Karren vor das Pferd spannt und nicht umgekehrt. Ich kann nur sagen, daß mit Ausnahme der für Vorauslieferung vorgesehenen Reparationen alle weiteren Reparationen in der amerikanischen Besatzungszone eingestellt worden sind. Wir sind gerne bereit, unsere Vorarbeiten fortzusetzen, wir haben aber nicht die Absicht, weitere Lieferungen vorzunehmen, bevor das ganze Problem gelöst ist. Wir wollen nicht in die Lage geraten, ohne Fabrikationsanlagen und ohne eine Vereinbarung dazustehen."[89] Der drohende Sturm war losgebrochen. Doch während die östliche Presse sich über den „illegalen General Clay" empörte und die amerikanischen Historiker und Politologen darüber debattierten, ob sich die Einstellung der Reparationslieferungen gegen Rußland oder Frankreich richtete, war der stellvertretende Militärgouverneur überzeugt, etwas viel Wichtigeres geleistet zu haben. Er hatte klar gesagt, er werde keine Leistungen des Gebiets zulassen, für dessen Finanzen er verantwortlich war, bevor entsprechende Einnahmen aus alliierten Quellen sichergestellt waren; und damit hatte er die ins Stocken geratene Besatzungspolitik der vier Mächte aus der Sackgasse herausgeführt. (Einem Reporter sagte er: „Wenn wir die wirtschaftliche Einheit nicht herstellen, dann müssen die vier Regierungen entscheiden, was als nächstes geschehen soll."[90])

Um dafür zu sorgen, daß seine Absichten auf der politischen Entscheidungsebene verstanden wurden, legte Clay den Kabinettsmitgliedern in Washington einen umfassenden Bericht über die Problematik der Besatzungspolitik in Deutschland vor.[91] Der General wies darauf hin, wenn sich keine gemeinsame Wirtschaftspolitik in den deutschen Besatzungszonen durchsetzen ließe und die gegenwärtigen Zonengrenzen geändert würden, wäre das Konzept der Potsdamer Beschlüsse bedeutungslos. Die wirtschaftliche Vereinigung Deutschlands ließe sich nur erreichen, wenn alle Handelsgrenzen innerhalb des Landes aufgehoben würden und eine gemeinsame Außenhandelspolitik für die ganze Nation entwickelt würde. Ebenso wichtig wären eine gemeinsame Finanzpolitik und drastische fiskalische Reformen. Die territorialen Fragen im Hinblick auf das Rheinland, das Ruhrgebiet und die Saar müßten sofort entschieden werden. Die Abtretung des Saargebiets würde keine wesentliche Revision des Plans für das Niveau der Industrieproduktion erforderlich machen, aber der Verlust des Rheinlandes und des Ruhrgebiets würde die vollständige Umstellung aller Pläne zur Folge haben müssen. Nach Auffassung des Generals lag das Hauptproblem für die Militärverwaltung darin, daß ein wirtschaftliches Chaos „insbesondere die amerikanische Besatzungszone treffen würde, die über keine Rohstoffe verfügt, denn damit würden die Vereinigten Staaten auf viele Jahre hinaus finanziell belastet werden." Andererseits gab es nach der Meinung von Clay keine Gründe dafür, den Plan für die Reparationsleistungen nicht sofort zu verwirklichen, wenn die wirtschaftliche Einheit hergestellt werden könnte. Aber er sorgte sich darum, daß jetzt verlangt werden könnte, den Reparationsplan zu Gunsten von Reparationsleistungen aus der laufenden Produktion zu revidieren, und wiederholte praktisch die These Morgenthaus, daß man „bei Reparationsleistungen aus der laufenden Produktion die wirkliche Gefahr übersieht, die Deutschland darstellen würde, wenn seine industrielle Kapazität in vollem Umfang wieder hergestellt wird." Er schlug die baldige Einsetzung einer vorläufigen deutschen Regierung vor, für die der Länderrat zunächst als Modell dienen könnte, und dazu die Schaffung einer Kontrollbehörde für die Kohle- und Stahlindustrie im Ruhrgebiet. Clay sagte voraus, daß man hier mit einer entschiedenen Weigerung Frankreichs rechnen müsse (denn alle französischen Parteien wünschten die Teilung Deutschlands), er meinte jedoch, die Russen könnten seinen Vorschlägen unter Umständen zustimmen (denn sie seien an einem vereinigten Deutschland interessiert, allerdings am liebsten unter russischer Schutzherrschaft). Für den Fall, daß sich die vier Mächte nicht einigen konnten, schlug Clay den wirtschaftlichen Zusammenschluß der britischen und der amerikanischen Besatzungszone vor, die im Lauf weniger Jahre autark werden und damit die Vereinigten Staaten finanziell entlasten könnten, wie der Kongreß das wünschte.

Zur Enttäuschung von Clay war die Regierung der Vereinigten Staaten noch nicht bereit, sich hinter seine Haltung des „Entweder-Oder" zu stellen. Acheson und Hilldring hatten statt dessen einen Kompromißvorschlag nach Paris geschickt, der dem amerikanischen Außenminister Byrnes vorgelegt werden sollte. Danach sollten die Reparationsleistungen während eines Zeitraums von 60 bis 90 Tagen unter der Voraussetzung wieder aufgenommen werden, daß die Sowjets sich bereit erklärten, die alliierte Kontrollbehörde gemeinsam mit den anderen Besatzungsmächten anzuweisen, während dieser Zeit über einen Phasenplan für die Annahme und Durchführung einer Viermächte-Wirtschaftspolitik weiterzuverhandeln, der sich auf die Einführung eines Export-Import-Programms konzentrierte.[92] Für Clay war das das Ende – er glaubte es wenigstens. Marjorie war in Berlin angesichts des Elends der Deutschen, das sie umgab, nicht glücklich, und der General war selbst mehr denn je davon überzeugt, daß die Zeit für seine Ablösung gekommen war. Seine Beziehungen zu General McNarney wurden immer gespannter. Er hatte sich besonders über eine Reihe von Direktiven aus dem USFET-Hauptquartier in Frankfurt geärgert.[93] Außerdem gab es gewisse hintergründige Animositäten zwischen den Stäben der Armee und der Militärregierung[94] und zwischen einem hochdekorierten Fliegeroffizier, der in zwei Kriegen aktiv an Kampfhandlungen teilgenommen hatte, und einem Offizier, der den ganzen Krieg in Washington hatte zubringen müssen. Der neue Militärgouverneur zeigte nur wenig Verständnis für die Probleme der Besatzungsbehörden.[95] Sogar Außenseiter erkannten, wie wenig ihn seine Arbeit interessierte. Ein Augenzeuge berichtet, während der Beratungen im Kontrollrat „mußte McNarney sich immer wieder etwas von Clay ins Ohr flüstern lassen und zeigte damit deutlich, wie schlecht er sich vorbereitet hatte."[96] Er verließ Deutschland häufig für längere Zeit, verlangte aber andererseits die volle Anerkennung seiner Vorrechte und wollte alle wichtigen Entscheidungen selbst treffen.[97] Am 15. Juni reichte General Clay in einem Telegramm an McNarney seinen Abschied ein.[98]

6. Kapitel

Eine vorläufige Lösung

Das gespannte Verhältnis zum Militärgouverneur war wahrscheinlich der letzte Anstoß, doch der Hauptgrund dafür, daß Clay jetzt seinen Abschied nehmen wollte, war seine Enttäuschung über die Aussichtslosigkeit seiner Aufgabe. In der Antwort auf das Rücktrittsgesuch seines Stellvertreters zeigte McNarney kaum, daß er es bedauerte, ihn zu verlieren, aber Robert Murphy war zu der Zeit schon überzeugt, daß man auf Clay nicht verzichten konnte.[1] Er setzte sich vertraulich mit dem Außenminister in Verbindung und berichtete ihm von der Krise. Als Byrnes nun persönlich und dringend an seinen Freund appellierte, doch auf seinem Posten zu bleiben, erklärte sich Clay schließlich bereit, zunächst diesem Wunsch zu entsprechen.

Einen Monat, nachdem der General die drastische Maßnahme ergriffen hatte, die Reparationslieferungen einzustellen, reagierte der Kreml auf die Herausforderung. Die Sowjets hatten unmittelbar nach dem Einmarsch russischer Truppen mit dem Abtransport von „Kriegsbeute" aus Deutschland begonnen.[2] Sie gingen nach einem detaillierten Plan vor, der die Erfassung von Lebensmitteln, Tieren, landwirtschaftlichen Geräten, Fahrzeugen und den verschiedensten Verbrauchsgütern vorsah und durch besondere „Beutebrigaden" in die Tat umgesetzt wurde. Gleichzeitig begann die Demontage der wichtigsten als Reparationen vorgesehenen Industrieanlagen. Das waren Bergwerksanlagen, Reparaturwerkstätten für Eisenbahnen, Kraftwerke, Elektrizitätswerke und Lokomotivfabriken. Aber die mit der Demontage beauftragten Leute waren ungelernte Arbeiter, die ohne die notwendige technische Anleitung großen Schaden an den Maschinen anrichteten. Außerdem fehlten die Waggons zum Abtransport der Maschinen, die daher lange Zeit unter freiem Himmel gelagert werden mußten und dabei den Witterungseinflüssen ausgesetzt waren. Nachdem Clay die Reparationslieferungen eingestellt hatte, gingen die Sowjets noch rücksichtsloser vor. Sie erklärten, sie würden 200 der größten Industriewerke in der russischen Besatzungszone, die, wie sie behaupteten, das Eigentum von Monopolkapitalisten und Nazis gewesen waren, enteignen. Diese Werke wurden jetzt in sowjetische Kooperative (SAGs) verwandelt, um ausschließlich für die Sowjetunion oder für den Export zu arbeiten, dessen Erlös den Sowjets zufloß.[3] Die Anlagen einiger dieser beschlagnahmten Firmen hatten ursprünglich demontiert werden sollen. Draper meinte daher, wahrscheinlich hätten auch die Sowjets erkannt, daß sich Reparationen schneller und billiger eintreiben ließen, wenn die Fabrikationsanlagen intakt an Ort und Stelle gelassen würden.

Die freundschaftlichen Beziehungen zwischen dem amerikanischen und dem sowjetischen stellvertretenden Militärgouverneur litten jedoch vorerst nicht unter den Meinungsverschiedenheiten über die Reparationen. Allerdings reagierte die ostdeutsche Presse, unter Mißachtung einer Verfügung des Kontrollrats, nach der jede Kritik an alliiertem Personal verboten war, mit Anwürfen gegen den „illegalen" General. Auf der nächsten Sitzung des Koordinationsausschusses nahm Sokolowskij seinen amerikanischen Kollegen zur Seite, denn er hatte offensichtlich das Gefühl, sich entschuldigen zu müssen: „Wir sind immer gute Freunde gewesen, und ich hoffe, das wird auch trotz der politischen Differenzen zwischen unseren Regierungen so bleiben." Clay lächelte und erwies sich wieder als der charmante Südstaatler. Er streckte dem russischen General die Hand entgegen und sagte: „Ja, Sie sind immer noch mein Freund und ich mag Sie gern. Aber mir gefallen die widerwärtigen Zeitungen nicht, die ihre Befehle von Ihnen bekommen."[4]

Anders als Clay erwartet hatte, fand seine Initiative im Kontrollrat nicht die aktive Unterstützung seiner eigenen Regierung. Als er sich im Mai in

5. Zunächst gab es eine Zeit der amerikanisch-sowjetischen Flitterwochen: Inoffizielles Zusammensein nach der Verleihung des 1. Kutusow-Ordens an Generalleutnant Clay am 10. September 1945. Von links nach rechts: General Eisenhower, Generalleutnant Clay, Marschall Schukow, General Sokolowskij, russischer Dolmetscher.

Paris mit Außenminister Byrnes und den Senatoren Vandenberg und Connally traf, sprach er wieder von der Möglichkeit des Zusammenschlusses der beiden Zonen. Er sagte, man müßte auf jeden Fall mit negativen Reaktionen im Kongreß auf Defizite rechnen, deren Höhe noch nicht abzusehen war. Andererseits ließe sich mit der Schaffung eines aus beiden Zonen bestehenden autarken Wirtschaftsraums vielleicht eine Kürzung der Mittel abwenden. Es würde zwar drei oder vier Jahre dauern, bis die wirtschaftliche Stabilität wieder hergestellt war, aber die Sowjetunion könnte sich während dieser Zeit zu einer Beteiligung entschließen.[5] Die so geschaffene Bizone werde das Instrument sein, im Kontrollrat Zeit für eine gesamtdeutsche Lösung zu finden. Er trug sein Konzept sehr überzeugend vor, aber während er sprach, wurde es ihm schon klar, daß seine Regierung noch nicht bereit war, in diesem Sinne zu handeln.

Am 9. Juli hörte der General – er war wieder in Paris auf der Außenministerkonferenz – die offizielle Antwort der Sowjetunion auf seine Herausforderung. Vor einem aufmerksam zuhörenden Clay und einem zunehmend ärgerlicher werdenden Byrnes verurteilte Molotow die „illegale Einstellung der Reparationsleistungen". Er sagte, der von den Vereinigten Staaten vorgeschlagene Vertrag, der die Entmilitarisierung Deutschlands garantieren und eine Laufzeit von fünfundzwanzig Jahren haben sollte, könne nicht diskutiert werden, bevor man sich über die in Potsdam noch nicht entschiedene Frage der Reparationsleistungen geeinigt habe.[6] Was der sowjetische Außenminister über die nicht gelöste Reparationsfrage gesagt hatte, war richtig. Aber anstatt auf diesen gut dokumentierbaren Punkt näher einzugehen, stellte Molotow die plumpe Forderung auf Reparationsleistungen im Wert von 10 Milliarden Dollar. Seine Behauptung, Präsident Roosevelt hätte in Jalta dieser Summe zugestimmt, empörte den amerikanischen Außenminister und führte zu einer heftigen und unproduktiven Debatte.[7]

Am folgenden Tag erlebte Clay die Konfrontation, die durch die Einstellung der Reparationsleistungen ausgelöst worden war. Molotow verwendete jetzt das Konzept Morgenthaus als Propagandamittel und brachte die Befürchtungen der Deutschen ins Spiel, die um ihre Zukunft bangten, als er erklärte, es wäre ein Fehler, an eine Vernichtung des deutschen Staates zu denken, Deutschland zu einem Agrarland zu machen und seine wichtigsten Industrien zu zerstören. Es sei nicht das Ziel der sowjetischen Regierung, Deutschland zu zerstören, sagte er, „sondern es in einen demokratischen und friedliebenden Staat zu verwandeln, der neben seiner Landwirtschaft auch seine eigene Industrie und seinen Außenhandel haben wird".[8] Eine Politik, die darauf gerichtet sei, einen Hirten- und Bauernstaat zu schaffen und seine wichtigsten Industrien zu zerstören, würde nur dazu führen, daß in Deutschland neue und gefährliche Rachegefühle entstünden. Über das Ruhrgebiet sagte Molotow, da Deutschland ohne dieses Gebiet selbstverständlich nicht als unabhängiger und lebensfähiger Staat weiterexistieren könne, ergänzten solche Vorstellungen nur die Pläne für die Verwandlung

Deutschlands in einen Agrarstaat. Die Alliierten dürften einer Steigerung der Erzeugung von Stahl, Kohle und Fertigprodukten für friedliche Zwecke keine Hindernisse in den Weg legen. Aber er erwähnte nicht, daß es immer die Sowjets gewesen waren, die bei den Besprechungen über das künftige Produktionsniveau der deutschen Industrie die niedrigsten Ziffern vorgeschlagen hatten.

Der amerikanische Außenminister antwortete immer noch in versöhnlichem Ton. Byrnes gab lediglich der Hoffnung Ausdruck, daß bald zentrale deutsche Verwaltungsbehörden geschaffen werden könnten, die gebraucht würden, um die wirtschaftliche Vereinigung Deutschlands sicherzustellen. Wenn jedoch über dieses Thema keine Vereinbarung zustande käme, „werden die Vereinigten Staaten als letzten Ausweg aus dem Dilema einen neuen Vorschlag machen".[9] Byrnes erklärte, keine Besatzungszone in Deutschland sei vollkommen autark, und deshalb würde die Behandlung von jeweils zwei Zonen als wirtschaftlicher Einheit die Verhältnisse in beiden Zonen verbessern. „Bis sich die vier Mächte darüber geeinigt haben, die Potsdamer Beschlüsse zu verwirklichen, welche die Verwaltung Deutschlands als wirtschaftlicher Einheit verlangen, werden sich die Vereinigten Staaten mit jeder anderen Besatzungsmacht in Deutschland zur Behandlung der entsprechenden beiden Zonen als Wirtschaftseinheit zusammenschließen. Die Fortdauer der gegenwärtigen Situation wird zur Inflation und wirtschaftlichen Lähmung führen. Sie wird eine Steigerung der Besatzungskosten und unnötige Leiden der deutschen Bevölkerung zur Folge haben. Die Vereinigten Staaten sind nicht bereit, für die Fortdauer solcher Verhältnisse die Verantwortung zu übernehmen." Zwar war dies der diplomatische Schritt, auf den Clay gewartet hatte, aber er war damit noch nicht ganz zufrieden. Wie er die Dinge sah, hätte die sowjetische Propagandatirade eine schärfere Reaktion erfordert.

Aus den Gesprächen, die er fast täglich mit Journalisten führte, wußte der General nur zu gut, daß nicht einmal die amerikanische Presse, geschweige denn die deutsche Bevölkerung, von den Plänen der Vereinigten Staaten für die Behandlung Deutschlands nach dem Kriege unterrichtet war. Es existierten in Wirklichkeit nur wenige Richtlinien: Der Morgenthau-Plan, dessen Gültigkeit als Instrument der amerikanischen Politik weder offiziell anerkannt noch bestritten war; das Potsdamer Abkommen vom August 1945; die Direktive JCS 1067 vom Mai 1945, die erst fünf Monate später veröffentlicht wurde, ohne daß dabei zum Ausdruck kam, daß wesentliche Bestimmungen darin durch die Potsdamer Beschlüsse ungültig geworden waren; und schließlich der von den vier Mächten beschlossene Plan für die Festsetzung des Produktionsniveaus der deutschen Industrie vom März 1946. Während in all diesen Dokumenten die restriktiven Aspekte der amerikanischen Politik betont wurden, gab keines von ihnen den Deutschen eine Hoffnung auf ihre Zukunft als Nation.

Clay wußte schon seit längerer Zeit, daß eine offizielle programmatische

Erklärung der Vereinigten Staaten notwendig war. Molotows Hetzrede hatte diese Notwendigkeit nur noch verdeutlicht. Außerdem revoltierte der Kampfgeist des Generals gegen die Vorstellung, die provozierenden Äußerungen des sowjetischen Außenministers unbeantwortet zu lassen. Nach Berlin zurückgekehrt, faßte er deshalb seine Auffassungen von der Politik der Vereinigten Staaten und ihren Zielen in einem an das Pentagon gerichteten Schreiben zusammen. Dieses Dokument sollte nach seiner Auffassung allen Dienststellen der Militärregierung und nach Möglichkeit auch der deutschen Bevölkerung zugänglich gemacht werden. An General Echols schrieb er: „Ich zögere, es ohne das volle Einverständnis des Kriegsministeriums und des Außenministeriums zu veröffentlichen. Während man im besetzten Deutschland lebhaft über die Rede Molotows diskutiert, verfügen die Leute in unserer Militärregierung über keine auf den neuesten Stand gebrachte Version unserer Politik und deren Ziele, die sie in Gesprächen mit unserer deutschen Bevölkerung verwenden könnten."[10] Die nun folgende umfassende und komplexe Zusammenfassung der politischen Ziele der Vereinigten Staaten behandelte das breite Spektrum der amerikanischen Politik in Deutschland. Mit Potsdam beginnend bestätigte das von Clay verfaßte Dokument, daß die Vereinigten Staaten der Dreimächte-Vereinbarung folgten, es verlangte jedoch „die Behandlung Deutschlands als wirtschaftlicher Einheit, wobei die eigenen deutschen Hilfsquellen erstens dazu verwendet werden sollten, die lebenswichtigen Bedürfnisse in Deutschland zu befriedigen und zweitens die Exportgüter herzustellen, mit denen die deutschen Importe zu finanzieren wären. Fabrikationsanlagen, die über das vereinbarte Industrieniveau hinausgingen, sollten sofort demontiert werden, aber es sollten keine anderen Reparationen verlangt werden, die die deutsche Wirtschaft noch weiter belasten würden". Der Plan für das Produktionsniveau der deutschen Industrie war ein Mindesterfordernis für einen angemessenen deutschen Lebensstandard, der jedoch auch die Beseitigung der durch die gegenwärtigen Zonengrenzen gegebenen Restriktionen verlangte. Wenn die deutschen Exporte der nächsten Zukunft nicht ausreichen sollten, um wichtige Importe zu finanzieren, dann müßten die Besatzungsmächte sich überlegen, ob sie das tun sollten. Eine baldige und drastische Währungsreform, mit der Deutschland wieder auf eine gesunde finanzielle Basis gestellt werden konnte, war deshalb unbedingt erforderlich. Darüber hinaus mußten nicht nur die in Potsdam vorgesehenen fünf zentralen Verwaltungsbehörden, sondern auch eine Behörde für die Landwirtschaft sofort geschaffen werden. Dazu war es „wünschenswert, gleichzeitig eine provisorische Regierung einzusetzen, der diese Behörden unterstellt werden".[11] Sie würde „aus einem Rat der Ministerpräsidenten oder anderer hoher Staatsbeamten bestehen, die schon jetzt ihre Posten in den vier Besatzungszonen eingenommen haben". Der Rat der Ministerpräsidenten würde außerdem die Aufgabe übernehmen, den vorläufigen Entwurf für eine Verfassung auszuarbeiten, deren wesentlichen Inhalt Clay im folgenden erläuterte. Als künftige deutsche Grenzen akzeptierte Clay in seiner Interpretation die de facto schon bestehende deutsche Ostgrenze. Er erklärte sich damit einverstanden, das Saargebiet wirtschaftlich mit Frankreich zu vereinigen, schloß jedoch die Abtrennung des Rheinlandes und des Ruhrgebiets aus. Statt dessen schlug er die Internationalisierung der Kohle- und Stahlindustrie vor. Für die Zukunft lehnte Clay alle Einschränkungen für die deutsche Industrie ab, die den Deutschen jede Hoffnung auf eine Verbesserung des gegenwärtigen Lebensstandards nehmen würden. Kriegsverbrecher und Anhänger der nationalsozialistischen Partei sollten möglichst bald vor Gericht gestellt und abgeurteilt werden. Sobald die Ziele der Alliierten in Deutschland erreicht waren, sollten die Besatzungsstreitkräfte drastisch reduziert werden. Die alliierte Militärregierung sollte vom Kontrollrat und von „einer genügenden Zahl von Inspektionsteams übernommen werden, die dafür zu sorgen haben, daß ihre Direktiven befolgt werden". Ein deutscher Bundesstaat, der aus mehreren kleineren Staaten bestand, würde schließlich als gleichberechtigtes Mitglied in die Vereinten Nationen aufgenommen werden.[12]

Wie so oft waren die Vorstellungen Clays von der künftigen amerikanischen Politik weiter fortgeschritten als das, was im Außenministerium praktiziert wurde. Acheson bildete sofort eine besondere Studienkommission, deren Aufgabe es sein sollte, „eine langfristige amerikanische Deutschlandpolitik zu entwerfen und politische Leitlinien für die Militärregierung zusammenzustellen".[13] Zugleich unterrichtete das Kriegsministerium Berlin von der Auffassung Achesons, daß das Papier ein weites Gebiet behandele und eine öffentliche Grundsatzerklärung dieses Umfangs deshalb vom Außenminister abgegeben werden solle.

Als Clay von der beabsichtigten Studie erfuhr, war er wütend. Er telegrafierte an das Kriegsministerium: „Ich habe das Papier nicht nach Washington geschickt, um revidierte politische Anweisungen zu bekommen, sondern ich habe mit einer Bestätigung der Politik gerechnet, die wir jetzt verfolgen. Wir befinden uns wirklich in einer traurigen Lage, wenn wir unseren eigenen Leuten erst nach tagelanger Verzögerung eine klare Zusammenfassung unserer politischen Linie geben können. Wenn ich nicht einen anderen Befehl erhalte, dann beabsichtige ich, das Papier in einer Woche an das Personal der Militärregierung verteilen zu lassen."[14] Nach fünf Tagen hatte er die von ihm gewünschten Instruktionen. Seine zusammenfassende Darstellung sollte nicht veröffentlicht werden. Das Kriegsministerium erklärte: „Wir fürchten, die Veröffentlichung zum gegenwärtigen Zeitpunkt könnte die Regierung stärker binden, als es erwünscht wäre". Ein Ausschuß des Außenministeriums unter der Leitung von James W. Riddleberger werde in Kürze nach Berlin kommen, um gemeinsam mit Clay über eine politische Grundsatzerklärung zu sprechen. Besondere Einwände erhob das Außenministerium gegen die Ausführungen Clays über die baldige Einsetzung einer provisorischen Regierung, die mögliche Aufnahme Deutschlands in die Vereinten Nationen und die Anerkennung der deutschen Ostgrenzen durch die Vereinigten Staaten.[15] Clay brauchte eine ganze Woche, um sich zu beruhigen. Am 15. August beschwerte er sich in einem persönlichen Brief an Hilldring darüber,[16] „daß wir hier geglaubt haben, bei unserer Arbeit nach den Grundsätzen unserer Regierungspolitik zu verfahren, nun aber feststellen müssen, daß es nicht die Politik unserer Regierung ist. Sie teilen uns jetzt mit, daß Sie uns einen Ausschuß schicken werden, um eine revidierte Politik zu entwickeln. Mit allem gebührenden Respekt vor dem Ausschuß und seinem Vorsitzenden, Mr. Riddleberger, kann nicht erwarten, daß ich oder mein Stab an solchen Gesprächen teilnehmen. Glauben Sie mir, John", meinte er abschließend, „ich habe sehr große Lust, meinen Abschied zu nehmen und angeln zu gehen". Aber offensichtlich überlegte sich der General die Sache noch einmal, denn der Brief wurde nicht abgeschickt, sondern nur zu den Akten genommen. Am folgenden Tag schrieb er an das Kriegsministerium: „Ihre Anweisungen werden natürlich befolgt, aber ich muß sagen, daß die Militärregierung dabei in eine schwierige Lage gerät, denn offensichtlich gibt es keine klaren politischen Richtlinien."[17] Und in einem persönlichen Brief an den Kriegsminister Patterson schrieb er, er habe seine Denkschrift „in den Papierkorb" geworfen. Er fügte hinzu: „Ich glaube, die Denkschrift ist mißverstanden worden. Es war nicht meine Absicht, sie als eine Empfehlung für die Deutschlandpolitik vorzulegen. Ich erkenne, daß es nicht unsere Aufgabe ist, eine Politik zu entwickeln oder auch nur zu empfehlen, aber es ist enttäuschend, wenn man nach mehr als einem Jahr feststellen muß, daß unsere Interpretation der Politik anscheinend nicht mit den Tatsachen übereinstimmt."[18]

Augenscheinlich fürchtete man an der Regierungsspitze, der verärgerte General könnte wirklich seinen Abschied nehmen, denn das Ehepaar Clay wurde von Byrnes für einen Abend nach Paris eingeladen. Als Marjorie Clay nach vielen Jahren erzählte, der Außenminister wäre immer „wie ein Vater" zu ihnen gewesen, dann muß sie wohl dabei an diese Einladung und ähnliche Begebenheiten gedacht haben.[19] Offenbar ist es Byrnes sehr bald gelungen, seinen erzürnten Freund zu besänftigen. Mit dem Versprechen des Ministers, Anfang September eine ausführliche Erklärung über die Deutschlandpolitik abzugeben, legte er die Kontroverse Clays mit Washington bei, und die Stimmung des Generals besserte sich, wenn auch nur vorübergehend. Nach seiner Rückkehr aus Paris schrieb er an Byrnes:[20] „Marjorie und ich haben den Ausflug nach Paris mehr genossen, als ich es mit Worten sagen kann; besonders weil ich dabei wieder den Wert unserer Freundschaft und des zwischen uns bestehenden Vertrauensverhältnisses erkannt habe. Ich kann es kaum glauben, daß Sie die Zeit gefunden haben, mich inmitten all unserer Sorgen so zu ermutigen." Der mit der Hand geschriebene Brief endete: „Sie sollen wissen, daß ich auch weiterhin alles tun werde, meine Aufgabe in Deutschland nach besten Kräften wahrzunehmen, bis Sie mir sagen, daß sie beendet ist. Ich müßte mich schämen, wenn ich das nicht täte."

Aber schon zwei Tage später bat Clay General McNarney um seine baldige Ablösung und bestätigte damit die Auffassung eines Vorgesetzten, der in seiner Beurteilung Clay's „oft wechselnde Stimmungen" erwähnt hatte. Er unterstrich sein mündliches Ersuchen in einem Brief, in dem er schrieb: „Wenn der Termin feststeht, möchte ich zum Urlaub in die Vereinigten Staaten gehen, denn es steht mir ein sehr langer Urlaub zu. Während dieses Aufenthalts in Amerika werde ich meinen Abschied einreichen."[21] Er schloß mit den Worten: „Ich versichere Ihnen, daß ich bis dahin nach besten Kräften für die Militärregierung und die Erfüllung unserer Aufgaben in Deutschland arbeiten werde." Zwei Tage später sprach Clay mit Bedell Smith,[22] der sich zu einem Besuch in Deutschland aufhielt, und zeigte ihm den Entwurf eines Briefs an Eisenhower, in dem er um Ablösung und wenn notwendig um die Versetzung in den Ruhestand bat. Smith bat ihn, zu warten, bis er persönlich mit Eisenhower gesprochen habe, und alarmierte den General, der damals an der Spitze der Vereinigten Stabschefs stand. Smith schrieb: „McNarney hat gute Arbeit geleistet, aber es ist einfach sehr schwierig, ihn zu mögen." Er fügte hinzu: „Es muß schwer sein, eng mit einem Befehlshaber zusammenzuarbeiten, den man nicht mag. Ich glaube aber, Clay ist in Deutschland immer noch unentbehrlich."

Byrnes entschloß sich, am 6. September nach Deutschland zu reisen, und der Ort seines öffentlichen Auftritts sollte das Opernhaus in Stuttgart sein. Später sagte Clay dazu: „Frankfurt war nicht der richtige Ort, und wir hätten unser Hauptquartier damit zu sehr belastet. Es wäre für unsere Leute zu viel gewesen. Auch Berlin eignete sich nicht. Deshalb war es nur logisch, daß unser Außenminister an den Sitz der deutschen Regierung ging, der in unserem Verantwortungsbereich lag, und das war Stuttgart."[23] Am frühen Nachmittag des 5. September trafen Byrnes, die Senatoren Vandenberg und Connally und ihre Ehefrauen in Berlin ein. Clay und Murphy begrüßten die Gäste auf dem Flughafen Tempelhof und begleiteten sie zum amerikanischen Hauptquartier an der Kronprinzen-Allee. Von dort aus unternahmen sie eine Stadtrundfahrt. Bei der Durchsicht der Rede des Außenministers, die Ben Cohen entworfen hatte – sie enthielt die wichtigsten Teile der kontroversen politischen Grundsatzerklärungen des Generals – machte der stellvertretende Militärgouverneur nur den Vorschlag, „die Erklärung einzufügen, daß unsere Truppen so lange in Deutschland bleiben werden, wie irgendwelche anderen Truppen dort stationiert sind".[24] Byrnes war einverstanden, erkannte jedoch die Folgen einer solchen Erklärung und bemühte sich deshalb um das Einverständnis des Präsidenten. Clay berichtete später: „Er konnte Truman nicht ans Telefon bekommen, obwohl er sich sehr darum bemühte, aber er fügte die Erklärung trotzdem in seine Rede ein, und nach meinem Gefühl war sie der wichtigste Punkt darin. Für die Deutschen gab es andere Dinge, die außerordentlich wichtig waren, aber was die Europäer betraf, behinderte die Tatsache, daß die Vereinigten Staaten sich verpflichteten, in Deutschland und in Europa zu bleiben, die Kommunisten bei ihrem politischen Spiel in Westeuropa wahrscheinlich mehr als irgendetwas anderes, was seither geschehen ist."[25]

Noch am gleichen Tag bestiegen Clay und seine Gäste den Sonderzug des „Führers" und reisten nach Stuttgart ab. Dort wurden sie auf dem Bahnhof von den Ministerpräsidenten der drei Länder in der amerikanischen Besatzungszone begrüßt, die nun die Gelegenheit hatten, Justice Byrnes kennenzulernen und mit ihm zu sprechen, bevor er seine Rede hielt. Der Besuch des Außenministers war das spektakulärste Ereignis in der amerikanischen Zone seit Beginn der Besetzung und fand in einem großartigen Rahmen statt. An den zum Opernhaus führenden Straßen standen amerikanische Soldaten in Paradeuniform Spalier. Sie trugen blaue Helme mit gelben Streifen darum und dem großen Buchstaben C an der Stirnseite. Das war das Abzeichen der U.S. Constabulary, eines erst kürzlich von General Harmon aufgestellten Eliteverbandes. Die Straßenkreuzungen waren durch Panzerspähwagen und Panzer abgesperrt, an denen die Kennzeichen des Verbandes in leuchtenden Farben prangten. Auf den Bürgersteigen hinter dem von den Soldaten gebildeten Spalier standen Tausende von Deutschen. In der Oper spielte die Regimentsmusik der Constabulary, während Offiziere, Soldaten und Zivilbeamte der amerikanischen Militärregierung ihre Plätze einnahmen. Einige vordere Sitzreihen waren für geladene deutsche Beamte und britische und französische Offiziere reserviert. Auf der mit Blumen und Fahnen geschmückten Bühne standen fünf Stühle.[26] Kurz vor 13.00 Uhr führte General McNarney den Außenminister, die beiden Senatoren und Botschafter Murphy auf die Bühne. Clay saß mit den deutschen Ministerpräsidenten im Parkett und sagte später, dort hätte er „die Reaktionen der Deutschen beobachten können".[27] In Wirklichkeit war es eine kluge Geste, öffentlich zu demonstrieren, daß der stellvertretende Militärgouverneur mit den offiziellen deutschen Vertretern gekommen war, um zu hören, welche politischen Entscheidungen seine Regierung getroffen hatte. Die Eingeweihten erkannten, wie sehr sich die Verhältnisse geändert hatten, denn zu Beginn der Besatzungszeit hatten die Deutschen, wenn sie zum stellvertretenden Militärgouverneur befohlen wurden, stehen müssen und waren nicht aufgefordert worden, sich zu setzen.[28] Die Rede des Außenministers[29] war die offizielle Antwort der Vereinigten Staaten auf die Propagandarede Molotows im Juli. Sie bestätigte den Inhalt der Potsdamer Beschlüsse, nach denen Deutschland entmilitarisiert und gezwungen werden sollte, Reparationen zu zahlen. Das deutsche Rüstungspotential sollte durch die Demontage der Rüstungsindustrie zerschlagen werden, und die deutsche Wirtschaft sollte durch die Verkleinerung oder den Abbau von Fabrikanlagen, die für die Friedenswirtschaft nicht benötigt wurden, in Grenzen gehalten werden. Es war die Absicht der Alliierten, es Deutschland zu ermöglichen, den durchschnittlichen europäischen Lebensstandard ohne Unterstützung durch andere Länder aufrecht zu erhalten. An die Sowjetunion gewendet erklärte der Minister, auf vielen wichtigen Gebieten regierte der Kontrollrat weder das

Land, noch ließe er es zu, daß die Deutschen sich selbst regierten. Die Vereinigten Staaten betrachteten eine gemeinsame Finanzpolitik als wesentliche Voraussetzung für einen erfolgreichen Wiederaufbau Deutschlands und seien überzeugt, daß es zu einer nicht mehr aufzuhaltenden Inflation und wirtschaftlichen Lähmung kommen werde, wenn die deutsche Wirtschaft nicht durch eine gemeinsame Finanzpolitik in Ordnung gebracht werden könnte. Zu den territorialen Fragen erklärte Byrnes, „die amerikanische Regierung wird den französischen Anspruch auf das Saargebiet unterstützen" und sei auch bereit, die Annexion gewisser Gebiete in Ostdeutschland durch Polen anzuerkennen.

Während diese Feststellungen den deutschen Zuhörern kaum gefallen konnten, waren sie zweifellos erfreut zu hören, daß die Vereinigten Staaten das Ruhrgebiet und das Rheinland als unbestritten deutsche Gebiete ansahen. So würde Amerika weder irgendwelche Ansprüche auf dieses Gebiet noch eine Teilung Deutschlands unterstützen, die nicht von der Bevölkerung gewünscht wurde. Zusammenfassend erklärte Byrnes, die Vereinigten Staaten könnten Deutschland nicht die durch den von dem nationalsozialistischen Regime begonnenen Krieg verursachten Entbehrungen ersparen, sie würden jedoch den Versuch unternehmen, dem deutschen Volk „die Gelegenheit zu geben, diese harten Zeiten zu überwinden, solange es die menschliche Freiheit respektiert und auf dem Wege zum Frieden bleibt". Im Gegensatz zu der häufig von Historikern gehörten Interpretation enthielt die Rede substanziell nichts Neues, wenn man sie mit anderen politischen Grundsatzerklärungen der Vereinigten Staaten verglich, aber im Ton spürte man sehr deutliche Unterschiede. Der Wiederaufbau der deutschen Wirtschaft in der amerikanischen Zone hatte schon vor mehr als einem Jahr begonnen, aber jetzt wurde er offiziell als wichtiges Ziel der amerikanischen Politik bestätigt.

Die Rede enthielt außerdem den kurzen Absatz, den aufzunehmen Clay verlangt hatte. Byrnes erklärte: „Sicherheitsstreitkräfte werden wahrscheinlich noch lange Zeit in Deutschland bleiben müssen. Ich möchte nicht mißverstanden werden. Wir werden uns unseren Pflichten nicht entziehen. Wir ziehen uns nicht zurück. Wir bleiben hier und werden unseren Anteil an Sicherheitskräften zur Verfügung stellen." Zum ersten Mal erfuhr die Welt hier von einem radikalen Wandel in der politischen Haltung der Vereinigten Staaten. Während Roosevelt in Jalta in Übereinstimmung mit der öffentlichen Meinung in Amerika davon gesprochen hatte, die amerikanischen Streitkräfte würden unter Umständen zwei Jahre in Europa bleiben, und während die Welt – die sich an das Verhalten der Vereinigten Staaten in der Vergangenheit erinnerte – zu dem gleichen Schluß gekommen war, zeigte die Erklärung von Byrnes, daß die Vereinigten Staaten jetzt von ganz anderen außenpolitischen Vorstellungen ausgingen. Der Atlantische Ozean war offensichtlich kein Hindernis mehr, denn die Vereinigten Staaten verknüpften ihr Schicksal offiziell mit dem Westeuropas.

6. Außenminister Byrnes in Stuttgart am 6. September 1946: „Das amerikanische Volk will dem deutschen Volk helfen, wieder einen ehrenvollen Platz unter den freien und friedliebenden Nationen der Welt einzunehmen." Sitzend hinter dem Außenminister von links nach rechts: Botschafter Murphy, Senator Arthur Vandenberg, Senator Thomas Conally und General Joseph T. McNarney.

Für Clay bedeutete die Rede des Außenministers einen bedeutenden Fortschritt, denn sie reinigte die Atmosphäre und räumte mit zahlreichen falschen Vorstellungen auf. Die offizielle Haltung Washingtons entsprach jetzt den Maßnahmen der Militärregierung an Ort und Stelle; die Haltung der Vereinigten Staaten zu territorialen Veränderungen war klar definiert; Freund und Feind wurden offiziell davon in Kenntnis gesetzt, daß die Vereinigten Staaten nicht an einen Rückzug dachten. Zur Hauptsorge des stellvertretenden Militärgouverneurs, der Erlangung der wirtschaftlichen Selbständigkeit, hatte Byrnes gesagt, „Deutschland muß die Gelegenheit erhalten, Waren zu exportieren, um selbst importieren zu können und selbständig zu werden. Europa wird sich nur langsam erholen, wenn Deutschland zu einem Armenhaus wird". Mit dieser Auffassung unterstützte der Minister den Zusammenschluß der britischen und der amerikanischen Besatzungszone.

Die Veranstaltung in der Stuttgarter Oper endete damit, daß die Militärkapelle die amerikanische Nationalhymne spielte. Alle Anwesenden erhoben sich von ihren Sitzen und blieben stehen, bis Außenminister Byrnes und seine Begleitung den Raum verlassen hatten. Clay schreibt: ,,Ich ging hinter die Bühne, um sie dort zu treffen und ihm für seine Rede zu danken, die, wie ich glaubte, Jahre überdauern würde. Senator Vandenberg, dem ebenso wie mir die Tränen in den Augen standen, sagte: ,Und sie haben *The Star Spangled Banner* mit der gleichen Selbstverständlichkeit gespielt, als stünden sie auf den Stufen des Capitols.'"[30]

Die Stuttgarter Rede beseitigte einige der Spannungen, unter denen Clay bisher gearbeitet hatte. Die Russen hatten die Antwort bekommen, nach der sich sein persönlicher Kampfgeist gesehnt hatte. Jetzt stand die ausweglose Situation, in die der Kontrollrat geraten war, auf der diplomatischen Tagesordnung, und die letzte Kontroverse zwischen Clay und dem Außenministerium war beigelegt. Aber andere Zwänge blieben bestehen, und Clay war nicht, wie man nach einem oberflächlichen ersten Eindruck glauben konnte, ein Mann aus Eisen ohne Nerven. Als Majorie Clay im April nach Berlin kam, war sie erschreckt zu sehen, welche Spuren die Überarbeitung und die ständigen Spannungen im Gesicht ihres Mannes zurückgelassen hatten. Später hatte sich dieser Druck noch gesteigert. Einer seiner Mitarbeiter bei OMGUS meinte spitz: ,,Clay ist ein netter Bursche, wenn er ausspannt, das Schlimme ist nur, er spannt nie aus." Seine Sekretärinnen Margaret Allen und Edna Shelley schätzten die Ungezwungenheit und Höflichkeit des Generals,[31] eine Haltung, die äußerste Selbstdisziplin von ihm verlangte. Andere wie George Kennan sprachen von seiner ,,großen physischen und nervlichen Intensität".[32] Delbert Clark berichtet, wenn Clay böse war, ,,wurden seine Augen zu undurchsichtigen schwarzen und drohenden Brunnenschächten",[33] während Don Humphrey meinte, der General ,,war dünnhäutig und sehr nervös".[34] James Forrestal, der nach der Rückkehr des stellvertretenden Militärgouverneurs aus Paris im Juli eine Stunde mit Clay sprach, hatte den Eindruck, man merke dem General die Anstrengungen an, die seine Arbeit mit sich brachte. Als Forrestal wenige Tage darauf in die Vereinigten Staaten zurückkehrte, verfaßte er eine Denkschrift und legte sie dem Kriegsminister vor: ,,Ich denke, Sie sollten General Clay befehlen, zehn oder vierzehn Tage Urlaub zu nehmen – sonst wird er es nicht tun. Und wenn er nicht die Gelegenheit bekommt, sich auszuspannen, dann könnte er eines Tages völlig zusammenbrechen."[35]

Clay schien körperlich ungeheuer widerstandsfähig zu sein, und dieser Eindruck verstärkte sich, weil er es niemals zugab, wenn er sich krank fühlte oder Schmerzen hatte. Edloe Donnan sagte: ,,Er wollte 24 Stunden im Sattel bleiben." Aber die Natur reagiert in besonderer Weise auf tiefsitzende, unterdrückte innere Spannungen. Ungezählte Tassen Kaffee, den er immer schwarz trank, und drei bis vier Päckchen Zigaretten am Tag schadeten ebenfalls seiner Gesundheit. Wie so viele überarbeitete Manager bekam auch Lucius Clay Magengeschwüre – die sogenannte ,,Managerkrankheit". Nach der Stuttgarter Rede von Byrnes ging das Ehepaar Clay mit den Gästen aus Washington für zwei Tage in die bayrischen Alpen. Der General hatte sich schon darauf gefreut, ein paar Tage ausspannen zu können, aber schon am ersten Abend in Berchtesgaden rächte sich der überforderte Körper. Er fühlte sich sterbenskrank und mußte die ganze Nacht erbrechen. Seine Frau erinnert sich: „Ich glaubte, er würde sterben.“[36] Am Morgen war er wie immer selbstbeherrscht und höflich, als er seine Gäste zum ehemaligen Haus Himmlers – nunmehr ein amerikanischer Klub – und dann die Serpentinen hinauf zum berühmten „Berghof“ begleitete.[37]

Nach Berlin zurückgekehrt, fand Clay einen Brief von General Eisenhower vor, der damit auf das Schreiben von Bedell Smith reagierte. Eisenhower meldete sich für Ende September zu einem Besuch in Deutschland an. „Natürlich werde ich Sie hier erwarten“, antwortete der stellvertretende Militärgouverneur. „Majorie und ich haben uns schon zu lange auf einen Besuch von Mamie und Ihnen gefreut, um auch nur daran zu denken, ihn zu versäumen. Ich hoffe, wir werden die Möglichkeit haben, miteinander zu sprechen. Ich bin jedoch mehr denn je davon überzeugt, daß es ein schwerer Fehler wäre, wenn ich noch länger hierbliebe.“[38] Später erinnerte sich Clay: „Es war keine sehr glückliche Zeit“, und er mußte zugeben, daß „das militärische Oberkommando etwas damit zu tun hatte.“ McNarney war zwar der Chef, aber er hatte die Probleme des besetzten Landes nicht begriffen und wollte das auch gar nicht. Aber er hatte dennoch oft das letzte Wort zu sagen. Fünfundzwanzig Jahre später berichtete Clay: „Ich konnte wirklich nicht erkennen, was die Zukunft bringen würde. Wenn ich keine Entscheidungen treffen durfte, dann konnte ich die Lage in Deutschland nicht verbessern, und wenn ich trotzdem die ganze Arbeit leisten mußte und nicht die Entscheidungsvollmacht hatte, hielt ich es für sinnlos.“[39] In dem Gespräch mit Eisenhower wurde die Angelegenheit entschieden. Er sagte Clay, McNarney werde demnächst abgelöst werden und Clay sollte außer seinen Verantwortlichkeiten in Berlin auch den Oberbefehl der in Europa stationierten Truppen übernehmen.

Es war leichter, einen ungeeigneten Oberbefehlshaber loszuwerden als die beiden fundamentalen und eng miteinander verbundenen Probleme der Besetzung Deutschlands zu lösen, die Lebensmittelknappheit und eine mit Mühe unterdrückte Inflation. Da die Getreidereserven von SHAEF zu Ende gingen, mußten die Rationen in der amerikanischen und britischen Zone für den Sommer gekürzt werden. Zum Glück war 1946 die Ernte gut, und im Herbst wurden die Rationen wieder auf den alten Stand gebracht. Doch inzwischen hatte man erkannt, daß selbst die 1550 Kalorien für den Normalverbraucher nicht genügten, um die Arbeitskraft der Bevölkerung zu erhalten, und somit den Wiederaufbau der deutschen Wirtschaft schwer behinderten. Als Folge der fortwährenden Unterernährung war das durchschnittliche Körpergewicht bei der deutschen Bevölkerung erheblich gesunken, und der Gesundheitszustand hatte sich wesentlich verschlechtert. Wie die Ernährungsfachleute im Stabe von Clay im August 1946 berichteten, lag das Körpergewicht im Durchschnitt 10–14 Prozent unter dem normalen Mindestgewicht.[40] Ein aus britischen, französischen und amerikanischen Fachleuten zusammengesetzter Ausschuß kam zu dem Schluß, daß „der Ernährungszustand eines Teils der Stadtbevölkerung in den drei westdeutschen Zonen einigermaßen zufriedenstellend ist, aber ein wesentlich größerer Teil der Bevölkerung sich in einem sehr unbefriedigenden Zustand befindet. Von diesen Personen zeigt eine zunehmend größer werdende Zahl Zeichen schwerer Unterernährung. Je länger dieser Zustand anhält, desto größer wird die Gefahr einer auf Unterernährung zurückzuführenden Katastrophe".

Daß Clay nicht in der Lage war, die Lebensmittelversorgung sicherzustellen und etwas gegen die Inflation zu unternehmen, bedeutete eine große Enttäuschung für ihn. Einerseits waren ihm die Hände gebunden, weil die Vorbereitungen für die Währungsreform im Kontrollrat nur sehr langsam vorankamen, andererseits stellte ihm der amerikanische Kongreß nur begrenzte Mittel zur Verfügung, und auf der ganzen Welt herrschte Lebensmittelknappheit. Darüber hinaus – und das ärgerte ihn am meisten – konnte er nicht die straffe Erfassung aller in dem von ihm verwalteten Gebiet vorhandenen Lebensmittel durchsetzen. Da die meisten amerikanischen Verwaltungsbeamten in die Heimat zurückgekehrt waren, mußte er sich auf die Deutschen verlassen, die nicht alle bereit waren, loyal mit ihm zusammenzuarbeiten.

Da sich landwirtschaftliche Geräte oder Ersatzteile auf legalem Wege nicht beschaffen ließen, erfüllten die Bauern nicht ihre Ablieferungsquoten, sondern tauschten ihre Erzeugnisse gegen dringend gebrauchte Maschinen und Geräte ein. Bei OMGUS schätzte man, daß etwa 20 Prozent der Ernte gehortet wurden oder auf den schwarzen Markt kamen,[41] aber wie sich nach der Währungsreform im Sommer 1948 in dramatischer Weise zeigte, waren es eher 50 Prozent.[42] Die Verhältnisse in den Fabriken waren ähnlich. Viele Arbeiter blieben nur deshalb an ihren Arbeitsplätzen, weil sie dann Lebensmittelkarten bekamen und ihre Sozialversicherungen weiterliefen, denn die Voraussetzung dafür war ein regulärer Arbeitsplatz.[43]

Die Reichsmark hatte praktisch ihren Wert verloren. An ihre Stelle trat die „Zigaretten-Währung", denn Zigaretten ließen sich ebenso verwenden wie gedrucktes Geld. Sie waren haltbar, ließen sich in kleine Summen aufteilen, waren leicht zu transportieren und wurden überall in Zahlung genommen. Viele Millionen von Zigaretten-Packungen wurden aus den Vereinigten Staaten an die Besatzungsarmee geliefert und weitere Mengen kamen über die Schweiz nach Deutschland.[44] Auf dem schwarzen Markt war eine Stange Zigaretten 1000 bis 1500 Mark wert. Der amerikanische Wechselkurs für einen Dollar waren 10 Mark, und auf diese Weise war es für einen Schwarzmarkthändler nicht schwer, ein kleines Vermögen zu verdienen.[45] Im ersten Jahr der Besetzung Deutschlands reichten die gesetzlichen Bestimmungen nicht aus, um dieser Entwicklung zu begegnen, und es wurde auch kaum etwas dagegen unternommen. Als im Sommer 1946 die Reichsmarkbeträge in den Händen der Besatzungstruppe gegen Besatzungsdollar für die Armee eingetauscht wurden, mußte das Pentagon die peinliche Entdeckung machen, daß die amerikanische Armee über nicht konvertierbare Reichsmark im Wert von mehr als 200 Millionen Dollar verfügte. (Da man der sowjetischen Regierung 1944 Druckerplatten für das alliierte Besatzungsgeld überlassen hatte, behauptete man jetzt, ,,Kommunisten" im amerikanischen Schatzamt seien für diese Nachlässigkeit der Finanzabteilung der Armee verantwortlich.[46]) Angesichts dieses moralischen Verfalls, der durch die herrschende Rechtsunsicherheit noch gefördert wurde, bewährte sich der kompromißlose Gerechtigkeitssinn von Clay in vielen Fällen. Freundliche Beziehungen und häufige Kontakte mit der Presse trugen außerdem dazu bei, daß Verschleierungsversuche mißlangen. Als Jim O'Donnell erwähnte, es bestünde der Verdacht, daß die hessischen Kronjuwelen gestohlen worden seien, wollte Clay das zunächst nicht glauben. ,,Ein in Westpoint ausgebildeter Oberst", rief er aus, ,,das kann nicht wahr sein!" Aber als die Meldung bestätigt wurde, stellte er sich mit der ganzen Autorität seines Amtes hinter die Strafverfolgung.[47] Die gleichen Kriterien der Fairneß galten für ihn auch dort, wo Deutsche betroffen waren. Ende 1945 wurden noch 120000 Funktionäre des Dritten Reichs in amerikanischen Internierungslagern festgehalten, ohne daß ein Gerichtsverfahren gegen sie eröffnet worden war, weil sie zu der Kategorie der Personen gehörten, die nach den geltenden Bestimmungen automatisch festgesetzt werden mußten. Nach Auffassung des Generals war der Krieg vorüber, und deshalb sollten möglichst bald normale Rechtsverhältnisse nach amerikanischen Maßstäben wieder hergestellt werden. Deshalb wurden, soweit gegen diese Personen nichts vorlag, mehr als die Hälfte der Internierten entlassen, und die in den Lagern Verbleibenden wurden im Juli 1946 den deutschen Behörden übergeben. Das Kriegsministerium erhob energischen Einspruch gegen diese Maßnahme, aber Clay, der entschlossen war, den Deutschen immer mehr politische Verantwortung zu übertragen, blieb hart.

Das internationale Gericht für die Verfolgung von Kriegsverbrechen in Nürnberg unterstand dem stellvertretenden Militärgouverneur zwar nicht, aber er hatte die Verpflichtung, es administrativ zu unterstützen. Die Urteile wurden jedoch auf den Geheimsitzungen des Kontrollrats überprüft, wobei sich die vier Mitglieder verpflichteten, über die Vorgänge während dieser Sitzungen Stillschweigen zu bewahren.[48] Noch fünfundzwanzig Jahre danach sagte Clay nur, ,,wir haben (erfolglos) versucht, in ein paar Fällen das Urteil zu ändern oder das Strafmaß zu mildern. Die Westmächte versuchten, General Jodl zumindest nicht durch Erhängen, sondern durch Erschießen hinrichten zu lassen, was für ihn selbst und seine Frau eine große Bedeutung hatte. Aber die Russen wollten eine solche Änderung des Urteils nicht zulassen".[49] Nach sehr gewissenhaftem Aktenstudium war Clay zu der Überzeugung gekommen, daß die Verfahren im allgemeinen nützlich gewesen waren. Eine große Zahl deutscher Anwälte hatte, wie er sagte, die Beweismittel überprüfen können, und er selbst hatte dafür gesorgt, daß die Unterlagen ausführlich in der deutschen Presse veröffentlicht wurden. Dennoch fiel es dem General schwer, den gegen einige Militärs ausgesprochenen Urteilen zuzustimmen. Besondere Gedanken machte er sich um Admiral Raeder, der wegen des völkerrechtswidrigen Einsatzes von U-Booten zu einer lebenslangen Gefängnisstrafe verurteilt worden war. Clay erklärte dazu: „Ich bin mir nicht allzu sicher, daß wir, wenn wir über diese Art des Einsatzes von Unterseebooten sprechen und gleichzeitig Nagasaki und Hiroshima bombardieren, nicht einen Unterschied machen, der sich historisch nicht rechtfertigen lassen wird."[50] Er selbst differenzierte auch zwischen dem Verhalten des Generals Keitel, „das nicht dem eines Soldaten entsprochen hat, der Befehle ausführt", und dem des Generals Jodl, der als Chef des Stabes getan hatte, „was fast jeder andere Soldat auch getan hätte. Wenn ein Soldat den Befehl bekommt, etwas zu tun, und man ihm dann vorwirft, er habe ein Verbrechen begangen, weil er diesen Befehl befolgte, dann fällt es mir sehr schwer, mit gutem Gewissen zu sagen, wann das falsch und wann das richtig gewesen ist. Ich weiß es nicht". Schließlich erklärte er: „Hier geht es darum: Verliere nicht den Krieg, das ist alles."[51]

Als der Kontrollrat die Militärbefehlshaber in den Zonen im Dezember 1945 bevollmächtigte, Gerichte für die Verfolgung von Kriegsverbrechen einzurichten, sorgte Clay dafür, daß ein amerikanisches Militärgericht, bei dem Telford Taylor die Anklagevertretung übernahm, sehr bald an die Stelle des internationalen Tribunals trat. 1946 wurden 185 militärische Führer, hohe Regierungsbeamte, Industrielle und Mitglieder der SS von diesem Gericht unter Anklage gestellt und abgeurteilt. Während der gleichen Zeit führte ein Militärtribunal in Dachau Verfahren gegen 2000 Kriegsverbrecher durch, denen besondere Verbrechen wie die Teilnahme an Morden und Brutalitäten in Konzentrationslagern vorgeworfen wurden. Für diese Fälle war die amerikanische Armee und nicht die Militärregierung zuständig,[52] aber zu der Zeit, als die Urteile gesprochen wurden, mußten sie von Clay als Oberbefehlshaber der amerikanischen Streitkräfte in Europa überprüft und bestätigt werden.

Viel schwieriger war es, gerichtlich gegen den schwarzen Markt vorzugehen. Im Dritten Reich waren sogenannte Kompensationsgeschäfte verboten, und die Befolgung dieser Bestimmung war relativ leicht durchzusetzen, weil man fast alle Waren auch auf legalem Wege bekommen konnte. Im Gegensatz dazu waren die entsprechenden Bestimmungen der amerikanischen Militärregierung widersprüchlich, und die von den Deutschen gegen den schwarzen Markt ergriffenen Maßnahmen waren unzureichend. Man versuchte, einen Unterschied zwischen „legalen" und „illegalen" Tauschgeschäften zu machen. Illegal waren sie, wenn mit rationierten Lebensmitteln gehandelt wurde. Nach Auffassung einiger Offiziere bei OMGUS war gegen Tauschgeschäfte im Grunde nichts einzuwenden. Man erklärte, wenn ein amerikanischer Soldat für eine Stange Zigaretten einen wertvollen Teppich, ein Gemälde oder gutes Porzellan eintauschte, dann kamen diese Dinge schließlich in die Hände von wohlhabenden Leuten, während Menschen in Not ihre Zigaretten zu Schwarzmarktpreisen an diejenigen verkauften, die es sich leisten konnten, so teure Zigaretten zu rauchen. Andere, und das waren vor allem die Europäer, betrachteten den Erwerb von Wertgegenständen auf diese Weise als indirektes Plündern und machten den Amerikanern schwere Vorwürfe deswegen, denn nur die amerikanische Besatzungstruppe verfügte über so große Mengen von Verbrauchsgütern.[53]

Zu Beginn der Besatzungszeit entstanden überall in der amerikanischen Zone private Tauschläden, und Clay kam schließlich zu dem Schluß, daß er diese Praktiken sanktionieren müßte, weil er nichts dagegen unternehmen konnte. Als er versuchsweise amerikanische Tauschzentralen einrichtete und Washington sich nach der „ethischen oder moralischen Begründung" erkundigte, kam es zu einer offiziellen Rechtfertigung, die sehr deutlich zeigt, in welchem moralischen Dilemma sich der General befand.[54] Er nahm wie folgt Stellung: „Diese Dienststelle hat gegenüber dem Tauschmarkt von Anfang an gewisse Bedenken gehabt und ihn als das geringere von zwei Übeln akzeptiert. Zugegebenermaßen ist ein Geschäft, bei dem wertvoller Besitz für Verbrauchsgüter abgegeben wird, etwas Unerfreuliches. Doch diese Gegenstände würden ohnedies an Gebrauchtwarenhändler verkauft werden, die den Deutschen viel weniger dafür bieten. Auf dem (amerikanischen) Tauschmarkt bekommt er eine faire Bezahlung, weil hier deutsche Fachleute den Wert der Gegenstände schätzen und ein angemessener Preis dafür gezahlt wird." Clay berichtete auch, daß nach Einrichtung der amerikanischen Tauschzentralen der Umsatz auf dem unkontrollierten schwarzen Markt zurückgegangen sei und es viel leichter wäre, etwas gegen den schwarzen Markt zu unternehmen. Clay wies auch darauf hin, daß „der Deutsche einen besseren Gegenwert auf dem überwachten Tauschmarkt bekommt als bei der Zwangsmiete, wenn sein Haus von amerikanischen Dienststellen beschlagnahmt worden ist". Die besondere Anfrage Washingtons beantwortete er sehr knapp und präzise mit der Erklärung, „was Moral in einem besetzten Lande ist, läßt sich schwer bestimmen" – und dies von einem Sohn der Konföderierten Staaten von Amerika!

Noch nach fünfundzwanzig Jahren glaubte Clay, daß er mit der Zulassung der Tauschzentralen einen „guten Ausweg" gefunden hatte.[55] Er mußte zwar zugeben, daß die Preise die Amerikaner wahrscheinlich begünstigt haben, aber schließlich „war kein Deutscher gezwungen, hereinzukommen". Auf die Frage, was er dazu gesagt hätte, wenn die Truppen der Union in Marietta das gleiche getan hätten, hatte er sofort eine Antwort parat: „Ich hätte das für viel besser gehalten, als wenn sie es heimlich mit unkontrollierten und unregulierten Preisen getan hätten. Wir haben in der Tat versucht, eine Einrichtung zu schaffen, wo die Deutschen wenigstens einen angemessenen Erlös bekamen, viel mehr, als wenn sie sich auf irgendwelche dunklen Geschäfte eingelassen hätten, wobei es immer drei bis vier Mittelmänner gab, die illegal arbeiteten. Ich glaube, das ist nicht unbedingt ein Problem der Besatzungsmacht, weil ich in gewisser Weise mit meinen Leuten die gleichen Schwierigkeiten hatte, wenn sie nach Frankreich und Italien gingen und sich die Landeswährung auf dem schwarzen Markt besorgten, wo sie vier bis fünfmal so viel für ihr Geld bekamen wie nach dem offiziellen Wechselkurs, und das war das gleiche, worüber wir jetzt sprechen. Was soll man da machen? Wie hindert man die Menschen, das zu tun? Ich weiß es nicht. Die Briten und Franzosen haben sich um diese Dinge überhaupt nicht gekümmert."[56]

In der Stuttgarter Rede war deutlich zum Ausdruck gekommen, welche Ziele die Vereinigten Staaten in Deutschland verfolgten. Da sie unmittelbar nach der Ankündigung Clays gehalten wurde, die Reparationsleistungen würden eingestellt werden, hatten die Männer im Kreml offensichtlich begriffen, daß eine kritische Stunde für die sowjetische Deutschlandpolitik gekommen war. Jedenfalls hatte der General den Eindruck, daß die Russen jetzt bereit waren, einem Kompromiß zuzustimmen. Doch bis dahin hatte er genug mit internen Problemen in seiner Zone zu tun. Weder die Entnazifizierung noch die Entflechtung der Konzerne verlief so, wie er es gehofft hatte. Darüber hinaus kam es wegen der politischen Entwicklung auf der deutschen Seite zu Kontroversen mit Washington und innerhalb seines eigenen Hauptquartiers.

Im März 1946 war das 25 Seiten umfassende Gesetz zur Befreiung vom Nationalsozialismus und Militarismus mit seinem zwanzig Seiten starken Anhang verkündet worden. Die feierliche Zeremonie in München, mit der das Gesetz in Gegenwart des Generals Clay in Kraft gesetzt wurde, und die Zustimmung der Presse änderten nichts daran, daß die amerikanischen und deutschen Beamten, die sich an dem Entwurf beteiligt hatten, mit dem Ergebnis durchaus nicht zufrieden waren. Auf der einen Seite fürchteten die Amerikaner, daß sie den Deutschen zu früh die praktische Durchführung des Programms überlassen hatten, und andererseits erhoben die Deutschen Einwände dagegen, daß die Parteimitgliedschaft allein als Schuldbeweis gelten sollte. Bevor das erste Entnazifizierungsverfahren durchgeführt werden konnte, mußten in den drei Ländern besondere Ministerien für die Befreiung vom Nationalsozialismus und Militarismus geschaffen werden, deren Aufgabe es sein sollte, notwendige Verordnungen zu entwerfen und die Spruchkammern einzurichten und zu besetzen. Die neuen Behörden mußten mit den Schwierigkeiten kämpfen, die als Folge einer durch den schwarzen Markt gelähmten Wirtschaft eintraten und zu einem ständigen Kampf um die geeigneten Büroräume, Schreibmaschinen, Papier und anderes benötigte Material führten.[57] Von entscheidender Bedeutung war es natürlich, das geeignete Personal zu finden. Die für diese Aufgabe ausgewählten Leute waren jedoch übereilt ausgesucht worden und oft nicht dafür geeignet. Viele von ihnen waren zu alt, oder sie waren so schlecht ausgebildet, daß sie im Verwaltungsapparat des Dritten Reichs nicht hatten beschäftigt werden können. In vielen Fällen mußten Vorsitzende wegen Korruption oder Begünstigung im Amt entlassen werden.[58] Da man diese Leute übereilt und ohne Rücksicht auf Objektivität, Fairneß und juristische Ausbildung ernannt hatte, wurden sie sehr bald zur Zielscheibe der öffentlichen Kritik. Da gegen ein Viertel der Bevölkerung in der amerikanischen Besatzungszone Entnazifizierungsverfahren eingeleitet werden mußten, war es praktisch unmöglich, das ganze Programm rasch über die Bühne zu bringen. Parteimitglieder, die nur pro forma etwas mit dem System zu tun gehabt hatten, drängten deshalb darauf, möglichst bald entnazifiziert zu werden, während andere, die ein schlechtes Gewissen hatten, so lange im Hintergrund bleiben wollten, bis sich das politische Klima geändert hatte. Während der ersten Monate nach Verkündung des Gesetzes wurde die Durchführung der Verfahren auch kaum beaufsichtigt, denn Clay hatte ausdrücklich befohlen, daß sich die Militärregierung so wenig wie möglich einmischen sollte.[59]

Ein sehr einsichtiger Jurist in Clays Stab schrieb in einer ausführlichen Denkschrift, daß „auch die Antinazis in Deutschland gute Deutsche sind, und sie müssen als Deutsche weiterleben. Man sollte klar erkennen, daß die Entnazifizierung, wenn sie den Deutschen übergeben wird, von ihnen nicht nach den abstrakten Prinzipien einer normalen Rechtsprechung durchgeführt werden wird, sondern in einem sehr bedrückenden politischen Klima. Dabei werden nicht auf legalem Wege zu erfassende Einflüsse wie gesellschaftliche Kontakte, politischer Druck und eine der Besatzungsmacht feindliche Meinung zur Wirkung kommen. So werden alle Bemühungen begünstigt, die darauf gerichtet sind, der Entnazifizierung jede Wirkung zu nehmen und die Bevölkerung vor den Konsequenzen der Niederlage zu schützen ...“[60] Schon die ersten Statistiken über die Verfahren zeigten, wie begründet diese Warnung war. Es stellte sich heraus, daß nur selten Berufsverbote ausgesprochen wurden und die meisten Betroffenen von den Spruchkammern als Mitläufer oder nicht Betroffene eingestuft wurden. Das hatte zahlreiche Beschwerden enttäuschter Amerikaner und Deutscher zur Folge, die immer wieder davon sprachen, daß Betroffene in schamloser Weise „reingewaschen“ würden.[61] Die Kritik an dem Gesetz verschärfte sich als Folge der Bestimmung, die eine Geldstrafe von 2000 Reichsmark als Höchststrafe für Mitläufer festlegte. Während deutsche Behörden entsprechend den in Deutschland üblichen juristischen Gepflogenheiten für eine Staffelung der Geldstrafen nach den Vermögensverhältnissen oder dem Einkommen der betreffenden Person eingetreten waren, hatte Clay in dieser Frage nicht mit sich reden lassen. Für ihn galten von Jugend an auf dem Gebiet der Rechtspflege amerikanische Maßstäbe, und er war überzeugt, die deutschen Vorschläge als undemokratisch ablehnen zu müssen, auch wenn das bedeutete, daß die Geldstrafe in einzelnen Fällen zur bloßen Formsache wurde.[62]

Als die amerikanische Kritik an den Entnazifizierungsverfahren heftiger wurde, reagierte Clay zunächst in der für einen Soldaten charakteristischen

Weise und wies das Personal der Militärregierung an, ,,sich jeder destruktiven Kritik an dem Gesetz zu enthalten und alles zu tun, um konstruktiv an dem erfolgreichen Abschluß des Entnazifizierungsprogramms mitzuwirken. Wenn Nazismus und Militarismus auf die Dauer ausgemerzt werden sollen, dann kann das nur die deutsche Bevölkerung selbst tun, und eine willkürliche Einmischung der Militärregierung widerspräche diesem Grundsatz vollkommen. Man muß damit rechnen", fuhr er fort, ,,daß es bei der Durchführung des Programms zu Fehlern und sogar zu Korruption kommen wird. In jeder Demokratie gibt es bei der Anwendung des Strafgesetzes Mißbräuche". Wie er die Dinge sah, war es ,,eine Aufgabe für die Beamten der Militärregierung, diese Irrtümer und Mißbräuche zu entdecken und dafür zu sorgen, daß Personen, die sich der Korruption schuldig gemacht haben, vor Gericht gestellt werden".[63]

Der General hatte feste Vorstellungen vom Ablauf der Entnazifizierung, und er hielt wie immer hartnäckig an dem Verfahren fest, für das er sich entschieden hatte, und ließ keine Änderungen zu. Erst als der Chefberater eines Untersuchungsausschusses des amerikanischen Senats[64] ihn bei einem Besuch darauf hinwies, die meisten Beamten der Militärregierung seien der Meinung, die Deutschen versuchten, Nazis reinzuwaschen, und hohe nationalsozialistische Beamte kämen praktisch ohne Bestrafung davon, entschloß er sich, vor dem Länderrat seiner Enttäuschung Ausdruck zu verleihen.[65] Er sagte, von 575 Personen, die von den Anklägern als begeisterte Nazis bezeichnet worden waren, hätten die Spruchkammern 400 als Mitläufer und nur 25 als Hauptschuldige eingestuft. ,,Die Militärregierung kann dem deutschen Volk nicht mit gutem Gewissen die Regierungsverantwortung übergeben, wenn es gezeigt hat, daß es nicht bereit ist, sein öffentliches Leben zu entnazifizieren. Ich werde die Arbeit Ihrer Tribunale in den kommenden 60 Tagen mit besonderer Aufmerksamkeit beobachten ... in der Hoffnung, daß sich die heute fehlende Bereitschaft, diese Aufgabe zu erfüllen, zeigen wird ... Ohne Rücksicht auf die Auswirkungen für die deutsche Wirtschaft ... wird die Militärregierung, wenn sich dieser Wille nicht entwickelt, gezwungen sein, Maßnahmen zu treffen, um sicherzustellen, daß die Entnazifizierung durchgeführt wird. Hier darf es keine Mißverständnisse geben. Die Entnazifizierung ist eine unbedingte Notwendigkeit."[66] Aber im Gegensatz zu einigen Interpretationen seiner Rede hat Clay nicht gedroht, wenn keine Fortschritte gemacht würden, werde er die Entnazifizierung amerikanischen Stellen übergeben.[67] Er wußte zu genau, daß sich die Uhr nicht mehr zurückstellen ließ.

Von Washington dazu ermutigt, hatte der General die ihm aufgetragenen wirtschaftlichen Restriktionen liberal interpretiert. Doch bei der Entnazifizierung durfte es nach seiner Auffassung keine Milde geben, und die in der Direktive JCS 1067 und von der öffentlichen Meinung in Amerika geforderte Erfassung aller Parteimitglieder war unbedingt notwendig. Natürlich wußte er, daß dies eine ungeheuer schwierige Aufgabe war, und er hielt ein

System der stufenweisen Amnestie für die beste Methode, auf der einen Seite seine Direktiven wörtlich zu befolgen und auf der anderen Seite den Realitäten gerecht zu werden, die er täglich vor Augen hatte. Im Juli hatte er alle nach dem 1. Januar 1919 geborenen Personen mit Ausnahme von überzeugten Nazis, die führende Stellungen eingenommen hatten, amnestiert. Damit wurden 900000 unerledigte Fälle aus der Liste der noch anstehenden Verfahren gestrichen.[68] Er war entschlossen, dem gleichen Weg durch weitere Amnestien zu folgen.

Dabei war er fest überzeugt, das richtige zu tun. Als der für den Nachrichtendienst verantwortliche Offizier im Stabe von General McNarney kritisierte, das Personal der Spruchkammern sei korrupt und schlecht ausgebildet, es würden illegale Versuche unternommen, unzutreffende entlastende eidesstattliche Erklärungen vorzulegen, die Richter und Zeugen fürchteten Vergeltungsmaßnahmen, und der so entstandene Mangel an Respekt vor Gesetzen der Militärregierung stelle eine sehr ernste Bedrohung der Sicherheit aller amerikanischen Dienststellen in Deutschland dar,[69] wehrte sich Clay mit der ihm eigenen kämpferischen Schärfe. Er erklärte, seine Dienststelle überprüfe ständig das Entnazifizierungsprogramm, um es wirksamer zu gestalten, und er habe erst kürzlich ein strengeres Überwachungssystem eingeführt. Bei jeder Analyse des Entnazifizierungsprogramms dürfe man nicht vergessen, daß 25 Prozent der Bevölkerung in der amerikanischen Besatzungszone von dem Gesetz betroffen seien, „und daß das allein dazu führt, daß das Gesetz von den Deutschen unvorstellbar heftig kritisiert wird". Er wies die meisten Vorwürfe der Armee zurück und erklärte, sie seien „sehr allgemein und stützen sich nur auf sehr indirekte Beweise".

Als im Umgang mit Behörden erfahrener Mann ging er dann selbst zum Angriff über: „Wenn gefährliche Nazis nicht interniert sind, dann liegt das daran, daß unsere Bestimmungen für den automatischen Arrest unzureichend waren oder daß die Festnahmen nicht erfolgt sind. Die Festlegung der Kategorien, die automatisch festgenommen werden sollen, war zunächst die Aufgabe von G-2, und auch die Festnahme von Personen, die zu diesen Kategorien gehören, war eine Aufgabe von G-2." Und am Schluß schrieb er, „der Chef des Stabes G-2 der Armee hat nur aus negativen Meldungen Schlüsse gezogen, ohne den Zweck des Programms im einzelnen zu kennen", und „seine Kritik ist zum großen Teil destruktiv. Ich kann der Behauptung nicht zustimmen, daß die praktische Durchführung des Gesetzes eine Lage geschaffen hat, in der die Sicherheit bedroht wird, und ich kann auch nicht der Auffassung zustimmen, daß in den Schlußfolgerungen des (G-2) Berichts etwas anderes zum Ausdruck kommt als eine persönliche Meinung".[70]

Clay hatte damit gerechnet, daß die öffentliche Meinung in den Vereinigten Staaten auf Verzögerungen bei der Entflechtung der Kartelle gemäß den Potsdamer Beschlüssen nicht so drastisch reagieren würde wie auf die Versäumnisse bei der Entnazifizierung. Auch die Argumente des Generals Draper, der erklärt hatte, daß sich diese Maßnahmen für den Wiederaufbau der Wirtschaft in der amerikanischen Besatzungszone sehr schädlich auswirken würden, schienen einen gewissen Eindruck gemacht zu haben. Doch als James Martin im Juni aus Washington zurückkehrte, wo er neue Mitarbeiter für die Militärregierung rekrutiert hatte, sagte ihm Clay, während seiner Abwesenheit habe das Programm zur Entflechtung der Kartelle wesentlich an Boden verloren. Der Kongreß konzentrierte sich immer mehr auf wirtschaftliche Fragen, auf den „Wiederaufbau" und bemühte sich darum, „den amerikanischen Steuerzahler zu entlasten". Nach Meinung von Clay würde OMGUS seine Arbeit beschleunigen müssen, weil die Militärregierung unter immer stärkeren Druck geriete, gar nichts zu unternehmen.[71] Wie Martin sehr bald feststellte, hatten zahlreiche amerikanische Industrielle Deutschland besucht, und ihre Ansichten schienen den Widerstand der von Draper geleiteten Wirtschaftsabteilung gegen die Entflechtung zu stärken. Anfang August verlor Clay die Geduld und wies Martin an, ein Gesetz zur Entflechtung der Kartelle zu entwerfen. Gleichzeitig wurden die drei Verbündeten davon unterrichtet, daß die Amerikaner, solange es nicht zu einer Vereinbarung zwischen den vier Mächten käme, in ihrer Zone unilateral vorgehen würden.

Martin machte sich sofort an die Arbeit, aber es kam zu weiteren Verzögerungen, als Murphy einwendete, man sollte gemeinsam mit den Briten vorgehen. Außerdem behauptete Draper, Washington habe hinsichtlich der Zwangsvorschriften des Gesetzes seine Meinung geändert, und sein Stellvertreter Lawrence Wilkinson erklärte vor amerikanischen Chefredakteuren, die Entflechtung sei die Ursache für die Verzögerung des wirtschaftlichen Wiederaufbaus in Deutschland. Als Clay von diesen Entwicklungen erfuhr, reagierte er verärgert. „Ich glaube, wenn wir anfangen zu predigen, daß die Entflechtung sich nachteilig auf die deutsche Wirtschaft auswirkt, wird sich eine laue Haltung zur Entflechtung entwickeln", schrieb er an Draper und fügte hinzu: „Ich versuche zwar nicht, für die mittelständische Wirtschaft in den Vereinigten Staaten gegenüber den Großunternehmen eine Lanze zu brechen, bin aber überzeugt, daß die Erneuerung der Demokratie in Deutschland von unserer Fähigkeit abhängt, eine Wirtschaft zu entwickeln, die nicht von einer Handvoll Banken und Holding-Gesellschaften kontrolliert wird. Ich wäre dankbar, wenn Sie dafür sorgen könnten, daß dieser Standpunkt als die offizielle Auffassung von OMGUS verstanden wird." Dann erklärte der stellvertretende Militärgouverneur, er persönlich sei für eine zwangsweise Entflechtung, ausgehend von der Größe der Unternehmen, und er erinnerte Draper an seine Dienstpflichten als Offizier, die gegenüber allen persönlichen Ansichten den Vorrang hätten.[72] Dennoch kam man nur sehr langsam voran, denn die bevorstehende Zusammenlegung der britischen und der amerikanischen Zone erforderte die Koordinierung der Entflechtungsverfahren. Und da die Briten entschieden gegen alle Zwangsmaßnahmen waren und einflußreiche Amerikaner bei OMGUS dieser Auffassung ihre stillschweigende Sympathie entgegenbrachten, war vorauszusehen, was schließlich geschehen würde. In der nächsten Verhandlungsrunde modifizierten die Amerikaner ihre Haltung noch weiter. Auf Anweisung des Außenministeriums wurden die Kriterien des Umfangs einschließlich des Bruttobetriebsvermögens, der Zahl der Beschäftigten und des Umsatzes fallen gelassen, und es blieb nur noch die Frage des Marktanteils offen, der sehr schwer genau zu ermitteln war.[73] Das war die Situation Ende 1946.

Clay hatte sich zwar persönlich intensiv mit der Entflechtung und der Entnazifizierung beschäftigt, aber sorgfältig darauf geachtet, sich nicht in politische Kontroversen hineinziehen zu lassen. Er glaubte, eine Politik der Neutralität sei die einzige demokratische Methode, den Deutschen die freie Wahl zu lassen. Im Gegensatz dazu hatten Marschall Schukow und seine politischen Berater die Führer der politischen Parteien regelmäßig einmal wöchentlich nach Karlshorst zum Essen und zu ausführlichen Gesprächen eingeladen.[74] Wenigstens ein sowjetischer Verbindungsoffizier war der Führung jeder Partei zugeteilt und hatte sein Büro in der Parteizentrale. Bei den Besprechungen in Karlshorst wurde den Parteiführern gesagt, welche Haltung sie gegenüber jeder einzelnen politischen Tagesfrage einzunehmen hätten.[75] Wenn sie diesen Anweisungen nicht folgten, wurden sie entweder von der sowjetischen Militärverwaltung direkt aus ihren Ämtern entlassen, oder unter Druck und Terror zum Rücktritt gedrängt.

Die Landtagswahlen in der sowjetisch besetzten Zone fanden zur gleichen Zeit statt wie die ersten Wahlen in Berlin. Seit Beginn der Besetzung ihrer Zone hatten die Sowjets die Sozialdemokraten ständig gedrängt, sich mit den Kommunisten zu vereinigen, und dieses Drängen führte schließlich zum Erfolg. Die neue Sozialistische Einheitspartei (SED) hatte ein radikales marxistisches Programm, das mit einer Revolution drohte, falls sich die „reaktionären Kapitalisten" dem Sozialismus widersetzten. Die Sowjets hatten sich in den meisten Kommunen in der russischen Zone geweigert, die beiden nicht kommunistischen Parteien zu registrieren, und stellten der SED etwa 50-mal so viel Zeitungspapier zur Verfügung wie den beiden anderen Parteien zusammen, um so den Sieg der Kommunisten sicherzustellen.[76] Während die SED nach Belieben öffentliche Versammlungen abhalten durfte, mußten die anderen Parteien für jede Versammlung eine Sondergenehmigung einholen und im voraus alle Einzelheiten über deren Verlauf melden. Die meisten dieser Versammlungen wurden unter irgendeinem Vorwand nicht genehmigt. Einige politische Offiziere im Stabe von Clay, denen die Lage im Osten Sorgen bereitete, drängten den General wiederholt, im Kontrollrat gegen diese Entwicklungen zu protestieren. Er weigerte sich entschieden.[77] Solange er die Einheit Deutschlands als seine Hauptaufgabe betrachtete, glaubte er, damit nur das Gegenteil erreichen zu können. Aber auch als Washington ihm vorschlug, die demokratischen Parteien im Westen materiell und moralisch zu unterstützen, lehnte er es aus ähnlichen Gründen ab. Er telegrafierte dem Kriegsministerium: „Wenn wir es täten, dann verletzte die Militärregierung eindeutig die von ihr erklärten Grundsätze der absoluten politischen Neutralität, und ein solches Vorgehen würde in Deutschland mißverstanden werden und einen Rückschritt auf dem Wege zur Demokratie bedeuten. Ich möchte mich nicht durch die unklugen Taktiken der sozialistischen Einheitspartei zu voreiligen Maßnahmen drängen lassen."[78] Er ging sogar noch weiter und weigerte sich, für eine ,,politische Presse", wie er sie nannte, Lizenzen zu erteilen, weil eine solche Presse nicht notwendig sei. Er berichtete nach Washington: ,,Daß gegenwärtig keine von politischen Parteien kontrollierten Zeitungen zugelassen sind, liegt daran, daß wir in der amerikanischen Zone eine starke unabhängige Presse schaffen müssen. Wir glauben nicht, daß in Deutschland eine freie und unabhängige Presse entstehen kann, wenn wir von unseren gegenwärtigen politischen Grundsätzen abweichen und versuchen, angesichts des großen Mangels an Zeitungspapier von den Parteien kontrollierte Zeitungen zu gründen."[79]

Er lehnte es strikt ab, den sowjetischen Methoden zu folgen und einer Partei gegenüber den anderen den Vorzug zu geben. Er sagte, den Kommunisten könnte man am besten damit begegnen, daß man die Wirtschaft in Westdeutschland stärkte. Entsprechend seinen etwas theoretischen Vorstellungen von der amerikanischen Demokratie glaubte er, wenn der Apparat eines demokratischen Systems errichtet sei, würden die politischen Führer auf ganz natürliche Weise hervortreten und von ihren Landsleuten anerkannt werden. Die Vorstellung, daß die Militärregierung sich aktiv daran beteiligte, die künftige politische Führung zu bestimmen, ließ sich mit seinen demokratischen Grundüberzeugungen nicht vereinbaren.[80] Mit anderen Worten, im Gegensatz zu den Russen, die entschlossen waren, im deutschen gesellschaftlichen und politischen Leben entscheidenden Einfluß zu nehmen,[81] erblickte Clay in der Militärregierung einen Faktor außerhalb des politischen Lebens in Deutschland.[82] Er weigerte sich daher auch, einzugreifen, als sich die SPD in Berlin aus eigenem Antrieb weigerte, in der SED aufzugehen.

Die Wahlergebnisse lieferten den Beweis dafür, daß es in Deutschland eine starke demokratische Basis gab, und rechtfertigten seine Politik. Sogar in der sowjetischen Besatzungszone wurden nur 47,5 Prozent der Stimmen für die SED abgegeben, während sich die Mehrheit der Wähler für die nicht kommunistischen Parteien entschieden. Der große Gewinner in Berlin war die SPD mit 48,7 Prozent der Stimmen. Die SED hatte mit 19,8 Prozent weniger Stimmen, als die Kommunistische Partei in irgendeiner Wahl von 1928 bis 1933 hatte erringen können. Die Wahlen bezeichneten daher einen politischen Wendepunkt in Berlin. Entsprechend diesen Ergebnissen wurde eine neue Stadtregierung gebildet, obwohl die Sowjets, die in der alliierten Kommandantura immer wieder von ihrem Vetorecht Gebrauch machten, bis 1948 dafür sorgten, daß der Auftrag des Wählers nicht beachtet wurde.[83]

Im Westen hatte OMGUS vom September 1945 an alle Parteigründungen mit Ausnahme einer Nazipartei genehmigt. Auf diese Weise entstanden zahlreiche neue politische Parteien, aber nur vier, die Sozialdemokraten, die Christlich Demokratische Union, die Liberaldemokratische Partei und die Kommunisten erlangten überregionale Bedeutung. Es gelang den alten gesellschaftlichen Gruppen in Deutschland unter den „unpolitischen" Auspizien der Militärregierung von Clay, stabile Verhältnisse zu schaffen, die etwa der Gesellschaftsordnung aus der Zeit vor den Nazis entsprachen, und damit radikale Veränderungen zu vermeiden. Der General hat daher im politischen Leben Deutschlands weder eine soziale Revolution herbeigeführt, noch hatte er die Anweisung, das zu tun. Deshalb konnten unter den Auspizien der amerikanischen Militärregierung die innenpolitischen Strukturen und Gesellschaftsformen aus der Zeit vor den Nazis fast unbeschadet erhalten bleiben.[84]

Mit der gleichen Entschiedenheit verteidigte Clay seine demokratischen Grundsätze, als es zu Meinungsverschiedenheiten mit einigen Bürokraten im State Department kam. Auf eine Anfrage des Außenministeriums hatte er im August Kopien der Verfassungsentwürfe für die drei Länder eingereicht. In seinem Begleitschreiben erklärte er, die Militärregierung habe den deutschen Behörden die Grundsätze erläutert, die in einer demokratischen Verfassung berücksichtigt werden müßten. Solange diese Grundsätze in den Verfassungen garantiert würden, habe er nicht die Absicht, sich zu den einzelnen Bestimmungen zu äußern. „Diese Verfassungen müssen für die Deutschen als freie Schöpfungen der von ihnen gewählten Vertreter gelten, und sie dürfen nach Möglichkeit nicht den Eindruck haben, daß die Militärregierung Einfluß darauf genommen hat."[85] Clay war daher empört, als das Kriegsministerium ihm nach zwei Monaten eine lange Liste mit Verfassungsänderungen schickte, die das Außenministerium vorgeschlagen hatte. Verärgert antwortete er, „die verfassunggebenden Versammlungen der drei Länder, die sich aus frei vom Volk gewählten Vertretern zusammensetzen, haben sich drei Monate mit großem Ernst und gewissenhaft darum bemüht, diese Verfassungen zu entwerfen. Während dieser ganzen Zeit haben unsere Fachleute mit ihnen zusammengearbeitet, jedoch nur, um ihnen Anregungen, nicht aber Anweisungen zu geben." Die von Washington vorgeschlagenen Änderungen, fuhr er fort, ließen sich nicht als Anregungen, sondern nur als ausdrückliche Befehle durchsetzen. Er empfahl deshalb mit Zustimmung des stellvertretenden Kriegsministers Petersen, der sich zufällig in Berlin aufhielt, wenn das Außenministerium bei seinem Verlangen bliebe, sollte die Frage dem Präsidenten zur Entscheidung vorgelegt werden.[86] Damit war die Angelegenheit erledigt. Am 8. Dezember wurden die drei Verfassungen durch Volksentscheid angenommen. Zwei Tage später erklärte Clay auf einer Sitzung von Beamten der Militärregierung aus der ganzen Zone in Stuttgart,[87] die Verfassungen der deutschen Länder „müssen zur Bibel für unser künftiges Vorgehen werden". Er sagte eindringlich, „wenn die Verfassungen, über die in den drei Ländern abgestimmt worden ist, in Kraft treten, dann müssen Sie sich mit dem gleichen Eifer für die Wahrung der Grundrechte der Deutschen einsetzen wie ein Verfassungsrichter in den Vereinigten Staaten".

Clay hatte die Entwicklung, die zum Zusammenschluß der britischen und der amerikanischen Zone führte, mit gemischten Gefühlen verfolgt. Im Kontrollrat hatte General McNarney weisungsgemäß die Aufforderung von Außenminister Byrnes zum wirtschaftlichen Zusammenschluß wiederholt, aber nur Großbritannien war darauf eingegangen. „Die Würfel für die wirtschaftliche Integration mit der britischen Zone sind gefallen", schrieb Clay an Dodge. „Damit wird die Entscheidung erzwungen, und wir hoffen zwar, daß das gemeinsame Vorgehen der vier Mächte dadurch beschleunigt wird, es kann aber auch die gegenteilige Wirkung haben. Ich konnte jedoch nicht eine weitere wirtschaftliche Stagnation hinnehmen, und das wird uns endlich weiterbringen."[88] Obwohl er selbst den Zonenzusammenschluß als vorläufige Maßnahme empfohlen hatte, wußte der stellvertretende Militärgouverneur, daß er kein Allheilmittel war. Amerikaner und Briten hatten, was die Wirtschaftsstruktur in dem gesamten Gebiet betraf, verschiedene Ansichten, und besonders in der Frage der Verstaatlichung von Großunternehmen mußte es zu Konflikten kommen.

Außerdem hatte Clay den Gedanken an die Vereinigung der vier Besatzungszonen noch nicht aufgegeben. Er war über die alte antikommunistische Psychose in den Vereinigten Staaten mehr und mehr besorgt.[89] Mit großem Ärger hatte er von dem „langen Telegramm" Kenntnis genommen, in dem George Kennan den kalten Krieg verkündet hatte, und das an alle im Ausland stationierten höheren militärischen Befehlshaber verteilt worden war. Murphy schrieb an Freeman Matthews im Außenministerium, der General sei „entschieden dagegen".[90] Doch auch als Matthews ihm versicherte, das Telegramm enthielte „die jetzt in den höchsten politischen Kreisen vorherrschende und praktisch unwidersprochene Auffassung", ging Clay nicht von seiner hartnäckig verteidigten Meinung ab. „Wenn es so weitergeht, ist ein Bruch mit den Russen unvermeidlich", sagte er zum stellvertretenden Luftfahrtminister, Stuart Symington, der am 31. Juli nach Berlin kam. „Aber die Lage ist durchaus noch nicht hoffnungslos."[91] Sein Optimismus schien wenige Wochen später durch ein sowjetisches Kompromißangebot bestätigt zu werden.

Angesichts der zahlreichen einander widersprechenden Zwänge und der unentschlossenen Haltung seiner Regierung glaubte der stellvertretende Militärgouverneur jetzt gleichzeitig in zwei verschiedenen Richtungen vorgehen zu müssen. Sowohl eine bizonale Lösung wie auch die Verhandlungen mit den Sowjets sollten aktiv weiterverfolgt werden. So bildeten die beiden stellvertretenden Militärgouverneure auf einer Sitzung mit Clay und Sir Brian Robertson einen Zweimächte-Ausschuß, der „für die Vereinigung der beiden Zonen verantwortlich und nur an Weisungen der beiden Regierungen gebunden sein sollte". Zu den hier vereinbarten Grundsätzen gehörten ein gemeinsamer Lebensstandard, die gemeinsame Nutzung der wirtschaftlichen Hilfsquellen und eine gemeinsame Außenhandelspolitik. Die Erträge aus den bisher getätigten Exportgeschäften sollten auf ein gemeinsames Konto überwiesen und zur Bezahlung genehmigter Importe verwendet werden. Als ausführende Organe sollten fünf deutsche Behörden direkt mit den beiden Militärregierungen zusammenarbeiten, „ohne daß ein deutscher Verwaltungsapparat dazwischengeschaltet wird“. Außerdem einigte man sich darüber, diese deutschen Behörden nicht in einer einzigen Stadt zusammenzufassen, weil dann der Eindruck entstehen konnte, man wollte für die beiden Zonen eine gemeinsame Hauptstadt bestimmen. Das Ziel dieser Zusammenlegung war nicht die Schaffung einer politischen Einheit. Die deutschen Behörden wurden deshalb davon unterrichtet, daß nicht die Absicht bestand, in die politische Struktur der amerikanischen und britischen Zonen einzugreifen oder eine gemeinsame Regierung für sie einzusetzen.[92]

Weil die Übertragung der administrativen und legislativen Zuständigkeit an die Deutschen in der amerikanischen Zone schon viel weiter vorangekommen war als in der britischen, mußte Clay mit einigen besonderen Problemen fertig werden. Der Länderrat war seit seiner Gründung ein von der Besatzungsmacht abhängiger Regierungsapparat, dessen legislative Maßnahmen der Zustimmung der Militärregierung bedurften. Doch nachdem die Verfassung der drei Länder in der amerikanischen Zone nach einer Abstimmung in Kraft getreten waren, entstand das peinliche Problem, daß auf demokratischem Wege erlassene Gesetze autoritären Kontrollen unterworfen waren.[93] Ebenso mußten auch die Zuständigkeiten der neu geschaffenen deutschen bizonalen Exekutivbehörden gegenüber denen des Länderrats abgegrenzt werden. Der General versuchte, dieses fast unlösbare Problem mit einer Direktive über „die Beziehungen zwischen der Militärregierung und der Zivilregierung (in der amerikanischen Besatzungszone) nach dem Inkrafttreten der Länderverfassungen“ zu lösen. Im Anschluß daran gab er Anweisungen heraus, mit denen der Versuch unternommen wurde, die Beziehungen zwischen den neuen bizonalen Behörden und den geplanten Länderregierungen festzulegen.[94] Während er die Vollmachten der Zivilregierungen in vieler Hinsicht wesentlich einschränkte, war er in anderer Hinsicht weniger erfolgreich. Es blieb unklar, welche Vollmachten die Länderregierungen der amerikanischen Zone hatten, und einander widersprechende Interpretationen führten unmittelbar nach Entstehen der Bizone zu administrativen und legislativen Konflikten.[95]

Zweifellos erkannte auch die sowjetische Regierung, daß eine Periode wichtiger Entscheidungen bevorstand. Daß die bizonale Initiative bald auf das entschlossene Verhalten der Vereinigten Staaten und Großbritanniens im Iran folgte, demonstrierte, daß die Geduld des Westens ihre Grenzen hatte. Es war Zeit für die Russen, Zugeständnisse zu machen. So streckten sie zunächst einen diplomatischen „Fühler“ aus. Der erste Schritt erfolgte auf einer Sitzung des Wirtschaftsdirektoriums, als Don Humphreys Kollege, Kolpakow, seine übliche Distanziertheit aufgab und den Wunsch äußerte, einen amerikanischen Film zu sehen. Humphrey lud ihn in sein Haus ein, und nachdem der Russe den Film gesehen hatte, beschwerte er sich mit schlecht gespielter Gelassenheit über die Einstellung der Reparationslieferungen. Er erklärte, das sei eine ,,unnötig harte" Maßnahme. Er schilderte mit bewegenden Worten den großen Mangel an Verbrauchsgütern in seinem Land und wurde besonders erregt, als über Fahrräder gesprochen wurde. Er sagte, es müßten noch 50 Jahre vergehen, bevor die Sowjetunion die gleiche Pro-Kopf-Produktion erreicht haben würde wie Schweden. Am Schluß erklärte er, die Sowjetunion sei bereit, weitgehende Zugeständnisse zu machen, wenn sie dafür die verlangten Reparationslieferungen bekäme. Auf diese sowjetische Initiative folgten weitere amerikanisch-sowjetische Gespräche, und zwar zunächst zwischen Draper und Kowal und schließlich zwischen Clay und Sokolowskij. Das Ergebnis war der Entwurf eines Kompromisses, der vorsah, daß die Sowjetunion im Austausch gegen deutsche Fertigwaren Deutschland mit Rohstoffen beliefern sollte, während die Demontage von Fabrikanlagen für mindestens zehn Jahre ausgesetzt würde. Wie in Potsdam vorgesehen, sollten die sofortige wirtschaftliche Wiedervereinigung der vier Besatzungszonen, die Errichtung gesamtdeutscher Verwaltungsbehörden, eine Währungsreform, eine gemeinsame Nutzung der vorhandenen Rohstoffe und Hilfsquellen und die Aufstellung eines gemeinsamen Export-Import-Plans erfolgen.[96] Der Plan für eine Festlegung des Niveaus der Industrieproduktion, über den man sich erst kürzlich geeinigt hatte, sollte aufgegeben werden, um statt dessen die bisher beschlossene Industrieproduktion etwa auf das Doppelte zu steigern.

Clay wußte natürlich, daß die Sowjets diese Zugeständnisse nicht ohne die ausdrückliche Genehmigung des Kreml gemacht haben konnten. Don Humphrey wurde deshalb angewiesen, einen vorläufigen Finanzierungsplan für die Verwirklichung des Kompromißvorschlags auszuarbeiten.[97] Die neuen Vorschläge wurden, begleitet von einem begeisterten Telegramm Murphys, nach Washington weitergeleitet. Hier hieß es: ,,Außer der wirtschaftlichen und finanziellen Wiedervereinigung sollten wir versuchen, ebenso wichtige politische Ziele zu erreichen. Dies ist vielleicht unsere letzte Gelegenheit, eine so günstige Verhandlungsposition in Deutschland zu diesem Zweck zu nutzen."[98] Aber die Regierung in Washington beantwortete den Bericht nicht sofort. Da Clay im Zusammenhang mit den Gesprächen über den Zusammenschluß der Bizone von Byrnes gebeten worden war, nach New York zu kommen, beschloß er, dem Außenminister einen umfassenden Bericht über die gegenwärtige Lage in Deutschland vorzulegen.[99] Darin nannte er vier Probleme, die auf der Dienstebene des Generals nicht lösbar seien. Das waren der Abrüstungsvertrag, der Friedensvertrag, die Festlegung der deutschen Grenzen und die Voraussetzungen, unter denen die wirtschaftliche Einheit Deutschlands hergestellt werden konnte. Die ersten beiden Probleme konnten nur auf Regierungsebene gelöst werden. Clay schrieb: ,,Es wäre vermessen, wenn die Militärregierung dazu Stellung nehmen oder Vorschläge machen wollte." Zur Frage der deutschen Grenzen faßte er lediglich frühere Stellungnahmen zu den wirtschaftlichen Folgen einer Abtretung des Ruhrgebiets und der Saar zusammen. Den größten Raum in dieser bemerkenswerten Denkschrift nahmen die vergeblichen Bemühungen in Berlin um die politische und wirtschaftliche Einheit Deutschlands ein. Clay erklärte, man sei hier in eine Sackgasse geraten, weil sich einerseits Frankreich weigerte, über Vorschläge zur Einheit zu sprechen, bevor die endgültigen Grenzen festgelegt seien, und weil sich andererseits die Sowjets einer gemeinsamen Nutzung der deutschen Hilfsquellen und einer gemeinsamen Übernahme der Verantwortung für Fehlbeträge widersetzten.

Was Frankreich betraf, so war Clay der Auffassung, daß man die Franzosen nur zur Mitarbeit bewegen könnte, wenn sich die drei anderen Mächte einigten und ihre gemeinsamen Auffassungen energisch genug vertraten. Außerdem würde das Saargebiet wahrscheinlich an Frankreich abgetreten werden müssen. Was die Opposition der Sowjets betraf, so mußte Clay zugeben, daß „sie in erster Linie dadurch begründet ist, daß die Sowjetunion Reparationsleistungen aus der laufenden Produktion braucht und verlangt". Clay war sich der entscheidenden Bedeutung dieser Frage durchaus bewußt und faßte einige aussichtsreiche Untersuchungen zur Frage der Reparationen, die seine Wirtschaftsexperten verfaßt hatten, zusammen. Nachdem er sich über die Vor- und Nachteile eines Kompromisses geäußert hatte, gab er die folgende staatsmännische Lagebeurteilung:

„Es ist unmöglich, die Vor- und Nachteile im einzelnen richtig zu beurteilen, bevor ein deutscher Wirtschaftsplan vereinbart worden ist, in dem der Wert der Reparationsleistungen aus der laufenden Produktion in Dollar und Cents festgelegt wird ...

Es fragt sich deshalb, ob ein solcher Vorschlag es verdient, ernsthaft in Erwägung gezogen zu werden, oder nicht. Wenn die Einheit Deutschlands tatsächlich unmöglich ist, ohne daß diese Frage gelöst wird, bedeutet das Versäumnis, sie zu prüfen, die Teilung Deutschlands ... *Damit wird die Grenze der westlichen Demokratie an der Elbe festgelegt.* (Kursiv von Clay)

Mit Sicherheit sollte man keinen Plan für die wirtschaftliche Einheit in Erwägung ziehen, der eine Produktion für Reparationsleistungen genehmigt, ohne klar zu sagen, daß die politische Wiedervereinigung gleichzeitig vorgenommen wird und daß die Produktion für die Reparationen eingestellt werden müßte, wenn sich die politische Einheit unter demokratischen Vorzeichen als unmöglich erweist ...

Es steht viel für uns auf dem Spiel, weil sich hier die Gelegenheit ergeben würde, für demokratische Ideale in Ostdeutschland und in Osteuropa zu kämpfen. Diese Gelegenheit ergäbe sich, wenn Deutschland unter der Kontrolle der vier Mächte wirklich geeint werden könnte.

Es erscheint daher lohnend, die Möglichkeiten für eine solche Lösung des internen deutschen Problems gründlich zu untersuchen. Niemand weiß, wie viel wir für die Erreichung unserer Ziele zu zahlen bereit sind, aber *die*

Untersuchungen könnten ergeben, daß die Kosten in Dollar und Cent nicht zu hoch sind, besonders wenn man sie daran mißt, was für die Stabilität in Europa erreicht werden kann und was eine solche Stabilität möglicherweise für den Weltfrieden bedeutet.“[100] (Kursiv des Verfassers.)

Wir müssen bezweifeln, daß dieses bemerkenswerte Dokument mit seinen geradezu prophetischen Aussagen die notwendige Beachtung gefunden hat. Auf eine entsprechende Frage hat der General 1975 geantwortet, die vorgeschlagene Untersuchung sei nicht erfolgt, und er wisse auch nicht weshalb.[101] Im November 1946 stand Außenminister Byrnes kurz vor seinem Ausscheiden aus dem Amt. Wie Ben Cohen[102] erkannte, war Byrnes sehr empfänglich für die ihn umgebenden Kräfte. Byrnes hätte alles getan, um zu einer Vereinbarung zu kommen, die sich auf den höchsten gemeinsamen Nenner der Kräfte stützte, die über ihm standen. Und deshalb fing er an, unnachgiebig zu werden, als diese Kräfte unnachgiebig wurden.“ In diesem Fall war die Richtung für eine unnachgiebige neue Politik unter dem Einfluß der außenpolitischen Berater von Truman, Clark Clifford und Admiral Leahy, von General Bedell Smith als Botschafter in Moskau und von George Kennan im Außenministerium schon festgelegt. Die in den Vereinigten Staaten geltende Doktrin war von jetzt ab keine Beschwichtigungspolitik mehr, sondern eine Politik der Eindämmung. Die weitblickenden Empfehlungen von Clay wurden, wenn man sie überhaupt beachtet hat, verworfen, und man beschloß, die beiden Zonen wenigstens als vorübergehende Maßnahme zusammenzulegen. Die Vereinigung der Zonen wurde im Dezember 1946 durch eine Vereinbarung zwischen Byrnes und Bevin offiziell vollzogen, nach der alle wirtschaftlichen Hilfsquellen und Importe zusammengefaßt wurden, um einen einheitlichen Lebensstandard zu schaffen. Gleichzeitig beschloß man, beide Zonen als geschlossenes Wirtschaftsgebiet zu behandeln. Die Durchführung der wirtschaftlichen Vereinigung wurde deutschen Verwaltungsbehörden übertragen, die unter Aufsicht der amerikanischen und britischen Oberbefehlshaber arbeiten sollten. Während sie die Einzelheiten des Zusammenschlusses ausarbeiteten, hatten die beiden Militärgouverneure zunächst die Anweisung, den Eindruck einer von den zwei Besatzungsmächten gemeinsam unternommenen politischen Aktion zu vermeiden, da dieser die Chancen für eine Einigung ganz Deutschlands verringern würde. Aus taktischen und aus protokollarischen Gründen wurden die Sowjetunion und Frankreich nicht nur wiederholt aufgefordert, sich an dem bilateralen Unternehmen zu beteiligen, sondern auch laufend über die amerikanisch-britischen Pläne für die Organisation der Bizone unterrichtet.

7. Kapitel

Der Präsident bestimmt die Außenpolitik

Die Ergebnisse der Kongreßwahlen im November 1946 übertrafen alle Erwartungen der amerikanischen Öffentlichkeit. Eine demokratische Mehrheit von 53 Abgeordneten im Repräsentantenhaus mußte einer republikanischen von 58 Abgeordneten weichen, und die Mehrheit von 19 Demokraten im Senat verwandelte sich in eine Mehrheit von 8 Republikanern. So mußte man mit einem Angriff des Kongresses gegen die Besatzungskosten rechnen, den Lucius Clay schon immer gefürchtet hatte. Da er aus eigener Erfahrung wußte, mit welchen Methoden auf dem Capitol Hill gearbeitet wurde, befürchtete er, daß die Bewilligungsausschüsse beider Häuser unter Umständen Entscheidungen treffen würden, die für die Militärregierung katastrophale Auswirkungen haben mußten. Als die Republikaner im Sommer und Herbst 1946 zunehmend an Einfluß gewannen, erkannte er immer deutlicher, daß Gegenmaßnahmen getroffen werden mußten. Es war notwendig, die Interessen der Armee systematisch und intensiv zu vertreten, und das konnte nur ein angesehener Republikaner tun. Dazu erschien insbesondere Herbert Hoover geeignet. Im Vorfrühling 1946 hatte der ehemalige Präsident als von Truman ernannter Vorsitzender der Kommission für Hungerhilfe 57000 Kilometer zurückgelegt und 22 Länder besucht. In die Vereinigten Staaten zurückgekehrt hatte er dem Präsidenten in einem Bericht gesagt: „800 Millionen Menschen sind vom Hunger bedroht – das ist ein Drittel der Weltbevölkerung." Während seiner Weltreise war Hoover auch in Berlin gewesen, wo der stellvertretende Militärgouverneur dafür gesorgt hatte, daß er von amerikanischen Landwirtschaftsexperten und den Ministerpräsidenten der drei Länder in der amerikanischen Zone über die Lage unterrichtet wurde. Beim Abschied sagte der ehemalige Präsident: „Das amerikanische Volk wird sein möglichstes tun, um zu helfen, und wird in dieser Hinsicht an die Zukunft und nicht an die Vergangenheit denken." Diese Zusage war für die deutschen Vertreter, die an den Gesprächen teilgenommen hatten, sehr ermutigend gewesen.[1] Jetzt war es notwendig geworden, sich wieder an Hoover zu wenden. Die Ernte war 1946 gut gewesen, denn das günstige Wetter hatte den Mangel an Düngemitteln und Saatgut ausgeglichen. Doch im Winter 1946/47 kam es zu Rückschlägen, die sich ungünstig auf die Lebensmittelverteilung in Deutschland auswirkten. Als Folge von Streiks in den Vereinigten Staaten kamen die aus Amerika erwarteten Importe nicht rechtzeitig an. Außerdem ließ die Ablieferung des deutschen Brotgetreides viel zu wünschen übrig, und – was die Lage noch prekärer machte –

Deutschland wurde von dem kältesten Winter seit einer Generation heimgesucht. Die inländischen Wasserstraßen waren zwei bis drei Monate blokkiert, oft fiel die Stromversorgung aus, und Hunderte von Eisenbahnlokomotiven versagten den Dienst. Clay rechnete damit, daß alle diese Umstände im Frühjahr 1947 zu einer neuen Lebensmittelkrise führen würden, bei der in der Bizone pro Person und Tag weniger als 1100 Kalorien zur Verfügung standen. In dieser Lage brauchte er unbedingt weitere Hilfe.[2]

In seinen Depeschen an das Pentagon über die Lebensmittellage und die Notwendigkeit zusätzlicher Mittel, machte Clay deutlich, daß er unbedingt mit Hoovers Hilfe rechnete.[3] Deshalb wendete sich Kriegsminister Robert Patterson unmittelbar nach Bekanntwerden der Wahlergebnisse an den ehemaligen Präsidenten und bat ihn um ein Gespräch. ,,Wir haben Schwierigkeiten mit der Lebensmittelversorgung, die ich gern mit Ihnen besprechen würde", telegrafierte er. Bei dem Zusammentreffen mit Patterson und auch in anderen Gesprächen erklärte sich Hoover bereit, die wirtschaftliche Lage in den von amerikanischen Truppen besetzten Teilen Deutschlands und Österreichs zu untersuchen, sagte aber, sein Auftrag müßte über eine bloße Überprüfung der Versorgungslage hinausgehen, und die Einladung dazu sollte direkt vom Weißen Haus kommen. Clays Wünschen entsprechend erklärte Hoover außerdem, er werde sich darum bemühen, die Republikaner im Kongreß bei der Stange zu halten, so daß die Armee auch von dieser Seite entsprechend unterstützt würde.[4]

An der Regierungsspitze fürchtete man zunächst, zu weitgehende Vollmachten könnten dazu führen, daß Hoover auf die Politik des Außenministeriums einen unerwünschten Einfluß nähme,[5] aber es gelang dem ehemaligen Präsidenten in zwei Gesprächen mit Truman zu einer Einigung zu kommen. Auf einer Pressekonferenz erklärte Hoover, er werde als Wirtschaftsbeauftragter des Präsidenten nach Deutschland gehen, um sich dort um die Lebensmittelversorgung und damit im Zusammenhang stehende Probleme zu kümmern.[6] Der Zweck seiner Reise sei nicht so sehr, festzustellen, was Deutschland für die nächsten zwei bis drei Monate brauche, sondern er wolle untersuchen, wie der amerikanische Steuerzahler auf längere Sicht entlastet werden könne. Offiziell handelte es sich zwar um eine Erkundungsreise, aber offensichtlich hatte Hoover ganz bestimmte Vorstellungen von dem, was er dabei finden würde. Er wußte, daß die Exporte gesteigert und die Deviseneinnahmen erhöht werden mußten. Außerdem war es notwendig, die Industrieproduktion zu erhöhen und weitere Reparationsleistungen auf unbestimmte Zeit auszusetzen.[7]

Hoover reiste am 2. Februar in Begleitung von Tracy L. Voorhees, einem Vertreter des Kriegsministeriums, und einer Gruppe von Landwirtschafts-, Ernährungs- und medizinischen Fachleuten von New York ab. In Europa besuchte er vor allem die Städte Frankfurt, Berlin, Hamburg, Stuttgart, Wien und Rom. Von Frankfurt aus begleitete ihn Clay, der Hoover und seiner Begleitung den Sonderzug des Oberbefehlshabers zur Verfügung stellte. Es war der aus sechs Salonwagen bestehende und mit deutschem Personal besetzte ehemalige Luxuszug von Hermann Göring.[8] Der ehemalige Präsident und seine Begleitung schliefen und aßen in dem Zug, und der Speisewagen diente als Konferenzraum für eine fast ununterbrochene Serie von Besprechungen mit deutschen Wirtschafts-, Finanz- und Ernährungsexperten.

Zu den Mitarbeitern von Hoover gehörten zwei Männer, die die Verhältnisse in Deutschland sehr gut kannten. Louis Lochner hatte viele Jahre das Büro der Associated Press in Berlin geleitet. Dr. Gustav Stolper, ein in Österreich geborener Publizist, war vor der Machtergreifung durch Hitler Reichstagsabgeordneter gewesen. Er hatte einige angesehene Wirtschaftszeitschriften herausgegeben und über die Vorkriegswirtschaft in Deutschland ein Buch geschrieben. Wegen seiner jüdischen Abstammung war er in die Vereinigten Staaten ausgewandert und amerikanischer Bürger geworden. Stolper war ein Konservativer, und zu seinem persönlichen Bekanntenkreis gehörten vor allem nationalistisch gesonnene Angehörige der deutschen Oberschicht. So war er zum Beispiel mit dem ehemaligen Staatssekretär Bernhard von Bülow, den Botschaftern Köster, Hoesch und von Dirksen und dem Grafen Albrecht von Bernstorff befreundet.[9] Ebenso wie Hoover war Stolper mit ganz bestimmten Vorstellungen von den dort herrschenden Problemen nach Deutschland gegangen und hatte sie vor seiner Abreise aus Amerika dem ehemaligen Präsidenten vorgetragen. Das waren neben dem Ernährungsproblem in einem ,,nach den russischen und polnischen Annexionen verstümmelten Deutschland“ die ,,Lähmung des unternehmerischen Geists in Deutschland“ durch die Demontage der Industrie und ,,die Festnahme von Tausenden von Unternehmern und leitenden Angestellten im Rahmen der Entnazifizierung.“ Außerdem sorgte sich Stolper um die ,,drohende Sozialisierung und Neutralisierung“ des Ruhrgebiets durch die britische Labourregierung.[10] Er teilte viele Ansichten Hoovers auf politischem und wirtschaftlichem Gebiet und hatte daher bei der Beurteilung der Lage in Deutschland einen erheblichen Einfluß auf ihn. Ein Beobachter in Berlin meinte dazu, ,,er war immer in der Nähe Hoovers.“ Da Stolper über sehr gute Beziehungen in der deutschen Gesellschaft verfügte, konnte er Hoover innerhalb weniger Wochen die Unterlagen verschaffen, die dieser für seine Berichte brauchte.

Wegen seiner deutschen Vergangenheit und seiner antisowjetischen Neigungen versäumte es Stolper jedoch, Hoover auf einen kritischen Faktor in der deutschen Wirtschaft hinzuweisen, der, wenn er beachtet worden wäre, die politische Haltung in Washington hätte beeinflussen können. Der Deutsche in den Westzonen beobachtete die politische Entwicklung in seinem Land im Wesentlichen passiv und interessierte sich nur dafür, seine persönliche Ernährung und finanzielle Substanz zu sichern, überließ aber Wiederaufbaumaßnahmen weitgehend den Besatzungsmächten. Die Importzuschüsse, obwohl an sich notwendig, verschärften diese Lage. Die Initiative, selbst etwas zu unternehmen, konnte nur durch eine Währungsreform geweckt werden. Solange sie ausblieb, mußte die wirtschaftliche, moralische und geistige Lähmung andauern, und damit war zunächst jede Beurteilung über die tatsächliche Wirtschaftslage in Deutschland unzulänglich.

Clay begleitete Hoover fast auf der ganzen Reise im Sonderzug, und als dieser sich Hamburg näherte, machte er mit seinem unermüdlichen Tatendrang einen unauslöschlichen Eindruck auf einen seiner Untergebenen.[11] Der Kommandant des Zuges, Oliver Margolin, stand im Gang, als die Tür zu Clays Abteil aufging und er schroff aufgefordert wurde, „Platz zu machen".

„Es war General Clay, und ich werde den Ton seiner Stimme und seine herrische Art niemals vergessen", erinnert sich der ehemalige Sonderführer. „Wir waren gegen 8.00 Uhr morgens angekommen, aber die Briten, in deren Zone Hamburg lag, hatten erst um 9.00 Uhr mit unserem Eintreffen gerechnet." Schon nach wenigen Minuten erhielt Margolin den Befehl, „den Zug in den Bahnhof einfahren zu lassen". Als er den Befehl weitergab, machte der Lokführer ein erstauntes Gesicht. „Er konnte es einfach nicht glauben, aber er gehorchte und wahrscheinlich hat er den ganzen Fahrplan durcheinandergebracht. Natürlich war noch niemand auf dem Bahnsteig, um uns abzuholen, weder die Briten noch irgendjemand sonst. So mußten wir warten, bis das Empfangskomitee eintraf. Es war die Ausstrahlung dieses Mannes, der mir im Gang vor der offenen Tür plötzlich gegenüberstand, und seine unerwartet scharfe, befehlende Stimme – das war ein unvergeßlicher Eindruck."

Das Weiße Haus sollte von dieser Reise drei Berichte bekommen, einen über Österreich und zwei über Deutschland. Der Bericht über die deutsche Landwirtschaft und Lebensmittelversorgung beschäftigte sich in erster Linie mit kurzfristigen Problemen und sollte die von der Armee vorgelegten Anforderungen unterstützen. Der Stab von Clay stellte die statistischen Daten zur Verfügung und entwarf den größten Teil des Textes, der sehr lebendig die Wohnraumlage beschrieb (die schlimmste, die es in einem zivilisierten Land jemals gegeben hat). Außerdem wurden darin der Mangel an Heizmaterial und seine Folgen, die verzweifelte Lage von 7 Millionen Kindern und Erwachsenen und die hohe Sterblichkeit bei älteren Personen behandelt.[12] Hier hieß es, „eine sehr große Zahl von Deutschen muß auf einem so niedrigen Niveau leben wie seit 100 Jahren nicht." Der Bericht schloß mit den Worten: „unsere Flagge weht über diesen Menschen, und die Flagge bedeutet mehr als militärische Macht."[13]

Der Bericht über die Versorgung mit Lebensmitteln sollte die zusätzliche Belastung des amerikanischen Steuerzahlers rechtfertigen, während der dritte Bericht in der Absicht verfaßt war, Möglichkeiten aufzuzeigen, diese Belastung künftig abzubauen. Er war überschrieben: „Die notwendigen Schritte zur Förderung des deutschen Exports mit dem Ziel, den amerikanischen Steuerzahler zu entlasten und die Wirtschaft in Europa wieder aufzubauen." Er war zum größten Teil von Stolper verfaßt worden.[14] Es war nicht nur ein politisch wichtiges Dokument, sondern es erreichte das Weiße Haus auch zu einer Zeit, in der sich eine historische Wende vorbereitete, und hatte daher große strategische Bedeutung. Im Krieg entstandene romantische Vorstellungen verblaßten, und der sowjetische Expansionismus auf der ganzen Welt hatte die Männer in Amerika, die die großen Entscheidungen trafen, davon überzeugt, daß sie sich nicht mit den Russen zusammensetzen und die wichtigen Fragen lösen könnten.[15] Lucius Clay, der seine Aufgabe in Deutschland sehr ernst nahm, sah sich in seinem Bemühen, einen Ausgleich mit dem Kreml zu finden, zunehmend isoliert. So mußte es eines Tages zu einem ernsten Zusammenstoß kommen.

Obwohl der republikanische Expräsident wußte, daß es eigentlich nicht mehr notwendig war, begann er seinen Bericht mit einem politisch motivierten Angriff gegen den überholten Morgenthau-Plan und die Direktive JCS 1067, die als Folge des geschickten politischen Taktierens von Clay kaum noch eine praktische Bedeutung hatte. Die anschließende Feststellung von Hoover, daß die Industrieproduktion in Europa ohne einen Wiederaufbau Deutschlands nicht wieder auf einen normalen Stand gebracht werden konnte – eine Vorwegnahme des Konzepts für den Marshall-Plan –, war im Frühjahr 1947 bereits eine allgemein anerkannte Tatsache. Er vermied es zu sagen, daß etwa 85 Prozent der industriellen Vorkriegskapazität in Deutschland noch intakt war, und erklärte, die Verlustziffern „für die Friedensindustrie sind noch nicht festgestellt worden". Auf ähnliche Weise umging er es auch, sich zu eingehend mit den immer noch akuten Problemen der Entnazifizierung und Entflechtung zu beschäftigen und erklärte nur, „daß gewisse Phasen" dieser Programme „den Wiederaufbau behindern". Und er sagte nichts über die eigentlichen Ursachen der wirtschaftlichen Lähmung, sondern erklärte nur, daß „eine von der Inflation betroffene Währung und das Fehlen eines angemessenen Bankensystems alle Fortschritte behindern". Es folgte ein scharfer Angriff gegen das Konzept für die Festsetzung des Industrieniveaus und „die Illusion, daß man mit den Erlösen aus der Verbrauchsgüterindustrie in Deutschland die Importe bezahlen und Deutschland autark machen könnte". Dabei erwähnte er nicht, daß das Außenministerium im Dezember 1945 erklärt hatte, die Festsetzung des Industriepotentials für Deutschland sei nur eine vorübergehende Maßnahme, und man beabsichtige nicht, „der deutschen Wirtschaft auf die Dauer Beschränkungen aufzuerlegen". Der Bericht erwähnte auch nicht die inoffizielle sowjetische Äußerung, daß das Produktionsniveau der deutschen Industrie angehoben werden müßte. Dann legte Hoover seine wichtigsten Empfehlungen vor. Das waren die Beendigung der Demontagen, die Aufhebung aller Einschränkungen für die Industrieproduktion und die deutsche Schwerindustrie, die Rückgabe der von der sowjetischen Militärregierung enteigneten Industrieunternehmen an ihre deutschen Eigentümer und der Verzicht auf die Abtrennung des Ruhrgebiets und des Rheinlands. Gestützt auf diese Grundsätze sollten die Verhandlungen mit den amerikanischen Verbündeten weitergeführt werden, und wenn keine Einigung erzielt werden könnte, sollte der Plan für die Bizone in die Tat umgesetzt werden. Im großen und ganzen entsprachen die Vorschläge Hoovers den herrschenden Vorstellungen der Truman-Administration. Nur die Tatsache, daß Hoover so großen Wert auf den Wiederaufbau der deutschen Schwerindustrie legte, war neu, und dieser Gedanke wirkte immer noch etwas provozierend.[16]

Auf seinem Rückflug nach Amerika war Hoover in London zwischengelandet, um die britische Regierung von seinen Feststellungen zu unterrichten und ihr zu sagen, welche Empfehlungen er seiner Regierung geben werde.[17] Doch noch vor seiner Abreise hatte er Clay dringend empfohlen, einen Teil der amerikanischen Lebensmittelvorräte in Deutschland freizugeben und sofort für die Versorgung unterernährter Kinder einzusetzen. Hochwertige Lebensmittel im Wert von 19 Millionen Dollar waren in Deutschland für die Verteilung an verschleppte Personen eingelagert und wurden jetzt auf Anweisung von Hoover dazu verwendet, für mehr als 3,5 Millionen Kinder im Gebiet der Bizone ein Schul-Mittagessen mit 350 Kalorien zur Verfügung zu stellen.[18] Da diese Maßnahme überall bekannt wurde, konnten die Deutschen jetzt nicht mehr daran zweifeln, daß unter der Ägide der Sieger eine Hungersnot nicht zugelassen werden würde.

Wie Clay erwartet hatte, war das Eingreifen des ehemaligen Präsidenten entscheidend dafür, daß er bei seinen Aufgaben auch weiterhin auf finanzielle Unterstützung rechnen konnte. Als erfahrener Politiker sorgte Hoover dafür, daß sein Erscheinen vor den Kongreßausschüssen durch Berichte im Radio vorbereitet und unterstützt wurden, und daß einflußreiche Zeitungen und Zeitschriften ausführlich darüber schrieben.[19] Er appellierte an das Gewissen des amerikanischen Volkes und wendete sich bei seinen Aussagen im Kongreß an eine breite Öffentlichkeit. Darüber hinaus sprach er persönlich mit einzelnen Senatoren, bevor er seine Aussagen vor den verschiedenen Kongreßausschüssen machte.

Es stellten sich ihm jedoch gewaltige Hindernisse in den Weg, und Eisenhower hatte recht gehabt, als er McNarney im Februar sagte, „der Kongreß war entschlossen, die Mittel für zivile Hilfsmaßnahmen drastisch zu kürzen".[20] Wie üblich – und Clay hatte auch damit gerechnet – richteten sich die ersten Angriffe der prominenten Gesetzgeber in Washington gegen einen „unangemessen großen Stab". Da das Personal bei OMGUS auf das Allernotwendigste reduziert worden war, ließ sich dieser Vorwurf leicht entkräften, besonders da es lautstarke und wohlbegründete Beschwerden darüber gab, daß die Zahl der Amerikaner in Deutschland nicht ausreichte, um alle notwendigen Kontrollaufgaben zu erfüllen. Sehr viel schwieriger war es, die Behauptung zu widerlegen, die Deutschen ließen es an der notwendigen Zusammenarbeit fehlen, und sie erfüllten nicht die Produktionsquoten in der Landwirtschaft. Clay selbst hatte im November vor dem Kongreß ausgesagt, daß man unter Umständen energisch vorgehen müsse, um die Deutschen zur Mitarbeit zu zwingen.[21] Als die Versorgung mit Lebensmitteln im

Frühjahr 1947 immer schwieriger wurde, berichtete die Presse einerseits von der Herabsetzung der Rationen auf 1300 und später auf 1000 Kalorien, andererseits aber auch von einem unkontrollierten schwarzen Markt, und man stellte die Frage, ob die Deutschen versuchten, sich selbst zu helfen oder die Lebensmittelversorgung wirklich sabotierten.[22] Schlagzeilen wie „Deutscher kauft im hungernden Bayern in zwei Stunden 620 Pfund Lebensmittel" und ein genauer Bericht darüber, wie leicht das zu bewerkstelligen war, schwächte natürlich die Stellung der Armee gegenüber den Bewilligungsausschüssen.[23] Clay befand sich in einer Zwickmühle. Einerseits mußte er die deutschen Beamten dazu anhalten, ihre Pflichten gewissenhafter wahrzunehmen, und ihnen manchmal sogar damit drohen, daß er die Ablieferung der festgesetzten Quoten mit Hilfe der amerikanischen Militärpolizei durchsetzen werde – obwohl er sich über solche Möglichkeiten kaum Illusionen machte. Andererseits mußte er sich in Washington, wenn er dort um zusätzliche Lebensmittellieferungen bat, gegen den Vorwurf wehren, daß die Deutschen nicht auch ihren Teil dazu beitrugen, und daß die öffentlichen Erklärungen des stellvertretenden Militärgouverneurs dies bestätigten.[24] Sogar bei seinem Stab in Berlin zweifelte man daran, daß der Versuch einen Sinn haben könnte, die Ablieferung mit polizeilichen Maßnahmen zu erzwingen. Einige Offiziere hatten berechnet, daß angesichts der umfangreichen Lebensmittellieferungen aus den Vereinigten Staaten Rationen von 2300 und nicht nur von 1500 Kalorien oder weniger zur Verfügung stehen sollten, und diese Ansicht war augenscheinlich auch an die Presse durchgesickert.[25]

Gut dokumentierte Berichte über Schwarzmarktgeschäfte mit amerikanischen Zigaretten schadeten ebenfalls den Bemühungen der Armee um die Versorgung der deutschen Bevölkerung, obwohl die nachteiligen Auswirkungen dieser Transaktionen damals nicht in vollem Umfang erkannt wurden.[26] Als die Armee im März 1947 mit der nur widerwillig gegebenen Zustimmung des stellvertretenden Militärgouverneurs versuchte, dagegen einzuschreiten, wurden die direkten Sendungen von Zigaretten in das besetzte Deutschland zeitweilig eingestellt.[27] Aber damit war das Problem noch nicht gelöst. Die Heereskantinen wurden auch weiterhin mit Tabakwaren beliefert. Außerdem schickten, wie Clay erwartet hatte, schlaue Exporteure die Tabakwaren einfach in die Schweiz, von wo sie über die schlecht bewachte Grenze in die französische Besatzungszone kamen, und dagegen konnten die amerikanischen Behörden nichts unternehmen.[28]

Daß das Pentagon Clay anwies, die notwendigen Schritte zu unternehmen, um derartige Importe aus den Nachbarländern zu unterbinden, zeigte nur, daß man in Washington keine richtigen Vorstellungen von den Schwierigkeiten hatte, mit denen die amerikanischen Besatzungsbehörden in der Praxis kämpfen mußten.

Zum Glück war der mächtige Vorsitzende des Bewilligungsausschusses im Repräsentantenhaus, John Taber, ein großer Bewunderer von Hoover und hatte volles Vertrauen in die Urteilskraft des ehemaligen Präsidenten.[29] Die Bewilligungsausschüsse des Repräsentantenhauses und des Senats trafen in vielen Fällen die politischen Entscheidungen auf Gebieten, wo die Zuständigkeiten sich nicht einwandfrei klären ließen. Bei der Besatzungspolitik wurden die wichtigsten Bestimmungen vom Bewilligungsausschuß des Repräsentantenhauses formuliert.[30] Es war den überzeugenden Aussagen Hoovers in den öffentlichen und geheimen Sitzungen des Ausschusses und der aktiven Unterstützung Tabers zu verdanken, daß alle Widerstände in der Legislative überwunden werden konnten. So bewilligte der Kongreß für das Rechnungsjahr 1947 zusätzliche 300 Millionen Dollar für die Versorgung der besetzten Gebiete mit Lebensmitteln, künstlichem Dünger und Saatgut. Für das folgende Jahr wurde der Betrag von 600 Millionen Dollar genehmigt.

Während seines Aufenthalts in Deutschland hatte sich Hoover ganz besonders für den deutschen Export interessiert, und Clay hatte ihm mit Hilfe von Draper und anderen Mitarbeitern genaue Unterlagen zur Verfügung gestellt. Ein erster amerikanischer Plan für ein alliiertes Export-Import-Büro als Vorläufer einer deutschen Außenhandelsbehörde war, wie er sagte, im Dezember 1945 sogar von den Briten als verfrüht abgelehnt worden.[31] Da sich die vier Mächte in dieser Frage nicht einigen konnten, versuchte OMGUS, den Export von sich aus zu fördern, doch auch abgesehen von dem Mangel an Kohle und Rohstoffen stießen die Amerikaner dabei auf sehr große Schwierigkeiten. Die deutschen Hersteller zeigten nur geringes Interesse an einem Verkauf ihrer Erzeugnisse ins Ausland, denn die Preise waren eingefroren, und sie erhielten dafür nur wertlose Reichsmark. Die europäischen Länder als traditionelle Handelspartner Deutschlands waren andererseits nicht bereit, ihre spärlichen Dollarreserven anzugreifen. Sie wollten vielmehr die Konten dadurch ausgleichen, daß sie Verbrauchsgüter wie etwa holländisches Gemüse oder italienisches Obst lieferten, deren Einfuhr, wie Clay erklärte, sich Deutschland nicht leisten konnte.[32] In der herrschenden Notsituation war der Kalorienwert der zu importierenden Lebensmittel der entscheidende Faktor. Der General erklärte, seine Export-Import-Politik sei deshalb zum Anlaß von häufigen Meinungsverschiedenheiten mit dem Außenministerium geworden, das sich immer auf die Seite der anderen europäischen Länder stelle. Er wies jedoch ausdrücklich darauf hin, daß er schon über viele Jahre vom Kongreß genehmigte Geldbeträge verwaltet habe und dafür sorgen werde, daß solche Beträge nur für die Zwecke verwendet werden würden, für die sie vom Kongreß bestimmt worden seien.[33] Für den für Deutschland vorgesehenen Etat sei er und nicht das Außenministerium verantwortlich. Die belgische und die niederländische Regierung hatten sich besonders lautstark beschwert, und ihre Klagen hatten deshalb Schlagzeilen gemacht. Ihr Verlangen, daß die für Deutschland bestimmten Importe in niederländischen Häfen gelöscht werden sollten, hatte, wie der General sagte, zu einer erheblichen Kontroverse geführt. Doch die Hafengebühren in

Rotterdam und Antwerpen mußten in Dollar entrichtet werden, während für Deutschland bestimmte Ladungen in deutschen Häfen gegen Reichsmark gelöscht werden konnten, welche die deutschen Behörden zur Verfügung stellten.[34] Das Außenministerium wollte natürlich den befreiten Ländern helfen und Europa indirekt auf Kosten des Deutschlandetats (des Kriegsministeriums) unterstützen, aber das wollte Clay nicht zulassen.

Als Hoover ihn nach den Einzelheiten der Vereinbarung über den Zusammenschluß der Bizone, die kürzlich in New York unterzeichnet worden war, fragte, erklärte der General, zunächst sei die Verantwortung für die Entwicklung des deutschen Außenhandels in der Bizone der Joint Export-Import Agency (JEIA) übertragen worden. Man rechnete jedoch damit, daß die Aufgaben dieser Behörde von einer deutschen Behörde für den Außenhandel übernommen werden würden, die unter gemeinsamer amerikanisch-britischer Aufsicht arbeiten sollte. Clay selbst hatte die Auffassung vertreten, daß die jeweiligen finanziellen Belastungen nach der Bevölkerungszahl in den beiden Zonen aufgeteilt werden sollten, ein Vorschlag, der die Vereinigten Staaten begünstigt hätte. Die Briten andererseits, die für ihre Lebensmittelimporte dringend Dollar brauchten, verlangten, die Vereinigten Staaten sollten 60 Prozent der finanziellen Lasten übernehmen. Clay und Robertson hatten sich über diesen Punkt nicht einigen können, und die Frage mußte deshalb auf Regierungsebene behandelt werden, wo man sich schließlich darauf einigte, die Kosten gleichmäßig auf beide Länder zu verteilen.[35]

Außerdem berichtete der stellvertretende Militärgouverneur, daß zur Erleichterung des bizonalen Außenhandels eine gemeinsame Devisenbehörde (Joint Foreign Exchange Agency) geschaffen würde. Sie werde bevollmächtigt sein, bei Banken in den Ländern, wo die JEIA operierte, im Namen der beiden Militärregierungen Konten zu eröffnen. Alle bizonalen Exporterlöse sollten auf diese Konten eingezahlt werden. Schließlich berichtete Clay, OMGUS versuche, so rasch wie möglich wieder normale Geschäftspraktiken einzuführen. Sehr bald würden ausländische Einkäufer freien Zugang zur Bizone haben, und die Einschränkungen für die Geschäftsbeziehungen zwischen Deutschland und anderen Ländern würden aufgehoben werden. Das ursprüngliche Exportverfahren, nach dem alle Transaktionen über Berlin abgewickelt werden mußten, hatte zu zeitraubenden Engpässen geführt. Clay hatte daher den Militärregierungsbüros in den Ländern die Vollmacht zur Durchführung dieser Transaktionen übertragen und das benötigte Fachpersonal zu diesen Dienststellen versetzen lassen. Wie er berichtete, waren die ersten sich daraus ergebenden Resultate ermutigend.[36] Zweifellos würde auch eine baldige Währungsreform dem deutschen Außenhandel helfen, und alle Besatzungsmächte sprachen sich dafür aus. Clay fügte hinzu, die Verhandlungen im Kontrollrat seien in jüngster Zeit gut vorangekommen, bis die Sowjets plötzlich verlangten, das neue Geld sollte in Leipzig gedruckt werden. Obwohl sich die Russen später damit einverstanden erklärten, daß der Druck der Geldscheine von einem Viermächte-Ausschuß überwacht wurde, wußte Clay noch nicht, wie er vorgehen sollte. Er sagte dem ehemaligen Präsidenten, er habe das Kriegsministerium um entsprechende Anweisungen gebeten.[37]

In seinem Bericht an den Präsidenten behauptete Hoover, durch die Entflechtung der Kartelle verlangsame sich der wirtschaftliche Wiederaufbau in Deutschland. Doch Clay, der sich der Tatsache bewußt war, daß es sich dabei um ein umstrittenes Programm handelte, war hier langsam und bewußt vorsichtig vorgegangen.[38] Im November hatte er in Washington vor dem Sonderausschuß des Senats zur Untersuchung des nationalen Verteidigungsprogramms über den umfangreichen Bericht gesprochen, den der Chefberater des Ausschusses, George Meader, nach seiner Rückkehr aus Deutschland vorgelegt hatte. Zum Thema der Entflechtung hatte Meader auf Grund seiner Gespräche mit James Martin den Ausschuß daran erinnert, daß Hitler die großen deutschen Industrieunternehmen sehr wirksam für sein Aggressionsprogramm eingesetzt hatte. Er behauptete, weil die deutsche Industrie in Großbetrieben konzentriert war, sei es für die Nazis relativ einfach gewesen, die Herstellungsbetriebe im geheimen auf die Produktion von Rüstungsgütern umzustellen. Darüber hinaus sei Hitler, wie Meader meinte, durch die Tätigkeit der deutschen Kartelle im Ausland in die Lage versetzt worden, seine potentiellen Feinde industriell zu schwächen.[39] Die Schwierigkeiten, die zu Beginn des Krieges bei der Produktion des synthetischen Gummis auftraten, waren laut Meader dafür bezeichnend. Meader hatte auch davon gesprochen, welche Auswirkungen es nach seiner Ansicht haben müßte, wenn man ,,Schlüsselpositionen in der Militärregierung mit Personen besetzt, die aus großen amerikanischen Firmen kommen“. Es gab viele amerikanische Beamte, die sich in diese Kategorie einordnen ließen, aber Meader nannte nur einen von ihnen beim Namen. Das war William Draper, ,,ein Vizepräsident von Dillon Read, der in den zwanziger Jahren in den Vereinigten Staaten große Mengen von deutschen Wertpapieren, darunter auch Aktien der Vereinigten Stahlwerke, in Umlauf gebracht hatte“. Da in der Öffentlichkeit der Vorwurf erhoben wurde, ,,Vertreter amerikanischer Firmen dienen mehr den Interessen ihrer Unternehmen als denen ihres Landes, wenn sie wirtschaftlich einflußreiche Stellungen in der Militärregierung einnehmen“, empfahl Meader, daß diese Zusammenhänge restlos aufgeklärt werden sollten.[40] Wie Clay die Dinge sah, waren solche Behauptungen unbegründet. Er mußte aber trotzdem erkennen, daß diese Empfehlungen ein gewisses Gewicht besaßen, als der geheime Bericht Meaders nach den Wahlen im November für die Presse freigegeben wurde. Andererseits war sich Clay aber auch der Tatsache bewußt geworden, daß die Opposition gegen das Entflechtungsprogramm in Amerika stärker wurde. In der amerikanischen Geschäftswelt gab es Stimmen, die meinten, die Entflechtungspolitik von OMGUS sei das Werk von Extremisten im Justizministerium und sie behinderte den wirtschaftlichen Fortschritt.[41] Besonders Hoover vertrat diese Ansichten.

Clay entschloß sich, einen gemäßigten Kurs zu verfolgen. Nach Berlin zurückgekehrt, übte er milde Kritik an James Martin, weil dieser seine Enttäuschung in Gegenwart von Meader zum Ausdruck gebracht hatte, und weigerte sich noch einmal, ihn aus der Kontrolle von Draper zu entlassen.[42] Andererseits lehnte er Martins Rücktrittsgesuch ab und versuchte, für eine reibungslosere Zusammenarbeit zwischen den beiden Dienststellen zu sorgen. Das Ergebnis war, wie Martin sich ausdrückte, ein „Stillhalteabkommen", mit dem die Fortführung der schwierigen Verhandlungen mit den Briten über die zulässige Konzentration in der Industrie der Bizone gerechtfertigt wurde. Die Zahl der deutschen Großunternehmen, die nach Auffassung der Briten und Amerikaner einen zu großen Marktanteil hatten, wurde gemeinsam von Briten und Amerikanern auf 21 reduziert, aber schließlich ließ man das ganze Konzept fallen. Statt dessen sah der neue Entwurf die Errichtung einer gemeinsamen Kommission vor, welche die Firmen überprüfen und entscheiden sollte, ob ihre Größe und ihr Umsatz der technischen Leistungsfähigkeit entsprachen, und ihr Fortbestand sich daher rechtfertigen ließ. Wo die Kommission eine übermäßige Konzentration wirtschaftlicher Macht feststellte, konnte sie den Befehlshabern in der Zone entsprechende Gegenmaßnahmen empfehlen. Diese Firmen sollten dann umstrukturiert und in lebensfähige, unabhängige wirtschaftliche Einheiten aufgeteilt werden. Da man das Konzept der zwangsweisen Entflechtung aufgegeben hatte, war es nicht mehr schwierig, sich mit den Briten über den Text eines in beiden Zonen geltenden Gesetzes zu einigen.[43] Das im Februar für die amerikanische Besatzungszone als Militärregierungsgesetz Nr. 56 und für die britische Besatzungszone als Verordnung Nr. 78 verkündete Gesetz stellte ein Zugeständnis Clays zugunsten des Konzepts der Bizone dar. Philip Hawkins, der Martin als Leiter der Entflechtungsbehörde ablöste und in dieser Frage eine gemäßigte Haltung einnahm, erklärte, das neue Gesetz sei „ein Rückzug von den Potsdamer Beschlüssen und ein vollständiger taktischer Sieg für die traditionelle britische Haltung."[44] Der General hatte den Wünschen der Briten nachgegeben, aber wie Martin mit Bedauern meinte, „war das Gesetz Nr. 56 noch immer nichts anderes als Papier und Druckerschwärze."[45]

Clays strenges Entnazifizierungsgesetz war andererseits Anlaß für ständige Schwierigkeiten, und immer wieder wurden von verschiedenen Seiten Gesetzesänderungen verlangt. Dieses Verlangen kam nicht nur von den Deutschen, sondern auch von den Angehörigen des Stabes des stellvertretenden Militärgouverneurs. Trotz der Drohungen, die der General in seiner Rede vom November ausgesprochen hatte, und ungezählter Direktiven, Befehle und Pläne der Dienststellen der Militärregierung kam man bei den Entnazifizierungsverfahren kaum voran.[46] Die für die Entnazifizierung zuständigen amerikanischen Beamten verlangten, daß die Hauptschuldigen zuerst vor Gericht gestellt werden sollten,[47] aber das dringende Verlangen von Millionen „Mitläufern", rasch entnazifiziert zu werden, belastete den ganzen Apparat zu sehr. Da diese Leute bis zu ihrer Entlastung nur als einfache Arbeiter angestellt werden durften, wollten sie die Sache so rasch wie möglich hinter sich bringen, die ihnen auferlegte Geldbuße zahlen und ihr normales Leben wieder aufnehmen. Die deutschen Spruchkammern widersetzten sich diesem Verlangen kaum.

Lucius Clay, der die einmal von ihm als richtig erkannten Ziele stets mit großer Hartnäckigkeit verfolgte, wollte auf seine Entnazifizierungspolitik ebenso wenig verzichten wie auf seine Absicht, die Wiedervereinigung Deutschlands durchzusetzen. Doch während seine Unnachgiebigkeit im Hinblick auf das letztere Vorhaben bald zu einer Konfrontation mit dem neuen amerikanischen Außenminister führen sollte, fand sich im Falle der Entnazifizierung durch die Möglichkeit von Amnestien ein Ausweg. Die Reaktion der amerikanischen Presse auf die vorangegangene Amnestie Jugendlicher war positiv gewesen, und durch diese Maßnahme erledigten sich automatisch 900 000 bei den Spruchkammern anhängige Fälle. Deshalb empfahl Walter Dorn, der Fritz Oppenheimer als Clays Entnazifizierungsberater abgelöst hatte, eine Amnestie für die unteren Einkommensgruppen, ein Vorschlag, der von den deutschen Gewerkschaften unterstützt und von Clay sofort angenommen wurde. Am ersten Weihnachtsfeiertag 1946 verkündete General McNarney feierlich die neue Amnestie für Personen, die „nicht als Hauptschuldige oder Schuldige unter Anklage gestellt sind, deren finanzieller Status zeigt, daß sie nicht von der Habgier und Gewinnsucht der Nazis profitiert haben, oder die zu mehr als 50 Prozent erwerbsunfähig sind".[48] Die von OMGUS herausgegebenen Ausführungsbestimmungen legten fest, daß die Amnestie auf Personen anzuwenden war, deren Einkommen unter 3600 Reichsmark und deren versteuerbares Vermögen bei Kriegsende unter 20 000 Reichsmark lag. Clay sah in dieser Amnestie den Vorteil, daß damit etwa 900 000 Fälle erledigt wurden, während die Grundsätze der Entnazifizierung unangetastet blieben. Außerdem wurde damit den sowjetischen Vorwürfen der Wind aus den Segeln genommen, nach denen in der amerikanischen Zone die kleinen Nazis vor Gericht gestellt, die großen aber verschont würden. Trotzdem mußten noch eine Million Fälle von den Spruchkammern abgeurteilt werden, und zunächst hatte die Amnestie auch noch weitere Verzögerungen zur Folge. Die Spruchkammern brauchten mehr als drei Monate, um die Fälle auszusondern, die unter die Amnestie fielen. Außerdem hatte Clay mit den Amnestien das Grundproblem nicht gelöst, sondern war ihm nur ausgewichen. Doch wie einer der schärfsten Kritiker des Programms zugeben mußte, „konnten durch die Amnestien die politischen, wirtschaftlichen und gesellschaftlichen Spannungen zum Teil abgebaut werden, mit denen das Entnazifizierungsprogramm eine entkräftete Gesellschaft belastet hatte".[49]

Der General hielt immer noch daran fest, daß der Eckstein seiner Entnazifizierungspolitik, die Tatsache, daß die Parteimitgliedschaft für jeden einzelnen als glaubhafter Schuldbeweis angesehen werden mußte, nicht nur in der

Direktive JCS 1067 festgelegt war, sondern daß dieser Grundsatz auch von der öffentlichen Meinung in Amerika unterstützt wurde. Vielleicht hat er dem Eindruck, er hätte in seiner Entschlossenheit nachgelassen, entgegenwirken wollen, als er im Januar öffentlich erklärte, er stünde „hundertprozentig" hinter dem Gesetz für die Befreiung vom Nationalsozialismus.[50] Nicht nur die Mitglieder von nationalsozialistischen Organisationen, sondern auch Nichtmitglieder, die sich aktiv dem nazistischen Machtapparat zur Verfügung gestellt hatten, müßten aus allen Stellungen entfernt werden, in denen sie Macht und Einfluß ausüben könnten. Er sagte: „Wenn die Deutschen diese Arbeit nicht tun, werde ich nicht zögern, sie selbst zu übernehmen." Als Delbert Clark ihn daran erinnerte, daß die meisten Deutschen glaubten, diese Drohung ließe sich aus Personalmangel nicht wahrmachen, meinte Clay: „Es ist nicht so schwierig, wie manche glauben mögen. Es ist nicht notwendig, die deutschen Gerichte durch amerikanische zu ersetzen, sondern wir müssen nur jedem deutschen Gericht einen amerikanischen Offizier beigeben, der die entscheidende Stimme hat." Weiter äußerte er sich nicht über die Möglichkeit des Bankrotts seiner Politik. Im gleichen Sinn befahl er, alle bisher von der Militärregierung vorläufig erteilten Blanko-Arbeitsgenehmigungen wieder einzuziehen. Davon waren in erster Linie Beamte der Reichsbahn betroffen, für die bis dahin Ausnahmebestimmungen gegolten hatten, um den Zugverkehr aufrecht zu erhalten. Angesichts der sich aus diesem Befehl ergebenden ungeheuren Schwierigkeiten in der Verwaltung gaben nun die für die Entnazifizierung verantwortlichen deutschen Minister für politische Befreiung Blankoarbeitsgenehmigungen aus, aber sehr bald wurde ihnen das durch eine Direktive von OMGUS untersagt. Schließlich einigte man sich auf niedriger Verwaltungsebene auf einen Kompromiß, aber Clay war von seinen Grundsätzen nicht abgewichen.[51]

Wenige Wochen nach Beendigung von Hoovers Mission und seiner Rückkehr von der Erkundungsreise nach Europa wurde General McNarney von seinem Posten in Deutschland abgelöst, und am 15. März übernahm Lucius Clay als neuer Oberbefehlshaber und Militärgouverneur das Kommando über alle amerikanischen Streitkräfte in Europa. Über die Beförderung zum Viersterne-General hat sich Clay sicher gefreut, aber das änderte nichts daran, daß ihm seine Aufgabe nicht gefallen wollte. Als ihm im Dezember – nachdem die Entscheidung bekannt gegeben worden war – mitgeteilt wurde, daß die Vereinigten Staaten sich mit der Annexion des Saargebiets durch Frankreich einverstanden erklärt hatten, kam seine Unzufriedenheit wieder sehr deutlich zum Ausdruck. Im Verlauf einer Telekonferenz mit dem stellvertretenden Kriegsminister Howard Petersen sagte er: „Ich weiß, ich habe viel darüber geredet, daß ich Deutschland verlassen will, vielleicht zu viel. Aber wenn der Bericht über die Entscheidung des Außenministeriums richtig ist, dann habe ich das Gefühl, daß ich hier nichts mehr nützen kann, und möchte sofort abberufen werden.[52] Ich habe über eine zu lange Zeit hinweg zu große Schwierigkeiten mit Frankreich gehabt, um mich noch länger mit den Franzosen zusammenzusetzen und mir vom Außenministerium für Maßnahmen Vorwürfe machen zu lassen, die auf ausdrücklichen Anweisungen des Außenministeriums beruhen." Die Wogen glätteten sich wieder, aber während der folgenden beiden Jahre kam es immer häufiger dazu, daß der General seiner Enttäuschung Ausdruck verlieh. Nur der Umstand, daß Eisenhower und andere Freunde ausdrücklich an seinen Patriotismus und sein Pflichtgefühl appellierten, veranlaßte ihn, seine wiederholten Abschiedsgesuche zurückzuziehen.

Da er schon seit einiger Zeit wußte, daß er McNarneys Nachfolge übernehmen würde, hatte sich Clay auf die Übernahme seiner zusätzlichen Pflichten vorbereiten können. Die amerikanische Besatzungsarmee befand sich – vielleicht mit Ausnahme der wenigen Einheiten der Constabulary – in einem recht schlechten Zustand. Die Soldaten waren undiszipliniert, desorientiert, beschäftigten sich mit Schwarzmarktgeschäften, und es häuften sich die Fälle von Urlaubsüberschreitungen und Ansteckungen mit Geschlechtskrankheiten. All das schadete dem Ansehen der Vereinigten Staaten.[53] Da Clay auch weiterhin in erster Linie für die Militärregierung verantwortlich war, wußte er, daß er den größten Teil seiner Zeit in Berlin würde zubringen müssen. Um seinen neuen Aufgaben gerecht zu werden, brauchte er eine neue Methode.

Deshalb forderte er Generalleutnant Clarence Huebner an, einen erfahrenen alten Soldaten und hervorragenden Ausbilder. Als Stellvertreter von Clay, Chef des Stabes und Befehlshaber der Bodentruppen wurde er mit weitgehenden Vollmachten ausgestattet, um die Truppe wieder „auf Vordermann zu bringen". Auf Anraten der U.S. Haushaltsbehörde (Bureau of the Budget) richtete Clay in Berlin das European Command (EUCOM) ein. Zu diesem Hauptquartier des U.S. Oberbefehlshaber für Europa gehörten der Generalinspekteur, die Direktoren für den Nachrichtendienst, für Personalfragen und für die Verwaltung sowie die Berater für wirtschaftliche, finanzielle, politische und Regierungsangelegenheiten. Es unterstützte den Militärgouverneur bei der Wahrnehmung aller Aufgaben innerhalb des europäischen Kommandobereichs. Clay beabsichtigte nun, seine wöchentlichen Truppenbesichtigungen mit einer monatlichen Stabsbesprechung im Hauptquartier von Huebner in Heidelberg zu kombinieren. Von seinem Verwaltungsdirektor, James Sundquist, ließ er sich alle erforderlichen Statistiken und sonstigen Unterlagen zusammenstellen, die ihm als Grundlage für seine Entscheidungen dienen sollten. (Sundquist berichtet: „Clay meinte, daß die in den Berichten enthaltenen Zahlen wie Warnlichter auf die jeweils zu treffenden Entscheidungen hinweisen würden.") Um schließlich OMGUS und EUCOM auf der gleichen administrativen Ebene zu halten, richtete er das Büro des Oberkommandierenden für Europa (CINCEUR) ein. Dieses Büro sollte keine operativen Funktionen haben, sondern ihm als sein persönliches Hauptquartier dienen. Auf diese Weise ließen sich die zusätzlichen Verantwortlichkeiten des Befehlshabers fast routinemäßig wahrnehmen.

Der Zusammenschluß der amerikanischen und der britischen Zone zur Bizone war eine komplexere Angelegenheit. Wie Clay erwartet hatte, ergaben sich in den ersten Phasen des Zusammenschlusses zur Bizone eine große Zahl verschiedenartigster Probleme. Er erkannte, daß sie entstanden, weil sich drei seiner politischen Vorhaben im Grunde widersprachen. Das waren die Schaffung deutscher gesetzgebender Körperschaften in der amerikanischen Besatzungszone, die Einrichtung von Behörden für die Bizone und seine eigenen ständigen Bemühungen um eine Befolgung der in Potsdam festgelegten politischen Richtlinien. Zwischen diesen Widersprüchlichkeiten einen Ausgleich zu schaffen, blieb während der folgenden Monate seine Hauptbeschäftigung.

Er hatte versucht, die Vereinigung der vier Zonen dadurch zu beschleunigen, daß er den Deutschen in der amerikanischen Besatzungszone zunehmend mehr Vollmachten und Verantwortlichkeiten übertrug. Darüber hinaus hatte er baldige Wahlen, den Entwurf und das Inkrafttreten demokratischer Verfassungen und die Schaffung des Nukleus einer gesamtdeutschen Regierung in Stuttgart verlangt. Anfang 1947 bestand der Länderrat aus demokratisch gewählten Vertretern des deutschen Volkes, die erwarteten, angehört zu werden und gelegentlich ein gewichtiges Wort mitzureden. Der administrative Überbau in der Bizone andererseits war ohne Beteiligung der Deutschen von den beiden Militärgouverneuren geschaffen worden. Obwohl sich Clay darum bemühte, klare Beziehungen zwischen den neuen Bizonenbehörden und den Länderregierungen in der amerikanischen Zone herzustellen, ist es ihm zunächst nicht ganz gelungen. Der Versuch, eine einheitliche Verwaltung für beide Zonen zu schaffen, die damals jede ihren eigenen Regierungsapparat hatte, stieß auf sehr große Schwierigkeiten. In der amerikanischen Zone wollte man in erster Linie Dezentralisierung; man lehnte jede Planwirtschaft ab und förderte das „freie Unternehmertum“. Entwicklungen zu einer staatlichen Wirtschaftsplanung wurden als unerwünscht abgelehnt.[54] Im Gegensatz dazu war die Verwaltung in der britischen Besatzungszone straff zentralisiert, stand unter der unmittelbaren Aufsicht der Militärregierung, und die Briten hatten den Deutschen noch keine eigenen Verantwortlichkeiten zugestanden.[55] Bei den Briten bestand die Neigung, die Zentralgewalt zu planwirtschaftlichen Zwecken und für die Verstaatlichung einzusetzen, Vorhaben, die für Clay tabu waren.[56] Nun war es nicht schwierig für ihn, zu erkennen, daß diese Unterschiede bei den Vollmachten der deutschen Behörden in beiden Zonen, das Fehlen einer Exekutivgewalt zur Durchsetzung von Entscheidungen, die Abhängigkeit vom guten Willen der Länder zur Durchführung praktischer Programme und die Tatsache, daß die Behörden in den verschiedenen Gebieten ihre Maßnahmen nicht aufeinander abstimmen konnten, fundamentale Schwächen waren. Hier mußte bald eine Lösung gefunden werden. Zusätzlich sehr störend war die beim Zusammenschluß der Zonen klarwerdende Tatsache, daß die Entnazifizierung in beiden Zonen sehr verschieden gehandhabt worden war. Wie ein deutscher Minister zu Clay sagte, hatte die britische Militärregierung Deutsche in hohen verantwortlichen Positionen eingesetzt, „die in der amerikanischen Zone nicht einmal als Briefträger hätten beschäftigt werden dürfen".[57]

Eine dritte Problemgruppe ergab sich bei dem Zusammenschluß beider Zonen daraus, daß die Einheit Deutschlands für Washington nur noch pro forma zum politischen Programm gehörte, während Clay sich sehr ernsthaft und aktiv darum bemühte. Die Wahrscheinlichkeit, daß sie sich verwirklichen ließe, rückte in immer weitere Ferne, obwohl der Anschein gewahrt bleiben mußte, daß die amerikanische Regierung dieses Ziel auch weiterhin verfolgte. Wie die Regierung Truman darüber dachte, zeigte sich Anfang September sehr deutlich, als ein für die Deutschlandpolitik verantwortlicher Ausschuß in einer Stellungnahme gegenüber dem Außenminister erklärte, „wenn Deutschland geteilt werden sollte, dann muß gegenüber der ganzen Welt klar zum Ausdruck kommen, daß dies im Gegensatz zu der Deutschlandpolitik der Vereinigten Staaten und nicht auf Grund dieser Politik geschehen ist."[58] Das Bestreben, die Schuld daher der anderen Seite zuzuschieben, zeigte sich in den langwierigen Verhandlungen zwischen den vier Mächten über eine Währungsreform, in denen die Vereinigten Staaten gegen die anderen Mächte operieren mußten.[59] Die gleiche Politik führte auch dazu, daß die Bizonenbehörden geographisch auf das ganze Gebiet verteilt werden mußten, und sie stellte sich der Schaffung eines koordinierenden Zentralbüros entgegen, das als Nukleus einer künftigen westdeutschen Regierung hätte angesehen werden können.[60]

Die zunehmende Unzufriedenheit der deutschen Gesetzgeber mit den Konsequenzen dieser Widersprüche führte zu einer Reihe von harten Auseinandersetzungen zwischen deutschen Beamten und Offizieren der Militärregierung. Das waren die ersten Zwischenfälle dieser Art seit Beginn der Besatzungszeit. Als General Clay von diesen Kontroversen erfuhr, lud er die Ministerpräsidenten der Länder in der amerikanischen Besatzungszone und den Oberbürgermeister von Bremen an einem Sonntag zu einer Konferenz in sein Hauptquartier an der Kronprinzen-Allee ein. Dabei verhielt er sich wie ein Bankier, dessen Kunden um einen Kredit nachsuchen. Auf eigene Verantwortung sagte er, habe die U.S. Bank für Wiederaufbau (RFC) der Militärregierung einen Kredit von 40 Millionen Dollar zur Verfügung gestellt, und es sei mit der Gewährung weiterer 300 Millionen Dollar zu rechnen. Die Aktivierung dieser Gelder hinge jedoch von dem erfolgreichen Zusammenschluß beider Zonen und der aktiven Unterstützung durch die Deutschen ab. Dann erläuterte er, auf welche Weise das ganze Vorhaben ins Stocken geraten war. Ausgehend von den Potsdamer Beschlüssen räumte er ein, daß es bisher nicht möglich gewesen sei, die vier Zonen zu vereinigen, und daß er deshalb den Länderrat als Koordinierungsgremium eingesetzt habe. Er hatte die demokratischen Verfassungen der drei Länder genehmigt und der Militärregierung dabei gewisse sehr allgemeine Kontrollrechte vorbehalten. Jetzt sei die Aufgabe der drei Länderregierungen, zusammenzuarbeiten und die Schwierigkeiten zu überwinden, welche durch Widerstände in den einzelnen Länderparlamenten entstehen könnten. Nach seiner Auffassung gebe es zwei Methoden, dafür zu sorgen, daß die Bizonenbehörden wirksam und reibungslos arbeiten konnten. Erstens ließen sich örtliche Behörden einrichten, die nur der Militärregierung verantwortlich wären. Nach der zweiten Methode könnte man am gegenwärtigen System festhalten. Das könnte zum Erfolg führen, wenn die Vertreter der Länder in den Bizonenbehörden die notwendigen Vollmachten erhielten. Clay räumte ein, was den Gesetzgebungsprozeß betreffe, gingen die Meinungen der Amerikaner und Briten immer noch auseinander. Daher gebe es auch noch keine Körperschaft, die in beiden Zonen geltende Gesetze erlassen könnte. Zusammenfassend erklärte Clay, die Entscheidung, welche Methode befolgt werden sollte, liege bei seinen Zuhörern. Die erste Methode sei leichter und würde rascher zu konkreten Ergebnissen führen. Dabei würde sich jedoch das Entstehen demokratischer Institutionen verzögern.[61]

In der anschließenden Diskussion kamen Clay seine Erfahrungen im Umgang mit Kongreßausschüssen sehr zustatten. Als ihn die deutschen Parlamentarier auf die Widersprüche aufmerksam machten, die in dem gegenwärtigen System lagen, griff er auf die gleiche Taktik zurück, die er bei seinen Verhandlungen mit dem amerikanischen Kongreß angewendet hatte. Er räumte offen ein, daß es in der gegenwärtigen Lage gewisse negative Aspekte gäbe, sagte jedoch, das sei nach seiner Auffassung ein zeitlich begrenztes Problem. Nach Abschluß der Konferenz des Rats der Außenminister in Moskau würde sich das ändern. Der General war sich seiner Machtstellung durchaus bewußt und vermied es, auf gewisse Fragen präzise Antworten zu geben, ja manchmal hielt er es sogar für richtig, sich unklar und zweideutig auszudrücken. Er wies ausdrücklich darauf hin, daß jeder Anschein, es sollte eine Bizonenregierung geschaffen werden, ohne Rücksicht auf die möglichen Nebenwirkungen vermieden werden müßte.

Er empfahl deshalb, das Zusammentreffen seiner Gäste mit den Ministerpräsidenten der anderen drei Besatzungszonen auf die Zeit nach der Moskauer Konferenz zu verschieben. (Dieses Zusammentreffen fand am 6. und 7. Juni 1947 in München vor dem Hintergrund immer deutlicher werdender Spannungen zwischen Ost und West statt. Die Bemühungen der deutschen Politiker, die Einheit ihres Landes vorzubereiten, konnten daher zu keinem Erfolg führen.)

Augenscheinlich hat die sowjetische Regierung diese Entwicklungen in den westlichen Besatzungszonen mit großer Aufmerksamkeit verfolgt. Zwei Tage nach Clays Zusammentreffen mit den deutschen Politikern an der Kronprinzen-Allee kam Wassily Sokolowskij im Kontrollrat auf die gleiche Frage zu sprechen.[62] Er warnte: „Die Zwei-Zonen-Vereinbarung könnte für die politische Zukunft Deutschlands ernste Konsequenzen haben.“ Sollte Deutschland geteilt werden, „dann würde in Mitteleuropa ein neuer Unruheherd entstehen, der in der Zukunft für den Frieden und die Sicherheit der Nationen eine Gefahr bedeutete". Sokolowskij erhob Einwände gegen Erklärungen westdeutscher Politiker, die von der Schaffung eines „politischen Direktorats" im Westen und der Notwendigkeit gesprochen hatten, das Verfahren der Demontage von Fabrikanlagen zu ändern. Dann erklärte er, die Absicht, die beiden Zonen zu vereinigen, „hat weder dazu geführt, daß das Kriegspotential rascher ausgeschaltet wird, noch sind die Reparationsleistungen dadurch beschleunigt worden." Dann wendete er sich den amerikanischen Hilfskrediten für die besetzten Gebiete (GARIOA) zu, die noch immer nicht genehmigt waren, und kritisierte entsprechend seiner marxistischen Ideologie solche Anleihen als Verbindlichkeiten, die ihrem Wesen nach ein Mittel darstellten, den Kreditnehmer zu versklaven. Er behauptete, diese Anleihen würden es „den amerikanischen und britischen Monopolisten erlauben, der westdeutschen Wirtschaft die Entwicklung zu diktieren, die sie künftig nehmen soll." Hier müßte man fragen, ob die Vereinbarungen über den Zusammenschluß der beiden Zonen nicht das Ziel hätten, Westdeutschland „zu einem Anhängsel ausländischer Monopole" zu machen. Der erklärte Zweck der Schaffung der Bizone war es, die Industrien des gesamten Gebietes in die Lage zu versetzen, den an sie gestellten Forderungen zu genügen. Doch Sokolowskij fragte: „Wie kann man behaupten, Deutschland wirtschaftlich vereinigen zu wollen, während man in der Praxis das Industriepotential des Landes von anderen Teilen Deutschlands abtrennt?" Der sowjetische Marschall schloß jedoch seine Ausführungen in einem freundlicheren Ton und meinte, die Schwierigkeiten, die sich bei der Besetzung Deutschlands ergäben, „lassen sich durchaus im Rahmen einer gemeinsamen, weitblickenden Politik der Verbündeten und im Geiste der auf der Krim und bei den Berliner Konferenzen getroffenen Entscheidungen lösen."

Sokolowskij hatte seine Äußerungen während einer Geheimsitzung gemacht, und sie hätten deshalb nicht an die Öffentlichkeit dringen dürfen. Als der Text seiner Erklärung trotzdem in der Ostpresse erschien, verfaßte Clay zunächst eine verärgerte Stellungnahme, entschloß sich dann aber doch, eine relativ milde Presseerklärung abzugeben.[63] Der zwischen ihm und Sokolowskij vereinbarte vorläufige Kompromiß über die Reparationen stand immer noch auf seiner Tagesordnung. Da in wenigen Wochen die Moskauer Konferenz beginnen sollte, gab es keinen Grund, sich jetzt im Kontrollrat auf lange Wortgefechte einzulassen und weitere Kontroversen zu riskieren.

Clay zweifelte nicht an der großen Bedeutung der bevorstehenden Konferenz, war jedoch, was ihre wahrscheinlichen Ergebnisse betraf, nicht mehr sehr optimistisch. In den ersten Monaten des Jahres 1947 mußte er in seinem Hauptquartier und in der alliierten Kontrollbehörde einen großen Teil seiner Zeit für die Vorbereitung der Konferenz aufbringen. Am Schluß der dritten Sitzung in New York hatte der Rat der Außenminister den Kontrollrat in Berlin angewiesen, bis Ende Februar einen Bericht über seine Arbeit und die Probleme einzureichen, die bei der Verwaltung Deutschlands entstanden waren.[64] Bei der Erfüllung dieses Auftrages hatten sich Schwierigkeiten ergeben, weil sich die russischen und französischen Vertreter in Berlin weigerten, Angaben über die Entnahme von Vermögenswerten und die Reparationsleistungen aus der laufenden Produktion zu machen. Sie sagten, diese Daten würden in Moskau vorgelegt werden. Doch am Schluß entstand ein sechs Pfund schweres und viele hundert Seiten umfassendes Dokument. Als dem stellvertretenden Militärgouverneur eine von fleißigen Mitarbeitern zusammengestellte Kurzfassung vorlag, schob er sie ungeduldig zur Seite.[65] „Das brauche ich nicht", sagte er, und seine Mitarbeiter wußten, daß er recht hatte. Er hatte die wesentlichen Einzelheiten für jede Abteilung besser im Kopf als die einzelnen Abteilungschefs.

Der Kontrollrat hatte viele Stunden bei dem vergeblichen Versuch zugebracht, gemeinsame Empfehlungen zu entwickeln. Wie Clay später erklärte, zeigte der Bericht lediglich die Unterschiede in den Auffassungen über das, was man bisher erreicht hatte und was noch zu tun übrig blieb. Hier ließ sich Schwarz auf Weiß nachlesen, wie unterschiedlich die Auffassungen der Verbündeten waren, als man sich bemühte, Deutschland als eine Einheit zu verwalten. Der Bericht war zwar eine beeindruckende Leistung, aber nach Auffassung von Clay konnte er den Außenministern kaum dabei helfen, die dringendsten Probleme zu lösen, die sich ihnen in Moskau stellen würden. Als er das Dokument am 25. Februar unterschrieb, sagte er: „Ich glaube, das Ergebnis hat sogar Marschall Sokolowskij entmutigt."[66] 18 Monate lang hatten sich der russische Marschall und Clay darum bemüht, das im Kriege geschlossene Bündnis zu bewahren und Deutschland unter Viermächte-Kontrolle zu vereinigen. Doch jetzt mußten sie erkennen, daß die Regierungen ihrer beiden Länder politisch in zwei ganz verschiedene Richtungen gingen.

Während der Kontrollrat in Berlin an seinen Berichten gearbeitet hatte, waren auch im amerikanischen Außenministerium umfangreiche Dokumente als Unterlagen für die Moskauer Konferenz verfaßt worden. Das Ministerium hatte den stellvertretenden Militärgouverneur um seine Stellungnahme gebeten, und als ihm die Texte vorlagen, konnten ihm die negativen Tendenzen darin nicht entgehen. Als Eisenhower im Sommer 1946 auf Anweisung des Weißen Hauses alle militärischen Befehlshaber aufgefordert hatte, ihm zu melden, „wie die Sowjets die Vereinbarungen eingehalten haben", hatte Clay wahrheitsgemäß geantwortet: „Es ist schwer, festzustellen, daß sich die Sowjets in wesentlichen Punkten nicht an die Vereinbarung gehalten haben, die über die Viermächte-Regierung Deutschlands getroffen worden sind." Clay war deshalb beunruhigt zu sehen, wie das Außenministerium – offenbar eine Reaktion auf die kommunistische Politik in Deutschland und anderswo – in den Dokumenten systematisch alle Schuld immer wieder den Sowjets zuschrieb. Die scharfen Gegensätze zwischen Russen und Amerikanern im Iran, der unverfrorene Versuch des Kreml, sich einen Stützpunkt an den Dardanellen zu verschaffen und die terroristischen Taktiken der Sowjets in Polen, Bulgarien, Rumänien und Ungarn hatten die Haltung der politischen Führung in Amerika entscheidend beeinflußt. Doch Clays Aufmerksamkeit war wie immer intensiv auf seinen Aufgabenbereich gerichtet, und diese Ereignisse lagen außerhalb seines politischen Kalküls.

Er war überzeugt, wenn man sich in Moskau nicht auf einen Kompromiß in der Reparationsfrage einigen könnte, sei die Konferenz zum Scheitern verurteilt. Außerdem war es ihm klar, daß die Konsequenz eines solchen Scheiterns die Teilung Deutschlands sein würde, aus der sich ein politischer und wirtschaftlicher Wettstreit zwischen einem westlichen und östlichen Block ergeben mußte. Die Lektüre des Abschnitts über die Reparationen in den Papieren des Außenministeriums ermutigte ihn nicht.[67] Die vorläufigen Vereinbarungen über die Reparationsleistungen, die er mit Sokolowskij ausgearbeitet hatte, folgten dem Beispiel des Friedensvertrags mit Italien, der ebenfalls die Lieferung russischer Rohstoffe für die Herstellung von Fertigwaren als Reparationsleistungen vorsah. Die von Don Humphrey zusammengestellten wirtschaftlichen Daten[68] zur Verwirklichung dieses Plans waren augenscheinlich im amerikanischen Außenministerium geprüft worden, man war aber in dem Instruktionspapier vor allem zu negativen Schlüssen gekommen. Während Humphrey 7,5 Milliarden Dollar als den angemessenen Betrag für die insgesamt von Deutschland zu leistenden Reparationen bezeichnete und einige von Clays Finanzexperten[69] bei OMGUS erklärt hatten, die Deutschen wären sogar in der Lage, eine noch größere Summe zu bezahlen, wurde das in den Papieren des amerikanischen Außenministeriums bezweifelt. Auch die pragmatische Empfehlung des Generals, das deutsche Wirtschaftspotential solle von Fachleuten beurteilt werden, wurde nicht erwähnt. Statt dessen wurde fälschlich behauptet, Clay habe gesagt, „er sei nicht berechtigt, seiner Regierung Empfehlungen zu machen".[70]

Bei genauer Prüfung der in Washington verfaßten Dokumente mußte der stellvertretende Militärgouverneur erkennen, daß seine Aufgabe, die Potsdamer Vereinbarungen durchzusetzen, wahrscheinlich dem Ende nahe war. Diese ernüchternde Feststellung veranlaßte ihn, zu den neuen Instruktions-Papieren des Außenministeriums recht zurückhaltend Stellung zu nehmen. Soweit es sich um Angelegenheiten handelte, die seine Mission nur am Rande berührten, stimmte er den Auffassungen des amerikanischen Außenministeriums zu, er wendete sich aber entschieden gegen die vorgesehenen Einschränkungen der Vollmachten einer provisorischen deutschen Regierung und lehnte die Internationalisierung der Ruhr als „nicht praktikabel und nicht wünschenswert"[71] ab.

Seine Ernüchterung verstärkte sich noch, als er von dem Rücktritt des Außenministers Byrnes hörte, der für ihn einen „überraschenden und fast unglaublichen Schock" bedeutete. Er schrieb dem Minister: „Ich habe immer das Gefühl gehabt, Ihnen zu dienen, und das hat mich mit Stolz und Freude erfüllt. Das Privileg (für Sie arbeiten zu dürfen) hat meinen Glauben an Amerika und an die Demokratie bestärkt. Es hat mich davon überzeugt, daß ein Amerikaner sein Leben der Politik widmen und zugleich seinen Glauben an die höchsten Ideale des Dienens bewahren kann. Die menschliche Güte und Zuneigung, welche Sie denjenigen geschenkt haben, die für Sie arbeiten durften, haben ihnen mehr bedeutet als sie zum Ausdruck bringen können." Über seine eigene Situation sagte er zum Schluß: „Meine eigene Aufgabe scheint irgendwie nicht mehr die gleiche zu sein. Ich werde auch weiter hier in Deutschland bleiben, aber das Kriegsministerium dringend bitten, sich nach einem Nachfolger umzusehen."[72]

Zu Marshall, der Byrnes als Außenminister ablöste, hatte der General keine so engen persönlichen Beziehungen. Während des Krieges hatte Clay im Pentagon vor allem mit General Somervell und dem stellvertretenden Kriegsminister Patterson offizielle Kontakte gehabt. Gelegentlich hatte er auch an Konferenzen teilgenommen, die von Marshall einberufen worden waren. Als der General zum stellvertretenden Militärgouverneur ernannt wurde, hatte er dem Generalstabschef einen Höflichkeitsbesuch abgestattet und war, wie er schrieb, „von seinem freundlichen Verständnis für die mich erwartenden Schwierigkeiten beeindruckt gewesen".[73] Wie alle Angehörigen der amerikanischen Armee hatte er große Achtung vor dem Generalstabschef, konnte allerdings nicht damit rechnen, daß der neue Außenminister ihn in der Weise unterstützen würde, wie sein Vorgänger es getan hatte, den er und Marjorie „liebgewonnen" hatten.

Clay hoffte, nicht an der Moskauer Konferenz teilnehmen zu müssen, es sei denn, er würde im Verlauf der Verhandlungen hinzugezogen werden. Er telegrafierte daher an den Chef der Abteilung für Zivilangelegenheiten (CAD), Daniel Noce, und teilte ihm mit, der Verlauf der Konferenz werde in Deutschland mit großem Interesse verfolgt werden. „Sie wird unter Umständen der Anlaß zu einer intensiven Propagandakampagne werden.[74] Man muß daher für die nächste Zeit mit einer gewissen Beunruhigung rechnen, und deshalb sollte ich in Berlin bleiben." Das war kein sehr überzeugendes Argument, doch was der General später erklärte, traf eher den Kern der Sache: „Ich war dem Kriegsministerium verantwortlich und zögerte, zu wichtigen Fragen Empfehlungen zu geben."[75] Die mit Leidenschaft ausgetragene Kontroverse mit seinen Vorgesetzten in Washington im Sommer 1946 hatte offensichtlich Narben hinterlassen, und nun wollte er nicht zum zweitenmal den gleichen Fehler begehen.

In recht niedergedrückter Stimmung begrüßte Clay den amerikanischen Außenminister, als dieser auf dem Wege nach Moskau in Berlin Station machte. In seiner Begleitung befanden sich John Foster Dulles, Ben Cohen, Charles Bohlen und Freeman Matthews. Für die Präsidentschaftswahlen von 1948 rechnete man mit einem Sieg der Republikaner, und in diesem Fall war Dulles der aussichtsreichste Kandidat für den Posten des Außenministers. Aus diesem Grund hatte man ihn in die amerikanische Delegation für die Konferenz in Moskau aufgenommen. Clay, der Dulles' frankophile Neigungen kannte und sich hinsichtlich seines Einflusses auf den Außenminister Sorgen machte, fand seine Befürchtungen im Hinblick auf die Zukunft des Ruhrgebiets sehr bald bestätigt. Marshall selbst war erst wenige Wochen im Amt und mit den auf ihn zukommenden Problemen noch nicht genügend vertraut. Wie Clay meinte, hatte er sich über die Verhältnisse in Deutschland noch kein klares Bild gemacht.[76] Im Ministerium war er täglich von Bohlen, Riddleberger, Cohen und anderen über die Lage unterrichtet worden, die ihn alle vor den aggresiven Absichten der Sowjetunion warnten und behaupteten, der Lehrsatz Lenins, ,,einen Schritt zurück – zwei Schritte vorwärts" sei für die Männer im Kreml immer noch das Evangelium.[77]

Über die Gespräche, die im Gästehaus am Wannsee geführt wurden, wo Marshall untergebracht war, wurden zwar keine Aufzeichnungen gemacht, doch gibt es genug Material, um sich ein Bild über deren Verlauf machen zu können. Clay faßte den Inhalt seiner im November für Byrnes verfaßten Denkschrift zusammen, in der er sich dafür eingesetzt hatte, daß man sich auch weiterhin um eine Einigung mit den Sowjets über die kritische Reparationsfrage bemühen sollte. Dulles dagegen hatte ein besonderes Papier für diese Gelegenheit vorbereitet und mitgebracht. Er ging darin von der Voraussetzung aus, daß es ein weltweites ,,in erster Linie ideologisches" Ringen zwischen der christlichen Zivilisation und dem Kommunismus gebe. ,,Es wird auf der einen Seite von den Vereinigten Staaten und auf der anderen Seite von der Sowjetunion geführt." Dieser Zwiespalt sei, wie Dulles sagte, Ausdruck des Kampfes zwischen dem sogenannten ,,Status quo" – und den ,,dynamischen" Mächten. Dann stellte er einige rhetorische Fragen: Durfte man sich darauf verlassen, daß ein wiedervereinigtes Deutschland einen Teil der christlichen Zivilisation bilden werde, der dem sowjetischen Kommunismus Widerstand leistete? Ließ sich das erreichen, ohne daß Frankreich sich dem kommunistischen Block anschloß? Und schließlich, war das politische Gewicht eines geeinigten Deutschlands als Verhandlungspartner vereinbar mit der Stabilität und dem Frieden in Europa?[78]

Dulles verneinte alle diese Fragen und behauptet, ,,ein geeinigtes Deutschland würde ein ungeheuer mächtiger Verhandlungspartner werden, eine Vormachtstellung in Europa erringen" und außerdem Frankreich ,,höchstwahrscheinlich" veranlassen, sich dem Sowjetblock anzuschließen. Er empfahl deshalb, sich mit der Wiedervereinigung Deutschlands Zeit zu lassen, ,,während man das Ruhrgebiet wirtschaftlich mit Westeuropa integrierte und nicht schon jetzt das Risiko einginge, es einem wirtschaftlich und politisch vereinten Deutschland anzuschließen". Da es kaum einen Vorschlag gab, der den politischen Vorstellungen von Clay mehr hätte widersprechen können, entwickelte sich sofort eine sehr leidenschaftliche Debatte. Marshall der die eindringlichen Empfehlungen des stellvertretenden Militärgouverneurs zur wirtschaftlichen Wiedervereinigung Deutschlands aufmerksam aufnahm, mußte an ähnliche Konflikte denken, wenn einzelne Befehlshaber im Felde nicht an die Lage der links und rechts von ihnen kämpfenden

Verbände dachten, sondern sich nur um die Erfüllung der ihnen gestellten taktischen Aufgabe sorgten. „Lokalitis", sagte Marshall abschließend, wäre auch während des Krieges eines seiner größten Probleme gewesen. Die Bemerkung zeigte deutlich, auf wessen Seite des Außenministers Sympathien lagen.[79]

Die Besprechung und die neue „Truman-Doktrin", die einige Tage später bekanntgegeben wurde, bestärkten Clay in seinem Wunsch, in Deutschland zu bleiben. Der Umstand, daß er am 15. März den Oberbefehl über die in Europa stationierten amerikanischen Streitkräfte übernehmen mußte, war für ihn ein weiterer Grund, seinen Posten nicht zu verlassen. Doch unmittelbar nach Beginn der Außenministerkonferenz erhielt er den Befehl, nach Moskau zu kommen, und als er darum bat, man möge diesmal auf seine Anwesenheit verzichten, teilte man ihm in einem zweiten Telegramm mit, die Einladung sei auf ausdrücklichen Wunsch des Außenministers erfolgt. Auf dem Flughafen holte ihn der neue amerikanische Botschafter in der Sowjetunion, Bedell Smith, ab, und orientierte ihn auf der Fahrt in die Stadt über die neuesten Entwicklungen. Die Entmilitarisierung, Entnazifizierung und Demokratisierung Deutschlands hatten als erstes auf der Tagesordnung der Konferenz gestanden, aber am folgenden Tag, dem 17. März, würden die entscheidenden Probleme zur Sprache kommen. Der Außenminister war im Spasso-Haus, der Residenz des Botschafters, untergebracht, und hier traf sich auch die Delegation zu ihren Arbeitssitzungen. Die Wohnräume, das Billardzimmer, der Ballsaal und sogar die Flure waren, wie Smith berichtete, in Büros verwandelt worden. Clay war ebenso wie die anderen Delegierten im Hotel Moskwa untergebracht.[80] Man hatte das ganze Haus für diese Gelegenheit renoviert, und alle Hotelangestellten trugen nagelneue Uniformen. Wie Smith berichtete, hatten die Russen ein großes Interesse an dem erfolgreichen Abschluß der Konferenz und wollten einen guten Eindruck machen. Im Hotelrestaurant gab es reichlich Kaviar, Räucherlachs und andere Delikatessen, die sonst kaum zu haben waren. Bei Konferenzbeginn stand eine lange Reihe neuer, auf Hochglanz gebrachter Zis-Taxis vor dem Hotel. Das sei eine erstaunliche Leistung, meinte Smith. Bis dahin hatte es in Moskau nur Lastwagen gegeben, auf deren Heck das Wort „Taxi" aufgemalt war. Die Bewohner der Stadt würden jetzt wahrscheinlich den Eindruck haben, ein neues Zeitalter sei angebrochen.

Als Mitglied der amerikanischen Delegation brachte General Clay die folgenden Tage meist in dem streng bewachten Luftfahrtgebäude zu, wo die Konferenz abgehalten wurde. In den improvisierten Büros im Spasso-Haus sprach er mit Mitgliedern seines Berliner Stabes, die ihn über die internen Probleme der Delegation unterrichteten. Sie sagten Clay, Foster Dulles' persönliche Haltung beeinflusse die Atmosphäre ganz entscheidend. Dulles widersetzte sich energisch jedem Versuch, der deutschen Regierung irgendwelche zentralen Vollmachten zu gewähren und hielt augenscheinlich nicht für wichtig, was in den Potsdamer Beschlüssen oder der Stuttgarter Rede zu diesem Thema gesagt worden war.[81] Wenige Tage vor Clays Eintreffen hatte Dulles praktisch die ganze Delegation einzuschüchtern versucht. Er sagte, er sei es leid, immer wieder zu hören, daß die Potsdamer Beschlüsse etwas anderes verlangten oder daß der Alliierte Kontrollrat Verfügungen erlassen hatte, die seinen Auffassungen widersprachen. Angeblich hatte Dulles erklärt, seit Potsdam sei vieles geschehen, wie auch die Wahl einer republikanischen Majorität im Senat. Seinem Gesichtspunkt sei voll Rechnung zu tragen oder er werde bei seiner Rückkehr in die Vereinigten Staaten Schwierigkeiten haben, das zu verteidigen, was in Moskau geschehen war.[82] Doch Cohen hatte die Lage gerettet. Er hatte einen Scherz gemacht und lachend gesagt, er hätte geglaubt, die Außenpolitik der Vereinigten Staaten würde von beiden Parteien getragen. Damit gab er Dulles die Gelegenheit, sich noch einmal zu dem Thema zu äußern. Man sagte Clay, alle Delegationsmitglieder hätten Schwierigkeiten mit Dulles, und ohne den tüchtigen Cohen, der für den Zusammenhalt der Delegation sorgte und ein besonderes Talent dafür besaß, die notwendigen Texte zu formulieren, gäbe es wahrscheinlich keine Berichte, die es wert wären, gelesen zu werden.[83] So gewann der Militärgouverneur, als er sich zur Konferenz ins Luftfahrtgebäude begab, den Eindruck, daß die Konferenz auf amerikanischer Seite schlecht vorbereitet war.

Dort fanden eine Reihe von Plenarsitzungen statt, die, wie es bei den Russen üblich ist, um 16.00 Uhr begannen und lange dauerten. Dabei hörte er immer wieder scharfe Beschuldigungen und Gegenbeschuldigungen beider Seiten.[84] Während sich die westliche Seite über das einseitige Vorgehen der Sowjetunion beschwerte, die umfangreiche Industrieanlagen demontieren ließ und von den Sowjets kontrollierte staatliche Großbetriebe einrichtete, kritisierten die Russen die Enteignung der Stahl- und Kohleindustrie durch die britische Militärregierung, den einseitig vollzogenen Anschluß des Saargebiets an Frankreich und die Schaffung der Bizone. Molotow versuchte, in langatmigen Ausführungen zu beweisen, daß die Potsdamer Beschlüsse die in Jalta getroffenen Vereinbarungen über die Reparationen bestätigten, und daß die Frage der Höhe der Reparationen aus der laufenden Produktion später entschieden werden sollte. Wenn er besser und genauer von seinen Gehilfen informiert worden wäre, hätte sein Vortrag wesentlich überzeugender sein können.[85] Marshall, der sich augenscheinlich noch nicht ausreichend mit dem Verhandlungsgegenstand beschäftigt und mit der Verhandlungstechnik des Rats der Außenminister vertraut gemacht hatte, zögerte in der Debatte, was die Briten veranlaßte, sich über ihn zu beschweren.[86] Er verlangte, daß alles, was er sagte, vorher schriftlich festgelegt und von ihm überprüft werde, und deshalb klang seine Erwiderung, die Vereinigten Staaten würden „den Russen auf dem Rückzug von Potsdam nach Jalta nicht folgen", und Molotow „versucht, das gleiche Pferd zweimal zu verkaufen", nicht sehr überzeugend, auch wenn sie rhetorisch geschickt war.[87] Als Großbritannien und die Vereinigten Staaten sich darüber beschwerten, daß die Russen rechtswidrig Reparationsleistungen aus der laufenden Produktion ihrer Zone entnahmen, wies der sowjetische Delegierte darauf hin, daß der Westen Kohle und Bauholz ohne Bezahlung oder gegen eine viel zu geringe Vergütung entnehme, und das wirke sich auf die deutsche Wirtschaft in gleicher Weise aus.[88] Doch dann unterlief Molotow ein Irrtum. Als er sich darüber beschwerte, daß die Amerikaner deutsche Patente und Handelsbeziehungen für sich allein in Anspruch nähmen, verlas Charles Kindleberger, damals im Dienste des amerikanischen Außenministeriums, einen Brief des sowjetischen Handelsattachés in Washington, in dem dieser dem amerikanischen Handelsminister für die Daten dankte, die ihm zur Verfügung gestellt worden waren, und fragte, wann weiteres Material veröffentlicht werden würde. Die Verlesung des Briefes löste bei allen Delegierten große Heiterkeit aus, und die bis dahin gespannte Atmosphäre lockerte sich ein wenig.[89] Es war für die Westmächte jedoch weniger erheiternd, als Molotow die Produktionsziffern der britischen Kohleförderung mit denen in der Sowjetzone verglich und mit offensichtlicher Genugtuung fragte, weshalb in der russischen Besatzungszone diese Ziffern doppelt so hoch seien und nichts getan werde, um die Leistungen zu steigern.[90] Dennoch konnte Clay feststellen, daß sich die vier Delegationen wenigstens grundsätzlich über eine Reihe von wichtigen Punkten geeinigt hatten.[91] Das waren die sofortige Einrichtung zentraler deutscher Verwaltungsbehörden, eine Erhöhung des bisher vorgesehenen deutschen Industriepotentials, die baldige Durchführung der Währungsreform und die Einfuhr von Rohstoffen und anderem Material zur Förderung des deutschen Exporthandels. Die Delegationsleiter erklärten nacheinander, die Auffassungen der vier Mächte glichen sich in vieler Hinsicht. Doch das größte Hindernis, von dem Molotow gesprochen hatte – keine Wirtschaftseinheit ohne Einigung über die Reparationsfrage –, blieb bestehen.

Wenngleich es dem General augenscheinlich nicht angenehm war, der Delegation anzugehören,[92] bemühte er sich nach Kräften hinter den Kulissen um ein positives Verhandlungsergebnis. In einer von ihm für den amerikanischen Außenminister verfaßten Denkschrift über die Gespräche im Rat der Außenminister über den Kontrollrats-Bericht bestätigte er, daß weder die Vereinigten Staaten noch das Vereinigte Königreich ein Programm akzeptieren könnten, für dessen Verwirklichung weitere Geldmittel zur Verfügung stehen müßten. Er empfahl jedoch wieder die sorgfältige Prüfung des wirtschaftlichen Potentials Deutschlands durch Fachleute, bevor eine endgültige Entscheidung für oder gegen Reparationsleistungen aus der laufenden Produktion getroffen werde.[93] In Gesprächen mit anderen Mitgliedern der amerikanischen Delegation vertrat er den gleichen Standpunkt. Wie er die Dinge sah, war es notwendig, dem Kongreß einen Begriff davon zu geben, wieviel die deutsche Wiedervereinigung kosten werde, um ihm dann die Entscheidung darüber zu überlassen, ob die Vereinigten Staaten die Rechnung bezahlen sollten. Doch anders als während der Amtszeit von Byrnes hatte seine Meinung weniger Gewicht, weil sich alle im Spasso-Haus versammelten

Mitglieder der amerikanischen Delegation der Tatsache bewußt waren, daß Foster Dulles und Bedell Smith den stärksten Einfluß auf Marshall hatten.[94] Einige Wirtschaftsfachleute in der Delegation bezweifelten, daß in Berlin eine objektive Wirtschaftsanalyse vorgenommen werden könnte, die eine definitive Lösung des Problems brachte, und Ben Cohen, der gegenüber einer solchen Möglichkeit ebenfalls recht skeptisch war, versuchte, zu einer Kompromißlösung zu kommen. Danach sollte ein Teil der Reparationsforderungen aus der laufenden Produktion befriedigt werden, wenn die Empfängerländer von Deutschland benötigte Devisen oder Rohstoffe im Wert von nicht weniger als 75 Prozent der Lieferungen zur Verfügung stellten. Clay glaubte jedoch nicht, daß die Russen auf solche Bedingungen eingehen würden.[95] Die Debatten unter den Mitgliedern der amerikanischen Delegation waren zeitraubend, und die Meinungen stießen oft hart aufeinander. Für Clay gab es während dieses Besuchs in Moskau kaum die Möglichkeit, sich zu entspannen, aber einmal hatte er die Gelegenheit, im Bolschoi-Theater eine glänzende Aufführung des Balletts Romeo und Julia zu erleben. Am Rande der ihn so sehr enttäuschenden Konferenz hatte der General ein Erlebnis, das ihn köstlich amüsierte, als er mit Murphy das Luftfahrtgebäude betrat.[96] Er hatte mit Murphy gewettet, jederzeit hineinkommen zu können, ohne sich ausweisen zu müssen. Als er nun auf den Posten zuging, legte er die Hand zum militärischen Gruß an die Mütze, und während der Soldat den Gruß automatisch erwiderte, ging er rasch hinein. „Sie sind auch nur Menschen, ebenso wie unsere GIs", sagte Clay, befriedigt, daß das berühmte sowjetische Sicherheitssystem auch nicht besser funktionierte als alle andern.

In der zweiten Woche seines Aufenthalts in Moskau erlebte Clay wahrscheinlich den Tiefpunkt seiner Mission als Militärgouverneur in Deutschland. Am 22. März hatte der Rat der Außenminister einen Sonderausschuß ernannt und damit beauftragt, einen Bericht auszuarbeiten, der zeigen sollte, in welchen Punkten man sich auf der Konferenz hatte einigen können, und wo die Meinungen noch auseinandergingen. Zu diesem Ausschuß gehörten Clay, Alphand, Robertson und Wyschinskij.[97] Es war zu mehreren scharfen Auseinandersetzungen zwischen dem Militärgouverneur und Dulles gekommen, der behauptete, wenn das Ruhrgebiet bei Deutschland bleibe, werde Frankreich kommunistisch werden. Dulles und eine kleine Gruppe im Außenministerium schlugen deshalb vor, das Ruhrgebiet abzutrennen und völkerrechtlich den vier Mächten zu unterstellen, während das übrige Deutschland sich selbst überlassen bleiben sollte. Clay vertrat dagegen die Auffassung, daß die Abtretung des Ruhrgebiets ein kommunistisches Deutschland zur Folge haben werde. Zwar wurde die Frage nicht entschieden, aber die Stimmung war gespannt. Als Dulles daher vorschlug, der amerikanische Vertreter bei dem Sonderausschuß sollte nicht die Erlaubnis erhalten, sich zu irgendetwas zu verpflichten, bevor die ganze Delegation zugestimmt hatte, fuhr Clay auf.[98] Als Oberbefehlshaber in Europa und Viersterne-General hatte der Militärgouverneur über zwei Jahre die Politik der Vereinigten

Staaten vertreten und in vielen Fällen auch selbst gestaltet, und jetzt verlangte man von ihm, sich einer Vorzensur zu unterwerfen! Das war für ihn eine unerhörte Zumutung. Matthews, Riddleberger und Murphy wurden Zeugen eines heftigen und unbeherrschten Wortgefechts. „Es war ein schreckliches Gemetzel", erinnert sich Riddleberger. Clay fühlte sich gedemütigt, weil er die Selbstbeherrschung verloren hatte, und zog sich schließlich in eine Ecke des Zimmers zurück. Don Humphrey berichtete: „Dort saß er nun und blätterte mißmutig in seinen Papieren."[99] Als Außenminister Marshall zwei Tage später seine routinemäßige Morgenbesprechung abhielt, fiel die Entscheidung. Clay unternahm noch einmal den Versuch, sich mit seiner Meinung durchzusetzen, und erklärte, die Vereinigten Staaten sollten in der Frage der Reparationen aus der laufenden Produktion nicht so unnachgiebig sein, sondern zunächst das deutsche Wirtschaftspotential durch Fachleute prüfen lassen. Er wies ausdrücklich darauf hin, daß die Verfügbarkeit von Produktion ein entscheidendes Element sein würde bei der Schaffung eines wiedervereinigten demokratischen Deutschlands sowie bei der Festlegung des Einflusses der Vereinigten Staaten bis zur Oder-Neiße oder bis zur Elbe. Aber er konnte sich mit seinen Argumenten nicht mehr durchsetzen. Die historische Entwicklung ging jetzt in eine andere Richtung, und das Weiße Haus hatte sich auf einen neuen Kurs festgelegt. Die Entscheidung, zu der man auf dieser Sitzung gelangte, lautete deshalb, wenn es notwendig werden sollte, sich „heute oder in nächster Zukunft auf einen Standpunkt festzulegen, dann müßte er dem Inhalt der Stuttgarter Rede entsprechen".[100] Trotz dieser schweren Niederlage brachte Clay auch weiterhin deutlich seinen Ärger zum Ausdruck. Er erklärte: „Die ganze Angelegenheit wird nicht in der richtigen Weise behandelt. Der Außenminister und Cohen wissen nicht, was sie wollen ... Sie haben keine klaren Vorstellungen und werden Deutschland schließlich opfern müssen." Er deutete den Russen sogar an, er habe mit der ganzen Sache nichts zu tun, und beging damit fast eine Verletzung der Gehorsamspflicht. „Ich bin gegenwärtig nicht bevollmächtigt, zu sagen, welches die Haltung der Vereinigten Staaten hinsichtlich einer Untersuchung der Möglichkeit ist, Reparationen aus der laufenden Produktion zu entnehmen", sagte er auf einer Sitzung des Sonderausschusses, und in einem Privatgespräch mit Sokolowskij erklärte er, man hätte ihnen beiden erlauben sollen, ihre im Herbst begonnenen Gespräche weiterzuführen.[101]

Clay mußte erkennen, daß seine Mission in Deutschland, wie sie durch die Potsdamer Beschlüsse und die Direktiven seiner Regierung definiert wurde, jetzt beendet war. Er bat deshalb den Außenminister um die Erlaubnis, nach Berlin zurückkehren zu dürfen, und erhielt sie auch. Nachdem Jahre darüber vergangen waren, hat sich Clay noch einmal dazu geäußert: „Wenn ich dort eine Pressekonferenz einberief, hörten die Leute mir zu und mein Rücktritt hätte gewisse Wirkungen gehabt. Es bedrückte mich, daß Marshall und Dulles unsere Interessen denen Frankreichs unterordnen wollten. Und ich war entschlossen, das zu verhindern."[102]

8. Kapitel

Anpassung

Auf dem Flug von Moskau nach Berlin hatte General Clay einige ruhige Stunden, in denen er seine Arbeit in Deutschland überdenken konnte. Als er sich im April 1945 im Hauptquartier von Eisenhower meldete, hatte er seinen Posten nur sehr ungern übernommen, war aber sehr bald von der Herausforderung dieser historischen Mission fasziniert gewesen. Seit seinem Eintritt in die Militärakademie von West Point hatten Amerikaner in zwei Weltkriegen gegen die hegemonialen Bestrebungen eines militaristischen Deutschland gekämpft. Um die Vorherrschaft Deutschlands zu verhindern, hatte Franklin Roosevelt das im Kriege geschlossene Bündnis mit der Sowjetunion als Friedensgarantie im Herzen Europas bewahren wollen.

Deshalb hieß es auch in den Anweisungen Clays, die Vereinigten Staaten verfolgten nicht nur die Absicht, Deutschland zu entmilitarisieren, sondern das Ziel der amerikanischen Politik sei auch die Demokratisierung des deutschen Volkes und die Rückführung Deutschlands in die Gemeinschaft der friedliebenden Nationen. Der Wiederaufbau des besiegten Landes im Rahmen der europäischen Wirtschaft sollte mit der wirtschaftlichen Vereinigung der vier Zonen Hand in Hand gehen. Die Schlüsselelemente dieser Politik waren die Entwaffnung, die Entnazifizierung, die Reparationen, die schrittweise Übernahme der Regierungsverantwortung durch die Deutschen und die Schaffung starker deutscher Länder als Gegengewicht zu einer übermächtigen Zentralgewalt. Das letzte Ziel war die Errichtung einer demokratischen Nation im Herzen Europas.

Als Staatsbürger und Soldat hatte Clay uneingeschränkt an die aufgeklärte Weisheit des Konzepts der ungeteilten Welt von Roosevelt geglaubt. Während der ersten Monate seiner Tätigkeit als stellvertretender Militärgouverneur hatte er sich vor allem mit den negativen Aspekten seiner Aufgabe beschäftigt, bis Henry Stimson ihm einen neuen Weg wies, der Flexibilität in Wirtschaftsfragen, aber die strikte Befolgung der politischen Anweisungen verlangte. Zwei Jahre lang hatte der General sich gewissenhaft an seine Direktiven gehalten. Trotz aller Schwierigkeiten im Alliierten Kontrollrat, obwohl seine Regierung ihn nur mangelhaft unterstützte und in seinem eigenen Stab gelegentlich kritische Stimmen zu hören waren, hatte er stets die wirtschaftlichen Interessen des amerikanischen Volkes im Auge behalten und alles getan, seine Mission zum Erfolg zu führen.

Doch nun stand er vor einer ganz neuen Situation. Wenn noch irgendwelche Zweifel daran bestanden hatten, daß die Geschichte jetzt einen anderen

Verlauf nahm, dann waren sie in Moskau endgültig ausgeräumt worden. Die Zusammenarbeit mit der Sowjetunion in Deutschland war auf höchster Ebene seiner Regierung als mögliche politische Alternative offensichtlich abgeschrieben worden. Clay hatte dem Zentrum der interalliierten Kontroversen zu nahe gestanden, um allen gegen die Sowjets gerichteten Vorwürfen zuzustimmen, die bei den Besprechungen im Haus der Luftfahrt in Moskau erhoben worden waren. Er wußte, daß alle vier Verbündeten dafür verantwortlich waren, daß man in eine so peinliche Sackgasse geraten war. Insbesondere bedauerte er, daß seine Regierung den Kompromiß ablehnte, den er über die Reparationen mit Marshall Sokolowskij ausgehandelt hatte.

Er konnte sich aber auch nicht der Logik der Gegenargumente entziehen. Bedell Smith hatte nicht unrecht, wenn er sagte, „wir sind politisch zu naiv, um im Rahmen der Potsdamer Beschlüsse politisch mit den Russen zu konkurrieren". Die Beamten des amerikanischen auswärtigen Dienstes gehörten einer Elite an, die nur in der Kunst der traditionellen Diplomatie erzogen war, und deshalb waren sie den verschlagenen und skrupellosen Sowjets bei den täglichen Auseinandersetzungen über die Deutschlandpolitik nicht gewachsen. Chip Bohlen, der die Schwächen der amerikanischen Diplomatie nur zu gut kannte, meinte das gleiche, wenn er sagte, „die Franzosen haben die Vereinigten Staaten durch ihr frühes Veto gerettet".[1] Wahrscheinlich war Außenminister Byrnes von dem gleichen Gedanken ausgegangen, als er erklärte, „das Außenministerium ist auf eine solche Arbeit nicht eingestellt". Er hatte sich entschieden geweigert, dem Außenministerium die Aufgaben der Militärregierung in Deutschland zuzuweisen. Die Welt wird niemals wissen, welche Politik die bessere gewesen wäre.

Clay hatte seine Mission beim Alliierten Kontrollrat im idealistischen Licht der Schlußphase des letzten Kreuzzuges seines Landes für die Demokratie gesehen. Die Zusammenarbeit mit den Russen im Herzen Europas und ein entwaffnetes demokratisches Deutschland waren augenscheinlich die Garantie für eine jahrelange friedliche Entwicklung gewesen. Aber nachdem er sich in Moskau nicht hatte durchsetzen können, zweifelte er nicht daran, daß sich der Verwirklichung dieses Zieles große Hindernisse in den Weg stellen würden. Es würden zwei deutsche Staaten entstehen, und die amerikanischen Truppen würden auf unbestimmte Zeit in Europa bleiben müssen. Darüber hinaus mußte er jetzt nach dem Rücktritt von Byrnes und der Übernahme der Verantwortung durch einen neuen Mann damit rechnen, nicht mehr die gleichen Arbeitsmethoden anwenden zu können. Bei den Gesprächen im Spasso-Haus hatte er feststellen müssen, daß einige Beamte des amerikanischen Außenministeriums ganz neue Vorstellungen hatten.

Andererseits war er sich der Tatsache bewußt, daß die Armee nicht die politischen Richtlinien bestimmen konnte. Er war immerhin Soldat und dazu erzogen, Befehle zu befolgen. In 30 Dienstjahren hatte er sich daran gewöhnt, zu gehorchen und seine Pflicht zu tun. Aber als er auf dem Flughafen Tempelhof landete, spürte er deutlich, daß er nicht mehr mit dem Herzen bei der Sache war, und sehnte sich nach einer Ruhepause, in der er sich beim Fischen entspannen konnte. In diesem Sinn hatte er sich auch vor seinem Abflug in Moskau gegenüber Bedell Smith geäußert. Der Botschafter interessierte sich selbst sehr für den Posten des Militärgouverneurs, und mit George Marshalls Unterstützung sollte es keine Schwierigkeiten geben. Clay hat später erklärt: ,,Ich war überzeugt, Marshall würde nach seiner Rückkehr in die Vereinigten Staaten den General Clay durch den General Smith ablösen lassen." Seiner Frau Marjorie, die mit einem schweren Ischiasanfall im Krankenhaus lag, sagte er, ,,je früher desto besser".[2]

Der folgende Morgen brachte die übliche Routinearbeit. Kurz vor 8.00 Uhr saß er wieder an seinem Schreibtisch und las die Presseberichte, die im Laufe der Nacht über Fernschreiben eingetroffen waren. Er faltete wie immer den langen Papierstreifen auseinander und überflog dabei den Text so rasch, wie er es jeden Morgen tat. Als ihm seine Sekretärin, Captain Allen, die mit ihm aus Moskau nach Berlin zurückgekehrt war, den Kaffee brachte, stellte sie fest, daß sich sein Unmut noch nicht gelegt hatte. Im Laufe des Tages besuchten ihn mehr Korrespondenten als gewöhnlich in seinem Büro, das immer für sie offenstand, um etwas über den Verlauf der Konferenz von ihm zu erfahren. Sie konnten im Ausdruck seines Gesichts keine Veränderungen feststellen. Sein Lächeln und seine besorgten Blicke waren die gleichen geblieben. Aber wenn die Besucher dem gefürchteten, durchdringenden Blick aus seinen großen, dunklen Augen begegneten, hatten sie den Eindruck, daß er abgearbeitet und älter aussah.

Die Sorgen, die Clay sich um die Zukunft gemacht hatte, bestätigten sich mit Drapers ersten Berichten, der in Moskau geblieben war. Da er mit dem Scheitern der Konferenz rechnen mußte, hatte Ernest Bevin angefangen, sich intensiver mit der Errichtung der Bizone zu beschäftigen, und dem amerikanischen Außenminister vorgeschlagen, nicht nur die Bizonenbehörden in einer Stadt zusammenzufassen und der Stahlindustrie ein Produktionsniveau von 10000 Tonnen zuzugestehen, sondern auch die Reparationslieferungen wieder aufzunehmen und einen bizonalen Beraterstab einzurichten, dem Vertreter der Gewerkschaften angehören sollten.[3] In Clays Antwort an Draper kam seine Verärgerung recht deutlich zum Ausdruck. Während der vergangenen zwei Jahre hatte er selbst solche Entscheidungen getroffen und Washington immer wieder vor vollendete Tatsachen gestellt. Jetzt konnte er gegen das direkte Eingreifen des Außenministeriums zwar nichts unternehmen, das hinderte ihn aber nicht daran, seine Unzufriedenheit zu äußern. In einem Telegramm an Draper hieß es: ,,Ich bin nicht bereit, zu Zahlen Stellung zu nehmen, die man, soweit ich es beurteilen kann, willkürlich aus dem Hut gezogen hat. Ich halte es nicht für richtig, ohne eingehende Prüfung feste Vereinbarungen mit den Briten zu treffen. Ich vertraue zwar ihrem Urteil, wir haben aber noch keine Stabsbesprechungen über mögliche Bizonenvereinbarungen geführt, wie sie in Moskau getroffen worden sind. Bringen Sie deshalb bitte deutlich zum Ausdruck, daß Sie Ihre Empfehlungen auf eigene Initiative machen."[4]

Zwar hatten sich Bevin und Marshall in Moskau darüber geeinigt, daß die Militärgouverneure die Einzelheiten des Zusammenschlusses der Bizone ausarbeiten sollten, aber Clay erfuhr sehr bald von einem anderen Eingriff in sein Verantwortungsgebiet. Ohne sein Wissen hatte die britische Regierung für die Währungsreform einen Reichsmark-Umrechnungskurs vorgeschlagen, den er selbst in vorangegangenen Gesprächen mit Robertson als inflationär abgelehnt hatte. Nach seiner Auffassung hatte man ihm das Schicksal der deutschen Wirtschaft anvertraut, und da er persönlich für die Verwaltung der Gelder verantwortlich war, die das Kriegsministerium für die Besatzungskosten zur Verfügung stellte, ärgerte ihn jede Einmischung von außen, und er fühlte sich berechtigt, in diesen Fragen selbst endgültige Entscheidungen zu treffen. Er telegrafierte an das Kriegsministerium: ,,Ich möchte dringend empfehlen, daß das Außenministerium die britische Botschaft davon in Kenntnis setzt, daß die Zweimächte-Behörde eine gemeinsame Behörde unserer beiden Regierungen ist. Wenn sich die durch Robertson und Clay vertretene Zweimächte-Behörde absolut nicht einigen kann, dann sollte sie die Meinungsverschiedenheiten in einem gemeinsamen Bericht jeder unserer Regierungen zur Entscheidung vortragen. Die Behörde sollte in diesem Sinne instruiert werden. Wenn eines der beiden Mitglieder der Zweimächte-Behörde (und damit meinte er offensichtlich Robertson) sich ständig nur an seine eigene Regierung wendet, wenn eine Einigung nicht erzielt werden konnte, dann kann man die Behörde auflösen, und alle Entscheidungen müssen auf Regierungsebene getroffen werden. Das ist ein Beispiel für die Neigung der Briten, sich auf diese Weise am Schluß einen Vorteil zu verschaffen, wie ich es während des Krieges allzu oft in Washington erlebt habe. Ich glaube, wir können die Probleme hier lösen, aber nur, wenn man uns dazu ermächtigt und wenn einzelne Meinungsverschiedenheiten nicht durch ad-hoc-Entscheidungen auf Regierungsebene aus dem Wege geräumt werden. Das ist ganz besonders meine Auffassung im Hinblick auf die finanzielle Verantwortung, die das Kriegsministerium übernommen hat, und das ist ein Bereich, für den ich erwarte, die Verantwortung übernehmen zu müssen."[5] Mehr als alles andere ist es dieses Problem des britischen und französischen ,,Vorprellens" gewesen, das die Beziehungen des Militärgouverneurs zu Washington während seiner letzten Jahre in Deutschland gestört hat. Deshalb ist im Verlauf der aus dieser Lage entstehenden häufigen Dispute die autoritäre Seite der Persönlichkeit von Clay stärker in den Vordergrund getreten, und das hat ebenso zu sarkastischen Spötteleien der Franzosen über den ,,Clay d'Orsay" geführt, wie dazu, daß die Briten sagten, ,,er sieht aus wie ein römischer Kaiser und verhält sich auch so". Das amerikanische Außenministerium meinte resigniert: ,,Immer wenn wir zu einer Konferenz gehen, müssen wir vorher einen Vertrag mit unserem General schließen."

Der Militärgouverneur war überzeugt, die Arbeit bei OMGUS würde auch weiterhin den größten Teil seiner Zeit in Anspruch nehmen. Er war aber auch entschlossen, sich dadurch nicht bei der Wahrnehmung seiner Pflichten als amerikanischer Oberbefehlshaber in Europa behindern zu lassen. Weder George Marshall noch Dwight Eisenhower hatten die Auflösungserscheinungen in der amerikanischen Armee verhindern können, die unmittelbar nach der Kapitulation des Gegners sichtbar wurden. Doch Clay war entschlossen, die Moral und Disziplin der Besatzungsarmee wieder herzustellen. Der Mann, den er für diese Aufgabe brauchte, war Clarence Huebner, der Kommandeur der berühmten ersten Division, dessen Versetzung nach Deutschland er angefordert hatte. Aber auch wenn er die Wiederherstellung der militärischen Schlagkraft und Disziplin dem örtlichen Befehlshaber überlassen mußte, hielt er die Aufgaben, die der Oberbefehlshaber bei seinen wöchentlichen oder vierzehntägigen Besichtigungsreisen von Berlin aus zu erfüllen hatte, für ebenso wichtig. Vor fast 20 Jahren hatte ein kluger Vorgesetzter Clay in der Kanalzone bei dem einzigen aktiven Truppenkommando in seiner Dienstlaufbahn als einen Kompanieführer bezeichnet, der „seine Männer wirklich gern hat, ständig für sie sorgt und sie zu den besten Leistungen anregt". Es war dieses aufrichtige Interesse für das Wohlbefinden der Soldaten, das während der zwei Dienstjahre von Clay als U. S. Oberkommandierender in Europa (CINCEUR) immer wieder die Aufmerksamkeit seiner Untergebenen erregte.

Dick Hallock erinnert sich:[6] „Wenn er die Truppe inspizierte, dann ging er nicht zu den Armee- oder Divisionsstäben. Er ging zu den Kompanien und Zügen. Und er bewegte sich immer halb im Laufschritt, während die ihm folgenden Generäle versuchten, mit ihm Schritt zu halten. Er inspizierte die Speisesäle und Latrinen und vergewisserte sich, daß sie in Ordnung waren. Und er sah sich die Kleiderkammern an, um zu sehen, in welchem Zustand die Uniformen, die Ausrüstung und die Wäsche sich befanden. Er sprach mit den einzelnen Soldaten und fragte die jungen Offiziere, Unteroffiziere und Mannschaften. Wenn er glaubte, einen Fehler entdeckt oder nicht die richtige Antwort bekommen zu haben, ging er zum Divisionsstab und versuchte dort, die Lösung des Problems zu finden. Protokollfragen, die bei höheren Stäben eine so große Rolle spielen, interessierten ihn nicht. Ihm kam es auf das Endprodukt an."

Jim Sundquist ergänzt diesen Bericht:[7] „Clay machte sich besondere Sorgen darum, daß sich so viele Soldaten mit Geschlechtskrankheiten infiziert hatten. Auf der ersten seiner monatlichen Besprechungen mit den Truppenkommandeuren im Hauptquartier der Armee in Heidelberg brachte der General anhand der von mir angefertigten Tabellen und Graphiken das Thema zur Sprache. Er sagte, der Prozentsatz der mit Geschlechtskrankheiten infizierten Soldaten sei viel zu hoch und müsse drastisch reduziert werden. Jeder Offizier, in dessen Einheit die Rate über dem Durchschnitt aller in Europa stationierten Truppen läge, würde seines Kommandos enthoben werden. Er sagte das ganz ruhig und fest, aber ich wußte, jetzt war die Hölle los."

Margaret Allen hatte den Eindruck, daß der General eigentlich ein begeisterter Kompanieführer war:[8] „Die Moral seiner Männer interessierte ihn ebenso wie ihr Wohlbefinden. An einem Sonntag – am gleichen Vormittag war ein neuer Soldatenklub eröffnet worden – kam er offensichtlich verärgert ins Büro. ‚Geben Sie mir den Kommandanten des Stabsquartiers', sagte er. ‚Ich werde den Mannschaftsklub schließen lassen, wenn niemand das richtig machen kann. Die Männer stehen draußen im Regen. Das werde ich nicht zulassen.' Wenige Minuten vorher war Tommy Ryan ins Zimmer gekommen, ein 18-jähriger Soldat, der dem Büro von Clay als Ordonnanz zugeteilt war. Begeistert rief er aus: ‚Es ist wunderbar – der neue Klub ist wunderbar!' Und jetzt wollte der General ihn schließen. ‚Bitte, General Clay, schließen Sie den Klub nicht, er ist schön.' Im allgemeinen ließ sich der General von einem einmal gefaßten Entschluß nicht abbringen, aber diesmal war es anders. ‚Nun gut Captain', sagte er, nachdem Margaret Allen darauf hingewiesen hatte, daß man zu Beginn immer mit gewissen Mängeln rechnen müßte. ‚Ich werde zwei Wochen warten. Melden Sie das Telefongespräch ab.' Bei einer anderen Gelegenheit hatte Clay alle Militärgeistlichen der Armee zu sich bestellt. 10 oder 12 von ihnen hatten sich in seinem Büro versammelt. Er sorgte sich um die Moral der Truppe und bat die Geistlichen um Rat und Hilfe. Sie machten verschiedene Vorschläge, die aber alle Geld kosteten. Der General wurde zusehends ungeduldiger. Schließlich sagte er: ‚Meine Herren, wer von Ihnen kann mir die Namen von 50 Soldaten nennen, die er betreut?' Nur der katholische Geistliche in Berlin, Powers, hob die Hand, Clay nickte. ‚Ich weiß, daß Sie Ihre Leute kennen, Hochwürden', sagte er. Da sich kein anderer gemeldet hatte, schickte er sie wieder fort und sagte: ‚Kommen Sie zurück, wenn Sie Ihre Männer kennen.'"

Innerhalb eines Jahres zeigten sich die ersten Ergebnisse der Bemühungen von Huebner und Clay. Als der Militärgouverneur Deutschland 1949 verließ, verfügte der amerikanische Oberbefehlshaber in Europa über eine schlagkräftige und disziplinierte Armee.

Vor Moskau hatte Clay die Wiedervereinigung der vier Besatzungszonen als seine Hauptaufgabe betrachtet. Als George Marshall aus Moskau kommend einen kurzen Zwischenaufenthalt in Berlin einlegte, erteilte er dem Militärgouverneur neue Anweisungen. Der Außenminister sagte, die Einheit Deutschlands werde sich erst nach Jahren verwirklichen lassen, und Clay solle gemeinsam mit seinem britischen Kollegen, Sir Brian Robertson, energisch um die Stärkung der Bizonen-Behörden bemüht sein. Außerdem solle er die Ausweitung des Industriepotentials in der Bizone beschleunigen, um die wirtschaftliche Autarkie dieses Gebiets zu stärken.[9] Die Abtrennung des Ruhrgebiets wurde mit keinem Wort erwähnt, und das war für Clay ein positives Zeichen. Nach dem Gespräch mit Marshall kam der General zu dem Schluß, daß die zunächst als vorübergehende Maßnahme geplante Vereinigung der beiden Zonen zur Dauereinrichtung werden könnte. Wenn sich Frankreich schließlich der Bizone anschloß, konnte daraus ein starkes Westdeutschland entstehen und zum Eckstein der Eindämmungspolitik seiner Regierung werden.

Das war ein neues Konzept, eine neue Aufgabe und eine neue Herausforderung. Für Clay war es zudem eine organisatorische Aufgabe, die aus sechs Schlüsselelementen bestand: der Schaffung einer leistungsfähigen deutschen Verwaltung, eines neuen Plans für die Industriekapazität zur Lösung der Reparationsfrage, einer Kohle- und Stahlbehörde, welche eine wesentliche Steigerung der Kohleförderung bewirken sollte, und energische Anstrengungen zur Steigerung des Exports der Bizone. Die beiden letzten Schritte, die nach Erreichung der anderen Ziele zu tun waren, sollten eine Währungsreform und die Einsetzung einer vom Volk gewählten westdeutschen Regierung sein. Wie er es auf der Pionierschule gelernt hatte, mußte auch hier ein zeitlicher Rahmen geschaffen werden, der die Daten für die Erledigung der einzelnen Projekte enthielt. Im Sommer 1948 sollte das ganze Vorhaben abgeschlossen sein. In der Zwischenzeit mußte, wie Clay meinte, die Arbeit im Kontrollrat an Substanz verlieren, und die Sitzungen würden zur bloßen Formsache werden. Eine Viermächte-Währungsreform blieb als einziges wichtiges Problem auf der Tagesordnung. Da Washington den Anschein einer weiteren Zusammenarbeit zwischen den vier Mächten wahren wollte, mußten die Verhandlungen über die Währungsreform fortgesetzt werden, aber Clay wußte, daß einer Einigung nicht nur technische Schwierigkeiten im Wege standen.

Der amerikanische und der britische Militärgouverneur waren gemeinsam der Auffassung, daß die administrativen und legislativen Beziehungen zwischen den Bizonen-Behörden und den Länderregierungen rasch auf eine neue Grundlage gestellt werden müßten, aber ihre Auffassungen über die Methoden gingen drastisch auseinander. Die britischen Behörden waren für eine zentrale Planung und Kontrolle. Clay gab als Südstaatler einem System den Vorzug, in dem die Autonomie innerhalb der einzelnen Regionen wesentlich mehr gestärkt wurde. Er lehnte deshalb den ersten Reorganisationsplan von Robertson sofort ab und berichtete dem Kriegsministerium, „er würde von der amerikanischen Öffentlichkeit entschieden abgelehnt werden“. Dann fügte er hinzu: „Durch ein geschicktes Manöver ist es der SPD gelungen, Dr. Victor Agartz, zum Vorsitzenden ernennen zu lassen. Agartz hat wiederholt erklärt, er betrachte eine Sozialisierung der Betriebe als seine Hauptaufgabe.“[10]

Ohne von seiner Regierung zu diesem Thema genauere Anweisungen erhalten zu haben, hatte der General bisher die Auffassung vertreten, die Sozialisierung und ähnliche Reformen müßten auf einen Zeitpunkt verschoben werden, zu dem das deutsche Volk als Ganzes über derartige Fragen abstimmen konnte. Deshalb hatte er auch das Verlangen einiger Mitglieder seines Stabes entschieden zurückgewiesen, die Gewerkschaften zu unterstützen, Betriebsräte einzusetzen, Betriebe zu verstaatlichen oder den Arbeitern das Mitbestimmungsrecht zu gewähren. Er hatte seinen Mitarbeitern gesagt, die Militärregierung müßte in solchen Angelegenheiten neutral bleiben, und jetzt war er auch nicht bereit, den Forderungen der Briten nachzugeben. An Noce telegrafierte er: „Es sieht aus, als wollte man sozialistische Kontrollen einführen, und das könnte der vollständigen Sozialisierung des Ruhrgebiets die Wege ebnen." Am Schluß erklärte er: „Ich bin davon überzeugt, daß diese Bedingungen mit unseren politischen Zielen in Deutschland unvereinbar sind, und ich bin noch mehr davon überzeugt, daß sie von den amerikanischen Geschäftsleuten und Bankiers nicht akzeptiert werden würden, von denen unser Erfolg letzten Endes abhängen wird".[11]

Gegen den zweiten britischen Vorschlag war weniger einzuwenden. Man hatte inzwischen die Absicht fallengelassen, in Deutschland ein hochzentralisiertes Wirtschaftssystem einzuführen. Statt dessen dachte man jetzt an einen mächtigen bizonalen Wirtschaftsrat, dessen Mitglieder von den einzelnen Länderparlamenten gewählt werden sollten. Damit wäre eine sozialistische Mehrheit sichergestellt, und das würde, wie Clay in seinem Telegramm an Noce sagte, „den politischen Interessen Großbritanniens dienen". Nun erhielt Clay den Auftrag, sich um ein akzeptableres System zu bemühen, und setzte dazu sein ganzes Verhandlungsgeschick ein. Das Ergebnis war ein Kompromiß, dem die Briten nach wenigen Wochen zustimmten. Danach wurden die schon bestehenden Ausschüsse in offizielle Bizonen-Behörden unter der Leitung verantwortlicher deutscher Direktoren verwandelt, und es entstanden zwei neue deutsche Behörden. Die erste, ein mit einem Parlament zu vergleichender Wirtschaftsrat, sollte 52 Mitglieder haben. Sie wurden von den Landtagen der 8 Länder ernannt, und zwar je ein Mitglied des Wirtschaftsrats für eine Bevölkerungszahl von 750000. Der Rat hatte legislative Vollmachten, aber nur auf wirtschaftlichem Gebiet, wobei sich die Militärregierung das Vetorecht vorbehielt. Die zweite neue Behörde war ein aus 8 Mitgliedern bestehender Exekutivausschuß. Die 8 Männer vertraten die 8 Länder der Bizone und wurden von den Länderregierungen ernannt. Die Aufgabe des Exekutivausschusses sollte es sein, dem Wirtschaftsrat gesetzliche Verordnungen vorzuschlagen, Ausführungsbestimmungen zu erlassen und die Direktoren für die einzelnen Fachbehörden zu nominieren, die dann vom Wirtschaftsrat ernannt wurden. Der Exekutivausschuß sollte als ständige Exekutivbehörde der Bizonen-Organisation dienen und die Tätigkeit der Direktoren der künftigen Ministerien überwachen.[12] Um diese neue deutsche Verwaltung zu kontrollieren, wurde ein amerikanisch-britisches Zweimächte-Kontrollbüro (BICO) geschaffen, das aus etwa 900 Beamten bestand. Alle diese neuen Behörden hatten ihren Sitz in Frankfurt am Main.

So hatte Clay einen Verwaltungsapparat geschaffen, der so weit wie möglich den traditionellen amerikanischen Grundsätzen der Ausgewogenheit von Kontrollen und Gegenkontrollen entsprach. Während der Wirtschaftsrat die Interessen der politischen Parteien vertrat, sollten die Mitglieder des

Exekutivausschusses die Interessen der Länderregierungen wahrnehmen, von denen sie ernannt worden waren. Die Länderregierungen schließlich sollten als regionale Verwaltungsbehörden die Vollmacht haben, Gesetze zu erlassen und in Kraft zu setzen. Erwartungsgemäß wurde der neu geschaffene Exekutivausschuß von den Sozialdemokraten beherrscht, aber als Folge des geschickten politischen Taktierens von Clay wurde das Gleichgewicht dadurch wieder hergestellt, daß die konservativen Parteien im Wirtschaftsrat über eine knappe Mehrheit verfügten. (Am 23. Juli bildeten die Christlich Demokratische Union (CDU), die Christlich Soziale Union (CSU) und die Freie Demokratische Partei (FDP) eine Koalition mit einer Mehrheit von 27 gegen 22 Stimmen). Das war zwar nur eine Übergangslösung, aber der Militärgouverneur rechnete damit, daß sich mit der Stabilisierung der wirtschaftlichen Verhältnisse Strukturen und Methoden entwickeln würden, die den politischen Rahmen für eine künftige deutsche Regierung bilden könnten.

Wenngleich die Briten versuchten, die deutsche Industriekapazität dort einzuschränken, wo sie mit der des Vereinigten Königreichs konkurrierte, war es nicht allzu schwierig, sich auf ein neues Produktionsniveau in der Industrie zu einigen – das zweite Problem auf Clays Tagesordnung für den Aufbau der Bizone. Der neue, Anfang Juli fertiggestellte Plan erhöhte die lange umstrittene oberste Grenze der Stahlproduktion von 5,8 auf 10,7 Millionen Tonnen und damit auch das Produktionsniveau anderer Industrien. Während der alte Plan zur Folge gehabt hätte, daß sich die gesamte Industriekapazität in Deutschland auf 70 oder 75 Prozent der Produktion von 1936 gesenkt hätte, rechnete man damit, daß die Kapazität in der Bizone nun ausreichen werde, „sich der deutschen Industrieproduktion von 1936 zu nähern, eines Jahres, das weder von einer Hochkonjunktur noch von einer Wirtschaftsdepression gekennzeichnet war".[13]

Clay war sich bewußt, daß diese wirtschaftliche Analyse eigentlich nur theoretischen Wert hatte, denn zu der Zeit, als man über eine Stahlproduktion von 10,7 Millionen Tonnen sprach, wurden in der Bizone nur etwa 2 Millionen Tonnen produziert. Und als man plante, Waren im Wert von 2 Milliarden Dollar aus der Bizone zu exportieren, lagen die tatsächlichen Exporte weit unter dem bescheidenen Programm von 350 Millionen Dollar, das für das Jahr 1947 in Aussicht genommen war. Und man durfte für die nächste Zukunft nur mit sehr geringen Steigerungen rechnen. Von erheblicher praktischer Bedeutung waren jedoch die Auswirkungen der revidierten Pläne für den Umfang der Reparationsleistungen. Von den 1 200 Betrieben, die nicht für die Rüstungsindustrie gearbeitet hatten und nach dem Viermächte-Programm zur Demontage als Reparationen vorgesehen waren, konnten jetzt mehr als die Hälfte aus der Reparationsliste gestrichen werden.[14]

Der Abschluß der neuen Vereinbarungen über die Industriekapazität fiel zufälligerweise mit der Ablösung der Direktive JCS 1067 durch die neue Direktive JCS 1779 zusammen, mit der alle Wirtschaftsrestriktionen aufgehoben wurden. Darüber hinaus war der Ton dieser neuen Anweisungen verglichen mit den auf Vergeltung abgestimmten Formulierungen der ersten Direktive positiv und ermutigend. Angesichts des neuen Auftrags von Clay kam dies besonders darin zum Ausdruck, daß seine Regierung jetzt die Absicht bekundete, ,,in Deutschland politische, wirtschaftliche und moralische Verhältnisse zu schaffen, die am wirksamsten zu Stabilität und Wohlstand in Europa beitragen können".[15] Der neue Plan für die Festsetzung des Industrieniveaus und die neue Direktive schufen jedoch an der diplomatischen Front ernste Probleme.

Als der Alliierte Kontrollrat von den Entwicklungen in der Bizone unterrichtet wurde, beschränkten sich die Sowjets darauf, zu sagen, daß ,,die letzten für die Bizone getroffenen Dispositionen darauf gerichtet sind, die Spaltung Deutschlands weiter zu vertiefen".[16] Aber die französische Regierung versuchte, diese neue Entwicklung mit einer diplomatischen Offensive zu blockieren. Zwei Jahre hatte sich General Koenig in der Alliierten Kontrollbehörde erfolgreich einer Wiedervereinigung der vier Zonen Deutschlands widersetzt. Da diese Möglichkeit nach der Konferenz in Moskau mehr und mehr in den Hintergrund trat, konzentrierte sich der Quai d'Orsay jetzt darauf, die Zunahme der wirtschaftlichen Stärke Westdeutschlands in Schranken zu halten, und es war diese Politik, die den amerikanischen Militärgouverneur und den Quai d'Orsay wieder auf Kollisionskurs brachte.

Im Kontrollrat hatte der französische Vertreter seine zahlreichen Vetos bisher damit begründet, daß seine Regierung nicht zu den Signatarmächten der Potsdamer Beschlüsse gehöre. Jetzt änderte er seine Taktik. Mit seiner Anfang Juni an der Harvard University gehaltenen Rede hatte General Marshall das Programm zum Wiederaufbau Europas eingeleitet, mit dem nicht nur amerikanische Gelder zur Verfügung gestellt, sondern auch die aktive Mitarbeit der europäischen Nationen verlangt und Frankreich eine wichtige Rolle zugewiesen wurde. Jetzt nutzte Bidault die neuen Möglichkeiten, Einfluß zu nehmen, und die Befürchtungen Washingtons, die Kommunisten könnten die Regierungsgewalt in Paris übernehmen, voll aus und versuchte, die wirtschaftliche Weiterentwicklung in der britischen und amerikanischen Zone zu verzögern.

Die Verhandlungen über das neue Programm zur Festlegung des Industrieniveaus befanden sich noch in der Schlußphase, als Clay recht seltsame Instruktionen vom Kriegsministerium erhielt. Einerseits sollte das neu festgelegte Niveau Deutschland in die Lage versetzen, zum wirtschaftlichen Wiederaufbau in Europa einen wesentlichen Beitrag zu leisten, hieß es in diesen Anweisungen, andererseits sollte damit die Möglichkeit geschaffen werden, den westeuropäischen Ländern beträchtliche Reparationen zu zahlen.[17] Clay, der spürte, daß sich hier etwas Neues anbahnte, wies in seiner Antwort lediglich darauf hin, daß sich seine Berechnungen ,,nicht auf die Lieferung bestimmter Mengen von Gütern an die Nationen der IARA stützen", sondern nur ,,auf die Bedürfnisse einer deutschen Industrie, die eine autarke Wirtschaft ermöglichen wird. ... Wir können nicht weiterverhandeln, wenn wir keine genauen Instruktionen bekommen."[18] Wenn er im Hinblick auf die Entwicklungen in Washington noch irgendwelche Zweifel gehabt hatte, dann wurden sie zehn Tage später restlos beseitigt, als er gemeinsam mit Robertson die Vereinbarungen über das neue Industrieniveau bekanntgeben wollte. Zwar sagte man ihm nur, die Bekanntgabe müsse „aus politischen Gründen" verschoben werden, aber er konnte sich recht gut vorstellen, was dahinterstand. „Es hat den Anschein, daß die Opposition Frankreichs hinter diesen politischen Gründen steht", telegrafierte er an Petersen. „Als wir die Anweisung erhielten, das Produktionsniveau für die Industrie neu festzusetzen, hatten wir keinen Zweifel daran, daß es dazu kommen werde. Darüber hinaus scheint die Anwendung einer Angriffsmethode der Kommunisten gegen die französische Regierung ein Teil des Plans zu sein, um jeden Preis den wirtschaftlichen Wiederaufbau in Westdeutschland zu verhindern. Ich habe den Eindruck, daß wir gegenwärtig in Westdeutschland vollständig isoliert sind. Offen gesagt bin ich am Ende meiner Weisheit und weiß nicht, was ich für den wirtschaftlichen Wiederaufbau noch tun kann ..."[19] Washington beantwortete dieses Telegramm nicht. Als Clay jedoch wenige Tage später aus Berichten in französischen Zeitungen erfuhr, daß Marshall in einem Brief an Bidault die Verschiebung der Entscheidung über die Festlegung des deutschen Industrieniveaus zugesagt hatte, reichte es ihm. Da Petersen die Meldung bestätigte, bat er, nach Hause geschickt zu werden.[20] Er sagte, die von Washington geplante internationale Kohlekonferenz werde ihm die Gelegenheit geben, ohne viel Aufsehen seinen Posten zur Verfügung zu stellen. Verärgert fügte er hinzu, im Lauf von zwei Jahren habe er sich davon überzeugt, daß sich die Vereinigten Staaten mit Frankreich nicht über eine gemeinsame Deutschlandpolitik würden einigen können. „Dennoch werde ich für das wirtschaftliche Debakel in Deutschland verantwortlich gemacht, und diese Verantwortung kann ich nicht länger übernehmen. Glauben Sie mir, ich verstehe sehr gut die politische Linie des Außenministeriums, und wenn wir, die wir für ihre praktische Durchführung verantwortlich sind, diese Verantwortung nicht übernehmen können, dann müssen wir gehen." Da Murphy auch das Außenministerium von den Rücktrittsabsichten Clays unterrichtete und sich besorgt zu der Möglichkeit äußerte, daß „Clay sich verpflichtet fühlen könnte, gewisse öffentliche Erklärungen abzugeben",[21] wurde Eisenhower eingeschaltet. Er telegrafierte seinem Freund: „Ich verstehe vollkommen Ihre Enttäuschung. Sie und ich haben zu lange in dieser Armee gedient, um ernsthaft daran zu denken, daß wir einen Auftrag nur deshalb zurückgeben, weil sich die Dinge ohne unsere Schuld manchmal nicht so entwickeln, wie wir es erwartet haben. Wir leben in einer zu kritischen Zeit, als daß einer von uns seinen Posten verlassen dürfte, auf dem er den Interessen unseres Landes dienen kann. Und lassen Sie sich zuallerletzt sagen, daß es jetzt auf Glauben, Hoffnung und Nächstenliebe ankommt, auf diese drei – aber wesentlicher als sie ist der Sinn für Humor."[22] In seiner Antwort schilderte Clay, wie unerträglich für ihn die Verhältnisse seien, unter denen er arbeiten mußte. Er sagte Eisenhower, auch er hätte die verbündeten Expeditionsstreitkräfte nicht führen können, wenn man ihn von höherer Stelle aus im Ungewissen gelassen hätte, und deutete an, daß es vielleicht ein Fehler wäre, wenn er an seinem Posten bliebe, ohne von den Politikern unterstützt zu werden, die die Entscheidungen trafen. In seinem Telegramm an Eisenhower hieß es: „Wenn man seinen Posten unter solchen Voraussetzungen aufgibt, kann es durchaus im Interesse der zu erfüllenden Aufgabe liegen und muß keine Flucht vor der Verantwortung sein. Trotzdem aber sind mir Ihre Freundschaft und Ihr guter Wille zu wertvoll, um Ihren Rat nicht anzunehmen. Wenn Sie glauben, daß ich mit meinem Abschied einen wichtigen Posten im Stich lassen und meine Verpflichtungen gegenüber der Armee nicht erfüllen würde, der ich so viel zu verdanken habe, dann genügt das, mich davon zu überzeugen, daß ich hierbleiben muß."[23] Es gab noch zwei weitere Botschaften aus Washington, die wahrscheinlich dazu beigetragen haben, daß der Militärgouverneur auf seinem Posten blieb. Sie bestätigten, daß das Außenministerium und das Kriegsministerium die zwischen Clay und Robertson getroffenen Vereinbarungen über das Produktionsniveau der deutschen Industrie „energisch unterstützen" würden. Außerdem werde kein anderes Land „etwas über das Produktionsniveau der Industrie in der Bizone zu sagen haben, und zwar weder in Form eines Vetorechts noch bei positiven Entscheidungen".[24] Clay ließ sich dadurch zunächst beruhigen, denn er wußte nicht, daß ihm das Schlimmste noch bevorstand. So teilte er dem neuen Kriegsminister, Kenneth Royall, mit, er verstünde durchaus, daß es vielleicht notwendig sein werde, die vereinbarten Normen für die Industrieproduktion zu korrigieren, um sie einem gesamteuropäischen Programm anzupassen.[25] Er verwahrte sich jedoch dagegen, zuzulassen, daß der französische Kommunismus bei der Gestaltung der Deutschlandpolitik der westlichen Besatzungsmächte eine führende Rolle übernähme, „was bedeuten würde, daß unser Programm für Westdeutschland wesentlich von den Sowjets beeinflußt wird".

Der General wünschte die baldige Bekanntgabe des neu festgelegten Produktionsniveaus für die deutsche Industrie, und zwar vor allem, weil er glaubte, daß sich das günstig auf die deutsche Moral auswirken würde. Andererseits stellte der Umstand, daß die Kohleförderung weit hinter den Erwartungen zurückblieb, ein unmittelbareres und folgenschweres Problem dar. Es war Clay von Anfang an klar gewesen, daß die Kohleförderung an der Ruhr unbedingt gesteigert werden mußte, wenn er die gegenüber dem Kongreß eingegangenen Verpflichtungen erfüllen wollte und eine autarke Bizonen-Wirtschaft geschaffen werden sollte. Vor dem Kriege waren an der Ruhr täglich durchschnittlich 400000 Tonnen Kohle gefördert worden. Als die Briten 1945 die Verwaltung übernahmen, war sie auf 105000 Tonnen zurückgegangen. Im Januar 1947 konnte sie auf nur 215000 Tonnen gesteigert werden, und es bestand kaum eine Aussicht, daß sich die Lage in absehbarer Zeit bessern würde. Clay hatte mit John K. Galbraith und anderen Beratern schon über dieses Problem gesprochen, bevor ihn die Schaffung der Bizone in die Lage versetzte, sich aktiv an seiner Lösung zu beteiligen. Es lag zum Teil darin, daß man die Bergleute ausreichend ernähren mußte, damit sie ihre schwere Arbeit leisten konnten.[26] Die Briten, die ihre eigene Bevölkerung mit sehr niedrigen Rationen ernähren mußten, die für alle die gleiche Zahl von Kalorien enthielten, hatten sich jeder Lösung widersetzt, nach der deutsche Bergleute besser ernährt würden als die Bevölkerung in Großbritannien. Nach dem Zusammenschluß der beiden Zonen konnte Clay seinen Einfluß besser geltend machen, und auf einer Sitzung in der Villa Hügel im Januar, der ehemaligen Residenz der Familie Krupp, an der auch Robertson und deutsche Gewerkschaftsführer teilnahmen, wurde eine neue Regelung beschlossen.[27] Die Rationen der Bergleute wurde drastisch erhöht, und sie bekamen in den Bergwerken eine Extramahlzeit, die nicht auf die Lebensmittelkarten angerechnet wurde. Aber die Kohleförderung ließ sich nur sehr langsam steigern. Die amerikanischen Kohlefachleute bei OMGUS – die sehr genau wußten, daß in der russischen Besatzungszone vergleichsweise sehr hohe Produktionsziffern erreicht wurden – drängten ihre britischen Kollegen immer wieder, energischer vorzugehen. Aber sie stießen hier, wie sie Clay berichteten, auf die typische Haltung des britischen Kolonialbeamten; auf Trägheit und Sturheit, Unfähigkeit und die Abneigung, Entscheidungen zu treffen. Dazu verschwanden ständig große Mengen von Kohle aus den Vorräten der Händler, aus fahrenden und abgestellten Kohlezügen und aus den Kohlelagern der Besatzungsstreitkräfte.[28] Aber trotz häufiger Beschwerden der Amerikaner wurde nichts dagegen unternommen.

Da die Franzosen weiterhin verlangten, den Kohleexport zu steigern, wurde das Problem für Clay noch schwieriger. Er erklärte, wenn zusätzliche Kohle exportiert und die unzureichenden Reserven noch weiter reduziert würden, dann werde die deutsche Wirtschaft darunter leiden, was einen weiteren Rückgang der Kohleförderung zur Folge haben müßte. Er schrieb, es sei schwierig, die Franzosen davon zu überzeugen, die behaupteten, Clay sei nicht bereit, den Ländern zu helfen, die am meisten durch die Schuld der Deutschen gelitten hätten.[29] In Moskau hatte er sich mit Robertson und Alphand, dem Wirtschaftsberater des Quai d'Orsay, über eine Regelung einigen können, die für die Kohleexporte nach Frankreich eine gleitende Skala vorsah. Diese Exporte sollten bei 18 Prozent beginnen und mit der Steigerung der Kohleförderung auf 25 Prozent erhöht werden. Draper und Clay waren beide der Auffassung, daß dies bestenfalls ein vorläufiger Kompromiß sei und die Franzosen sich solange beschweren würden, wie die Kohleförderung hinter den Erwartungen zurückblieb.

Der Militärgouverneur freute sich daher, als er Anfang Juni von Plänen für ein umfassendes amerikanisch-britisches Programm für die Steigerung der Kohleförderung erfuhr und um seine Empfehlungen gebeten wurde. Er schrieb an Patterson: „Aus meinen Unterlagen geht hervor, daß die Kurve der Kohleförderung mit der Menge der Lebensmittel, die zur Verfügung stehen, steigt und fällt." Er widersetzte sich jedoch kostspieligen Sonderprogrammen – etwa in der Form von CARE-Paketen –, weil das nach seiner Auffassung nur zu sporadischen Leistungssteigerungen führen würde. Sobald die Arbeiter diese Zuwendungen erhalten hätten, die als Belohnung für bessere Arbeitsleistungen gedacht waren, würde ihr Arbeitseifer wieder nachlassen.[30] Er glaubte, das Grundproblem an der Ruhr läge an der Ungewißheit hinsichtlich des künftigen Status dieser Wirtschaftszweige und darin, daß für die Betriebsleitungen ein Anreiz geschaffen werden müßte. Er empfahl deshalb, die Bergwerke sofort einer deutschen Treuhandschaft zu unterstellen und diese Maßnahme mit der öffentlichen Erklärung zu begleiten, die Treuhandschaft werde fortbestehen, „bis es eine deutsche Zentralregierung gibt und das deutsche Volk in stabilen Verhältnissen frei über die künftigen Eigentumsrechte an den Bergwerken entscheiden kann".[31] Er sagte, die Frage der Verstaatlichung sei ein gewaltiges Hindernis für die Produktionssteigerung, und eine treuhänderische Verwaltung biete sich als logische Zwischenlösung an. „Wenn die britische Regierung eine solche Lösung akzeptiert, können wir viel dafür tun, daß eine Steigerung der Kohleförderung zum Aufschwung der ganzen deutschen Wirtschaft führt."

Clay, der niemals auf morgen verschob, was heute getan werden konnte, wies Draper sofort an, den Plan für die treuhänderische Verwaltung der Bergwerke auf der nächsten Sitzung des britisch-amerikanischen Wirtschaftsgremiums (Bipartite Economic Panel) vorzulegen.[32] Die anfänglich negative Reaktion der Briten zeigte, daß Bevin die Schwerindustrie so bald wie möglich verstaatlichen wollte, und das gab Clay die Möglichkeit, seine Regierung um Rat und Anweisungen zu bitten. Er erläuterte noch einmal seine eigene Haltung und wies darauf hin, daß er nichts gegen eine von der Mehrheit der Wähler gebilligte Sozialisierung habe, solange das betreffende Unternehmen nicht nationale Bedeutung hatte. Doch wo das der Fall war, sollte mit der Sozialisierung nach seiner Auffassung gewartet werden, bis normale Verhältnisse eingetreten waren, eine deutsche Zentralregierung die Verantwortung übernommen hatte, und das deutsche Volk selbst über diese Frage entscheiden konnte. In einem Telegramm von Clay an Petersen hieß es: „Wir müssen die Sozialisierung jetzt ablehnen oder akzeptieren."[33] Zu seiner Befriedigung ging Robertson nach einem oder zwei Tagen „im Prinzip" auf die Idee einer treuhänderischen Verwaltung der Kohlebergwerke ein. Auf der anderen Seite weigerte sich das Außenministerium in Washington wie schon so oft, eine klare Entscheidung zu treffen. Man teilte dem Militärgouverneur mit, es sei beschlossen worden, „die britische Regierung einzuladen, so bald wie möglich eine Delegation nach Washington zu schikken, um das deutsche Kohleproblem zu besprechen."[34] Mit anderen Worten, wieder waren ihm die Verhandlungen aus der Hand genommen worden, wogegen er sich schon vor einer Woche gewehrt hatte. So schrieb er an das

Kriegsministerium: „Ich halte es nicht für gut, wenn die Gespräche über deutsche Probleme andernorts geführt werden, während über die gleichen Probleme auch in Berlin gesprochen wird. Wenn das gleiche Problem an mehreren Orten gleichzeitig erörtert wird, ist es viel schwieriger, zu einer klaren amerikanischen Haltung zu kommen. Ich gebe zu, daß die deutschen Probleme, die nicht in Deutschland gelöst werden können, auf Regierungsebene gelöst werden müssen.[35] Ich möchte jedoch vorschlagen, daß die Kohleprobleme nicht woanders im einzelnen erörtert werden, bevor sich herausgestellt hat, daß die Verhandlungen in Deutschland keine Ergebnisse gebracht haben."

Clay mußte immer deutlicher erkennen, daß seine Einwände kaum beachtet wurden und er sich entweder mit den Methoden des Außenministeriums abfinden oder zurücktreten mußte. Er konnte nicht voraussehen, daß die politische Streitfrage der Koordinierung bald in einer dramatischen Auseinandersetzung zwischen dem Kriegsministerium und dem Außenministerium ihren Höhepunkt finden werde. Es war Kriegsminister Kenneth Royall, der die Kontroverse auf einer Pressekonferenz in Berlin am 1. August mit der Bemerkung auslöste, er wüßte nichts „von einer Vereinbarung, Frankreich zu konsultieren, bevor der Plan zur Steigerung des Industrieniveaus in Deutschland bekanntgegeben ist".[36] Diese Auffassung von Royall war durchaus begründet, denn erst vor drei Tagen hatte Marshall gegenüber Murphy erklärt, kein anderes Land werde ein Mitspracherecht bei der Festsetzung des neuen Industrieniveaus in der Bizone haben.

Doch in Frankreich schlug diese Äußerung – unmittelbar nachdem die Direktive JCS 1067 außer Kraft gesetzt worden war – wie eine Bombe ein.[37] David Schoenbrun meldete aus Paris: „Wie das in Washington auch gemeint sein mag, für Frankreich konnte es nur eines bedeuten – der Wiederaufbau in Deutschland hatte die Priorität vor dem Wiederaufbau in Frankreich. Außenminister George Bidault und seine Leute waren wie vom Donner gerührt, während Maurice Thorez und die Kommunisten frohlockten und behaupteten, sie hätten es schon immer gesagt. Es ist jetzt ein offenes Geheimnis, daß sich Frankreich wahrscheinlich nicht am Marshall-Plan beteiligen würde, wenn die Vereinigten Staaten das Programm verwirklichten, das sie augenscheinlich für Deutschland entwickelt haben." Unterstaatssekretär Bob Lovett teilte Marshall mit, die französische Regierung interpretiere die Äußerungen von Royall als ein Dementi der Zusicherungen, die der amerikanische Außenminister erst vor zehn Tagen Bidault gemacht hatte. Er schrieb: „Wir setzen die Vereinigten Staaten in ihren Beziehungen zu Frankreich dem begründeten Vorwurf der Doppelzüngigkeit und Unehrlichkeit aus."[38]

Der Militärgouverneur wurde fünf Tage später in einer Telekonferenz von Kenneth Royall und William Draper aus Washington von dieser Entwicklung unterrichtet. (Draper war eben zum stellvertretenden Kriegsminister ernannt worden. Als nomineller Vorgesetzter von Clay war er von nun an praktisch der Sprecher des Militärgouverneurs im Pentagon.) Royall las Clay einen offensichtlich zu diesem Zweck verfaßten Text vor,[39] in dem es hieß, die Entwicklungen nach seinem Berlin-Besuch machten es praktisch unumgänglich, daß sich die Regierung der Vereinigten Staaten zu Dreimächte-Gesprächen über das deutsche Industrieniveau und das Kohleproblem bereit erklärte. Royall sagte: „Ich habe diesen Gesprächen bisher noch nicht zugestimmt, habe aber das Gefühl, daß ich es werde tun müssen." Um das Prestige des Militärgouverneurs zu wahren, hielt er es für sehr wichtig, daß Clay als Vertreter des Kriegsministeriums an den Dreimächte-Gesprächen teilnahm. Royall fügte hinzu, er wolle die Probleme des Industriepotentials und der Kohleförderung klären, aber zugleich den Franzosen verständlich machen, daß sie dies keineswegs als Präzedenzfall ansehen dürften; „sie werden keine weitere Gelegenheit haben, sich in Angelegenheiten der Bizone einzumischen, bevor sie sich mit ihrer Zone an unsere angeschlossen haben."[40]

Das war für Clay ein schwerer Schlag. Wieder hatten die Franzosen ihren Willen durchgesetzt. Sie hatten seine erste Mission zum Scheitern gebracht und behinderten nun den Plan, der an ihre Stelle getreten war, die Schaffung einer lebensfähigen Bizone. „Ich habe das Gefühl, daß alles vergeblich gewesen ist", antwortete er. „Ich kann mich als Vertreter des Kriegsministeriums nicht an den Gesprächen beteiligen. Ich sage das nicht, um zu erklären, daß ich aufgebe, weil ich meinen Willen nicht durchsetzen kann, sondern ich glaube, daß eine Lösung des deutschen Problems auf diesem Wege nicht möglich ist und ich nichts mehr dazu beitragen kann. Die schwierigen deutschen Probleme lassen sich anderswo nicht lösen."

Außenminister Marshall wollte es nicht zu ernsten Spannungen mit dem schwierigen Verbündeten der Vereinigten Staaten kommen lassen und beschloß, auf die Wünsche der Franzosen einzugehen. Er teilte der Botschaft in London mit, daß in der britischen Hauptstadt eine Dreimächte-Konferenz zusammentreten werde, bei der Botschafter Douglas die Leitung der amerikanischen Delegation übernehmen sollte. Dabei sollten die zwischen Robertson und Clay getroffenen Vereinbarungen energisch verteidigt werden. Nur wenn „der Wirtschaftsplan für Europa oder die Demokratie in Frankreich ernsthaft gefährdet werden sollten", dürften der Regierung in Washington Änderungsvorschläge vorgelegt werden.[41] Was die Teilnahme von Clay betraf, so schien sich Marshall keine ernsten Sorgen zu machen. Er wußte, daß Bedell Smith in Moskau ungeduldig darauf wartete, den Posten zu übernehmen. Nur der Umstand, daß Justice Byrnes gedroht hatte, im Falle von Clays Entlassung vor den Kongreß zu gehen, hatte seine schon in Erwägung gezogene Ablösung verhindert. Wenn der Militärgouverneur jedoch aus eigenem Antrieb zurücktreten sollte, dann wäre das eine andere Sache. Marshall erklärte, das sei in erster Linie Kenneth Royalls Problem.[42] Ein Problem war es ohne Zweifel, denn die Lage war jetzt, wie Murphy dem Ministerium mitteilte, anders als bei den bisherigen Rücktrittsgesuchen des

Militärgouverneurs. „Der General scheint das Interesse an seiner Aufgabe verloren zu haben.“[43]

Wenige Tage später machte Clay seinem Herzen in einer Telekonferenz mit Draper Luft:[44] „Auch ein Soldat kann nicht länger an seinem Posten bleiben, wenn es ihm nicht möglich ist, harmonisch mit seinen Vorgesetzten zusammenzuarbeiten. Natürlich ist es möglich, Deutschland von Washington aus zu verwalten, aber was dabei herauskommt, wird man nach einiger Zeit erleben. Ich bin nicht bereit, die Verantwortung für die Militärregierung in Deutschland zu übernehmen, wenn die operativen Entscheidungen anderswo getroffen werden. Niemand ist unersetzlich.“ Er fügte hinzu: „Ich bin froh, daß die hervorragenden Deutschlandkenner, Douglas, Caffery und Clayton alle Probleme gelöst haben. Damit erübrigt sich meine Beteiligung an der Londoner Konferenz.“ Er gab zu, daß er den Befehl hatte, teilzunehmen, sagte jedoch, er werde sich nicht „bei Lew Douglas zur Stelle melden, um für ihn zu arbeiten“. Er versicherte Royall zwar, er werde, solange er in Deutschland bleibe, alle Befehle befolgen, „sagte aber nicht, wie lange er in Deutschland bleiben werde“. Die Tatsache, daß „Pflicht, Ehre und Vaterland“ ein Leben lang die Haltung des Generals bestimmt hatten, spielte zweifellos eine wichtige Rolle bei seiner Entscheidung, an der Londoner Konferenz teilzunehmen. Aber noch wichtiger war die Zusicherung Royalls, er werde versuchen, „das Außenministerium zur Übernahme der Militärregierung zu veranlassen“. Bis dahin sollte alles getan werden, „um Ihnen bei der Behandlung der wirtschaftlichen und anderer Probleme in Deutschland möglichst freie Hand zu lassen. Wenn das Außenministerium diese Aufgabe nicht sofort übernehmen sollte, werde ich mich darum bemühen, daß eine entsprechende für die Bizone geltende Direktive in diesem Sinne genehmigt wird“.[45]

Trotz seiner Bereitschaft, an der Konferenz teilzunehmen, gefiel es Clay nicht, die ihm aufgezwungene Rolle des Beraters von Douglas zu übernehmen. Als Delbert Clark und andere Journalisten ihn daher nach der Bedeutung der bevorstehenden Konferenz fragten, waren seine Antworten knapp und unverbindlich. Anders war es, als Marguerite Higgins von der *New York Herald Tribune* einen Tag vor seiner Abreise nach London in sein Büro kam. Er hatte seine Meinung über die Londoner Konferenz zwar nicht geändert, aber der Ehrenkodex des Gentleman aus den Südstaaten verlangte von ihm, nicht in scharfem Ton mit einer Dame zu sprechen. Die Fragen von Miss Higgins nach internen Kontroversen im Pentagon, nach Verzögerungen beim Wiederaufbau in Deutschland und nach der Rolle des Generals in diesem Meinungsstreit irritierten ihn zwar, aber Clay erklärte geduldig, „es wäre besser, wenn der Plan für die Festsetzung der Industrieproduktion von drei und noch besser wenn er von vier Mächten gebilligt würde“. Er fügte hinzu, für die Bizone „ist dieser Plan immer noch das richtige“, denn daraus könnten die Betriebsleitungen sehen, welche Industrieanlagen als Reparationen demontiert werden und welche unangetastet bleiben sollen.[46]

Die Konferenz dauerte fünf Tage, und ihre Ergebnisse waren günstiger, als Clay erwartet hatte, wenngleich die Spannungen innerhalb der amerikanischen Delegation sehr deutlich zum Ausdruck kamen. Douglas meinte, Clay sei zwar ein hervorragender Soldat, eigne sich aber „nicht so gut für Verhandlungen, besonders mit Ausländern", und bei einem Essen mit Angehörigen des auswärtigen Dienstes sagte Clay, jetzt reiche es ihm. Da ihm niemand klare Befehle habe zukommen lassen, werde er, so sagte er, genötigt, selbst die Entscheidungen zu treffen. Jetzt nörgele man ständig an ihm herum und verlange von ihm, Dinge zu tun, die in seinen ursprünglichen Anweisungen nicht enthalten seien.[47] Mißtrauen und Animositäten gab es auf beiden Seiten. Einige Beamte des Außenministeriums hatten den Eindruck, der Militärgouverneur mißtraue jedem, der ihm nicht direkt unterstellt sei, und weigere sich, solchen Leuten gegenüber ehrlich zu sein. Sie glaubten sogar, einige von Clays Untergebenen folgten seinem Beispiel. Clays angebliche Weigerung, die Interessen der Vereinigten Staaten in einem größeren Zusammenhang zu sehen und sich damit einverstanden zu erklären, daß seine Arbeit von Washington beaufsichtigt wurde, war ebenfalls Anlaß für zahlreiche Beschwerden.[48]

Das am 28. August veröffentlichte Kommunique über die Dreimächte-Gespräche brachte Klarheit über den für den Militärgouverneur wichtigsten Punkt: Der Plan für die Festsetzung des Industrieniveaus, über den er sich mit Robertson geeinigt hatte, sollte am folgenden Tag bekanntgegeben werden.[49] Was nun den Plan der Bizone für Verwaltung und Kontrolle der Ruhrbergwerke betraf, so einigte man sich darauf, daß „er den künftigen Status der Bergwerke nicht präjudizieren werde." Darüber hinaus kamen die drei Delegationen überein, daß die nun zu treffenden Maßnahmen nicht etwa dazu führen dürften, daß Deutschland beim Wiederaufbau die Priorität gegenüber den demokratischen europäischen Ländern eingeräumt werde. Zusammenfassend darf man sagen, daß die Konferenz zwar einen diplomatischen Sieg Frankreichs bedeutete, die Angelsachsen ihre Haltung zu den Fragen aber keineswegs änderten, über die verhandelt worden war.

Nach seiner Rückkehr aus London konnte sich Clay wieder auf die Entnazifizierung und die Entflechtung konzentrieren, die beiden Programme, mit denen er schon vorher Schwierigkeiten gehabt hatte und die nun in dem veränderten politischen Klima umstrukturiert werden mußten. Die durch den Krieg entfachten Leidenschaften in den Vereinigten Staaten waren verklungen, und der wirtschaftliche Wiederaufbau in Westdeutschland war zu einem der wichtigsten Ziele der amerikanischen Regierung geworden. William Griffith berichtet, daß die Mehrheit der Leute, die in den Vereinigten Staaten die öffentliche Meinung beeinflußten, „sich zwar durchaus der Tatsache bewußt waren, daß Deutschland weder entnazifiziert noch bereit war, zu bereuen", glaubte jedoch, daß der wirtschaftliche Wiederaufbau in Deutschland notwendig sei, um den Kommunismus zu bekämpfen, und daß er nicht länger durch weitere Versuche, eine „gründliche Entnazifizierung" durchzuführen, verzögert werden dürfte.[50]

Der Militärgouverneur konnte sich sehr gut vorstellen, was ihm bevorstand. Noch im Januar hatte er erklärt, das Entnazifizierungsprogramm rücksichtslos durchführen zu wollen, aber schon als Folge der Moskauer Konferenz war eine wesentliche Veränderung eingetreten. Eines der wenigen Verhandlungsergebnisse des Rats der Außenminister war eine Viermächte-Vereinbarung, nach der die Entnazifizierung „durch entsprechende Maßnahmen" zu beschleunigen sei und ein Termin für ihre Beendigung festgelegt werden sollte. Dabei sollte man sich auf Personen konzentrieren, die das Naziregime aktiv unterstützt hatten, „ohne daß es notwendig ist, alle nominellen Mitglieder der Nazipartei unterschiedslos vor Gericht zu stellen". Die alliierte Kontrollbehörde wurde beauftragt, den Inhalt dieser Vereinbarungen gesetzlich zu verankern. Die Moskauer Beschlüsse erforderten ein ganz neues Entnazifizierungsverfahren in der amerikanischen Besatzungszone, und diese Notwendigkeit ergab sich noch deutlicher aus der neuen Direktive für Clay, die jetzt an die Stelle von JCS 1067 trat. Während die 600 Worte der ersten Anweisungen für die Entnazifizierung auf alle Aspekte des Verfahrens eingegangen waren, hieß es in der Direktive JCS 1779 nur noch, „befolgen Sie in Ihrer Zone nur noch die am 23. April 1947 vom Rat der Außenminister getroffene Entscheidung in der vom alliierten Kontrollrat vereinbarten Form".

Damals waren bei den deutschen Spruchkammern noch 700000 Fälle anhängig, in denen die Beschuldigten aufgrund ihrer Einstufung abgeurteilt werden mußten. Da monatlich durchschnittlich nur 25000 Verfahren abgeschlossen wurden, würde man noch zwei Jahre brauchen, um das Entnazifizierungsprogramm abzuschließen.[51] Aus Gesprächen mit einflußreichen Besuchern aus Washington erkannte Clay, daß ihm diese zwei Jahre nicht mehr zur Verfügung stehen würden, sondern er von einem Tag auf den anderen damit rechnen mußte, daß der Kongreß ihm die dafür notwendigen Mittel strich. Er dachte immer noch darüber nach, wie er den Rückzug antreten könnte, ohne dabei das Gesicht zu verlieren, als die Sowjets ihm seine Entscheidungen erleichterten. Die sowjetische Militärregierung wollte nicht erst warten, bis die vier Mächte die Moskauer Beschlüsse ratifiziert hatten, sondern übergaben die Entnazifizierung am 17. August in ihrer Zone deutschen Tribunalen mit der besonderen Anweisung, die Verfahren rasch durchzuführen und gegenüber den kleinen Nazis Milde walten zu lassen. Das war in erster Linie eine propagandistische Maßnahme, sie entsprach jedoch der pragmatischen sowjetischen Haltung gegenüber den gesellschaftlichen und wirtschaftlichen Problemen, die mit der Entnazifizierung verknüpft waren. Jetzt ließ sich eine Modifizierung der in der amerikanischen Zone geltenden Bestimmungen nicht mehr vermeiden. Als das Kriegsministerium ihn drängte, „die Entnazifizierung eilig abzuschließen", wußte Clay, daß rasches Handeln geboten war. In einer an die Ministerpräsidenten der Länder gerichteten Denkschrift forderte er sie auf, die Entnazifizierungsverfahren zu beschleunigen. Er erklärte, er sei bereit, Verfahrensänderungen zuzustimmen, wenn „die Grundprinzipien des Gesetzes beachtet werden." Bei OMGUS gab es erhebliche Meinungsverschiedenheiten darüber, wie man jetzt vorgehen sollte. Die für die öffentliche Sicherheit verantwortliche Abteilung (Public Safety Branch) widersetzte sich sofortigen und tiefgreifenden Verfahrensänderungen, während sich Clays neuer Berater für Fragen der Entnazifizierung, Theo Hall, für ein neues Verfahren aussprach. Die internen Debatten in Berlin und intensive Beratungen zwischen Amerikanern und Deutschen nahmen noch einige Monate in Anspruch, doch dann einigte man sich auf ein beschleunigtes Verfahren und hob auch einen Teil der bis dahin geltenden Berufsverbote auf. Die öffentlichen Ankläger wurden ermächtigt, die Verfahren zu beschleunigen und die nur nominell als Belastete eingestuften Personen in die Kategorie der „Mitläufer" aufzunehmen. So gab es nach sechs Monaten nur noch 110000 unerledigte Fälle.[52]

Da die Entflechtung der Konzerne nicht so stark von der Öffentlichkeit beachtet wurde, fiel es dem Militärgouverneur leichter, sich auf diesem Gebiet dem Umschwung der öffentlichen Meinung in Amerika anzupassen. Einer der glühendsten Verfechter des Programms, James Martin, der das für die Entflechtung verantwortliche Büro geleitet hatte, hatte genug von dem Kampf gegen seine Gegner in der Wirtschaftsabteilung und trat im Juni zurück.[53] Zur Zeit seines Rücktritts hatte man damit begonnen, die in der Bizone gelegenen Unternehmen der I. G. Farbenwerke in 52 voneinander unabhängige Einzelunternehmen aufzuteilen, deren Leitung Treuhändern übertragen wurde. Den Abschluß der Entflechtung sollte ihr Verkauf als selbständige Unternehmen darstellen.[54] Parallel dazu führte die britische Militärregierung die „Operation Severence" mit dem Ziel durch, die Eisen- und Stahlkartelle zu zerschlagen und kleinere Unternehmen daraus zu machen. Schließlich waren auch die sechs Großbanken, die praktisch das Finanzwesen in ganz Deutschland beherrschten, aufgelöst worden, und ihre Aktivitäten wurden auf die einzelnen Länder beschränkt.

Nachdem Martin seinen Posten verlassen hatte, wurde das Entflechtungsbüro der Militärregierung umstrukturiert und bestand von nun an aus Arbeitsgruppen, welche die Aufgabe erhielten, einer bizonalen Prüfungsbehörde einzelne Fälle zur Entscheidung vorzulegen. Nach den Anweisungen des Militärgouverneurs kam es dabei in erster Linie darauf an, dem Gesetz Geltung zu verschaffen und an den Ergebnissen festzustellen, ob das Programm durchführbar und effektiv war. Die für die Entflechtung verantwortlichen Beamten hatten daher eine Anzahl monopolistischer Konzerne ausgewählt, die in der nationalsozialistischen Wirtschaft eine Rolle gespielt hatten, und zwar vor allem solche mit internationalen Bindungen, die sie zu Werkzeugen der wirtschaftlichen Kriegführung gemacht hatten.[55] Diese Konzerne sollten aufgefordert werden, zu begründen, weshalb sie nicht unter einer neuen Leitung in mehrere selbständige Unternehmen zerschlagen werden sollten.[56]

Da es noch bis 1948 dauern würde, die notwendigen Untersuchungen abzuschließen, wußte Clay, daß er es nicht nötig hatte, über andere mögliche Maßnahmen zur Entflechtung von Konzernen voreilige Entscheidungen zu treffen.

Bis dahin wollte er sich auch weiterhin auf den Zusammenschluß der beiden Zonen konzentrieren, ein Unternehmen, das im Licht des von Marshall ins Leben gerufenen Programms zum Wiederaufbau Europas bessere Zukunftschancen zu haben schien als je zuvor. Da Clay die Arbeitsweise des amerikanischen Kongresses kannte, beurteilte er die Aussichten für die Verwirklichung des Programms zum Wiederaufbau Europas nicht optimistisch, gab ihm aber doch eine Chance. Als er von Washington danach gefragt wurde, worin der Beitrag Deutschlands zu diesem Programm bestehen könnte, brachte er seine Auffassungen sehr deutlich zum Ausdruck.[57] Alle wirtschaftlichen Restriktionen sollten aufgehoben werden, die Bevölkerung müsse ausreichend mit Lebensmitteln versorgt werden, und man müsse den Deutschen die für die Steigerung der Industrieproduktion benötigte Kohle zur Verfügung stellen. Die europäischen Nationen müßten erkennen, daß Deutschland nur die allernotwendigsten Verbrauchsgüter kaufen könne, für die in ganz Europa ein dringender Bedarf bestand. In allen Fällen, in denen eine europäische Nation die deutschen Exporte nicht mit der Lieferung solcher Güter bezahlen konnte, müsse sie es in Dollar tun. Voraussichtlich würde man diese Dollarbeträge im Rahmen des vorgesehenen Programms für den wirtschaftlichen Wiederaufbau zur Verfügung stellen müssen. Clay nannte aber auch noch andere Hindernisse, die überwunden werden mußten. Das waren die britischen Bemühungen, den europäischen Handel in der Sterlingwährung wieder aufzunehmen, und die Tatsache, daß es den europäischen Ländern schwer fiel, die Vergangenheit zu vergessen und neue Handelsbeziehungen zu Deutschland aufzunehmen. Nach seiner Schätzung würde Deutschland im Rahmen des europäischen Wiederaufbauprogramms jährlich 750 Millionen Dollar für die Bezahlung von Lebensmitteln, künstlichem Dünger und Erdölprodukten brauchen. Etwa die Hälfte dieses Betrages würde für den Einkauf anderer Rohstoffe benötigt werden. Am Schluß erklärte er, daß es notwendig sei, von der Militärregierung ernannten deutschen Vertretern – die später als Sprecher einer deutschen Regierung auftreten würden – die Teilnahme an europäischen Konferenzen und die Beteiligung an allen Handelsmärkten zu erlauben. Seine letzte Empfehlung lautete: „Deutschland muß hoffen dürfen, daß es bald als gleichberechtigtes Land behandelt wird und sich nicht auf unabsehbare Zeit mit einer untergeordneten Rolle abfinden muß."

Seinen Mitarbeitern sagte Clay, ohne Rücksicht darauf, ob sich der Europaplan verwirklichen lasse oder nicht, müsse der Zusammenschluß der amerikanischen und britischen Zone zum Erfolg werden, damit die Militärregierung ihre Tätigkeit einstellen und aufgelöst werden könnte. James Sundquist berichtet:[58] „Er war von dieser Idee besessen. Wenn wir uns darüber unterhielten, erzählte er uns von seiner Jugend in Georgia und den Abenteurern aus dem Norden, die nach dem Bürgerkrieg in die Südstaaten gekommen waren, um sich hier zu bereichern. Je länger sie im Lande blieben, desto leidenschaftlicher haßte der Süden den Norden. Er nahm an, die Deutschen würden ebenso reagieren, und war entschlossen, eine solche Entwicklung zu verhindern. Diese Vorstellungen hatten sich sehr tief in sein Bewußtsein eingebrannt."

Als die Geheimdienstbehörde CIC Clay bat, er möge ihr mehr Personal zur Verfügung stellen, um etwas gegen den schwarzen Markt zu unternehmen, lehnte er dieses Ersuchen ab. Er fragte: „Wo finde ich die Agenten, welche die neuen Agenten überwachen, die Sie einstellen wollen?" Er wußte, sobald die neue Währung eingeführt war, würde der schwarze Markt von selbst verschwinden. Bis dahin suchte er dem Problem damit zu begegnen, daß er das Warenangebot in den amerikanischen Heereskantinen auf ein Mindestmaß beschränkte. Bis auf eines wurden alle PX-Lagerhäuser in der amerikanischen Besatzungszone geschlossen, und ihre Reserven durften den Bedarf für 24 Tage nicht überschreiten. Dem CIC sagte er, diese Maßnahme werde wirksamer sein als die Einstellung von einigen tausend neuen Agenten.[59]

Sundquist hatte die Aufgabe, die Arbeit der einzelnen Abteilungen der Militärregierung zu überwachen und alle drei Monate einen Bericht darüber anzufertigen, welche Projekte in nächster Zeit aufgegeben oder eingeschränkt werden könnten. Das wirksamste Mittel dabei war die Verringerung der Personalstärken. Sundquist berichtet:[60]

„Ich glaube, Clay ist mir auf diesem Gebiet immer voraus gewesen. Lange bevor ich ein Verfahren einleiten konnte, diese Aktivitäten genauer zu untersuchen, rief mich Clay zu sich und hatte schon eine Lösung parat. So sagte er zum Beispiel, bis zum Ende des Quartals solle die Transportabteilung aufgelöst werden, die Abteilung zur Überwachung kirchlicher Fragen werde nicht mehr gebraucht, und das Personal der Abteilung für Erziehung und Unterricht könne verringert oder nach Hause geschickt werden. Dann mußte ich protestieren und sagen, das geht nicht, Sie gehen zu rasch vor. Erlauben Sie mir, die Angelegenheit zu überprüfen. Ich befand mich also in der unangenehmen Lage, die Leute, die die praktische Arbeit leisteten, gegen ihren Oberbefehlshaber verteidigen zu müssen, und erfüllte nicht meine eigentliche Aufgabe, die darin bestand, personelle Kürzungen vorzunehmen. Aber Clay hatte gewöhnlich recht. Die härtesten Kämpfe haben wir auf dem Gebiet Erziehung und Unterricht ausgefochten. Es war eine große und wichtige Aufgabe, die Lehrbücher zu überprüfen und ein neues Erziehungssystem aufzubauen, aber Clay behauptete, es sei noch keiner Besatzungsarmee gelungen, einem besiegten Volk ein neues Bildungssystem und eine neue Kultur aufzuzwingen. Es war nicht leicht, ihn zu überzeugen, aber Herman Wells, der von der University of Indiana nach Berlin gekommen war, um den Militärgouverneur in Fragen der Erziehung und Kultur zu beraten, stellte sich auf die Seite der Abteilung Management Control. Er hat verhindern können, daß dieses Programm aufgegeben wurde."

Die deutschen Verwaltungsbehörden in der Bizone waren eingerichtet, und man hatte sich auf ein neues Niveau für die Industrieproduktion geeinigt, aber das schwierigste Problem mußte noch gelöst werden; das war der Ausgleich der Außenhandelsbilanz.[61] Das Kriegsministerium hatte dem Kongreß zugesagt, die Außenhandelsbilanz der Bizone werde innerhalb von drei bis vier Jahren in den schwarzen Zahlen sein, aber als sich der Militärgouverneur diese Zahlen im Herbst 1947 ansah, erkannte er, daß die Exporterlöse für dieses Jahr nicht die geplante Höhe von 350 Millionen Dollar erreichen, sondern wahrscheinlich 100 Millionen Dollar weniger ergeben würden.[62] Das Vereinigte Ausfuhr- und Einfuhramt (JEIA), das nach den Bedingungen der zwischen Byrnes und Bevin getroffenen Vereinbarungen errichtet worden war, versuchte, zu normalen kommerziellen Praktiken zurückzukehren, aber (wie Larry Wilkinson dem ungeduldigen General sagen mußte) war das leichter gesagt als getan. Trotz der schrittweisen Aufhebung der zunächst für Reisen und Kommunikation geltenden Einschränkungen ließ sich das Eingreifen der Militärregierung so lange nicht vermeiden, wie Deutschland über keine konvertierbare Währung verfügte und die meisten Hersteller ihre Erzeugnisse deshalb nur ungern verkauften. Aus dem gleichen Grund mußte die JEIA auch weiterhin die Wechselkurse festlegen. Ursprünglich war eine Liste der Konversionsfaktoren veröffentlicht worden, in welcher der Wert der Reichsmark auf 30 bis 80 Cents festgesetzt wurde,[63] es zeigte sich aber sehr bald, daß eine Festlegung der Preise nach einer starren Liste in der Praxis auf große Schwierigkeiten stieß, und deshalb übertrug man den untergeordneten Aufsichtsbehörden die Verantwortung für die Preiskontrolle. Die Beamten der örtlichen Dienststellen wurden angewiesen, den angemessenen Marktwert der Exportwaren festzulegen, „gemessen am Verkaufswert vergleichbarer Produkte auf den internationalen Märkten". Das war allerdings nur eine Notlösung, denn jetzt ergab sich die schwierige und sehr komplexe Aufgabe der Marktforschung in vielen Ländern für Hunderte von Industrieprodukten. Aus der von Clay herausgegebenen Sonderanweisung, es sei „mit besonderer Sorgfalt sicherzustellen, daß niemand künftig behaupten kann, das auf dem Markt allgemein anerkannte Preisniveau würde unterboten", ließ sich erkennen, welchen Weg er gehen wollte, um die Außenhandelsbilanz der Bizone auszugleichen. Seine gleichzeitigen energischen Bemühungen, den Exportpreis der Ruhrkohle, der zunächst auf zehn Dollar festgelegt war, zu steigern – der Weltmarktpreis lag bei 20 bis 25 Dollar – zeigte, in welchem politischen Klima er handeln mußte. Die Einwände des Außenministeriums gegen eine Neufestsetzung des Kohlepreises waren die gleichen, wie sie auch gegen seine Dollar-Politik erhoben worden waren, und in beiden Fällen mußte er sich mit einem Kompromiß zufriedengeben. Man einigte sich schließlich auf einen Kohle-Exportpreis von 15 Dollar,[64] und durch eine Reihe von Handelsvereinbarungen konnten die Schwierigkeiten des Dollar-Problems zeitweilig behoben werden, weil diese Vereinbarungen die Einrichtung von Ausgleichskonten bei europäischen Banken in der Währung des jeweiligen Importlandes vorsahen.[65] Ein Devisenbonus für deutsche Exporteure und Transaktionen, bei denen ausländische Firmen die Rohstoffe lieferten, waren weitere Maßnahmen, mit denen der Außenhandel angeregt werden sollte. Doch trotz all dieser Bemühungen kam man nur sehr langsam voran. Mit einer wesentlichen Steigerung der deutschen Exporte durfte man erst nach einer Währungsreform rechnen.

Handelsverträge und Ausgleichskonten hatten das Dollar-Problem für einige europäische Handelspartner Deutschlands erleichtert. Doch für Großbritannien und das Sterling-Gebiet mußte eine dauerhaftere Lösung gefunden werden. Die Tinte auf den zwischen Byrnes und Bevin getroffenen Vereinbarungen war kaum trocken, als es zu ernsten finanziellen Schwierigkeiten kam. Es fiel Großbritannien zusehends schwerer, die Dollar-Beträge zur Verfügung zu stellen, die für das Anfangskapital des Vereinigten Ausfuhr- und Einfuhramtes (JEIA) und für die dann folgende Finanzierung der Einkäufe von Lebensmitteln, Düngemitteln und Saatgut auf dem Weltmarkt gebraucht wurden. Deshalb versuchte General Robertson, eine legale Möglichkeit zu finden, um anstelle von harten Währungen mit Sterling-Beträgen zu bezahlen, eine Absicht, der sich die Finanzabteilung bei OMGUS energisch widersetzte.[66] Zunächst tat General Clay alles, um den Briten entgegenzukommen, und lehnte in mehreren Fällen die technischen Empfehlungen der Experten seines Stabes ab.[67] Doch als sich die Exporte aus der Bizone langsamer steigern ließen als erwartet und die Versorgungslage bei Lebensmitteln so kritisch wurde, daß höhere Dollar-Beträge zur Verfügung gestellt werden mußten, erkannte er, daß es die Schwäche des Pfund Sterling der britischen Regierung unmöglich machen werde, die in den Vereinbarungen übernommenen Verpflichtungen zu erfüllen. In Übereinstimmung mit den 1946 vereinbarten Notstandsbestimmungen kamen daher amerikanische und britische Vertreter im Herbst 1947 in Washington zusammen, um entscheidende Veränderungen in den ursprünglichen Fusionsvereinbarungen auszuhandeln. Clay nahm an der ersten Verhandlungsrunde teil, als sich die Gespräche jedoch in die Länge zogen, kehrte er nach Deutschland zurück, während sein Finanzberater, Jack Bennett, als sein Vertreter in Washington blieb.[68] Der revidierte Vertrag, der für die Vereinigten Staaten von Robert Lovett und für das Vereinigte Königreich von Sir William Strang unterzeichnet wurde, berücksichtigte die Tatsache, daß Großbritannien nicht in der Lage war, deutsche Importwaren auch weiterhin mit Dollar zu bezahlen. Großbritannien war deshalb nicht mehr verpflichtet, die sogenannten Importe der Kategorie A (Lebensmittel, Düngemittel und Saatgut) in die Bizone in Dollar zu bezahlen. Für das folgende Jahr verpflichtete sich Großbritannien zu relativ geringen Lebensmittellieferungen und Dienstleistungen und stellte in erster Linie britischen Schiffsraum für den Transport von

Fracht zur Verfügung. Alle übrigen Güter der Kategorie A mußten von den Vereinigten Staaten geliefert werden. Da die Vereinigten Staaten hier einen wesentlich größeren Beitrag leisteten, wuchs auch der Einfluß der amerikanischen Regierung beim Vereinigten Ausfuhr- und Einfuhramt (JEIA) und der gemeinsamen Devisenbehörde (Joint Foreign Exchange Agency). Bei beiden Behörden sollte die Zahl der amerikanischen und britischen Stimmen in ihrem Verhältnis zueinander „den jeweils von den beiden Regierungen der Bizone zur Verfügung gestellten Geldbeträgen entsprechen". Die wahrscheinlich folgenschwerste Neuerung im Hinblick auf die Dollar-Politik von Clay war die neue Anweisung an die JEIA, „den gesamten Handel zwischen der Bizone und dem Sterling-Gebiet zu erweitern und diesen Handel auf Sterling-Basis zu stellen." Das widersprach zwar den von Clay vertretenen Grundsätzen in der Währungspolitik, aber Großbritannien war zahlungsunfähig, und günstigere Bedingungen ließen sich nicht aushandeln.

Der revidierte Vertrag gab dem amerikanischen Militärgouverneur das Recht der endgültigen Entscheidung bei allen finanziellen und wirtschaftlichen Angelegenheiten. Auf sein Verlangen blieb jedoch die amerikanisch-britische Gleichberechtigung in politischen Angelegenheiten bestehen. Man hatte zwar höheren Orts versucht, den amerikanischen Einfluß zu stärken, aber Clay war ein kluger Politiker und erkannte, daß Briten und Amerikaner in Deutschland sehr ähnliche Ziele verfolgten und es deshalb unbedingt notwendig war, eng mit den Briten zusammenzuarbeiten. Er schrieb: „Wollten wir ihnen nur den Status eines Juniorpartners einräumen, dann würden wir damit dem britischen Prestige in Europa schaden, und das läge wirklich nicht in unserem Interesse."[69]

Ähnlich wie beim Exporthandel der Bizone ging die Entwicklung im Ruhrgebiet nur sehr langsam voran. Das Ziel war die Steigerung der Produktion auf das Vorkriegsniveau, aber 1947 lag die durchschnittliche Tagesproduktion bei 260.000 Tonnen, und das waren 65 Prozent dessen, was man erreichen wollte. Aus diesem Grund zweifelte Clay am Erfolg der Kohlekonferenz, die auf Anregung von Außenminister Marshall in der zweiten Augustwoche in Washington abgehalten wurde. Er hatte nicht nur Einwände gegen Verhandlungen über innerdeutsche Angelegenheiten an „so vielen Orten und auf so vielen Ebenen, daß niemand mehr begreifen kann, was geschieht", sondern er wußte auch, daß es keine Zauberformel gab, mit der sich die Kohleförderung steigern ließ. An der Konferenz beteiligten sich ungewöhnlich große amerikanische und britische Delegationen. Sie dauerte vier Wochen, brachte aber, wie Clay erwartet hatte, praktisch keine Ergebnisse. Der Schlußbericht und seine Empfehlungen bestätigten die Absprache zwischen Robertson und Clay, nach der die Betriebsleitung in den Bergwerken an die Deutschen zurückgegeben werden sollte. Das sollte rasch geschehen, weil man erwartete, die deutschen Bergleute würden mehr Kohle fördern, wenn sie unter einer deutschen Leitung arbeiteten.[70] Die neue Leitung sollte von einer amerikanisch-britischen Kontrollgruppe überwacht werden, die den Militärbefehlshabern unterstand. Damit nahmen die Vereinigten Staaten zum ersten Mal als Gleichberechtigte an der Verwaltung des Ruhrgebiets teil. Aber der Bericht enthielt nur sehr unbestimmte Aussagen über die umstrittene Frage der Eigentumsrechte an den Bergwerken des Ruhrgebiets und über die britischen Pläne für ihre Verstaatlichung, die, wie die amerikanische Regierung verlangte, so lange aufgeschoben werden sollten, wie die Kohleförderung problematisch blieb.[71]

Der Kampf um ein starkes Westdeutschland als Bollwerk gegen den Kommunismus war für Clay jetzt in den Vordergrund getreten und hatte das Ringen um die Einheit Deutschlands abgelöst. Zwar sprach man im Alliierten Kontrollrat in Berlin immer noch über die Vereinigung der vier Zonen, aber hinter diesen Worten stand kaum noch eine konkrete Absicht. Nach Auffassung von Clay würde die bevorstehende Konferenz der Außenminister in London sich wahrscheinlich ähnlich entwickeln. Deshalb drängte er das Kriegsministerium im November zu energischen Schritten. Nun, da eine deutsche Übergangsverwaltung für die Bizone eingerichtet und ein neues Produktionsniveau für die Industrie festgelegt worden waren, erschien die Einsetzung einer Regierung für Westdeutschland als die wichtigste Aufgabe. In einem Gespräch mit Draper sagte der General: „Wir müssen den Mut haben, möglichst bald eine westdeutsche Regierung einzusetzen. Wir können nicht weiterkommen, wenn wir keinen Regierungsapparat für Westdeutschland errichten. Die ablehnende Haltung der Deutschen gegenüber jeder Art von Kolonialverwaltung nimmt täglich zu."[72]

Parallel zu diesen Entwicklungen verhärtete sich Clays Haltung gegenüber der Sowjetunion. Über mehr als ein Jahr hatte er sich dem Verlangen der Mitglieder des Stabes von Murphy wiedersetzt, im Alliierten Kontrollrat gegen die terroristischen Praktiken in der russisch besetzten Zone zu protestieren.[73] Noch im August 1946 hatte er die Einrichtung der Rundfunkstation Radio Liberty abgelehnt, weil sie „nicht dem Geist der Viermächte-Regierung" entspräche.[74] Doch nun nach einem Jahr erklärte er der Presse aus eigenem Antrieb, die Vereinigten Staaten begännen eine neue Politik zur Verteidigung des amerikanischen Freiheitsideals, mit der „wir das angreifen, woran wir nicht glauben". Auf eine Anfrage des Kriegsministeriums erklärte er: „Wir sind entschlossen, den Kommunismus und den Polizeistaat vor den Augen des deutschen Volkes anzugreifen, während wir uns bisher darauf beschränkt haben, die Vorzüge der Demokratie zu unterstreichen." Bezeichnenderweise konnte er sich nicht dazu durchringen, anderen und wahrscheinlich auch sich selbst einzugestehen, daß er seine Haltung gegenüber den Russen geändert hatte. Mit erstaunlichem Sophismus behauptete er, politisch habe sich nichts Wesentliches geändert. „Laut der Direktive JCS 1067 ist es unser politisches Ziel, die Demokratie zu schützen, und das bedeutet, daß wir dem Kommunismus Widerstand leisten müssen. Zwar ist es richtig, daß wir nicht die Anweisung erhalten haben, den Kommunismus anzugreifen, aber man hat uns gewiß auch nicht gesagt, wir sollten auf einen solchen Angriff verzichten."[75] Natürlich wußte er, daß sich die öffentliche Meinung in den Vereinigten Staaten geändert hatte, daß an die Stelle der Zusammenarbeit mit Rußland das neue Konzept getreten war, nach dem ein starkes Westdeutschland ein Bollwerk gegen den Kommunismus darstellte. Clay meinte dazu: „Ich muß mit allem mir zur Verfügung stehenden Ernst sagen, daß 42 Millionen Deutsche in der britischen und amerikanischen Zone der stärkste Vorposten gegen das kommunistische Vordringen sind, den es irgendwo gibt. Wir können in Deutschland scheitern, wenn wir nichts oder zu wenig tun, um dem deutschen Volk wieder eine deutsche Führung zu geben. Dafür ist es schon fast zu spät."[76]

Wie in Moskau hatte Clay auch bei der im Lancaster House stattfindenden Konferenz einen Logenplatz. Die Konferenz verlief noch enttäuschender als erwartet.[77] Man brauchte mehrere Sitzungen, um sich auf eine Tagesordnung zu einigen, und als die Minister beschlossen, vier ständige Ausschüsse einzusetzen, die sich mit den Fragen beschäftigen sollten, die einen Friedensvertrag mit Deutschland betrafen, konnte man sich nicht über die Zusammensetzung dieser Ausschüsse einig werden. Einer der wenigen Lichtblicke war ein Empfang im Buckingham Palast. In Moskau hatte man sich noch darum bemüht, die Fiktion eines intakten Bündnisses aufrechtzuerhalten, aber in London ließ man die Maske fallen, und die Wortgefechte zwischen den Delegierten wurden zunehmend schärfer. Als Molotow wortreich erklärte, die sowjetische Haltung sei immer noch die gleiche wie in Moskau, und die Vereinigung der vier Zonen Deutschlands müsse mit einer Vereinbarung über die Reparationsleistungen Hand in Hand gehen, war das Schicksal der Konferenz besiegelt. Während der folgenden Sitzungen ging es den einzelnen Delegationen nur noch darum, zum Zeitpunkt des unvermeidlichen Scheiterns eine propagandistisch möglichst günstige Position einzunehmen. Der Außenminister berichtete nach Washington: „Es kommt darauf an, den Boden, auf dem wir stehen, sorgfältig zu sondieren und den Zeitpunkt (des Bruches) zu unserem Vorteil zu bestimmen. Dabei müssen wir es unter allen Umständen vermeiden, uns von den Russen in eine Lage manövrieren zu lassen, in der ein Scheitern als die Folge eines nebensächlichen Punktes erscheinen würde, welcher unsere öffentliche Meinung nicht von der Notwendigkeit des Bruchs mit den Russen überzeugen könnte."[78] Am 15. Dezember, drei Wochen nach Konferenzbeginn, war der richtige Zeitpunkt gekommen, und die Konferenz vertagte sich auf Empfehlung von Außenminister Marshall auf unbestimmte Zeit. Lucius Clay kommentierte das Ende eines Traums von Franklin Roosevelt mit einem Hauch von Melancholie: „Für diejenigen von uns, die eine Viermächte-Regierung in Deutschland in der festen Überzeugung begonnen hatten, ein funktionsfähiges Instrument zu schaffen, die wenige Monate lang (sic) geglaubt hatten, es werde gelingen, und die versucht hatten, diese Regierung trotz der täglichen Behinderungen und Enttäuschungen funktionsfähig zu erhalten, haben die Ergebnisse der Londoner Konferenz eine besondere Bedeutung. Während ich erkannte, daß der neue Kurs unvermeidlich war, habe ich das Lancaster House nach der letzten Sitzung nicht in freudiger, sondern in trauriger Stimmung verlassen."[79]

Für den Auftrag, den Clay zu erfüllen hatte, war die bedeutendste Entwicklung in London ein anglo-amerikanisches Treffen nach dem Scheitern der Konferenz, an dem Marshall und Bevin teilnahmen. Hier wurde die Richtung festgelegt, die beide Mächte künftig in ihrer Deutschland-Politik verfolgen wollten. Man wollte sich ein letztes Mal darum bemühen, für ganz Deutschland eine neue Währung einzuführen. Falls das mißlang, sollte eine Währungsreform in der Bizone durchgeführt werden. Das Demontageprogramm sollte weitergehen, und die IARA-Länder sollten auch weiterhin ihre Reparationsleistungen erhalten. Beide Regierungen würden die Bildung einer westdeutschen Regierung schrittweise, aber „ohne dramatische Deklarationen", vorantreiben. Die Verhandlungen mit Frankreich sollten in der Hoffnung weitergeführt werden, daß die Franzosen bis zum folgenden Sommer bereit sein würden, sich der Bizone anzuschließen. Außerdem beschlossen die Amerikaner und Briten, in Berlin zu bleiben und weiterhin an den Beratungen des Alliierten Kontrollrats teilzunehmen, „wenn der Kontrollrat nicht durch die Vertreter der Sowjetunion aufgelöst wird".[80] Endlich wußte Clay, wohin die Reise ging. Seine Beziehungen zu Marshall hatten sich wesentlich gebessert. Der Außenminister hatte es nur sehr ungern gesehen, daß Dulles auf eigene Initiative nach Paris gereist war, um General de Gaulle zu konsultieren. Der klare Bericht Clays über seine Pläne für den Zusammenschluß der Zonen, das Zusammentreten einer verfassunggebenden Versammlung und den Entwurf einer Verfassung hatte ihn beeindruckt. Später erinnerte sich Clay: „Von da an hat mich der Außenminister tatkräftig unterstützt." Im gleichen Sinne unterrichtete er Draper und sagte ihm, „während der Woche in London haben wir sehr enge Beziehungen zu den Angehörigen des Außenministeriums geknüpft, die für die Besatzungspolitik zuständig sind, und was die künftige Entwicklung betrifft, so gehen unsere Meinungen augenscheinlich kaum auseinander."[81]

9. Kapitel

Neue Entwicklungen

Als der Militärgouverneur zu Beginn des neuen Jahres seinen Terminkalender ansah, stellte er fest, daß er weit hinter seinem Zeitplan zurückgeblieben war. Er rechnete damit, daß das Außenministerium im Frühjahr die Verantwortung für die Besatzungspolitik übernehmen werde. Es mußten der Apparat von OMGUS weiter reduziert und eine solide administrative Grundlage für die Einsetzung einer westdeutschen Regierung gelegt werden. Sollte die Schaffung einer westdeutschen Republik zu einer Konfrontation mit der Sowjetunion führen – was durchaus möglich war – mußte Clay oder sein Nachfolger sich damit auseinandersetzen. Bis dahin war es Clays Hauptaufgabe, die reibungslose Übergabe an das Außenministerium vorzubereiten.

Man dachte an diese Umstellung schon, seit Minister Royall die Angelegenheit persönlich in die Hand genommen hatte. Er hatte im August 1947 mit Außenminister Marshall darüber gesprochen und ihm schon wenige Wochen darauf einen detaillierten Zeitplan vorgelegt. Danach hätte im Oktober ein Hochkommissar ernannt werden müssen, und bis zum November sollten alle das Personal, den Etat und die Aufteilung der Verantwortlichkeiten betreffenden Fragen gelöst sein.[1] Marshall war im Prinzip einverstanden gewesen, aber die ausführenden Beamten im Exekutivgebäude hatten eine Reihe von Einwänden erhoben. Sie erklärten, es müßten noch mehrere komplexe Details geklärt werden, und die von Royall vorgeschlagenen Termine seien unrealistisch.

Dennoch gingen die Verhandlungen weiter, und am 18. Oktober traf sich Clay mit Lovett, Saltzman, Draper und Gordon Gray zu einer Besprechung über die Modalitäten der Übergabe. Bei dieser Gelegenheit erläuterte Clay einige Probleme, mit denen er es als Militärgouverneur zu tun gehabt hatte. Er sagte, wie die neue Organisation auch aussehen mochte, eines müsse sich grundsätzlich ändern. Das Außenministerium habe sich ständig in die Ausführung seiner Befehle eingemischt und wiederholt Anweisungen gegeben, die seinen Direktiven widersprachen. Oft habe er Anweisungen erhalten, ohne daß man ihm die Gelegenheit gab, Empfehlungen zu machen oder seinen Standpunkt zu erläutern. Nun sagte er, wer den Posten des Hochkommissars auch übernehmen sollte, „kein Mann mit Selbstachtung hätte sich so viel Einmischung gefallen lassen, wie man sie ihm zugemutet habe".[2] Er selbst sei nicht bereit, unter solchen Voraussetzungen weiter auf diesem Posten zu bleiben. Die Besprechung führte jedoch zu keinen konkreten Ergebnissen, und nach zwei Tagen versuchten die Beamten des Außenministeriums, einen Rückzieher zu machen. Das Ministerium erklärte in einer Presseverlautbarung, es habe „gegenwärtig nicht die Absicht, die Verantwortung für die Verwaltung besetzter Gebiete von der Armee zu übernehmen, und die Übergabe sei auf unbestimmte Zeit verschoben worden".[3]

Royall hatte augenscheinlich mit dieser Entwicklung gerechnet, denn schon nach wenigen Tagen machte er, wie er Clay versprochen hatte, Marshall einen Alternativvorschlag,[4] der dem Militärgouverneur größere Handlungsfreiheit zugestanden und die Kontrollmöglichkeiten des Außenminsteriums eingeschränkt hätte. Angesichts der Alternative, Clay freie Hand geben zu müssen, entschied sich Außenminister Marshall sehr rasch dafür, die Vorbereitungen für die Übergabe fortzusetzen und sie Anfang 1948 vorzunehmen.

Nachdem Clay Ende Januar im Senat seine Aussagen gemacht hatte, traf er sich mit Justice Byrnes und den beiden Senatoren aus Georgia zum Essen.[5] Die drei Herren drängten ihn, an seinem Posten in Deutschland zu bleiben, aber Clay weigerte sich. Er war überzeugt, die Würfel seien gefallen. Eine Arbeitsgruppe des Außenministeriums war nach Deutschland gekommen, und die Vorbereitungen für die Übergabe näherten sich ihrem Abschluß. Clay hatte darum gebeten, am 1. April in die Vereinigten Staaten zurückversetzt und dann pensioniert zu werden, und die Armee hatte seinem Gesuch endlich zugestimmt. Seine Frau hatte schon mit dem Packen begonnen[6] und einen Teil des Hausrats in die Vereinigten Staaten geschickt. Der General selbst hatte sogar schon einige Zivilanzüge bestellt. Doch bis zu seinem Ausscheiden mußte noch vieles erledigt werden. Die Entflechtung der Konzerne und die Entnazifizierung mußten zum Abschluß gebracht werden, und außerdem war es notwendig, die Währungsreform und die Einsetzung einer deutschen Regierung so weit vorzubereiten, daß der Nachfolger Clays bei der Weiterführung dieser Vorhaben keine Schwierigkeiten hatte. Der Terminkalender des Militärgouverneurs war so stark besetzt, daß er sogar gelegentlich auf seinen „freien Tag"[7] verzichten mußte – so bezeichnete er die Tage, an denen er die einzelnen Verbände der Besatzungsstreitkräfte besichtigte. Nur von seinem persönlichen Adjutanten, Hauptmann Donnan, begleitet, fand er sich schon bei Morgengrauen an Ort und Stelle ein und beobachtete die kleine amerikanische Armee, die Clarence Huebner in weniger als einem Jahr wieder auf Vordermann gebracht hatte, bei ihren Geländeübungen. „Ein Kompanieführer hat die schönste Aufgabe in der Armee",[8] sagte Clay seinem Adjutanten bei solchen Gelegenheiten und erinnerte sich an die Zeit, die er unter dem Kommando von Preston Brown in der Panama-Kanalzone zugebracht hatte. Diese Truppenbesichtigungen dauerten gewöhnlich den ganzen Tag. Anschließend begab sich Clay in das Hauptquartier des besichtigten Verbandes, um sich nach den Ursachen der Mängel zu erkundigen, die er festgestellt hatte, und sie zu korrigieren. Dann flog er wieder zurück nach Berlin.

Die Lebensmittelknappheit war auch weiterhin ein großes Problem. Im

Pentagon hatte Tracy Voorhees die Verantwortung für die Versorgung der besetzten Gebiete mit Lebensmitteln übernommen, und während des ganzen Jahres 1947 waren die Getreidelieferungen nach Deutschland ständig gesteigert worden. Aber gleichzeitig wurde das Ablieferungssoll für landwirtschaftliche Erzeugnisse in der Bizone nicht erfüllt, und der Umfang der Lieferungen ging sogar zurück. Clay war inzwischen überzeugt, daß die Währungsreform das einzige Heilmittel war. Nach seiner Auffassung lag das Problem zum Teil darin, daß die Militärregierung die Zuteilung der Rationen davon abhängig machte, welche Arbeit der Empfänger leistete, und zwar unabhängig von seinem Einkommen. Eine solche Reglementierung hatte nicht einmal in Rußland zum Erfolg geführt, erklärte er, und im amerikanischen Wirtschaftssystem habe das Einkommen bei der Verteilung der Lebensmittel immer eine gewisse Rolle gespielt. Deutsche mit einem großen Einkommen würden sich deshalb auch weiterhin Lebensmittel verschaffen können, die den weniger wohlhabenden Deutschen trotz aller von den amerikanischen oder deutschen Behörden erlassenen Verordnungen nicht zur Verfügung standen.[9] Aus ähnlichen pragmatischen Überlegungen lehnte Clay den Vorschlag ab, polizeiliche Maßnahmen zu ergreifen und alle Verstöße streng zu bestrafen. Er erklärte, niemand glaube daran, daß sich solche Methoden auf die Dauer bewähren könnten. ,,Vielleicht haben wir vorübergehend Erfolg damit, aber auf Kosten des Antikommunismus, der besonders die sowjetischen Methoden der Zwangswirtschaft ablehnt. Es ist jetzt nicht die Zeit zu versuchen, in Deutschland mit drastischen Zwangsmaßnahmen etwas zu erreichen."[10] Mit der gleichen philosophischen Ruhe reagierte er, als er auf einer Pressekonferenz gefragt wurde, was er gegen die Streiks unternehmen wollte, mit denen die Bevölkerung gegen die Lebensmittelknappheit protestierte. Er sagte, diese Reaktion der Arbeiter sei verständlich; solange die Streiks in ruhigen Bahnen verliefen, zeigten sie sogar, daß sich die Deutschen demokratischer Methoden bedienten.

Wenn der General mit Problemen konfrontiert wurde, die außerhalb seines Einflußbereichs lagen, griff er zu einer altbekannten Taktik. Wenn er sich öffentlich mit einer solchen Frage beschäftigen mußte, forderte er seine deutschen Zuhörer auf, größere Anstrengungen zu unternehmen, und drohte ihnen gelegentlich, die Ablieferung von landwirtschaftlichen Erzeugnissen durch die amerikanische Militärpolizei erzwingen zu lassen oder die amerikanischen Lebensmittellieferungen einzuschränken.[11] Doch in seinen Berichten an das Kriegsministerium meldete er, daß die Ablieferung angesichts der gegenwärtigen Verhältnisse ,,überraschend gut" sei, besonders wenn man Vergleiche mit den anderen europäischen Ländern anstellte.[12] Wenn Draper oder andere Beamte des Kriegsministeriums ihn zu hart bedrängten, dann wechselte er meist sehr bald das Thema und erklärte: ,,Ich kann kein Kaninchen aus dem Hut zaubern. Ich habe in Deutschland alles getan, was ich konnte, aber wenn das nicht genügt, dann sollte die Übergabe an das Außenministerium beschleunigt werden."[13]

Die Obstruktionspolitik der Franzosen führte dazu, daß sich die Festsetzung der Industriekapazität, nach der sich die Demontagen in ihrer letzten Phase richten sollten, länger verzögerte, als Clay erwartet hatte. Am Widerstand Londons und der Verzögerungstaktik Washingtons scheiterte zunächst auch die Übergabe der Kohlebergwerke an die Deutschen. Außerdem wurde eine Revision des Verwaltungsapparats in der Bizone unbedingt notwendig, wenn sich aus ihm eine neue deutsche Regierung entwickeln sollte. Clay hatte dafür gesorgt, daß der Wirtschaftsrat und der Exekutivausschuß nicht von der gleichen politischen Partei beherrscht wurden. Das war insofern eine gute Sache, als auf diese Weise das Gleichgewicht der politischen Kräfte gewahrt werden konnte. Aber die daraus resultierenden politischen Friktionen hatten den wirtschaftlichen Fortschritt behindert. Es kam zu Konflikten innerhalb und zwischen den einzelnen deutschen Dienststellen sowie zwischen diesen Dienststellen und den deutschen Ländern.

Ende 1947 waren diese Schwächen allzu deutlich spürbar geworden.[14] Es war schwierig genug, die notwendigsten Gesetze durchzubringen, und noch schwieriger, die Unterstützung der Länder für die praktische Anwendung der so erlassenen Gesetze zu gewinnen. Die Länder trugen immer neue Beschwerden vor, suchten die Entwicklung zu verzögern und wendeten sich in vielen Fällen gegen die Autorität der Bizonen-Verwaltung. Einige weigerten sich sogar, ihre Industrierohstoffe und landwirtschaftlichen Erzeugnisse mit den anderen zu teilen. Es gab keine Schlichtungsstelle, die einen Ausgleich zwischen der Eigensucht der Länderregierungen und den Bedürfnissen der Zentralverwaltung schaffen konnte. Außerdem wurde die Arbeit durch den geringen Umfang des Wirtschaftsrats und die Tatsache behindert, daß jeweils 750000 Personen nur von einem Abgeordneten vertreten wurden.[15] Deshalb konnten im ersten Jahr der Existenz der Bizone nur wenige Verordnungen erlassen werden, und viele glaubten, die einzelnen Länder mißbrauchten diese Periode ihrer relativen Überlegenheit, anstatt sie konstruktiv zu nutzen.[16]

Nach seiner Rückkehr von der Konferenz des Rats der Außenminister in London wies der Militärgouverneur die Abteilung für zivile Angelegenheiten an, organisatorische Maßnahmen zu ergreifen, um diese Mängel zu beseitigen. Wie immer lag ihm auch hier viel daran, die Interessen der Länder gegenüber der zentralen Autorität zu schützen, und deshalb regte er die Errichtung einer regelrechten zweiten Kammer an. Das war ein Länderrat, der Gesetze einbringen durfte und das legislative Veto-Recht hatte. Wie der Senat der Vereinigten Staaten sollte er aus je zwei Vertretern eines jeden Landes bestehen, die von den Länderregierungen ernannt wurden. Man erwartete, daß der Länderrat der Bizone nicht nur die Gesetzgebung beeinflussen, sondern auch dafür sorgen werde, daß die Länderregierungen besser zusammenarbeiteten.[17]

Weitere Einzelheiten der Reform wurden Anfang Januar von den beiden Militärgouverneuren und anschließend auf mehreren Sitzungen mit den Ministerpräsidenten der Länder und den Vertretern der Bizonen-Behörden besprochen. Wie sich herausstellte, konnten sich die Deutschen über zahlreiche Punkte nicht einig werden.[18] Einige Ministerpräsidenten, die der SPD angehörten, befürworteten eine zentralistischere Regierungsform, während die Angehörigen der CDU im Wirtschaftsrat einer eher föderalistischen Struktur den Vorzug gaben. So kam es innerhalb jeder Gruppe zu Meinungsverschiedenheiten, wobei Clay und Robertson als Schlichter auftreten mußten. Am Schluß einigte man sich darauf, neben dem Wirtschaftsrat und dem Exekutivausschuß den neuen Länderrat und eine Anzahl alter und neuer Behörden zu schaffen. Der umstrukturierte Wirtschafstrat sollte aus den bisherigen 52 und weiteren 52 Mitgliedern bestehen, die von den Landtagen zu wählen waren, und zwar sollte jedes gewählte Mitglied des Wirtschaftsrats 750000 Landeseinwohner vertreten. Der Vorsitzende des neuen Exekutivausschusses sollte vom Wirtschaftsrat gewählt und vom Länderrat bestätigt werden. Außerdem sollte der Wirtschaftsrat die Direktoren der Bizonen-Behörden wählen. (Der Vorsitzende des Exekutivausschusses entsprach dabei etwa dem Premierminister, und der Ausschuß dem Kabinett.) Die Ernennung aller Mitglieder des Exekutivausschusses mußte von den beiden Militärgouverneuren genehmigt werden. Das war praktisch der Regierungsapparat, den Clay von Anfang an hatte schaffen wollen, obwohl seine Vollmachten sich zunächst auf fiskalische und wirtschaftliche Angelegenheiten beschränkten und die von ihm getroffenen Maßnahmen von der Militärregierung genehmigt werden mußten.[19] Der Reorganisationsplan für die Bizone sah außerdem die Errichtung eines deutschen Obersten Gerichts mit dem Sitz in Köln und einer Zentralbank, der Bank Deutscher Länder, vor. Das Oberste Gericht sollte unabhängig von der Exekutive und für die Interpretation und den Vollzug der in der Bizone geltenden Gesetze verantwortlich sein. Die Bank Deutscher Länder übernahm die Aufgabe, die Finanzen der deutschen bizonalen Organisation zu verwalten und den Geldumlauf zentral zu überwachen.

Clay und Robertson wollten die neuen Beschlüsse über die Reform der Verwaltungsstruktur in der Bizone schon der Öffentlichkeit bekanntgeben, als sie durch ein unerwartetes Aide-mémoire daran gehindert wurden, das die Franzosen gleichzeitig in Washington und London vorlegten. Darin protestierte der Quai d'Orsay gegen eine Entwicklung, die angeblich die Einsetzung einer mächtigen deutschen Zentralregierung vorbereitete.[20] Nach drei Jahren französischer Obstruktionspolitik kam das für Clay nicht mehr überraschend, und wenn man bedenkt, wie leicht er seinem Ärger Luft machte, war seine Reaktion verhältnismäßig milde. Er schrieb nach Washington: „Man hat immer wieder den Eindruck, als nähmen Frankreich und die Kommunisten die gleiche Haltung ein, wenn auch aus verschiedenen Gründen, und wir können die einen nur zufriedenstellen, wenn wir tun, was die anderen wollen."[21] Er und Robertson seien schließlich nur ihren Anweisungen gefolgt. Außerdem sei die von den Franzosen gewünschte lockere

Föderation nicht funktionsfähig, weil die in Frankfurt geschaffenen wirtschaftlichen und finanziellen Einrichtungen nur die Vorläufer einer Bi- oder Trizonen-Regierung sein sollten, falls sich die Wiedervereinigung Deutschlands nicht durchführen ließ. „Wir befinden uns in Deutschland in einer kritischen Position und müssen entweder voranschreiten und den Deutschen eine größere Verantwortung übertragen, um sicherzustellen, daß sie einen angemessenen Beitrag zum Wiederaufbau in Europa leisten, oder wir müssen zurückweichen und unsere Kräfte verstärken, um eine Regierung einzusetzen, die eher eine Kolonialregierung wäre. Wenn wir nicht bereit sind, eine arbeitsfähige Organisation zu schaffen, in deren Rahmen die Deutschen wirklich die Verantwortung übernehmen, müßten wir unsere Organisation um das Vielfache vergrößern, um selbst für eine Ausweitung des Exporthandels zu sorgen, die sich, wie wir zuversichtlich hoffen, in den kommenden Monaten ergeben wird."[22]

Clay glaubte nicht, daß die Franzosen mit ihrem Protest die Errichtung der Bizone wirklich verhindern wollten. Es war eine, wie er glaubte, wirksame Methode der Franzosen, ihre Haltung vor Beginn einer internationalen Konferenz deutlich zum Ausdruck zu bringen, um sich die Gefolgschaft der eigenen Bevölkerung zu sichern. Die amerikanische und die britische Regierung beurteilten den französischen Protest offensichtlich ebenso, denn nachdem beide Regierungen dem Quai d'Orsay versichert hatten, die beabsichtigte vorläufige deutsche Verwaltung werde eine künftige deutsche Regierung in keiner Weise präjudizieren, erhielten die beiden Militärgouverneure aus Washington und London die Anweisung, ihre Arbeit fortzusetzen. So wurden am 9. Februar 1948 in beiden Zonen zwei gleichlautende Proklamationen veröffentlicht, an deren Entwurf die Deutschen offiziell mitgewirkt hatten.[23]

Mitten während dieser Verhandlungen über die Einrichtung eines neuen Verwaltungsapparats hatte das Kriegsministerium Clay aufgefordert, zu einem kurzen Besuch nach Washington zu kommen, um vor den Bewilligungsausschüssen des Kongresses auszusagen. Angesichts der französischen Obstruktionspolitik, der Schwierigkeiten, die sich bei den Verhandlungen mit den Deutschen ergaben, der Streiks, die durch die Lebensmittelknappheit ausgelöst worden waren, und der versteckten sowjetischen Drohungen, Gegenmaßnahmen ergreifen zu wollen,[24] hatte der General Berlin nur ungern verlassen wollen. Auch Clays persönliche Mitarbeiter hatten festgestellt, daß der General nervlich stärker belastet war als gewöhnlich, als er seinem Adjutanten verärgert und ohne nähere Erklärungen befahl, den Flug nach Washington abzusagen. Gewöhnlich durften in die Vereinigten Staaten zurückkehrende Angehörige von OMGUS das Flugzeug des Militärgouverneurs bei solchen Gelegenheiten benutzen, das jedoch nur mit einer Schlafkabine ausgerüstet war. Diesmal war versehentlich ein weiblicher Sergeant auf die Passagierliste gesetzt worden. Für einen Gentleman aus den Südstaaten war es, auch wenn er selbst erschöpft und ein Viersterne-General war, undenkbar, das einzige vorhandene Bett zu benutzen, während eine Dame mit einem Sitzplatz vorlieb nehmen mußte.[25] Das Versehen mit dem Flugzeug wurde in Ordnung gebracht, und Clay flog schließlich doch nach Washington, um vor dem Kongreß auszusagen. Aber die Spannungen in Deutschland hatten sich als Folge einer provozierenden und in der Presse stark beachteten Rede des Direktors der deutschen Wirtschaftsverwaltung, Dr. Johann Semler, verschärft, der darin gewisse Zweifel an den ehrlichen Absichten der amerikanischen und der britischen Militärregierung zum Ausdruck brachte.

Die schrittweise Übergabe der Regierungsverantwortung an die Deutschen hatte unter anderem auch dazu geführt, daß in Deutschland die latente Unzufriedenheit mit der Besatzungspolitik deutlicher spürbar wurde. Es gab dafür nicht nur triftige Gründe, sondern die Deutschen waren sich, nachdem sie drei Jahre unter einer sehr wohlwollenden Militärregierung gelebt hatten, der Tatsache bewußt geworden, daß sie ohne großes persönliches Risiko offen ihre Meinung äußern konnten. Während sich die offizielle Kritik in vielen Fällen darum bemühte, konstruktiv zu sein, gab es auch Äußerungen wie die Rede Semlers vor seinen christlich-demokratischen Parteifreunden in Erlangen, deren politisch propagandistische Untertöne nicht zu überhören waren. Was Semler über die Lebensmittelpreise, die bedauerlichen Zustände in den Bergwerken, den zu langsamen Wiederaufbau der Stahlindustrie und die Verzögerung der Währungsreform sagte, entsprach den Tatsachen und war gerechtfertigt. Semler glaubte jedoch augenscheinlich, die Zeit sei gekommen, die Integrität der Militärregierungen in Frage zu stellen. Dabei nahm er die öffentlichen Äußerungen Clays über die Ablieferungspflicht der deutschen Bauern aufs Korn und behauptete, damit sollten nur die amerikanischen Steuerzahler entlastet werden und ,,der Herr Clay wird vielleicht den Wunsch haben einen guten Abgang zu haben, zu unseren Lasten." Dann fuhr er fort: ,,Die Importe, die wir damals (im Frühjahr) hätten bekommen können, haben wir leider nicht kaufen dürfen. Man hat den Mais geschickt und das Hühnerfutter, und wir haben es teuer zu zahlen. Geschenkt wird es nicht. Wir haben es zu zahlen in Dollars aus deutscher Arbeit und deutschen Exporten und sollen uns noch dafür bedanken. Es wird Zeit, daß deutsche Politiker darauf verzichten, sich für diese Ernährungszuschüsse zu bedanken."

In einem Teil der Rede wendete er sich an den britischen Militärgouverneur und behauptete, er selbst habe dafür gesorgt, daß der deutsche Exportpreis für Kohle erhöht worden sei: ,,Als ich mein Amt antrat, haben wir die Tonne Kohle für zehn Dollars verkauft und irgendwelchen Interessenten fünf Dollars pro Tonne geschenkt. Aber seit September zahlen uns alle Abnehmer fünfzehn Dollar. Das ist der heutige ordentliche europäische Preis. Genauso werden wir es auch in anderen Fällen halten. Wir werden den Engländern abgewöhnen müssen, nach drei Jahren weiterhin die deutsche Wirtschaft auszuplündern."[26]

Das Bedauerliche an der Rede Semlers war nach Clays Auffassung die Tatsache, daß gerade er hätte wissen müssen, wie falsch manche seiner Behauptungen waren. Semler wußte sehr gut, wie es in den landwirtschaftlichen Betrieben und auf dem schwarzen Markt aussah. Er wußte, daß es trotz der drastisch gesteigerten amerikanischen Lebensmittellieferungen immer noch nicht möglich war, die Lebensmittelrationen zu erhöhen. Er mußte auch wissen, daß sich der amerikanische Militärgouverneur standhaft geweigert hatte, holländisches Gemüse und ähnliche Produkte zu importieren, weil sie einen nur sehr geringen Kalorienwert hatten. Vor allem aber mußte er wissen, daß es nur der lange Kampf Clays gegen „versteckte Reparationen“ gewesen war, der Washington schließlich veranlaßt hatte, einer Steigerung der Exportpreise für Kohle und Schrott zuzustimmen. Nun fragte es sich, was man gegen das unangemessene Verhalten eines führenden und kompetenten Beamten unternehmen sollte, während jedermann in Deutschland beoachtete, wie sich die amerikanische Demokratie in der Praxis verhielt.

Man rechnete allgemein damit, der General werde zunächst Semler als Wirtschaftsdirektor der Bizone entlassen. Die Begründung, er habe „böswillige Opposition gegen die Besatzungsmächte“ getrieben, und der wirtschaftliche Wiederaufbau könnte durch eine solche Haltung nicht gefördert werden,[27] ließ sich nicht widerlegen. In dem Entlassungsschreiben hieß es aber auch, daß „wegen des anerkannten Rechts der freien Rede“ keine weiteren Maßnahmen gegen Semler ergriffen werden würden. Clay verhielt sich bewußt zurückhaltend, aber seine Toleranz hatte ganz bestimmte Grenzen. Als der Landtag in München auf die Entlassung Semlers mit seiner Wahl zum bayerischen Vertreter im Wirtschaftsrat reagierte, erhielt der bayerische Ministerpräsident Dr. Hans Ehard die klare Anweisung, diese Wahl rückgängig zu machen. Der Entwurf einer Proklamation, mit welcher der Bayerische Landtag aufgelöst werden sollte, lag schon vor, und der General teilte Murray van Wagoner in München mit, er könnte sich eines Tages als „Länderdirektor ohne Regierung wiederfinden, wenn er die Angelegenheit nicht in Ordnung brächte“. Damit war die Sache erledigt, denn selbst unter einem wohlwollenden Militärregime hatte die Demokratie ihre Grenzen.[28] Doch gleichzeitig ließ Clay, der ein gutes Gefühl für die Reaktion der öffentlichen Meinung hatte, eine Presseerklärung herausgeben, in der die in der Bizone geltenden Grundsätze für die Gestaltung der Exportpreise erläutert wurden. Den für die Öffentlichkeitsarbeit verantwortlichen Offizier wies er an: „Es muß deutlich zum Ausdruck kommen, daß es durchaus im Interesse der amerikanischen und britischen Steuerzahler liegt, wenn wir möglichst hohe Exportpreise erzielen.“[29] Er bat auch den Generaldirektor des Vereinigten Ausfuhr- und Einfuhramts (JEIA), William Logan, im Rundfunk eine ausführliche Erklärung über die Exportpolitik seiner Behörde abzugeben.[30] Clay selbst äußerte sich auf einer Sitzung vor den Mitgliedern des neu ernannten Wirtschaftsrats und des Exekutivausschusses zu dem gleichen Thema und zu der Behauptung, er hätte sich geweigert, mit Exporterlösen Lebensmittel zu kaufen.[31] Er sagte: „Es gibt in der Tat einige Luxuslebensmittel mit geringem Kaloriengehalt, die wir mit den Exporterlösen kaufen könnten. Die Holländer wollen ihren Kohl gegen Dollar verkaufen. Sie werden der deutschen Bevölkerung sagen, daß dieser Kohl zur Verfügung steht. Aber wenn wir all diesen Kohl kaufen, werden wir die Tagesration in Deutschland nicht einmal um 5 Kalorien steigern können. Doch die dafür benötigten Millionen Dollar würden ausreichen, Rohstoffe zu kaufen mit denen sich Exportgüter im Wert von vielen Millionen Dollar herstellen ließen." Clay war fest entschlossen, sich durch niemanden von seiner Wirtschaftspolitik abbringen zu lassen. Der Kalorienwert sollte maßgebend dafür sein, welche Lebensmittel importiert wurden, und eine ausgeglichene Außenhandelsbilanz war für den General ein vorrangiges wirtschaftliches Ziel.

Während der bizonale Verwaltungsapparat an der Spree umstrukturiert wurde, war das Programm für den Wiederaufbau Europas in Washington und in Paris ein gutes Stück vorangekommen. Im Dezember hatte der amerikanische Präsident dem Kongreß sein „Programm für die Unterstützung des Wiederaufbaus in Europa durch die Vereinigten Staaten" vorgelegt, und große Anstrengungen in der Öffentlichkeitsarbeit hatten dazu geführt, daß es im Kongreß recht positiv aufgenommen wurde. In Paris hatte ein Ausschuß für europäische Zusammenarbeit damit begonnen, die wirtschaftlichen Hilfsquellen und Kapazitäten der 16 Mitgliedsstaaten zu analysieren, um festzustellen, was jedes einzelne Land leisten und mit welcher Hilfe von außen man rechnen konnte. Man war sich aber noch immer nicht darüber einig, ob die drei deutschen Westzonen in das Programm aufgenommen werden sollten. Die durch den Marshall-Plan zu gewährende Unterstützung würde dem Militärgouverneur die Sorge nehmen, daß sein Etat plötzlich gestrichen werden könnte, und das würde mit Sicherheit zur Wiederbelebung der deutschen Wirtschaft beitragen. Da es jetzt die feste Absicht des Generals war, ein starkes Westdeutschland entstehen zu lassen, wollte er auch alle Vorteile wahrnehmen, die dieses Programm ihm bieten konnte. Aber die für die Durchführung des Marshall-Plans verantwortlichen Amerikaner nahmen zunächst für sich das Recht in Anspruch, zu sagen, was Deutschland bekommen sollte. Den Deutschen selbst wurde kein Mitspracherecht zugestanden. In einem Gespräch mit McKinzie hat Clay später gesagt: „Ich ging damals davon aus, daß wir als Militärregierung den Standpunkt der deutschen Regierung vertreten mußten, um dieses Recht schließlich den Deutschen zu übertragen." Aus diesem Grund kam es sehr bald zu erbitterten Kontroversen zwischen Clay und einigen für den Marshall-Plan (ERP) zuständigen Beamten in Paris, die ein Mitspracherecht der Deutschen ablehnten. Die Franzosen widersetzten sich der Beteiligung deutscher Vertreter an den Sitzungen des CEEC,[32] und ein Vertreter Norwegens erklärte sogar, er persönlich befürworte die Verwirklichung des Morgenthau-Plans.[33] Nachdem die ersten Hürden genommen waren, mußte sich Clay zunächst damit auseinandersetzen, daß die Marshall-Plan-Behörde (ECA) der Bizone die enttäuschend geringe Summe von nur 364 Millionen Dollar zugestanden hatte. Das war weniger als die vorläufige Unterstützung, die Länder mit einer viel kleineren Bevölkerungszahl wie zum Beispiel die Niederlande und Belgien bekamen.[34] Nachdem er vier Jahre in Washington immer erfolgreich für die Versorgung der Armee gekämpft hatte, war Clay nicht gewillt, einer solchen Diskriminierung zuzustimmen. „Wenn wir nicht sofort etwas für den wirtschaftlichen Wiederaufbau in Deutschland unternehmen, dann hätte das weitreichende Auswirkungen auf den wirtschaftlichen Wiederaufbau in den Nachbarländern", warnte er das Kriegsministerium und forderte es auf, etwas gegen die ungerechte Verteilung der ERP-Gelder zu unternehmen. Er sagte: „Ich weiß, daß mir ein solches Vorgehen erhebliche internationale Kritik einbringen wird, aber ich habe mich schon so lange gegen eigensüchtige Motive anderer im Zusammenhang mit unseren Hilfsmaßnahmen für Deutschland wehren müssen, daß ich ein sehr dickes Fell bekommen habe." Clay blieb schließlich Sieger in diesem Ringen, mußte aber auf einem anderen Gebiet eine Niederlage hinnehmen. Deutschland erhielt zwar einen wesentlich größeren Anteil an ERP-Geldern, es mußte sich jedoch als einziges europäisches Land verpflichten, die gesamte ERP-Hilfe zurückzuzahlen.[35] Der General wendete sich zwar mit beredten Worten gegen die Diskriminierung Deutschlands „noch bevor das Hilfsprogramm überhaupt angelaufen ist",[36] aber er konnte sich nicht durchsetzen.

Die Tatsache, daß sich Clay mit solcher Entschlossenheit für den wirtschaftlichen Wiederaufbau in Deutschland einsetzte, führte schließlich dazu, daß man ihm in den anderen europäischen Ländern den Vorwurf machte, er sei zu deutschfreundlich. Clay ärgerte sich über solche Behauptungen und erklärte, nichts sei weiter von der Wahrheit entfernt. Diese Kritik entstand nach seiner Ansicht, weil man kurzfristige Ziele mit langfristigen verwechselte. Er sagte, ein am Boden liegendes Deutschland „muß irgendwie aufgerichtet werden, wenn es ein stabiles Europa geben soll". Man verwechselte, wie er glaubte, dieses mittelfristige Ziel mit der Politik auf lange Sicht, die es verhindern sollte, daß Deutschland wieder zum Aggressor werde. Und entsprechend seiner jetzt antisowjetischen Haltung fügte er hinzu, die „durchaus berechtigte Furcht vor der deutschen Aggression läßt die Nachbarn Deutschlands nicht erkennen, welche unmittelbare und alles überschattende Bedrohung die Rote Armee von außen und die geplante Revolution von innen darstellen".[37]

Bezeichnenderweise verlangte Clay von Anfang an, daß man ihm die Verantwortung für die Deutschland im Rahmen des Marshall-Plans zu gewährenden Hilfeleistungen übertrug. Schon im Januar 1948 hatte er dem Kriegsministerium gesagt, er werde sich energisch der Ernennung eines Vertreters der Marshall-Plan-Behörde (ECA) zum Berater der Militärregierung mit einem „eigenen Kommunikationskanal" widersetzen. Er schrieb: „Ich glaube, wenn sich die Wirtschaft des Bizonen-Gebiets praktisch in amerikanischen Händen befindet, sollte der Militärgouverneur der amerikanische Vertreter für ECA in Deutschland sein und dem Wirtschaftsberater in seinem Stabe Handlungsvollmacht erteilen."[38] Washington ließ sich nicht leicht von der Richtigkeit dieses Konzepts überzeugen, aber Clay blieb wie immer unerschütterlich.

Vier Monate später – die Frage war noch immer nicht entschieden – erläuterte er Draper seine Sorgen über die Beziehungen zu ECA. Er schrieb: „Wir haben jetzt die entscheidende Stimme in der deutschen Finanzwelt und Wirtschaft. Meine Stellung würde gestärkt, wenn unsere Beziehungen zu ECA über mein Büro gingen, denn in jedem Fall werden die Briten in der Lage sein, Einspruch zu erheben.[39] Ich halte es deshalb für besonders wichtig, daß die Zuständigkeiten so geklärt werden, daß unsere beherrschende Position in Deutschland nicht erschüttert wird, für die wir einen hohen Preis gezahlt haben." Er fügte hinzu: „Das heißt nicht, daß ich mich um die Erhaltung meiner persönlichen Machtposition bemühe, denn ich rechne nicht damit, viel länger in Deutschland zu bleiben. Aber die amerikanische Position sollte nicht geschwächt werden, und" – das war das entscheidende Argument – „der Kongreß wird verlangen, daß wir auch weiterhin unsere beherrschende Stellung behalten." Die Entscheidung war noch immer nicht gefallen, als der Sondervertreter der Marshall-Plan-Behörde (ECA), Averell Harriman, einen Monat später das eingeschlossene Berlin besuchte. Sein Vorschlag, einen Vertreter der ECA bei der Zweimächte-Behörde zu akkreditieren, gefiel dem Militärgouverneur ebenso wenig, weil das, wie er behauptete, die Position der Briten stärken und die Entscheidungsbefugnisse Amerikas im deutschen Außenhandel schwächen würde. Die beiden Männer debattierten bis spät in die Nacht, ohne zu einem Ergebnis zu kommen, aber am nächsten Morgen gab Harriman nach. Später meinte der General: „Ich weiß nicht, ob ich ihn durch meine Logik überzeugt habe. Ich glaube eher, er hat sich meinen Ansichten angeschlossen, weil wir beide seit vielen Monaten eine feste politische Haltung vertreten haben, um die kommunistische Expansion und Unterwanderung in Schranken zu halten."[40] Norman Collisson, Harrimans Vertreter, erhielt den Auftrag, mit dem Stab des Militärgouverneurs zusammenzuarbeiten. Beide Militärgouverneure unterzeichneten eine Vereinbarung über die wirtschaftliche Zusammenarbeit zwischen den Vereinigten Staaten und der Bizone, und in der deutschen Bizonen-Verwaltung sowie im Vereinigten Ausfuhr- und Einfuhramt (JEIA) wurden ERP-Büros eingerichtet, um die Arbeit dieser Behörden zu koordinieren. Zugleich wurden 400 Millionen Dollar aus den Exporterlösen der JEIA zum Einkauf von Industrierohstoffen zur Verfügung gestellt, und damit war das Fundament für den Wiederaufbau der deutschen Wirtschaft gelegt. Ein umstrittenes Problem mußte jedoch noch geregelt werden, und das waren die Demontagen.

Angesichts der einander widersprechenden Forderungen der französischen, britischen und deutschen politischen Führer auf der einen Seite und der ebenso in verschiedene Richtungen gehenden Einwände der ECA, des amerikanischen Kongresses und der Interalliierten Reparationsbehörde (IARA), war es für Clay eine schwierige Aufgabe, einen klaren Kurs zu steuern. Während der ganzen Zeit war es nur zu unbedeutenden Zuteilungen und Auslieferungen von demontierten Industrieanlagen gekommen, und wiederholte Versuche der IARA, dem Rat der Außenminister ihre Beschwerden vorzutragen, hatten keinen Erfolg gebracht.[41]

Als Russell Dorr, der amerikanische Delegierte bei der IARA in Brüssel, im Sommer 1947 nach Berlin kam und damit rechnete, von Clay über das bis dahin noch geheimgehaltene neu festgelegte deutsche Industrieniveau unterrichtet zu werden, wurde er kurzerhand abgewiesen. Er hätte kaum zu einem weniger geeigneten Zeitpunkt erscheinen können.[42] Die Proteste Frankreichs in Washington und London hatten den Zeitplan des Generals durcheinandergebracht, und Clay hatte eben dem Außenministerium sagen müssen, daß es nicht möglich sei, gleichzeitig die Bizone wirtschaftlich unabhängig zu machen und den IARA-Ländern einen vernünftigen Zeitplan für die Reparationslieferungen vorzulegen. Anstatt Dorr einfach zu sagen, die beiden Militärgouverneure hätten sich gegenseitig verpflichtet, über diesen Punkt Stillschweigen zu bewahren, und es dabei bewenden zu lassen, ließ sich Clay auf ein mit aller Schärfe geführtes Streitgespräch ein, in dem seine autoritären Neigungen sehr deutlich zum Ausdruck kamen. Dorr berichtete, der General habe bestätigt, von Washington angewiesen worden zu sein, Dorr über die Einzelheiten des Plans zu unterrichten, er habe jedoch erklärt, er hätte um die Rücknahme des Befehls gebeten und werde eher zurücktreten als sich dieser Anweisung fügen. Clay behauptete, mit dem neuen Plan für das deutsche Industrieniveau verfolge man nur die Absicht, die Deutschen zu beruhigen und ihnen die Furcht zu nehmen, daß weitere Industrieanlagen demontiert werden könnten. Er erinnerte Dorr daran, daß das Kabinett in Washington sich dagegen ausgesprochen hatte, weitere Anlagen als Reparationsleistungen abzubauen, und daß sich der Außenminister als einziger gegen diesen Beschluß ausgesprochen hatte. Als Dorr auf seinem Verlangen beharrte und den Militärgouverneur daran erinnerte, daß er als amerikanischer Delegierter bei der IARA den neuen Plan würde erläutern und, wenn notwendig, verteidigen müssen, reagierte Clay ärgerlich und unnachgiebig. Er sagte, der Plan für das künftige Industrieniveau hätte mit den Reparationen nichts zu tun, niemand außerhalb der Militärregierung sollte etwas mit seiner Festsetzung zu tun haben, und er selbst interessiere sich nicht für die Probleme Dorrs oder dafür, ob sein Besucher seinen Auftrag erfüllen könnte oder nicht. Wie Dorr weiter berichtete, erklärte der General dann „mit großem Nachdruck und nicht ohne Leidenschaft“, die Frage des deutschen Industrieniveaus sei eine ausschließlich deutsche Sache, und deshalb sei auch nur er dafür zuständig. Als sich Dorr nach einigen Tagen verabschiedete, war Clay zwar umgänglicher, blieb jedoch bei seiner Auffassung, daß das Verlangen von Dorr unberechtigt sei. Entschuldigend erklärte er, er hoffe, wenn Dorr demnächst nach Berlin zurückkehrte, „werde er einen anderen Mann an seinem Platz finden, mit dem er besser auskommen würde".

Der Bericht über dieses Treffen gewann Clay natürlich keine Freunde im Außenministerium, wenngleich sich Dorr irrte, wenn er glaubte, „General Clay hat ein starkes emotionales Vorurteil gegen die ganze Idee, Reparationen aus dem industriellen Anlagenkapital zu bezahlen". John Hilldring beurteilte die Haltung von Clay als richtiger:[43] „General Clay hat Deutschland so verwaltet, als interessierten sich die Vereinigten Staaten in Europa nur für Deutschland. Ich kann die Leistungen von Clay in Deutschland nur bewundern. Er hat großartige Arbeit geleistet. Aber es ist nicht unfair zu sagen, daß er weniger objektiv und klug gewesen ist, wenn es darum ging, seine Verwaltungsarbeit in Deutschland mit den ebenso wichtigen Vorhaben der Vereinigten Staaten in anderen europäischen Ländern zu verbinden."

Zwei dieser „anderen europäischen Länder" drängten ganz besonders auf die Erfüllung ihrer Ansprüche auf Reparationsleistungen. Während des ganzen Jahres 1947 hatte die britische Regierung ständig verlangt, an alle Beteiligten an der IARA und auch an die Russen sollten möglichst bald Reparationen gezahlt werden. Sie begründete das damit, daß man die Sowjets auf diese Weise vielleicht besänftigen und davon abhalten könnte, Verhältnisse zu schaffen, welche die Briten, Amerikaner und Franzosen nicht akzeptieren könnten.[44] Die Briten vertraten diesen Standpunkt mit solchem Nachdruck, daß das amerikanische Außenministerium den britischen Botschafter schließlich an eine politische Tatsache erinnern mußte: Weil die Vereinigten Staaten kürzlich einen erheblichen Teil der Zahlungsverpflichtungen des Vereinigten Königreichs in Dollar für die Bizone übernommen hatten, waren viele Kongreßmitglieder der Auffassung, daß die Vereinigten Staaten keine weiteren Reparationslieferungen genehmigen sollten. Andere an der IARA beteiligte Länder, besonders Frankreich, widersetzten sich ebenfalls dem Versuch, die Demontagen noch weiter einzuschränken, und verlangten – im Widerspruch zu den im amerikanischen Kongreß vertretenen Ansichten – sogar, daß die Lieferungen an die sowjetischen Satelliten weitergehen sollten.

In den Vereinigten Staaten begann andererseits eine gegen die Reparationen gerichtete Kampagne, und der ehemalige Präsident Hoover gab mit seinem Vorwurf – so unbegründet er auch sein mochte – den Ton an, daß Kunstdüngerfabriken in der amerikanischen und britischen Zone demontiert würden, „während in ganz Europa ein großer Mangel an Kunstdünger und landwirtschaftlichen Erzeugnissen herrscht".[45] Das Repräsentantenhaus in Washington verabschiedete deshalb eine Resolution, die praktisch ein Moratorium für alle Demontagen in der amerikanischen Besatzungszone bedeutet hätte, das so lange gelten sollte, bis die wirtschaftlichen Auswirkungen untersucht werden konnten. Am lautesten protestierten natürlich die Deutschen gegen eine Fortsetzung der Demontagen. Es gab leidenschaftliche

Proteste der politischen Parteien und der Gewerkschaftsführung, und der Länderrat gab eine offizielle kritische Erklärung ab.[46]

Während aller Phasen des Meinungsstreits über die Demontage von Fabrikanlagen und vor dem Hintergrund eines in verschiedene Richtungen gehenden internationalen Drucks blieb der Militärgouverneur immer auf dem gleichen Kurs. Im Herbst 1947 wurde der Plan für das Industrieniveau der Bizone endlich veröffentlicht, und dazu gehörte eine Reparationsliste, in der 682 Fabriken aufgeführt waren, darunter 302, die sich nur für die Herstellung von Rüstungsgütern eigneten. Nach einer Reihe von Abstrichen entsprach der Gesamtwert der demontierten Anlagen von 500 Millionen Dollar nach objektiver Schätzung[47] etwa 10 Prozent der deutschen Investitionen im ersten Jahr nach Einstellung der Reparationsleistungen. Der General hatte sich dagegen ausgesprochen, in dieser Liste *irgendwelche* Abstriche zu machen, weil, wie er behauptete, Westdeutschland weder über die Kohle noch über die Transportmittel oder die Arbeitskräfte verfügte, die es für eine Industrie brauchte, die größer war als die vorgesehene.[48] Deshalb sollte Deutschland die gesamte Industriekapazität, die es ausnutzen konnte, behalten, während die Fabriken, die nicht in Betrieb genommen werden konnten, für eine Reihe von Jahren stillgelegt werden sollten.[49] Zumindest theoretisch hatte die Argumentation von Clay einiges für sich, sie zeigte aber auch, daß er wie jeder Ingenieur nur ungern von einer einmal genau ausgearbeiteten Blaupause abwich.

Ende 1947 war der Kriegsminister bei einer Anhörung im Bewilligungsausschuß des Repräsentantenhauses daran erinnert worden, daß das Entnazifizierungsprogramm rasch abgeschlossen werden sollte. Obwohl Royall versicherte, das stark reduzierte Programm behindere nicht den wirtschaftlichen Wiederaufbau, kam das Thema wieder zur Sprache, als Clay im Januar vor dem gleichen Ausschuß seine Aussagen machte. Auch er bestritt alle nachteiligen Auswirkungen und wies darauf hin, wie unfair und politisch unklug es wäre, das Entnazifizierungsprogramm einzustellen, bevor die am stärksten Belasteten abgeurteilt seien. Er verpflichtete sich jedoch, die Entnazifizierung bis zum Frühjahr abzuschließen. Aber im Februar empfahl der Unterausschuß für Auslandshilfe gegen den Rat von Clay die vollständige Amnestierung aller Minderbelasteten und Mitläufer,[50] und während der Anhörungen vor dem Bewilligungsausschuß im März wurde der Militärgouverneur wieder dafür kritisiert, daß er den Wünschen des Kongresses nicht nachgekommen sei. Man erklärte, die Zeit, in der die Besetzung Deutschlands mit Strafmaßnahmen verbunden war, sei jetzt vorüber, und man solle den Menschen die Möglichkeit geben, wieder zu arbeiten. Als Clay von Royall angewiesen wurde, die Entnazifizierungsverfahren bis Ende April und nicht, wie vorgesehen, erst im Mai oder Juni abzuschließen,[51] blieb er hart. Er sagte, er habe das Programm nach besten Kräften und unter genauer Beachtung seiner Befehle eingerichtet. Jetzt müsse es ordnungsgemäß und ohne Gesichtsverlust abgeschlossen werden: „Ich würde lieber auf die Geldzuweisungen verzichten als auf die Erfüllung der Aufgabe, die wir in Deutschland haben. Ich kann die Entnazifizierung nur einstellen, wenn ich den Deutschen befehle, es zu tun. Ich glaube, ich weiß, wie die Deutschen reagieren werden, und eine Einstellung wäre nicht gut. Damit würden wir uns den Kritikern in Deutschland beugen, die aus den Reihen der Nazis kommen. Wenn das ein Befehl ist, dann sagen Sie es bitte."[52]

Wenige Tage darauf ergänzte er seine Aussage durch einen Bericht, in dem es hieß, die Zahl der noch anhängigen Fälle werde jeden Monat kleiner, aber „zu ihnen gehören die wirklich Schuldigen. Eine Generalamnestie würde diese Männer frei ausgehen lassen und das ganze Programm in Mißkredit bringen". Er erklärte, der 1. Mai sei der früheste Termin für den Abschluß des Entnazifizierungsprogramms. Bis dahin würden nur noch so wenige Fälle übrig geblieben sein, daß der Kritik des Kongresses im wesentlichen Rechnung getragen wäre.[53] Nach einigem Zögern stimmte das Kriegsministerium zu.

So schwierig es auch war, Clay hielt sich an seine Zusage. Im März waren nur 23000 Verfahren abgeschlossen worden. Dagegen gab es noch 109000 unerledigte Fälle, und 240000 Fälle mußten im Schnellverfahren bearbeitet werden. Aber Clay hatte Erfahrungen im Umgang mit der Bürokratie. Er beauftragte Theo Hall, der inzwischen die Leitung des Programms übernommen hatte, mit den deutschen Behörden die notwendigen Zusatzverordnungen auszuhandeln. Hall meldete ihm, am 1. Mai würde es noch 30000 unerledigte Fälle geben, aber alle anderen Verfahren würden bis dahin abgeschlossen sein. Für den Fall, daß dieses Ziel nicht erreicht werden konnte, beabsichtigte der General, eine weitere Amnestie zu erlassen, denn er war entschlossen, sich an seine gegenüber dem Kongreß gemachte Zusage zu halten.

Die nun folgenden amerikanisch-deutschen Verhandlungen fanden für OMGUS unter großem Zeitdruck statt. Griffith schrieb dazu, jetzt habe ein vollständiger Rollentausch stattgefunden. Die Deutschen widersetzten sich dem Versuch, alle Schranken fallen zu lassen, um rasch zu einem Abschluß zu kommen, und verlangten, daß die wirklich Schuldigen unter allen Umständen abgeurteilt würden. Doch der Länderrat in Stuttgart erließ trotzdem schon nach wenigen Wochen die notwendigen Zusatzverordnungen. Sie gaben den Anklägern und den Spruchkammern fast vollständig freie Hand, die Betroffenen neu einzustufen und das Strafmaß festzusetzen. Mit wenigen Ausnahmen wurden alle vor Abschluß der Verfahren geltenden Berufsverbote aufgehoben. Doch das war nicht alles. Auf Anordnung von Clay übernahm Hall die Aufsicht über die amerikanischen Entnazifizierungsbüros in den Ländern und damit auch die persönliche Verantwortung für die Durchführung des ganzen Programms. Für die Entnazifizierung verantwortliche amerikanische Beamte besuchten jedes einzelne Land und bestimmten, welche Fälle noch abgeurteilt werden sollten. Außerdem wiesen sie die Ankläger an, die restlichen Fälle nach dem neuen beschleunigten Verfahren als

Mitläufer einzustufen. Am 1. Mai war die Arbeit getan, und OMGUS konnte melden, daß nur noch 28065 Verfahren durchgeführt werden mußten. Wenige Wochen später schloß der Militärgouverneur das Entnazifizierungsprogramm endgültig ab, löste den Entnazifizierungsapparat bei OMGUS auf und entließ das Personal. Im Spätsommer waren die Büros bei den verschiedenen Stäben nur noch von ganz wenigen Beamten besetzt.[54]

Der General hatte gute Gründe anzunehmen, daß es nicht so beschwerlich sein würde, das Entflechtungsprogramm abzuschließen. Dieses Vorhaben war von der amerikanischen Öffentlichkeit zu keiner Zeit so energisch unterstützt worden, wie die Entnazifizierung. Außerdem waren im Frühjahr 1948 immer noch die Amerikaner dafür verantwortlich, und man hatte sich noch nicht auf konkrete Maßnahmen geeinigt. Deshalb konnte niemand voraussehen, welche Auswirkungen die Liquidierung des Programms schließlich haben würde. Natürlich kannte Clay die ständigen Kämpfe zwischen den konservativen Pragmatikern in seiner Wirtschaftsabteilung auf der einen Seite und den liberalen Kreuzfahrern im Büro für die Entflechtung der Konzerne auf der anderen. Wenn die Sache jedoch so gelaufen wäre, wie er es plante, dann hätte er beide Seiten über das Für und Wider ihrer jeweiligen Standpunkte diskutieren lassen, um schließlich als Schlichter aufzutreten und die Entscheidung zu treffen.[55] Bis dahin beobachtete er sehr aufmerksam die Reaktionen der Öffentlichkeit in den Vereinigten Staaten und vergaß nicht, daß Stimson ihn schon zu Anfang gewarnt und gesagt hatte, die gleichen Leute, die zunächst verlangten, daß gegen Deutschland wirtschaftliche Strafmaßnahmen ergriffen wurden, würden sich als erste gegen ihn wenden, wenn solche Maßnahmen negative Folgen hätten. Als James Stewart Martin, der Abteilungschef und glühende Befürworter der Entflechtung, im Juni 1947 zurücktrat, sagte er der Presse, „man kann die Demokratie nicht verkaufen, wenn man Vertretern von Sonderinteressen die Leitung überläßt".[56] Er sagte, die amerikanischen Beziehungen zu Rußland und Frankreich seien kompliziert, ohne daß dies notwendig wäre, „weil bestimmte Interessengruppen, die ihre eigenen Vorstellungen davon haben, wie Deutschland behandelt werden sollte, sich über die ausdrücklichen Wünsche des amerikanischen Volkes hinwegsetzen". Nach seinem ersten Angriff veröffentlichte Martin einen Aufsatz in *New Republic,*[57] und erklärte warnend, „ein neues mächtiges Deutschland ist im Entstehen". Clay wendete sich gegen den Vorwurf, die Militärregierung ließe sich durch die Interessen der Schwerindustrie leiten, und fügte sarkastisch hinzu: „Ich wünschte, General Motors und andere würden diese Beschuldigungen lesen, denn dann würden sie mir nicht mehr vorwerfen, ich hätte ihnen keine faire Chance gegeben."[58]

Jedenfalls lagen die von Martin vorgebrachten Vorwürfe nicht auf der politischen Linie seiner Regierung. Die Direktive JCS 1779, die im Juli 1947 die Clay ursprünglich gegebenen Anweisungen abgelöst hatte, betonte immer noch die Notwendigkeit der Entflechtung, aber neun Monate später hatte Washington in der Deutschland-Politik eine Kehrtwendung vollzogen.

Jetzt war die Sowjetunion der Feind, und das offizielle politische Ziel der Vereinigten Staaten war die Schaffung eines starken Westdeutschland als Bollwerk gegen den Kommunismus. Die Machtübernahme durch die Sowjets in Prag verdeutlichte die neue Lage, und auch Clay begann, mit der Möglichkeit eines Krieges zu rechnen. Die Zeit für wirtschaftliche Experimente in Deutschland war vorüber, aber die fanatischen Entflechter an der Kronprinzen-Allee hatten das noch nicht begriffen. Im März 1948 hatten sie Stabsstudien zu den vier ,,wichtigsten" Testfällen verfaßt und warteten auf das Startsignal. Als ihr neuer Chef, Charles Bronson, ihnen nun sagte, sie seien für den wirtschaftlichen Wiederaufbau Deutschlands verantwortlich, und General Clay lehne alle ,,unwirtschaftlichen Maßnahmen" ab, ,,brach die Hölle los".[59] Eine von 19 rebellierenden Mitgliedern seines Stabes unterzeichnete Denkschrift verlangte eine Klarstellung durch den Militärgouverneur. Darin hieß es, ,,seine mündlichen Anweisungen haben den ganzen Stab demoralisiert".

Clay rief die Gruppe zu einer Besprechung zusammen, die als einzigartiges Ereignis in die Geschichte der Militärregierung eingegangen ist. Er erklärte, er habe die Entflechtung in einem der vier Fälle abgelehnt, weil das betreffende Unternehmen beim Wiederaufbau Europas eine wichtige Rolle spielen werde. Ein zweites Unternehmen hatte einen Teil seiner Fertigungsanlagen an einen unabhängigen Hersteller abgeben müssen und damit seine Monopolstellung verloren. Im dritten Fall hatte er dem empfohlenen Entflechtungsplan zum Teil zugestimmt. Im vierten Fall sei es für eine Entscheidung noch zu früh. Er fügte hinzu, von nun an müßte jeder Fall ,,nach den Regeln der Vernunft" untersucht werden. Da es unwahrscheinlich sei, daß man sich in jedem einzelnen Fall vollständig einigen könnte, werde er selbst die endgültigen Entscheidungen treffen. Zunächst wagte es niemand, dem General direkt zu widersprechen. Als das Gespräch jedoch immer kontroverser wurde, sah Clay seine Gesprächspartner mit blitzenden Augen an und schlug mit der Faust auf den Tisch. ,,Ich bin nicht hergekommen, um mich über die Entflechtung belehren zu lassen", sagte er, sah sich in der Runde um und fuhr mit ruhiger Stimme fort: ,,Ich hoffe, niemand hat das Gefühl, er müsse seinen Posten verlassen. Ich hoffe, jeder wird begreifen, daß er bleiben und nach meinen Anweisungen weiterarbeiten kann. Guten Abend, meine Herren." Dann stand er auf und verließ den Raum.[60] Die so Gemaßregelten reagierten sofort. Zwei von ihnen reichten Abschiedsgesuche ein, die genehmigt wurden. Der restliche aus Berufsbeamten bestehende Stab wurde sofort verkleinert. Später wurden weitere Beamte entlassen. Am Schluß blieb nur noch ein kleines amerikanisches Restkommando in Berlin, das die Wirtschaft in der amerikanischen Besatzungszone überwachte.

Die Ereignisse in Berlin wurden aber auch von der öffentlichen Meinung in den Vereinigten Staaten registriert. Die Presse hatte die internen Auseinandersetzungen aufmerksam verfolgt und meldete ,,eine grundsätzliche Kehrtwendung in der Politik der Militärregierung". Sie bezeichnete das neue

Vorgehen des Militärgouverneurs als ,,Kriegsmaßnahme". Die Rücktritte und Entlassungen führten in Washington zu einer solchen Erregung, daß Royall eine Untersuchung anordnen mußte. Ein zur Überprüfung des Entflechtungsprogramms eingesetzter Ausschuß unter Garland S. Ferguson jr., der der Federal Trade Commission angehörte, reichte Royall im April 1949 einen Bericht ein, der in sehr scharfem Ton die Fortsetzung des Entflechtungsprogramms verlangte. Ein Mitglied des Ausschusses behauptete sogar, einige höhere Beamte bei OMGUS hätten darauf hingearbeitet, das Programm auszuhöhlen.[61]

Als der Militärgouverneur von Ferguson aufgefordert wurde, zu den Vorwürfen Stellung zu nehmen, teilte er dem Ministerium zunächst mit, er habe nicht die Absicht, dieser Aufforderung nachzukommen.[62] Doch einige Wochen später ging er in einem Brief an Tracy Voorhees im einzelnen auf Fergusons Bericht ein.[63] Zunächst erläuterte er, was die Militärregierung auf diesem Gebiet geleistet hatte, und erwähnte dabei die Entflechtung von I. G. Farben und dem hochzentralisierten deutschen Bankensystem, berichtete aber dann über neue gesetzliche Bestimmungen und ihre Anwendung. Diese Gesetze untersagten alle Handelsbeschränkungen sowie die Bildung von Kartellen. Am Schluß nahm er zu zwei im Ferguson-Bericht erwähnten Fällen Stellung. Er schrieb: ,,In diesen beiden Fällen habe ich die Entscheidung getroffen und muß die volle Verantwortung dafür übernehmen. Ich habe mich der Zerschlagung von Henschel, der bedeutendsten Lokomotivfabrik in Deutschland, zu einer Zeit widersetzt, in der das Transportwesen praktisch zum Stillstand gekommen war, und weil Lokomotiven und Waggons unbedingt repariert werden mußten." Für die VKF-Kugellagerfabik hatte er die gleiche Entscheidung getroffen, weil ,,wir damals damit rechneten, daß die Herstellung von Kugellagern in Deutschland verboten werden würde". Bis dahin war die Genehmigung für eine begrenzte Produktion erteilt worden, doch die Ruhrbehörde hatte die notwendigen Vollmachten, um die Schaffung neuer Kartelle zu verhindern. Abschließend erklärte er: ,,Ich muß wiederholen, ich glaube, wir sind ernsthaft und gewissenhaft den Richtlinien der amerikanischen Politik gefolgt. Wenn das nicht der Fall ist, dann müssen diejenigen, welche die politischen Richtlinien bestimmen, entscheiden, wie wir in Zukunft vorgehen sollen; wir brauchen nur ihre Anweisungen." Wie nicht anders zu erwarten, sah das Kriegsministerium das Problem aus der gleichen Perspektive wie sein Militärgouverneur. Deshalb folgte das Pentagon nicht den Empfehlungen des Ferguson-Ausschusses, sondern nahm in einer kritischen Denkschrift Stellung zu dem Bericht. Das von Tracy S. Voorhees verfaßte Papier wendete sich gegen ,,jede Wiederbelebung des Entflechtungsprogramms mit der Begründung, daß es den Wiederaufbau im Gebiet der Bizone gefährden würde". Zugleich wurde der Vorwurf zurückgewiesen, es fehle der Militärregierung an Verständnis für die komplexen Probleme, mit denen es die Besatzungsbehörden zu tun hätten.

Während der ersten Monate des Jahres 1948 mußte der Militärgouverneur einen großen Teil seiner Zeit in London zubringen. Ende Dezember, unmittelbar vor Abschluß der Konferenz des Rats der Außenminister, hatte sich Bidault bereit erklärt, wieder mit seinen amerikanischen und britischen Kollegen zusammenzutreffen, um mit ihnen über den Zusammenschluß der drei Zonen und die Errichtung einer westdeutschen Regierung zu sprechen. Das Saargebiet war inzwischen an Frankreich abgetreten worden. Um der französischen Regierung noch weiter entgegenzukommen, wurden der künftige Status des Ruhrgebiets und Sicherheitsfragen auf die Tagesordnung gesetzt. Wie schon bei anderen Gelegenheiten erklärte Clay, er würde am liebsten auf die Teilnahme an dieser Konferenz verzichten.[64] Er schrieb, er sei voll mit der Organisation des Verwaltungsapparats für die Bizone und mit den Vorbereitungen für die Übergabe an das Außenministerium beschäftigt. ,,Ich habe sehr entschiedene persönliche Auffassungen hinsichtlich des Ruhrgebiets und der Entwicklung der politischen und wirtschaftlichen Struktur in den drei Westzonen.“ Da sich die Haltung der Vereinigten Staaten wahrscheinlich ,,dem französischen Standpunkt annähern“ und vor Konferenzbeginn festgelegt werden würde, glaubte er, kaum einen Beitrag leisten zu können. Er habe nicht den Wunsch, ,,noch mehr zu einer umstrittenen Figur zu werden“. Die endgültige Entscheidung überließ er dem Ministerium, wo Royall eine andere Auffassung vertrat. In seiner Antwort an Clay erklärte er, es sei wichtig, die jüngst in London begonnene Zusammenarbeit zwischen der Armee und dem Außenministerium fortzusetzen.[65] Deshalb solle der General teilnehmen.

Die Konferenz, an der auch die Benelux-Länder teilnahmen, fand unter dem Vorsitz von Botschafter Douglas in India House statt und dauerte vom 23. Februar bis zum 6. März und vom 20. März bis zum 1. Juni. Die Sitzungspause sollte von den Militärgouverneuren dazu genutzt werden, weitere Überlegungen zur politischen Struktur Westdeutschlands anzustellen und zu versuchen, Meinungsverschiedenheiten zwischen den drei Besatzungsmächten auszugleichen. In seinen Memoiren berichtet Clay über die Zeit, in der er zwischen Berlin und London hin- und herpendeln mußte und schreibt, er habe dabei wesentlich zur finanziellen Unterstützung von Murphy beigetragen. ,,Solange die Konferenz dauerte, habe ich beim Kartenspiel kein einziges Mal gegen ihn gewinnen können.“[66] Die Reise hatte aber auch ihre positiven Aspekte, und zwar bekam Clay am 23. April zwei Geburtstagstorten; eine am Vormittag in London von Mrs. Douglas und die zweite am Abend in Berlin von seiner Frau. Doch abgesehen von den Anstrengungen der Reise, dem Kartenspiel und den Geburtstagstorten erwies sich Clays Teilnahme als entscheidend wichtig.

Die Franzosen hatten im Januar gegen die organisatorischen Veränderungen bei der Bizonen-Verwaltung protestiert. Der Quai d'Orsay beabsichtigte, eine Föderation deutscher Staaten zu schaffen, bei der einer Zentralregierung nur ein sehr geringer Einfluß zugestanden wurde. Um das zu erreichen, machten die französischen Delegierten in London den Vorschlag, die deutsche Legislative sollte nur aus einer und nicht, wie ihre angelsächsischen Kollegen es wünschten, aus zwei Kammern bestehen.[67] Wenn aber ein Zwei-Kammer-System eingerichtet werden müßte, dann sollte die erste Kammer von den Länderregierungen und die zweite von den Legislativen der Länder gewählt werden. Sie behaupteten, ein direkt vom Volk gewähltes Unterhaus werde dazu neigen, die Länderregierungen zu beherrschen. Aus dem gleichen Grund sollte die Zentralregierung nicht die Vollmacht haben, Steuern zu erheben, sondern die einzelnen Länder sollten die Steuern eintreiben und der Zentralregierung zuweisen. Ein zentraler Verwaltungsapparat sollte nur für auswärtige Angelegenheiten, den Zoll und die Eisenbahnen geschaffen werden. Dabei sollten Zivilbeamte der Länder für die Arbeit in der vorgesehenen kleinen Zentralverwaltung abgestellt werden. Zwar verzichtete die französische Regierung jetzt auf die vollständige Abtrennung des Ruhrgebiets von Deutschland, verlangte jedoch, daß die Industrie an der Ruhr in ausländisches Eigentum überführt und von Ausländern verwaltet würde – eine Forderung, die Clay für unannehmbar hielt.

Seine Auffassungen über die Struktur einer künftigen deutschen Regierung entsprachen den staatsrechtlichen Vorstellungen des amerikanischen Südens. Für die Kultur, die Erziehung und Kirchenfragen sollten die Länder zuständig sein. Außerdem müßte ihre finanzielle Unabhängigkeit sichergestellt werden. Andererseits sollte die Zentralregierung die Steuern eintreiben dürfen, die sie brauche, und die klar definierte, aber begrenzte Polizeigewalt haben. Die offizielle Haltung der Vereinigten Staaten war ähnlich. Danach sollte die deutsche Zentralregierung stark genug sein, entscheidende politische Richtlinien festzulegen und diese Politik durchzusetzen, und nicht nur ein Instrument zur Koordinierung der Politik quasi souveräner Länder.[68] Die Vollmachten der Zentralregierung mußten klar definiert und die anderen Zuständigkeiten – nach dem Beispiel der Vereinigten Staaten – den Ländern vorbehalten sein. Während es zwischen dem amerikanischen und dem britischen Konzept nur geringe Unterschiede gab, schlossen sich die Benelux-Länder im allgemeinen den Auffassungen Frankreichs an.

Als sich die Konferenz am 6. März vertagte, hatten sich die Positionen bereits angenähert, aber in einigen Grundsatzfragen gab es noch erhebliche Meinungsverschiedenheiten. Deshalb wurden die drei Militärgouverneure angewiesen, die Ergebnisse der Londoner Gespräche zu prüfen und Empfehlungen für den Ausgleich der verschiedenen Standpunkte zu machen. In Berlin kam man jedoch kaum weiter, bis die sowjetische Delegation am 20. März den Alliierten Kontrollrat verließ. Wie Clay zu sagen pflegte, gab es keinen ungünstigen Wind, der nicht auch irgendetwas Gutes brachte. Das Verhalten der Russen überzeugte die Franzosen davon, daß sie sich an einer Wegkreuzung befanden. Jetzt mußten sie ihre Hoffnung aufgeben, die Viermächte-Kontrolle aufrechtzuerhalten, indem sie die Pläne für die Schaffung der Bizone blockierten.[69] Niemand zweifelte mehr daran, daß die Briten und Amerikaner ihr Vorhaben verwirklichen würden, ob sich die Franzosen nun daran beteiligten oder nicht. Der Militärgouverneur sagte dazu: „Sie wußten, daß wir bereit waren, einer Vereinigung der drei Zonen zuzustimmen, aber andernfalls die zwei Zonen vereinigen würden. Wir werden es nicht zulassen, daß in Mitteleuropa ein politisches und wirtschaftliches Vakuum entsteht, das den Wiederaufbau in den am Marshall-Plan beteiligten europäischen Ländern behindern würde."[70]

Von nun an ging die Entwicklung erstaunlich rasch voran. Es begann mit einem Hinweis aus der französischen Regierung nahestehenden Kreisen, daß der Deutschland-Experte des Quai d'Orsay, Couve de Murville, seinen Urlaub an der Riviera verbrachte, aber erklärt habe, er würde sich für einen inoffiziellen Meinungsaustausch interessieren. Darauf stellte der General dem französischen Diplomaten sein Flugzeug zur Verfügung und bat ihn, „den bestinformierten und intelligentesten Vertreter der französischen Regierung, den er kannte,"[71] nach Berlin zu kommen. Er blieb mehrere Tage als Gast in Clays Haus. Im Verlauf sehr intensiver Gespräche konnte der Durchbruch dadurch vorbereitet werden, daß beide Männer zu der grundsätzlichen Erkenntnis kamen, weder die Vereinigten Staaten noch Frankreich wünschten eine zu starke deutsche Zentralregierung. Clay begriff sofort, daß das Problem mit ganz neuen Methoden angepackt werden mußte. Alle strittigen und nebensächlichen Details mußten ausgeklammert und dem deutschen Volk zur Entscheidung überlassen werden. Statt dessen sollte sich die Londoner Konferenz auf die Formulierung der Grundprinzipien konzentrieren, nach denen die Deutschen eine neue Verfassung entwerfen mußten. Außerdem sollte die Konferenz den Militärgouverneuren allgemeine Richtlinien geben, nach denen sie entscheiden konnten, ob die neue deutsche Verfassung diesen allgemeinen Grundsätzen folgte.[72] Auf der Grundlage dieses Konzepts verfaßte der General eine aus acht Punkten bestehende Denkschrift. Der von Couve de Murville als Basis für eine Dreimächte-Vereinbarung akzeptierte neue Entwurf Clays sah die Wahl einer verfassunggebenden Versammlung durch das deutsche Volk nach einem Verfahren vor, dem die deutschen Länder zustimmen mußten. Als vorläufiger Termin wurde der 1. September 1948 bestimmt. Die verfassunggebende Versammlung sollte dann eine demokratische Verfassung zur Errichtung einer föderativen Regierungsstruktur entwerfen, in der sowohl die Rechte der einzelnen Länder als auch die der Bürger garantiert wurden. Wenn die Besatzungsmächte der Verfassung zugestimmt hatten, sollte sie den einzelnen Ländern zur Ratifizierung vorgelegt werden. Gleichzeitig mußte ein Verfahren für allgemeine Wahlen im ganzen Bundesgebiet festgelegt werden. Die Verfassung bestimmte die Zuständigkeiten der Bundesregierung mit Ausnahme der Außenpolitik und der Abrüstungskontrolle, für die auch weiterhin die Besatzungsmächte die Verantwortung übernahmen. Darüber hinaus vereinbarten Clay und Couve de Murville, daß die französische Zone dem neuen westdeutschen Staat erst nach Einsetzung einer deutschen Regierung beitreten würde. Bis dahin sollten eine allgemeine Währungsreform durchgeführt, eine alliierte Export-Import-Behörde der drei Mächte geschaffen und eine gemeinsame Zollpolitik beschlossen werden.

Nachdem die drei Militärgouverneure die Denkschrift abgezeichnet hatten, wurde sie als Grundlage einer künftigen Vereinbarung nach London geschickt, wenngleich es noch weitere fünf Wochen dauerte, bevor man sich in allen Punkten einigen konnte,[73] wobei die Vereinigten Staaten und Großbritannien Frankreich sehr weit entgegenkamen. Es kam zu einem einstimmigen Beschluß über die Kontrolle des Ruhrgebiets, die weitere Kontrolle des Industrieniveaus, die Verpflichtung, Deutschland noch über eine lange Zeit besetzt zu halten und über Inspektionen durch einen militärischen Sicherheitsausschuß. Bei den Verhandlungen ergaben sich jedoch gewisse Schwierigkeiten, vor allem, weil sich die französischen Delegierten darum sorgten, welche Haltung die Nationalversammlung in Paris einnehmen werde. Sie fürchteten, die vorgesehene Charta für die internationale Ruhrbehörde – nach der die Eigentumsrechte und die Leitung der Bergwerke in deutschen Händen bleiben sollten – könnte abgelehnt werden. Auch gewisse britische Vorschläge hinsichtlich der Zukunft des Ruhrgebiets hatten Verzögerungen zur Folge.[74] Am 1. Juni 1948 konnte die Londoner Konferenz, die Clay für „die wichtigste seit Potsdam" hielt, endlich abgeschlossen werden. Die britische und die amerikanische Regierung stimmten dem Ergebnis sofort zu, aber die Zustimmung der Franzosen verzögerte sich. Erst nach einer langen Debatte und der Erklärung, daß Frankreich sich das Recht vorbehielt, die Verhandlungen über die das Ruhrgebiet betreffende Vereinbarung noch einmal aufzunehmen, stimmte das französische Parlament mit einer Mehrheit von sechs Stimmen zu.[75] Eine westdeutsche Republik sollte Wirklichkeit werden.

Indessen gingen die taktischen Manöver beim Alliierten Kontrollrat in Berlin, die schon auf der Konferenz der Außenminister im Dezember begonnen hatten, weiter. Die für die Bizone vorgesehenen Banknoten waren in den Vereinigten Staaten gedruckt und nach Deutschland geschickt worden, während man alles tat, die „Operation Bird Dog" geheim zu halten. Doch die Sowjets waren durch ihren Agenten bei der britischen Botschaft in Washington, Donald MacLean,[76] genau über alles unterrichtet worden. Sie hatten schon seit Monaten verlangt, daß die Banknoten für die vier Zonen in Leipzig gedruckt würden, gaben diese Forderung jedoch Anfang Februar ganz plötzlich auf. Mit einer unerwarteten Kehrtwendung, die den Zweck hatte, die Verantwortung für die Teilung Deutschlands den Westmächten zuzuschieben, erklärten sie sich damit einverstanden, daß die Banknoten in Berlin gedruckt wurden – was jedoch davon abhängig gemacht werden sollte, daß eine zentrale deutsche Finanzbehörde und eine zentrale Notenbank geschaffen würden. Doch Clay spielte als geschickter Unterhändler die richtigen Karten aus. Er sagte Sokolowskij, ohne eine wirtschaftliche Einheit Deutschlands könnten diese Finanzbehörden ihre Aufgabe nicht erfüllen. Zugleich berichtete er nach Washington, welche Taktik er verfolgen wollte.

Wenn die Sowjets auf ihren Forderungen bestünden, werde er fest bleiben, aber falls sie darauf verzichteten, werde er zustimmen müssen. Andernfalls würde er „in eine Lage getraten, in der das deutsche Volk den Eindruck gewinnen mußte, er hätte den nächsten Schritt auf eine Teilung Deutschlands hin unternommen, ohne einen besonderen Grund dafür gehabt zu haben". Genau das schien Sokolowskij zu beabsichtigen, denn am 11. Februar arklärte er sich damit einverstanden, daß die neuen Banknoten unter Aufsicht der vier Mächte in Berlin gedruckt wurden, ohne auf der Errichtung einer zentralen Finanzverwaltung zu bestehen. Zuversichtlich telegrafierte Clay an Draper: „Es besteht kein Grund zur Sorge." Innerhalb der folgenden 60 Tage mußte man sich über die technischen Details einigen. Wenn es, wie er erwartete, zu keiner Vereinbarung komme, werde er keine Zeit verloren haben, weil er „entsprechend den für die Bizone vereinbarten Plänen vorgehen" könne.[77]

Wie sich zeigte, paßte dieses ständige Weiterschieben des Schwarzen Peter nicht in den Gesamtplan der Sowjets, die so subtile Methoden ohnedies nicht mochten. Die Machtübernahme durch die Kommunisten in Prag am 23. Februar hatte die Welt aufhorchen lassen, man rechnete mit einem baldigen nächsten entscheidenden Schritt der Sowjetunion, und nur wenige zweifelten daran, daß er in Berlin erfolgen werde. Wenn das Pentagon noch eine Bestätigung dafür brauchte, daß man mit großen Schwierigkeiten rechnen mußte, dann kam sie in der Form eines Berichts von Clay, der seit mehreren Wochen spürte, daß in der Haltung seiner sowjetischen Kollegen ein entschiedener Wandel eingetreten war. Er meldete, daß die Russen, mit Sokolowskij angefangen,[78] in einem leicht verächtlichen Ton, arrogant und selbstsicher mit ihm verkehrten. Während seines ganzen Aufenthalts in Deutschland habe er die Möglichkeit eines Krieges gegen Rußland weit von sich gewiesen, aber jetzt fühle er sich verpflichtet, die Armee zu warnen, daß dieser Fall mit dramatischer Plötzlichkeit eintreten könnte. Er erklärte: „Ich kann die Tatsache, daß ich meine Meinung geändert habe, nicht mit irgendwelchen Daten oder konkreten Beweisen begründen, aber ich habe dieses ganz bestimmte Gefühl."

Zu Clay's Ärger wurde diese „streng geheime" Nachricht durch eine Indiskretion bekannt und hatte kritische Bemerkungen, der General sei ein Alarmist, zur Folge. Jean E. Smith, der Redakteur der *Papers of General Lucius D. Clay* andererseits schrieb später, daß das fragliche Telegramm im Hinblick auf einen kürzlich stattgefundenen Berliner Besuch des Generals Chamberlin, des Chefs des Geheimdiensts der Armee, abgesandt worden war. Wichtige Bewilligungsgesetze waren anhängig und der hauptsächliche Zweck des Telegramms war die Unterstützung von führenden Offizieren bei ihren Aussagen vor den Bewilligungsausschüssen. Smith betonte, daß „das Telegramm direkt an Chamberlin ging und nicht den normalen Dienstweg ..." (*The Papers* ... p. 568). General Clays Assistent für geheime Dienstsachen, Hauptmann Richard Hallock, jedoch, der persönlich das Telegramm abgesandt hatte, wies diese Auslegung auf das energischste zurück. Er bestand auch darauf, daß ein direktes Telegramm an Chamberlin „der einzig korrekte Dienstweg für diese Nachricht" gewesen sei. (Interviews mit Richard Hallock, Washington D. C. April 5, 1981)

Zwei Wochen später wurde „die neue russische Haltung" mit der Entscheidung des Kreml, die Arbeit des Kontrollrats zu beenden, zur offiziell anerkannten Tatsache. Auf der letzten Sitzung, am 20. März, bei der Sokolowskij den Vorsitz hatte, kam es zum üblichen Austausch von Vorwürfen und Gegenvorwürfen, wobei jede Seite die andere beschuldigte, einseitige Maßnahmen ergriffen zu haben. Das ging eine Zeitlang so weiter, bis der sowjetische Marschall eine vorbereitete Erklärung, in der diese Beschuldigungen zusammengefaßt waren, so rasch verlas, daß der Dolmetscher ihm nicht folgen konnte. Am Schluß raffte er seine Papiere zusammen, stand auf und erklärte: „Ich halte es für sinnlos, diese Sitzung fortzuführen, und erkläre sie für beendet."[79] Daraufhin verließen er und die sowjetische Delegation das Konferenzzimmer. Die drei westlichen Militärgouverneure konnten nichts anderes tun als an ihren Plätzen zu bleiben, um damit das sowjetische Vorgehen für ungültig zu erklären, obwohl sie begriffen hatten, daß der Kontrollrat aufgehört hatte zu existieren. Eine Note aus dem sowjetischen Hauptquartier in Karlshorst, die „Zusatzbestimmungen" über die Verkehrsverbindungen zwischen Ost- und Westdeutschland enthielt, zeigte dem Westen an, daß die Russen entschlossen waren, zu einer Politik der Störungen und Behinderungen überzugehen.

Drei Tage später wurde Clay aus Washington zu einer Telkonferenz mit dem Kriegsminister und dem Chef des Stabes gebeten.[80] Sie teilten ihm die Entscheidung des Präsidenten mit, daß das Außenministerium seine Arbeit in Deutschland nicht aufnehmen werde. Royall und Bradley gaben der Hoffnung Ausdruck, daß Clay an seinem Posten bleiben werde, wenigstens noch bis zum Ende dieses Kalenderjahres. Sie sagten, „Sie werden in Deutschland dringend gebraucht", und rechneten zuversichtlich mit einer positiven Antwort des Generals. Clay erwiderte: „Ich bin Offizier, solange das Ministerium glaubt, daß es mich braucht. Ich möchte so bald wie möglich meinen Abschied nehmen. Aber ich verdanke der Armee so viel, daß ich so lange an meinem Posten bleiben werde, wie ich gebraucht werde." Als er in sein Büro zurückkehrte, wußte er, daß das Schicksal wieder die Entscheidung getroffen hatte – aber diesmal war es anders als bei früheren Gelegenheiten, bei denen er nur Enttäuschungen hatte hinnehmen müssen. Es war klar, daß es zu einer Konfrontation mit den Russen kommen würde, und diese Herausforderung hätte eine Kämpfernatur wie Clay nicht gerne versäumt.

Nachdem der Alliierte Kontrollrat handlungsunfähig geworden war, hatte Clay keine Schwierigkeiten, sich mit Robertson über die Einzelheiten der Währungsreform zu einigen. Nun wurden auch deutsche Währungsexperten ins Vertrauen gezogen; sie arbeiteten an einem geheimen Ort bei Kassel, gegen die Öffentlichkeit abgeschirmt, daran, den amerikanischen Entwurf mit dem deutschen Recht in Einklang zu bringen. Die Schwierigkeiten waren aber noch nicht überwunden. Nachdem die Franzosen in London ihre Bereitschaft erklärt hatten, sich an der Währungsreform zu beteiligen, erhoben sie jetzt neue Einwände gegen eine Steuersenkung, die parallel zur Währungsreform vorgenommen werden sollte. So war es bis zur letzten Minute ungewiß, ob die neue Währung nur in zwei oder auch in drei Zonen gelten werde.[81]

Noch unangenehmer war es für Clay, daß das amerikanische Finanzministerium plötzlich seine Haltung zur Frage der Währungsreform änderte. Der sogenannte Colm-Dodge-Goldsmith-Bericht, der im August 1946 von der amerikanischen Regierung gebilligt worden war, war zur Basis für die Beratungen im Kontrollrat geworden. Inzwischen hatte die amerikanische Regierung jedoch OMGUS angewiesen, den ursprünglich geplanten, aber umstrittenen Lastenausgleich einer künftigen deutschen Entscheidung zu überlassen. Im übrigen hatte man nichts an den Plänen für die Durchführung der Währungsreform geändert. Clay war daher wie vom Donner gerührt, als er erfuhr, daß das Finanzministerium Bedenken dagegen äußerte, die Schulden des Deutschen Reichs zu streichen, eine Maßnahme, die unbedingt erforderlich war, wenn die Währungsreform Erfolg haben sollte.[82] Nach einigem Hin und Her hatte sich Clay durchsetzen können, als er kurz vor der Bekanntgabe der Währungsreform durch eine neue Maßnahme der Regierung in Washington aufgeschreckt wurde. Das Außenministerium, das Finanzministerium und das Kriegsministerium hatten beschlossen, „den militärischen 10 Cents-Wechselkurs beizubehalten".[83] „Ihre Mitteilung hat hier wie eine Bombe eingeschlagen", telegrafierte er zurück, „und wenn das ein Befehl ist, dann wird die Währungsreform auf einen späteren Zeitpunkt verschoben werden müssen." Man hatte sich ursprünglich darauf geeinigt, den Wert der neuen deutschen Mark auf 30 Cents festzusetzen; wenn daher der für das Militär geltende Wechselkurs auf 10 Cents festgelegt wurde, bedeutete das eine nicht vertretbare Ausbeutung der deutschen Wirtschaft und würde zur Folge haben, daß das britische und französische Militär die gleichen Vergünstigungen beanspruchte. Darüber hinaus – und das war das entscheidende Argument, mit dem sich Clay durchsetzen konnten – würde es unmöglich sein, „den 10 Cents-Wechselkurs für die Besatzungsstreitkräfte und einen 30 Cents-Wechselkurs für die immer größer werdende Zahl der Geschäftsleute und Unternehmen festzusetzen, die jetzt ihre Verbindungen in Deutschland aufgenommen hatten." Nachdem er diese Hindernisse aus dem Weg geräumt hatte, überprüfte der Militärgouverneur noch einmal alle Aspekte der geplanten Währungsreform. Zunächst mußten alle Bargeldbestände und Sparkonten sowie lang- und kurzfristige Einlagen registriert werden. Alle Reichsmark-Beträge mußten abgeliefert und entwertet werden. Das verlangte ein Moratorium von sechs Tagen, während sofort 40 Reichsmark pro Person zu einem Kurs von 1:1 gegen die neue Währung eingetauscht wurden (später noch einmal 20). Die Modalitäten für den Umtausch der abgelieferten Reichsmark-Beträge würden eine Woche später bekanntgegeben werden.[84] (Die Erfahrungen mit Währungsreformen in anderen Ländern hatten gezeigt, daß wenn alle Bedingungen für den Umtausch von Anfang an bekannt waren, Personen, die über illegale Beträge verfügten, diese unter Familienmitgliedern und Freunden aufteilten, um so eine Beschlagnahme zu umgehen.) Als zweiter Schritt (der eine Woche später bekanntgegeben werden sollte) würden die registrierten Reichsmark-Beträge im Verhältnis 10:1 gegen die neue deutsche Mark eingetauscht werden. Die Hälfte der Guthaben sollten blockiert und schließlich 70 Prozent der blokkierten Beträge gestrichen werden. Das Endergebnis der Reform war damit eine drastische Reduzierung des Geldumlaufs, denn praktisch wurden 100 alte Reichsmark in 6,50 Deutsche Mark umgetauscht. Auch alle Schulden sollten gleichzeitig auf ein Zehntel reduziert werden. Die Schulden des Deutschen Reichs, der Wehrmacht und der Reichsbank wurden nach diesem Plan gestrichen. Schließlich sollte die Bank Deutscher Länder bevollmächtigt werden, die neue Währung auszugeben und zu kontrollieren, wobei die obere Grenze des gesamten Geldumlaufs bei 10 Milliarden D-Mark liegen sollte.

Das alles klang zwar sehr vernünftig, aber man wußte noch immer nicht, ob sich die Franzosen daran beteiligen würden. Noch 48 Stunden bevor die Währungsreform verkündet werden sollte, sprach Clay telefonisch mit Draper über das letzte französische Ultimatum:[85] Die französischen Steuervorschläge müßten akzeptiert werden, sonst werde Frankreich sich nicht an der Reform beteiligen. Verzweifelt erklärte der Militärgouverneur: „Wir können nichts mehr machen. Die Banknoten sind unterwegs zu den Ausgabestellen, die zuständigen Beamten wissen Bescheid, alles ist in Bewegung, und in den Läden ist der Warenverkauf fast überall eingestellt. Wenn wir jetzt die Währungsreform aufhalten wollten, dann würde es zu einer Katastrophe kommen, und das ist einfach undenkbar." Die beiden Männer sprachen noch darüber, ob der Außenminister oder sogar der Präsident versuchen sollten, sich telefonisch mit Bidault in Verbindung zu setzen, als Clay gemeldet wurde, daß der stellvertretende französische Militärgouverneur Noiret auf dem Wege zu ihm war. „Vielleicht gibt es doch noch eine Lösung", sagte er Draper und eilte nach Hause. Wie Clay berichtet, kam es zu einer „phantastischen Mitternachtskonferenz". Noiret rief Koenig in seiner Wohnung in Baden-Baden an, während Angehörige seines Stabes sich mit Paris in Verbindung setzten, um festzustellen, wie sich die Nationalversammlung entschieden hatte. „Nachdem Clay sein letztes Zugeständnis hinsichtlich der Steuern gemacht hatte, erfuhr er in den frühen Morgenstunden, daß sich die französische Nationalversammlung hinter ihre Regierung gestellt hatte. Koenig ging auf das letzte Kompromißangebot ein, und zu Clays Erleichterung konnte die Währungsreform in allen drei Westzonen gleichzeitig durchgeführt werden."[86]

Am Nachmittag des 18. Juni saß Clay in seinem Büro im Frankfurter I. G. Farben-Gebäude, als ihm der Direktor der bizonalen Wirtschaftsbehörde, Dr. Ludwig Erhard, gemeldet wurde. Clay hatte ihm telefonisch als erstem Deutschen mitteilen wollen, was bevorstand. Bis jetzt kannten nur 10 bis 20 Fachleute die Einzelheiten der Währungsreform.[87] Wie die meisten Deutschen wußte Erhard, daß mit solchen Maßnahmen zu rechnen war, aber er kannte weder die Bedingungen noch Tag und Stunde. Jim O'Donnell gibt den Bericht des Generals wie folgt wieder: „Bevor Clay noch etwas sagen konnte, begann sein Besucher, von den Gerüchten über die bevorstehende Reform zu sprechen. Wenn eine neue Währung eingeführt werden sollte und er als Wirtschaftsdirektor nichts darüber wüßte, dann habe man ihn getäuscht. Jetzt wolle er die Wahrheit wissen. „Es tut mir leid", sagte Clay, „aber das Gerücht, das Sie gehört haben, ist wahr. Ich durfte es Ihnen nicht sagen, aber jetzt bin ich gern bereit, mit Ihnen darüber zu sprechen." Erhard war empört, konnte sich aber beherrschen. Er sagte: „Hier geht es um meine Ehre und Würde. Ich muß zurücktreten, Herr General. Man hat mich vor dem ganzen deutschen Volk zum Narren abgestempelt."

„Nun, Professor Erhard, es tut mir außerordentlich leid, das zu hören. Aber wenn Sie zurücktreten wollen, dann haben Sie nur noch eine Stunde Zeit – die Bekanntgabe wird um 8.00 Uhr erfolgen."

Es war Freitagabend, und das Wochenende stand bevor. Erhard verließ wütend das Gebäude und ließ sich zum Hessischen Rundfunk fahren, wo er allwöchentlich zur Bevölkerung sprach. Nun griff er zum Mikrophon und gab die Währungsreform bekannt, als erfolge sie auf seine Veranlassung.

„Gott sei Dank", sagte Clay viele Jahre später, als er Jim O'Donnell die Geschichte erzählte. „Ich hätte die Sache nicht besser planen können." Wenn Erhard gegen die Währungsreform Stellung genommen hätte, dann wäre sie gescheitert. „Ich rief Erhard am folgenden Tag an", fuhr der General fort, „und versprach ihm, ich würde niemandem die Wahrheit sagen, wenn er es nicht täte." Erhard hat das Stillschweigen gewahrt, und Clay hat die Zusammenhänge erst preisgegeben, nachdem Erhard gestorben war. (Es ist dem Verfasser nicht gelungen, eine Kopie des Tonbands mit Professor Erhards Ankündigung zu finden.)

Nachdem die Sowjets den Kontrollrat am 20. März verlassen hatten, unterbrachen sie den gesamten militärischen Verkehr zwischen Berlin und dem Westen.[88] Als ein amerikanischer Militärzug auf seiner täglichen Routinefahrt von Frankfurt nach Berlin am 1. April in Marienborn auf der ersten Station in der sowjetischen Besatzungszone eintraf, wurde er von russischen Soldaten angehalten, die die Reisepapiere aller Passagiere sehen wollten. Sie sagten, der Zug dürfe nicht nach Berlin weiterfahren, bevor jeder einzelne überprüft sei. Der amerikanische Zugkommandant weigerte sich und erklärte, seine Männer hätten den Befehl zu schießen, wenn die Russen versuchen sollten, in den Zug einzudringen. Nun wurde der Zug auf ein Abstellgleis gefahren, wo er 12 Stunden wartete, bis der Befehl kam, nach Frankfurt zurückzukehren. Von nun an konnte die Verkehrsverbindung nach Berlin nur noch auf dem Luftwege aufrechterhalten werden. Die Schwäche der westlichen Position in Berlin war schon seit Monaten ein Gesprächsthema im amerikanischen Außenministerium, aber als es zu der sowjetischen Maßnahme kam, gab es keine Dokumente über den Zugang zu Berlin. Als Royall den Militärgouverneur über diesen Punkt befragte, konnte Clay ihm keine ermutigende Antwort geben.[89] Er sagte: ,,Das Recht, Berlin zu besetzen, ist in London von der Europäischen Beratenden Kommission (EAC) ausgehandelt worden.“ Über das Recht des freien Zugangs gab es jedoch nur eine mündliche Vereinbarung mit Schukow (Clay hatte sich seinerzeit geweigert, eine solche Vereinbarung in schriftlicher Form entgegenzunehmen). Im Lauf von drei Jahren war diese Abmachung jedoch zum Gewohnheitsrecht geworden.

Als Clay dem Pentagon am 5. März ein Warnsignal schickte, war er nicht nur dem Ersuchen der Armee um Unterstützung eines Antrags zur Gewährung zusätzlicher Mittel nachgekommen, sondern hatte auch seiner ernsten Besorgnis Ausdruck verliehen, daß sich nach seiner Meinung entscheidende Dinge vorbereiteten. Die Behinderung der Militärtransporte durch die Russen bestätigte nun seinen Verdacht. Wahrscheinlich würde die Währungsreform im Westen zu einer entscheidenden Konfrontation führen und Berlin das Schlachtfeld sein. Er konnte zwar nicht wissen, was im einzelnen bevorstand, doch während er auf den zweiten Schlag wartete, wußte er, daß die amerikanische Regierung hart bleiben mußte.

Er hatte gewissenhaft versucht, die ursprüngliche Politik seiner Regierung in die Tat umzusetzen, die auf eine Zusammenarbeit mit der Sowjetunion nach dem Kriege eingestellt war. Jetzt hatte er neue politische Anweisungen bekommen und war entschlossen, sie mit der gleichen Energie zu befolgen. Doch während die Alternative bis dahin die Gründung eines Westdeutschen Staates gewesen war, gab es jetzt keine Alternative mehr. Deutlicher als viele seiner Zeitgenossen erkannte Clay, daß ein Abzug aus Berlin keine Lösung war. Er wäre bestenfalls der erste Schritt eines Rückzugs auf die Festung Amerika, und so etwas war undenkbar. Diese Überzeugung des weitblikkenden, klar denkenden Generals, der darüber hinaus den unbeugsamen Willen des geborenen Kämpfers besaß, machte ihn zum geeigneten Führer in einer der kritischsten Auseinandersetzungen in der Geschichte seiner Nation. Während des nun folgenden sehr schwierigen Jahres ist er von seinen Überzeugungen um keinen Zollbreit abgewichen, ob er es nun mit seinen Vorgesetzten in Washington, seinen Untergebenen in Deutschland, seinen britischen und französischen Verbündeten oder mit seinen sowjetischen Gegnern zu tun hatte.

Als man ihn im April zur Vorsicht mahnte und auf die Möglichkeit hinwies, daß das amerikanische Volk vielleicht nicht bereit sein werde, einen Krieg zu beginnen, um die amerikanische Position in Berlin zu halten,[90] legte Clay in einer Telekonferenz Omar Bradley seine Lagebeurteilung vor:

„Zweifellos würde unser Abzug einen ungeheuren Prestigeverlust bedeuten, und ich würde es außerordentlich bedauern, wenn wir einen solchen Prestigeverlust hinnähmen, ohne durch militärische Aktionen dazu gezwungen zu sein. Ich weiß natürlich, daß die entgültige Entscheidung eine Angelegenheit der hohen Regierungspolitik ist. Dennoch kann ich nicht glauben, daß die Sowjets in Berlin Gewalt anwenden werden, wenn sie den Krieg nicht nach einer relativ kurzen Zeit für unvermeidlich halten.

Sie werden natürlich verstehen, daß unsere ohne die Sowjets vorgenommene Währungsreform, der in naher Zukunft die Einsetzung einer Regierung für einen Teil Deutschlands in Frankfurt folgen soll, zur entscheidenden Krise führen wird. Mit der gegenwärtigen Demonstration wollen uns die Sowjets wahrscheinlich von solchen Maßnahmen abschrecken. Doch warum sind wir in Europa? Wir haben die Tschechoslowakei verloren. Wir haben Finnland verloren. Norwegen ist bedroht. Wir ziehen uns aus Berlin zurück. Wir können uns der Lage anpassen, wenn wir unser Personal über eine Luftbrücke reduzieren, bis wir mit Gewalt hinausgedrängt werden. Wir können das Prestige nicht wahren, das schon verloren ist, wenn wir uns in Frankfurt einrichten. Nach Berlin wird Westdeutschland an die Reihe kommen, und unsere Stärke dort ist relativ nicht größer und unsere Position läßt sich nicht leichter halten als in Berlin.

Wenn wir entschlossen sind, Europa gegen den Kommunismus zu verteidigen, dann dürfen wir keinen Schritt zurückweichen. Wir können in Berlin Demütigungen und politischen Druck hinnehmen, ohne das Gesicht zu verlieren, solange es nicht zum Kriege kommt. Wenn wir abziehen, ist unsere Position in Europa bedroht. Wenn Amerika das nicht begreift, wenn es nicht glaubt, daß die Entscheidung jetzt fallen muß, dann wird es das niemals tun, und der Kommunismus wird freie Bahn haben. Ich glaube, die Zukunft der Demokratie verlangt, daß wir hier bleiben, bis wir gezwungen werden, den Rückzug anzutreten. Gott weiß, das ist keine heroische Pose, weil es nicht heroisch ist, Demütigungen hinzunehmen, ohne Gegenmaßnahmen zu ergreifen."

Dieser Lagebeurteilung entsprach es auch, wenn Clay sich dem Vorschlag nervöser Beamter in den Vereinigten Staaten widersetzte, die Familienangehörigen von amerikanischen Beamten in Berlin zu evakuieren. Er sagte: „Streng militärisch gesehen wäre eine allmähliche Evakuierung logisch." Aber ein solcher Schritt wäre eine politische Katastrophe und würde bei der deutschen Bevölkerung in Berlin eine Massenhysterie auslösen „und sie dem Kommunismus in die Arme treiben".[91] Wenige Tage später erklärte er: „Wahrscheinlich werde ich die weniger wichtigen Angestellten der Militärregierung allmählich evakuieren." Aber gleichzeitig sagte er den Angehörigen seines Stabes, kein Amerikaner dürfte sich seine Nervosität anmerken lassen. Wer sich unsicher fühlte, könnte nach Hause gehen, und ein entsprechender Antrag werden für den Antragsteller keine Nachteile haben. Doch niemand sollte in Berlin bleiben, wenn er seine Familie nach Hause geschickt hätte. Jeder Antrag, Berlin verlassen zu dürfen, müßte deshalb für *alle* Familienmitglieder gestellt werden.

Während sich der Tag der Währungsreform näherte, blieb Clay zuversichtlich und ruhig. Auf einer Samstag-Stabsbesprechung Ende Juni wurden ihm drei Berichte vorgelegt.[92] Die Russen hatten den gesamten deutschen Interzonenverkehr eingestellt; eine Brücke bei Magdeburg auf der Autobahn, die Berlin mit den Westzonen verband, war von den Sowjets wegen Reparaturen gesperrt und der gesamte Verkehr umgeleitet worden, und drittens hatten die Russen den Austausch von Eisenbahnwaggons zwischen mehreren Stationen im amerikanischen Sektor eingestellt, was zur Folge hatte, daß der ganze Eisenbahnverkehr zum Erliegen kam. Was nun die erste Meldung betraf, so erklärte Clay, daß man den Russen angesichts der Gerüchte über die bevorstehende Währungsreform kaum einen Vorwurf daraus machen könnte, wenn sie als vorläufige Schutzmaßnahme die Grenzen ihrer Zone geschlossen hätten. Im umgekehrten Falle hätten die Vereinigten Staaten wahrscheinlich das gleiche getan. Was den zweiten Fall betraf, so meinte er, die Amerikaner würden einen Umweg in Kauf nehmen müssen. Zu der dritten Meldung befahl er, nachdem er sich vergewissert hatte, daß sich die Eisenbahnwaggons im amerikanischen Sektor befanden, sie sofort unter Bewachung und innerhalb von 24 Stunden dorthin bringen zu lassen, wo sie gebraucht wurden, und zwar ohne Rücksicht auf die Tatsache, daß sich die Kontrolltürme, von denen aus die Weichen gestellt wurden, in sowjetischer Hand befanden. Clay hatte mit der Blockade gerechnet und ihre Bedeutung weder über- noch unterschätzt. Als daher nach Einführung der Währungsreform die totale Blockade Berlins einsetzte, bereitete er sich in aller Ruhe auf eine lange Belagerung vor.

10. Kapitel

Die Verteidigung Berlins

Die Londoner Vereinbarungen zur Vorbereitung der Errichtung eines westdeutschen Staates hatten die Sowjets veranlaßt, den Alliierten Kontrollrat zu verlassen. Die Einführung einer neuen Währung in Westdeutschland löste die Blockade Berlins durch die Russen aus. Clay, der die Rahmenbedingungen der Londoner Vereinbarungen ausgearbeitet hatte, machte sich keine Illusionen über die Schwierigkeiten, die sie nach sich ziehen würden. Die dramatische und nicht ungefährliche Konfrontation mit der Sowjetunion war nur ein Teil dieser Schwierigkeiten. Die Schlüsselelemente seines Konzepts von einem starken westdeutschen Staat als Bollwerk gegen den Kommunismus – die Schaffung einer internationalen Ruhrbehörde, der Zusammenschluß der drei Zonen und der Entwurf eines Besatzungsstatuts – mußten noch ausgehandelt werden. Wenn er daran dachte, wie sich der Quai d'Orsay bisher verhalten hatte, dann lag eine schwierige Aufgabe vor ihm. Die Einsetzung einer deutschen verfassungsgebenden Versammlung und die Formulierung einer Verfassung waren dagegen in erster Linie Sache der Deutschen. Da Clay jedoch ganz klare und unverrückbare Vorstellungen von den in einer Verfassung zu berücksichtigenden Grundsätzen hatte, ließ sich nicht sagen, wie weit die Deutschen zur Zusammenarbeit bereit sein würden.

Clay hatte angenommen, er werde inzwischen in die Vereinigten Staaten zurückgekehrt sein, um es dem Außenministerium zu überlassen, seinen Gesamtplan für die Errichtung einer westdeutschen Republik in die Tat umzusetzen. Daß das Schicksal es anders gewollt hatte, verschaffte ihm wenigstens die Gelegenheit, dafür zu sorgen, daß die richtigen Bausteine an die jeweils richtige Stelle kamen. Wenn er an die gewaltigen Hindernisse dachte, die noch zu überwinden waren, dann kam ihm sogar die Verteidigung Berlins verhältnismäßig einfach vor.

Die Währungsreform war am Freitag, den 18. Juni, kurz nachdem die Bankschalter für das Wochenende geschlossen wurden, in Westdeutschland bekanntgegeben worden. Wenige Stunden zuvor hatten die drei westlichen Militärgouverneure Marschall Sokolowskij von der bevorstehenden Maßnahme unterrichtet und ostentativ der Hoffnung Ausdruck verliehen, daß man sich bald auf eine neue Währung für ganz Deutschland einigen könnte. Außerdem wurde den Sowjets mitgeteilt, daß die Westsektoren von Berlin nicht in diese Maßnahme einbezogen seien.[1] Zwei Tage später antwortete der sowjetische Militärgouverneur und erklärte, die neuen Banknoten würden nicht als Zahlungsmittel in der sowjetisch besetzten Zone oder in Berlin zugelassen, „das Teil der sowjetischen Besatzungszone ist". Er schrieb, er habe den Eindruck, „daß die konkrete Maßnahme des Westens die Hoffnung des deutschen Volkes auf eine einheitliche Währung zerstört habe". Sokolowskij äußerte sich befriedigt darüber, daß Clay ihm mitgeteilt hatte, die Währungsreform erstrecke sich nicht auf den amerikanischen Sektor von Berlin. Er schloß: „Ich glaube, das ist eine Selbstverständlichkeit, denn in Berlin kann nur eine Währung im Umlauf sein."[2] Gleichzeitig mit dieser Reaktion erfolgte der Erlaß neuer Verkehrsbestimmungen, mit denen, wie die Russen erklärten, die Ostzone vor einer Flut entwerteter Reichsmark-Beträge geschützt werden sollte. Die Amerikaner reagierten mit einer Presseerklärung, in der sie die sowjetische Haltung zurückwiesen und darauf hinwiesen, daß Berlin eine internationale Stadt sei.[3] Die amerikanischen Streitkräfte würden in Berlin bleiben, auch wenn man ihnen den Zugang zu Lande verwehre. Es wäre durchaus möglich, die 10000 Amerikaner in der Stadt auf unbestimmte Zeit über eine Luftbrücke zu versorgen. Außerdem schrieb Clay einen Brief an den sowjetischen Militärgouverneur und schlug darin ein Gespräch der vier Besatzungsmächte über die Währungssituation in Berlin vor.[4]

Zwei Tage nach Einführung der Währungsreform in den westlichen Besatzungszonen[5] trafen sich die Finanzexperten der vier Mächte, um eine Lösung für das Problem zu finden. Clays Finanzberater Jack Bennett vertrat die Vereinigten Staaten. Auf westlicher Seite hatte man kaum die Hoffnung, daß die Sowjets einer, wie Bennett es bezeichnete, „vernünftigen Lösung für das Berliner Geld" zustimmen würden. Clay rechnete damit, daß die Sowjets jetzt versuchen würden, für Berlin eine Ostwährung einzuführen, und hatte für diesen Fall gewisse Vorsichtsmaßnahmen ergriffen. Zehn Flugzeugladungen mit dem neuen Westgeld waren, getarnt als militärischer Nachschub, nach Berlin eingeflogen worden.[6] Damit standen insgesamt 250 Millionen D-Mark zur Ausgabe an die Berliner Bevölkerung bereit. Man hatte 12 sorgfältig überprüfte deutsche Finanzexperten damit beauftragt, zu untersuchen, wie sich die Währungsreform auf die Westsektoren von Berlin ausdehnen ließe. In einem Gebäude der Militärregierung, dem *York House* im britischen Sektor, war ein abgeschlossener Teil bereitgestellt worden, in dem die deutschen Experten von der Öffentlichkeit abgeschirmt arbeiteten, aßen und schliefen. Sie durften keinen Kontakt mit der Außenwelt aufnehmen und waren angewiesen worden, ihren Familien zu sagen, sie würden nach Frankfurt gehen, um für die Militärregierung zu arbeiten. Um dieses Alibi noch glaubwürdiger zu machen, hatte man sie zu Hause abholen und in Richtung des Flughafens Tempelhof fahren lassen. Auf einem Umweg gelangten sie in das York House. Frank Howley, der amüsante und unterhaltsame Chef der Militärregierung von Berlin, berichtet: „Kein wichtiger Physiker, in dessen Kopf sich die dunklen Geheimnisse der Atombombe verbargen, ist so streng bewacht und sorgfältig abgeschirmt worden."

Zwar konnte man sich vorstellen, wie die Sowjets reagieren würden, man hatte sich jedoch für das Treffen der Finanzexperten noch nicht über eine gemeinsame westliche Haltung einigen können. Nach einer offiziellen französischen Erklärung hatte der Delegierte Frankreichs seine amerikanischen und britischen Kollegen davon überzeugt, daß die von den Sowjets herausgegebene Währung in Berlin eingeführt werden sollte.[7] Clay stellte die Sache in seinem Bericht an das Kriegsministerium etwas anders dar und sagte, ,,in diesem Gespräch war es nicht möglich, auf die Hypothese einer Sowjetzonenwährung in Berlin einzugehen".[8] Angesichts der weitreichenden Auswirkungen der ausschließlichen Verwendung des von den Russen gedruckten Geldes in Berlin war es klar, daß die Russen – wie schon so oft – mit ihren Forderungen zu weit gegangen waren. Daß sie nun auch noch verlangten, die sowjetischen Behörden allein und nicht die Kommandantura, die aus den Vertretern der vier Besatzungsmächte bestand, sollten für die Ausgabe des Geldes und die Kontrolle der Banken und des Finanzwesens in der ganzen Stadt verantwortlich sein, konnte von den Westmächten nicht akzeptiert werden. Bennett und seine beiden Kollegen erklärten, die Russen wären für die Westsektoren nicht zuständig, und die Militärgouverneure der drei Westmächte seien nicht bereit, zugunsten der sowjetischen Militärregierung auf ihre Souveränität zu verzichten. Nach langen, bis in die späten Abendstunden dauernden ergebnislosen Diskussionen ging man wieder auseinander.[9] Unmittelbar vor Schluß der Besprechung überbrachte ein sowjetischer Kurier dem sowjetischen Delegierten die Mitteilung, daß alles für eine sowjetische Währungsreform vorbereitet sei, die sofort bekanntgegeben werden könnte. Als am 24. Juni eine behelfsmäßige neue Währung im sowjetischen Sektor ausgegeben[10] und gleichzeitig die totale Blockade Berlins erklärt wurde, führten auch die Westmächte ihre Währungsreform durch. Clay meldete nach Washington, auch bei dieser Gelegenheit sei es sehr schwierig gewesen, die Franzosen zur Zusammenarbeit zu bewegen. Sie erklärten sich erst im letzten Augenblick dazu bereit und warnten zugleich vor den ,,unberechenbaren Konsequenzen" eines solchen Vorgehens. Da diese Konsequenzen zweifellos ,,über Berlin hinausgehen werden, sieht sich die französische Regierung verpflichtet, jede Verantwortung abzulehnen".[11]

Die Stadtväter von Berlin – das Rathaus befand sich im sowjetischen Sektor – sahen sich nun in einer sehr schwierigen Lage. Marschall Sokolowskij hatte verkündet, Berlin sei wirtschaftlich Teil der Sowjetzone, und hatte deshalb dem Magistrat befohlen, für Berlin die Ostmark einzuführen. Die drei Westmächte wiesen die Stadtverwaltung gleichzeitig an, diesen einseitigen Befehl *nicht* zu befolgen, weil er die Verfassung der Stadt und die Viermächte-Vereinbarungen verletzte, die im Rahmen der Alliierten Kommandantura und der Kontrollbehörde getroffen worden waren. Auf einer dramatischen, vier Stunden dauernden Sitzung am 23. Juni[12] bestätigte eine Mehrheit der Stadtverordneten offiziell, daß die Verfassung Berlins eine Viermächte-Regierung vorschreibe, und setzte sich mutig über die Drohungen des kommunistischen Pöbels innerhalb und außerhalb des Gebäudes hinweg. Deshalb sollten beide Währungen nebeneinander in Berlin im Umlauf bleiben, während die Stadtverwaltung wie bisher ihre Pflicht wahrnahm. Auf einer von der SPD einberufenen Massenversammlung am folgenden Nachmittag zeigte es sich, daß die führenden sozialistischen Politiker in Berlin weit davon entfernt waren, sich den kommunistischen Terrortaktiken zu beugen. Etwa 80000 Berliner versammelten sich im Hertha-Stadion und hörten, wie ihre Parteiführer erklärten, daß die Augen der Welt auf Berlin gerichtet seien. Der Vorsitzende der Ortsgruppe der Berliner SPD sagte, die Kommunisten folgten dem Vorbild Hitlers und dem Beispiel von Prag, wenn sie versuchten, die Macht in Berlin mit Gewalt an sich zu reißen. Doch sie hätten sich verrechnet. Berlin werde frei bleiben und niemals kommunistisch werden. Zugleich ermahnte er die Westmächte und die in Freiheit lebenden Menschen überall auf der Welt, Berlin zu Hilfe zu kommen.[13]

Noch während der Versammlung im Stadion kehrte der Militärgouverneur in Begleitung von Murphy und Donnan aus Heidelberg zurück. Er hatte vor der Presse in Frankfurt erklärt, nur ein Krieg könnte die Vereinigten Staaten aus Berlin vertreiben. In Heidelberg hatte er einen Tag mit seinem militärischen Stellvertreter, Ralph Huebner, und Arthur Trudeau, dem Kommandeur der ersten Constabulary Brigade in Wiesbaden, im Armeehauptquartier zugebracht und mit ihnen über die Organisation eines gepanzerten Konvois nach Berlin gesprochen.[14] Clay glaubte, wenn der Westen entschlossen vorginge, werde dieser Konvoi nach Berlin durchkommen. Er rechnete nicht mit Feindseligkeiten, es sei denn, die Sowjetunion wäre zum Kriege entschlossen,[15] und in diesem Falle würde auch an anderer Stelle weiterhin Druck ausgeübt werden, sogar wenn die Westmächte bereit waren, die Stadt aufzugeben. Clay befahl daher den beiden Generälen, einen Sonderverband zusammenzustellen, der über die Autobahn nach Berlin fahren konnte. Dieser Konvoi sollte etwa 500 Tonnen Lebensmittel und Kraftstoff mitführen und gleichzeitig den wichtigsten Verbindungsweg vom Westen nach Berlin öffnen. Er sollte aus insgesamt 5000 bis 6000 Mann bestehen, und außer amerikanischen Einheiten sollten sich auch britische und französische Truppen an dem Unternehmen beteiligen.[16] Doch bevor die Genehmigung aus Washington eingetroffen war, wollte Clay über die Vorbereitungen nicht hinausgehen.

Bei seiner Rückkehr in die Kronprinzen-Allee stellt Clay fest, daß sein Stab geteilter Meinung war. Einige glaubten, es wäre am vernünftigsten, wenn sich die Vereinigten Staaten zurückzögen. Ein Beamter soll gesagt haben: „Wenn Sie die Hand im Feuer haben, warum ziehen Sie sie nicht heraus." Andere meinten, die Sowjets blufften nur, und die Vereinigten Staaten müßten in Berlin bleiben. Angesichts der Meinungsverschiedenheiten in seinem eigenen Stab,[17] des Widerstands der Franzosen und des Zögerns in Washington war der Bericht über das mutige Verhalten der Berliner Stadtväter eine willkommene Nachricht. Offenbar waren die Deutschen entschlossen, es auf eine Kraftprobe ankommen zu lassen. Dieser Eindruck bestätigte sich am folgenden Tag bei einer Besprechung mit Ernst Reuter und Willy Brandt, dem Verbindungsmann von Kurt Schumacher beim Berliner Magistrat. Reuter war in jüngeren Jahren ein prominentes Mitglied der kommunistischen Partei gewesen. Jetzt war er ein erbitterter Feind des Kommunismus und seit 1947 Regierender Bürgermeister von Berlin. Allerdings hatte ihn ein sowjetisches Veto an der Übernahme des Amtes gehindert, und seine Stellvertreterin, Louise Schroeder, führte seither die Amtsgeschäfte.

Clay berichtet, er habe Reuter gesagt: ,,Bevor ich Washington meine endgültigen Empfehlungen gebe, sollen Sie wissen, daß die Bewohner von Berlin, gleichgültig was wir tun, nicht genügend Kohle und Elektrizität haben werden. Ich glaube nicht, daß ein Lebensmittelmangel eintreten wird, bin aber überzeugt, sie werden frieren und sehr unangenehme Zeiten erleben. Wenn sie nicht bereit sind, das auf sich zu nehmen und zu uns zu halten, dann können wir das nicht tun. Wenn man sie einer Behandlung aussetzt, die sie nicht hinnehmen wollen, und wenn sie sich von uns abwenden, dann wird unsere ganze Luftbrücke scheitern. Ich möchte mich nicht darauf einlassen, bevor Sie das vollständig begriffen haben und überzeugt sind, daß die Berliner es auf sich nehmen werden." Reuter erwiderte ohne zu zögern: ,,Herr General, ich kann Ihnen versichern und ich versichere Ihnen, daß die Berliner es hinnehmen werden." Brandt behauptet, Reuter habe nicht geglaubt, die Stadt könne über eine Luftbrücke versorgt werden, habe aber mit Festigkeit geantwortet, die Berliner würden tun, was sie für ihre Pflicht hielten.[18] Sichtlich beeindruckt rief der Militärgouverneur anschließend Curtis LeMay in Wiesbaden an und befahl ihm, kein Flugzeug mehr für andere Zwecke einzusetzen, so daß die gesamte aus Maschinen des Typs C-47 bestehende Luftflotte für die Versorgung Berlins zur Verfügung gestellt werden könnte. Nachdem Clay drei Grundprobleme seiner Lage geklärt hatte, glaubte er, die notwendigen Hilfsmittel in der Hand zu haben. Die ,,Task Force Trudeau" sollte aus einem Constabulary-Regiment bestehen, das von der Feldartillerie der ersten Division und einem Pionierbataillon unterstützt wurde. Wenn der Plan genehmigt wurde, würden sich wahrscheinlich ein britisches Panzerbataillon und ein französisches Bataillon des Spahi-Regiments den Amerikanern anschließen. Zunächst stand nicht ausreichend Material zum Bau von Brücken zur Verfügung, das sich jedoch rasch in den Vereinigten Staaten beschaffen ließ.[19] Clay bewunderte den Widerstandswillen der Berliner Bevölkerung, wußte aber auch, daß dies gewisse Risiken mit sich brachte. Die Haltung der Berliner konnte Sokolowskij und die SED zu extremen Maßnahmen veranlassen.[20] Die zur Verfügung stehende Transportflotte aus Maschinen des Typs C-47 war klein, aber es war immerhin ermutigend, als LeMay erklärte, er könnte sowohl Kohle als auch andere Nachschubgüter befördern.[21] Auch Albert Wedemeyer – der Chef der Planungs- und Operationsabteilung im Pentagon, dessen Truppen in Südasien während des Krieges über eine Luftbrücke versorgt worden waren – war optimistisch. Er sagte: „Es besteht kein Zweifel daran, daß wir Berlin über eine Luftbrücke versorgen können, wenn genügend Flugzeuge zur Verfügung gestellt werden."[22]

Clay berichtete dem Ministerium am 25. Juni in einem Telegramm über die Ereignisse der letzten Tage.[23] Er sagte, die Entscheidung, die Gültigkeit der neuen Währung auch auf Berlin auszudehnen, sei angesichts der Ankündigung von Sokolowskij getroffen worden, daß eine Sowjetzonen-Währung unter ausschließlicher Kontrolle der sowjetischen Besatzungsbehörden in Berlin eingeführt werden würde. Clay erklärte: „Wir waren bereit, auf einen Kompromiß einzugehen, und für Berlin eine Sonderwährung oder eine sowjetische Währung unter der Aufsicht der vier Mächte einzuführen. Doch die Briten und wir sind entschieden der Auffassung, wenn die Währungskontrolle in Berlin ausschließlich von den Sowjets ausgeübt wird, wäre das eine Anerkennung der Sowjetischen Souveränität in Berlin. Die Entscheidung darüber, worum es hier wirklich geht, würde dann nur um wenige Wochen hinausgeschoben werden." Der General hatte den genehmigten Entwurf des Telegramms eben Captain Allen übergeben, als ihm gemeldet wurde, der Kriegsminister wünschte eine sofortige Telekonferenz. Aus den ersten Worten von Royall ging hervor, daß man sich in Washington Sorgen machte.[24] Er sagte: „Ich möchte nicht, daß in Berlin Maßnahmen getroffen werden, die zu einem bewaffneten Konflikt führen könnten. Vielleicht könnte man die Einführung der Währungsreform auf einen späteren Zeitpunkt verschieben oder die Entwicklung verlangsamen?" Clay erwiderte, es sei unmöglich, die Angelegenheit weiter zu verzögern. Er selbst rechne nicht mit einem bewaffneten Konflikt. Die einzige Gefahr komme von deutschen kommunistischen Gruppen, die auf Anweisung der Sowjets Unruhe stiften könnten. Als der Minister ihn um Vorschläge bat, meinte er, die amerikanische Regierung solle in Moskau scharfen Protest einlegen und die Sowjets „unter Druck setzen, falls sie – und damit müsse man rechnen – den Protest zurückweisen". Er sagte, die Vereinigten Staaten müßten jetzt entscheiden, wie weit sie gehen wollten, und fügte hinzu: „Wir hier glauben, es ist ungeheuer wichtig, daß wir bleiben, und wir sind bereit zu bleiben, wenn die Lage für die Deutschen nicht unerträglich wird und wir dadurch gezwungen werden, Berlin zu verlassen."

Als Royall ihm sagte, daß die Frage der Währungsreform in Berlin nicht zum Anlaß für einen Krieg werden dürfte, erhielt er eine sehr klare Antwort von Clay: „Wir versuchen nicht, einen Krieg zu provozieren. Wenn die Sowjets einen Krieg beginnen, dann wird der Grund nicht die Währungsreform sein, sondern sie werden es tun, weil sie glauben, daß dies der richtige Zeitpunkt ist. In diesem Fall würden sie die Währungsreform nur zum Vorwand nehmen. Ich kann nur sagen, daß unser Verbleiben in Berlin sehr viel für unser Prestige in Deutschland und in Europa bedeutet und für die Aufrechterhaltung der Moral in Westeuropa. Wenn wir uns jetzt zurückziehen, dann zeigen wir, daß wir bereit sind, auch noch weiter zurückzuweichen." Die Telekonferenz endete ohne Resultat mit der Bemerkung Clays, daß sich sein „britischer Kollege während der ganzen Zeit großartig verhalten" habe, aber daß ihn die Franzosen „nicht einmal moralisch unterstützt" hätten.

Als der General in sein Büro zurückkam, überlegte er sich die ganze Sache noch einmal. Vielleicht sollte er doch noch einen Kompromißvorschlag zur Währungsfrage machen. Das Gespräch mit dem Minister hatte ihn davon überzeugt, daß es Washington jetzt nicht auf eine Kraftprobe ankommen lassen wollte.[25] Auch die Franzosen wollten sich an einer solchen Kraftprobe nicht beteiligen, während die Briten bisher fest geblieben waren, auch wenn ihnen die ganze Sache nicht gefiel. Deshalb erläuterte er in einem zweiten Telegramm an das Ministerium zwei Möglichkeiten.[26] Er sagte: „Ich bin überzeugt, wenn wir energisch vorgehen und die Konvois unter militärischem Schutz nach Berlin fahren lassen, werden sie durchkommen. Damit werden wir den sowjetischen Druck, der zum Kriege führen könnte, eher abbauen als verstärken. Trotzdem bin ich mir der damit verbundenen Gefahren durchaus bewußt, denn wenn wir uns einmal entschlossen haben, so zu handeln, gibt es keinen Rückzug mehr!" Als Alternative schlug er eine neue Begegnung mit Marschall Sokolowskij vor. Er sagte, er beurteile die Erfolgsaussichten nicht optimistisch, aber wenn das Ministerium einverstanden sei, werde er den Russen Handelsvereinbarungen vorschlagen, nach denen die D-Mark als gültige Währung für den Interzonenhandel anerkannt, aber nicht allgemein in Umlauf gebracht werden sollte. Damit würden die Vereinigten Staaten „grundsätzlich daran festhalten, daß die westliche Währung in Berlin verwendet wird, aber den Schwierigkeiten aus dem Wege gehen, die dadurch entstehen müssen, daß zwei Währungen im Umlauf sind. Wir haben unser Recht bekräftigt, eine neue Währung auszugeben, und können uns wahrscheinlich einen Kompromiß leisten, um schwere Belastungen für Berlin zu vermeiden, ohne einen erheblichen Prestigeverlust hinnehmen zu müssen." Wie er später selbst zugegeben hat, gefiel ihm dieser Vorschlag nicht, aber wenn Washington einen Alternativvorschlag wünschte, mußte er ihn machen.

Am folgenden Nachmittag hielt Clay eine Lagebesprechung mit Frank Howley und anderen Mitgliedern seines Stabes ab.[27] Die Russen hatten den gesamten Straßen- und Eisenbahnverkehr nach Berlin unterbrochen und die von der Sowjetzone nach Westberlin führenden Stromleitungen abgeschaltet. Darüber hinaus hatte Sokolowskij angeordnet, daß alle Lebensmittellieferungen aus der russisch besetzten Zone nach Berlin nur in den sowjetischen Sektor gehen durften. Außerdem begleiteten die Sowjets die Blockade Berlins mit einer gehässigen Propagandakampagne, um die Moral der Bevölkerung zu untergraben. Es wurde das Gerücht ausgestreut, die mongolische Armee, die die Stadt im Mai und Juni 1945 geplündert und die Bewohner furchtbar drangsaliert hatte, werde nach Berlin zurückkehren. Der sowjetische Rundfunk berichtete von Unruhen in den Westsektoren. Angeblich hatten amerikanische Truppen gegen demonstrierende Deutsche das Feuer eröffnet und Hunderte von Demonstranten erschossen. In den Westsektoren herrschten angeblich chaotische Zustände, und die westlichen Besatzungstruppen bereiteten sich darauf vor, die Stadt zu verlassen. Auf Anweisung von Clay erklärte Howley dem deutschen Volk die Absichten der Vereinigten Staaten. ,,Wir werden Berlin nicht verlassen. Wir werden bleiben. Ich weiß zwar noch nicht, wie wir das gegenwärtige Problem lösen werden, aber sowiel weiß ich: Das amerikanische Volk wird es nicht zulassen, daß die deutsche Bevölkerung verhungert."[28]

Es gab aber Probleme, die den Amerikanern größere Schwierigkeiten bereiteten als die sowjetische Propaganda. Normalerweise brauchten die Westsektoren täglich 20000 Tonnen Versorgungsgüter. Nach einem vor einigen Monaten entwickelten Notprogramm lag der Mindestbedarf für die Besatzungsbehörden und die Befriedigung der dringendsten Bedürfnisse der deutschen Bevölkerung bei 4000 Tonnen täglich. Zu diesen Versorgungsgütern gehörten Lebensmittel, Kohle, Medikamente und alles, was die wichtigsten Industrien und die öffentliche Versorgung brauchten, um funktionsfähig zu bleiben. Howley meldete: ,,Wir verfügen jetzt über Lebensmittelvorräte für 36 Tage und Kohle für 46 Tage.[29] Clay erwiderte, schon am folgenden Tag würden mehrere Versorgungsflugzeuge eintreffen. ,,Es werden nicht viele sein, aber die Flugzeuge werden kommen.[30] Wie rasch können Sie sie abfertigen, und was wird am dringensten benötigt?"

,,Wir können die Maschinen so rasch abfertigen, wie sie eintreffen", antwortete Howley, ,,und senden Sie bitte als erstes Mehl."

Am folgenden Tag brachten Maschinen des Typs C-47, die schon im Krieg als Transportflugzeuge eingesetzt worden waren, 200 Tonnen Mehl nach Berlin. Das war der erste Versuch die 2 1/2 Millionen-Stadt durch die Luft zu versorgen, eine Leistung, die ursprünglich niemand für möglich gehalten hatte.

Um die Sowjets nach Verhängung der Blockade ein wenig zu irritieren, befahl der Militärgouverneur die strenge Überwachung des Verkehrs im amerikanischen Sektor. Er wußte, daß viele Russen, die in konfiszierten deutschen Wagen von ihren Quartieren in Potsdam zu ihren Dienststellen in den sowjetischen Sektor fuhren, die vorgeschriebene Geschwindigkeit überschritten und als Verkehrssünder festgenommen werden würden.[31] Er hatte nicht erwartet, daß eines der ersten Opfer seiner Anweisung der sowjetische Militärgouverneur selbst sein würde. Als Sokolowskij sich weigerte, auf Befehl einer Streife in amerikanischen Jeeps anzuhalten, wurde sein Wagen von einem amerikanischen Panzerspähwagen an der Weiterfahrt gehindert. Bewaffnete russische Posten, die dem General in einem zweiten Wagen gefolgt waren, machten den Fehler, mit ihren Gewehren aus dem Fahrzeug auf die Straße zu springen. Darauf hielt ein amerikanischer Militärpolizist Sokolowskij die Mündung seines Gewehrs vor den Bauch und ,,seine Leibwächter beruhigten sich", wie Clay den Zwischenfall beschreibt. Der sowjetische Marschall wurde fast eine Stunde festgehalten, bis ein amerikanischer Offizier eintraf, um ihn zu identifizieren und freizulassen. General Clay bedauerte den Zwischenfall und suchte Sokolowskij zwei Tage später in Karlshorst auf, um sich persönlich zu entschuldigen. Seinem Ministerium meldete er: „Ich wollte nicht, daß dieser Zwischenfall dazu benützt wird, weitere Begegnungen mit Sokolowskij zu verzögern."[32] Er hatte damit gerechnet, daß Sokolowskij die Angelegenheit von der humoristischen Seite nehmen werde, aber das geschah nicht. Der Marschall empfing Clay mit betont förmlicher Höflichkeit, aber sichtbarer Zurückhaltung und ohne die gewohnte Herzlichkeit. „Zum ersten Mal wurden mir keine Erfrischungen angeboten", berichtete Clay. Zwar behauptete der sowjetische Marschall „halbherzig", seine Festnahme sei eine bewußte Provokation gewesen, erklärte jedoch, er sei mit den in jüngster Zeit auf beiden Seiten immer häufiger vorkommenden Festnahmen nicht einverstanden. Beide Generäle einigten sich darauf, daß sich das Berlin-Problem mit solchen Zwischenfällen nicht lösen ließe, und verpflichteten sich gegenseitig, dafür zu sorgen, daß sie künftig vermieden würden. In dem Bericht von Clay heißt es weiter: „Ich hatte den Eindruck, daß er an seinem gegenwärtigen Kurs festhalten wird, daß er dabei aber weder glücklich noch zuversichtlich ist. Außerdem hatte ich das bestimmte Gefühl, er hoffte, ich hätte einen Vorschlag mitgebracht, und er wartete auch weiterhin auf einen solchen Vorschlag."

Am gleichen Wochenende kam es in Washington zu wichtigen Entscheidungen. Auf einer Konferenz im Pentagon einigten sich Forrestal, Royall, Lovett, Bradley und Norstad am Sonntag, den 27. Juni darüber, daß es jetzt drei Optionen gab. Man konnte sich vor dem 1. September aus Berlin zurückziehen, denn bis dahin würde voraussichtlich die verfassungsgebende Versammlung zusammengetreten sein, welche die Einsetzung einer westdeutschen Regierung vorbereiten sollte. Man konnte die alliierte Stellung in Berlin mit allen zur Verfügung stehenden Mitteln halten, und dazu gehörte auch die Versorgung der Stadt durch Konvois. Drittens konnte man sich um eine diplomatische Lösung bemühen, während man in Berlin eine feste Haltung einnahm und die endgültige Entscheidung auf einen späteren Zeitpunkt verschob. Außerdem sprach man über die Möglichkeit einer Demonstration der Stärke. Man hätte zum Beispiel zwei aus B-29-Bombern bestehende Geschwader nach Europa verlegen können. Das waren, wie allgemein bekannt, die Maschinen, welche die Vereinigten Staaten zum Einsatz der Atombombe verwendet hatten. Am Schluß einigte man sich darauf, die endgültige Entscheidung einer für den nächsten Mittag vorgesehenen Konferenz im Ovalen Zimmer des Weißen Hauses zu überlassen.[33]

Wie Forrestal berichtet, sagte Truman, als die Frage erörtert wurde, ob die Amerikaner in Berlin bleiben sollten oder nicht, über diesen Punkt gebe es keine Diskussion. „Wir werden dort bleiben, und das ist alles." Als sich Minister Royall besorgt dazu äußerte und meinte, vielleicht habe man das

Problem nicht gründlich genug durchdacht, sagte der Präsident: „Wir müssen uns nach dem jeweiligen Stand der Lage richten," aber der wichtigste Punkt ist der folgende: „Wir befinden uns aufgrund einer Vereinbarung in Berlin, und die Russen haben nicht das Recht, uns durch direkten oder indirekten Druck zum Verlassen der Stadt zu zwingen."[34] Außerdem genehmigte der Präsident die Entsendung der B-29 nach Europa. So war also schon vier Tage nach Beginn der Blockade der entscheidende Entschluß gefaßt, Berlin zu halten, auch wenn man sich noch nicht ganz klar darüber war, wie das bewerkstelligt werden sollte. Clay hatte Draper am Tage zuvor telegrafisch mitgeteilt, daß weitere 50 Maschinen vom Typ C-54 mit einer Transportkapazität von jeweils 10 Tonnen gebraucht würden. Aber wie es sehr oft bei politischen Entscheidungen ist: weder in Berlin noch in Washington hatte man bis dahin klare Vorstellungen davon, was die Luftbrücke wirklich bedeutete. (Clay hat später gesagt: „Erst nach zehn Tagen hatte ich das Gefühl, wir würden es schaffen.")[35]

Als sich die drei westlichen Militärgouverneure am 3. Juli zum zweiten Mal mit ihrem russischen Kollegen trafen, ließ sich deutlich erkennen, was die Sowjets mit der Blockade erreichen wollten. Clay und seine Kollegen waren nach Karlshorst gegangen, um über die Transportlage und einen möglichen Kompromiß zu sprechen. Doch Sokolowskij nahm immer noch technische Schwierigkeiten zum Vorwand, ohne die Währungsreform mit einem einzigen Wort zu erwähnen. Statt dessen sprach er von der „wirtschaftlichen Unordnung" in der sowjetischen Besatzungszone, die angeblich von den Westalliierten verursacht worden sei und es unmöglich mache, andere Zugangswege nach Berlin zu öffnen.[36] Doch schließlich ließ er die Katze aus dem Sack und sagte, „diese wirtschaftliche Unordnung ist durch die Londoner Konferenz geschaffen worden"[37] Er erklärte, er könne Fragen über die Wiederaufnahme des Verkehrs nicht beantworten, wenn nicht auch die Ergebnisse der Londoner Konferenz besprochen würden. Als Robertson ihn fragte, ob das heißen sollte, daß die Transportfrage mit dem Deutschland-Problem im Zusammenhang stünde, wich Sokolowskij aus und wiederholte seine erste Interpretation.

Clay hielt diese Sitzung für sehr aufschlußreich, denn sie bestätigte seine Vermutung, daß es im Grunde gar nicht um die Währungsreform ging. Augenscheinlich verfolgte die sowjetische Regierung gleichzeitig ein Maximal- und ein Minimalziel: Entweder sollten die Westmächte den Plan für die Errichtung einer westdeutschen Gesamtregierung aufgeben, oder sie müßten Berlin räumen. Jedenfalls konnte Clay die Frage nicht mehr selbständig entscheiden, sondern mußte die Entscheidung seiner Regierung überlassen.

Schon am folgenden Tag überreichte Außenminister Marshall dem sowjetischen Botschafter eine Note und eröffnete damit den diplomatischen Dialog. Die Note sprach von der „extrem ernsten internationalen Situation", die durch das sowjetische Vorgehen verursacht worden sei. Weiter hieß es darin, Berlin sei nicht Teil der Sowjetzone, sondern eine internationale Stadt. Die amerikanischen Streitkräfte seien 1945 aus Sachsen und Thüringen abgezogen worden, und dafür hätten die Westmächte jetzt das Recht, Berlin zu besetzen, und freien Zugang zu dieser Stadt. Durch einen Notenwechsel zwischen Truman und Stalin sei diese Vereinbarung bestätigt worden. Die Vereinigten Staaten verlangten daher, daß der freie Güter- und Personenverkehr zwischen den Westzonen und Berlin sofort wiederhergestellt würde. Alle Unstimmigkeiten zwischen den verbündeten Mächten sollten in Verhandlungen oder mit anderen friedlichen Mitteln beigelegt werden, wie es in Artikel 33 der Charta der Vereinten Nationen vorgesehen sei, Voraussetzung dafür sei jedoch die volle Wiederherstellung der Bewegungsfreiheit für Güter und Personen vom Westen nach Berlin.[38]

Clay machte sich keine Illusionen darüber, daß die Krise rasch auf diplomatischer Ebene entschärft werden könne. Er rechnete mit einer langen Belagerung, und deshalb mußten alle Vorbereitungen getroffen werden, um es dem Westen zu ermöglichen, die Stellung in Berlin zu halten. Er hätte einem duch gepanzerte Fahrzeuge geschützten Konvoi zur Versorgung Berlins den Vorzug gegeben, aber inzwischen waren die Planungen für eine intensivierte Luftbrücke als Alternative weiter vorangegangen. Am 10. Juli telegrafierte er an Bradley: „Die gegenwärtige amerikanische Luftbrücke nach Berlin hat eine Spitzenkapazität von etwa 1000 Tonnen innerhalb von 24 Stunden. LeMay hat 50 zusätzliche C-54-Maschinen angefordert. Ich bitte, dieser Anforderung zu entsprechen und die zusätzlichen C-54 sofort in Marsch zu setzen. Bei gutem Wetter werden wir mit den amerikanischen Flugzeugen fast 2000 Tonnen täglich befördern können. Ich glaube, die Briten werden wenigstens auf 1000 Tonnen täglich kommen.[39] 3000 Tonnen am Tag könnten uns mit Lebensmitteln, der dringend benötigten Kohle und sogar dem für die Aufrechterhaltung einer gewissen Industrieproduktion in den Westsektoren benötigten Material versorgen." In einem wenige Stunden später abgeschickten zweiten Telegramm an Bradley ging Clay auf die Möglichkeit einer Konferenz auf Regierungsebene zur Behandlung der gesamten deutschen Frage ein. Er betonte, daß es unter Druck keine Verhandlungen geben dürfe. Mit anderen Worten, die Blockade müsse vorher aufgehoben werden. Andererseits würde für den Fall, daß die Russen nachgäben, die Weigerung, das Deutschland-Problem im ganzen zu behandeln, „unsere Position moralisch negativ beeinflussen.[40] Das würde als Beweis dafür angesehen werden, daß wir nicht zu einer Vereinbarung kommen wollten." Da er überzeugt war, eine solche Konferenz werde „zu keinem wirklichen Erfolg führen", empfahl Clay dringend, deshalb „unsere Pläne für Westdeutschland nicht weiter hinauszuschieben". Dann kam er noch einmal auf die Frage des Lastwagenkonvois zurück, mit dem „unser Recht auf freien Zugang nach Berlin in die Praxis umgesetzt würde", und erklärte noch einmal, daß er davon überzeugt sei, „wenn die Sowjetunion die Absicht hat, einen Krieg zu führen, dann ist das so, weil sie sich auf einen Plan festgelegt hat". Er sagte, wenn die Russen keinen solchen Plan hätten, würde es nicht zu

Feindseligkeiten kommen, gleichgültig was die Alliierten unternähmen, um die Blockade zu brechen. Am Schluß empfahl er die Vorbereitung eines Handelsembargos oder anderer Gegenmaßnahmen zur Unterstützung der Position der Westmächte in Berlin.[41]

Der Vorschlag, eine gepanzerte Kolonne nach Berlin zu schicken, wurde im Pentagon augenscheinlich ernsthaft in Erwägung gezogen, denn in zwei Telekonferenzen mit Berlin auf Generalstabsebene wurden zahlreiche technische Fragen über den Einsatz solcher Kolonnen erörtert.[42] Wenngleich Clay immer behauptet hatte, ein Konvoi würde durchkommen, und Robert Murphy die gleiche Ansicht vertrat, waren die Vereinigten Stabschefs, Außenminister Acheson,[43] Royall und auch Frank Howley[44] anderer Meinung. Doch selbst wenn Clay recht behalten hätte, und die Kolonne sicher in Berlin eingetroffen wäre, was für seinen Kampfgeist einen Triumpf bedeutet hätte, war die Frage noch nicht beantwortet, was anschließend geschehen würde. Der Austausch sehr präziser Fragen und vorsichtiger Antworten bei den Telekonferenzen zwischen Berlin und der Planungs- und Operationsabteilung im Ministerium wirft ein interessantes Licht auf diesen entscheidenden Aspekt.

Washington: Werden Sie in der Lage sein, die Autobahn in ihrer ganzen Länge zu besetzen? Man rechnet damit, daß die Brücken vor und hinter dem Konvoi zerstört werden könnten, sobald dieser die Zonengrenze überschritten hat, und damit wäre die Kolonne ohne direkte Anwendung von Gewalt abgeschnitten.

Berlin: Wir beabsichtigen nicht, die ganze Autobahn zu besetzen. (Sie ist 200 Kilometer lang.)

Washington: Falls die Sowjets die Durchfahrt einer aus 200 Lastwagen bestehenden Kolonne erlauben und sich ihr nicht mit Gewalt wiedersetzen, sondern weiterhin den Verkehr auf der Schiene und den Wasserstraßen blockieren, wie würden Sie Berlin dann weiterhin versorgen? Den britischen, französischen und amerikanischen Truppen stehen offensichtlich *nicht genügend* (kursiv vom Verfasser) Motorfahrzeuge zur Verfügung, um Berlin auf unbestimmte Zeit so weit zu versorgen, daß die Wirtschaft lebensfähig bleibt, und gleichzeitig die wichtigsten Verwaltungsaufgaben in der Trizone zu erfüllen.

Berlin: Da Ihre Frage eher eine politische und weniger eine operative ist, werden wir sie General Clay zur Entscheidung vorlegen.

Aus den schriftlichen Unterlagen geht nicht hervor, daß sich der General persönlich mit diesen Fragen beschäftigt hat. In einem Telegramm an Draper vom 19. Juli empfahl er noch einmal den Einsatz der Lastwagenkolonne,[45] und zwei Tage später kam das gleiche Thema während eines Essens mit dem Verteidigungsminister in Washington wieder zur Sprache.[46] Aus Clays Äußerung, „vor zwei Wochen wäre es leichten gewesen, einen gepanzerten Konvoi durchzubringen", läßt sich vielleicht entnehmen, daß auch er diese Möglichkeit jetzt anders beurteilte. Ein Interview, das er 1971 Jean Smith gegeben hat, bestätigt diese Interpretation: „Ich glaube noch heute, wir hätten es versuchen sollen. Mich hat mein Stolz dazu getrieben. Ich weiß nicht, was wir getan hätten, wenn wir durchgekommen wären, weil die Russen uns durchließen, um dann den folgenden deutschen Lastwagen die Durchfahrt in beiden Richtungen zu verwehren." Jedenfalls konnte Clay in einem Gespräch mit Präsident Truman am folgenden Tag die Versorgung Berlins über die Luftbrücke sichern. Er hatte 160 Maschinen vom Typ C-53 angefordert, aber die Luftstreitkräfte wollten die Position der Vereinigten Staaten in anderen Gebieten nicht so weit schwächen und hatten gezögert, diesem Ersuchen nachzukommen. Truman selbst jedoch verwarf die Empfehlungen seiner Berater, und stimmte Clays Vorschlag zu. (Truman sagte Clay außerdem, er hätte auch den Einsatz der bewaffneten Lastwagenkolonne genehmigt, aber die gesamten führenden Militärs seien dagegen gewesen.[47]) Als Clay wenige Tage darauf nach Berlin zurückkehrte, sagte er der Presse, man habe ihm eine größere Zahl von Skymaster-Flugzeugen zugesagt, und mit ihrer Hilfe werde man über die Luftbrücke täglich 4000 Tonnen heranbringen können.[48] Die verstärkte Luftbrücke werde den Westmächten Zeit geben, das Problem schließlich auf diplomatischem Wege zu lösen.

Die sowjetische Regierung hatte die amerikanische Note indessen am 14. Juli unter Bezugnahme auf Jalta und Potsdam sowie auf die Viermächte-Vereinbarungen über den Kontrollapparat in Deutschland beantwortet. Die Vereinbarung über die Viermächte-Verwaltung von Berlin sei Teil der Vereinbarung über die Viermächte-Verwaltung von ganz Deutschland, hieß es in der sowjetischen Note.[49] Weil die letztere durch die Maßnahmen der Westmächte außer Kraft gesetzt worden sei, „ist die rechtliche Grundlage für ihre Teilnahme (an der Verwaltung) von Berlin ebenfalls unterminiert worden". Die sowjetische Regierung hatte zwar nichts gegen Verhandlungen einzuwenden, erklärte jedoch, daß sich die Gespräche nicht auf Berlin beschränken dürften, sondern daß darin die ganze Frage der Viermächte-Kontrolle in Deutschland behandelt werden müßte. In seiner Stellungnahme zur sowjetischen Note meinte General Clay am folgenden Tag, sie sei sehr klug abgefaßt. Sie stelle die Dinge so dar, als fänden die Verhandlungen nur auf das besondere Ersuchen der Westalliierten statt, und das erlaube der sowjetischen Regierung, zu sagen, unter welchen Bedingungen das Treffen stattfinden solle. Er glaubte deshalb, daß den Westmächten, abgesehen vom Einsatz des Konvois, nichts anderes übrig bliebe, als die Blockade vor den internationalen Gerichtshof oder die Vereinten Nationen zu bringen. Die drei westlichen Regierungen betrachteten die Dinge anders und wiesen ihre Botschafter in Moskau an, die Angelegenheit auf höchster sowjetischer Ebene zur Sprache zu bringen.

Wie sich zeigte, hatten es die Sowjets nicht eilig, die Meinungsverschiedenheiten mit ihren ehemaligen Verbündeten beizulegen, und erst am Abend des 2. August wurden die drei Botschafter bei Stalin vorgelassen. Die Begegnung, bei der Bedell Smith als Dienstältester die Rolle des Sprechers übernahm, dauerte sehr lange.[50] Aus der Perspektive Stalins sah es so aus, als stünden die drei Westmächte vor der für sie sehr peinlichen Alternative, sich entweder schmählich aus Berlin zurückziehen zu müssen oder dort zu bleiben und ihre Pläne für die Einsetzung einer westdeutschen Regierung aufzugeben. Smith und seine beiden Kollegen zweifelten zwar daran, daß es möglich sein werde, Berlin einen Winter lang über die Luftbrücke zu versorgen, aber sie blieben fest und weigerten sich, der Forderung Stalins nachzugeben, die Durchführung der in London vereinbarten Maßnahmen sollte verschoben werden. Ebenso wiesen sie seine Behauptung zurück, die Westmächte hätten durch ihre Maßnahmen das Recht verwirkt, in Berlin zu bleiben. Nach einer langen Debatte hatte sich der sowjetische Regierungschef wahrscheinlich davon überzeugt, daß er mit einem Frontalangriff nicht aus der Sackgasse herauskommen werde, mäßigte seine Forderungen und machte einen neuen Vorschlag. Danach sollte die D-Mark West in Berlin ihre Gültigkeit verlieren und durch die Mark der sowjetischen Besatzungszone als der einzigen legalen Währung für Berlin ersetzt werden. Wenn das geschehen sei, würden alle Restriktionen aufgehoben werden. Die Sowjets würden nicht mehr darauf bestehen, die Durchführung der Londoner Beschlüsse auf einen späteren Zeitpunkt zu verschieben. Sie sollten auf die Tagesordnung der nächsten Konferenz des Rats der Außenminister oder einer anderen Viermächte-Konferenz gesetzt werden, doch bis dahin müßte das ausdrückliche sowjetische Verlangen, die Durchführung zu vertagen, in einem von den vier Mächten verfaßten Dokument festgehalten werden.

In einem Telefongespräch mit Royall am 3. August fragte Clay sofort, ob der Verzicht auf die Einführung der westlichen Währung in Berlin bedingungslos erfolgen sollte.[51] Er erklärte, es könnte katastrophale Folgen haben, wenn die Westmächte nicht bei der Ausgabe der gültigen Währung und der Verlängerung der Kredite in Berlin ein Mitspracherecht hätten. Er konnte sich jedoch nicht vorstellen, wie Washington sich weigern sollte, an einer Konferenz des Rats der Außenminister teilzunehmen, empfahl jedoch, daß „wir unsere Entschlossenheit, in Westdeutschland wie geplant vorzugehen, erneut zum Ausdruck bringen“.

Nachdem Clay am folgenden Tage den zweiten und mehr in die Einzelheiten gehenden Bericht von Bedell Smith gelesen hatte, setzte er sich noch einmal mit Royall in Verbindung und warnte ihn eindringlich.[52] Ihm erschien der zweite Bericht des Botschafters viel weniger optimistisch, weil er nichts von einer Viermächte-Kontrolle der Berliner Währung erwähnte. Ohne sie „hätten wir in kürzester Zeit bei der Verwaltung von Berlin praktisch nichts mehr zu sagen.“ Er fügte hinzu, die Sowjets ergriffen in letzter Zeit Maßnahmen, aus denen „deutlich hervorgeht, daß sie entschlossen sind, das ganze Bank- und Kreditsystem in Berlin unter ihre Kontrolle zu bringen. Deutsche politische Führer, die uns gestern Abend aufgesucht haben, glauben, wenn wir solche Maßnahmen hinnehmen, bedeutete das praktisch das

Ende der gegenwärtigen Stadtregierung." Clay sagte, offenbar gebe es keine andere Möglichkeit, als grundsätzlich auf den sowjetischen Vorschlag einzugehen, aber „wir sollten dabei die Augen offenhalten".[53]

Wie Clay erwartet hatte, stieß man bei den Verhandlungen in Moskau sehr bald auf Schwierigkeiten. Anstatt eine Vereinbarung zu formulieren, in der die Vorschläge Stalins berücksichtigt wurden, wich Molotow auf die ursprüngliche sowjetische Verhandlungsposition zurück und versuchte immer wieder, die Verschiebung des Einsetzens einer westdeutschen Regierung zur Bedingung zu machen. Außerdem behauptete er, daß mit „allen Verkehrsbehinderungen", die Stalin hatte beseitigen wollen, nur diejenigen gemeint seien, die *nach* dem 18. Juni eingetreten waren. Botschafter Smith kam zu dem Schluß, Molotows Entwurf werde die Sowjets in die Lage versetzen, das Leben in Berlin zu beherrschen, ob nun die Streitkräfte der Westmächte in der Stadt blieben oder nicht. Außerdem verzögerte er die Einsetzung einer westdeutschen Regierung und hätte es den Sowjets erlaubt, die Blockade Berlins jederzeit nach ihrem Gutdünken zu wiederholen. Für eine teilweise Aufhebung der Blockade so weitgehende Zugeständnisse zu machen, erschiene bestenfalls als ein „zweifelhaftes Geschäft".[54]

Da die drei Botschafter mit Molotow nicht weiterkamen, baten sie um ein neues Gespräch mit dem „Chef". Es fand am 23. August statt, aber das Ergebnis war keineswegs ermutigend. Der sowjetische Regierungschef erklärte sich mit einer Viermächte-Kontrolle der Berliner Währung und der Notenbank einverstanden, wollte sich jedoch auf eine Aufhebung der Verkehrsbeschränkungen nicht festlegen. Sein Vorschlag, nach dem nur die in letzter Zeit eingeführten Beschränkungen aufgehoben werden sollten, ließ alle Möglichkeiten für weitere Meinungsverschiedenheiten offen. Was nun die Londoner Vereinbarungen betraf, so erklärte er, das bevorstehende Zusammentreten des Parlamentarischen Rates in Bonn sei seine größte Sorge. Er ließ sich auch durch die Erklärung von Botschafter Smith nicht beruhigen, der sagte, eine Regierung in Frankfurt sei nicht als deutsche Zentralregierung vorgesehen, und „die jetzt einzusetzende Behörde wird spätere Vereinbarungen über eine Zentralregierung für ein wiedervereinigtes Deutschland in keiner Weise behindern". Stalin machte vielmehr den hinterhältigen Vorschlag, die vier Mächte sollten ein Kommunique veröffentlichen, in dem es hieß, „die Frage der Londoner Beschlüsse wurde ebenfalls erörtert, einschließlich der Einsetzung einer westdeutschen Regierung", und die Gespräche seien „in einer von gegenseitigem Verständnis geprägten Atmosphäre" geführt worden. Smith konnte das in diesen so harmlos klingenden Worten enthaltene „Dynamit" nicht übersehen und erkannte, welche gewaltige Wirkung eine solche Erklärung auf die westdeutsche Bevölkerung haben würde. Doch sein Gegenvorschlag, man sollte in das Kommuniqué auch den Satz aufnehmen, „über dieses Thema ließ sich keine Einigung erzielen", endete praktisch die Intervention des Westens. Stalin verlor jedes Interesse an der Fortführung der Gespräche und weigerte sich, die Botschafter zu weiteren Verhandlungen zu empfangen.[55] Molotow wurde immer widerspenstiger, und da die Diplomaten in den Verhandlungen mit ihm nicht weiterkamen, hielten sie es für die beste Lösung, anderen die Weiterführung der Verhandlungen zu überlassen. Wie Smith berichtet, wurden nun die vier Militärgouverneure beauftragt, innerhalb einer Woche die praktische Möglichkeit zu finden, zwei Dinge gleichzeitig zu tun: die Sowjets zur Aufhebung der Blockade zu veranlassen und in Berlin die sowjetische Währung unter einer wirksamen Viermächte-Aufsicht einzuführen. Diese Anweisungen waren jedoch sehr unbestimmt formuliert und enthielten nicht das mündlich geäußerte Einverständnis Stalins mit der Viermächte-Kontrolle einer deutschen Notenbank. Offenbar einigte man sich in Moskau nur, damit überhaupt etwas geschah, und Clay erklärte enttäuscht, „daß es zu nichts führen wird, wenn wir zweideutige Formulierungen akzeptieren, nur um zu einer Direktive zu kommen, der alle Beteiligten zugestimmt haben".[56] Diese Auffassung bestätigte sich schon in der folgenden Woche. Sokolowskij nahm nicht nur die vollständige Kontrolle des gesamten Handels mit Berlin für sich in Anspruch, sondern lehnte es auch ab, daß ein aus Vertretern der vier Mächte bestehender Finanzausschuß die Aufsicht über die deutsche Notenbank übernahm.[57] Er stellte sogar noch neue Gegenforderungen und verlangte bestimmte Beschränkungen für den zivilen Luftverkehr zwischen Berlin und dem Westen. In einer weiteren Telekonferenz mit Washington sagte Clay, „ich habe jetzt das Gefühl, daß die Sowjets ihre Forderungen unter allen Umständen durchsetzen wollen, und zwar ohne Rücksicht auf die Folgen".[58] Verteidigungsminister Royall teilte dem General mit: „Wir haben nicht die Absicht, eine Vereinbarung zu treffen, die den Sowjets Vollmachten auf dem Gebiet der Währung oder des Handels einräumen würde, welche unser Verbleiben in Berlin unter Wahrung des Prestiges der Vereinigten Staaten unmöglich machen würden."[59] Damit war die Lage, wenigstens soweit es die Unterstützung der Militärregierung durch Washington betraf, endlich geklärt. Die Verhandlungen gingen weiter, aber am Ende der ihnen zugestandenen Zeit sahen sich Clay und seine westlichen Kollegen genötigt, das Scheitern ihrer Bemühungen einzugestehen. In dem gemeinsamen Bericht an die drei Regierungen hieß es: „Marschall Sokolowskij hat in den meisten Nebenfragen zurückgesteckt", aber über drei Punkte konnte man sich nicht einigen. Das waren die Funktionen des Viermächte-Finanzausschusses, die Handelskontrolle und die vorgesehenen Restriktionen für den Luftverkehr.[60] Deshalb wurden die Verhandlungen wieder auf die diplomatische Ebene verlegt, und die Westmächte erklärten, die Verhandlungen in Berlin seien gescheitert, weil sich die Sowjets geweigert hätten, der Viermächte-Kontrolle der Notenbank zuzustimmen.[61] Einige Tage darauf traf sich Clay in Paris zu einem allgemeinen Gedankenaustausch mit Außenminister Marshall und den Botschaftern Smith, Douglas und Murphy. In dieser Phase nach einem Treffen mit den Botschaftern Großbritanniens und Frankreichs wurde der Entschluß gefaßt, die Berlin-Frage den

Vereinten Nationen vorzulegen.[62] Der Kreml wurde davon unterrichtet, daß die „illegale Zwangsblockade" weitere Verhandlungen unmöglich gemacht habe, daß die Sowjets eine Lage geschaffen hätten, die „eine Bedrohung des internationalen Friedens und der Sicherheit" bedeutete, und daß sich die Demokratien deshalb „verpflichtet fühlen, das Vorgehen der sowjetischen Regierung dem Sicherheitsrat der Vereinten Nationen vorzutragen". Im Verlauf der Pariser Gespräche – an denen sich auch Botschafter Caffery und Dr. Philipp Jessup, der amerikanische Vertreter beim Sicherheitsrat, beteiligten – hatte Clay die Gelegenheit, einen Bericht über die Lage in Deutschland und Berlin abzugeben. Wie er die Dinge sah, waren die Ergebnisse des Programms für den wirtschaftlichen Wiederaufbau Europas bisher sehr befriedigend, und der Erfolg der Währungsreform bot der Wirtschaft ganz neue Chancen. Er hoffte, Europa und Westdeutschland würden nach ihrer wirtschaftlichen Gesundung „in der Lage sein, selbst Druck auszuüben und nicht mehr wirtschaftlich unter Druck gesetzt werden können", und daß diese Fähigkeit, wenn sie sich entwickelte, zur Aufhebung der Blockade Berlins führen würde.[63] Während sich alle an diesen Gesprächen Beteiligten darin einig waren, daß die Westmächte wenigstens vorläufig in Berlin bleiben müßten, fand das Konzept eines starken westdeutschen Staates als des Hauptbollwerks gegen den Kommunismus nicht die gleiche ungeteilte Zustimmung. Das amerikanische Außenministerium rechnete immer noch mit der Alternativoption eines baldigen Abzugs der vier Mächte aus Deutschland, der den ersten Schritt auf dem Wege zur Neutralisierung des Landes darstellen könnte. Marshall glaubte ebenso wie Bedell Smith, die Zeit sei auf der Seite der Russen, und Berlin stelle eine Verpflichtung dar, der man sich bei der nächsten günstigen Gelegenheit entledigen sollte.[64]

Clay hatte einige eindrucksvolle Daten über die Leistungen der Luftbrükke mitgebracht. Er sagte, sie habe im Juni mit 110 Flugzeugen und zweimotorigen C-47 begonnen, die jeweils eine Transportkapazität von etwas weniger als 3 Tonnen hatten. Damit konnten täglich bis zu 700 Tonnen Versorgungsgüter nach Berlin gebracht werden. Seither waren die meisten C-47-Maschinen durch Flugzeuge vom Typ C-54 ersetzt worden, die 10 Tonnen mitführen konnten, und damit hatte sich die Gesamtleistung auf täglich 4000 Tonnen erhöht. Zusätzliche 70 Maschinen des Typs C-54 waren angefordert oder schon auf dem Wege nach Deutschland. Wenn sie eingetroffen waren, würden täglich 8000 Tonnen Versorgungsgüter nach Berlin gebracht werden können. Die Maschinen waren Tag und Nacht im Einsatz, und auf beiden Flughäfen in Berlin landete oder startete alle 48 Sekunden ein Flugzeug.[65] Die Schwierigkeit lag jetzt nicht mehr in der Bereitstellung einer genügend großen Zahl von Transportflugzeugen, sondern darin, daß die Start- und Landebahnen nicht mehr ausreichten. Nach Verhängung der Blockade waren in Tempelhof zwei und in Gatow eine Landebahn zusätzlich ausgebaut worden, und in Tegel im französischen Sektor wurde ein neuer Flughafen geplant. Auf einer Inspektionsreise nach China hatte Clay 1945 gesehen, was

7. Die Berliner Luftbrücke, 26. Juni bis 30. September 1949. „Wenn Berlin fällt, wird Westdeutschland fallen. Wenn wir ... Europa gegen den Kommunismus halten wollen, dann dürfen wir nicht zurückweichen ...“ (Clay an General Omar Bradley)

mit Menschenkraft geleistet werden konnte. Nun war er zuversichtlich, daß die Berliner Arbeiter seinem Aufruf folgen würden. Planierraupen, Bulldozer und andere schwere Baumaschinen waren aus den Vereinigten Staaten herangebracht worden. Sie wurden in Frankfurt mit Schweißbrennern zerlegt, nach Tempelhof geflogen und dort wieder zusammengeschweißt. Die Pioniere der amerikanischen Armee hatten gemeldet, daß der Flughafen Tegel im März fertig sein werde, aber Clay sagte, er rechnete schon bis Jahresende mit seiner Fertigstellung. Die versammelten Diplomaten hörten interessiert zu, als Clay die komplexen logistischen Probleme dieses völlig neuartigen Unternehmens erläuterte, blieben aber doch skeptisch. Die Berliner Luftbrücke eröffnete zwar ganz neue Perspektiven für den Einsatz der amerikanischen Luftstreitkräfte, und es zeigte sich, daß man heute praktisch alles zu jeder Zeit und an jeden beliebigen Ort transportieren konnte.[66] Aber alte Soldaten wie Marshall und Smith hielten immer noch an den strategischen Vorstellungen eines vergangenen Zeitalters fest.

Clay glaubte fest an den Erfolg der Luftbrücke, wenngleich die eigentliche Bewährungsprobe erst im November und Dezember kommen würde, wenn man mit schlechtem Wetter rechnen mußte. Dennoch hatte er den Eindruck, daß man jetzt, da die Berlin-Frage den Vereinten Nationen vorlag, an einen wichtigen Punkt gelangt war. Der wirtschaftliche Wiederaufbau in Westdeutschland war der entscheidende Faktor in seiner Berechnung. Ermutigt durch die Währungsreform und die Unterstützung des Marshall-Plans hatten sich die Deutschen wieder an die Arbeit gemacht, und die Industrieproduktion konnte stetig gesteigert werden. Das Moratorium für Auslandsinvestitionen im besetzten Deutschland galt zwar noch, aber Clay war entschlossen, dieses Hindernis für den wirtschaftlichen Wiederaufbau rasch zu beseitigen.[67] Auf der anderen Seite waren die politischen Aussichten bestenfalls ungewiß. Die politischen Führer in Deutschland zweifelten immer noch an dem Willen der Westmächte, der von ihnen verkündeten politischen Linie zu folgen, und die Verhandlungen über ein Besatzungsstatut und den Zusammenschluß der drei Westzonen zogen sich hin, ohne daß ein Ende in Sicht war.

Die Stadt Berlin war praktisch gespalten, nachdem die Sowjets, da sie sich an der diplomatischen Front nicht durchsetzen konnten, zu den üblichen Terrortaktiken zurückgekehrt waren. Die Viermächte-Verhandlungen in Berlin und Moskau waren noch im Gange, als sie ihre örtlichen Handlanger zum Einsatz brachten. Kommunistische Rollkommandos beherrschten die Straßen in Ostberlin und bedrohten die demokratischen Mitglieder der Stadtverwaltung.[68] Eine Versammlung im Rathaus mußte wegen kommunistischer Drohungen und der Weigerung des sowjetischen Stadtkommandanten, die Sicherheit der Stadtväter zu garantieren, abgesagt werden. Eine zweite Sitzung der Stadtverordneten am 6. September wurde von kommunistischen Banden gesprengt, was die nichtkommunistischen Stadtverordneten veranlaßte, nach Westberlin zu fliehen. Wenige Tage darauf versammelten sie sich in einem behelfsmäßigen Sitzungssaal im britischen Sektor und legten einen Termin für die Wahl eines Stadtparlaments der Westsektoren fest.

Nach den Unruhen riefen die Führer der demokratischen Parteien die Bevölkerung zu einer Protestversammlung auf dem Platz vor dem Reichstag im britischen Sektor, unmittelbar an der Grenze zum sowjetischen Sektor, auf. Bei dieser eindrucksvollen Massenversammlung demonstrierten 300000 Berliner ihre Ablehnung des Kommunismus und hörten Reden von Ernst Reuter und anderen politischen Führern. Die Demonstration verlief im großen und ganzen ruhig, doch am Schluß lief eine Gruppe deutscher Jugendlicher zum Brandenburger Tor, und einer von ihnen stieg hinauf, um die sowjetische Fahne herunterzureißen.[69] Sowjetische Militärpolizisten und Soldaten eröffneten das Feuer auf die Gruppe, und mehrere Deutsche wurden erschossen.

Die tapfere Haltung der Berliner, mit der sie den amerikanischen Militärgouverneur in diesen spannungsreichen Tagen unterstützten, beeindruckte Clay, aber mit den Massendemonstrationen war er nicht einverstanden. In einem Bericht an Draper schrieb er: ,,Wir haben uns auf ein gefährliches Spiel eingelassen. Gegen die sowjetische Militärregierung gerichtete Massenversammlungen können sich allzu leicht in Massendemonstrationen verwandeln, die gegen andere Besatzungsmächte gerichtet sind, und daraus kann eine Herrschaft des Pöbels werden, wie sie von Hitler so geschickt ausgenutzt worden ist, um an die Macht zu kommen.[70] Robertson und ich werden wahrscheinlich mit den verantwortlichen Deutschen ein ernstes Gespräch führen."

Der General beurteilte die Lage durchaus richtig, denn schon nach wenigen Wochen wurde er in der amerikanischen Besatzungszone vor eine ähnliche Lage gestellt, was ihn dazu zwang, für Stuttgart ein Ausgangsverbot zu verhängen.

In nachdenklicher Stimmung faßte Clay seine Eindrücke in einem Brief an Justice Byrnes zusammen:[71] „Die Lage in Berlin ist gespannt, wenn auch keineswegs so gespannt, wie es die Presse in den Vereinigten Staaten darstellt. Die deutschen politischen Führer haben sich mit bemerkenswertem Mut den terroristischen Taktiken der Sowjets wiedersetzt, und die Kommunisten haben Berlin politisch nicht in die Hand bekommen können. Die Luftbrücke war ein großartiger Erfolg und kann uns ermöglichen, den Winter über in Berlin zu bleiben." Was nun die Haltung der deutschen Politiker betraf, so hatte Clay den Eindruck, daß sie an der Entschlossenheit des Westens, den Widerstand der Sowjets zu brechen, zweifelten. Offenbar fürchteten sie, die nächste Konferenz des Rats der Außenminister könnte die Einheit Deutschlands bringen. Damit wären sie die einzigen Exponenten einer separatistischen westdeutschen Regierung, und deshalb verhielten sie sich „sehr vorsichtig". Doch Clay glaubte nicht, daß es zu einer Vereinbarung mit den Russen kommen werde. Er war immer noch davon überzeugt, „daß eine starke auf Westeuropa hin orientierte westdeutsche Regierung viel dazu beitragen wird, das politische und wirtschaftliche Gleichgewicht in Europa zu unseren Gunsten wiederherzustellen".[72] Clay erwähnte auch die Stuttgarter Rede von Byrnes, deren Inhalt er selbst wesentlich mitbestimmt hatte, und schmeichelte damit der Eitelkeit seines Freundes. Er schrieb: „Sie beherrscht noch immer unsere Vorstellungen, und wir alle halten sie für klug und vernünftig." Er selbst hatte eigentlich damit gerechnet, längst zu Hause zu sein, aber „solange Berlin belagert wird, kann ich nicht um meinen Abschied bitten. Marjorie ist immer noch bei mir, aber sie hat das Empfinden, ein großes Opfer zu bringen, weil sie darauf verzichten muß, unseren Enkel aufwachsen zu sehen."

Am 17. Oktober flog der für ein Kabinett unter Dewey als Außenminister vorgesehene John Foster Dulles nach Berlin, um sich ein Bild von der Lage zu machen. Frank Howley, der ihn in der Residenz des Militärgouverneurs erlebte, hatte den Eindruck, „daß das Klima am Kamin trotz des freundlich flackernden Feuers alles andere als warm war. Zwischen Dulles und Clay gähnte eine eisige Kluft. Das einzige Thema, über das sie sich einig waren, war der Rheinwein. Darin bestand vollständige Übereinstimmung."[73] Nach dem Essen erschien Ernst Reuter, der Regierende Bürgermeister von Berlin, der sein Amt nicht hatte antreten dürfen. Dulles, der keine große Begeisterung für die Luftbrücke zeigte, fragte, ob die Deutschen während des Winters fest bleiben würden. „Oder werden sie aufgeben, die Hilfe der Russen annehmen und uns zum Abzug zwingen, anstatt weitere Entbehrungen auf sich zu nehmen?" Reuters Antwort hätte nicht eindrucksvoller sein können: „Die Bevölkerung von Berlin ist an Entbehrungen gewöhnt. Wir sind bereit, noch viel größere Entbehrungen auf uns zu nehmen, um uns nicht von den Russen beherrschen zu lassen." Mit dieser Erwiderung hatte Dulles nicht gerechnet, doch er verließ die Stadt augenscheinlich recht beeindruckt. Eine nach seiner Abreise veröffentlichte Erklärung bestätigte den Entschluß der Vereinigten Staaten, in Berlin zu bleiben. Noch am gleichen Abend traf sich Dulles zum Abendessen mit seiner Schwester in Paris. Sie erinnert sich, daß er bei dieser Gelegenheit vom wahrscheinlichen Erfolg der Luftbrücke sprach. (Interview mit Eleanor Lansing Dulles vom 9. Dezember 1981.)

Wenige Wochen später war Clay in New York und trat bei einem Essen der Alfred E. Smith Gedenkstiftung als einer der Hauptredner auf. „In einem Augenblick der Schwäche", hatte er, wie er sagte, die Einladung des Kardinals Spellman angenommen, hier zu sprechen, und es sei ihm schwergefallen, sich dieser Verpflichtung zu entziehen.[74] Nachdem auch Kardinal Spellman, Gouverneur Dewey und Bürgermeister O'Dwyer das Wort ergriffen hatten, vermittelte er seinen Zuhörern einen Überblick über die historischen Umstände, die zu den gegenwärtigen Problemen im besetzten Deutschland geführt hatten. Er sagte: „Was wir in Deutschland tun, ist in der Tat ein historisches Experiment; wir bemühen uns darum, in einem besetzten Land eine demokratische Regierung zu errichten", aber „es ist ein Experiment, das gelingen muß." Der kommunistische Einfluß in Europa habe seinen Höhepunkt erreicht und nehme jetzt ab. Die Russen könnten diese Entwicklung nur aufhalten, wenn sie die Furcht vor dem sowjetischen Militärpotential schürten, und Berlin sei der Ort, den sie bewußt dazu ausgewählt hätten. Dann schilderte Clay recht ausführlich die Leistungen der Luftbrücke und räumte ein, daß sie ein kostspieliges Unternehmen sei. Er sagte jedoch, die Kosten seien „unbedeutend, wenn man daran denkt, was die Luftbrücke für den Geist freiheitsliebender Menschen tut. Die Verantwortung der Vereinigten Staaten dafür, das zu bewahren, woran wir zutiefst glauben, ist in der Vergangenheit noch nie so groß gewesen wie heute und wird es vielleicht auch niemals wieder sein. Es ist auch noch nie so schwierig gewesen, ihr gerecht zu werden, wie heute."[75]

Angesichts der kritischen Situation in Berlin blieb er nur 24 Stunden in Washington und New York, um unmittelbar nach dem Essen bei der Smith Foundation nach Deutschland zurückzukehren. Nach seiner Ankunft in Berlin kam auch Dr. Jessup in die Stadt, um sich zu vergewissern, daß Berlin gehalten werden konnte, und um Clay über die Entwicklungen bei den Vereinten Nationen zu unterrichten. Wie nicht anders zu erwarten, hatte der sowjetische Vertreter beim Sicherheitsrat, Andreij Wyschinskij, die Existenz einer Blockade bestritten und behauptet, man hätte defensive Gegenmaßnahmen ergreifen müssen, um die sowjetische Besatzungszone vor einer

Überflutung mit der neuen Währung zu schützen. Außerdem hatte er erklärt, der Rat der Außenminister sei das geeignete Forum für die Behandlung des deutschen Problems, nicht aber die Vereinten Nationen.[76] Als der Sicherheitsrat dennoch beschloß, den Berlin-Disput auf die Tagesordnung zu setzen, erklärte Wyschinskij, die Sowjetunion werde sich nicht an der Diskussion beteiligen. Die sechs „neutralen" Mitglieder des Sicherheitsrats unter der Führung des argentinischen Außenministers, der auch den Vorsitz führte, versuchten, einen Kompromiß auszuarbeiten, der, wie sie hofften, die Basis für die Beendigung der Blockade bilden könnte. Der dem Sicherheitsrat am 22. Oktober vorgelegte Resolutionsentwurf verlangte die sofortige Aufhebung der Verkehrsbeschränkungen, die gleichzeitige Einberufung einer Sitzung der vier Militärgouverneure, auf der sie sich über die Einführung einer einheitlichen Ostmark-Währung in Berlin in Übereinstimmung mit der Moskauer Direktive vom 30. August einigen sollten, und schließlich eine Konferenz des Rats der Außenminister zur Behandlung des Deutschland-Problems.[77] Die Resolution war für die Sowjetunion entschieden ungünstiger als die Moskauer Direktive, und Wyschinskij, der sie als „eine Vereinbarung" bezeichnete, wies auf diese Unterschiede hin, bevor er seine Stimme gegen die Annahme der Resolution abgab.[78] Jessup sagte Clay, der Generalsekretär der Vereinten Nationen, Trygve Lie, sei ein ungewöhnlich energischer Mann, der es für seine Pflicht als Generalsekretär hielt, in dem Konflikt zu vermitteln und ihn beizulegen. Jessup zweifelte an dem Erfolg Lies, doch bevor er sich auf eine neue Initiative bei den Vereinigten Staaten festlegte, hatte er sich zunächst einen persönlichen Eindruck von der Lage verschaffen wollen.

Clay rechnete damit, daß sich dieser Besuch von Jessup ebenso günstig auswirken würde wie vor ein paar Wochen das Essen mit Dulles. In beiden Fällen würden die an Ort und Stelle gewonnenen Eindrücke die amerikanische Entschlossenheit stärken. General William Tunner, der Kommandeur der bei der Luftbrücke eingesetzten fliegenden Verbände, sprach in Frankfurt mit Jessup und meinte, die Vereinigten Staaten näherten sich „einer ganz neuen, revolutionären und ganz allgemein bedeutsamen" Entwicklung.[79] Es war nicht übertrieben, wenn man sagte, daß die amerikanischen Flieger in den vier Monaten ihres Einsatzes bei der Luftbrücke mehr über den Lufttransport von Massengütern gelernt hatten, als es im Lauf von 10 Jahren einer normalen Ausbildung möglich gewesen wäre.[80] Die Tageskapazität der Luftbrücke war eben um 1000 Tonnen gesteigert worden, sagte er, und obwohl die Monate November und Dezember mit ihrem sehr ungünstigen Flugwetter noch vor ihm lägen, zweifelte er nicht daran, mit den Schwierigkeiten fertig zu werden. Auf Drängen von Clay hielt Jessup im deutschen Rundfunk am 31. Oktober eine Ansprache und unterrichte die Berliner von den neuesten Entwicklungen bei den Vereinten Nationen. Dabei versicherte er ihnen, daß die Vereinigten Staaten entschlossen seien, ihre Rechte wahrzunehmen und in Berlin zu bleiben.[81] Das Gespräch mit Tunner war für Jessup ermutigend gewesen, aber es war eine Mitteilung von Clay, die ihm die letzten Zweifel daran nahm, daß Berlin gehalten werden könnte. Der Militärgouverneur meldete ihm, daß die Lebensmittelrationen am folgenden Tag, dem 1. November, um etwa 20 Prozent erhöht werden würden, und das betraf in erster Linie die Fett- und Zuckerzuteilung. Die neue Ration für den Normalverbraucher würde jetzt fast 2000 Kalorien enthalten, und das waren etwa 220 Kalorien mehr als vor der Blockade.[82] Überzeugt, daß die Zeit jetzt für den Westen arbeitete, kehrte Jessup zu den Vereinten Nationen zurück, wo Trygve Lie sehr bald feststellen konnte, daß sich die amerikanische Haltung verhärtete.[83]

Während einer Telekonferenz, die Clay mit Draper über die Einladung von Kardinal Spellman geführt hatte, kam der Unterstaatssekretär auch auf das Alter und das mögliche Ausscheiden von General MacArthur aus dem aktiven Dienst zu sprechen. Draper glaubte, die Versetzung Clays nach Japan wäre „eine ideale Lösung vom Standpunkt der Armee und des amerikanischen Volkes für den Fall, daß sich General MacArthur in den Ruhestand versetzen läßt". Außerdem schlug Draper vor, Clay sollte angesichts der bevorstehenden Wahlen ein neues Abschiedsgesuch Ende des Jahres einreichen. Dabei dachte er daran, daß die neue Administration ihre eigenen Vorstellungen über die Besetzung militärischer Kommandostellen und die Ernennung von Kabinettsmitgliedern haben werde. Clays Antrag würde von Verteidigungsminister Royall bis zur Zeit nach den Wahlen zu den Akten genommen werden, um zu vermeiden, daß der Militärgouverneur „später in eine peinliche Lage geriet".[84] Doch diesmal war es Clay, der es ablehnte, einen solchen Brief zu schreiben. „Ich kann Berlin, solange die Blockade andauert, nicht aus eigenem Antrieb verlassen", weil das ein „Weglaufen" bedeuten würde. Er fügte hinzu: „Kein Soldat kann unter den gegenwärtigen Umständen ein Abschiedsgesuch einreichen, ohne gegen die Grundsätze zu verstoßen, die für ihn ein Leben lang gegolten haben." Sollten die verantwortlichen Dienststellen anders entscheiden, wäre dies eine Entwicklung mit der ein Soldat immer rechnen müsse. Was nun die Anregung betraf, nach Japan zu gehen, so zeigte er Verständnis für den Gedanken, der dahinter stand, glaubte aber, diese Aufgabe müsse von einer Persönlichkeit übernommen werden, die unverbrauchter sei als er.[85]

Clay war, als er der Einladung zu dem Essen folgte, das zum Gedenken an Al Smith gegeben wurde, nur kurz in Amerika gewesen, aber die Demonstranten vor dem Waldorf-Astoria-Hotel, die lautstark seine Entlassung verlangten, hatten ihm gezeigt, daß seine Popularität in der Heimat rapide abnahm. Erst vor wenigen Wochen hatte die Unterschrift „Ich werde mich nicht bluffen lassen" unter dem Bild des Generals auf dem Umschlag des Nachrichtenmagazins *Time* im ganzen Lande Beifall gefunden, weil sie den Widerstandswillen einer stolzen Nation zum Ausdruck brachte.[86] Man hatte Clay bewundernd als den „General Patton des kalten Krieges"[87] bezeichnet, der in der Verteidigung seines Landes ebenso aggressiv war wie Patton, als dieser seinem Gegner in der Verfolgung durch ganz Frankreich auf den Fersen blieb. Jetzt hatte er plötzlich den Zorn der Öffentlichkeit auf sich gezogen, weil er die gegen einige Kriegsverbrecher gefällten Urteile aufgehoben hatte. Fast über Nacht war er vom Helden zum Schurken geworden, was ihn allerdings in keiner Weise beeindruckte.

Die Kriegsverbrecher-Prozesse in Dachau waren im Dezember 1947 abgeschlossen worden.[88] Da es keine Berufungsgerichte gab, war es die Aufgabe des Militärgouverneurs, mehr als 1400 Urteile, darunter 400 Todesurteile, endgültig zu prüfen und gegebenenfalls abzumildern. Nach einer gründlichen Durchsicht aller Akten durch die Rechtsexperten in seinem Stab prüfte er persönlich alle Fälle, in denen der Beschuldigte zum Tode oder zu einer lebenslänglichen Freiheitsstrafe verurteilt worden war. Er schreibt darüber: „Es hat keine andere Aufgabe gegeben, die mir eine schwerere Verantwortung aufgebürdet hat als diese.“ Im Herbst 1948 hatte er einige Todesurteile bestätigt, andere umgewandelt, und für viele mußte seine Entscheidung noch getroffen werden. Dann kam es zu dem Fall der berüchtigten Ilse Koch und dem folgenden Bericht in dem Magazin *Harpers*:[89] „Die amerikanischen Beamten der Anklage-Behörde werden sich vielleicht weiterhin darum streiten, ob diese wachsgesichtige, dickliche ehemalige Kommandantin von Buchenwald wirklich so grausam gewesen ist, wie man behauptet hat. Aber ob sie nun brutal gewesen ist oder nicht, sie hat diesen Herbst als Folge der Tatsache, daß ihre Gefängnisstrafe, zu der sie für schwere Verbrechen verurteilt worden ist, reduziert wurde, etwas erreicht, was sogar der geballten Macht Sowjetrußlands nicht gelungen ist; sie hat die Stellung des amerikanischen Militärgouverneurs in Deutschland, des Generals Lucius D. Clay, unterminiert. Durch Europa ging ein empörter Aufschrei, als Amerika in seinem Bemühen um äußerste Gewissenhaftigkeit eine verhaßte Nationalsozialistin vorzeitig in die Freiheit entließ. Sowjetische Propagandisten benutzten diesen Vorfall als scharfe Waffe gegen den amerikanischen Anspruch auf eine demokratische Führungsrolle, und in den Vereinigten Staaten verlangt ein Untersuchungsausschuß des Senats eine Erklärung und setzt die Armee auf die Anklagebank – etwas, wovon der Senat seit der Zeit des Untersuchungsverfahrens über Pearl Harbor nicht zu träumen gewagt hätte.“

Clay schreibt dazu: „Als ich die Akten prüfte, konnte ich nicht feststellen, daß sie sich an den schweren in Buchenwald begangenen Verbrechen beteiligt hat. Sie war charakterlich gemein und minderwertig, und es hatte ihr besondere Freude gemacht, sich als Frau zur Schau zu stellen, vor den schon lange eingesperrten männlichen Gefangenen enge Pullover und kurze Röcke zu tragen, und deshalb war sie bei diesen Gefangenen verhaßt. Doch das waren nicht die Verbrechen, wegen derer sie vor Gericht gestellt wurde.“ In einem Interview erklärte Clay:[90] „In den Akten fanden sich keinerlei Beweise“, die eine Todesstrafe gerechtfertig hätten. Einige Reporter hatten sie als Hure von Buchenwald bezeichnet und geschrieben, in ihrer Wohnung hätte sie Lampenschirme aus menschlicher Haut gehabt. Das war sogar ein Anklagepunkt gewesen, es ließ sich jedoch einwandfrei beweisen, daß die Lampenschirme aus Ziegenleder waren. „Deshalb habe ich ihr Urteil umgewandelt und mit der Reaktion gerechnet, die das auslöste.[91] Ich nehme an, ich bin dafür mehr beschimpft worden als für irgendetwas anderes, was ich in Deutschland getan habe."

Angesichts der so erregten öffentlichen Meinung war es für Clay noch schwerer, zu erklären, weshalb er einige Angeklagte im Malmedy-Prozeß begnadigt hatte, bei dem es um die kaltblütige Ermordung amerikanischer Kriegsgefangener im Verlauf der Rundstedtoffensive ging. Als man Monate später unter den deutschen Kriegsgefangenen Angehörige der Einheit fand, die für das Massaker verantwortlich war, stellte man fest, daß diese Soldaten sich eidlich zum Schweigen verpflichtet hatten, und es war außerordentlich schwierig, sie zum Sprechen zu bringen.[92] „Es waren harte, fanatische Nazis, und um ihren Widerstand zu brechen, ließen wir sie von amerikanischen Soldaten bewachen, die die Opfer des Massakers von Malmedy mit eigenen Augen gesehen hatten. Und diese Soldaten wendeten recht grobe Methoden an, um die Gefangenen zur Aussage zu zwingen", erklärte Clay. „Nachdem die ersten den Widerstand aufgegeben hatten, sagten auch viele andere aus, so daß wir für den Schuldspruch nicht nur auf diese ersten Aussagen angewiesen waren. Aber es war sehr zweifelhaft, ob wir ohne die ersten erzwungenen Aussagen zu einer Verurteilung hätten kommen können. Aber diese Umstände haben mich so stark besorgt, daß ich die Todesstrafen in lebenslängliche Freiheitsstrafen umgewandelt habe." Der General gab zu, daß er vielleicht einen Fehler gemacht hätte, erklärte jedoch, daß niemand ihm seine Verantwortung als Gerichtsherr abnehmen konnte.[93]

Die Verfahren gegen Ilse Koch und die Verantwortlichen von Malmedy wurden von der kommunistischen Propaganda gründlich ausgeschlachtet. Doch für die deutsche Öffentlichkeit bedeutete das dramatische Schauspiel, bei dem der höchste amerikanische Beamte in Deutschland seine Pflicht im vollen Licht der öffentlichen Meinung erfüllte – und zwar gegen diese öffentliche Meinung –, ein unvergeßliches Lehrstück. „Dieser wahrlich ungeliebte, aber gerechte Mann", schrieb die *Frankfurter Neue Presse* und brachte damit eine Meinung zum Ausdruck, die viele Deutsche teilten.[94]

11. Kapitel

Das Ringen um das Grundgesetz

Durch die politische Lage hatte sich die für Westdeutschland so wichtige Währungsreform um drei Jahre verzögert. Als die neue Währung schließlich am 18. Juni 1948 eingeführt wurde, waren die unmittelbaren Auswirkungen dieser Maßnahme sensationell. Daß Clay in einem Brief an Justice Byrnes schrieb, die Auswirkungen seien ,,unglaublich" gewesen, zeigt, in wie engem Gesichtskreis er und seine Wirtschaftsberater arbeiteten.[1] Schon vor drei Jahren hatte man die erstaunliche Feststellung gemacht, daß wichtige und moderne deutsche Industrieanlagen zum großen Teil noch intakt waren. Die von der amerikanischen Luftwaffe vorgenommene Untersuchung über die Auswirkungen der strategischen Bombenangriffe hatten bewiesen, daß die deutsche Industrie trotz der ständigen Bombenangriffe bis zum Dezember 1944 fast mit der gleichen Kapazität hatte arbeiten können wie im Frieden, und daß die Industrieproduktion nur durch die Zerstörung des deutschen Transportsystems in den folgenden Monaten lahmgelegt worden war. Die Untersuchung zeigte auch, daß die Wirtschaft nur in einzelnen Fällen zeitweilig unter einem Mangel an Werkzeugmaschinen und Fabrikanlagen im allgemeinen gelitten hatte. Daraus mußte die Luftwaffe schließen, daß die Luftangriffe die Industrieproduktion nur verlangsamt hatten und am Kriegsende noch 80 bis 85 Prozent des westdeutschen Wirtschaftspotentials intakt waren.[2]

Während der drei Jahre vor der Währungsreform war der größte Teil der landwirtschaftlichen und der Industrieerzeugnisse wegen des Fehlens einer stabilen Währung in verborgene Kanäle geflossen und zum Tauschhandel verwendet worden. Deshalb ließ sich die wirkliche Leistungsfähigkeit der darniederliegenden Wirtschaft nicht erkennen. Obwohl einige Hersteller und Händler für die gehorteten Waren Lagerhäuser gebaut hatten, war der Öffentlichkeit das Ausmaß dieser Vorratshaltung entgangen. Die meisten Amerikaner, die noch niemals eine ungehemmte Inflation erlebt hatten, wußten nicht, wie ihnen geschah, als sie sahen, welcher Wandel buchstäblich über Nacht eintrat. Am Samstag, den 19. Juni, war in den Einzelhandelsgeschäften praktisch nichts zu bekommen. Zwei Tage später waren Schaufenster und Regale voll mit Verbrauchsgütern, die man in Deutschland seit Jahren nicht mehr gesehen hatte. Die Geldknappheit in den ersten Wochen zwang die Geschäftsleute, die gehorteten Waren zu verkaufen, und die dramatische Steigerung des Warenangebots war einer der Hauptgründe dafür, daß die Öffentlichkeit der Währungsreform zustimmte. Es gab aber auch

Kritiker. Einer der beredtesten war Kurt Schumacher, der auf dem Parteitag der SPD im September 1948 erklärte, die deutschen Geschäftsinhaber hätten ihre Waren egoistisch und schamlos ihren notleidenden Landsleuten vorenthalten, während andere Länder, von denen einige fast ebenso arm waren wie Deutschland, die Deutschen mit Hilfsgütern versorgt hätten, obwohl sie kaum mit einer angemessenen Vergütung rechnen konnten.[3]

Ludwig Erhard, der Direktor der bizonalen Wirtschaftsverwaltung, kannte die wirtschaftlichen Realitäten in seinem Land besser als seine amerikanischen und britischen Kollegen und hob sofort die Rationierung und Preiskontrolle für etwa 400 verschiedene Warengattungen auf, und das hatte einen erstaunlichen Aufschwung zur Folge. Die monatliche Stahlproduktion, die im Mai bei 324000 Tonnen gelegen hatte, stieg im Dezember auf 599000 Tonnen und im Frühjahr 1949 auf mehr als 700000 Tonnen. Die Steinkohleförderung im Ruhrgebiet hatte vor der Währungsreform einen Tagesdurchschnitt von 266000 Tonnen gehabt und stieg im Frühjahr 1949 auf 330000 Tonnen. Bis dahin hatte sich die gesamte Industrieproduktion auf 98 Prozent des Niveaus von 1936 erhöht.[4]

Eine Reihe gleichzeitiger Entwicklungen steigerte noch die Wirkung der Währungsreform. Der Militärgouverneur ordnete die Freigabe der bei der JEIA angesammelten Exporterlöse für den Import von Industrierohstoffen an, und mit seiner energischen Art sorgte er dafür, daß sich die Lieferungen der ECA nicht unnötig verzögerten. Er warnte Royall: „Wenn die Verfahren nicht vereinfacht werden, werden die Kanäle austrocknen, und die gegenwärtig günstige Basis für eine Produktionssteigerung wird bald nicht mehr vorhanden sein." Die Vereinfachung der für den Handel geltenden Vorschriften der JEIA, die Ausdehnung ihrer Aktivitäten auf die französische Besatzungszone und die allmähliche Überführung des Außenhandels auf den privaten Sektor steigerten die allgemein optimistische Stimmung. So vervierfachten sich die deutschen Exportziffern innerhalb weniger Monate, und der Anteil der Fertig- und Halbfertigprodukte stieg von 12 auf 35 Prozent.[5] Für Clay, den der rasche wirtschaftliche Aufschwung beeindruckte, war es eine Genugtuung, seinem Freund Byrnes berichten zu können, daß „Deutschland wieder an die Arbeit geht und in Westdeutschland die Menschen auf den Straßen deutlich zeigen, daß ein neues Leben für sie begonnen hat".[6] Auch die Versorgung mit Lebensmitteln war besser geworden als zu irgendeiner Zeit nach dem Kriege, und der Militärgouverneur konnte sich jetzt auf die Bildung einer westdeutschen Regierung gemäß den Londoner Beschlüssen konzentrieren.

Es stellte sich jedoch bald heraus, daß der rasche wirtschaftliche Aufschwung zu innenpolitischen Konflikten führte. Clay hatte zwar für den politischen und wirtschaftlichen Bereich klare Anweisungen, aber für den Umgang mit der Arbeitnehmerschaft waren diese Anweisungen nur sehr allgemein gehalten. Der Militärgouverneur hatte deshalb auf diesem Gebiet freie Hand und entwickelte eigene politische Grundsätze, um in Deutschland ein orthodox amerikanisches System des freien Unternehmertums einzuführen. Da dieses Konzept nicht der deutschen Tradition oder den Vorstellungen der sozialen Kräfte entsprach, die nach dem Kriege in Deutschland an Einfluß gewonnen hatten, mußte es zur Kontroversen kommen. Wenn Clay in seinen Memoiren berichtet, seine Beziehungen zu den Arbeiterführern ,,waren immer angenehm, auch wenn wir nicht überall die gleiche Meinung vertraten", dann gilt diese Aussage sicher nur mit gewissen Einschränkungen.[7] Wenn er später erklärt, ,,es war schwierig für die Militärregierung der Vereinigten Staaten, bei den gewöhnlichen Gewerkschaftsmitgliedern ebenso beliebt zu sein wie die britische Militärregierung, die eine Labourregierung vertrat", dann kam das der Wahrheit näher.[8] In Wirklichkeit ist es seine Persönlichkeit gewesen, welche die Beziehungen der Militärregierung zur organisierten Arbeiterschaft bestimmt hat – vielleicht sogar mehr als auf anderen Gebieten.

Wie die meisten Soldaten nahm Clay gegenüber den Gewerkschaften und der gesamten Gewerkschaftsbewegung eine kühle Haltung ein, wenngleich das seine persönlichen Beziehungen zu den Gewerkschaftsführern und die von ihm verfolgte Politik nicht beeinflußte. Für Kurt Schumacher und seine kompromißlose Haltung hatte er nichts übrig, stand sich aber sehr gut mit Männern wie Ernst Reuter, dem sozialistischen Regierenden Bürgermeister von Berlin und Sidney Hillman vom Congress of Industrial Relations. Joe Keenan von der American Federation of Labor war sein wichtigster Berater für Arbeitnehmerfragen. Die beiden Männer hatten beim War Production Board eng zusammengearbeitet, und jetzt verband sie eine herzliche persönliche Freundschaft.[9] Als Keenan 1974 sein 60jähriges Jubiläum als Mitglied der International Brotherhood of Electrical Workers feierte, reiste Clay, der damals schon ein todkranker Mann war, nach Chicago, um seinen Freund als Hauptredner bei dem aus diesem Anlaß veranstalteten Festbankett zu ehren.

Bei der Arbeitnehmerpolitik der Militärregierung verlangte Clay strikte Neutralität gegenüber den deutschen politischen Parteien, die im Hinblick auf die künftige Wirtschaftsstruktur des Landes voneinander abweichende Auffassungen vertraten.[10] Er erkannte den Einfluß der Gewerkschaften auf die Entwicklung demokratischer Prozesse und ihre aufrichtige Unterstützung des Entnazifizierungsprogramms an.[11] Zugleich ignorierte er jedoch die Empfehlungen einiger seiner Berater, den sogenannten ,,demokratischen Elementen in der Arbeiterbewegung"[12] besondere Unterstützung zu gewähren. Clay erklärte, erstens sei eine Politik der Neutralität die einzige demokratische Methode, den Deutschen die freie Wahl zu lassen, und er werde nicht dem Beispiel der Sowjets folgen, bestimmten gesellschaftlichen Gruppen den Vorzug zu geben. Zweitens könnte man die Kommunisten nur dadurch schwächen, daß man die Wirtschaft in Westdeutschland stärkte. Diese Haltung und seine standhafte Weigerung, den überregionalen Gewerkschaftsorganisationen eine beherrschende Rolle bei den örtlichen Gewerkschaften einzuräumen, haben seine Beziehungen zu den Arbeiterführern stärker abgekühlt als irgendetwas anderes. In Übereinstimmung mit der etwas abstrakten und doktrinären Überzeugung des Generals, daß die Demokratie an der Basis beginnen müsse, sollten so bald wie möglich Vertrauensleute und Betriebsräte gewählt werden, damit die Gewerkschaften von unten her aufgebaut werden konnten. Clay ließ sich auch durch das Argument, diese Methode entspreche nicht der deutschen Tradition, nicht überzeugen und beachtete auch nicht die unübersehbare Tatsache, daß der Einfluß der Kommunisten an der Basis am stärksten war.

Vor der Währungsreform hatten weder die Arbeiter noch das Management ein großes Interesse an der Bezahlung der erzeugten Güter mit Geld und an der Produktion für den legalen Markt, sondern konzentrierten sich auf Kompensationsgeschäfte, also auf den direkten Warenaustausch. In dieser Lage kam es bei der Produktion und Vermarktung in der Praxis dazu, daß den Arbeitern ein erhebliches Maß an „Mitbestimmung" eingeräumt wurde. Ein Hersteller mußte solche Kompensationsgeschäfte nicht nur mit seinen Lieferanten aushandeln, sondern auch Verhandlungen mit den Arbeitern im eigenen Betrieb und in den Betrieben der Lieferanten führen. Zu diesen Transaktionen wurden gewöhnlich die Betriebsräte hinzugezogen, weil die Produktion zurückging, wenn die Arbeiter nicht auch einen Anteil an den von ihnen hergestellten Waren bekamen. In solchen Fällen mehrten sich die Krankmeldungen, und die Facharbeiter wanderten in Betriebe ab, in denen sie zu günstigeren Bedingungen angestellt wurden.[13] Das war der Beginn einer Entwicklung, die schließlich dazu führte, daß das Mitbestimmungsrecht der Arbeiter in der deutschen Industrie zu einer Dauereinrichtung wurde. Nachdem die Währungsreform die Rückkehr zum normalen Leben eingeleitet hatte, verlangten die Arbeiterführer, daß das Mitbestimmungsrecht und die Sozialisierung der Betriebe gesetzlich verankert wurden. Daraus ergaben sich mit großer Erbitterung ausgetragene Kontroversen zwischen dem Militärgouverneur und den Gewerkschaften.

Im März 1947 hatte General Clay damit begonnen, regelmäßige offizielle Konferenzen mit den Gewerkschaftsführern in der amerikanischen Besatzungszone abzuhalten, auf denen alle Probleme besprochen werden konnten, die von den Gewerkschaften vorgetragen wurden.[14] Nach Auffassung der Arbeiterführer waren die Ergebnisse dieser Besprechungen keineswegs befriedigend. Sie erreichten zwar die Freigabe des gesamten Gewerkschaftsvermögens, das zu Beginn der Besetzung Deutschlands beschlagnahmt worden war. Andererseits weigerte sich Clay entschieden ihre politischen Forderungen zu erfüllen. Grundsätzlich bejahte der Militärgouverneur das Recht der Gewerkschaften, sich in ganz Deutschland zu organisieren, erklärte jedoch, daß man mit der Gründung eines überregionalen deutschen Gewerkschaftsbundes noch warten sollte,[15] bis es eine Viermächte-Vereinbarung über die Grundsätze gab. Das waren die Freizügigkeit im ganzen Land, die Freiheit der Rede, der Presse und des Rundfunks und die Handlungsfreiheit für alle politischen Parteien. Später regte er die Gründung einer bizonalen Gewerkschaft an, wollte jedoch nicht zulassen, daß diese Gewerkschaft ihre Tätigkeit auch auf die französische Besatzungszone ausdehnte, bevor der Zusammenschluß zur Trizone offiziell erfolgt war. Ebenso unnachgiebig stellte sich Clay gegen die Verstaatlichung von Betrieben und die Mitbestimmung. Nach seiner Interpretation der politischen Neutralität mußten so fundamentale politische Entscheidungen so lange warten, bis es eine frei gewählte westdeutsche Regierung gab. Er hatte sich schon 1946 dagegen ausgesprochen, daß in die Verfassung für Hessen ein Abschnitt über die Sozialisierung aufgenommen wurde, und verlangte, daß über diese Frage eine besondere Volksabstimmung abgehalten werde. Als der Artikel von den Wählern angenommen wurde, hatte er sein Inkrafttreten verhindert und verlangt, vorher müßte in ganz Deutschland darüber abgestimmt werden. Mit ähnlich geschickten politischen Manövern hatte er auch die Sozialisierung der Industriebetriebe im Ruhrgebiet blockiert.

Im Sommer 1948 hatten die SPD und die Gewerkschaften energisch das Mitbestimmungsrecht für die Betriebsräte in der Betriebsleitung verlangt.[16] Ohne die Empfehlungen der für Arbeitnehmerfragen verantwortlichen Beamten bei OMGUS zu beachten, versuchten sie auch weiterhin, ihre Ziele mit gesetzgeberischen Methoden zu erreichen. Im Mai 1948 stimmte der Hessische Landtag nach zweijähriger Vorbereitung mit den Stimmen der SPD und der CDU für ein umfassendes Betriebsrätegesetz und legte es dem Militärgouverneur zur Prüfung und Genehmigung vor.[17] Das Gesetz machte es den Betrieben nicht nur zur Pflicht, Betriebsräte wählen zu lassen, sondern räumte diesen Betriebsräten auch sehr weitgehende Mitbestimmungsrechte ein. Die Länder Württemberg-Baden und Bremen folgten im August diesem Beispiel, aber Clay war nicht bereit, sich diesem Druck zu beugen.[18] Ob er sich dabei – wie es manchmal behauptet worden ist – von der neuen republikanischen Mehrheit im Kongreß und dem Wunsch hat beeinflussen lassen, daß der Kongreß auch weiterhin die von der Militärregierung benötigten Mittel bewilligte, oder ob seine starre Interpretation des Neutralitätsprinzips die eigentliche Ursache für seine Haltung gewesen ist, läßt sich nicht sagen. Jedenfalls konnte er nicht bestreiten, daß er mit seiner Arbeitnehmerpolitik de facto der alten Arbeitgeberklasse den Weg zur Rückkehr an die Macht geöffnet hat. Mit seiner Reaktion auf ein Schreiben des Außenministeriums, das die Genehmigung des vom hessischen Landtag gebilligten Gesetzes empfahl, hat er das praktisch zugegeben. Er teilte Draper mit: „Ich bin der Auffassung, daß der Vorschlag des Landes Hessen die extremste Maßnahme dieser Art darstellt, die ich bisher gesehen habe. Zwar trifft es zu, daß sie von beiden politischen Parteien angenommen worden ist, aber ich glaube, daß dieser Schritt sich zum großen Teil auf den Wunsch gründet, das Gesetz unter Dach und Fach zu bekommen, bevor eine deutsche Verfassung in Kraft getreten und eine deutsche Zentralregierung gebildet worden ist. Ich schlage vor, die Teile des Gesetzes zu genehmigen, welche die Rechte der

Betriebsräte in anderen als wirtschaftlichen Angelegenheiten betreffen, das Inkrafttreten der wirtschaftlichen Bestimmungen jedoch auszusetzen."[19] Den Einwand des Außenministeriums, eine Ablehnung werde das Ende der demokratischen Kräfte und der Gewerkschaften bedeuten, beantwortete er mit der Erklärung, daß „die Gewerkschaften in Amerika auch ohne ein solches Gesetz sehr gut überlebt haben". Er fügte hinzu: „Eine derartige Umstrukturierung des deutschen Wirtschaftssystems zu dieser Zeit würde unsere Bemühungen um einen wirtschaftlichen Aufschwung zunichte machen. Die Gewerkschaften versuchen verzweifelt – und niemand kann ihnen einen Vorwurf daraus machen – in den Betriebsleitungen Fuß zu fassen. Sie sind gegenwärtig relativ stark, denn die Militärregierung hat sie in jeder Weise ermutigt, während man die Arbeitgeber daran gehindert hat, sich zusammenzuschließen. Daher ist der Einfluß der Arbeitgeber auf die öffentliche Meinung wahrscheinlich auf seinem Tiefpunkt in der deutschen Geschichte." Wenn das Außenministerium verlangen sollte, daß er dem Gesetz zustimmte, dann möge es ihm auf dem üblichen militärischen Dienstweg die Anweisung dazu geben.[20]

Drei Jahre hatte sich Washington gescheut, schwierige Entscheidungen zu treffen, und es dem Militärgouverneur überlassen, seinen eigenen Weg zu gehen. Es hat Clay deshalb kaum überrascht, daß er keine entsprechenden Anweisungen erhielt und auch weiterhin seine politische Linie durchsetzen konnte. Die Folge war, daß einige Arbeiterführer, und unter ihnen der wortgewaltige Schumacher, zu dem Schluß kamen, der Militärgouverneur sei arbeiterfeindlich. Das kam bei einer Begegnung mit Clay am 29. Juli auch sehr deutlich und in einer „alles andere als freundlichen Form"[21] zum Ausdruck. Die SPD war inzwischen mit zahlreichen Demonstrationen und Presseangriffen gegen die hohen Preise, die Beseitigung der Wirtschaftskontrollen durch Erhard und die bevorstehende Suspendierung des Mitbestimmungsgesetzes in Hessen durch Clay an die Öffentlichkeit gegangen.[22] Der Eindruck, die amerikanische Militärregierung stelle sich gegen die Arbeiterschaft und auf die Seite des Kapitals, wurde dadurch verstärkt, daß OMGUS die Rückkehr prominenter Unternehmer auf ihre Posten zuließ, von denen die Linke behauptete, sie hätten den Nazismus tatkräftig unterstützt. Die meisten Geschäftsleute, denen vorgeworfen worden war, sie seien Nazis gewesen, waren jetzt von den deutschen Spruchkammern abgeurteilt worden, und dort hatte man die überwältigende Mehrheit von ihnen freigesprochen oder als „Mitläufer" eingestuft. 1948 nahmen viele von ihnen wieder ihre ehemaligen Positionen ein. Ein aufmerksamer amerikanischer Reporter berichtete: „Deutsche Industrielle,denen man zunächst vorgeworfen hatte, sie hätten die Nazis unterstützt, sind zurückgekehrt und bereiten sich auf die entscheidende Auseinandersetzung mit den Gewerkschaften vor."[23]

Die Fortschritte der Arbeiterschaft auf dem Wege zur Mitbestimmung und der sich stetig fortsetzende Preisanstieg veranlaßten einige Gewerkschaften schließlich zu drastischem Vorgehen. Am 28. Oktober veranstalteten die Gewerkschaften vor allem unter dem Druck der Betriebsräte und der Kommunisten in Stuttgart eine Massendemonstration, um ihrer Unzufriedenheit Ausdruck zu verleihen. Wie der für Arbeitnehmerfragen im Stabe von Murphy zuständige Louis Wiesner[24] berichtet, war der einzige Redner das SPD-Mitglied Hans Stetter, der Vorsitzende der örtlichen Gewerkschaft. Seine Ansprache vor mehr als 40000 Demonstranten war eine militante gegen Erhard und die Militärregierung gerichtete Anklage. Er griff das Konzept der Militärregierung von der Demokratie an, wendete sich gegen die hohen Besatzungskosten, protestierte gegen die Demontage weiterer Fabrikanlagen und rief zur Fortsetzung des Kampfes gegen die von Clay angeordnete Suspendierung der Mitbestimmungsparagraphen im Betriebsrätegesetz auf. Aber Stetter wollte gewalttätige Auseinandersetzungen vermeiden und ließ unmittelbar nachdem er die Demonstration für beendet erklärt hatte, das Lautsprechersystem abschalten, um die Kommunisten daran zu hindern, es zu benutzen. Trotzdem rotteten sich nach der Demonstration kleine Gruppen von Rowdys zusammen, darunter auch einige Kommunisten, und verwüsteten Geschäfte, die für ihre hohen Preise bekannt waren. Als die deutsche Polizei und amerikanische Militärpolizisten versuchten, die Menge zu zerstreuen, kam es zu tätlichen Auseinandersetzungen, in deren Verlauf Polizeibeamte beider Nationalitäten verletzt wurden. Wiesner behauptete zwar, „es war kein ernster Zwischenfall“, aber General Clay ließ Stetter sofort in sein Frankfurter Büro kommen und machte ihn „in schärfster Form für die Unruhen verantwortlich“. Dann erließ Clay für Stuttgart eine unbefristete Ausgangssperre von 21.00 Uhr bis 4.00 Uhr morgens. Der Direktor der Militärregierung für Württemberg-Baden, Charles LaFollette, der Ministerpräsident, der Oberbürgermeister von Stuttgart, die politischen Parteien und die Gewerkschaften protestierten gegen die Ausgangssperre, die Clay schon nach wenigen Tagen aufhob.[25]

Clay selbst sah den Vorfall in einem anderen Licht. Er schreibt: „Ich war nicht bereit, ein solches Vorgehen zu dulden; wenn ich es hingenommen hätte, dann hätte es zu weiteren und ernsteren Zwischenfällen und zu Blutvergießen kommen können. Deshalb forderte ich Mr. LaFollette, den Direktor der Länderregierung, auf, für die Stadt ein Ausgehverbot anzuordnen. Er tat es ungern, denn er teilte nicht meine Ansicht, daß wir andernfalls mit weiteren ähnlichen Zwischenfällen rechnen müßten. Der deutsche Arbeiterführer hatte eine gegen die Militärregierung gerichtete Hetzrede gehalten. Deshalb ließ ich ihn kommen, um ihm zu sagen, wenn solche Reden zu Unruhen führten, die sich gegen amerikanisches Personal richteten, werde der Redner zur Verantwortung gezogen. Ich habe weder den Gewerkschaften noch der Arbeiterschaft die Schuld für die Handlungsweise eines einzelnen gegeben, aber da ich für die Sicherheit des Personals der Besatzungsmacht verantwortlich war, durfte ich es nicht zulassen, daß eine Demonstration zu Gewalttätigkeiten gegen unser Personal ausartete, und mußte erklären, daß ich scharf durchgreifen würde, falls sich so etwas wiederholte.“[26]

Das scharfe Durchgreifen des Generals tat immerhin seine Wirkung. Als die Gewerkschaften in der Bizone zwei Wochen später einen 24-stündigen Streik ausriefen und mehr als 9 Millionen Arbeiter gegen die gegenwärtige Wirtschaftspolitik protestierten, blieb es den ganzen Tag ruhig, und es kam zu keinen Zwischenfällen. Clay, der entschieden bestritten hatte, daß das Ausgangsverbot in Stuttgart ein „Schlag gegen die Arbeiterschaft" gewesen sei, hat die Arbeitsniederlegung in der Bizone später als „eine eindrucksvolle Demonstration der Solidarität und Stärke der Arbeiterschaft" bezeichnet.[27]

Die Gewerkschaftsführer, denen es nicht gelungen war, eine Änderung der Politik der Militärregierung in Deutschland zu erzwingen, gingen nun einen Schritt weiter und versuchten, die Unterstützung ihrer Freunde in den Vereinigten Staaten zu gewinnen. Das hatte zur Folge, daß die außenpolitischen Beschlüsse auf den Jahreskongressen der amerikanischen Gewerkschaften AFL und CIO 1948 die „gegen die Arbeiterschaft gerichtete Politik" der amerikanischen Militärregierung verurteilten. Daraufhin erhielt Clay eine Anzahl von Briefen, die er mit einer ausführlichen Rechtfertigung seiner Politik beantwortete. Die letzten Maßnahmen der Gewerkschaft AFL, die Veröffentlichung dieser Korrespondenz und die an das Weiße Haus gerichtete Aufforderung, Clay abzuberufen, kamen zu spät, um noch irgendeine Wirkung zu haben. Inzwischen war eine deutsche Regierung gebildet worden, und die Gewerkschaften mußten dem Weg folgen, den Clay während seiner ganzen Amtszeit empfohlen hatte. Das Mitbestimmungsrecht für die Betriebsräte wurde gesetzlich verankert, während die Sozialisierungsmaßnahmen zu den Akten gelegt wurden.[28]

Bei seinen Gesprächen mit Couve de Murville im April hatte Clay einen Sechsmächte-Kompromiß vorgelegt, der den Rahmen für die Londoner Beschlüsse bildete. Das war, wie er sagte, das wichtigste Ereignis seit Potsdam. Er erhielt damit die Anweisung, die er für die Verwirklichung des Projekts brauchte, das er im Sinn hatte – die Errichtung eines westlichen Bollwerks gegen die Bedrohung aus dem Osten. Die wesentlichen Elemente dieser Aufgabe, wie er sie sah, waren die Einberufung einer verfassunggebenden Versammlung, der Entwurf einer demokratischen Verfassung für einen deutschen Bundesstaat, ihre Inkraftsetzung durch eine Volksabstimmung, die Schaffung einer internationalen Ruhrbehörde, Parlamentswahlen, die Bildung einer westdeutschen Regierung, der Zusammenschluß der drei Westzonen und das Abfassen eines Besatzungsstatuts. Da die Verantwortung dafür teils bei den Deutschen, teils beim Militärgouverneur lag, wäre dies zumindest eine zeitraubende Angelegenheit geworden, zumal man damit rechnen mußte, daß die Franzosen ihre Obstruktionspolitik fortsetzen würden.

Clay war deshalb doppelt schockiert, als sich herausstellte, daß auch die Deutschen zögerten, dem Weg zu folgen, den die Angloamerikaner ihnen vorgezeichnet hatten. Auf einer Sitzung am 1. Juli erhielten die Ministerpräsidenten vier Dokumente, die den wesentlichen Inhalt der Londoner Beschlüsse enthielten. Sie wurden darin bevollmächtigt, eine verfassunggebende Versammlung einzuberufen, den Text einer Verfassung zu entwerfen und geringfügige Korrekturen an den Ländergrenzen vorzunehmen. Außerdem wurde ihnen mitgeteilt, daß die Vollmachten, die der Militärregierung vorbehalten blieben, in einem Besatzungsstatut festgelegt werden würden, das ihnen zugehen werde, sobald es fertiggestellt sei.[29] Mit anderen Worten, man teilte ihnen jetzt mit, sie dürften auf Initiative der drei verbündeten Mächte selbständig einen westdeutschen Staat gründen. Die Ministerpräsidenten konnten jedoch nicht übersehen, daß man sie aufforderte, die historische Verantwortung für eine dauernde Teilung des ehemaligen Deutschen Reichs zu übernehmen. Darüber hinaus ließ man sie im ungewissen über das Ausmaß ihrer Vollmachten und die politischen Absichten der Westmächte.[30]

Die elf Ministerpräsidenten kamen in Koblenz zu einer Konferenz zusammen, die vom 8. bis zum 10. Juli dauerte. Ihre erste inoffizielle Reaktion war eine Stellungnahme von Dr. Reinhold Maier, dem Ministerpräsidenten von Württemberg-Baden, der vor dem Landtag am 7. Juli erklärte, „wir würden lieber auf ein Rechtsstatut verzichten, so gefährlich das sein mag, als ein Statut dieser Art zu akzeptieren".[31] Das am Schluß der Koblenzer Beratungen veröffentlichte Kommunique sowie die Stellungnahmen und Empfehlungen, die der Militärregierung vorgelegt wurden, bestätigten diese negative Haltung. Offensichtlich war kein Deutscher bereit, sich mit der beabsichtigten Teilung der deutschen Nation zu identifizieren. Die Ministerpräsidenten begrüßten zwar, wie sie in ihrer Stellungnahme erklärten, eine Vereinigung der drei Westzonen und waren auch mit der Schaffung einer Exekutive einverstanden, die aus allgemeinen Wahlen hervorging. Aber der Gebietszusammenschluß sollte nur administrativen Zwecken dienen, und es sollte jeder Anschein vermieden werden, daß die auf diese Weise geschaffene Verwaltungsstruktur staatlichen Charakter hätte. Die Ministerpräsidenten sagten, es sei notwendig, Begriffe wie „Verfassung" und „Regierung" zu vermeiden, und man sollte statt dessen von einem „vereinigten Wirtschafts- und Verwaltungsgebiet" sprechen. Der Entwurf einer deutschen Verfassung sollte daher auf einen Zeitpunkt verschoben werden, zu dem eine gesamtdeutsche Regierung gebildet war. Die führenden deutschen Politiker waren jedoch bereit, ihren Landtagen die Errichtung eines parlamentarischen Rats zu empfehlen, der den Entwurf eines „Grundgesetzes" ausarbeiten sollte.[32] Um deutlich zwischen diesem Grundgesetz und einer Verfassung zu unterscheiden, sollte über die Annahme des Grundgesetzes nicht in einer allgemeinen Volksabstimmung entschieden werden.

In seinen Memoiren – und er war sich der historischen Bedeutung dieser Aufzeichnungen bewußt – beurteilt Clay die Reaktion der Deutschen durchaus positiv. Er schreibt: „Leider wurde der Teil des Briefes, der Zweifel daran zum Ausdruck bringt, ob es ratsam sei, die neue Organisation als Regierung zu bezeichnen, von vielen als Beweis dafür angesehen, daß sie nicht bereit seien, die Verantwortung für eine besondere westdeutsche Regierung zu übernehmen. Sie hatten in ihrem Brief die Verantwortung jedoch nicht abgelehnt, und ich war überzeugt, sie würden sich zum Handeln entschließen. Ich wußte aus meinen Gesprächen mit ihnen, daß die Ministerpräsidenten in unserer Zone sehr interessiert daran waren."[33] Doch die unmittelbare Reaktion des Generals war ganz anders, als man es nach dieser wohlwollenden Interpretation erwarten würde. Er hatte mit Recht angenommen, daß Kurt Schumacher – der in seinen Augen nur ein Parteiführer war[34] – die der SPD angehörenden Ministerpräsidenten auf dem Treffen in Koblenz auf eine bestimmte Haltung festgelegt und augenscheinlich auch die anderen überredet hatte, sich ihnen anzuschließen. Clay war empört, daß die Chefs der vom Volk gewählten Länderregierungen sich jetzt weigerten, das zu tun, was der Militärgouverneur für ihre Pflicht hielt, und sich dem „illegitimen" Diktat eines Parteiführers beugten, der nicht das Mandat der Wähler hatte. „Auf der frostigsten Konferenz der letzten 12 Monate" sagte er den Ministerpräsidenten in der amerikanischen Zone, „er fühlte sich in seinem Ringen mit den Russen um Berlin und um die Entwicklung Westdeutschlands alleingelassen."[35]

Der Presse erklärte er, er sei überrascht, daß die Deutschen weniger Vollmachten und Verantwortlichkeiten übernehmen wollten als ihnen die Alliierten zuzugestehen bereit seien. „Im Licht der Geschichte ist das eine einmalige Entwicklung."[36] Als sich Clay wenige Tage später mit seinen französischen und britischen Kollegen traf, um mit ihnen die deutsche Empfehlung zu besprechen, war er nicht überrascht, als General Koenig die neue Lage sofort für sich ausnutzte. Der französische General meinte, die Londoner Beschlüsse sollten den deutschen Wünschen angepaßt werden; zuerst sollte man ein Besatzungsstatut entwerfen und sich erst später darüber einigen, welche Aufgaben von den Deutschen übernommen werden könnten. Clay schrieb: „Deshalb hatten die Militärgouverneure Schwierigkeiten, sich auf eine Antwort zu einigen, aber Robertson und ich veranlaßten ihn, an den Londoner Vereinbarungen festzuhalten."[37] Bei den folgenden Gesprächen mit den Deutschen am 20. und 25. Juli machten die Alliierten ihren Standpunkt klar: Die Londoner Beschlüsse blieben für die Regierungen bindend, und jede Modifizierung verlangte neue Verhandlungen. Das werde zu unvermeidlichen Verzögerungen führen, und die deutschen Politiker würden in diesem Fall die Verantwortung dafür übernehmen müssen, daß die Regierungsgeschäfte nicht sofort von den Deutschen übernommen werden könnten.[38] Angesichts dieses Ultimatums gaben die Ministerpräsidenten ihren Widerstand auf. Sie mußten zu ihrem Bedauern erkennen, daß die Deutschen in Ost und West im Spiel der internationalen Kräfte nur Nebenfiguren waren, die – wenigstens zunächst – keine andere Wahl hatten, als sich den Forderungen der Sieger zu fügen.

Auf den beiden Sitzungen mit den Militärgouverneuren fügten sich die Ministerpräsidenten den wichtigsten Forderungen der Alliierten, überredeten jedoch ihre Gesprächspartner, an Stelle von „verfassunggebende Nationalversammlung" die Bezeichnung „parlamentarischer Rat" zu akzeptieren und hinter das Wort „Grundgesetz" die Worte „vorläufige Verfassung" in Klammern einzufügen.[39] Außerdem erklärten sie sich damit einverstanden, das Grundgesetz durch die Landtage und nicht durch eine Volksabstimmung ratifizieren zu lassen. Nach dieser grundsätzlichen Einigung beriefen die Ministerpräsidenten einen aus Verfassungsrechtlern bestehenden Ausschuß ein, der auf der Insel Herrenchiemsee zusammentreten sollte, um die Richtlinien für das Grundgesetz auszuarbeiten. Golay schreibt, „in der Geschichte der verfassunggebenden Versammlungen war dies eine einzigartige Leistung, denn innerhalb von zwei Wochen wurden nicht nur die Richtlinien, sondern auch der vollständige Entwurf einer Verfassung sowie ein in alle Einzelheiten gehender analytischer Bericht fertiggestellt".[40] Der anschließend von den Landtagen gewählte parlamentarische Rat bestand aus 65 Mitgliedern. Die CDU und die SPD stellten jeweils 27, die FDP 5 und die Splitterparteien zusammen 6 Delegierte. Nach der Wahl Konrad Adenauers zum Präsidenten und der Ernennung der notwendigen Ausschüsse machte sich der Parlamentarische Rat sofort an die Arbeit.

8. Die konstituierende Versammlung des Parlamentarischen Rates am 1. September 1948 in Bonn. Im Vordergrund Konrad Adenauer, der den Vorsitz führt, rechts die Ministerpräsidenten der Westzonen. „Wenn sich Dr. Adenauer über die Parteipolitik erhebt, besitzt er die Intelligenz und den Charakter, die ihn befähigen, als Staatsmann zu handeln. Er hat seine staatsmännischen Qualitäten in kritischen Perioden während des Bestehens des Parlamentarischen Rates bewiesen." (Clay, *Decision in Germany*)

Nachdem sich Clay die Mitarbeit der Deutschen gesichert hatte, konnte er sich der Schaffung einer internationalen Ruhrbehörde, dem Entwurf eines Besatzungsstatuts und den Vorbereitungen für den Zusammenschluß der drei Zonen zuwenden, denn alle drei Vorhaben lagen im Verantwortungsbereich der Alliierten. Da er wußte, daß es schwierig sein würde, sich mit den Franzosen zu einigen, war er nicht überrascht, als man auf einer in London stattfindenden Konferenz über die Zukunft des Ruhrgebiets unter dem Vorsitz von Botschafter Douglas sofort in eine Sackgasse zu geraten schien. Schon bevor die Konferenz am 11. November zusammentrat, wendete sich Frankreich gegen eine Umstrukturierung der Kohle- und Stahlindustrie in der Bizone unter deutscher Aufsicht. Nach Auffassung des Quai d'Orsay waren die vorgesehenen Zuteilungen von Kohle und Stahl für den Export nicht ausreichend. Außerdem sollten die Bergwerke in internationales Eigentum überführt und die deutschen Betriebsleitungen streng beaufsichtigt werden. Der französische Premierminister Schuman erklärte in Paris, es sei außerordentlich gefährlich, wenn man es einer deutschen Zentralregierung überlassen wollte, über die Besitzverhältnisse bei den Bergwerken die letzte Entscheidung zu treffen.[41] Keine deutsche Regierung hätte jemals solche Vollmachten gehabt, wie man sie jetzt einer noch völlig unbekannten Regierung zugestehen wollte.

Nach Clays Ansicht war eine Vereinbarung über die Zukunft des Ruhrgebiets die Voraussetzung für den Zusammenschluß der drei Zonen und die Bildung einer westdeutschen Regierung. Er erkannte aber auch klar das Dilemma, vor dem er stand:[42] Auf der einen Seite mußte er alles vermeiden, was sich nachteilig auf die deutsche Industrieproduktion und die Moral der Bevölkerung auswirken konnte. Andererseits mußte er dafür sorgen, daß die Franzosen nicht negativ reagierten und damit die künftige Zusammenarbeit der drei Mächte gefährdeten. Zugleich gab es wesentliche Grundsätze, die um keinen Preis aufgegeben werden durften: Die beherrschende Stellung der alliierten Militärregierung gegenüber einer internationalen Ruhrbehörde mußte aufrecht erhalten werden. Die einzelnen Betriebe der Kohle- und Stahlindustrie mußten groß genug sein, um ihre Lebensfähigkeit zu garantieren, und sie mußten kreditwürdig bleiben, um für ausländische Investoren interessant zu sein. Darüber hinaus durften die Betriebsleitungen nicht von ausländischen Behörden beaufsichtigt werden, weil man damit auf die Dauer den deutschen Stolz verletzen und den Vorwurf provozieren würde, dahinter stünde die Absicht, sich Informationen über Betriebsgeheimnisse dieser Industrien zu verschaffen, um so die deutsche Konkurrenz auszuschalten. Mit staatsmännischem Weitblick fürchtete Clay, daß daraus ein ,,Krebsgeschwür entstehen könnte, das zu passivem oder sogar aktivem Widerstand führen und jede wirkliche Aussöhnung zwischen Deutschland und den westeuropäischen Ländern verhindern würde".[43] Was nun die so oft von Frankreich ins Spiel gebrachte Sicherheitsfrage betraf, so glaubte er, daß die in den Londoner Beschlüssen vorgesehene militärische Sicherheitsbehörde mit ihren Inspektions- und Weisungsvollmachten und dem Recht, die Produktionskapazität festzusetzen, genügen sollte, um die Befürchtungen der Nachbarn Deutschlands zu zerstreuen. Clay selbst war zu stark mit den Problemen beschäftigt, die sich aus der Blockade Berlins ergaben, um nach

London zu gehen, und ließ sich auf der Konferenz von seinem Wirtschaftsberater Larry Wilkinson vertreten, hielt aber den persönlichen Kontakt zu Botschafter Douglas. Er schreibt: „Ich hielt mich aber nicht für berechtigt, ihm direkt besondere Empfehlungen zu machen, denn das hätte bei ihm den Eindruck erweckt, ich glaubte, hier eingreifen zu dürfen, obwohl ich von der Armee nicht dazu bevollmächtigt war." Das ist eine wichtige Aussage, denn sie illustriert eines der Hauptprobleme des Generals in der Zusammenarbeit mit dem Außenministerium: Er hielt sich gewissenhaft an den vorgeschriebenen militärischen Dienstweg und war mit den lockeren Kommunikationsmethoden des Außenministeriums nicht einverstanden. Obwohl er nichts unternehmen wollte, ohne vorher die Genehmigung des Pentagon eingeholt zu haben, konnte er sicher sein, daß die Auswirkungen seiner Stellungnahme in London durch die Verzögerung nicht beeinträchtigt würden.[44]

Wie Clay die Motive Frankreichs interpretierte, war es nicht das Ruhrgebiet als solches, sondern der rasche wirtschaftliche Aufschwung in ganz Deutschland, der dem Problem zugrunde lag. General Koenig sprach wiederholt von der Tendenz, Deutschland wieder zur stärksten Macht in Europa und zum wirtschaftlichen Zentrum auf dem europäischen Kontinent zu machen. Solche Äußerungen waren mit Sicherheit die Folge des erstaunlichen Aufschwungs in Deutschland, der zeigte, daß das Wiedererstarken dieses Landes nicht nur eine akademische Frage war. Clay begegnete solchen Einwänden jedoch damit, daß er sagte, die 40 Millionen Bewohner Westdeutschlands müßten wenigstens die Hälfte der von ihnen benötigten Lebensmittel importieren. Sie könnten nur überleben, wenn sie über eine leistungsfähige Industrie verfügten, deren Produktionsüberschuß für den Export zur Verfügung stehe. Natürlich stellte eine starke industrielle Basis ein Kriegspotential dar, und deshalb ließ sich die Sicherheit der Nachbarn Deutschlands nur gewährleisten, wenn die Vereinbarungen über eine Rüstungskontrolle strikt eingehalten wurden.[45]

In seinen Berichten an das Verteidigungsministerium ging der General von den gleichen Überlegungen aus. In einem seiner Telegramme erklärte er, die Vereinigten Staaten würden das hohe jährliche deutsche Außenhandelsdefizit noch wenigstens zwei Jahre und wahrscheinlich länger hinnehmen müssen:[46] „Unsere Bemühungen, diesen Zeitraum auf ein Mindestmaß zu reduzieren, stehen in direktem Widerspruch zu dem französischen Bestreben, den Wiederaufbau Deutschlands nach Möglichkeit zu verzögern. Die Wiedereinsetzung eines leistungsfähigen Managements in der Stahl- und Kohleindustrie an der Ruhr ist entscheidend wichtig, um weitere Fortschritte zu erzielen. Die Deutschen haben sich an den Gedanken einer internationalen Kontrolle, wie sie in den Londoner Beschlüssen vorgesehen ist, gewöhnt. Wenn wir darüber hinausgehen, dann müssen wir, glaube ich, mit einer raschen Zunahme politischer Unruhen im Ruhrgebiet rechnen, die von den Kommunisten zur Organisation von Arbeitsniederlegungen und Streiks ausgenutzt werden und den Wiederaufbau in Deutschland und Europa ernsthaft behindern müssen. Wir dürfen nicht vergessen, daß wir es nicht mehr mit einem Volk zu tun haben, das passiv bleibt, und daß 40 Millionen Deutsche mit wachen Augen und Ohren die gegenwärtig in London stattfindende Ruhrkonferenz verfolgen."[47]

Wie gewöhnlich reagierte er besonders empfindlich auf alle Versuche der Franzosen in London, die beherrschende Rolle der Vereinigten Staaten in der Person des Militärgouverneurs zu schwächen.

„Da die Vereinigten Staaten Deutschland jetzt finanziell so großzügig unterstützen, üben sie in der deutschen Wirtschaft durch ihre Militärregierung den entscheidenden Einfluß aus. Wenn sie sich, solange die Militärregierung weiter besteht, damit einverstanden erklären, der Ruhrbehörde Vollmachten einzuräumen, die diesen Einfluß ausschalten, dann ermöglichen sie es nicht nur anderen, die deutsche Wirtschaft zu beherrschen, sondern sie geben auch ihre beherrschende finanzielle und wirtschaftliche Position auf, die sie nach dem Willen des Kongresses halten sollen. Was mich betrifft, so werde ich höchstwahrscheinlich nicht hier sein, wenn die Ruhrbehörde ihre Tätigkeit aufnimmt. Ich kann daher in allem Ernst erklären, daß im Lauf von dreieinhalb Jahren alle Anstrengungen unternommen worden sind, die Effektivität einer einzigen amerikanischen Verwaltungsbehörde in Deutschland dadurch auszuschalten, daß weitere Behörden geschaffen wurden. Es ist klar, daß das zu nichts führen könnte. Allerdings ist es der Wunsch der europäischen Mächte, die wissen, wie sehr eine Aufteilung der Vollmachten unseren Einfluß schwächen wird."[48]

Die Verhandlungen in London zogen sich über Wochen hin, während man an der Pennsylvania Avenue und in der Downing Street auf einen baldigen Abschluß drängte. Um den französischen Forderungen nicht nachgeben zu müssen, wollte Clay die Entscheidung zunächst auf unbestimmte Zeit hinausschieben. Aber dann machte er einen Kompromißvorschlag, weil er erkennen mußte, welche ungünstigen Auswirkungen eine solche Verzögerung auf die von ihm beabsichtigte baldige Einsetzung einer westdeutschen Regierung haben würde. Dieser Kompromiß sah die Annahme des angloamerikanischen Plans für eine internationale Ruhrbehörde durch die Franzosen vor, und zwar unter der Voraussetzung, daß vor Beendigung der Militärregierung eine Studie angefertigt wurde, nach der sich entscheiden ließ, welche der gegenwärtig bestehenden Kontrollverantwortlichkeiten der Behörde übertragen werden sollten.[49] Kurz zuvor hatte er den Widerstand der Franzosen schon etwas abschwächen können, als er vorschlug, sie sollten sich sofort an der Kontrolle der Stahl- und Kohleindustrie in der Bizone beteiligen.[50] Das hatte zur Folge, daß die Formulierung von Clay sehr bald angenommen wurde.[51] Die endgültige Vereinbarung bestimmte, daß die internationale Ruhrbehörde, die sich aus den Vertretern der sechs beteiligten Länder zusammensetzte, noch vor dem Zusammentritt einer westdeutschen Regierung errichtet werden sollte. Sie würde bestimmen, welche Mengen an Kohle und Stahl aus dem Ruhrgebiet für den Export freigegeben werden sollten, den Mindestbedarf einer autarken deutschen Wirtschaft berücksichtigen, dafür sorgen, daß keine diskriminierenden Handelspraktiken zugelassen wurden, und die ausländischen Interessen bei den Unternehmen an der Ruhr schützen. Im Lauf der Zeit sollte die internationale Ruhrbehörde auch ganz oder teilweise die Verantwortung für die Sicherheit übernehmen, die jetzt noch von der Militärregierung wahrgenommen wurde. Obwohl diese Vorschläge von Clay stammten, hatte er gegen den letzten Punkt gewisse Vorbehalte. Seine Zielvorstellung war die Schaffung eines Wirtschaftssystems, das vom freien Unternehmertum beherrscht wurde, und deshalb fürchtete er, solche Einschränkungen könnten sich als Hindernis für Kapitalinvestitionen erweisen, die für die Lebensfähigkeit der Industrie an der Ruhr entscheidend wichtig waren.[52]

Nachdem nun endlich ein Baustein an der richtigen Stelle eingefügt war, während sich andere noch in den Händen der Deutschen befanden, mußten vor allem zwei Vorhaben erledigt werden, für welche in erster Linie die drei Militärgouverneure verantwortlich waren: der Zusammenschluß der Trizone und das Besatzungsstatut. Die Opposition der Franzosen verzögerte nicht nur den Fortschritt in beiden Fällen, sondern General Koenig warnte seine Kollegen sogar und erklärte, Frankreich könnte sich „wegen des gegenwärtig herrschenden Klimas" unter Umständen weigern, der Bildung einer westdeutschen Regierung zuzustimmen. Er sagte, der Parlamentarische Rat sollte darauf aufmerksam gemacht werden, daß er nur beschränkte Vollmachten habe, und es müsse auch mit aller Deutlichkeit gesagt werden, daß Frankreich eine starke Zentralregierung nicht akzeptieren werde.[53] Ein von Clay entworfenes Aide-mémoire der Militärgouverneure an den Parlamentarischen Rat wies daher auf die Notwendigkeit hin, die Zuständigkeiten der Länder zu schützen. Hier hieß es, eine erste Kammer müsse mit ausreichenden Vollmachten ausgestattet sein, während das Recht der Zentralregierung, Steuern zu erheben, eingeschränkt werden sollte. Das hätte zwar dazu beitragen können, den Franzosen ihre Sorgen zu nehmen, aber Koenig zögerte immer noch, dem Zusammenschluß der drei Zonen zuzustimmen und sich an einem Entwurf für das Besatzungsstatut zu beteiligen.

Clay hatte Draper schon zu Beginn empfohlen,[54] den Text des Statuts so kurz wie möglich abzufassen. Es sollte die allgemeinen Ziele der Besetzung nennen und sagen, auf welchen Gebieten die Militärgouverneure zuständig bleiben sollten, wie zum Beispiel in der Außenpolitik, im Außenhandel und an der Ruhr. Außerdem sollten die Militärgouverneure ermächtigt sein, gegen Zusatzbestimmungen für die Verfassung ihr Veto einzulegen und im Falle eines Notstands die volle Regierungsgewalt zu übernehmen. Es war bezeichnend für den Gerechtigkeitssinn Clays, daß er auch die Einsetzung eines obersten Gerichts vorschlug, das aus Vertretern der Besatzungsmächte und deutschen Juristen bestehen sollte. Er schreibt: „Ich glaube, es ist nur fair, wenn es ein unabhängiges Appellationsgericht gibt. Mir scheint, die Zeit ist gekommen, die Möglichkeit für eine echte Kontrolle der Vollmachten der

Militärgouverneure zu schaffen. Ich rechne allerdings damit, daß gerade diese Bestimmung einigen unserer Kollegen nicht gefallen wird.[55] Nach meiner Auffassung ist das unbedingt erforderlich, wenn unser Programm Erfolg haben soll."

Die Militärgouverneure hatten versprochen, die Ministerpräsidenten über die Fortschritte beim Entwurf des Besatzungsstatuts auf dem laufenden zu halten. Es gab jedoch so viele Meinungsverschiedenheiten, und die Standpunkte der drei Generäle waren so weit voneinander entfernt, daß sie ihr Versprechen nicht einhalten konnten.[56] Nach vier Monaten fruchtloser Verhandlungen beschlossen sie statt dessen, den drei Regierungen einen gemeinsamen Bericht vorzulegen, in dem die verschiedenen Standpunkte erläutert wurden. Auch auf dem Wege zum Zusammenschluß der drei Zonen war man nicht weitergekommen. Auf erfolglosen Konferenzen mit dem Parlamentarischen Rat, der auf Ersuchen Adenauers zusammengetreten war, zeigten sich fundamentale Meinungsverschiedenheiten unter den Vertretern der deutschen politischen Parteien. Die Christlichen Demokraten gaben einer Bundesregierung mit begrenzten Vollmachten den Vorzug, während die Sozialisten dazu neigten, die Zentralregierung mit umfassenderen Befugnissen auszustatten. Deshalb waren die Aussichten zu Beginn des neuen Jahres trübe, und Clay erkannte, daß eine westdeutsche Regierung erst gebildet werden konnte, wenn sich der Parlamentarische Rat und die drei Regierungen geeinigt hatten.

Am 5. Januar kam Clay daher in einem Brief an Omar Bradley wieder auf seinen Rücktritt zu sprechen.[57] Er schrieb, wegen der Situation in Berlin habe er sich im vergangenen Jahr bereit erklärt, in Deutschland zu bleiben. Verständlicherweise brachten die Deutschen seine Person in Verbindung mit dem Entschluß der Vereinigten Staaten, Berlin nicht aufzugeben, aber jetzt, da die Luftbrücke ihre Leistungsfähigkeit bewiesen hatte, müßte, wie Clay meinte, die Lage neu überdacht werden. Eine neue Administration mit einem neuen Außenminister sollte in Washington in ihr Amt eingeführt werden, und er zweifelte daran, daß er fähig sein werde, in seinem Aufgabenbereich einer neuen politischen Linie zu folgen. Darüber hinaus wurden alle wichtigen Verhandlungen jetzt auf den verschiedenen Regierungsebenen geführt, und der Militärgouverneur war nicht mehr direkt dafür verantwortlich. Er erklärte, er wollte sich nicht vor seiner Aufgabe drücken und stünde General Bradley auch weiterhin zur Verfügung, er habe aber das sichere Gefühl, sein Abschied läge jetzt im Interesse der Armee. Bei einer Telekonferenz äußerte Verteidigungsminister Royall jedoch wenige Tage später die Auffassung, daß Clays Rücktritt gerade in diesem Augenblick (da die zweite Truman-Administration gebildet wurde) nachteilige Folgen haben könnte.[58] „Es könnte der Propaganda, wir gäben unsere feste Politik gegenüber der Sowjetunion auf, neue Nahrung geben." Da Außenminister Marshall zurückgetreten war, wäre es unter Umständen richtiger zu warten, bis sein Nachfolger, Dean Acheson, die Gelegenheit gehabt hatte, „unserer Administration in Deutschland sein Vertrauen auszusprechen und zu erklären, daß er sie unterstützen werde".

Es gab mehrere Gründe für seine Unzufriedenheit, die man dem Brief Clays an Bradley entnehmen konnte, die er jedoch nicht im einzelnen nannte. Er war mit Sicherheit unglücklich darüber, daß er mit seinem Plan nicht vorankam, ein starkes in Westeuropa integriertes Westdeutschland als Bollwerk gegen den Kommunismus zu schaffen. Den Alliierten war es bisher nicht gelungen, die Londoner Beschlüsse in die Tat umzusetzen, und die führenden deutschen Politiker, die hier einen Mangel an Entschlossenheit zu spüren glaubten, schienen nicht recht zu wissen, wie sie vorgehen sollten. An dem Tage, an dem die Blockade von Berlin begann, hatten die in Warschau versammelten Außenminister der sowjetischen Satellitenstaaten ein langes Kommunique veröffentlicht, in dem sie die Londoner Beschlüsse scharf kritisierten und eine Reihe von politischen Empfehlungen machten, unter anderem die Beendigung der Besetzung Deutschlands, den Abschluß eines Friedensvertrags und den Abzug aller Besatzungstruppen aus Deutschland. Diese Vorschläge hatten die Phantasie einiger hoher Beamter beim Außenministerium angeregt,[59] die meinten, die Amtsübernahme durch einen neuen Außenminister könnte bedeuten, daß in der Deutschlandpolitik eine neue Richtung eingeschlagen wurde, die Clays Vorstellungen widersprach und der zu folgen ihm unmöglich sein würde.

Da weitere Fortschritte auf dem Wege zur Errichtung einer deutschen Regierung vom Verhalten anderer abhängig war, konnte er als Militärgouverneur bis dahin seinen Beitrag zur Konsolidierung der Position der Alliierten in Berlin leisten. Eine Reihe von Maßnahmen zur Stärkung der Gegenblockade diente diesem Zweck:[60] Alle Fahrzeuge, die aus der sowjetischen Besatzungszone kamen oder dorthin fuhren, durften die Westsektoren nicht passieren, gleichgültig woher sie kamen oder welches ihr Bestimmungsort war; die Zonengrenzen wurden strenger überwacht, und die Warenlieferungen von Westberlin in das von den Sowjets kontrollierte Gebiet wurden wesentlich eingeschränkt. Da die Teilung der Stadt inzwischen in fast jeder Hinsicht vollzogen war, wollte Clay sie dadurch vervollständigen, daß er die D-Mark zur einzig legalen Währung in den Westsektoren erklärte. Aber wie üblich widersetzten sich die Franzosen, die, wie Clay glaubte, eigentlich aus Berlin abziehen wollten, einer Maßnahme, welche die Stadt zu eng an Westdeutschland binden würde.

Anfang Februar hatten sich die Briten bereit erklärt, die westliche Währung zum einzigen legalen Zahlungsmittel zu machen, aber Clay war überzeugt, daß die Franzosen ihr Veto einlegen würden. Clay telegrafierte an das Verteidigungsministerium: „Es scheint schwierig zu sein, die Franzosen, deren Beitrag zur Unterstützung Berlins negativ ist, daran zu hindern, daß sie diese Maßnahme blockieren; das ist eine Politik, die den Kommunisten in die Hände spielt."[61] Ermutigt durch die Unterstützung Washingtons setzte Clay General Koenig weiterhin unter Druck, aber erst nachdem ein aus sechs neutralen Vertretern bestehender Ausschuß der Vereinten Nationen berichtet hatte, es sei ihm nicht gelungen, das Währungsproblem in Berlin zu lösen, gaben die Franzosen endlich nach. In einer Dreimächte-Erklärung hieß es: „Die Zulassung von zwei Währungen nebeneinander hat es unmöglich gemacht, das wirtschaftliche und finanzielle Leben in Berlin in geregelten Bahnen laufen zu lassen, und es sind schwere wirtschaftliche und soziale Ungerechtigkeiten daraus entstanden. Aus diesem Grund wird die Ostmark mit Wirkung vom 20. März als legales Zahlungsmittel in den Westsektoren von Berlin abgeschafft." Es war eine Entwicklung von historischer Tragweite und wurde von den Berlinern auch sofort als solche erkannt. Der Regierende Bürgermeister Reuter erklärte: „Dieser Schritt ist wichtiger als ein ganzer Stapel von Erklärungen der Westmächte, daß sie hierbleiben werden. Er bedeutet die definitive Anerkennung, daß Berlin ideologisch und politisch zum Westen gehört – jetzt muß es auch wirtschaftlich mit dem Westen verbunden werden."[62]

Eine Trizonen-Konferenz, die im Januar in London begann,[63] sollte die Probleme des Besatzungsstatuts und des Zusammenschlusses der drei Westzonen lösen, aber Meinungsverschiedenheiten auf der Ebene der Militärregierungen ließen sich nicht durch das Auswechseln der Unterhändler und des Verhandlungsortes aus dem Wege räumen. Die Tatsache, daß man sich auf politischer Ebene festgefahren hatte, machte Clay zunehmend nervöser, und das zeigte sich in seinen Berichten an das Verteidigungsministerium. Er war verärgert, weil man ihn nicht konsultierte,[64] und verbittert darüber, daß es der französischen Regierung schließlich gelungen war, „das anatomisch Unmögliche möglich zu machen, daß nämlich der Schwanz mit dem Hund wedelte".[65] Er beklagte sich darüber, daß „wir uns so sehr um einen Kompromiß bemüht haben, daß wir auf britische und französische Vorschläge eingegangen sind, ohne in einem einzigen Fall den amerikanischen Standpunkt durchzusetzen".[66] Den Londoner Entwurf für ein Besatzungsstatut kritisierte er scharf als „einen Wortsalat, der jedes Bemühen, Deutschland nach vernünftigen Grundsätzen zu verwalten, fast lächerlich machen würde".[67] Zugleich lehnte er ab, einen Vertreter[68] nach London zu schicken, und weigerte sich, die Verhandlungen über einen Zusammenschluß der drei Westzonen auf seiner Ebene fortzuführen, weil er „die traurige Erfahrung gemacht hatte, daß Verhandlungen, die an zwei Orten gleichzeitig geführt werden, unmöglich sind".[69] Er schlug vielmehr vor, die Londoner Konferenz sollte vertagt werden, damit eine Außenminister-Konferenz in Washington die Lage klären und eine Gesamtlösung finden könnte.[70]

Ebenso scharf kritisierte Clay auf einer gemeinsamen Sitzung mit Robertson und Koenig den deutschen Entwurf für das Grundgesetz. Er erklärte, darin seien die Beziehungen zwischen der Bundesregierung und den Ländern nicht deutlich genug definiert, und man habe der Bundesregierung zu weitgehende Machtbefugnisse eingeräumt. Nur noch der Bundesrat (die zweite Kammer) war in der Lage, für die Rechte der Länder einzutreten. Die

Länder verzichteten auf fast alle Rechte auf den Gebieten der Finanzen, des Gesundheitswesens und der Sozialgesetzgebung.[71] Außerdem entsprach die Einbeziehung von Berlin als Bundesstaat in die vorgesehene deutsche Bundesrepublik nicht der Auffassung der Westmächte, nach der Berlin gemäß den internationalen Vereinbarungen unter Viermächte-Kontrolle stand. Zu der Zeit als das Aide-mémoire verfaßt wurde, hätten nur wenige Artikel nicht mit den Londoner Beschlüssen übereingestimmt, aber seit November hatte der Parlamentarische Rat augenscheinlich die Zuständigkeit der Länder stark beschnitten. Clays letzte negative Bemerkung, daß „wir angesichts des unbefriedigenden Ergebnisses wahrscheinlich nur bekommen können, was wir wollen, wenn wir es erzwingen", ist wahrscheinlich mehr Ausdruck der Nervosität des Generals gewesen, als daß es der wirklichen Situation entsprochen hätte. (In seinen ein Jahr danach verfaßten Memoiren spricht Clay im Gegensatz zu dieser ersten Stellungnahme von „den hervorragenden Bestimmungen zum Schutz der demokratischen Rechte und Verfahren"[72] in dem Entwurf und bemängelt nur „eine Verwaltungsstruktur, die ihren Aufgaben unter Umständen nicht gerecht werden könnte".)

General Koenig erkärte sein Einverständnis mit der Kritik Clays in allen Punkten und fügte hinzu, die französische Regierung werde die Aufnahme Berlins in das Grundgesetz niemals zulassen. General Robertson meinte, es wäre wahrscheinlich falsch, wenn man den Parlamentarischen Rat zwingen wollte, größere Änderungen vorzunehmen. Er hielte die Bestimmungen über das Beamtentum für unannehmbar, sei jedoch der Ansicht, daß der Versuch unternommen worden sei, die Konzentration der Macht bei der Bundesregierung dadurch auszugleichen, daß man dem Bundesrat weitgehende Vollmachten einräume, die Entscheidungen der Regierung zu kontrollieren. Der vorliegende Entwurf für das Grundgesetz stellte einen Kompromiß zwischen den politischen Parteien in Deutschland dar, und Robertson machte sich Sorgen um die Reaktionen für den Fall, daß dem parlamentarischen Rat Änderungen aufgezwungen würden.[73] Nach weiteren Beratungen einigten sich die Militärgouverneure darauf, daß eine strikte Ablehnung des Grundgesetzes nachteilige Folgen haben werde, und beschlossen deshalb, das Dokument von ihren politischen Beratern prüfen zu lassen, die berichten sollten, in welchen Punkten es von den Londoner Beschlüssen abwich. Zugleich wurde der Fünferausschuß (der aus zwei Mitgliedern der CDU, zwei Mitgliedern der SPD und einem Mitglied der FDP bestand) als Vertretung des Parlamentarischen Rats ersucht, den Entwurf dem Plenum erst vorzulegen, nachdem die Militärgouverneure im einzelnen dazu Stellung genommen hätten.[74]

Als die drei Generäle ihre Beratungen wieder aufnahmen, nachdem ihre politischen Berater ihre Berichte abgegeben hatten, konnten sie sich nicht einigen. Robertson war bereit, dem Entwurf für das Grundgesetz mit Ausnahme der das Beamtentum und Berlin betreffenden Artikel zuzustimmen. Es störte die Labour-Regierung in London offenbar nicht, daß die weitreichenden Vollmachten der Zentralregierung die Position der SPD stärken und damit die Chancen für weitreichende Sozialisierungsmaßnahmen verbessern konnten. Für Koenig und Clay andererseits war die Stärkung der Zentralgewalt unannehmbar. Als die Militärgouverneure am 2. März mit den Führern des Parlamentarischen Rats zusammentrafen, erläuterten sie die Haltung ihrer Regierungen und forderten den Parlamentarischen Rat auf, ihre Änderungsvorschläge zu berücksichtigen. Clay erklärte, der genaue Wortlaut sei nicht so wichtig, solange die Vorschläge der Militärgouverneure sinngemäß berücksichtigt würden. Der Parlamentarische Rat erweiterte den Fünferausschuß auf sieben Mitglieder und nahm darin jetzt auch Vertreter des Zentrums und der deutschen Partei auf. Dieses neue Gremium wurde angewiesen, festzustellen, was geändert werden könnte, um die Wünsche der Militärgouverneure zu berücksichtigten, doch obwohl klargestellt wurde, daß das Grundgesetz nicht für Berlin galt, erwiesen sich zwei Gegenvorschläge vom 10. und vom 17. März immer noch als unbefriedigend.[75]

Was das Sicherheitsbedürfnis der Franzosen betraf, so wäre eine Konföderation deutscher Staaten die ideale Lösung gewesen. Da dies jedoch nicht mehr in Frage kam, war Frankreich bereit, sich der Haltung der Vereinigten Staaten anzuschließen. Wie die Franzosen richtig erkannten, würde der Grundtenor des Gesetzes nicht in Washington, sondern von dem General aus Georgia bestimmt werden, dessen Auffassungen über die Rechte der einzelnen Staaten und die Struktur einer Bundesregierung ihnen inzwischen sehr gut bekannt waren. So erhielt Clay die Mitteilung, „Außenminister Robert Schuman hat inoffiziell zum Ausdruck gebracht", daß er und der General im Hinblick auf Deutschland ähnliche Auffassung vertreten, und man arrangierte ein Zusammentreffen der beiden Männer. Das amerikanische Außenministerium erklärte sich einverstanden, und am 20. März reiste Clay in Zivil und nur von Riddleberger begleitet nach Paris. Schuman, der in Metz geboren war und dort studiert hatte, solange es noch zu Deutschland gehörte – seine Muttersprache war Deutsch – bemühte sich um eine baldige Aussöhnung zwischen Frankreich und Deutschland, eine Haltung, der man am Quai d'Orsay nicht uneingeschränkt zustimmte. Bei einem drei Stunden dauernden Mittagessen in der Wohnung Schumans, bei dem Clay augenscheinlich den größten Teil des Gesprächs bestritt, stellten die beiden Männer fest, daß sie in vielen wichtigen Fragen übereinstimmten. Clay erinnert sich: „Ich erläuterte ihm, was wir taten und zu tun versuchten, und er sagte, das habe ich vermutet. Es entspricht nicht dem, was man mir gesagt hat, aber ich habe angenommen, daß es so ist." Ihr gemeinsames Ziel war der Wiederaufbau eines friedlichen, wirtschaftlich selbständigen Westdeutschland, das sich Westeuropa zugehörig fühlte und eines Tages in eine westeuropäische Union aufgenommen werden könnte. Clay und Schuman stimmten auch darin überein, daß es notwendig sei, bald zu einer Vereinbarung der drei Mächte zu kommen, ein kurzes Besatzungsstatut zu verfassen und Frankreich die führende Rolle bei der Versöhnung mit Westdeutschland zu überlassen. Es gab auch andere Punkte, in denen Schuman „grundsätzlich“ mit Clay übereinstimmte. Meinungsverschiedenheiten auf bestimmten Gebieten sollten bei späteren Gesprächen ausgeräumt werden.[76] Im großen und ganzen war es eine fruchtbare Begegnung, denn sie zeigte dem General, daß er mit einer gewissen Unterstützung durch die Franzosen rechnen konnte. Aber wenn er in seinem Bericht abschließend erklärte, „seine (Schumans) Untergebenen in Frankreich und Deutschland werden sich unter Umständen seinen Bemühungen widersetzen“, dann hatte er die Lage richtig beurteilt, denn es kam auch weiterhin zu Meinungsverschiedenheiten zwischen den Militärgouverneuren und den in London versammelten Diplomaten. Auch in Washington herrschte eine gewisse Unsicherheit, denn es war bisher nicht gelungen, für die Deutschland-Politik eine klare Linie festzulegen. Acheson überlegte sich, ob die Entscheidung, einen westdeutschen Staat zu gründen, „nicht vielleicht nur das geistige Produkt des Generals Clays sei und nicht auf einem Regierungsbeschluß beruhe“. Im übrigen hatte man den Plan, alle Besatzungstruppen abzuziehen und die Vollmachten einer westdeutschen Regierung auf ganz Deutschland auszudehnen, noch nicht aufgegeben.[77]

Auf deutscher Seite war man indessen auch nicht sehr viel weitergekommen, und die Sowjets taten alles, um eine Konsolidierung im Westen zu verhindern. Am 13. März fand eine sechsstündige Konferenz führender Deutscher mit dem ehemaligen deutschen Botschafter in der Sowjetunion, Rudolph Nadolny, statt, den die Presse als „Vertrauensmann der sowjetischen Militärverwaltung“ bezeichnete. Der Tagungsort war das Haus von Dr. Andreas Hermes, eines ehemaligen deutschen Außenministers, in Bad Godesberg. An den Gesprächen beteiligten sich unter anderem Professor Erhard, der Direktor der Bank deutscher Länder, Hermann Abs, der ehemalige deutsche Legationsrat in Moskau, Dr. von Twardowsky, und der ehemalige Finanzminister von Nordrhein-Westfalen, Franz Blücher. Nadolny habe angeblich erklärt, „Deutschland und Rußland müssen sich einigen“. Vor einigen Wochen hatte der Führer der Ostzonen-CDU wiederholt Dr. Adenauer aufgesucht, um „einen Friedensplan mit ihm zu besprechen“. Riddleberger schilderte seinem Ministerium die Lage wie folgt:[78] „Wenn die noch vorhandenen Meinungsverschiedenheiten über die Bonner Verfassung, das Besatzungsstatut, die Zusammenlegung der drei Westzonen und die anderen Hindernisse, die der Schaffung eines lebensfähigen westdeutschen Staates noch im Wege stehen, nicht rasch ausgeräumt werden, können wir in Westdeutschland in eine ganz andere politische und psychologische Situation geraten.“ Es war nicht verwunderlich, daß die Berichte von Clay an sein Ministerium ebenso alarmierend klangen. In einer Telekonferenz mit Voorhees sagte er: „Gegenwärtig gleichen die Sitzungen der drei Militärgouverneure den Viermächte-Konferenzen, und Koenig übernimmt die Rolle von Sokolowskij.“ Er fügte hinzu: „Man kann von den Westdeutschen kaum erwarten, daß sie energische Schritte unternehmen, wenn die drei Regierungen, die ihre Verfassung genehmigt haben, den Anschein erwecken, sie steckten in einer Sackgasse."[79] Immer wieder drängte er auf einen Abbruch der Londoner Gespräche, protestierte gegen „Teillösungen, die sich gegen unsere Absichten in Deutschland richten", und erklärte schließlich verzweifelt, „es wird keine westdeutsche Regierung geben" und „wir haben Deutschland politisch verloren".[80] Nach seiner Auffassung konnte nur eine umfassende Vereinbarung zum Erfolg führen.

Es war der allmähliche, aber fundamentale Wandel in der Haltung der Vereinigten Staaten gegenüber Europa, der schließlich dazu beigetragen hat, die Hindernisse aus dem Wege zu räumen, die bisher die Gründung eines westdeutschen Staates unmöglich gemacht hatten. Die Neuorientierung der amerikanischen Außenpolitik zur Schaffung eines Systems von Verteidigungsbündnissen deutete sich schon im Juni 1948 mit der von den beiden amerikanischen Parteien getragenen Vandenberg-Resolution an, nach welcher sich die Vereinigten Staaten verpflichteten, sich im Rahmen eines „regionalen oder anderen kollektiven Verfahrens" für die individuelle oder kollektive Verteidigung im Falle eines „bewaffneten Angriffs" mit anderen Staaten zu verbünden. Auf der Grundlage dieser Resolution hatte Außenminister Marshall die Verhandlungen zur Schaffung einer defensiven Militärallianz, des Nordatlantischen Bündnisvertrages begonnen, die im April 1949 von Dean Acheson erfolgreich zum Abschluß gebracht wurden. Schon vorher war der neue Außenminister bei seiner Beurteilung der Londoner Gespräche zu den gleichen negativen Schlüssen gekommen wie Clay: „Mein erster Eindruck bei der Prüfung des in London von britischen, französischen und amerikanischen Experten vorbereiteten Materials für die Sitzungen im April war so negativ, daß ich verzweifelte. Die Papiere waren ungeheuer komplex und völlig unverständlich. Fast 200 Fragen sollten den Ministern zur Entscheidung vorgelegt werden, weil sich die Experten nicht darüber einigen konnten. Man durfte kaum erwarten, daß die drei Minister diesen Wust von Problemen begreifen, geschweige denn entwirren konnten. Es war für sie (die Experten) buchstäblich undenkbar, auf die gesamten Ergebnisse ihrer Arbeit zu verzichten. Aber das mußte geschehen. Zwei Wochen vor Beginn der April-Sitzungen tat ich es und sagte ihnen, sie sollten ihre Papiere zurücknehmen und von neuem beginnen."[81]

Auf die Unterzeichnung des Nordatlantischen Vertrages, der den Franzosen einen großen Teil ihrer latenten Befürchtungen nahm, folgten eine Reihe vertraulicher Gespräche zwischen Acheson, Bevin und Schuman. In der herrschenden optimistischen Stimmung gelang es den drei Außenministern, die meisten noch offenen Fragen im Hinblick auf Deutschland innerhalb einer Woche zu klären. Die entscheidenden von ihnen unterzeichneten Dokumente waren eine Denkschrift über die Grundsätze, nach denen die Rechte und Pflichten der drei Mächte nach Gründung einer deutschen Bundesrepublik festgelegt werden sollten, ein Besatzungsstatut und eine Vereinbarung über die Zusammenlegung der drei westlichen Besatzungszonen. Außerdem gaben die Außenminister im Namen der drei Mächte zwei Erklärungen ab. Die eine ging an den Parlamentarischen Rat, die andere an die Militärgouverneure. Dean Acheson äußerte sich dazu: „Die erste Woche im April 1949 ist so verlaufen, daß sich niemand von uns dafür entschuldigen muß."[82]

Als zwei Monate zuvor nach einem Interview, das Stalin Kingsbury Smith vom International News Service gegeben hatte, in der Presse über eine baldige Aufhebung der Berlin-Blockade spekuliert wurde, wollte Clay nicht daran glauben. Der General wußte nicht, daß das Interview Anlaß für Gespräche zwischen Jessup und Malik bei den Vereinten Nationen gewesen war, und maß auch der Ablösung Sokolowskijs, die am 29. März bekanntgegeben wurde, keine Bedeutung zu. Am nächsten Tage sagte er dem Ministerium: „Ich glaube nicht, daß die Blockade aufgehoben werden wird."[83] Die Verhandlungen mit dem deutschen Parlamentarischen Rat ließen ihn außerdem daran zweifeln, daß in absehbarer Zeit eine akzeptable Verfassung vorgelegt werden könnte, und deshalb legte er wieder ein Abschiedsgesuch vor. In einem Telegramm an Bradley und Royall schrieb er: „Die politische Lage ist jetzt sehr unübersichtlich, und dieser Zustand kann noch sehr lange andauern."[84] Er schlug vor, seine Ablösung für den 15. April bekanntzugeben, aber Bradley antwortete, „die Bekanntgabe ihrer Abberufung wird so lange warten müssen, bis entschieden ist, wer Ihre Stelle einnehmen wird".[85] Ende März konnte noch niemand sagen, wann die Blockade aufgehoben, eine deutsche Regierung gebildet und Clay abgelöst werden würde – alles befand sich noch in der Schwebe.

In Bonn hatten sich die politischen Fronten indessen versteift. Die SPD hatte erklärt, sie sei nicht bereit, über die bisher gemachten Vorschläge hinauszugehen, und verlangte, daß auf einer Plenarsitzung des Parlamentarischen Rats über die letzten Entwürfe der umstrittenen Artikel abgestimmt werden sollte. Die CDU/CSU erklärte, sie rechne mit neuen Vorschlägen zur Lösung der finanziellen Probleme, während sich die freien Demokraten als Zünglein an der Waage nicht festlegen wollten.[86] Hartnäckig wie immer, wollte Clay nicht nachgeben. Dem Ministerium teilte er mit, seine Einwände beträfen „in erster Linie das Gebiet der Finanzen, wo den Ländern praktisch keine Möglichkeiten zugestanden wurden, Steuern einzutreiben, und wo die Bundesregierung sogar ermächtigt wird, die Steuereinnahmen eines reichen Landes zum Teil einem armen Land zuzuweisen. Dieses Recht, Geldmittel zu transferieren, würde die Länder aller Einflußmöglichkeiten berauben und zu einem zentralistischen Regierungssystem führen." Er wendete sich auch gegen das von ihm so bezeichnete „legislative Prioritätsrecht der Bundesregierung. Die Einwände gegen unsere Stellungnahme kommen von der SPD", erklärte er, „Ich glaube, die SPD ist der Auffassung, daß die angebliche Dezentralisierung der Sozialisierung im Wege stehen wird".[87]

Die um das Grundgesetz entstandene Krise erreichte am 5. April ihren Höhepunkt, als eine der beiden Stellungnahmen der Außenminister dem

Parlamentarischen Rat übergeben wurde. Sie verlangte, daß „die Empfehlungen der Militärgouverneure, die den Bestimmungen der Londoner Beschlüsse entsprechen, in angemessener Weise berücksichtigt werden".[88] Das Schreiben hatte die beabsichtigte Wirkung auf die deutschen Parlamentarier, und die Freien Demokraten beschlossen, dem Druck der Alliierten nachzugeben. Fünf Tage später änderte sich die Lage in dramatischer Weise zum Besseren, als die Verbindungsoffiziere der drei Mächte dem Siebenerausschuß die Ergebnisse der Washingtoner Konferenz mitteilten. Das auf zweieinhalb Seiten zusammengestrichene Besatzungsstatut verlangte keine Abänderung des Grundgesetzes mehr. Und die Zusage, die Militärregierung werde unmittelbar nach Gründung der Bundesrepublik von einer Hohen Kommission abgelöst werden, war für den Parlamentarischen Rat ein mächtiger Anreiz, seine Arbeit zum Abschluß zu bringen. Nach zehn enttäuschenden Monaten sah Lucius Clay zu seiner Freude, daß die organisatorische Struktur seines Vorhabens endlich Gestalt annahm. Sobald über das Grundgesetz abgestimmt worden war und die Militärregierung es gebilligt hatte, würde seine Mission beendet sein. Doch so viel ihm auch daran lag, daß dies geschah, weigerte er sich doch, auf einen Kompromiß einzugehen. Er war vielmehr entschlossen, den von ihm vertretenen föderalistischen Grundsätzen zum Durchbruch zu verhelfen.

Die drei Militärgouverneure hatten ein Schreiben ihrer Außenminister mit der Zusage erhalten, „daß auf finanziellem Gebiet alle Bestimmungen zur Sicherstellung der finanziellen Unabhängigkeit und angemessenen Stärke der Länder und der Bundesrepublik mit wohlwollendem Verständnis aufgenommen werden". Hinsichtlich der entsprechenden legislativen Zuständigkeit sollte jeder Lösung zugestimmt werden, welche die Londoner Beschlüsse nicht verletzte, die Autonomie der Länder sicherstellte und „der Bundesregierung genügende Vollmachten für die wichtigsten Regierungsaufgaben einräumte, um auf solchen Gebieten erfolgreich tätig zu werden, welche die Interessen von mehr als einem Land entscheidend berühren". Die Außenminister überließen es den Militärgouverneuren, „den Zeitpunkt zu bestimmen, an dem sie es für richtig halten, dem Parlamentarischen Rat diese Auffassungen zu unterbreiten". Clay hielt die Zeit für noch nicht gekommen. Er glaubte, der Inhalt des Schreibens werde den Führer der SPD, Kurt Schumacher, unterstützen, der öffentlich erklärt hatte, er werde sich den Änderungsvorschlägen der Militärgouverneure für das Grundgesetz widersetzen und seine Annahme ohne weitere Zusätze erzwingen. Offensichtlich glaubte Schumacher, die Finanzhoheit müsse bei der Bundesregierung liegen, falls eine Sozialisierung folgen sollte. Clay bezeichnete seinen Gegner als einen „fanatischen, willensstarken und integren Mann. Er hatte im Ersten Weltkrieg einen Arm verloren, kürzlich war ihm ein Bein amputiert worden, und er konnte seine Wohnung fast niemals verlassen, was ihn jedoch nicht daran zu hindern schien, seine Aufgaben als politischer Führer wahrzunehmen. Wenn er und seine Partei sich erfolgreich den Besatzungsmächten widersetzen konnten, dann konnten sie auch triumphierend in den Wahlkampf gehen und erklären, sie hätten die Interessen des deutschen Volkes siegreich gegen die Alliierten verteidigt."[89] Was seine britischen und französischen Kollegen und seine Vorgesetzten in Washington auch denken oder tun mochten, Lucius Clay war entschlossen, dafür zu sorgen, daß so etwas nicht geschah.

Am 14. April trafen sich seine Kollegen und er mit dem Siebenerausschuß. Wieder hatte Konrad Adenauer den Vorsitz übernommen. Die Atmosphäre war entspannt, denn die Militärgouverneure hatten sich auf eine Definition der politischen Vollmachten der Bundesrepublik geeinigt, die den deutschen Vorstellungen entsprach. Ursprünglich hatte das Wahlgesetz von den Ministerpräsidenten entworfen werden sollen, aber die Militärgouverneure folgten schließlich dem deutschen Vorschlag, die Verantwortung dafür dem Parlamentarischen Rat zu übertragen. Wieder betonte Clay, daß es notwendig sei, die Arbeit am Grundgesetz so bald wie möglich zu beenden, und sagte, noch niemals „haben drei Militärgouverneure sich so sehr darum bemüht, ihre Vollmachten anderen zu übertragen, und so wenig Erfolg dabei gehabt". Er sagte, die letzten deutschen Vorschläge zu den umstrittenen Punkten wären keine erfolgversprechende Basis für weitere Gespräche, er werde jedoch jeden neuen Vorschlag begrüßen, der die Verhandlungen über eine Vereinbarung „am runden Tisch" erleichterten kann. Die Deutschen baten daraufhin um eine weitere Zusammenkunft, aber nicht vor dem 25. April, denn am 20. April sollte der Parteitag der SPD stattfinden.[90]

Schumacher spielte um einen hohen Einsatz. Auf der SPD-Versammlung am 20. April erklärte er in dramatischer Form, die Sozialdemokraten würden dem Grundgesetz nicht zustimmen, wenn die Vollmachten des Bundesrates (der Ländervertretung) nicht drastisch beschnitten würden und man der Bundesregierung nicht die Finanzhoheit zubilligte. Er sagte, die SPD werde sich nicht als Werkzeug ausländischer oder partikularistischer Interessen mißbrauchen lassen und sich nicht wie die Christlichen Demokraten dem Druck der Alliierten beugen. Schumachers Biograph, Dr. Edinger, schreibt:[91] „Er versicherte, daß seine Partei entschlossen sei, das nationale Interesse zu verteidigen, daß er unverrückbar zu seinen patriotischen Grundsätzen stünde, und daß sich sein militanter Widerstand gegenüber westlichen und sowjetischen Absichten, die sich gegen das deutsche Interesse richteten, deutlich von der Haltung der Christlichen Demokraten und der kommunistischen Kollaborateure unterschiede."

Im Gegensatz zum amerikanischen Militärgouverneur hatte die Labour-Regierung in London gegen einen Triumph der Sozialdemokraten nichts einzuwenden. Deshalb versuchte Robertson Clay zu überreden, er sollte den Brief der Außenminister veröffentlichen, und als ihm das nicht gelang, intervenierte Bevin auf diplomatischem Wege. Doch der General blieb fest. Er sagte Voorhees: „Nach unseren Instruktionen bleibt die Festsetzung eines Terminplans der Militärregierung vorbehalten. Koenig und ich glauben nicht, daß die Zeit schon gekommen sei, Robertson glaubt es wohl.[92] Wenn Sie die Entscheidung nicht den Militärgouverneuren überlassen wollen, dann geben Sie mir bitte die entsprechenden Anweisungen." In einem zweiten Telegramm hieß es: ,,Heute geht es darum, ob Schumacher und seine kleine Gruppe von Parteibürokraten, die ihn in Hannover umgeben, mit ihrer gegen die Besatzungsbehörden gerichteten Politik Erfolg haben werden oder nicht." Abschließend erklärte der Militärgouverneur noch einmal ausdrücklich, zum gegenwärtigen Zeitpunkt hielte er es ,,nicht nur für falsch, sondern

9. Der SPD-Vorsitzende Kurt Schumacher. ,,Die fanatische, entschlossene und integre Opposition Kurt Schumachers mußte ernst genommen werden . . ." (Clay, *Decision in Germany*)

in diesem Fall würden auch die Chancen verspielt, zu einer endgültigen Vereinbarung zu kommen."

Am 21. April, einen Tag nach dem Parteitag der SPD, spitzte sich die Kontroverse zu. In einem Telefongespräch mit Voorhees und Murphy in Washington erfuhr Clay, daß Acheson ebenso wie die Briten der Ansicht war, die Botschaft sollte sofort an die Deutschen weitergeleitet werden. Clay erwiderte: „Wenn wir jetzt ein Kompromißangebot machen, beugen wir uns der Arroganz und dem Trotz Schumachers und machen ihn für die Deutschen zum Helden, weil er es gewagt hat, uns die Stirn zu bieten. Wenn Sie das wollen, dann müssen Sie es selbst tun; verlangen Sie es aber nicht von mir."[93] Als Murphy entgegnete, es sei „seine und Clays Aufgabe, eine Zusage unserer Regierung, wie sie unser Außenminister auffaßt, einzuhalten", fuhr Clay auf. Wenn dies ein direkter Befehl sei, werde er seinen Stellvertreter, General Hays, anweisen, die Botschaft zu überbringen. Er selbst werde sofort seinen Abschied nehmen. Das Gespräch endete ergebnislos, aber dann entschloß sich Washington zu einem zweigleisigen Vorgehen: Murphy sollte sofort nach Berlin fliegen, um den widerspenstigen General zur Raison zu bringen und festzustellen, ob sein Gesundheitszustand gelitten hatte, was einige Freunde von Clay im Pentagon fürchteten. Zugleich sollte der Chef des Stabes dem Militärgouverneur direkte Anweisungen geben.

Aber sogar der sorgfältig formulierte Befehl von General Bradley, „wir haben als Soldaten während einer langen Dienstzeit oft Befehle ausführen müssen, mit denen wir nicht ganz einverstanden waren",[94] stieß auf Clays Widerstand. Er antwortete: „Ihre Botschaft hat mich in eine noch schwierigere Lage gebracht, weil ich Sie persönlich und ihre Meinung aufrichtig respektiere."[95] Clay erklärte, er müsse bezweifeln, ob die Pflichten des Militärgouverneurs wirklich die gleichen seien wie die eines Soldaten, und gab zu bedenken, „jeder Inhaber eines Amtes, das ihm auch zivile Verantwortlichkeiten auferlegt, hat das Recht, um seine Ablösung zu bitten, wenn politische Entscheidungen getroffen werden, mit denen er nicht einverstanden ist". Er wies sogar auf die in Nürnberg zum Ausdruck gekommene amerikanische Auffassung hin, „nach der sich ein Soldat nicht damit entschuldigen kann, daß er politische Befehle ausgeführt habe, denen er angeblich nicht zustimmte". Aber Clay hielt es jetzt doch für angezeigt, nachzugeben, und am 23. April wurde der Brief der Außenminister dem Parlamentarischen Rat ausgehändigt. Am folgenden Tag kam Murphy nach Berlin und berichtete Bradley und Voorhees, es bestünde „kein Grund zur Sorge wegen Clays gegenwärtigem Gesundheitszustand. Er sieht wohl aus und machte nach dem heutigen Gespräch einen durchaus zuversichtlichen Eindruck."[96]

In seinen Memoiren schreibt Clay im Zusammenhang mit diesem Konflikt, er wäre auch weiterhin politisch neutral geblieben, und „in diesem Fall gab die CDU dem Konzept einer Bundesregierung den Vorzug, das auch der Politik der drei Mächte entsprach".[97] Um seine Taktik zu rechtfertigen, erklärte er, zur Zeit der Übergabe des Briefes hätte keine der Parteien ihre

Haltung damit unterstützen können, und er habe deshalb viel von seiner politischen Bedeutung verloren. Wie es auch gewesen sein mag, um gerecht zu sein, muß man sagen, daß die persönlichen Vorstellungen des Generals von den Länderrechten auch den Auffassungen der CDU entsprach und die deutschen Konservativen die Nutznießer der starren Haltung des Militärgouverneurs gewesen sind. Als kritischer Beobachter von Clay warf Golay dem General daher vor, er habe seine parteipolitische Neutralität aufgegeben und dafür nur recht lahme Entschuldigungen vorgebracht. Golay schreibt: „Alle Zugeständnisse, auf die sich die Regierungen der Alliierten einigten – was immer die Folgen – hätten im Geiste der Neutralität für alle gelten sollen."[98]

Als sich die Militärgouverneure wieder mit den Deutschen zusammensetzten – zu ihren deutschen Gesprächspartnern gehörten jetzt auch Vertreter Berlins als Beobachter –, hatte sich die Atmosphäre wesentlich entspannt. Der nun geltende deutsche Kompromißvorschlag berücksichtigte die Wünsche der Alliierten insoweit, als auch die Länder das Verfügungsrecht über wichtige Steuern erhielten, während die Zentralregierung, wie es die Sozialdemokraten verlangten, gewisse zunächst dem Bundesrat zugestandene Vollmachten zurückbekam. Die Bundesregierung hatte dabei das Recht, auf bestimmten Gebieten Gesetze zu erlassen, „um die wirtschaftliche und rechtliche Einheit zu wahren". Während einer sechs Stunden dauernden Sitzung im Gebäude des amerikanischen Hauptquartiers in Frankfurt lehnten die Deutschen alle weiteren Änderungen des Grundgesetzes ab. Da Robertson die Annahme empfahl und General Koenig sich bereit erklärte, alles zu akzeptieren, was die amerikanische Delegation für befriedigend hielt, sah sich Clay in einer schwierigen Lage, denn jetzt mußt er entscheiden, wie weitgehend die Grundsätze des Föderalismus berücksichtigt werden sollten. Er schreibt dazu: „Wenn die Deutschen meine Entscheidung nicht hätten akzeptieren können, dann wäre ich für die Verzögerung der Bildung einer westdeutschen Regierung verantwortlich gewesen." Das Bewußtsein, diese Verantwortung zu tragen, und die besondere Begabung Clays für die Formulierung von Vertragstexten führten zum erfolgreichen Abschluß der Konferenz. Nach einer mehrstündigen ergebnislosen Debatte, bei der sich die drei Militärgouverneure und der Parlamentarische Rat an einem Tisch gegenübersaßen, legte Clay schließlich den von ihm entworfenen Text vor. Er autorisierte die Legislative des Bundes, Steuern für die Finanzierung des Erziehungswesens, des Gesundheitswesens und der Sozialfürsorge festzusetzen und den Ländern Mittel zuzuweisen, die nicht in der Lage waren, diese Aufgaben selbst zu finanzieren.[99] Nach einer kurzen Beratung nahmen die Deutschen Clays Vorschlag an, und der letzte Baustein für eine Westdeutsche Regierung – das Grundgesetz – konnte in das Gebäude eingefügt werden.

Am folgenden Tag erfuhr Clay durch ein Telefongespräch mit Voorhees von den Verhandlungen, die Jessup mit Malik über die bedingungslose Auf-

10. Der Parlamentarische Rat bei der Abstimmung über das Grundgesetz, Bonn, 8. Mai 1949. Von links nach rechts: Dr. Menzel, Innenminister in Nordrhein-Westfalen; Professor Carlo Schmid, amtierender Präsident und Justizminister in Südbaden; Paul Loebe, Reichstagspräsident bis 1933; Professor Heuss, ab 1949 Bundespräsident, und Dr. Seebohm, später Verkehrsminister.

hebung der Blockade geführt hatte. Als er um seine Stellungnahme gebeten wurde, telegrafierte Clay: ,,Da die Dinge jetzt so weit vorangekommen sind, würde ich dringend empfehlen, daß wir von den Sowjets eine klare Antwort und die sofortige und vollständige Aufhebung der Blockade verlangen." Außerdem wies er darauf hin, daß die sowjetische Maßnahme eine ganz neue sowjetische Taktik mit dem Ziel darstellte, Deutschland für sich zu gewinnen. Er meinte, die Sowjets würden einer Lösung des Deutschlandproblems zustimmen, welche die Vorstellungen des Westens weitgehend berücksichtigte, und auch das Besatzungsstatut und vielleicht sogar das Bonner Grundgesetz anerkennen. ,,Es wird jedoch ihre Absicht sein, zu verhindern, daß sich das neue Deutschland nach Westen orientiert und in eine Gemeinschaft westeuropäischer Staaten integriert wird. Auf diese Weise würden sie einen Pufferstaat schaffen, den sie, wenn wir in unseren gegenwärtigen Anstrengungen nachlassen, durch Versprechungen und andere Mittel gefügig machen könnten. Die Gefahr bestand hier in der bekannten Tendenz der Demokratien, sich auf ihren Lorbeeren auszuruhen."[100] 25 Jahre später konnte er darauf hinweisen, daß er mit seiner Vermutung recht gehabt hatte. Richard McKinzie sagte er: ,,Ich habe nie verstanden, weshalb man die Verhandlungen über die Aufhebung der Blockade unter Ausschluß der Öffentlichkeit geführt hat, denn ich glaube, in diesem Stadium saßen wir am längeren Hebel: Die öffentliche Meinung in der ganzen Welt und in den Vereinigten Staaten war auf unserer Seite, und unsere Politik war erfolgreich. Jeder erkannte, daß die Blockade wirkungslos blieb. Durch sie hatten die Russen ganz Deutschland verloren und in Ostdeutschland große Sympathien für Berlin geweckt. Damals hätten wir noch einmal über den Status von Berlin und das Recht für die Benutzung der Zugangswege verhandeln können. Wir haben unsere starke Verhandlungsposition nicht ausgenutzt."[101]

Am 4. Mai wurde bekanntgegeben, daß sich die vier Mächte geeinigt hätten, die Berlin-Blockade aufzugeben. Jetzt durfte Clay damit rechnen, Deutschland wie vorgesehen am 15. Mai verlassen zu können. Nachdem die Blockade aufgehoben war und angesichts der unmittelbar bevorstehenden Amtsübernahme durch eine westdeutsche Regierung war er durchaus zu der Annahme berechtigt, seine Aufgabe mit Erfolg zum Abschluß gebracht zu haben – bis zu dem Augenblick, da ihm eine Mitteilung seiner Regierung das Gegenteil zu sagen schien. Nachdem der Sieg im Ringen um Deutschland in sichtbare Nähe gerückt war, hatte der Planungsstab von George Kennan ein neues Szenarium entwickelt. Danach sollten sich alle Besatzungsmächte an die Peripherie des politischen Geschehens in Deutschland zurückziehen und es dem deutschen Volk überlassen, eine Regierung für ganz Deutschland zu bilden. Dieser Plan berücksichtigte nicht den entscheidend wichtigen Umstand der absoluten Abhängigkeit Westdeutschlands von dem Programm für den Wiederaufbau Europas (ERP) und seine engen Beziehungen zu Westeuropa. Er bedeutete den Verzicht des Westens auf die Errichtung einer westdeutschen Regierung.[102] Als das Papier, das diese Vorschläge für die bevorstehende Konferenz des Rats der Außenminister im einzelnen erläuterte, bei einer Telekonferenz mit Washington zur Sprache kam, reagierte der Militärgouverneur mit ungewöhnlicher Zurückhaltung. Er wußte, weder die Briten noch die Franzosen würden einem solchen Plan zustimmen, der wieder zu beweisen schien, weshalb sein Land noch niemals einen Frieden gewonnen hatte. Er sagte: „Wenn Sie Deutschland wirklich den Sowjets überlassen wollen, dann ist das die richtige Methode. Unser Abzug wird Deutschland in der Tat sofort zum Pufferstaat machen."[103] In einem am folgenden Tag abgeschickten Telegramm fügte er hinzu:[104] „Wir haben die Schlacht gewonnen, aber das Außenministerium schlägt uns vor, eine Waffenstillstandsvereinbarung zu unterschreiben, als hätten wir sie verloren. Wir würden dadurch bei dem unaufhörlichen Ringen zwischen dem Kommunismus und der Freiheit in eine sehr ungünstige Lage geraten."

Als der Militärgouverneur am folgenden Tag durch ein Telegramm von Murphy davon unterrichtet wurde, daß der Plan nicht den Auffassungen von Außenminister Acheson entsprach, wußte Clay, daß er jetzt seinen Posten verlassen konnte, ohne sich Sorgen machen zu müssen.[105] Am 12. Mai wurde das Grundgesetz der Bundesrepublik Deutschland von den Militärgouverneuren gebilligt und die Blockade aufgehoben. Drei Tage später befand sich der General auf der Heimreise in die Vereinigten Staaten und freute sich, wie er zu sagen pflegte, „auf das Angeln im Chatahoochee River".

12. Kapitel

Ein Ende und ein neuer Anfang

Das Abschiednehmen begann am 23. April in Clays Berliner Residenz Im Dol mit einer kleinen Feier zu seinem 52. Geburtstag. Margaret Allen, Edna Shelley, Edloe Donnan und andere Angehörige seines kleinen persönlichen Stabes sahen ihm mit wehmütigen Gefühlen zu, wie er seine Geburtstagstorte anschnitt. Mit diesem Tage gingen vier erregende Jahre zu Ende, vielleicht die besten ihres ganzen Lebens. Es blieben nur die Erinnerungen, das Bewußtsein, einem der großen Männer ihres Landes gedient zu haben, und der abschließende Trinkspruch des Generals: ,,Auf diejenigen, die mich am glücklichsten gemacht haben!"[1]

Zehn Tage später, einen Tag nachdem der Präsident das Rücktrittsgesuch des Militärgouverneurs genehmigt hatte, traten 10000 Mann der ersten Division und der Constabulary in Grafenwöhr zur Abschiedsparade für ihren Oberbefehlshaber an, der sie jetzt verlassen sollte. Clay hielt sie für ebenso gute Soldaten wie ihre kampferprobten Vorgänger und erinnerte sie an die stolzen Traditionen der alliierten Armeen, die Europa befreit hatten. Er sagte ihnen, sie müßten in Deutschland bleiben, um den Frieden und die Freiheit sicherzustellen, für welche der letzte Krieg geführt worden war. Nach dem Vorbeimarsch der letzten Regimenter flogen 60 Thunderbolt-Jagdflugzeuge vom 86. Kampfgeschwader, die ein gigantisches CLAY gebildet hatten, am strahlenden, wolkenlosen Himmel über das Paradefeld.

Noch bedeutungsvoller, wenn auch weniger spektakulär, war die Abschiedskundgebung Tausender von Berlinern, die gemeinsam mit Clay die Zeit der Luftbrücke durchgestanden hatten und nun gekommen waren, am Sonntag den traditionellen Zapfenstreich vor dem Hauptquartier der Militärregierung an der Kronprinzen-Allee mitzuerleben – die von der dankbaren Stadt sehr bald in Clay-Allee umbenannt wurde. Dies war sein letztes offizielles Auftreten, bevor der General mit seiner Frau auf dem Flughafen Tempelhof das Flugzeug bestieg. Erst als die Maschine zum Auftanken in Neufundland eine Zwischenlandung machte, erfuhr er, daß er am folgenden Tag vor dem Kongreß eine Ansprache halten und vom Präsidenten mit dem Zweiten Eichenlaub für seine Distinguished Service Medal ausgezeichnet werden sollte.

Der Sprecher des Hauses, Sam Rayburn, stellte ihn als einen der tüchtigsten Männer vor, die ihm in der Armee und im Zivilleben begegnet seien. Dann hielt Clay, ohne irgendwelche Notizen zu benutzen, eine kurze Ansprache:[2] ,,Zwei Jahre lang haben die Vereinigten Staaten verzweifelt ver-

11. General Clay verläßt zusammen mit Berlins Oberbürgermeister Professor Ernst Reuter das Rathaus in Schöneberg nach einer außerordentlichen Sitzung der Westberliner Stadtverordneten zu Clays Verabschiedung, 12. Mai 1949. „Die alliierten Armeen werden in Deutschland bleiben, um sicherzustellen, daß Friede und Freiheit, für die der Krieg geführt wurde, auch andauern ..." (General Clay in einer Begrüßungsansprache an die Armee)

sucht, im Rahmen der Viermächte-Vereinbarungen fruchtbare Arbeit zu leisten. Das ist uns nicht gelungen, weil eine der vier Mächte in Deutschland nur zwei Ziele verfolgt hat: Erstens wollte sie möglichst große Reparationsleistungen erzwingen und zweitens eine Regierung einsetzen, die sich von einem Polizeistaat kontrollieren oder zumindest ausnutzen ließ. Die drei Westmächte mußten ihre Aufgabe daher allein erfüllen. Und jetzt haben sich auch die Deutschen für eine Regierung entschieden, die sich für die Würde des einzelnen Menschen einsetzt.

Es ist unmöglich zu vergessen, und es ist schwer zu vergeben. Wir alle erinnern uns daran, daß Deutschland den Angriffskrieg begonnen hat. Aber es ist schwer für freie Menschen, sich vorzustellen, wie die Moral in einem unter einer Diktatur lebenden Volk zerrüttet werden kann. Ein Volk, das ein solches Regime hat ertragen müssen, kann nicht über Nacht zur Demokratie zurückgeführt werden. Ich habe in Berlin den Geist und die Seele eines wiedergeborenen Volkes gesehen. Zweieinhalb Millionen Deutsche haben zum zweiten Mal die Gelegenheit gehabt, sich für die Freiheit zu entscheiden. Das erste Mal hatten sie diese Gelegenheit verspielt, aber beim zweiten Mal haben sie sie wahrgenommen. Es könnte in der Tat dieser Geist sein, der die Flamme der Freiheit in Deutschland entzündet, die vielleicht mit den

Jahren wachsen wird. Wir müssen diese Flamme nähren und versuchen, ein Deutschland zu entwickeln, das nicht nur auf Deutschland blickt, sondern dieses Land als Teil eines neuen europäischen Konzepts betrachtet, um für den gemeinsamen wirtschaftlichen Fortschritt und die gemeinsame Liebe zur Freiheit zu arbeiten.“

Clay erlebte noch zwei weitere offizielle Veranstaltungen. Das eine war die traditionelle Konfettiparade in New York, bei der auch Bob Murphy und Bill Draper geehrt wurden. Das zweite war der begeisterte Empfang zu Hause in Marietta, wo Clay die zu seinem Empfang erschienene Menge von einem Podium aus begrüßte, das man gegenüber dem Denkmal seines Vaters errichtet hatte. Man hatte zu seinen Ehren ein Picknick für 8000 Personen und eine Parade veranstaltet, auf der Clay eine Angelrute, ein Eimer mit lebenden Angelködern und ein großer Krug Maiswhiskey überreicht wurden. Aber ein Artikel in *The New Yorker* berichtete, daß er „immer noch keine Zeit gefunden hat, fischen zu gehen“.[3]

Während der nun folgenden Urlaubsmonate auf Cape Cod fehlte es dem General nicht an Arbeit, denn jetzt mußte er den offiziellen Bericht über seine vierjährige Tätigkeit in Deutschland verfassen. Es war in der Tat ein offizieller Bericht, denn sein Buch *Decision in Germany* – eine bürokratische Rechtfertigung der Tätigkeit der Militärregierung – ist ebenso bedeutungsvoll im Hinblick auf das, was darin verschwiegen wird, wie auf das, was es berichtet. Doch der Ehrenkodex von Lucius D. Clay als Staatsdiener verbot es ihm, nach dem heute üblichen Verfahren vorzugehen und Enthüllungen zu machen, „weil man die Dinge jetzt beim Namen nennen kann“. Während der General an seinen Erinnerungen arbeitete, läutete immer wieder das Telefon, und er erhielt die verlockendsten Stellenangebote.[4] Doch in dieser Beziehung hatte Clay seine eigenen Vorstellungen. Er lehnte das finanziell lohnende Angebot eines prominenten Bankiers von der Westküste ab, weil, wie Marjorie Clay erzählt, „der General für niemanden arbeiten wollte, den er nicht respektierte“. Sie sagte, er hätte sich zunächst auch geweigert, in den „Canyons von New York“ zu arbeiten, änderte aber dann seine Meinung und hat sich dort sehr wohl gefühlt. Eigentlich wollte er für eine kleine Firma in einer kleinen Stadt tätig werden, und entschied sich dann auch dafür, obwohl jeder, der den General kannte, hätte voraussagen können, daß ihm eine solche Position auf die Dauer nicht zusagen würde. Die Stelle des leitenden Direktors bei der *Ecusta Paper Company* in Brevard, North Carolina, war für ihn kaum eine Herausforderung, und er blieb nur ein Jahr dort. Er kündigte, als die Firma von OLIN aufgekauft wurde, einem Unternehmen, das während des Krieges Munition hergestellt hatte.[5]

In Deutschland hatte er die Vetternwirtschaft strikt abgelehnt und alles getan, um jeden Anschein einer Ausbeutung zu vermeiden. Er hatte sich geweigert, die Hochzeit seines Sohnes Frank in England stattfinden zu lassen, um den Müttern der Braut und des Bräutigams die Teilnahme zu ermöglichen, weil andere Offiziere der Besatzungsarmee solche Privilegien nicht genossen.[6] Als ein Neffe von Clay, der als Major im Sekretariat von OMGUS arbeitete, versucht hatte, die Uniform auszuziehen und als besser bezahlter Zivilist in der gleichen Position zu bleiben, ließ er ihn wieder in die Armee einziehen.[7] Als sein Sohn Lucius Clay jr., der ebenfalls in der Besatzungsarmee diente, für eine Auszeichnung vorgeschlagen wurde, lehnte er den Vorschlag ab.[8] Und als ein deutscher Gast, den er kurz vor seiner Abreise aus Berlin zu Tisch geladen hatte, den dort servierten Wein wiedererkannte und ihm sagte, er sei aus seinem Keller requiriert worden, überzog der so in Verlegenheit gebrachte Militärgouverneur sein Bankkonto und schickte dem Mann einen Scheck über 7000 Dollar.[9] Aus ähnlichen Überlegungen lehnte er es auch ab, von einer Sonderverfügung Gebrauch zu machen, die es Eisenhower und anderen Generälen ermöglichte, die Honorare für ihre Memoiren steuermäßig zu begünstigen. Auf diese Weise hätte Clay eine beachtliche Summe an Steuern sparen können. Auch bei der Firma *Ecusta* hätte er bleiben können, kündigte aber, weil er als pensionierter Offizier nicht mit Fabrikanten von Munition arbeiten wollte, besonders weil er während des Krieges mit solchen Firmen Verträge abgeschlossen hatte und eines Tages wieder in die gleiche Situation geraten könnte.[10]

Stellungslos, ohne nennenswerte Ersparnisse und mit einem Ruhegehalt von nur 9000 Dollar war Clay auf Einladung der Crusade for Freedom, der Organisation, welche die Finanzierung von Radio Free Europa übernommen hatte und die er leitete, nach New York gekommen, als sich ihm ganz unerwartet eine neue Chance bot. Es begann mit einem Anruf des New Yorker Finanziers, Sidney Weinberg, der dem General ein Treffen mit Carl Conway, dem Aufsichtsratsvorsitzenden der *Continental Can Company*, vorschlug. Weinberg und Clay hatten während des Krieges in Washington zusammengearbeitet; Weinberg bei der Rüstungsbehörde (War Production Board), und Clay im Pentagon als für den Nachschub der Armee verantwortlicher Offizier. Aber beide Männer hatten einander mehrere Jahre nicht gesehen. Der General kannte Conway und die *Continental Can Company* noch nicht. Beim Tee in der Wohnung von Conway erfuhr er einiges über die Firma. Conway sagte ihm, das Unternehmen sei zu stark zentralisiert und litte unter der zu straffen Führung der Unternehmensleitung. Das gefiel ihm nicht, und deshalb bat er Clay, am gleichen Abend an einer Vorstandssitzung von *Continental* teilzunehmen. Bei dem anschließenden Essen fragten die Direktoren den General, wie er sich eine Dezentralisierung vorstellte. Clay erinnert sich: „Ich hatte mich auf die Sitzung nicht vorbereitet, bin aber immer für die Dezentralisierung eingetreten. Ich hatte sehr feste Vorstellungen davon, daß der technische Betrieb eines Unternehmens dezentralisiert, aber die Finanzierung und die Kontrollen zentralisiert werden müßten, damit die Firmenleitung die Dinge in der Hand behielt, ohne sich in die Details des täglichen Betriebs in den einzelnen Abteilungen der betreffenden Organisation einzumischen." Diese Auffassung trug er nun mit der für ihn charakteristischen Überzeugungskraft vor.

Nachdem Clay noch ein Glas mit den Direktoren getrunken, weitere Fragen beantwortet und sich verabschiedet hatte, war es klar, daß *Continental Can* sich für seine Mitarbeit interessierte. Am folgenden Tag luden ihn die Direktoren zum Mittagessen in den Recess Club ein.[11] Clay berichtet: „Ich aß mit ihnen zu Mittag und anschließend sagten Mr. Conway und Mr. Weinberg: ‚Die Vorstandssitzung wird nicht sehr lange dauern, kommen Sie doch mit, und dann können wir uns weiter unterhalten.' Ich fuhr also zum Büro der *Continental Can* am Pershing Square. Mr. Conway führte mich in sein Büro und sagte: ‚Bitte warten Sie hier auf uns.' Nach etwa fünf bis zehn Minuten kam er mit Mr. Weinberg zurück. Er sagte: ‚Sie sind eben zum Vorstandvorsitzenden und Generaldirektor der *Continental Can Company* gewählt worden. Kommen Sie bitte herein und übernehmen Sie die Leitung der Sitzung.' Also übernahm ich den Vorsitz. Etwa einen Monat später kam der Finanzdirektor zu mir und sagte: ‚Wir wollten Ihnen eben Ihren Gehaltsscheck ausstellen, aber wir wissen nicht, auf welche Summe.' Ich sagte: ‚Nun, ich weiß es auch nicht.'" Clay war von der neuen Aufgabe so fasziniert gewesen, daß er es vergessen hatte, ein bestimmtes Gehalt zu vereinbaren. „Das Unternehmen mußte umstrukturiert werden und brauchte jemanden, der die Organisation straffte. Das war an sich schon eine Herausforderung", erklärte Clay viele Jahre nachdem er aus der *Continental* ausgestiegen war. Unter seiner Leitung war aus einem mittleren Betrieb das größte und vielseitigste Verpackungsunternehmen der Welt geworden.

Die ersten vier Jahre nach der Kapitulation der deutschen Wehrmacht haben die Beziehungen der Vereinigten Staaten zur Sowjetunion und Deutschland in der Nachkriegsperiode wesentlich bestimmt. Als die Feindseligkeiten in Europa im Mai 1945 eingestellt wurden, waren die Vorstellungen Roosevelts von einer Fortführung der Zusammenarbeit mit den Russen zur Verhinderung künftiger deutscher Aggressionen noch sehr lebendig. Die im Kriege entstandenen romantischen Ideen von der amerikanisch-russischen Waffenbrüderschaft waren noch nicht von nüchterneren Überlegungen verdrängt worden. Vier Jahre später hatte die Sowjetunion den Platz Deutschlands als Hauptgegner Amerikas eingenommen, und ein neues Konzept, nach dem Westdeutschland ein Bollwerk gegen den sowjetischen Expansionismus werden sollte, nahm Gestalt an.

An der Wurzel dieser dramatischen Entwicklung lag die Nichtbeachtung einiger Beschlüsse von Jalta und Potsdam – wie sie vom amerikanischen Außenministerium interpretiert wurden – durch die Sowjets. Eine neue Welle des Anti-Kommunismus in Amerika und das Wiedererwachen des zeitweilig unterdrückten Mißtrauens gegenüber dem Kreml waren ebenso daran beteiligt. Zunächst hatte man sich über das Verhalten der Roten Armee in Rumänien, Bulgarien, Ungarn und Polen erregt. Die Spannungen verschärften sich später, als die Sowjets gegenüber dem Iran und der Türkei gewisse Ansprüche anmeldeten. Zwar konnte der Westen das weitere Vordringen der Sowjetunion durch die Demonstration seiner Stärke verhindern, aber es war zu spät, um den Bruch zu vermeiden.

Solange die Feindseligkeiten andauerten, hatte sich Präsident Roosevelt fast ausschließlich darauf konzentriert, den Krieg zu gewinnen, und sich geweigert, Pläne für die Zeit nach dem Kriege zu machen. Noch im Oktober 1944 schrieb er an Cordell Hull: ,,Mir gefällt es nicht, Pläne für ein Land zu machen, das wir noch nicht besetzt haben. Viel wird davon abhängen, was wir und unsere Verbündeten vorfinden, wenn wir nach Deutschland kommen – und wir sind noch nicht dort."

Und weil der Präsident seine Entscheidungen auf einen späteren Zeitpunkt verschieben wollte, äußerte er sich nur sehr allgemein über seine Vorstellungen von der Zukunft. Dazu gehörte die Einsetzung demokratischer, aus freien Wahlen hervorgegangener Regierungen, die Stärkung der Vereinten Nationen zur Vermeidung künftiger Kriege und ein auf dem Prinzip des Multilateralismus aufgebautes Wirtschaftssystem, mit dem die Entstehung von Wirtschaftsblöcken verhindert werden sollte. Dahinter stand die Idee, daß das amerikanisch-britisch-sowjetische Bündnis fortbestehen und die Stabilisierung Europas nach dem Kriege garantieren werde. Diese ganz allgemein und nicht klar formulierten Grundsätze beherrschten das Denken der verantwortlichen Politiker in Amerika, als General Clay nach Europa ging, wo ihn im wesentlichen nur negative Anweisungen erwarteten.

Der neuernannte Stellvertretende Militärgouverneur betrachtete seinen Auftrag in Deutschland wie jede beliebige technische Aufgabe und erkannte sehr bald, daß der wirtschaftliche Zusammenschluß der vier Besatzungszonen den Schlüssel zum Erfolg bedeutete. Da sein eigener Verantwortungsbereich, die amerikanische Besatzungszone, nicht wirtschaftlich selbständig sein konnte, würde der Kongreß nach einiger Zeit keine Mittel mehr bewilligen. Clay mußte immer wieder daran denken, wie die Vereinigten Staaten ihre Besatzungstruppen 1923 aus dem Rheinland abgezogen hatten, und fürchtete, die Geschichte könnte sich wiederholen. Wenn seine Mission nicht scheitern sollte, dann mußte Deutschland möglichst bald wiedervereinigt werden.

Da außerdem immer die Gefahr bestand, daß die Mittel für die Besetzung beschnitten wurden, mußten die Ausgaben der Militärregierung auf ein Mindestmaß beschränkt werden, bis der amerikanische Steuerzahler durch den Zusammenschluß aller vier Besatzungszonen vollkommen entlastet war. Clay hatte als Militärtechniker die Armee sowohl von innen als auch von außen kennengelernt und wußte daher nur zu gut, daß die Aufgaben einer Besatzungsmacht nicht von Soldaten gelöst werden können. Deshalb konzipierte er schon sehr bald einen aus vier Teilen bestehenden Plan für die Durchführung seiner Mission. Der Generalstab der Armee würde die Militärregierung sehr bald aus seinem Zuständigkeitsbereich entlassen müssen. Das amerikanische Personal mußte drastisch reduziert und die Verwaltungsaufgaben bald geeigneten und sorgfältig ausgewählten Deutschen übergeben werden. Schließlich mußte man auf internationaler Ebene beim Kontrollrat ständig auf eine Wiedervereinigung Deutschlands hinwirken. Anders als einige Berufsdiplomaten beim Außenministerium zweifelte der Stellvertretende Militärgouverneur nicht daran, daß die Beschlüsse von Jalta und Potsdam als Richtlinien für die Zusammenarbeit der vier Mächte ihre Geltung behalten könnten. Wie Eisenhower und andere amerikanische militärische Führer glaubte er an die Möglichkeit, die freundschaftlichen Beziehungen zur Sowjetunion aufrecht zu erhalten. Die Voraussetzung für gute Beziehungen zu den Sowjets war, wie er Anfang 1945 einem zweifelnden Charles Bohlen gesagt hatte, daß man Vertrauen zeigen müsse, um Vertrauen zu gewinnen. Im Gespräch mit ebenso skeptischen amerikanischen Journalisten erklärte er mit großer Entschiedenheit, daß es unbedingt erforderlich sei, gute Beziehungen zu Rußland zu unterhalten. Er sagte: ,,Das muß gelingen. Wie kann man erwarten, daß wir bei den Vereinten Nationen vorankommen, wenn wir in Berlin nicht zusammenarbeiten können?"

Über die vor ihm liegenden Schwierigkeiten machte er sich jedoch keine Illusionen. Er wußte, man hatte ihm eine der schwierigsten und undankbarsten Aufgaben übertragen, die seine Regierung zu vergeben hatte, und er nahm die Warnung eines Freundes ernst, der gesagt hatte: ,,Diese Aufgabe wird den Ruf auch des besten Mannes ruinieren." ,,Es gab niemanden", sagte Clay später im Verlauf eines Interviews,[12] ,,der den Anforderungen entsprochen und den Posten freiwillig übernommen hätte, mit Ausnahme eines Offiziers, dem man es befehlen konnte. Im ganzen Außenministerium wollte niemand diese Aufgabe übernehmen."

Zunächst schienen die durch die Direktive JCS 1067 verordneten wirtschaftlichen Restriktionen ein gewaltiges Hindernis zu sein. Aber von Henry Stimson ermutigt, bei der Durchführung dieser Bestimmungen nach eigenem Gutdünken zu verfahren, war er sich stets der Warnung bewußt gewesen, daß ,,die Verfasser der Direktive die Ersten sein werden, die sich gegen Sie wenden werden, wenn die Dinge sich anders entwickeln als erwartet".[13] So begann Clay allmählich, alle die Wirtschaft betreffenden Restriktionen der Direktive auszuhöhlen. Er selbst sagte dazu: ,,Wenn man die deutsche Wirtschaft nicht wieder aufbaute, dann durfte man nicht mit einer Bezahlung der notwendigen Lebensmittel rechnen. Aus diesem Grunde mußte ich mich ständig der jeweiligen Lage anpassen, und zwar nicht offiziell, sondern dadurch, daß ich stillschweigend diese oder jene Abweichung von der Direktive zuließ. Wir sorgten dafür, daß die Direktive JCS 1067 allmählich unwirksam wurde. Als wir den Befehl erhielten, eine Währungsreform durchzuführen, geschah es im direkten Widerspruch gegen eine Bestimmung der Direktive, die es untersagte, etwas zur Wiederbelebung der deutschen Wirtschaft zu tun. Eine solche Politik war undurchführbar, und sie ließ sich nicht ändern, ohne daß diejenigen von uns, die in Deutschland waren, sich darüber aussprachen und etwas unternahmen. Die Anweisungen wurden allmählich durch einen Austausch von Telegrammen, Konferenzen usw.

modifiziert."[14] Aber bei der Entnazifizierung hatte der Militärgouverneur keinen solchen Spielraum, und sie war zweifellos das am wenigsten erfolgreiche Vorhaben der Militärregierung im besetzten Deutschland. Die dafür geltenden umfassenden und strengen Bestimmungen waren in der Hitze der unmittelbar nach dem Krieg herrschenden leidenschaftlichen Stimmung entworfen worden, sie enthielten keine Klauseln, die ein Ausweichen erlaubt hätten, und wurden vor allem während der ersten Nachkriegsjahre entschieden von der öffentlichen Meinung in den Vereinigten Staaten unterstützt. Es waren in der Tat schlechte Befehle, aber der General hatte keine andere Wahl und mußte mit aller Energie für ihre strikte Befolgung sorgen, auch wenn er ihre zahlreichen Fehler erkannte. Die Entflechtung andererseits kam nur mühsam voran. Das lag zum Teil daran, daß Deutschland in vier Zonen aufgeteilt war, aber auch daran, daß die Meinungen über Sinn und Methode der Entflechtung auseinandergingen. Einige Amerikaner glaubten, sie bedeutete das Zerschlagen der Kartelle, für andere war es die Anwendung von Antitrustgesetzen. Die Briten erblickten darin (wenigsten solange in Großbritannien die Labourpartei an der Regierung war) die Gelegenheit, die großen Unternehmen zu verstaatlichen. Die Anweisungen, die Clay erhalten hatte, waren doppeldeutig, und außerdem wurde er von einander widersprechenden Gruppen in den Vereinigten Staaten unter Druck gesetzt. Deshalb ließ er sich Zeit und wartete ab, bis sich die öffentliche Meinung geändert hatte. Bei der Erfüllung seines Auftrags im Rahmen des Erziehungssystems – was hier geschehen mußte, war Teil des gesamten Demokratisierungsprozesses – mußte er mehr als zwei Jahre mit der Lösung rein technischer Probleme zubringen. Es mußten neue Schulen gebaut, neue Schulbücher gedruckt und die geeigneten Lehrer ausgewählt werden. Die Anleitung und Beeinflussung des deutschen Schulsystems zur Einführung fortschrittlicher und demokratischer Erziehungsmethoden konnte erst im letzten Jahr seines Aufenthalts in Deutschland beginnen. Und doch haben seine Bemühungen zu bestimmten dauernden Erfolgen geführt. In Berlin wurde noch während der Blockade die Freie Universität gegründet, der Kulturaustausch begann, und die noch heute als kulturelle Informationszentren bestehenden Amerika-Häuser wurden eingerichtet.

Die Demokratisierung ließ sich selbstverständlich nicht durch militärische Befehle erzwingen, obwohl „sich das autokratische Temperament und die demokratischen Überzeugungen des Militärgouverneurs sehr gut eigneten, dem Dualismus gerecht zu werden, der diese problematische Aufgabe kennzeichnete", wie Don Humphrey schreibt. Zwar wahrte Clay einen deutlichen persönlichen Abstand zu den Deutschen, er war sich aber durchaus der Tatsache bewußt, daß eine Regierung eingesetzt werden und eine solche Regierung lebensfähig sein mußte, um Erfolg zu haben. So kämpfte er unermüdlich mit seinen britischen und französischen Verbündeten – und auch oft mit seinen eigenen Mitarbeitern – darum, den Deutschen mehr Verantwortung zu übertragen und ihnen dadurch die Erfahrungen mit den Problemen zu vermitteln, welche die Demokratie mit sich bringt. Um die Zukunft zu sichern, konnte er nur Anregungen dafür geben, daß bestimmte gesetzgeberische und verfassungsmäßige Maßnahmen ergriffen wurden, und hoffen, daß die zarte Pflanze wachsen werde. Das hat er getan.

Während die führenden Politiker in Washington in ihrer Haltung schwankten, hielt Clay an dem einmal eingeschlagenen Kurs fest. Trotz mancher Rückschläge hat er die Zügel allein in der Hand behalten, und das ist mit Sicherheit von großem Vorteil gewesen. Er hat immer wieder gesagt: „Geben Sie mir die Tatsachen, dann werden wir entscheiden, was geschehen muß.“ Aber eigentlich hieß das, „geben Sie mir die Tatsachen, und *ich* werde entscheiden, was geschehen muß“. Nach Auffassung von Don Humphrey lag die hauptsächliche Schwäche des Generals darin, daß er nicht fähig war, die Einsichten und die Intelligenz anderer voll auszunutzen. Ein anderer kritischer Angehöriger seines Stabes schreibt dazu:[15] „Er faßt seine Entschlüsse allein mit dem fast mystischen Glauben, recht zu haben.“ Und der Management Control Officer in Berlin, James Sundquist, hat Clay bei den Besprechungen mit seinen Spitzenberatern während der Vorbereitungen für die Währungsreform beobachtet:[16] „Ich konnte nur staunen – sein Finanzberater dachte nicht daran, Vorschläge zu machen, sondern erklärte sich nur bereit, Befehle entgegenzunehmen, und bat darum, daß diese Befehle im einzelnen erläutert würden. Dann wendete sich Clay an seinen Wirtschaftsberater, und das gleiche wiederholte sich, und als ich an die Reihe kam, gab er mir meine Weisungen und ich ging durch die gleiche Prozedur – wie haben Sie das gemeint, soll es so sein oder anders? Ich überlegte mir, wer, um Himmels willen, hat ihn beraten? Hier haben sich seine Chefberater versammelt, und augenscheinlich hat keiner von ihnen gewußt, welches der Inhalt dieser Besprechung sein werde, und jetzt stellen sie fest, daß alle Entscheidungen schon getroffen sind.“

Doch obwohl Clay die Rolle des Alleinherrschers übernommen hatte, haben seine Gegner nicht recht, wenn sie ihn als Diktator darstellen.[17] Im Grunde war er ein bescheidener Mann mit demokratischen Überzeugungen, einem autokratischen Temperament und dem Gehirn eines Technokraten. Er arbeitete mit einem kleinen persönlichen Stab und vermied nach Möglichkeit in seiner persönlichen Umgebung und auf Reisen jeden äußeren Aufwand, zu dem sein hohes Amt ihn berechtigt hätte. Wenn er sich zu Truppenbesichtigungen in der amerikanischen Zone aufhielt, verzichtete er auf alle Polizeieskorten[18] und wies jeden diensteifrigen Beamten oder Truppenbefehlshaber scharf zurecht, der seiner Wagenkolonne mit unter Sirenengeheul vorausfahrenden Polizeifahrzeugen Platz machen und die Strecke für den zivilen Verkehr absperren ließ. Als der Präsident der Nachrichtenagentur United Press, Hugh Baillie, aus Tokio kommend einen kurzen Zwischenaufenthalt in Berlin einlegte, machte er einige boshafte Bemerkungen über den Unterschied im Auftreten der amerikanischen Besatzungsmacht in Japan und Deutschland. Clay hörte ihm eine Weile zu und fragte schließlich, was die Amerikaner bei der Besetzung Deutschlands falsch gemacht hätten. Baillie antwortete, MacArthur habe die Besetzung Japans dramatisiert: „Er hat den Japanern sehr lebendige Vorstellungen von dem Amerikanern vermittelt. Den Japanern gefällt die Show, die er für sie abgezogen hat, und sie würde auch den Deutschen gefallen, wenn Sie hier das gleiche tun würden." Clay überlegte sich den Vorschlag einen Augenblick und sagte dann lächelnd: „Nun, Sir, ich kann mir nicht recht vorstellen, daß Bob Murphy und ich auf zwei Schimmeln zu unserem Hauptquartier reiten."[19]

12. General Clay. „... ein erschöpfter Mann, in dessen Gesicht und Haltung die aufreibende Arbeit zum Ausdruck kommt, die er bei der Besetzung (Deutschlands) hat leisten müssen, wird begeistert empfangen ..." (*The New York Times*, 18. Mai 1949)

In dem wahrscheinlich letzten Interview des Generals vor seinem Tode[20] hat er eine für seinen Biographen sehr aufschlußreiche Äußerung getan. Auf die Frage, wie ihn seine Ausbildung in West Point und als Pionier auf sein späteres Leben vorbereitet habe, antwortete er kurz, aber präzise: „Ich glaube, bei der Grundausbildung in West Point lernte man, daß man zu jedem Auftrag, den man bekam, jawohl sagte und ihn ausführte oder auszuführen versuchte. Ich halte das für den fundamentalen und wichtigsten Aspekt bei der Ausbildung eines angehenden militärischen Führers. Was meine Zeit im Pionierkorps betrifft, so verdanke ich dem Pionierkorps alles, was ich in diesem Leben besitze." Die gewissenhafte Ausführung von Befehlen war ein unumstößlicher Grundsatz für den General, der „alles dafür gegeben hätte, eine Division im Kampfeinsatz zu befehligen",[21] als er nach Deutschland ging, um vier turbulente und anstrengende Jahre dort zu verbringen. Aber ebenso wichtig war der Pionier, der Ingenieur in diesem Mann, der sich daran gewöhnt hatte, jedes neue Projekt, ob es sich um ein technisches, ein politisches, ein wirtschaftliches oder soziales handelte, als eine neue technische Aufgabe anzusehen und zu beurteilen, einen genauen Plan zu entwickeln und sich bis zum erfolgreichen Abschluß gewissenhaft daran zu halten. William Harlan Hale schrieb: „Clay sagt in seinen Erinnerungen, daß er nicht nur als General, sondern auch als Techniker nach Deutschland versetzt worden sei. Er betrachtete seine Aufgabe in erster Linie als eine technische. Er mußte die Wirtschaft in Gang bringen, die in den Deutschen schlummernden Energien wecken und damit dem Leben in Deutschland neue Impulse geben. Es kam ihm in erster Linie darauf an, die Leistungsfähigkeit der Deutschen zu steigern."[22]

Zwar herrschte bei Clay der technische Verstand vor, aber er hat die demokratische Ethik in seinem Denken und Handeln als Militärgouverneur in Deutschland nach dem Kriege niemals verdrängt. Und es war die ständige schöpferische Spannung zwischen diesen beiden Seiten in Clays Wesen, die vielleicht mehr als irgendetwas anderes das Resultat seiner Tätigkeit in der Form des heutigen Westdeutschland gestaltet hat.

Clay war in der Erwartung nach Deutschland gegangen, Befehle ausführen zu müssen, aber während der ersten beiden Jahre kamen keine Befehle. Deshalb hat er die Politik selbst gestaltet. Für einen Mann, der, um Jim Riddleberger zu zitieren,[23] „immer darum bemüht war, irgendwie und irgendwo Fortschritte zu erzielen", wurde das zur Gewohnheit. Daraus ergaben sich Friktionen und häufige Kontroversen mit dem Außenministerium. Die Anlässe waren vor allem die wiederholten Versuche des Außenministeriums, Europapolitik auf Kosten des Deutschlandbudgets des Kriegsministeriums zu machen, für das Clay verantwortlich war. Aber noch häufiger war es das unermüdliche und kompromißlose Bemühen des Generals, das in die Tat umzusetzen, was er für die Deutschlandpolitik seiner Regierung hielt und die mangelnde Bereitschaft des Pentagon, Befehle seiner kommandierenden Offiziere im Feld zu widerrufen. Als die Einheit Deutschlands noch das offizielle politische Ziel der Vereinigten Staaten war und Clay bei seiner Arbeit im Kontrollrat auf erhebliche Schwierigkeiten stieß, ordnete er unilateral die Einstellung der Reparationslieferungen an, entwarf die Stuttgarter Rede, handelte mit seinem sowjetischen Gegenspieler eine vorläufige Regelung des schwierigen Reparationsproblems aus und erhob schließlich warnend seine Stimme: „Wenn wir es (das deutsche Wirtschaftspotential) nicht in seiner Gesamtheit untersuchen, dann bedeutet das die Teilung Deutschlands ... Offensichtlich wird damit die Grenze der westlichen Demokratie an der Elbe festgelegt ... Bei dem Kampf um die demokratischen Ideale in Ostdeutschland und in Osteuropa geht es für uns um einen hohen Einsatz. Die Gelegenheit dazu ergäbe sich aus einer realen Wiedervereinigung Deutschlands unter Viermächte-Kontrolle."[24]

Erst auf der Moskauer Konferenz im März 1947 erkannte Clay, daß der Verlauf der Geschichte eine neue Richtung nahm und seine Regierung einen neuen Kurs eingeschlagen hatte. Er selbst hatte nur in eine Richtung geblickt und war, wie ein aufmerksamer Beobachter schreibt,[25] mit aller ihm zur Verfügung stehenden physischen und psychischen Intensität in diese Richtung gegangen. Dabei hatte er sich nicht durch die Ereignisse in Osteuropa, in Frankreich, im Iran, in der Türkei oder anderswo ablenken lassen. Jetzt mußte er erkennen, daß das „noble Experiment" von Roosevelt zu Ende war und man nicht mehr mit einer Wiedervereinigung Deutschlands rechnen konnte.

Als ein neues Konzept mit einem wirtschaftlich starken Westdeutschland Form annimmt, finden wir den amerikanischen Militärgouverneur wieder an führender Stelle. „Wir müssen den Mut haben, zunächst mit einer provisorischen und dann mit einer repräsentativen deutschen Regierung voranzuschreiten", schreibt er nach Washington, sobald er die neue Lage überblickt und sich der politischen Richtung seiner Regierung angepaßt hat. „Zweieinhalb Jahre ohne Regierung sind eine viel zu lange Zeit ... Ich muß nachdrücklich und in allem Ernst erklären, daß 42 Millionen Deutsche in der britischen und amerikanischen Besatzungszone heute den stärksten Vorposten gegen ein kommunistisches Vordringen darstellen, den es irgendwo gibt." Unermüdlich setzte er sich dafür ein, den Deutschen eine höhere Industriekapazität zuzugestehen und die Demontagen drastisch einzuschränken. Er errichtete eine deutsche Übergangsregierung, verlangte die Einsetzung eines deutschen Managements und deutscher Treuhänder an der Ruhr und entwickelte gemeinsam mit Couve de Murville einen amerikanisch-französischen Kompromiß, der die Einsetzung einer ständigen deutschen Regierung vorsah. Nachdem man sich grundsätzlich über diese Fragen geeinigt hatte, sorgte er dafür, daß diese Vorhaben sofort in die Tat umgesetzt wurden. Er ließ den deutschen Vertretern einen Zeitplan für den Entwurf einer Verfassung vorlegen und veranlaßte nicht nur, daß die Termine eingehalten wurden, sondern achtete auch darauf, daß das Ergebnis seinen eigenen klaren Vorstellungen von einer demokratischen Föderation entsprach. Während diese Verhandlungen liefen, erwies sich der amerikanische Militärgouverneur in dem um Berlin entstandenen Ost-West-Konflikt als natürlicher Führer der freien Welt. Seine mutigen Worte, „wenn wir entschlossen sind, Europa gegen den Kommunismus zu verteidigen, dann dürfen wir nicht zurückweichen", machten Geschichte. Nachdem die Blockade Berlins mit Hilfe der Luftbrücke gebrochen und eine westdeutsche Regierung gebildet war, hatte Clay seine Mission in Deutschland erfüllt. Er schied aus dem Amt des Militärgouverneurs als Architekt einer neuen deutschen Bundesrepublik, die nun ihren Platz in einem westlichen antisowjetischen Block einnahm.

Während einer kurzen geschichtlichen Periode stand Clay vor dem Dilemma, das die Nachbarn Deutschlands seit Generationen konfrontiert hatte; er mußte entweder mit den Deutschen bei der Verfolgung eines gemeinsamen Ziels zusammenarbeiten, oder sich angesichts ihrer Vitalität und ihrer Agressivität gegen sie stellen. Er entschied sich schon sehr früh für die Zusammenarbeit mit ihnen und hat in einer kritischen Periode der neueren Geschichte sein Ziel unbeirrt und energisch verfolgt. Es ist ihm gelungen – wenn man das so ausdrücken kann –, einen lebensfähigen und zunehmend selbstbewußten Staat im westlichen Teil des ehemaligen deutschen Reichsgebiets zu schaffen. Seine Absicht ist es gewesen, damit einem wiedergeborenen deutschen Nationalstaat politische Konzepte, Institutionen und Eingliederungsmöglichkeiten im internationalen Rahmen, zu geben, die die negativen Kräfte in Schach halten würden, die von den Nachbarn Deutschlands bisher mit Recht gefürchtet worden waren. Die Probleme, denen sich Deutschland und die Atlantische Gemeinschaft heute gegenübersehen, sind eine Bewährungsprobe für eine politische Lösung, die Clay vor fast vierzig Jahren gefunden hat. Die Bedeutung des Mannes läßt sich daran messen, daß wir sagen können, seine Urteilskraft und seine Energie haben die Lage geschaffen, mit der wir und die Deutschen jetzt fertigwerden müssen. Und das Ausmaß des menschlichen Dilemmas zeigt sich darin, daß auch wir noch nicht sagen können, wie diese Probleme sich werden lösen lassen.

Epilog

von Don Humphrey,
dem ehemaligen Wirtschaftsberater General Clays

Lucius Clay wird immer eine umstrittene Persönlichkeit bleiben; ein schlichter Soldat und ein kluger Diplomat; ein Demokrat und ein Autokrat; ein Administrator und ein Politiker; eine Persönlichkeit von internationaler Bedeutung und ein Bürger von Georgia. Es ist unmöglich, die komplexe Persönlichkeit von Clay in einer kurzen Zusammenfassung richtig zu beschreiben.

Man erinnert sich an sein scharf geschnittenes Gesicht und seinen durchdringenden Blick. Er sah aus wie ein römischer Imperator, und es gibt Leute, die behaupten, er habe sich auch wie ein römischer Imperator verhalten. Das erste trifft zu, das zweite ist vielleicht ein guter Aphorismus. Aber es ist auch irreführend, denn der General war alles andere als pompös oder anmaßend. Clay hat sich durch seine Intelligenz, seine Energie und die Leidenschaftlichkeit seiner Überzeugungen durchgesetzt, aber nicht weil er einen hohen Rang bekleidete. In Wirklichkeit war er ein sehr unmilitärischer General, eine Behauptung, der diejenigen widersprechen werden, die nur seine präzise Ausdrucksweise kennen, die erlebt haben, wie rasch er Entschlüsse faßte, und die gelegentlich seine hochfahrende Art zu spüren bekamen. Clay hat im vollen Licht der Öffentlichkeit gelebt und gearbeitet. Er hat seine Aussagen niemals hinter der Anonymität der Uniform zu verschleiern gesucht und sich niemals hinter den Privilegien seines hohen Ranges versteckt. Er hat Verantwortung getragen, Entscheidungen getroffen, sich der Kritik gestellt und sich, wenn es notwendig war, durchgeboxt – mit oder ohne Boxhandschuhe. Es war Clays Persönlichkeit und nicht der General, die so sehr mit jedem Aspekt der Besetzung Deutschlands identifiziert worden ist.

Wo Clay versagt hat, war es vor allem die amerikanische Politik, die versagte; es waren die negativen politischen Ziele; das Versäumnis, die geistige Haltung der Deutschen durch Ermutigung und Unterstützung der konstruktiven Kräfte positiv zu beeinflussen; es war das Fortbestehen des wirtschaftlichen Chaos, einer im Herzen Europas in vier kritischen Jahren an den Dollar gefesselten Wirtschaft. Ich kenne niemanden, der unter den gleichen Voraussetzungen das gleiche hätte leisten können wie Clay. Aber Clay verkörperte die Besatzungsmacht, und die Geschichte mißt Erfolg und Mißerfolg nicht im Licht der äußeren Umstände.

Clay hat sich für seine Aufgabe aufgeopfert. Mit seiner Selbstlosigkeit, seinem Mut, seiner Hingabe an sein Land und an den Frieden war er ein großer Mann. Doch zur Erfüllung seiner Aufgabe gehörte mehr als die

Fähigkeiten eines einzelnen Menschen. Es ist Clay nicht gelungen, die Einsichten und die Weisheit anderer voll auszuschöpfen.

Die Kritiker, die ihn ablehnten, haben den durchdringenden Verstand und die ungewöhnliche Tüchtigkeit von Clay niemals bestritten. Und er selbst hat nie behauptet, daß es leicht sei, mit ihm auszukommen. Die Stellung, die er vier Jahre bekleidete, gehörte zu den anstrengendsten und undankbarsten der Geschichte. Weniger starke Persönlichkeiten wären unter der Kritik, der Clay ausgesetzt war, zusammengebrochen. Mit Ausnahme des Präsidenten hat niemand eine so schwere Verantwortung getragen. Die Unterstützung, die ihm zuteil wurde, hat er sich selbst geschaffen. Die Gegner Clays in Washington oder unter unseren europäischen Verbündeten waren in der Hauptsache Leute, die nicht direkt etwas mit ihm zu tun hatten. Wer mit ihm zusammenarbeitete oder ihm am Verhandlungstisch gegenübersaß, spürte sein starkes, leidenschaftliches Temperament, aber auch die Wärme und Kraft seiner persönlichen Ausstrahlung.

In den Beratungsgremien in Amerika und an den Konferenztischen in Europa war Clay ein gefürchteter Gegner. Intelligent, einfallsreich, unbeugsam und wortgewandt zeichnete er sich durch hervorragende Detailkenntnisse – mit Ausnahme finanzieller Angelegenheiten – und ein tiefes Verständnis für die eigentlichen Grundwerte aus. Doch die Eigenschaft, die ihm wirklich zum Erfolg verhalf und seine Verhandlungspartner aus dem Gleichgewicht brachte, war seine Intensität. Da er sich selbst absolut mit seiner Aufgabe identifizierte, empörte ihn die Kritik oder die Opposition von Dilettanten.

Clay schien zahlreiche Widersprüche in sich zu vereinigen. Bescheidenheit war nicht seine besondere Tugend. Und doch glaube ich, daß seine hervorragendste Eigenschaft, die es ihm ermöglicht hat, zu führen, wo die Staatsführung versagte, und zu überleben, wo Generäle schnell ersetzt werden, seine äußerste Selbstlosigkeit gewesen ist. Es kommt nur selten vor, daß sich politische Begabung und großes Organisationstalent in einer Person vereinigen. Noch seltener erleben wir es, daß bei einem Staatsdiener zu diesen Eigenschaften die Selbstlosigkeit hinzukommt. General Clay war eine solche Persönlichkeit.

Anmerkungen

1. Der General nimmt die Zügel in die Hand

1. Protokoll, U.S. Group Control Council Stabsbesprechung vom 28. April 1945; OMGUS 60–12/1.
2. Morgenthau Diary (Germany), Bd. 1, S. 529.
3. Denkschrift für den Kriegsminister, 17. Oktober 1944. Stimson Papers, Yale University.
4. Brief McCloy an Eisenhower, 25. Oktober 1944, USFET SGS 334/2.
5. Brief Eisenhower an McCloy, 1. November 1944, USFET SGS 334/2.
6. Brief Smith an Hilldring, Eisenhower Papers.
7. Brief Smith an Hilldring, 3. März 1945, CAD 014,7–10–42, sec. 1.
8. Stimson Diary, 14. März 1945, Yale University.
9. John H. Backer, *Die Entscheidung zur Teilung Deutschlands,* S. 102.
10. *Time,* 25. Juni 1945.
11. „Uncommon Clay: Our Ruler in the Reich", von Drew Middleton in *The New York Times Magazine,* 15. Juli 1945, S. 10.
12. Jean Smith, Interview mit General Clay, 5. Februar 1971, Oral History, Columbia University.
13. Interview des Verfassers mit General Hugh Casey, Bradford, Conn., 9. Oktober 1980.
14. Ebenda.
15. Lucius D. Clay, *Decision in Germany,* S. 4.
16. Ebenda, S. 6.
17. Coles & Weinberg, *Soldiers Become Governors,* S. 93.
18. Jean Smith, Interview mit General Clay, 5. Februar 1971.
19. Clay, *Decision ...,* S. 7.
20. Brief Clay an McCloy, 26. April 1945, in Smith, *The Papers of General Lucius D. Clay.*
21. Harold Zink, *American Military Government in Germany,* S. 48.
22. Earl F. Ziemke, *The U.S. Army in the Occupation of Germany 1944–46,* S. 186.
23. Hq. First U.S. Army, Office of CA officer, Check List for Guidance of Civil Affairs Officers, 18. Mai 1944, SHAEF, G–5, 17. 16.
24. Ziemke a. a. O., S. 185.
25. Ebenda, S. 66.
26. Brief Clay an Hilldring, 7. Mai 1945, in *The Papers of General Lucius D. Clay.*
27. Ebenda.
28. Backer, *Priming the German Economy: American Occupational Policies 1945–1948,* S. 9.
29. Clay, *Decision ...,* S. 16–19.
30. Ziemke, *The U.S. Army,* S. 130.
31. Denkschrift, Wickersham an Smith, Bericht über einen Besuch in Washington, 17. Juli 1844, USFET SGS 319.1/4.

32. Department of State, *Foreign Relations of the United States 1944*, Bd. 1, S. 185–87; 299–301; 404–406.
33. Jean Smith, Interview mit General Clay, 16. Dezember 1970.
34. Ziemke, *The U.S. Army*, S. 223.
35. Denkschrift Clay an Eisenhower, 11. April 1945, in *The Papers of General Lucius D. Clay*, S. 4.
36. Denkschrift, Hqs. ETOUSA Co S. Relationship of Dep. Mil. Gov. and U.S. Group CC to Theater Staff, 29. April 1945, OMGUS 416–2/3.
37. Clay, *Decision* ..., S. 53.
38. Jean Smith, Interview mit Clay, 16. Dezember 1970.
39. Brief Clay an Hilldring, 7. Mai 1945, in *The Papers of General Lucius D. Clay*, S. 10.
40. Protokoll Stabsbesprechung U.S. Group CC, 12. Mai 1945, OMGUS 60–12/1. Was die Deutschen in Reims unterschrieben, war „the act of military surrender", eine Erklärung, die drei Tage vorher in der G-3 Abteilung bei SHAEF verfaßt worden war, und nicht das sehr ausführliche Dokument, das die EAC für die Kapitulation vorbereitet hatte. Unkorrekt war, daß SHAEF zwar Kopien des EAC-Dokumentes erhalten hatte, aber nicht auf dem Dienstweg. SHAEF hatte den eigenen Entwurf an die vier Hauptstädte weitergeleitet, von Washington und Moskau jedoch keine Antwort erhalten. (Siehe Ziemke, *The U.S.Army* ..., S. 257–58).
41. Brief Clay an Hilldring, 7. Mai 1945, in *The Papers of General Lucius D. Clay*, S. 10.
42. *Time*, 25. Juni 1945 & consolidated daily journal, office staff secretary, 16. Mai 1945, OMGUS 435–2/3.
43. Ziemke, *The U.S. Army of Occupation in Germany*, S. 306.
44. Ebenda, S. 308–309.
45. Ebenda, S. 313–314.
46. Brief Hilldring an Clay, 21. März 1945, OMGUS 177–1/3.
47. „Uncommon Clay", von Drew Middleton, S. 10.
48. Protokoll der Sondersitzung mit den Armeebefehlshabern, 22. Juni 1945, OMGUS 60–12/1.
49. Brief Clay an McCloy, 29. Juni 1945, in *The Papers of General Lucius D. Clay.*
50. Ziemke, *The U.S. Army in Occupation in Germany*, S. 328–334.
51. Ebenda, S. 335.
52. Telegramm Smith an Hull, 17. November 1945. EUCOM, staff message control Juli–Dez. 45. „Ich glaube nicht, daß wir einen kalten Krieg gehabt hätten, wenn wir dort eine starke Armee unterhalten hätten", meinte Clay 1972.
53. Delbert Clark, *Again the Goose Step*, S. 36.
54. Interview des Verfassers mit Dr. Don Humphrey, 9. September 1978. Ziemke, *The U.S. Army in Occupation in Germany*, S. 220–221.
55. Ziemke, ebenda.
56. Ebenda, S. 355. Gespräch des Verfassers mit Richard Hallock und Interview Jean Smith mit General Clay.
57. U.S. Department of State, *Foreign Relations of the United States 1945. III European Advisory Commission*, S. 304–305.
58. Ebenda, S. 308.
59. General Ranson's Diary. C/S. U.S. Hq. BD. T–570–2/1 in consolidated daily journal, office of staff secr., 2. Juni 1945. OMGUS 435–2/3.
60. Clay, *Decision in Germany*, S. 21.
61. Robert Murphy, *Diplomat Among Warriors*, S. 257.

62. „Uncommon Clay" von Drew Middleton, S. 10.
63. Von Clay (S. Eisenhower) für JCS, 6. Juni 1945, FWD 23724. RG 200.N.A. *Foreign Relations 1945*, III, S. 327–332; Clay, *Decision* ..., S. 20–23.
64. Winston Churchill, *Triumph and Tragedy*, S. 605.
65. Clay, *Decision* ..., S. 24.
66. Interview Jean Smith mit General Clay, 11. Februar 1971, Oral History Project, Columbia University.
67. Clay, *Decision* ..., S. 26. *Foreign Relations 1945*, III, S. 353–361. *Foreign Relations ... The Conference of Berlin*, Bd. I, S. 135.
68. Interview des Verfassers mit Jim O'Donnell, Washington, D.C., 8. März 1980.
69. Frank Howley, *Berlin Command*, S. 53–57.
70. Gespräch des Verfassers mit Mrs. Sylvia O'Connor (Captain Tint), Hershey, Pa., 14. Juni 1980.
71. Howley a. a. O.
72. Interview des Verfassers mit General Frank Howley, New York City, 5. August 1980.
73. Ziemke, The U.S. Army, S. 342.
74. Delbert Clark, *Again the Goose Step*, S. 44–45.
75. Clay, *Decision* ..., S. 41. Gespräch des Verfassers mit Botschafter Riddleberger, Washington, D.C., 6. August 1981.
76. Ebenda, S. 53.
77. Interview Jean Smith mit General Clay, 5. Februar 1971, Oral History Project, Columbia University.
78. Ziemke, *The U.S. Army*, S. 402.

2. *Die Rahmenbedingungen*

1. Robert Murphy, *Diplomat Among Warriors*, S. 289.
2. George Kennan, *Russia Leaves the War*, S. 312–319.
3. *Foreign Relations* ... 1920, Bd. III, S. 466–468.
4. *Morgenthau Diaries*, S. 20.
5. Beatrice Farnsworth, *William Bullitt and the Soviet Union*, S. 90–92.
6. Adam Ulam, *Expansion and Coexistence*, S. 212–214.
7. Farnsworth a. a. O., S. 99–107.
8. Ebenda.
9. Gallup Poll Nr. 90, 5. Juli 1937.
10. *New York Times*, 1. Dezember 1939, S. 11.
11. Ebenda, 24. Juni 1941, S. 7.
12. Ralph S. Levering, *American Opinion and the Russian Alliance 1939–1945*, S. 46.
13. John H. Backer, *Die Entscheidung zur Teilung Deutschlands*, S. 74–77.
14. Ebenda.
15. Levering, a. a. O., S. 99.
16. John R. Deane, *The Strange Alliance*, S. 143.
17. *Foreign Relations ... The Conferences of Cairo and Teheran 1943*, S. 600–602.
18. *Foreign Relations ... Europe 1944*, Bd. 4, S. 1033.
19. *Foreign Relations ... 1945*, Bd. 5, S. 991.
20. Ebenda, S. 1018–1021.
21. Henry Stimson, *On Active Service in Peace and War*, S. 570–582.
22. Ebenda. *Morgenthau Diaries*, S. 7.

23. Ebenda.
24. *Foreign Relations ... The Conferences of Malta and Yalta*, S. 611–623.
25. Backer, *Die Entscheidung* ..., S. 45.
26. SDF. R.G. 59, Notter-Akten, N.A.
27. Backer, *Die Entscheidung* ..., Anhang 2.
28. *Foreign Relations ... The Conference of Berlin (Potsdam)*, Bd. 2, S. 472–473.
29. Backer, *Die Entscheidung* ..., Anhang 2.
30. John Gimbel, ,,American Military Government and the Education of a New Leadership", in *Political Science Quarterly*, Bd. LXXXIII, Nr. 2, Juni 1968.
31. Donald C. Watt, ,,Hauptprobleme der Britischen Besatzungspolitik 1945–1949", in *Die Deutschlandpolitik Großbritanniens und die Britische Zone 1945–1949*, Hrsg. Claus Scharf und Hans-Jürgen Schröder.
32. House of Commons, 22. Oktober 1946.
33. Horst Lafemacher, ,,Die britische Sozialisierungspolitik im Rhein-Ruhr-Raum 1945–1948", in *Die Deutschlandpolitik Großbritanniens und die britische Zone 1945–1949;* Hrsg. Claus Scharf und Hans Jürgen Schröder.
34. Leonard Krieger, ,,The Interregnum in Germany March-August 1945" in *Political Science Quarterly*, Bd. LXIV, Nr. 4, Dezember 1949.
35. Moses Moskowitz, ,,The Political Reducation of the Germans, The Emergence of Parties and Politics in Württemberg-Baden" in *Political Science Quarterly*, Bd. LXI, Nr. 4; Lutz Niethammer, *Entnazifizierung in Bayern*, S. 132–137.
36. *Foreign Relations ... The Conference of Berlin (Potsdam)*, I:472.
37. Moskowitz a. a. O., S. 137.

3. Schlechte Befehle

1. Interview des Verfassers mit Robert Bowie, Langley, Va., 28. Februar 1979.
2. Interview Jean Smith mit General Clay, 9. Februar 1971; Oral History Project, Columbia University.
3. Ebenda.
4. Interview des Verf. mit General Hugh Casey, Bradford, Vt., 9. Oktober 1980.
5. Interview Jean Smith mit General Clay.
6. Interview des Verfassers mit General Hugh Casey.
7. Interview Jean Smith mit General Clay.
8. Interview des Verfassers mit General Hugh Casey.
9. Ebenda.
10. Interview des Verfassers mit Robert Bowie, Langley, Va., 28. Februar 1979.
10a. E. J. Kahn, jr., ,,Soldiers in Mufti". *The New Yorker*, January 13, 1951.
11. Interview des Verfassers mit Dr. Lucius Clay III, New York, N.Y., 4. Juni 1980.
12. Demaree Bess, ,,American Viceroy in Germany", *Saturday Evening Post*, 10. Mai 1947.
13. Interview des Verfassers mit Dr. Lucius Clay III.
14. Interview des Verfassers mit General James Stratton, Washington, D.C., 12. November 1979.
15. ,,Soldiers in Mufti" von E. J. Kahn, Jr., *The New Yorker*, 13. Januar 1951, S. 36.
16. Drew Middleton, *The Struggle for Germany*, S. 128.
17. Interview des Verfassers mit Dr. Lucius Clay III, New York, N.Y., 4. Juni 1980.
18. Robert Murphy, *Diplomat Among Warriors*, S. 289.

19. Interview Kanarek mit General Clay in den Akten der Historical Division, U.S. Corps of Engineers.
20. Ebenda.
21. Interview d. Verf. m. General Arthur Trudeau, Washington, D. C., 14. August 1978.
22. Interview des Verfassers mit General Hugh Casey.
23. Interview Jean Smith mit General Clay.
24. Ebenda.
25. Interview des Verfassers mit Mrs. Lucius D. Clay, McLean, Va., 2. Februar 1980.
26. Interview des Verfassers mit General James Stratton.
27. E. J. Kahn, Jr., „Soldiers in Mufti".
28. Demaree Bess, „American Viceroy in Germany", *Saturday Evening Post,* 3. Mai 1947, S. 16.
29. Gespräch des Verfassers mit Mrs. Lucius Clay.
30. Interview des Verfassers mit Botschafter James Riddleberger, Washington, D.C., 21. Februar 1980.
31. Kanareck Interview mit General Clay.
32. Murphy, *Diplomat Among Warriors,* S. 289.
33. „American Viceroy ...", S. 146.
34. Brief an John J. McCloy, 16. Juni 1945 in Smith, *The Papers of General Lucius D. Clay.*
35. Interview Jean Smith mit General Clay.
36. Interview Jaqueline Simon mit Minister James Schlesinger, *Washington Post,* Februar 1980, S. C5.
37. Ernest Lefever, *Moralism and U.S. Foreign Policy.*
38. John D. Montgomery, *Forced to the Free: The Artificial Revolution in Germany and Japan.* Harold Zink, „The American Denazification Program in Germany" in *Journal of Central European Affairs,* Bd. 6, Oktober 1946, Nr. 3, S. 239.
39. Persönliche Information.
40. Interview des Verfassers mit James O'Donnell, Washington, D.C., 8. März 1980.
41. Denkschrift U.S. Group Control Council. Office of the Deputy Military Governor for General Eisenhower, 23. Mai 1945, in USFET SGS 250.
42. Brief Clay an McCloy, 29. Juni 1945, in *The Papers of General Lucius D. Clay.*
42a. Clay, *Decision in Germany,* S. 53–54.
43. *New York Times,* 12. Mai 1945 S. 1.
44. Clay, *Decision in Germany,* S. 18 und 54. Interview Jean Smith mit General Clay, 5. Februar 1971.
45. Ebenda.
46. Interview des Verfassers mit Robert Bowie.
47. Interviews des Verfassers mit Edloe Donnan, Manchester, Mo., 27. Oktober 1980; Botschafter Riddleberger, Washington, D.C., 6. August 1981 und John J. McCloy, New York, N.Y., 23. April 1980.
48. Delbert Clark, *Again the Goosestep,* S. 41–42.
49. Interview des Verfassers mit Robert Bowie.
50. Brief Clay an McCloy, 3. September 1945, in *The Papers of General Lucius D. Clay.*
51. *New York Times,* 28. September 1945, S. 1 und 10.
52. Brief Clay an Stimson, 18. August 1945, in *The Papers of General Lucius D. Clay.*
53. *Life,* 2. Februar 1950, S. 48.
54. *New York Times Magazine,* 17. November 1946, S. 2.
55. Brief Clay an McCloy, 3. September 1945, in *The Papers of General Lucius D. Clay.*

56. Karl-Ernst Bungenstab, *Umerziehung zur Demokratie? Re-education-Politik im Bildungswesen der U.S. Zone 1945–1949,* S. 101–102.
57. William S. Paley, *As It Happened,* S. 169–170.
58. Earl F. Ziemke, *The U.S. Army ...,* S. 381–382.
59. Harold Zink, ,,The American Denazification Program in Germany", *Journal of Central European Affairs,* Bd. VI, Nr. 3, Oktober 1946.
60. S. R. Padover, *Experiment in Germany* passim. Harold Zink, ,,The American Denazification ...", S. 231.
61. Ebenda.
62. Max Lerner in *PM.,* 19. Februar 1945 und 6. März 1945.
63. Ebenda.
64. Aktennotiz USFET, G–5 Advisor (Dr. Walter Dorn) sub. Ministerpräsident Friedrich Schaeffer and the Tardy Denazification of the Bavarian Government; 2. Oktober 1945 in USFET SGS 000.1.
65. 29. Juni 1945.
66. 18. Juni 1945, S. 841–842.
67. Russell Hill, *Struggle for Germany,* S. 74.
68. Elmer Plischke, ,,Denazifying the Reich" in *Review of Politics,* April 1947, und ,,Denazification Law and Procedure" in *American Journal of International Law,* Oktober 1947. Nach dem 1. Mai 1937 mußten alle Staatsbeamten in die Partei eintreten. Sie wurden daher nicht automatisch ihrer Posten enthoben.
69. William E. Griffith, ,,The Denazification Program in the United States Zone of Germany", Doktordissertation, Harvard University, S. 82–83.
70. *New York Times,* 20. September 1945, S. 11.
71. *New York Times,* 23. September 1945, S. 26.
72. U.S. Group Control Council, Staff Meeting 24. September 1945 in N.A. OMGUS 12–1/5.
73. Charles Fahy, ,,Memoirs". Oral History Project, Columbia University.
74. Griffith, ,,The Denazification Program ...", Ch. VI. Earl Ziemke, *The U.S. Army in the Occupation of Germany,* S. 388. ,,Im Dezember 45 war die Verwaltung und Überwachung nationalsozialistischer Vermögen (Property Control) die Haupttätigkeit aller Dienststellen der Militärregierung in der U.S. Zone."
75. Pressekonferenz am 26. September 1945. Headquarters, U.S. Group Control Council, Public Relations Service. Albert C. Carr, *Truman, Stalin and Peace,* S. 187–188.
76. Wahrscheinlich ist sich niemand bei OMGUS der Tatsache bewußt gewesen, daß die Sowjets die Potsdamer Vereinbarungen erst unterzeichnet hatten, nachdem man ihnen diese zweite Interpretation erläutert hatte. Siehe John H. Backer, *Die Entscheidung ...,* Anhang 5.
77. Ebenda, Anhang 4.
78. Brief Clay an McCloy, 3. September 1945, in *The Papers of General Lucius D. Clay.*
79. Don Humphrey, Private Papers.
80. Ratchford und Ross, *Berlin Reparations Assignment.*
81. Ebenda, S. 47 und 48.
82. Ebenda, S. 81.
83. Clay an das Kriegsministerium, 10. Oktober 1945, in *The Papers of General Lucius D. Clay.*
84. Ratchford und Ross, a. a. O., S. 79–82.
85. Interview des Verfassers mit Don Humphrey, Winchester, Mass., September 1978.

86. Clay persönlich an Hilldring, September 1945, in *The Papers of General Lucius D. Clay.*
87. Oktober 1945, S. 1.
88. Don Humphrey, Private Papers.
89. *Congressional Record,* 79th Congress, 1st Session, Senate, 27. November 1945, S. 11015 und 11033.
90. Clay an Kriegsministerium, 10. Oktober 1945, in *The Papers of General Lucius D. Clay.*
91. Pressekonferenz, 12. Oktober 1945, in OMGUS 17 – 2/5 v. 102–6/1.
92. Brief Clay an McCloy, 3. September 1945, in *The Papers of General Lucius D. Clay.*
93. Graham D. Taylor, „The Rise and Fall of Antitrust in Occupied Germany, 1945–1948" in *Prologue,* Frühjahr 1979, S. 23–39.
94. Clay, *Decision in Germany,* S. 327.
95. James Stewart Martin, *All Honorable Men,* S. 166–174.
96. Ebenda.
97. Taylor a. a. O.
98. Clay an Kriegsministerium, 28. November 1945, in *The Papers of General Lucius D. Clay.*
99. *Foreign Relations of the United States 1945,* v. 3, S. 1573.
100. Earl F. Ziemke, *The U.S. Army ...,* S. 386.
101. Ebenda, S. 387–389.
102. History of Military Government, Land Württemberg-Baden in OMGUS 410–1/3 Bd. 1, S. 1440.
103. Brief Clay an McCloy, 3. Oktober 1945, in *The Papers of General Lucius D. Clay.*
104. Ziemke, *The U.S. Army ...,* S. 389.
105. Richard Schmid, „Denazification: A German Critique", in *American Perspective,* Bd. II, Nr. 5, Oktober 1948, S. 235.
106. Monatsbericht der Militärregierung „Denazification and Public Safety", November 1945, in OMGUS 146–1/11.
107. Carl J. Friedrich, *American Experiences in Military Government in World War II,* XII. Kapitel, Denazification 1944–1946, S. 258.
108. Don Humphrey, Private Papers.

4. *Die Macht des Geldbeutels*

1. Interview des Verfassers mit Don Humphrey, Winchester, Mass., 9. September 1978. Interview Richard D. McKinzie mit General Clay, New York City, 16. Juli 1974.
2. Interview Jean Smith mit General Clay, 19. Februar 1971, S. 627.
3. Brief Clay an McCloy, 29. Juni 1945, in *The Papers of General Lucius D. Clay.*
4. Harold Zink, *American Military Government in Germany,* S. 29.
5. Interview des Verfassers mit Don McLean, Andover, Mass., 16. August 1979.
6. Interview des Verfassers mit Edloe Donnan, Manchester, Miss., 27. Oktober 1980. Demaree Bess, „An American Viceroy in Germany" in *Saturday Evening Post,* 3. und 5. Mai 1947.
7. Interview des Verfassers mit Richard Hallock, Washington, D.C., 5. April 1981.

8. Interview des Verfassers mit Don McLean, Andover, Mass., 16. August 1979.
9. Brief Clay an McCloy, 16. September 1945, in *The Papers of General Lucius D. Clay.*
10. Clay, *Decision in Germany,* S. 88.
11. Moses Moskowitz, „The Political Reeducation of the Germans: The Emergence of Parties and Politics in Württemberg-Baden". (Mai 1945–Juni 1946 in *The Political Science Quarterly,* Bd. LXI, S. 534ff.) S. a. Lutz Niethammer, *Entnazifizierung in Bayern.*
12. Clay, *Decision ...,* S. 55.
13. Earl Ziemke, *The U.S. Army in the Occupation of Germany* 1944–1945, S. 312.
14. Aktennotiz USFET Civil Admin. Br. for C. of S. sub: Proposed Directives in USFET SGS, o. 14.1.
15. Brief Clay an McCloy, 5. Oktober 1945, in *The Papers of General Lucius D. Clay.*
16. Earl Ziemke, *The U.S. Army III,* S. 404.
17. Heinz Guradze, „The Länderrat, Landmark of German Reconstruction" in *The Western Political Quarterly,* Juni 1950, S. 191.
18. John H. Backer, *Priming the German Economy: American Occupational Policies 1945–1948,* S. 35–55.
19. Ebenda.
20. Don Humphrey, Private Papers.
21. Ebenda.
22. Backer, *Priming ...,* S. 107–118.
23. Ebenda.
24. Interview des Verfassers mit Jack Bennett, Chapel Hill, N.C., 9. Mai 1981; E. A. Tennenbaum, „Why do we Trade for Dollars?" OMGUS, Office of the Finance Advisor, 15. Februar 1948, 82–2/1.
25. Don Humphrey, Private Papers.
26. Ebenda.
27. Backer, *Priming ...,* S. 110–121.
28. Ebenda.
29. Heath an Riddleberger, 26. November 1945, 861.5048/11-2645, State Department Papers.
30. Interview des Verfassers mit Dr. John Hazard, New York City, 8. Oktober 1979.
31. Ebenda.
32. Interview des Verfassers mit Colonel John Bates, Maplewood, N.J., 23. April 1980.
33. Grigori Schukow, *Memoiren* passim.
34. Interview Jean Smith mit General Clay.
35. Delbert Clark, *Again the Goose Step,* S. 41.
36. Interview des Verfassers mit Colonel John Bates, Maplewood, N.J., 23. April 1980.
37. Walter Millis, *The Forestall Diaries,* S. 182.
38. Ministère des Affaires Etrangères, *Documents francais relative l'Allemagne,* S. 7–11.
39. *Foreign Relations of the United States,* Bd. 4, 1945, S. 661ff.
40. Clay, *Decision ...,* S. 110.
41. Clay an Kriegsministerium, 24. September 1945, in *The Papers of General Lucius D. Clay.*
42. *Document Francais,* S. 16. Koenig hatte sich bei den Kämpfen in Afrika mit den Verbänden der freien Franzosen als tapferer Soldat ausgezeichnet und sich dort Montgomery bei El Alamein angeschlossen. Murphy und Clay hatten den Ein-

druck, er nähme auch jetzt seine Befehle von de Gaulle und nicht von seiner Regierung entgegen.

43. *Foreign Relations ... European Advisory Commission ... 1945*, Bd. 3, S. 911.
44. Clay, *Decision ...*, S. 110.
45. Brief George Kennan an den Verfasser, 20. November 1979. Interview des Verfassers mit Kennan, Princeton, N.J., 19. März 1980. Interview des Verfassers mit Botschafter Jacob Beam, Washington, D.C., 3. Juni 1981.
46. Ebenda.
47. Interview des Verfassers mit Mrs. Lucius D. Clay, McLean, Va., 2. Februar 1980.
48. Denkschrift Byron Price an den Präsidenten, OMGUS Akten 177–2/3.
49. Admiral William Leahy, Tagebuch. U.S. Library of Congress, 17. April 1946.
50. John Foster Dulles, *War or Peace*, S. 30.
51. Hilldring, Denkschrift für Assistant Secretary of War, ,,Resume of meeting at State Dept., 3. November 1945". W.W. II Akten, ASW 370.8, Germany, N.A.
52. John Kenneth Galbraith, *A Life in Our Time*, S. 242.
53. Hilldring, Denkschrift für Assistant Secretary of War, ,,Resume of meeting at State Dept., November 3, 1945".
54. Ebenda.
55. Ebenda.
56. Ebenda.
57. Ebenda.
58. Ratchford und Ross, *Berlin Reparations Assignment.* Don Humphrey, Private Papers.
59. Ebenda.
60. Ebenda.
61. Ebenda.
62. Bei der Beschreibung dieser Kontrollratssitzung benützte der Verfasser ein Manuskript von Don Humphrey, ,,Clay settles Steel".
63. U.S. Department of State Bulletin 13, Nr. 338 (16. Dezember 1945), S. 960.
64. Don Humphrey Papers.
65. Ebenda.
66. Ebenda.
67. Ebenda.
68. Interview mit Don McLean, Andover, Mass., 16. August 1979.
69. Denkschrift Bryan Milburn an alle Abteilungen, 2. Dezember 1945, OMGUS 367–2/5, N.A.
70. Office Memorandum, ,,Failure of Law No. 8". 29. Dezember 1945, OMGUS 124–3/15; Akte 13, N.A.
71. Ebenda.
72. Ebenda.
73. Deutscher Entwurf eines Entnazifizierungsgesetzes. OMGUS, Dezember, Akte 014.3 Box 15, Akte 5.
74. Clay an Hilldring, 10. Dezember 1945, CC 20130. N.A.

5. Ein General bestimmt die Außenpolitik

1. Interview des Verfassers mit Mrs. Lucius D. Clay, McLean, Va., 2. Februar 1980.
2. Interview des Verfassers mit Dr. Robert Bowie, Langley, Va., 28. Februar 1979.
3. Interview des Verfassers mit Capt. Margaret Allen, Washington, D.C., 2. Oktober 1980. Clay litt unter einer schmerzhaften Augenentzündung und weigerte

sich, einen Arzt zu konsultieren. Er war empört, als seine Mitarbeiter ihm den Augenspezialisten der Garnison ins Haus schickten.

4. Clay, *Decision* ..., S. 70–71.
5. Interview des Verfassers mit Mrs. Clay, McLean, Va., 1. April 1981.
6. Interview des Verfassers mit General Hugh Casey, Bradford, Vt., 8. Oktober 1980.
7. Interview des Verfassers mit Mrs. Clay, McLean, Va., 1. April 1981.
8. Ebenda.
9. Demaree Bess, ,,American Viceroy in Germany", in *Saturday Evening Post,* 3. Mai 1947, S. 146. Murphy, *Diplomat* ..., S. 289.
10. Interview Jean Smith mit General Clay, 17. Februar 1971.
11. Interview des Verfassers mit Botschafter Jacob Beam, Washington, D.C., 3. Juni 1981.
12. Interview des Verfassers mit Mrs. Charles O'Connor, Hershey, Pa., 14. Juni 1980.
13. Demaree Bess, ,,American Viceroy in Germany", S. 146.
14. Harold Zink, *The United States in Germany, 1944–1945,* S. 71–75.
15. Telekonferenz Clay-Hilldring, 1. März 1946; TC–5756; RG 200, N.A.
16. Interviews des Verfassers mit General Frank Howley, New York, N.Y., 23. April 1980; James Sundquist, Washington, D.C., 5. Mai 1980 und General James Stratton, Washington, D.C., 12. November 1979.
17. Don Humphrey, Private Papers, und Gespräch mit dem Verfasser, Manchester, Mass., 10. Oktober 1980. William Harlan Hale, ,,General Clay on his Own", in *Harpers,* Dezember 1948.
18. Robert Murphy, *Diplomat Among Warriors,* S. 292. Brief Clay an Hilldring, 17. November 1945. CC 19086 R.G. 200, N.A.
19. Ebenda.
20. Brief Clay an Hilldring, 8. Dezember 1945, CC 20113. R.G. 200, N.A.
21. Brief Generalmajor Ralph Osborne an den Verfasser, 26. Mai 1980.
22. Interview des Verfassers mit Generalleutnant A. J. Boyle, Allaway Farms, Mitchells, Va., 12. April 1980.
23. USFET von McNarney an OMGUS, 10. Oktober 1946. R.G. 165 Akte WDSCA 014, Germany, N.A.
24. Kriegsministerium an USFET, 4. Oktober 1946, R.G. 165 WDSCA 014 Germany, N.A.
25. Clay an Echols, 4. Oktober 1946. R.G. 165 Akte WDSCA 386.6., N.A.
26. Clay an Noce, 22. Januar 1947. CC 7783. R.G. 200, N.A.
27. Clay an AGWAR für Petersen. R.G. 165 Akte WDSCA 014. Germany. N.A.
28. Clay an Kriegsministerium, 7. August 1945, CC 14167; Clay an Kriegsministerium, 4. September 1945; Clay an McCloy, 21. September 1945; Clay an Kriegsministerium, 27. September 1945; Clay an Hilldring, 14. August 1945; CC18900; Clay an Echols, 4. Oktober 1946, CC 4908; Clay an Draper, 31. Januar 1948, CC 3050; Clay an Draper, 6. Februar 1948, CC 3111; Clay an Draper, 13. April 1948, CC 3853; Clay an Draper, 20. April 1948, CC 73134; Telekonferenz Clay-Draper, 23. April 1948. TT 9402. R.G. 200, N.A.
29. Clay an Kriegsministerium 1. Oktober 1945; Clay an Hilldring, 5. Dezember 1945; Clay an Hilldring, 25. Januar 1946, CC 22138; 8. Februar 1946, CC 22830; 9. Februar 1946, CC 22881; 17. Februar 1946, CC 23226; 18. Februar 1946, CC 23277; Clay an Echols, 5. April 1946, CC 2599; R.G. 200. N.A. S.a. *Foreign Relations of the United States 1945,* Bd. 2, S. 904–906; Bd. 5, S. 836–845.
30. Ebenda.

31. Ebenda.
32. Ebenda.
33. Clay, *Decision* ..., S. 116.
34. Murphy an Außenminister, 23. Januar 1946. R.G. 59, Akte 740.00119 Control (Germany) Box 3730. N.A.
35. OMGUS, *Monthly Report of Military Governor*, Nr. 7, 20. Februar 1946. S. 1, N.A.
36. Clay, *Decision* ..., S. 263–264.
37. Clay an Hilldring, 23. Januar 1946. CC 22247 R.G. 200, N.A.
38. Das von Clay erwähnte Combined Food Board (Lebensmittelbehörde) war während des Krieges von den Vereinigten Staaten, Kanada und Großbritannien eingerichtet worden, um die gerechte Verteilung von Lebensmitteln unter den alliierten Nationen sicherzustellen. Nach Beendigung der Feindseligkeiten wurde die Behörde von einem International Emergency Food Council in Washington abgelöst, aus dem dann das International Emergency Food Committee der Food and Agricultural Organization der UNO wurde. Zu den Mitgliedern des IEFC gehörten alle wichtigen Lebensmittel exportierenden und importierenden Länder mit Ausnahme der Sowjetunion und Argentiniens. Der IRFC war eine freiwillige Organisation zur Regulierung der Verteilung exportierbarer Überschüsse von knappen Verbrauchsgütern auf der ganzen Welt. Zwar hatte der Council keine rechtlichen Befugnisse, man folgte jedoch im allgemeinen seinen Empfehlungen.
39. Clay an Hilldring, 27. Februar 1946, CC 23681; Clay an Berry, 6. März 1946, CC 1530; Clay an McNarney, 18. März 1946; Clay an Petersen, 22. März 1946, CC 1854; Clay an Petersen und Echols, 27. März 1946; Clay an Kriegsministerium, 11. April 1946, CC 2903; Clay an Echols, 18. Mai 1946, CC 5315; und 24. Mai 1946, CC 5693, alle in R.G. 200, N.A.
40. Clay an Hilldring, 6. März 1946, CC 1033. R.G. 200, N.A.
41. *Foreign Relations of the United States, Commonwealth, West and Central Europe 1946*, Bd. 5, S. 403–404; 498; 509–511.
42. Wallace R. Devel, „The Army in Power", in *Survey*, Februar 1950.
43. Backer, *Priming* ..., S. 57.
44. „Second Battle of Germany", in *Fortune*, Dezember 1946, S. 132.
45. Ebenda, S. 133.
46. Ebenda, S. 137.
47. „The German Crisis" in *The Economist*, 6. April 1946, S. 527–532.
48. David Ginsburg, *The Future of German Reparations*, The National Planning Association, 18. Februar 1947.
49. Clay, *Decision* ..., S. 196.
50. Ebenda.
51. Gustav Stolper, *German Realities*, S. 95–108.
52. Hans Adler, „The Postwar Reorganisation" in *Quarterly Journal of Economics 63*, Nr. 3 (August 1946), S. 333; Manuel Gottlieb, *The German Peace Settlement and the Berlin Crisis*, S. 58.
53. Wolfgang Friedman, *The Allied Military Government of Germany*, S. 192–194, 202. J. P. Nettl, *The Eastern Zone and Soviet Policy in Germany 1945–1950*, S. 162–165.
54. Ebenda.
55. Clay an Hilldring, 27. Januar 1946 in *The Papers* ....
56. Clay an Echols, 23. Mai 1946, CC 5635. R.G. 200, N.A.
57. Charles Fahy, *Memoirs*, Oral History Project, Columbia University, New York City.

58. Charles Fahy, Denkschrift für Clay, 8. Oktober 1945, Dec. File 1945–1946, Box 15, N.A.
59. John H. Herz, „The Fiasco of Denazification" in *Political Science Quarterly,* Bd. LXIII, Nr. 4, S. 571.
60. Richard Schmid, „Denazification – A German Critique", Oktober 1948 in *American Perspective,* Bd. 2, Nr. 5, S. 239.
61. Ebenda, S. 234.
62. C. J. Friedrich, *American Experiences in Military Government in World War II,* S. 263.
63. Extract Special Orders Nr. 228, 30. November 1945, Sec. 17, Dec. file 1945–1946, Box 15, N.A.
64. Deutscher Entwurf für ein Entnazifizierungsgesetz, verfaßt von den Justizministerien der Länder, 22. Dezember 1945. Sec. 1, Dec. file 014.3, Box 15, N.A.
65. Bericht des Denazification Policy Board an den Stellvertretenden Militärgouverneur, 15. Januar 1946, S. 1, Dec. file 014.3, Box 15, N.A.
66. Earl Ziemke, *The U.S. Army in the Occupation of Germany,* S. 430.
67. William Griffith, „The Denazification Program in the U.S. Zone of Germany", S. 174. Doktor-Dissertation, Harvard University.
68. Clay an Hilldring, 14. Januar 1946. CC 21576. R.G. 200, N.A.
69. Alvin Johnson, „Denazification" in *Social Research,* 1947, S. 71. Carl Friedrich, *Military Government in World War II,* S. 266–267.
70. Schmid, a. a. O., S. 236–237; Friedrich a. a. O. S. 266–267; Griffith, ebenda, Kapitel VIII.
71. Schmid, a. a. O., S. 239–240; Lutz Niethammer, *Entnazifizierung in Bayern,* S. 310–325.
72. William Griffith, „Denazification in the U.S. Zone of Germany" in *Annals,* Januar 1950, S. 70. Elmer Plischke, „Denazification Law and Procedure" in *American Journal of International Law,* Oktober 1947, S. 824.
73. Clay, *Decision* ..., S. 259.
74. Harold Zink, *The United States in Germany 1944–1955,* S. 162.
75. James Stewart Martin, *All Honorable Men,* S. 165.
76. Ebenda, S. 153–154.
77. Ebenda, S. 163.
78. Graham D. Taylor, „The Rise and Fall of Antitrust" in *Prologue,* Frühjahr 1979, S. 32–33.
79. Clay, *Decision* ..., S. 97. Earl Ziemke, *The U.S. Army in the Occupation of Germany,* S. 427–428. „Einige Beobachter glaubten, die Deutschen hätten sich vor allem so entschieden, um sich selbst und ihre Nachbarn davon zu überzeugen, daß das Stigma des Nazismus ausgelöscht sei ..."
80. Clay, *Decision* ..., S. 97.
81. Interview Jean Smith mit General Clay, 19. Februar 1971.
82. Heinz Guradze, „The Länderrat, Landmark of German Reconstruction" in *Western Political Quarterly,* Juni 1950, S. 196.
83. Don Humphrey, Private Papers.
84. Ebenda.
85. Erklärung von K. I. Koval bei ACA, 5. April 1946. OMGUS Akten, 5–1/1 N.A.
86. Ebenda.
87. Clay, *Decision* ..., S. 121.
88. Ebenda.
89. Ebenda, S. 122; Clay an Echols, 2. Mai 1946, CC 4227, R.G. 200. N.A.; Clay, *Decision* ..., S. 73–78.

90. OMGUS. PRO. Protokoll einer Pressekonferenz von Clay, 27. Mai 1946. OMGUS Akten 1–1/4, N.A.
91. Clay an Eisenhower, 26. Mai 1946, CC 5797, R.G. 200, N.A.
92. *Foreign Relations of the United States, The British Commonwealth, West and Central Europe 1946*, Bd. 5, S. 550–555.
93. Telekonferenz Clay-Hilldring, 1. März 1946, TC-5756; R.G. N.A.
94. Interview Jean Smith mit General Clay, 19. Februar 1971.
95. Interview des Verfassers mit Jim O'Donnell, Washington, D.C., 8. März 1980; Interview des Verfassers mit Botschafter Beam, Washington, D.C., 3. Juni 1981.
96. Gespräch mit Colonel John Bates, Maplewood, N.J., 23. April 1980.
97. Interview des Verfassers mit Jim O'Donnell, Washington D.C., 8. März 1980.
98. Clay an McNarney, 15. Juni 1946, CC 7029; Clay an Echols, 17. Juni 1946, CC 7038, R.G. 200, N.A.

6. *Eine vorläufige Lösung*

1. Robert Murphy, *Diplomat Among Warriors*, S. 290–291.
2. Wassili Jerschow, ,,Confiskation and Plunder by the Army of Occupation".
3. Peter Nettl, ,,German Reparations in the Soviet Empire", S. 304.
4. Demaree Bess, ,,American Viceroy in Germany" in *Saturday Evening Post*, 10. Mai 1947, S. 78.
5. Clay, *Decision* ..., S. 78.
6. James F. Byrnes, *Speaking Frankly*, S. 175–176; *Foreign Relations ... 1946*, Bd. II, S. 846–857.
7. Ebenda.
8. Clay, *Decision* ..., S. 127–129; *Foreign Relations ... 1946*, Bd. II, S. 868–873; Byrnes, a. a. O., S. 177–182.
9. *Foreign Relations ... 1946*, Bd. II, S. 897–989.
10. Clay an Echols, 19. Juli 1946, OMGUS 177–1/3, N.A.
11. Ebenda. Diese fünf Behörden sollten jeweils auf den Gebieten der Finanz, des Verkehrs, der Kommunikation, der Industrie und des Außenhandels tätig werden.
12. Ebenda.
13. AGWAR an OMGUS, 12. August 1946, OMGUS 177–3/3.
14. Clay an Schulgen, 7. August 1946, CC 1378, RG 200, N.A.
15. W-97164 in Smith, *The Papers* ..., S. 254.
16. Clay an Hilldring, 15. August 1946, in Smith, *The Papers*, S. 252.
17. Clay an Kriegsministerium, 16. August 1946, CC 1731 RG 200, N.A.
18. Clay an Patterson, 17. August 1946 in Smith, *The Papers*, S. 254–255.
19. Gespräch mit Mrs. Lucius D. Clay, Washington, D.C., 4. August 1979.
20. Clay an Byrnes (handgeschriebener Brief), 16. August 1946, in Smith, *The Papers*.
21. Clay an McNarney (Brief), 21. August 1946, in Smith, *The Papers*.
22. Bedell Smith an Eisenhower, 23. August 1946, in Smith, *The Papers*, Eisenhower Library, zitiert in *The Papers*.
23. Interview Jean Smith mit General Clay, 25. Februar 1971.
24. Ebenda.
25. Ebenda.
26. *Der Tagesspiegel*, 7. September 1946, Nr. 209, Beiblatt; Clay, *Decision* ..., S. 79–80.
27. Clay a. a. O., S. 79–80.
28. Don Humphrey, Private Papers.

29. *Dept. of State Bulletin,* 15. September 1946, S. 496ff. Byrnes, *Speaking Frankly,* S. 188–192.
30. Clay, *Decision* ..., S. 81.
31. Interview des Verfassers mit Margaret Allen, Washington, D.C., 25. Oktober 1980; Interview des Verfassers mit Edna Shelley, St. Louis, Missouri, 27. Oktober 1980.
32. Interview des Verfassers mit George Kennan, Princeton, N.J., 19. März 1980.
33. Delbert Clark, *Again the Goose Step,* S. 35.
34. Don Humphrey, Personal Papers.
35. *The Forrestal Diaries,* S. 183.
36. Interviews des Verfassers mit Mrs. Lucius D. Clay, McLean, Va., 1. April 1981, und Edloe Donnan, Manchester, Miss., 27. Oktober 1980.
37. Clay, *Decision* ..., S. 81–82.
38. Clay an Eisenhower, 8. September 1946, in *The Papers.*
39. Interview Jean Smith mit General Clay, 25. Februar 1971.
40. Hoover-Report – Food and Agriculture, US-UK Zone of Germany, Februar 1947, S. 57. Akten OMGUS, N.A.
41. Gustav Stolper, *German Realities,* S. 96.
42. Hans Schlange-Schoeningen, *Im Schatten des Hungers,* Anhang 18. Nach der Währungsreform erhöhte sich die Menge des in Deutschland abgelieferten Weizens und anderer Getreidesorten um 50 Prozent.
43. Stolper, *German Realities,* S. 95–108.
44. *Foreign Commerce and Navigation of the United States 1946,* Bd. I; Foreign Trade Statistics, Part A.
45. „Import of Cigarettes", OMGUS Akten 82–3/8, Akte 14, N.A.
46. John H. Backer, *Die Entscheidung* ..., S. 118–125.
47. Interview des Verfassers mit James O'Donnell, Washington, D.C., 8. März 1980.
48. Interview Jean Smith mit General Clay, 9. Februar 1971.
49. Ebenda, Colonel R. Joe Rogers Interview mit General Clay, New York, N.Y., 24. Januar 1973.
50. Ebenda.
51. Ebenda.
52. Clay, *Decision* ..., S. 250–253.
53. Wolfgang Friedman, *The Allied Military Government of Germany,* S. 43.
54. Clay an White, 2. November 1946. CC 6679, RG 200, N.A.
55. Interview Jean Smith mit General Clay, 19. Februar 1971.
56. Ebenda.
57. William E. Griffith, „The Denazification Program in the U.S. Zone of Germany", Doktor-Dissertation, Harvard University, April 1950, S. 302–316.
58. Ebenda.
59. Ebenda.
60. Denkschrift von Dr. Karl Loewenstein, zitiert in Griffith, „The Denazification ...", S. 172–173.
61. Griffith a.a.O., S. 315–316.
62. Lutz Niethammer, *Entnazifizierung in Bayern,* S. 348–349.
63. OMGUS Brief an Direktor OMGH, 6. September 1946. Betrifft: Defaitistische Haltung einiger Angehöriger der Militärregierung gegenüber der Entnazifizierung. A.G. Akten OMGUS Papiere, N.A.
64. Vertraulicher Bericht an den Sonderausschuß des Senats zur Untersuchung des nationalen Verteidigungsprogramms, 22. November 1946. George Meader, Special Counsel.

65. 5. November 1946.
66. Griffith a. a. O., S. 326–330; Niethammer, *Entnazifizierung*, S. 354.
67. Ebenda.
68. Clay, *Decision* ..., S. 260; Niethammer, *Entnazifizierung*, S. 354.
69. USFET (G–2) Denkschrift an C/S. Betrifft: ,,German Denazification Boards", Dec. Akte 014.3 Box 15, OMGUS Akten, N.A.
70. Erster Entwurf, Clay an Kommandierenden General USFET, 26. Dezember 1946. Dec. File 014.3, Box 15, N.A.
71. James Stewart Martin, *All Honorable Men*, S. 192–193.
72. Ebenda, S. 194–204.
73. Graham Taylor, ,,The Rise and Fall of Antitrust in Occupied Germany, 1945–1948" in *The Prologue*, Frühjahr 1979, S. 33.
74. Louis Wiesner, ,,Organized Labor in Post-war Germany", S. 195.
75. Ebenda.
76. Ebenda, S. 213.
77. Ebenda, S. 214.
78. Clay an Kriegsministerium, CC 2135, 20. August 1946. RG 200, N.A.
79. Clay an Kriegsministerium, CC 7385, 15. Dezember 1946, RG 200, N.A.
80. Leonard Krieger, ,,The Inter-Regnum in Germany, March-August 1945" in *Political Science Quarterly*, Bd. LXIV, Dezember 1949. Nr. 4.
81. Ebenda.
82. Ebenda.
83. Wiesner a. a. O., S. 194.
84. Seymour R. Bolton, ,,Military Government and the German Political Parties" in *The Annals*, Januar 1950.
85. Clay an Kriegsministerium, 23. August 1946, CC 2417. Clay an Echols, 15. Oktober 1946, CC 5554, RG 200, N.A.
86. Ebenda.
87. *The New York Times*, 10. Oktober 1946, S. 8.
88. Clay an Dodge, 25. Juli 1946, Dodge Papers, Detroit Public Library.
89. Clay an Dodge, 25. Juli 1946, Dodge Papers, Detroit Public Library.
90. Murphy an Matthews, 3. April 1946. 861.00/4–346. State Department Papers, N.A.; Matthews an Murphy, 18. April 1946, Akte Matthews, N.A.
91. W. Stuart Symington, Denkschrift für den Präsidenten; Gespräch mit General Clay, 25., 29. und 30. Juli 1946.
92. U.S.-britische Besprechung über Wirtschaftseinheit, 9. August 1946, Box 435–2/3, OMGUS Akten, N.A.
93. Clay an Robertson, zitiert aus John Gimbel, ,,Education of a New German Leadership" in *Political Science Quarterly*, Bd. LXXXIII, Nr. 2, Juni 1968.
94. Edward Litchfield u. a., *Governing Postwar Germany*, S. 26–27.
95. Lia Haertel, *Der Länderrat des amerikanischen Besatzungsgebietes*, Anlage 16; Gimbel, ,,Education ...", S. 262–263.
96. Joseph Alsop, ,,Russian Need for Reparations May Avert Partition of Germany", New York Herald Tribune, 11. November 1946, S. 7. *The Economist*, ,,Reparations from Germany", 23. November 1946, S. 833–834. Gespräch des Verfassers mit Don Humphrey, Winchester, Mass., 10. Oktober 1980.
97. Don Humphrey an Draper, 2. November 1946. CFM Akte OMGUS 177–3/13, N.A.
98. *Foreign Relations ... 1946*, Bd. V, The British Commonwealth, S. 624–625.
99. Clay an Byrnes, November 1946, in Smith, *The Papers* ...
100. Ebenda.

101. Clay an den Verfasser, Brief vom 18. August 1975.
102. Interview Daniel Yergin mit Ben Cohen, zitiert aus Yergin, *The Shattered Peace*, S. 162.

7. Der Präsident bestimmt die Außenpolitik

1. „Zusammenkunft mit Präsident Herbert D. Hoover", Papiere Rossmann, Bundesarchiv, Koblenz.
2. *Food and Agriculture in the Bizonal Area*, Manuskript 1, Oktober 1947, OMGUS Akten, N.A.
3. *New York Times*, 23. Januar 1947.
4. Tracy S. Vorhees, R.G. 107. Akte ASW 430, Buch I, Box 76, N.A.
5. Petersen an Kriegsminister, betrifft Reise von Hoover, 24. Dezember 1946. R.G. 107, Akte ASW 430, Buch I, Box 76, N.A.
6. *New York Times*, 22. Januar 1947.
7. Ebenda, 23. Januar 1947.
8. Brief Oliver Margolin an den Verfasser, 12. Februar 1980.
9. Toni Stolper, *Ein Leben in Brennpunkten unserer Zeit*, S. 453.
10. Ebenda, S. 451.
11. Margolin a. a. O.
12. Louis Lochner, *Herbert Hoover and Germany*, S. 183.
13. Ebenda, S. 184–185.
14. Gustav Stolper, *German Realities*, Appendix E.
15. Executive Hearings. Senate Foreign Relations Committee, 1. April 1947; Heath an Riddleberger, 25. November 1946, 861, 5048/11–2546, State Department Papers.
16. Pauley an Truman, 15. April 1947, OF 383 (Edwin W. Pauley), Truman Library.
17. Lochner, *Herbert Hoover in Germany*, S. 179.
18. Ebenda, S. 181.
19. Ebenda, S. 188.
20. Eisenhower an McNarney, 14. Februar 1947. OMGUS Papiere 148–1/3, N.A.
21. *New York Times*, 26. November 1946.
22. Telekonferenz TT-8096, 13. Mai 1947, R.G. 200, N.A.
23. *New York Times*, 19. Mai 1947.
24. Telekonferenz TT-8096, 13. Mai 1947, R.G. 200, N.A.; *New York Times*, 9. Mai 1947.
25. James Stuart Martin, „German Cartels are at it Again", in *The New Republic*, 6. Oktober 1947, Bd. 117, S. 15.
26. *New York Times*, 20. Mai 1947.
27. U.S. Dept. of Commerce, *U.S. Export Statistics*, Bd. I, Foreign Commerce and Navigation Exports of Domestic Merchandise. Commodity Group 2. (Allein im Jahr 1946 waren 1,4 Millionen Stangen Zigaretten nach Deutschland gebracht worden und hatten damit die Inflation der geltenden Schwarzmarktpreise angeheizt, und zwar mit einem Betrag von 2 Milliarden Reichsmark jährlich.)
28. Ebenda.
29. Lochner, *Herbert Hoover and Germany*, S. 193.
30. W. Y. Elliott, „The Control of Foreign Policy in the United States" in *The Political Quarterly* XX, Nr. 4, Oktober–Dezember 1949.
31. U.S. Vorschlag zur Errichtung eines Export-Import Büros für Deutschland, vorgelegt dem Trade and Commerce Comittee of ACE, 11. Februar 1946. Denk-

schrift Dr. Roy Bullock für Fred Winant, 3. Januar 1946. OMGUS Akten 123–2/3 N.A.

32. Clay, *Decision* ..., S. 59, 196 und 197.
33. Ebenda.
34. Ebenda.
35. Backer, *Priming*, S. 112–116. (Im Rahmen des Zusammenschlusses wurden die Importe der Bizone in die Kategorien A und B eingeteilt. Zur ersteren gehörten vor allem Lebensmittel, Düngemittel und Erdölprodukte. Sie wurden von den beiden Regierungen mit Mitteln aus bewilligten Regierungsfonds finanziert. Die Importe der Kategorie B sollten mit den Exporterlösen finanziert werden.)
36. Backer, *Priming*, S. 112–116.
37. Clay an Noce, 17. Januar 1947, CC 7679, R.G. 200, N.A.
38. „Confidential Report to the Senate Special Comittee Investigating the National Defense Program on the Preliminary Investigation of Military Government in the Occupied Areas of Europe", 12. November 1946, George Meader, Chief Counsel.
39. Ebenda.
40. Ebenda.
41. Martin, *All Honorable Men*, S. 194.
42. Ebenda, S. 226.
43. Ebenda, S. 228.
44. Graham Taylor, „The Rise and Fall of Antitrust in Germany 1945–1948" in *Prologue*, Frühjahr 1949, S. 33.
45. Martin, *All Honorable Men*, S. 229.
46. William Griffith, „The Denazification Program in the American Zone of Germany", S. 333.
47. Ebenda, S. 333.
48. Ebenda, S. 385; Clay, *Decision* ..., S. 260.
49. Griffith a. a. O., S. 389.
50. *New York Times*, 23. Januar 1947.
51. Griffith a. a. O., S. 422–423.
52. Telekonferenz TT-1228, Clay-Petersen, 28. Dezember 1946, R.G. 200, N.A.
53. Interview des Verfassers mit Richard Hallock, Washington, D.C., 8. April 1981. Oliver J. Frederiksen, *The American Military Occupation of Germany*, S. 39–41.
54. *The Evolution of Bizonal Organizations, OMGUS*, Civil Affairs Division, März 1948; Edward Litchfield, *Governing Postwar Germany*, S. 25–30.
55. Wolfgang Friedman, *The Allied Military Government for Germany*, S. 88–94.
56. Clay an Noce, 29. April 1947, CC 8959, R.G. 200, N.A.
57. Konferenz zwischen Lt. General Lucius D. Clay und Ministerpräsidenten am 23. Februar 1947, Rossmann Papiere, Bundesarchiv, Koblenz.
58. Report of the Secretary's Policy Comittee on Germany, 15. September 1946, S. 17. State Dept. Akten, R.G. 43, N.A.
59. Backer, *Die Entscheidung* ..., 9. Kapitel.
60. Byrnes, *Speaking Frankly*, S. 196.
61. Konferenz zwischen Lt. General Lucius D. Clay und Ministerpräsidenten am 23. Februar 1947.
62. von Oppen, *Documents on Germany Under Occupation*, S. 211–219.
63. Entwurf einer Denkschrift, 26. Februar 1947, in Smith, *The Papers*. *New York Times*, 1. März 1947.
64. Clay an Kriegsministerium, CC 7557, 3. Januar 1947; CC 7590, 7. Januar 1947; CC 7659, 9. Januar 1947; CC 7759, 21. Januar 1947, R.G. 200, N.A.

65. Interview des Verfassers mit Colonel John Bates, Maplewood, N.J., 23. April 1980.
66. Clay, *Decision* ..., S. 165.
67. *Foreign Relations of the United States 1947*, Bd. II, S. 214–218.
68. Humphrey an Draper, 2. November 1946, OMGUS 177–3/3 (CFM-Akte), N.A.
69. Gottlieb, *The German* ..., VIII. Kapitel.
70. „Principal Economic Issues on Current German Problems for CMF Meeting", Denkschrift Nr. 2, Reparations; R.G. 43, Records of CFM, N.A.
71. „Memorandum prepared by the Office of Military Government for Germany" in *Foreign Relations ... 1947*, Bd. II, S. 223–234.
72. Clay an Byrnes, 27. Januar 1947, in Smith, *The Papers*, S. 307.
73. Clay, *Decision* ..., S. 146–147.
74. Clay an Noce, 28. Januar 1947, CC 7847, R. G. 200, N. A.
75. Clay, Decision ..., S. 146.
76. *Foreign Relations ... 1947*, Bd. II, S. 169. Col. R. Joe Rogers Gespräch mit General Clay, N.Y., N.Y., 24. Januar 1973.
77. Hickerson an Dunn, 15. Februar 1947. Beziehungen zur Sowjetunion. Denkschrift für Außenminister Marshall, 17. Januar 1947. Europ. Affairs File, State Dept. Akten, N.A.
78. Dulles Papers, 7. März 1947, Seeley G. Mudd, Library, Princeton.
79. John Foster Dulles, *War or Peace*, S. 102–103.
80. Bedell Smith, *My Three Years in Moscow*, S. 211–215; Georges Catroux, *J'ai vu tomber Le Rideau de Fer*, S. 221–222.
81. Kindleberger Papers. Kindleberger an John de Wilde, 17. März 1947.
82. Ebenda.
83. Ebenda.
84. *Foreign Relations ... 1947*, Bd. II, S. 234–258.
85. V. M. Molotow, *Speeches und Statements at the Moscow Session of the Council of Foreign Ministers Conference in 1947*.
86. Kindleberger Papers. Kindleberger an John de Wilde, 17. März 1947.
87. Department of State *Bulletin 16. Nr. 404* (30. März 1947): 564.
88. Foreign Relations ... 1947, Bd. II, S. 259.
89. Clay, *Decision* ..., S. 151.
90. Molotow, *Speeches* ..., 19. März 1947.
91. CFM Protokoll der 12. Sitzung, 22. März 1947.
92. Interview des Verfassers mit George R. Jacobs, Washington, D.C., 6. September 1980.
93. Clay, Denkschrift: Zusammenfassung der Gespräche bei CFM über ACA-Bericht, 21. März 1947, in Smith, *The Papers*, (die Datumsangabe 30. März ist falsch).
94. Interview des Verfassers mit Don Humphrey, Winchester, Mass., 9. September 1978.
95. Kindleberger an John de Wilde, 24. März und 29. März 1967, Kindleberger Papers.
96. Clay, *Decision* ..., S. 149.
97. *Foreign Relations ... 1947*, Bd. II, S. 276.
98. Clay, *Decision* ..., S. 149.
99. Interview des Verfassers mit Don Humphrey, Winchester, Mass., 9. September 1978 und mit Botschafter Riddleberger, Washington, D.C., 6. August 1981.
100. Kindleberger an John de Wilde, 24. und 29. März 1947, Kindleberger Papers.
101. Ebenda.

102. Interview Jean Smith mit General Clay, 14. Februar 1970, zitiert in Smith, „The Resignation of James F. Byrnes".

8. Anpassung

1. Clay, *Decision* ..., S. 131. William Harlan Hale, „General Clay – On His Own", in *Harpers*, Dezember 1948.
2. Interview des Verfassers mit Mrs. Lucius D. Clay, McLean, Va., 12. Juli 1981. Col. R. Joe Rogers, Interview mit Lucius Clay, New York, N.Y., 24. Januar 1973.
3. *Foreign Relations ... 1947*, Bd. 2, S. 356–358 und 474–475.
4. Clay an Draper (2. April 1947); Clay an Draper, 11. April 1947; CC 8766, R.G. 200, N.A.
5. Clay an Kriegsministerium, 20. April 1947, CC 8871, R.G. 200, N.A.
6. Interview des Verfassers mit Richard Hallock, Washington, D.C., 5. April 1981.
7. Interview des Verfassers mit James Sundquist, Washington, D.C., 22. Juli 1981.
8. Interview des Verfassers mit Margaret Allen, Washington, D.C., 3. März 1981.
9. Clay, *Decision* ..., S. 174.
10. Clay an Noce, 28. April 1947, CC 8933, R.G. 200, N.A.
11. Ebenda.
12. Clay an Noce, 12. Mai 1947, CC 9129, R.G. 200, N.A.
13. Revidierter Plan für das Industriepotential, OMGUS Papers, N.A.
14. Reparations Report to Military Governor, September 1945–Juni 1949, OMGUS Papers, N.A.
15. U.S. Dept. of State Bulletin 17, Nr. 421 (27. Juli 1947), S. 186–193. Clay, *Decision* ..., S. 238.
16. *Foreign Relations ... 1947*, Bd. 2, S. 926.
17. Kriegsministerium an Clay, 6. Juli 1947, WX–81354, R.G. 200, N.A.
18. Clay an Kriegsministerium, 6. Juli 1947, CC 9790, R.G. 200, N.A.
19. Clay vertraulich an Petersen, 16. Juli 1947, CC 9906, R.G. 200, N.A.
20. Telekonferenz Petersen-Clay, 24. Juli 1947, TT-8362, R.G. 200, N.A.
21. *Foreign Relations ... 1947*, Bd. 2, S. 1008–1009.
22. Eisenhower an Clay, 25. Juli 1947 in *The Papers* ...
23. Clay an Eisenhower (vertraulich), 28. Juli 1947, CC 1046, R.G. 200, N.A.
24. *Foreign Relations ... 1947*, Bd. 2, S. 1009–1011.
25. Clay vertraulich an Royall, 28. Juli 1947, CC 1047, R.G. 200, N.A.
26. John Kenneth Galbraith, *A Life in Our Time*, S. 249.
27. *Tagesspiegel*, 25. Januar 1947, S. 1; *Frankfurter Rundschau*, 25. Januar 1947; OMGUS, Abteilung für Industrie, Denkschrift Dienstreise nach Minden, 30. Januar 1947, OMGUS Box 263–2/17, N.A.
28. Nicholas Balabkins, *Germany Under Direct Controls*, S. 127. Charles Kindleberger, Privatpapiere.
29. Clay, *Decision* ..., S. 194.
30. Ebenda, S. 194–195.
31. Clay an Petersen, 16. Juni 1947, CC 9546, R.G. 200, N.A.
32. Clay an Petersen, 24, Juni 1947, CC 9661, R.G. 200, N.A.
33. Ebenda.
34. *Foreign Relations ... 1947*, Bd. 2, S. 933–934.
35. Clay an Petersen, 23. Juni 1947, CC 9644, R.G. 200, N.A.
36. *Foreign Relations ... 1947*, Bd. 2, S. 1014–1016; *Tagesspiegel*, 1. August 1947; *New York Times*, 1. August 1947.

37. David Schoenbrun, „The French and the Ruhr", in *The New Republic*, 4. August 1947, S. 7.
38. *Foreign Relations ... 1947*, Bd. 2, S. 1014–1016.
39. Telekonferenz Royall, Draper, Clay, 8. August 1947, TT 8504, R.G. 200, N.A.
40. Ebenda.
41. *Foreign Relations ... 1947*, Bd. 2, S. 1024–1029.
42. Ebenda, S. 1027.
43. Ebenda, S. 1026–1027.
44. Telekonferenz Clay-Draper, 16. August 1947. TT 8429, R.G. 200, N.A.
45. Royall an Clay, 19. August 1947. W–84501 in Smith, *The Papers*.
46. *New York Herald Tribune*, 22. August 1947.
47. George R. Jacobs, Private Papers.
48. Ebenda.
49. U.S. Dept. of State, *Germany 1947–1949*, S. 356–359.
50. William Griffith, „Denazification ...", S. 468–499.
51. Ebenda.
52. Ebenda.
53. James Stewart Martin, *All Honorable Men*, S. 245. Graham D. Taylor, „The Rise and Fall of Antitrust in Occupied Germany 1945–1948", S. 33.
54. Clay, *Decision* ..., S. 326–328.
55. Taylor, „The Rise and Fall ...", S. 33.
56. Martin, *All Honorable Men*, S. 246.
57. Clay an Außenminister, Kriegsminister und Marineminister, 28. Juni 1948, CC 9717, R.G. 200, N.A.
58. Interview des Verfassers mit James Sundquist, Washington, D.C., 22. Juli 1981.
59. Interview des Verfassers mit Richard Hallock, Washington, D.C., 5. April 1981.
60. Interview des Verfassers mit James Sundquist, Washington, D.C., 22. Juli 1981.
61. Backer, *Priming* ..., 5. Kapitel.
62. Hutton und Robbins, „Postwar Foreign Trade", 15. Dezember 1947, Akten OMGUS, N.A.
63. Backer, *Priming* ..., S. 139.
64. Balabkins, *Germany* ..., S. 124.
65. Hutton und Robbins a. a. O., S. 10.
66. Keating an Clay (in Moskau), ECC 8451. Bennett an Clay (in Moskau), undatiert, Akten OMGUS 37–2/1, N.A.
67. Clay (in Moskau) an Keating, 26. März 1947, MA-51145, Akten OMGUS 149–1/3. Clay (in Moskau) an OMGUS, 31. März 1947, MA-51185, Akten OMGUS 37–2/1, N.A.
68. Clay an Noce, 28. September 1947, CC 1776; Ferngespräch Bennett-Clay, 24. Oktober 1947, TT 8663; Ferngespräch Bennett-Clay, 2. November 1947, TT 8692, R.G. 200, N.A.
69. Clay, *Decision* ..., S. 178.
70. *Foreign Relations* ..., *1947*, Bd. 2, S. 959–966.
71. Ebenda.
72. Clay (vertraulich) an Draper, 3. November 1947, CC 2167, R.G. 200, N.A.
73. Louis A. Wiesner, „Organized Labor in Postwar Germany".
74. Clay an Kriegsministerium, 12. August 1946, CC 1697; Clay an Kriegsministerium, 2. September 1946, CC 2948, R.G. 200, N.A.
75. Clay auf einer Pressekonferenz am 28. Oktober 1947; Clay an Draper, 30. Oktober 1947, CC 2134; Clay an Royall und Draper (vertraulich), 1. November 1947,

CC 2160; Clay an Draper (vertraulich), 6. November 1947, CC 2016, R.G. 200, N.A. *Foreign Relations ... 1947*, Bd. 2, S. 893–895.
76. Clay an Draper (vertraulich), 3. November 1947, CC 2167, R.G. 200, N.A.
77. *Foreign Relations ... 1947*, Bd. 2, S. 676–829.
78. Ebenda.
79. Clay, *Decision ...*, S. 348–349.
80. Clay an Draper, 20. November 1947, CC 2642, R.G. 200, N.A.
81. Ebenda. Col. R. Joe Rogers, Gespräch mit Clay, New York, N.Y., 24. Januar 1973; Gespräch Mr. Challener mit General Clay, Princeton, N.J., 23. November 1965.

9. Neue Entwicklungen

1. Royall an Lovett, 3. September 1947; Akten Kriegsministerium, FILE SAOUS 014.1 Germany/State N.A. Royall an Lovett, 9. September 1947, R.G. File 110.721/9–947 N.A.
2. Aktennotiz über Gespräch Lovett-Saltzman-Draper-Clay-Gordon Gray vom 18. Oktober 1947; R.G. 59 File 740.00119 Control (Germany)/10–1847 N.A.
3. State Department Press Release, 20. Oktober 1947.
4. Royall an Marshall, November 1947, R.G. 59 File 110. 721/11–1047.
5. Clay, *Decision ...*, S. 239.
6. Ebenda.
7. Telekonferenz Clay-Draper, 9. Jan. 1948; TT 9558 R.G. 200, N.A.
8. Interview des Verfassers mit Edloe Donnan, Manchester, Missouri, 27. Oktober 1980.
9. Clay an Draper, 13. Januar 1948, CC 2852, R.G. 200, N.A.
10. Telekonferenz Clay-Draper, 9. Januar 1948, TT 8950, R.G. 200, N.A.
11. *New York Times*, 30. Januar 1948.
12. Clay an Draper, 13. Januar 1948, CC 2852, R.G. 200, N.A.
13. Ebenda.
14. *The Evolution of Bizonal Organization*, verfaßt von OMGUS Civil Affairs Division, S. 6–7.
15. Ebenda.
16. Edward H. Litchfield, *Governing Postwar Germany*, S. 31.
17. *The Evolution ...*, S. 8.
18. Ebenda.
19. Clay, *Decision ...*, S. 180–181.
20. Ebenda, S. 178.
21. Telekonferenz Clay-Royall, Draper, 12. Januar 1948, TT 8960, R.G. 200, N.A.
22. Clay, *Decision ...*, S. 179–180.
23. Ebenda, S. 181.
24. Clay an Draper, 13. Januar 1948, CC 2852, R.G. 200, N.A.
25. Interview des Verfassers mit Margaret Allen, Washington, D.C., 25. Oktober 1980.
26. Johannes Semler, Rede in Erlangen, 4. Januar 1948, Akten OMGUS 150–3/3, N.A.
27. *Tagesspiegel*, 19., 21. und 28. Januar.
28. Tagebuch Murray V. Wagoner, Akten OMGUS, 102–2/15.
29. Erklärung von F. Taylor Ostrander, Chef der Preiskontrollabt. bei OMGUS, Public Inf. Office (OMGUS C 55) 29. Januar 1948. Akten OMGUS 148–2/15.

30. William J. Logan, „Streamlining the German Export Program", Rundfunkansprache im deutschen Radio in der U.S. Zone am 5. Februar 1948: Akten OMGUS 108–3/11.
31. Konferenz des Militärgouverneurs mit dem Präsidenten des Wirtschaftsrats und dem Vorsitzenden des Exekutivausschusses am 16. Februar 1948, Akten OMGUS 11–1/1.
32. Clay an Noce, 7. April 1948, CC 3752, R.G. 200, N.A. Gespräch McKinzie mit General Clay, New York, N.Y., 16. Juli 1974.
33. HICOG, 17. März 1950, zitiert in Hubert G. Schmidt, „The Liberalization of West German Foreign Trade", S. 10.
34. Clay, *Decision* ..., S. 217.
35. Clay an Draper, 3. Mai 1948, CC 4178, R.G. 200, N.A.
36. Ebenda.
37. Clay an Baruch, Brief vom 2. März 1948, in Smith, *The Papers* ...
38. Clay an Draper, 11. Januar 1948, CC 2839, R.G. 200, N.A.
39. Clay an Draper, 15. Mai 1948, CC 2839, R.G. 200, N.A.
40. Clay, *Decision* ..., S. 218; als Harriman aus Berlin kommend in Wien eintraf, war er, wie Eleanor Dulles berichtet, nach seinen Gesprächen mit Clay „völlig erschöpft" (Gespräch am 9. Dezember 1981).
41. *Foreign Relations of the United States,* Bd. 2, 1947, S. 258–263.
42. Ebenda, S. 1109–1116.
43. Hilldring an Saltzman, 10. November 1947, R.G. 59, Akte 110.271/11–1047, N.A.
44. *Foreign Relations* ... *1947,* Bd. 2, S. 904.
45. Ebenda, S. 1137–1142.
46. *Frankfurter Rundschau,* 30. Oktober 1947, S. 1.
47. *Foreign Relations* ... *1947,* Bd. 2, S. 1127; Henry Wallich, *The Mainsprings of the German Revival,* S. 370.
48. Clay an Draper, 1. November 1947, CC 2164, R.G. 200, N.A.
49. Clay an Draper, 1. Juli 1948, FMPC–274, R.G. 200, N.A.
50. Clay, *Decision* ..., S. 259.
51. Telekonferenz Clay-Draper-Gordon Gray, 12. März 1948, TT 9205, R.G. 200, N.A.
52. Ebenda.
53. Clay an Draper, 14. März 1948, CC 3499, R.G. 200, N.A.
54. William E. Griffith, „The Denazification Program in the U.S. Zone of Germany", Ph. D. Dissertation, Harvard University, S. 500–552.
55. Clay, *Decision* ..., S. 331.
56. *New York Times,* 26. Juli 1947.
57. James S. Martin, „German Cartels are at it Again" in *The New Republic,* 6. Oktober 1947.
58. J. F. J. Gillen, *Deconcentration and Decartelization in West Germany,* S. 49.
59. Ebenda, S. 52.
60. James Martin, *All Honorable Men,* S. 361–362.
61. Federal Trade Commission, „U.S. Comittee to Review the Decartelization Program in Germany", 15. April 1949.
62. Clay an Vorhees, 4. April 1949, CC 8245, R.G. 200, N.A.
63. Clay an Vorhees, 24. April 1949, CC 8419, R.G. 200, N.A.
64. Clay an Draper, 30. Januar 1948, CC 3032, R.G. 200, N.A.
65. W 95293 in Smith, *The Papers,* S. 549.
66. Clay, *Decision,* S. 401.

67. John Ford Golay, *The Founding of the Federal Republic of Germany,* S. 6–12.
68. Ebenda.
69. Ebenda.
70. Clay, *Decision* ..., S. 397.
71. Interview Jean Smith mit General Clay, 13. März 1971.
72. Clay, *Decision* ..., S. 397–400.
73. Ebenda.
74. Golay, *The Founding* ..., S. 13; Clay, *Decision* ..., S. 336; Clay an Draper, 11. Mai 1948, CC 73282, R.G. 200, N.A.; Clay an Draper, 11. Mai 1948, CC 73287, R.G. 200, N.A.; Telekonferenz Clay-Draper-Wilkinson, 14. Mai 1948, TT 9495, R.G. 200, N.A.; Clay an Draper, 19. Mai 1948, CC 73327 R.G. 200, N.A.
75. Golay, *The Founding* ..., S. 13.
76. Andrea Boyle, *The Fourth Man: A Climate of Treason,* passim.
77. Clay an Kriegsministerium, 5. Februar 1948, CC 3095, R.G. 200, N.A.; Telekonferenz Clay-Draper, 15. Februar 1948, TT-9079, R.G. 200, N.A.
78. Clay an Draper, 12. Februar 1948, CC 3178, R.G. 200, N.A.; Clay, *Decision* ..., S. 354.
79. Ebenda, S. 355–357.
80. Telekonferenz Clay-Royall-Bradley-Noce, 23. März 1948, TT 9247 R.G. 200, N.A.
81. Clay, *Decision* ..., S. 212–213.
82. W-97929 in Smith, *The Papers,* S. 354.
83. Clay an Draper, 6. Juni 1948, CC 4593, R.G. 200, N.A.
84. Jack Bennett, „The German Currency Reform" in *The Annals of the American Academy of Political and Social Sciences,* 1950, S. 51.
85. Telekonferenz Clay-Royall, 16. Juni 1948, TT-9623, R.G. 200, N.A.
86. Clay, *Decision* ..., S. 213.
87. Interview des Verfassers mit James O'Donnell, Washington, D.C., 8. März 1980.
88. Clay, Decision ..., S. 358–360.
89. Telekonferenz Clay-Royall-Bradley-Collins-Wedemeyer, 31. März 1948, TT 9218, R.G. 200, N.A.
90. Clay, *Decision* ..., S. 361; Ferngespräch Clay-Bradley, 10. April 1948, TT 9341, R.G. 200, N.A.
91. Telekonferenz Clay-Huebner-Collins-Chamberlin, 17. März 1948, TT 9218, R.G. 200, N.A.; Clay an Wedemeyer, 2. April 1948, CC 3688, R.G. 200, N.A.; Clay, *Decision* ..., S. 360.
92. Don Humphrey, Private Papers.

10. Die Verteidigung Berlins

1. *Berliner Schicksal 1945–1952,* S. 52; Davison, *The Berlin Blockade,* S. 9.
2. *The Soviet Union and the Berlin Question,* Außenministerium der UdSSR, S. 25–27.
3. *Tagesspiegel,* 22. Juni 1948.
4. Phillips W. Davison, *The Berlin Blockade. A Study in Cold War Politics,* S. 93; Frank Howley, *Berlin Command,* S. 97.
5. *New York Times,* 22. und 25. Juni 1948; Clay an Draper, 23. Juni 1948, CC 4845, R.G. 200, N.A.
6. Frank Howley, *Berlin Command,* S. 186–187.

7. Davison a. a. O., S. 93.
8. Clay an Draper, 23. Juni 1948, CC 4845, R.G. 200, N.A.
9. Jack Bennett, „The German Currency Reform" in *Annals of the American Academy of Political and Social Science*, S. 267.
10. Howley, *Berlin* ..., S. 188.
11. Clay an Draper, 23. Juni 1948, CC 4834, R.G. 200, N.A.
12. Davison a. a. O., S. 95–97; Howley a. a. O., S. 190–192.
13. Davison a. a. O., S. 100–101, *Tagesspiegel*, 25. Juni 1948.
14. Interview des Verfassers mit General Arthur Trudeau, Washington, D.C., 14. August 1978.
15. Clay, *Decision* ..., S. 374; Clay an Bradley, 10. Juli 1948, CC 5188, R.G. 200, N.A.
16. Interview des Verfassers mit General Trudeau.
17. Davison, *The Berlin Blockade*, S. 104.
18. Interview Smith mit General Clay, 9. März 1971; Willy Brandt, *My Road to Berlin*, S. 193–194.
19. Gespräch mit Trudeau.
20. Clay, *Decision* ..., S. 442.
21. Clay, *Decision* ..., S. 366.
22. Charles J. F. Murphy, „The Berlin Airlift" in *Fortune*, November 1948.
23. Clay an Royall, 25. Juni 1948, CC 4880, R.G. 200, N.A.
24. Telekonferenz Clay-Royall-Collins, 25. Juni 1948, TT 9667, R.G. 200, N.A.
25. Telekonferenz Clay mit Noce, 26. Juni 1948, TT 9677, R.G. 200, N.A.
26. Clay an Draper, 25. Juni 1948, CC 4875, R.G. 200, N.A.
27. Howley, *Berlin Command*, S. 204.
28. Ebenda, S. 200.
29. Ebenda, S. 201.
30. Ebenda, S. 204.
31. Clay, *Decision* ..., S. 372.
32. Clay, *Decision* ..., S. 373; Clay an Royall, 28. Juni 1948, CC 4924, R.G. 200, N.A.
33. *The Forrestal Diaries*, S. 452–453.
34. Ebenda, S. 454–455.
35. Clay an Draper, 27. Juni 1948, CC 4910, R.G. 200, N.A. Interview Jean Smith mit General Clay, 9. März 1971.
36. Clay an Royall und Bradley, 3. Juli 1948, CC 5027, R.G. 200, N.A.
37. Ebenda.
38. *Foreign Relations ... 1948*, II, S. 950–953.
39. Clay an Bradley, 10. Juli 1948, CC 5109, R.G. 200, N.A.
40. Clay an Bradley, 10. Juli 1948, CC 5118, R.G. 200, N.A.
41. Ebenda.
42. Telekonferenz Gailey-Pritchard, 12. Juli 1948, TT 9766; Telekonferenz Mayo-Pritchard, TT 9768, R.G. 200, N.A.
43. Dean Acheson, *Present at the Creation*, S. 262–263.
44. Interview des Verfassers mit General Frank Howley, New York City, 15. April 1980.
45. Clay an Draper, 19. Juli 1948, CC 5222, R.G. 200, N.A.
46. *Forrestal Diaries*, S. 459.
47. *Foreign Relations ... 1948*, II, S. 997. Die in FRUS angegebenen Daten sind falsch. Clay war am 19. Juli in Berlin und reiste am 20. Juli in die Vereinigten Staaten. Siehe Clay an Bradley und Royall, 19. Juli 1948, CC 5217, R.G. 200,

N.A. Gespräch Richard McKinzie mit Clay, New York, N.Y., 16. Juli 1974; Interview Jean Smith mit Clay, 9. März 1971.
48. Davison, *The Berlin* ..., S. 154.
49. *The Soviet Union and the Berlin Question,* Außenministerium der UdSSR, S. 42–46.
50. Davison, *The Berlin* ..., S. 158–159; Walter B. Smith, *My Three Years in Moscow,* S. 239–260; *Foreign Relations ... 1948,* II, S. 995–1176.
51. Telekonferenz Clay-Royall-Bohlen, 3. August 1948, TT 9890, R.G. 200, N.A.
52. Clay an Bradley und Royall, 4. August 1948, CC 5432, R.G. 200, N.A.
53. Ebenda.
54. Davison, *The Berlin* ..., S. 139; Smith, *My Three* ..., S. 247.
55. Smith a.a.O., S. 252.
56. Clay, *Decision* ..., S. 370.
57. Clay an Draper, 1. September 1948, CC 5777, R.G. 200, N.A.
58. Telekonferenz Clay-Royall-Draper-Southard (Finanzministerium) -Reber (Außenministerium), 2. September 1948, TT 1131, R.G. 200, N.A.
59. Royall an Clay, 3. September 1948, TT 1136, in Smith, *The Papers* ..., S. 815.
60. Telekonferenz, 8. September 1948, TT 1173, R.G. 200, N.A.
61. Clay, *Decision* ..., S. 375–376.
62. Davison, *The Berlin* ..., S. 241.
63. Clay, *Decision* ..., S. 375–376.
64. Clay, *Decision* ..., S. 376; Harry Truman, *Years of Trial and Hope,* S. 126.
65. Murphy, „The Berlin Airlift"; Clay, *Decision* ..., S. 381–382.
66. Ebenda.
67. Clay an Kriegsministerium, 7. November 1948, CC 6651, R.G. 200, N.A.
68. Davison a.a.O., S. 179.
69. Clay, *Decision* ..., S. 179.
70. Clay an Draper, 11. September 1948, CC 5909, R.G. 200, N.A.
71. Clay an Byrnes (Brief), 18. September 1948, in Smith, *The Papers* ...
72. Ebenda.
73. Howley, *The Berlin* ..., S. 223–224; Interview Jean Smith mit General Clay, 13. März 1971.
74. Clay an Draper, 28. August 1948, CC 5733, R.G. 200, N.A.
75. *New York Times,* 22. Oktober 1948.
76. *Official Records of the Security Council,* drittes Jahr, Nr. 113.
77. Trygve Lie, *In the Cause of Peace,* S. 202.
78. Ebenda.
79. Murphy, „The Berlin Airlift".
80. Ebenda.
81. Clay, *Decision* ..., S. 387; *Tagesspiegel,* 31. Oktober 1948.
82. Howley, *The Berlin* ..., S. 230.
83. Lie, a.a.O., S. 210.
84. Telekonferenz Clay-Draper, 13. Oktober 1948, TT 1406, R.G. 200, N.A.
85. Ebenda.
86. *Time,* 12. Juli 1948.
87. William Harlan Hale, „General Clay on His Own" in *Harpers,* Dezember 1948.
88. Clay, *Decision,* S. 253–354; Interview Jean Smith mit General Clay, 9. Februar 1971.
89. Hale, a.a.O., ebenda.
90. Clay, *Decision* ..., S. 253–254; Interview Jean Smith mit General Clay, 9. Februar 1971.

91. Ebenda.
92. Ebenda.
93. Ebenda.
94. Don Humphrey Papers.

11. Das Ringen um das Grundgesetz

1. Clay an Byrnes (Brief), 18. September 1948 in Smith, *The Papers ...*
2. U.S. Strategic Bombing Survey; *The Effects of Strategic Bombing on the German War Economy.*
3. Louis Wiesner, „Organized Labor in Postwar Germany", S. 344.
4. Clay, *Decision ...*, S. 214; Backer, *Priming ...*, 6. Kap.; F. A. Lutz, „The German Currency Reform and the Revival of the German Economy" in *Economica*, Mai 1949, S. 131–138.
5. Ebenda.
6. Brief Clay an Byrnes, 18. September 1948, in Smith, *The Papers ...*
7. Clay, *Decision ...*, S. 292.
8. Ebenda, S. 293.
9. Interview des Verfassers mit Joe Keenan, Washington, D. C., Juni 1980.
10. Clay, *Decision ...*, S. 293.
11. Ebenda, S. 291.
12. Wiesner a. a. O., S. 269–270.
13. Ebenda, S. 270.
14. Ebenda, S. 273.
15. Ebenda, S. 322.
16. Ebenda.
17. Ebenda, S. 348.
18. Ebenda, S. 350.
19. Clay an Draper, 19. Juni 1948, CC 4775, R.G. 200, N.A.
20. Ebenda.
21. Wiesner a. a. O., S. 353.
22. Ebenda, S. 253–254.
23. Ebenda, S. 357; Marguerite Higgins in *New York Herald Tribune*, European Edition, 1. März 1949.
24. Wiesner a. a. O., S. 362.
25. Ebenda.
26. Clay, Decision ..., S. 296–297.
27. Ebenda.
28. Wiesner a. a. O., S. 364–365.
29. Clay, *Decision ...*, S. 409.
30. Hans Peter Schwarz, *Vom Reich zur Bundesrepublik*, S. 607.
31. John F. Golay, *The Founding of the Federal Republic of Germany*, S. 14.
32. *Tagesspiegel*, 10. Juli 1948; *New York Times*, 10. Juli 1948, Golay a. a. O., S. 14–15.
33. Clay, *Decision ...*, S. 410.
34. Lewis J. Edinger, *Kurt Schumacher*, S. 167.
35. Golay a. a. O., S. 15.
36. *Tagesspiegel*, 15. Juli 1948.
37. Clay, *Decision ...*, S. 410.
38. Ebenda.

39. Ebenda, S. 411.
40. Golay a. a. O., S. 19.
41. *Foreign Relations of the United States, 1948*, II, S. 418.
42. Clay, *Decision* ..., S. 338.
43. Ebenda.
44. Ebenda.
45. Clay an Kriegsministerium, 22. November 1948, CC 6839, R.G. 200, N.A.
46. Ebenda.
47. *Foreign Relations ... 1948*, II, S. 496.
48. Clay an Lincoln, 18. November 1948, CC 6772, R.G. 200, N.A.
49. Clay an Draper, 5. Dezember 1948, CC 6977.
50. Clay, *Decision* ..., S. 333.
51. Ebenda, S. 339.
52. Ebenda.
53. Ebenda, S. 413.
54. Clay an Draper, 19. August 1948, CC 5604 R.G. 200, N.A.
55. Ebenda, S. 413.
56. Golay a. a. O., S. 24.
57. Clay an Bradley, 5. Januar 1949, CC 7304, R.G. 200, N.A.
58. Telekonferenz Clay-Royall, 8. Januar 1949, TT 1803, R.G. 200, N.A.
59. *Foreign Relations ... 1948*, II, S. 1325–1337.
60. Phillips Davison, *The Berlin Blockade* ..., S. 264.
61. Clay an Kriegsministerium, 11. Februar 1949, CC 7716, R.G. 200, N.A.
62. Davison a. a. O., S. 263.
63. Clay, *Decision* ..., S. 418.
64. Clay an Draper, 18. Januar 1949, CC 7462, R.G. 200, N.A.
65. Clay an Draper, 23. Januar 1949, CC 7529, R.G. 200, N.A.
66. Clay an Kriegsministerium, 3. Februar 1949, CC 7624, R.G. 200, N.A.
67. Clay an Voorhees, 11. Februar 1949, CC 7725, R.G. 200, N.A.
68. Clay an Draper, 1. Februar 1949, FMPC–287, R.G. 200, N.A.
69. Clay an Draper, 1. Februar 1949, FMPC–287, R.G. 200, N.A.
70. Clay an Draper, 31. Januar 1949, FMPC–279, R.G. 200, N.A.
71. Golay, *The Founding* ..., S. 96–102.
72. Clay, *Decision*, S. 421.
73. Golay a. a. O., S. 97.
74. *Foreign Relations ... 1949*, III, S. 217–220; Golay a. a. O., S. 161–162, Clay, *Decision* ..., S. 424.
75. Clay, *Decision* ..., S. 425.
76. Clay, *Decision* ..., S. 425–427; Clay an Voorhees, 21. März 1949, CC 8086, R.G. 200, N.A.; *Foreign Relations ... 1949*, III, S. 115–118; Interview Smith mit Lucius Clay, 25. Februar 1971.
77. *Foreign Relations ... 1949*, III, S. 82–84, 102.
78. Ebenda, S. 224–225.
79. Clay, *Decision* ..., S. 424; Golay a. a. O., S. 102; Telekonferenz Clay-Voorhees-Goldwaithe-Dorr, TT 2012, 17. März 1949.
80. Ebenda. Clay an Voorhees, 24. März 1949, CC 8121, R.G. 200, N.A.
81. Dean Acheson, *Present at the Creation*, S. 286–287.
82. Acheson a. a. O., S. 290; *Foreign Relations ... 1949*, III, S. 175–186.
83. Telekonferenz Clay-Haislip, 30. März 1949, TT 2012, R.G. 200, N.A.
84. Clay an Bradley und Royall, 26. März 1949, CC 8154, R.G. 200, N.A.
85. W–86283 in Smith, *The Papers* ..., S. 1062.

86. Golay, *The Founding* ..., S. 102–104.
87. Clay an Voorhees, 31. März 1949, FMPC–697, R.G. 200, N.A.
88. Golay, *The Founding* ..., S. 103; *Foreign Relations ... 1949,* III, S. 185.
89. Clay, *Decision* ..., S. 431.
90. Clay, *Decision* ..., S. 430–431; Riddleberger an Acheson, 14. April 1949; *Foreign Relations ... 1949,* III, S. 237–244.
91. Lewis Edinger, *Kurt Schumacher,* S. 160–161.
92. Clay an Kriegsministerium, 19. April 1949, CC 8358; Clay an Kriegsministerium, 19. April 1949, CC 8363, R.G. 200, N.A.
93. Telekonferenz Clay-Voorhees-Murphy, TT 2150, 21. April 1949, R.G. 200, N.A.
94. W–87548 in Smith, *The Papers* ..., S. 1124.
95. Telekonferenz Clay-Voorhees-Bradley, 22. April 1949, TT–2154, R.G. 200, N.A.
96. *Foreign Relations ... 1949,* III, S. 251.
97. Clay, *Decision* ..., S. 431–433.
98. Golay, *The Founding* ..., S. 108–109.
99. Clay, *Decision* ..., S. 433–435.
100. Clay an Voorhees, 1. Mai 1949, CC 8467, R.G. 200, N.A.
101. Richard McKinzie, Interview mit Lucius Clay, NYC, 16. Juli 1974.
102. Telekonferenz Clay-Voorhees-Dorr, 5. Mai 1949, TT–2185, R.G. 200, N.A.; *Foreign Relations ... 1948,* II, S. 1325–1337.
103. Ebenda.
104. Clay an Voorhees, 7. Mai 1949, CC 8519, R.G. 200, N.A.
105. Clay, *Decision* ..., S. 439.

12. Ein Ende und ein neuer Anfang

1. Interview des Verfassers mit Edna Shelley (Mrs. Robert Gates), St. Louis, Missouri, 27. Oktober 1980.
2. *Congressional Record,* 17. Mai 1949, House, S. 6339; Senate, S. 6313.
3. *New York Times,* 29. Mai 1949, E. J. Kahn jr., „Soldier in Mufti", in *New Yorker,* 13. Januar 1951.
4. Interview des Verfassers mit Mrs. Lucius D. Clay, McLean, Va., 12. Juli 1981.
5. Ebenda.
6. Interview des Verfassers mit Margaret Allen, Washington, D.C., 12. September 1981.
7. Demaree Bess, „An American Viceroy in Germany", in *Saturday Evening Post,* 10. Mai 1947.
8. Brief General Lucius D. Clay an den Verfasser vom 19. Juli 1981.
9. Interviews des Verfassers mit James O'Donnell, Washington, D.C., am 8. März 1981 und Edloe Domnan, Manchester, Missouri, 27. Oktober 1981.
10. E. J. Kahn jr., „Soldier in Mufti".
11. Interview Mark Nackman mit General Clay, New York, N.Y., 16. Oktober 1973.
12. Interview McKinzie mit General Lucius D. Clay, New York, N.Y., 16. Juli 1974.
13. Clay, *Decision* ..., S. 18 und 54; Interview Smith mit General Clay, 5. Februar 1971.
14. Interview McKinzie mit General Lucius D. Clay, New York, N.Y., 16. Juli 1974.
15. William Harlan Hale, „General Clay – On His Own", in *Harpers,* Dezember 1948.
16. Interview des Verfassers mit James Sundquist, Washington, D.C., 5. Mai 1980.

17. Don Humphrey, Private Papers.
18. Interview des Verfassers mit Richard Hallock, Washington, D.C., 5. April 1981.
19. Demaree Bess, „An American Viceroy in Germany“, in *Saturday Evening Post,* 10. Mai 1947.
20. Interview Dr. Kanarek mit General Lucius D. Clay, 16. August 1977.
21. Interview Richard D. McKinzie mit General Lucius D. Clay, New York, N.Y., 16. Juli 1974.
22. Hale, „General Clay – On His Own“.
23. Interview des Verfassers mit James Riddleberger, Washington, D.C., 6. August 1981.
24. Nov. Mem.
25. Interview des Verfassers mit George Kennan, Princeton, N.J., 19. März 1980.

Literaturverzeichnis

I. Primärquellen

A. Memoiren und Erlebnisberichte

Acheson, Dean, *Present at the Creation,* New York 1969.
Adenauer, Konrad, *Memoirs: 1945–1953,* Chicago 1966.
Bohlen, James F., *Speaking Frankly,* New York, 1947.
– *All in One Lifetime,* New York 1958.
Catroux, Georges, *J'ai vu tomber le Rideau de fer, Moscou 1945–1948,* Paris 1952.
Churchill, Winston S., *The Second World War,* 6 Bde., Boston 1962.
Clay, Lucius D., *Decision in Germany,* Garden City 1950.
Deane, John R., *The Strange Alliance: The Story of Our Efforts at Wartime Cooperation with Russia,* New York 1947.
Djilas, Milovan, *Conversations with Stalin,* New York 1962.
Dulles, John Foster, *War or Peace,* New York 1950.
John Foster Dulles Papers, Seeley G. Mudd Manuscript Library, Princeton University.
Eden, Anthony, *The Memoirs of Anthony Eden: Full Circle,* Boston 1960.
– *The Reckoning,* Boston 1965.
Fahy, Charles, ,,Memoirs", New York: Columbia University, Oral History Office.
Galbraith, John Kenneth, *A Life in Our Time,* Boston 1981.
Harriman, Averall W., *Peace with Russia?* New York 1959.
Howley, Frank, *Berlin Command,* New York 1950.
Hull, Cordell, *The Memoirs of Cordell Hull,* 2 Bde., New York 1945.
Kennan, George F., *Memoirs, 1925–1950,* Boston 1967.
Leahy, William Daniel, *I Was There,* New York 1950.
– Diary 1941–1946, U.S. Library of Congress.
Lie, Trygve, *In the Cause of Peace,* New York 1954.
Maier, Reinhold, *Ein Grundstein wird gelegt,* Tübingen 1964.
Maisky, Iwan, *Memoirs of a Soviet Ambassador,* New York 1968.
Millia, Walter, Hrsg., *The Forrestal Diaries,* New York 1951.
Morgenthau Diary: Germany, U.S. Congress, Senate Committee on the Judiciary, Subcommittee to Investigate the Administration of the Internal Security Act and Other Security Laws, 90th Cong., 1st sess., November 1967.
Murphy, Robert, *Diplomat Among Warriors,* Garden City 1964.
Paley, William S., *As It Happened: A Memoir,* Garden City 1979.
Pünder, Hermann, *Von Preußen nach Europa,* Stuttgart 1968.
Ratchford, B. U. und W. D. Ross, *Berlin Reparations Assignment,* Chapel Hill 1947.
Roosevelt, Elliot, *As He Saw It,* New York 1946.
Sherwood, Robert E., *Roosevelt and Hopkins: An Intimate History,* New York 1948.
Smith, Walter Bedell, *My Three Years in Moscow,* Philadelphia 1950.
Standley, William R., *Admiral Ambassador to Russia,* Chicago 1955.
Stettinius, Edward, *Roosevelt and the Russians: The Yalta Conference,* Garden City 1949.

Stimson, Henry L., *On Active Service in Peace and War,* New York 1947.
Strang, William Lord, *Home and Abroad,* London 1956.
Talbott, Strobe, Hrsg., *Khrushchew Remembers,* Boston 1970.
Truman, Harry S., *Memoirs,* Garden City 1955–1956.
Vandenberg, Arthur H. jr., *The Private Papers of Senator Vandenberg,* Boston 1952.
Wallace, Henry Agard, *The Price of Vision: The Diary of Henry A. Wallace 1942–1946,* Hrsg. John Morton Blum, Boston 1973.
Wells, Herman B., *Being Lucky,* Bloomington 1980.
Zhukov, Georgii K., *Reminiscences and Reflections,* Stuttgart 1969.

B. Dokumente

„American Relations with the Soviet Union", Bericht für den Präsidenten, verfaßt von The Special Council to the President, Sept. 1946, Anhang, in Krock, Arthur, *Memoirs,* New York 1968.
Berliner Schicksal 1945–1952, amtliche Berichte und Dokumente, Senat von Berlin.
Civil Affairs Division, OMGUS, *The Evolution of Bizonal Organizations,* März 1948.
Clay, Lucius D., Public Papers, Record Group 200, N. A.
Cornides, W. und H. Volle, *Um den Frieden mit Deutschland,* Bd. 2 in *Dokumente und Berichte des Europaarchivs,* Oberursel, 1948.
Degras, Jane, *Soviet Documents on Foreign Policy,* 3 Bde. London 1951–1953.
Die deutsche Frage auf der Moskauer Konferenz der Außenminister, Europaarchiv, Sonderheft 2, 1947.
Die Reparationsleistungen der sowjetischen Besatzungszone Deutschlands, Europaarchiv 4.
Die sowjetische Reparationspolitik seit 1945, Hannover, Sopade Denkschrift Nr. 29, 1950.
Federal Trade Commission; Report of the U.S. Committee to Review the Decartelization Program in Germany (Fergusson Report), 15. April 1949.
Akten Dr. Geiler, Wiesbaden, Staatskanzlei, der hessische Ministerpräsident.
IARA Bericht 1949 über deutsche Auslandsvermögen, Bremen 1950.
Interallied Reparations Agency, *Report of the Assembly,* Brüssel 1951.
JEIA (Joint Export Import Agency) *Instructions, Monthly Reports.*
Denkschrift H. Hilldring an Asst. Sec. of War, 7. November 1945, ASW 370.8 Germany, Control Council, National Archives.
Ministère des Affaires Etrangères, *Documents francais relatifs à l'Allemagne 1945–1947.*
Office of Military Government for Germany (US) Federal Records Center, Suitland, Maryland, OMGUS records, Record Group 260. USFET records, Record Group 338.
Rossmann-Papiere, Bundesarchiv, Koblenz.
Schmidt, Hubert G., *Food and Agriculture Programs in West Germany,* U.S. High Commissioner for Germany, Office of the Executive Secretary, Historical Division, 1952.
– *The Liberalization of West German Foreign Trade,* U.S. High Commissioner for Germany, Office of the Executive Secretary, Historical Division, 1952.
Smith, Jean Edward, Hrsg., *The Papers of General Lucius D. Clay,* Bloomington 1974.
Statistisches Jahrbuch für das Deutsche Reich, 1936, Statistisches Reichsamt, 1937.
The Soviet Union and the Berlin Question, (Dokumente) Das Ministerium für auswärtige Angelegenheiten der UdSSR, Moskau 1948.

U.N. Security Council, Official Records, Third Year, Nr. 113.
U.S. Congress.
Congressional Record, 78. Congress, 2nd. sess.
79. Congress, 1st sess., 13. März 1945
79. Congress, 1st sess., 10. April 1945
79. Congress, 1st sess., 17. Mai 1945
79. Congress, 1st sess., 27. November 1945
79. Congress, 2nd sess., 19. Juli 1946
81. Congress, 1st sess., 17. Mai 1949.
House, Committee on Appropriations, *Hearings on First Deficiency Appropriations Bill 1947*, 80. Cong., 1st sess.
Committee on Appropriations, *Hearings on Military Establishment Appropriations Bill for 1947*, 79. Cong., 2nd sess.
Special Committee on Post-War Economic Policy and Planning. *Economic Reconstruction in Europe*. 8th Report (Serial 10936). 79th Cong., 1st sess., 1945.
Committee on Appropriations, *Hearings on First Deficiency Appropriations Bill 1948*. 80th Cong., 2nd. sess.
Senate.
Accessibility of Strategic and Critical Materials in Time of War, Report of Committee of American and Insular Affairs. Appendix 4, Report Nr. 1627. 83rd Cong., 2nd sess.
Committee on Appropriations, *Hearings on European Interim Aid and GARIOA*. 80th Cong., 1st sess. Committee on Appropriations, Armed Services and Banking Currency. *Hearings on Occupation Currency Transactions*. 80th Cong., 1st sess.
Committee on Banking and Currency. *Hearings on President Truman's Request to Increase Lending Authority of Export-Import Bank*. 79th Cong., 1st sess., Juli 1945.
Special Senate Committee Investigating the National Defense Program. Meader Report. 22. Nov. 1946. Executive Hearings. Senate Foreign Relations Committee. 1. April 1947.
U.S. Department of Commerce, Bureau of the Census, Foreign Commerce and Navigation of the U.S. Foreign Trade Statistics 1946 and 1947.
U.S. Department of State.
Bulletin 13, Nr. 323 (2. September 1945).
Bulletin 13, Nr. 338 (16. Dezember 1945).
Bulletin 15, Nr. 376 (15. September 1946).
Bulletin 16, Nr. 404 (30. März 1947).
Bulletin 16, Nr. 405 (6. April 1947).
Bulletin 16, Nr. 406 (18. April 1947).
Bulletin 16, Nr. 407 (20. April 1947).
Bulletin 16, Nr. 408 (27. April 1947).
Bulletin 16, Nr. 410 (11. Mai 1947).
Germany 1947–1949, The Story in Documents.
Foreign Relations of the United States, Diplomatic Papers.
1933, Bd. 2, The British Commonwealth, Europe.
1935, The British Commonwealth, Europe.
1943, The Conferences at Cairo and Teheran.
1944, Bd. 1, General.
1944, Bd. 4, Europe.
1945, The Conferences at Malta and Yalta.
1945, Bd. 2, General; Political and Economic Matters.

1945, Bd. 3, European Advisory Commission; Austria; Germany.
1945, Bd. 4, Europe.
1945, The Conference of Berlin (Potsdam), 2 Bde.
1945, Bd. 5, Europe.
1946, Bd. 2, Council of Foreign Ministers.
1946, Bd. 5, The British Commonwealth; Western and Central Europe.
1946, Bd. 6, Eastern Europe, The Soviet Union.
1947, Bd. 2, Council of Foreign Ministers; Germany and Austria.
1948, Bd. 2, Germany, Austria, Council of Foreign Ministers.
1949, Bd. 3, Germany and Austria.

State Department Files. National Archives.
Records Group 43, Records of Council of Foreign Ministers.
Records Group 59, 740.00119 European War.
Records Group 59, Notter Files.
Records Group 19, 740.00119 Control (Germany).

U. S. Office of Strategic Services. National Archives. Research and Analysis Report 2359, ,,Problems of German Reparations".
Research and Analysis Report 1899, ,,Russian War Damage and Possible Reparations Claims".

U. S. Strategic Bombing Survey. Rare Books Collection. Library of Congress.
,,A Brief Study of the Effects of the Area Bombing on Berlin, Augsburg, Bochum and Leipzig."
,,The Effects of Strategic Bombing on the German War Economy."
,,The German Machine Tool Industry."

USSR. ,,Documents: The Crimea and Potsdam Conferences of the Leaders of the Great Three Powers." *International Affairs,* Nr. 6–10. Moscow: Juni–October 1965.

von Oppen, B. R., Hrsg., *Documents on Germany under Occupation,* New York 1955.

C. Reden

Dulles, John Foster, ,,Europe Must Federate or Perish", *Vital Speeches of The Day,* 17. Januar 1947.

Faingar, Isakhar Moiseevich, ,,Germaniia i Reparatsii" (Deutschland und Reparationen), 24. April 1947, Moskau, Ministerium für Hochschulbildung, 1947.

Molotow, W. M., *Speeches and Statements at the Moscow Session of the Council of Foreign Ministers 1947.* London 1947.

– *Problems of Foreign Policy,* Moskau 1949.

Stalin, J., Rede zur Wahl am 9. Februar 1946, *New York Times,* 10. Februar 1946.

D. Zeitungen, Zeitschriften, Meinungsumfragen

Cantril and Struck, *Public Opinion 1935–1945.*
Current Digest of Soviet Press, 3, Nr. 20.
Business Week
Economist (London)
Frankfurter Rundschau
Life
New York Herald Tribune
New York Times
Newsweek
Tagesspiegel (Berlin)

Time
U.S. News and World Report
Wall Street Journal
Washington Post

E. Nicht veröffentlichte Papiere

Joseph Dodge Papers, Detroit Public Library.
John F. Dulles Papers, Princeton University.
Dwight Eisenhower Papers, Eisenhower Library, Abilene, Kansas.
William Leahy Diary, Library of Congress.
Lubin Papeers, Roosevelt Library, Hyde Park, New York.
J. Anthony Panuch Papers, Truman Library, Independence, Mo.
Richard Scandrett Papers, Cornell University, Ithaca, N. Y.
Henry Stimson Diary, Yale University, New Haven, Conn.
Harry S. Truman Papers, Truman Library, Independence, Mo.

An dieser Stelle möchte ich Don Humphrey, George R. Jacobs und Charles Kindleberger meinen besonderen Dank dafür zum Ausdruck bringen, daß sie es mir erlaubt haben, in ihre persönlichen Papiere Einblick zu nehmen.

F. Interviews, persönliche Gespräche und Korrespondenz

Margaret Allen
George Ball
Colonel John L. Bates
Botschafter Jacob Beam
A. Jackson Bennett
Franz Bierman
Botschafter Charles Bohlen
Robert Bowie
James Boyd
Lt. General A. J. Boyle
Major General Hugh Casey
General Lucius D. Clay
Mrs. Lucius D. Clay
General Lucius D. Clay junior
Major General Frank Clay
Dr. Lucius D. Clay III
Benjamin Cohen
Edloe Donnan
Eleanor Lansing Dulles
David Ginsburg
Bill Graever
Richard Hallock
Botschafter W. Averall Harriman
John Hazard
Russel Hill
Brig. General Frank Howley
Donald Humphrey
George R. Jacobs
Botschafter George Kennan
Joseph Kennan
Colonel Thomas Lancer
John J. McCloy
Donald McLean
Oliver Margolin
Edward Mason
Ben Narvid
James O'Donnell
Major General Ralph M. Osborne
Botschafter James Riddleberger
Seymour Rubin
Charles Saltzman
Edna Shelley (Mrs. R. S. Gates)
Joe Slater
Brig. General James F. Stratton
John McHugh Stuart jr.
James Sundquist
Sylvia Tint (Mrs. Charles O'Connor)
Lt. General Arthur Trudeau
Major General Robert Walsh
General Alfred C. Wedemeyer
Leo Werts
Louis Wiesner
Lawrence Wilkinson

G. Interviews anderer mit General Lucius D. Clay

Dr. Richard D. Challener, Princeton University, Princeton, N. J.
Dr. Harold Kanareck, Historical Division of the Office of the Chief of Engineers.

Dr. Richard McKinzie, Truman Library, Independence, Missouri.
Mark Nackman, Continental Can, New York.
Col. R. Joe Rogers, U. S. Army, Military History Institute, Carlyle Barracks.
Dr. Jean E. Smith, University of Toronto, Toronto, Canada.

II. Sekundärquellen

Abeken, Gerhard, *Geld und Bankwesen in der sowjetischen Besatzungszone seit der Währungsreform.* Bonn 1951.

Adler, Hans A., „The Postwar Reorganization", *Quarterly Journal of Economics 63*, Nr. 3 (August 1949).

Alexandrov, Vladimir, „The Dismantling of German Industry" *in Soviet Economic Policy in Post-War Germany,* Hrsg. Robert Slusser, New York 1953.

Allen, T. Henry, *The Rhineland Occupation,* Indianapolis 1927.

Alsop, Joseph und Stewart, „Why We Changed Our Policy in Germany", *Saturday Evening Post,* 7. Dezember 1946.

Alt, Franz, *Der Prozeß der ersten Regierungsbildung unter Konrad Adenauer*, Eichholz 1970.

Armstrong, Ann., *Unconditional Surrender,* New Brunswick, 1961.

Backer, John H., *Priming the German Economy: American Occupational Policies 1945–1948,* Durham 1978.

– *The Decision to Divide Germany, American Foreign Policy in Transition,* Durham, 1978. Dt. *Die Entscheidung zur Teilung Deutschlands. Amerikas Deutschlandpolitik 1943–1948.* München, 1981.

Bagratuni, A., „Reparations from Germany's Current Production", *New Times,* 18. April 1947.

Bailey, Thomas A., *The Man in the Street: The Impact of American Public Opinion on Foreign Policy,* Gloucester, Mass., 1964.

– *Probing America's Past: A Critical Examination of Major Myths and Misconceptions,* Lexington 1973.

– *A Diplomatic History of the American People,* 3. Aufl. New York 1946.

Balabkins, Nicholas, *Germany Under Direct Controls: Economic Aspects of the Industrial Disarmament 1945–1948.* New Brunswick 1964.

Balfour, Michael, und John Mair, *Four Power Control in Germany and Austria, 1945–1946,* London 1958.

Bemis, Samuel Flagg, *A Diplomatic History of the United States,* New York 1964.

Bennett, Jack, „The German Currency Reform", *Annals of the American Academy of Political and Social Sciences* 267 (Januar 1950).

Berkes, Ross N., „Germany: Test Tube of Peace", *American Scholar,* 1946–1947.

Berry, Lelah, „An Army Wife Lives Very Soft – in Germany", *Saturday Evening Post,* 15. Februar 1947.

Bess, Demaree, „American Viceroy in Germany" in *Saturday Evening Post,* 3. und 10. Mai 1947.

– „Will be Pushed Out of Berlin", *Saturday Evening Post,* 31. Juli 1948.

Bidault, Georges, „Agreement on Germany: Key to World Peace", *Foreign Affairs,* Bd. 24, Nr. 4, Juli 1946.

Bishop, Donald, *The Roosevelt-Litvinov Agreements,* Syracuse 1965.

Blum, John Morton, *Roosevelt and Morgenthau,* Boston 1972.

Bolton, Seymour, „Military Government and the German Political Parties", *Annals of the American Academy of Political and Social Sciences* 267 (Januar 1950).

Boorsten, Dan, *The Image*, New York 1971.
Boyle, Andrea, *The Fourth Man: A Climate of Treason*, New York 1979.
Bungenstab, Karl Ernst, *Umerziehung zur Demokratie? Re-Education-Politik im Bildungswesen der US-Zone 1945–1949*, Düsseldorf 1970.
Burks, R. V., „Eastern Europe" in *Communism and Revolution*, hrsg. v. Cyril E. Black und Thomas P. Thornton, Princeton 1964.
Carman, Harry J., und Harold C. Syrett, *A History of the American People*, New York 1952.
Carr, Albert Z., *Truman, Stalin and Peace*, Garden City 1950.
Caute, David, *Communism and the French Intellectuals, 1914–1960*, New York 1964.
Cecil, Robert, „Potsdam and Its Legends", *International Affairs* (Juli 1970).
Chamberlin, William H., *America's Second Crusade*, Chicago 1950.
Chambers, S. P., „Post-War German Finances" in *International Affairs* 25, Nr. 3 (Juli 1948).
Clark, Delbert, *Again the Goose Step*, Indianapolis 1949.
– „He Knows Germans", *New York Times*, 17. November 1946.
Clay, Lucius D., *Germany and the Fight for Freedom*, Cambridge 1950.
Clemens, Diana Shaver, *Yalta*, New York 1970.
Coles, Harry und Albert Weinberg, *Civil Affairs: Soldiers Become Governors*, Washington 1964.
Collier, Richard, *Bridge Across the Sky*, New York 1978.
Council on Foreign Relations, *The United States in World Affairs 1947/48: An Account of American Foreign Relations*, New York 1948.
Croan, Melvin und Carl J. Friedrich, „The East German Regime and Soviet Policy in Germany" in *The Journal of Politics*, Bd. 20, Nr. 1, Februar 1958.
Curry, George, *James F. Byrnes*, Bd. 14, Teil 1 von *The American Secretaries of State and Their Diplomacy*, New York 1965.
Dahl, Robert, *Congressional Foreign Policy*, New York 1950.
Dallek, Robert, *Franklin D. Roosevelt and American Foreign Policy 1932–1945*, New York 1979.
Davison, Walter Phillips, *The Berlin Blockade*, Princeton 1958.
Dennett, Raymond und Joseph E. Johnson, Hrsg., *Negotiating with the Russians*, Boston 1951.
Detzer, Karl, „Clay of Berlin" in *The Reader's Digest*, Oktober 1948.
Deuer, Wallace R., „The Army in Power" in *Survey*, Februar 1950.
Deuerlein, Ernst, *Die Einheit Deutschlands*, 1941–1949, Frankfurt 1957.
Divine, Robert A., *Roosevelt and World War II*, Baltimore 1969.
Dobb, Maurice, *Soviet Economic Development Since 1917*, New York 1948.
Donovan, Frank, *Bridge in the Sky*, New York 1968.
Dorn, Walter L., *Inspektionsreisen in der US-Zone*, Stuttgart 1975.
Dulles, Eleanor, „The Evolution of Reparation Ideas" in *Facts and Factors in Economic History*, New York 1967.
Edinger, Lewis J., *Kurt Schumacher*, Stanford 1965.
– „Post-Totalitarian Leadership: Elites in the German Federal Republic" in *The American Political Science Review* LIV, 1960.
Elliott, W. Y., „The Control of Foreign Policy in the United States" in *The Political Quarterly*, Bd. XX, Nr. 4, Oktober–Dezember 1949.
Farnworth, C. Beatrice, *William Bullitt and the Soviet Union*, Bloomington 1967.
Feis, Herbert, *Between War and Peace: The Potsdam Conference*, Princeton 1960.
– *Churchill, Roosevelt, Stalin: The War They Waged and the Peace They Sought*, Princeton 1957.

– *The Diplomacy of the Dollar: First Era, 1919–1932*, Hamden 1965.
– *From Trust to Terror: The Onset of the Cold War*, 1945–1950, New York 1970.
Ferrell, Robert H., *George Marshall*, Bd. 15 von *The American Secretaries of State and Their Diplomacy*, New York 1966.
Festinger, Leon, *A Theory of Cognitive Dissonance*, Stanford 1957.
Fitzgibbon, Constantine, *Denazification*, London 1969.
Fredericksen, Oliver, *American Military Government of Germany 1945–53*, Darmstadt 1953.
Friedman, William, *The Allied Military Government of Germany*, London 1947.
Friedrich, Carl J., *American Experiences in Military Government in World War II*, New York 1948.
Gaddis, John Lewis, *The United States and the Origins of the Cold War, 1941–1947*, New York 1972.
Galbraith, John Kenneth, ,,Is There A German Policy", in *Fortune*, Januar 1947.
Gardner, Lloyd C., *Architects of Illusion: Men and Ideas in American Foreign Policy, 1941–1949*, Chicago 1970.
Gervasi, Frank, ,,Watchdog in the White House", *Colliers*, 9. Oktober 1948.
Gillen, J. F. J., *Deconcentration and Decartelization in West Germany 1945–1953*, HICOG: Historical Division 1953.
– *State and Local Governments in West Germany 1945–1953*, HICOG: Historical Division 1953.
Gimbel, John, *The American Occupation of Germany, Politics and the Military*, 1945–1949, Stanford 1968.
– *The Origins of the Marshall Plan*, Stanford 1976.
– ,,U.S. Post-War German Policy" in *Political Science Quarterly*, Bd. 87 Nr. 2 (Juni 1972).
– ,,American Military Government and the Education of a New German Leadership", *Political Science Quarterly*, Bd. LXXXIII, Nr. 2, Juni 1968.
Ginsburg, David, *The Future of German Reparations*, Washington, D.C., 1947.
Golay, John Ford, *The Founding of the Federal Republic of Germany*, Chicago 1958.
Gottlieb, Manuel, ,,Failure of Quadripartite Monetary Reform, 1945–47", *Finanzarchiv 17* (1957).
– ,,The German Economic Potential", *Social Research* 17 (März 1950).
– *The German Peace Settlement and the Berlin Crisis*, New York 1960.
– ,,The Reparations Problem Again", *Canadian Journal of Economic and Political Sciences* 16 (Febr. 1950).
Graefrath, Bernhard, *Zur Geschichte der Reparationen*, Ost-Berlin 1954.
Graupner, R., *Inter-alliierte Reparationsabkommen über die Liquidation des deutschen Auslandsvermögens*, Bremen 1950.
Greer, Thomas H., *What Roosevelt Thought: The Social and Political Ideas of Franklin D. Roosevelt*, East Lansing 1958.
Griffith, William E., ,,Denazification in the United States Zone of Germany" in *The Annals* (Januar 1950).
– ,,The Denazification Program in the U.S. Zone of Germany", Doktor-Dissertation, Harvard University 1950.
Grosser, Alfred, *The Colossus Again: West Germany From Defeat to Rearmament*, New York 1955.
Guradze, Heinz, ,,The Laenderrat: Landmark of German Reconstruction", *Western Political Quarterly* (Juni 1950).
Hacker, Jens, *Sowjetunion und DDR zum Potsdamer Abkommen*, Köln 1968.
Haertel, Lia, *Der Länderrat des amerikanischen Besatzungsgebietes*, Stuttgart 1951.

Hale, William Harlan, *General Clay – On His Own,* New York 1948.

Halperin, Morton H., und Arnold Kanter Hrsg., *Readings in American Foreign Policy: A Bureaucratic Perspective,* Boston 1973.

Hammond, Paul W., „Directives for the Occupation of Germany: The Washington Controversy" in *American Civil-Military Decisions.* hrsg. von Harold Stein, Alabama 1963.

Harmssen, G. W., *Am Abend der Demontage,* Bremen 1951.

– *Reparationen, Sozialprodukt, Lebensstandard: Versuch einer Wirtschaftsbilanz,* Bremen 1947.

Hayter, William, *The Diplomacy of the Great Powers,* London 1960.

Herring, George C., jr., „Lend Lease to Russia and the Origins of the Cold War", *Journal of American History* 56, Nr. 1 (Juni 1969).

Herz, John H., „The Fiasco of Denazification in Germany", *Political Science Quarterly,* Bd. LXIII (Dezember 1948).

Herz, Martin, *Beginnings of the Cold War,* Bloomington 1966.

Hill, Russell, *The Struggle for Germany,* New York 1947.

Hofstadter, Richard, *The Paranoid Style in American Politics,* New York 1965.

Holborn, Hajo, *A History of Modern Germany,* 3 Bde. New York 1959.

Hughes, Richard D., „Soviet Foreign Policy and Germany, 1945–1948", Doktordissertation, Claremont Graduate School, 1964.

Jervis, Robert, *Perception and Misperception in International Politics,* Princeton 1976.

Joesten, Joachim, *Germany – What Now?* Chicago 1948.

Johnson, Alvon, „Denazification" in *Social Research,* Bd. 14 (1947).

Jonas, Manfred, *Isolationism in America, 1935–1941,* Ithaca 1966.

Jones, Joseph, *The Fifteen Weeks,* New York 1955.

Kahn, E. J. jr., „Soldier in Mufti" in *The New Yorker,* 13. Januar 1951.

Kecskemeti, Paul, *Strategic Surrender: The Politics of Victory and Defeat,* New York 1964.

Kennan, George F., „A Rebuttal and an Apology" in *Containment and the Cold War: American Foreign Policy Since 1945,* hrsg. v. Thomas G. Paterson, Reading 1973.

– *Russia and the West Under Lenin and Stalin,* Boston 1960.

– *Russia Leaves the War,* New York 1967.

Kimball, Warren F., *Swords or Ploughshares: The Morgenthau Plan for Defeated Nazi Germany 1943–1946,* Philadelphia 1976.

Klein, Burton H., *Germany's Economic Preparations for War,* Cambridge, Mass., 1959.

Knappstein, Karl Heinrich, „Die versäumte Revolution" in *Die Wandlung,* Jahrgang II, Heft 8, November 1947.

Kogon, Eugen, „Das Recht auf politischen Irrtum", *Frankfurter Hefte,* Heft 7, Juli 1947.

Kolko, Gabriel, *The Politics of War: The World and United States Foreign Policy,* 1943–1945, New York 1968.

Krieger, Leonard, „The Inter-Regnum in Germany: March–August 1945", *Political Science Quarterly,* Bd. LXIV, Nr. 4 (Dezember 1949).

Kuklick, Bruce, *American Policy and the Division of Germany: The Clash with Russia over Reparations,* Ithaca 1972.

Lefever, Ernest, *Moralism and U.S. Foreign Policy,* Washington, D.C., 1973.

Levering, Ralph S., *American Opinion and the Russian Alliance 1939–1945,* Chapel Hill, 1976.

Lippmann, Walter, *The Cold War: A Study in U.S. Foreign Policy,* New York 1947.

– ,,A Defective Policy" in *Containment and the Cold War: American Foreign Policy Since 1945*, hrsg. v. Thomas G. Paterson, Reading, 1973.
– *Public Opinion*, New York 1965.
– *Public Opinion and Foreign Policy in the United States: Lectures*, London, 1952.
– *U.S. Foreign Policy: Shield of the Republic*, New York 1971.
Litchfield, E. H., *Governing Postwar Germany*, Ithaca 1948.
Lochner, Louis, *Herbert Hoover and Germany*, Boppard 1961.
– ,,The Idiocy of Our Denazification Policy" in *Reader's Digest* (Juni 1948).
Loewenstein, Philipp, ,,The Bavarian Scandal", *New Republic*, 18. Juni 1945.
Lubell, Samuel, ,,The Untold Tragedy of Potsdam", *Saturday Evening Post*, 8. Dezember 1945.
Lundestad, Geir, *The American Non-Policy Towards Eastern Europe 1943–1947*, Oslo 1978.
Lutz, F. A., ,,The German Currency Reform and the Revival of the German Economy", *Economica*, Bd. XVI, Nr. 62, Mai 1949.
McCloy, John H., *Bericht über Deutschland*, Bonn 1951.
Macridis, Roy C., ,,French Foreign Policy" in *Foreign Policy in World Politics*, hrsg. v. Roy C. Macridis, Englewood Cliffs 1958.
Maier, Charles S., *The Origins of the Cold War and Contemporary Europe*, New York 1978.
Martin, James Stewart, *All Honorable Men*, Boston 1950.
– ,,Germany's Cartels Are At It Again", *New Republic*, 10. März 1947.
Mason, E. S., ,,Reflections on the Moscow Conference", *International Organization* 1, Nr. 2 (Mai 1947).
Mayer, Arthur L., ,,Winter of Discontent", *New Republic*, 10. März 1947.
Merkl, Peter H., *The Origins of the West German Republic*, New York 1963.
Meurer, Hubert, ,,U. S. Military Government in Germany: Policy and Functioning in Trade and Commerce", Manuskript OCMH, U. S. Military Government, European Command, Karlsruhe 1950.
Middleton, Drew, ,,Uncommon Clay", *New York Times*, 15. Juli 1945.
– *The Struggle for Germany*, Indianapolis 1949.
Milekowskij, A. G., Hrsg., *Meschdunarodnoje Otnoschenija posle Wtoroi Mirowoi Woini* (Internationale Beziehungen nach dem Zweiten Weltkrieg), Bd. 1 (1945–1949), Moskau 1962.
Mills, Judson, E. Aronson und Hal Tobinson, ,,Selectivity in Exposure to Information", *Journal of Abnormal and Social Psychology* 54 (1959).
Montgomery, John D., *Forced to Be Free. The Artificial Revolution in Germany and Japan*, Chicago 1957.
Morgenthau, Hans, ,,John Foster Dulles" in *An Uncertian Tradition: American Secretaries of State in the Twentieth Century*, hrsg. von N. A. Graebner, New York 1961.
Morgenthau, Henry, *Germany Is Our Problem*, New York 1945.
– ,,Our Policy Toward Germany", *New York Post*, 26. und 28. November 1947.
Mosely, Philip E., ,,Dismemberment of Germany", *Foreign Affairs* 28, Nr. 3 (April 1950).
– ,,The Occupation of Germany: New Light on How the Zones Were Drawn", *Foreign Affairs* 28, Nr. 4 (Juli 1950).
– ,,Soviet-American Relations Since the War", *Annals of the American Academy of Political and Social Sciences* (Mai 1949).
– ,,The Treaty with Austria", *International Organization* 4, Nr. 2 (Mai 1950).
Moskowitz, Moses, ,,The Political Re-Education of the Germans: The Emergence of

Parties and Politics in Württemberg-Baden (Mai 45 – Juni 46)“ in *Political Science Quarterly,* Bd. LXI, Nr. 4.
Murphy, Charles J. V., ,,The Berlin Airlift“, *Fortune,* November 1948.
Nettl, J. Peter, *The Eastern Zone and Soviet Policy in Germany, 1945–1950,* London 1951.
– ,,German Reparations in the Soviet Empire“, *Foreign Affairs* 29. Nr. 2 (Januar 1951).
Niethammer, Lutz, *Entnazifizierung in Bayern,* Frankfurt a. M. 1972.
Notter, Harley, *Postwar Foreign Policy Preparation: 1939–1945,* Washington, D.C., 1949.
O'Connor, Raymond C., *Diplomacy for Victory: Franklin Delano Roosevelt and Unconditional Surrender,* New York 1971.
Opie, Redvers u. a., *The Search for Peace Settlements,* Washington, D.C., 1951.
Osgood, Robert Endicott, *Ideals and Self-Interest in America's Foreign Relations,* Chicago 1953.
Padover, Saul, *Experiment in Germany,* New York 1946.
Paterson, Thomas G., ,,The Abortive American Loan to Russia and the Origins of the Cold War, 1943–1946“, *Journal of American History* 56, Nr. 1 (Juni 1969).
– *Soviet-American Confrontation: Postwar Reconstruction and the Origins of the Cold War,* Baltimore 1973.
– Hrsg. *Cold War Critics,* Chicago 1971.
– *Containment and the Cold War: American Foreign Policy Since 1945,* Reading 1973.
Penrose, E. F., *Economic Planning for the Peace,* Princeton 1953.
Peterson, Edward N., *The American Occupation of Germany,* Detroit 1977.
Plischke, Elmer, ,,Denazification Law and Procedure“ in *The American Journal of International Law* (Oktober 1947).
– ,,Denazifying the Reich“, *Review of Politics,* (April 1947).
Pratt, Julius W., *A History of United States Foreign Policy,* Englewood Cliffs 1972.
Price, Harry Bayard, *The Marshall Plan and It's Meaning,* Ithaca 1955.
Range, Willard, *Franklin D. Roosevelt's World Order,* Athens, Ga., 1959.
Rheinstein, Max, ,,Renazifying Germany“, *University of Chicago Magazine* (April 1947).
Rosenau, James N., *Public Opinion and Foreign Policy,* New York 1961.
Rostow, Eugene V., ,,The Partition of Germany and the Unity of Europe“, *Virginia Quarterly Review* 23, Nr. 1, (Winter 1947).
Rudolph, Vladimir, ,,The Administrative Organization of Soviet Control“ in *Soviet Economic Policy in Post-War Germany,* hrsg. v. Robert Slusser, New York 1953.
Ruland, Bernd, *Geld wie Heu und nichts zu fressen,* Bayreuth 1968.
Salomon, Ernst von, *Fragebogen,* New York 1955.
Schaffer, Gordon, *Russian Zone,* London 1947.
Scharf, Claus und Hans-Jürgen Schroeder, *Die Deutschlandpolitik Großbritanniens und die britische Zone* 1945–1949, Wiesbaden 1979.
Schlange-Schöningen, Hans, *Im Schatten des Hungers,* Hamburg 1955.
Schmid, Richard, ,,Denazification“, *American Perspective,* Bd. II, Nr. 5 (Oktober 1948).
Schmitt, Hans A., *U.S. Occupation in Europe After World War II,* Lawrence 1978.
Schoenbrun, David, ,,The French and the Ruhr“, *New Republic,* 4. August 1947.
Schrenck-Notzing, Caspar von, *Charakterwäsche,* Stuttgart 1965.
Schwartz, Hans Peter, *Vom Reich zur Bundesrepublik,* Neuwied 1966.
Sharp, Toni, *The Wartime Alliance and the Zonal Division of Germany,* Oxford 1975.

Shulman, Marshal D., *Stalin's Foreign Policy Reappraised,* New York 1969.
Smith, Jean E., *The Defence of Berlin,* Baltimore 1963.
– ,,Selection of a Proconsul for Germany: The Appointment of General Lucius D. Clay, 1945", *Military Affairs,* Bd. 40 (Oktober 1976).
Snell, John L., *The War-Time Origins of the East-West Dilemma over Germany,* New Orleans 1959.
Stettinius, Edward R., *Roosevelt and the Russians,* New York 1949.
Stolper, Gustav, *The German Economy, 1870–1940,* New York 1940.
– *German Realities,* New York 1948.
Stolper, Toni, *Ein Leben in Brennpunkten unserer Zeit,* Tübingen 1950.
Strauss, Harold, *The Division and Dismemberment of Germany from the Casablanca Conference to the Establishment of the East German Republic,* Diss., Ambilly 1952.
Sylvester, Harold J., ,,American Public Reaction to Communist Expansion From Yalta to NATO", Doktordissertation, University of Kansas, 1970.
Taylor, Graham T., ,,The Rise and Fall of Antitrust in Occupied Germany", *Prologue,* Frühjahr 1979.
Taylor, Telford, *Sword and Swastica,* New York 1952.
Toynbee, Arnold Joseph, und Veronica M. Toynbee Hrsg., *The Realignment of Europe,* 2 Bde., London 1962.
Ulam, Adam B., *Expansion and Coecistence: The History of Soviet Foreign Policy, 1917–1967,* New York 1968.
Varga, E., ,,Wosmeschtschenije uschtscherba gitlerowskoi germanijei i jewo soobschtschnikami" (Reparationen von Hitlerdeutschland und seinen Komplizen), *Woina i Rabotschi Klass,* Nr. 10 (15. Oktober 1943).
Voznesensky, Nikolai A., *The Economy of the USSR during World War II,* Washington, D.C., 1948.
Wallich, Henry, *Mainsprings of the German Revival,* New Haven 1955.
Warburg, James P., *Germany: Bridge or Battleground?* New York 1947.
– *Germany Key to Peace,* Cambridge 1953.
Wegener, Hertha, ,,Economic Relations Between Soviet Russia and Eastern Germany", Master Thesis, Columbia University, 1951.
Weir, Sir Cecil, ,,Economic Developments in Western Germany", *International Affairs,* Bd. 25, Nr. 3 (Juli 1949).
Welles, Sumner, *Seven Decisions That Shaped History,* New York 1951.
– *The Time for Decision,* New York 1944. *Where Are We Heading?* New York 1946.
Wiesner, Louis, ,,Organized Labor in Post-War Germany", Manuskript N. A.
Williams, Benjamin H., *The Economic Foreign Policy of the United States,* New York 1967.
Williams, William Appleman, *The Tragedy of American Diplomacy,* New York 1972.
Willis, F. Roy, *The French in Germany, 1945–1949,* Stanford 1962.
Wolfers, Arnold, ,,United States Policy Toward Germany", Memorandum Nr. 20, Yale Institute of International Studies, New Haven, 21. Februar 1947.
Wolfson, Irving, ,,The AMG Mess in Germany", *New Republic,* 4. März 1946.
Yergin, Daniel, *Shattered Peace: The Origins of the Cold War and the National Security State,* Boston 1977.
Yershov, Vassily, ,,Confiscation and Plunder by the Army of Occupation" in *Soviet Economic Policy in Post-War Germany,* hrsg. v. Robert Slusser, New York 1953.
Young, Roland, *Congressional Politics in the Second World War,* New York 1956.
Ziemke, Earl, *The U.S. Army in the Occupation of Germany,* Washington, D.C., 1975.

Zink, Harold, *American Military Government in Germany*, New York 1947.
– *The United States in Germany 1944–1945*, New York 1957.
– „The American Denazification Program in Germany", *Journal of Central European Affairs*, Bd. VI, Nr. 3 (Oktober 1946).

Abkürzungsverzeichnis

ACA	Allied Control Authority for Germany	Alliierte Kontrollbehörde
ACC	Allied Control Council	Alliierter Kontrollrat
AFL	American Federation of Labor	Amerikanischer Gewerkschaftsbund (Facharbeiter)
ASF	Army Service Forces	(Rüstungsbeschaffung im) Heeresamt
BICO	Bipartite Control Office	Zweizonen-Kontrollbüro
CAD	Civil Affairs Division	Abteilung für zivile Angelegenheiten (im Pentagon)
CARE	Cooperative for American Remittances, Europe	(Wohltätigkeitsverband)
CEEC	Committee of European Economic Cooperation	Komitee für wirtschaftliche Zusammenarbeit in Europa
CFM	Council of Foreign Ministers	Rat der Außenminister
CIC	Counterintelligence Corps	(Geheimdienst)
CINCEUR	Commander-in-Chief, European Command	US-Oberkommandierender für Europa
CIO	Congress of Industrial Organization	Verband der Industriegewerkschaften
CPM	Critical Path Method	Methode des systematischen Vorgehens
DP	Displaced Person	Verschleppte Person
EAC	European Advisory Commission	Europäische Beratende Kommission
ECA	Economic Cooperation Administration	Marshall-Plan-Behörde
ERP	European Recovery Program	Programm für den Wiederaufbau Europas (Marshall Plan)
ETOUSA	European Theater of Operations, U.S. Army	Kommandobereich der U.S. Armee, Europa
EUCOM	European Command, U.S. Army	Hauptquartier der U.S. Armee in Europa
FIAT	Field Information Agency, Technical	Geheimdienst für Industrie und Technik
G-5	Civil Affairs Section	Stabsabteilung für zivile Angelegenheiten
GARIOA	Government and Relief in Occupied Areas	Amerikanische Hilfskredite für die besetzten Gebiete
HICOG	United States High Commissioner for Germany	Amerikanischer Hochkommissar
IARA	Inter-Allied Reparations Agency	Interalliierte Reparationsbehörde

IEFC	International Emergency Food Council	Internationaler Rat für Lebensmittelhilfe
JCS	Joint Chiefs of Staff	Vereinigte Stabschefs
JEIA	Joint Export-Import Agency	Vereinigtes Ausfuhr- und Einfuhramt
L.L.Div.		Luftlandedivision
OEEC	Organization for European Economic Cooperation	Organisation für wirtschaftliche Zusammenarbeit in Europa
OMGB	Office of Military Government for Bavaria	US-Militärregierung/Bayern
OMGH	Office of Military Government for Hesse	US-Militärregierung/Hessen
OMGUS	Office of Military Government in Germany (US)	US-Militärregierung in Deutschland
OSS	Office of Strategic Service	(Geheimdienst)
OWMR	Office of War Mobilization and Reconversion	Amt für Kriegswirtschaft
PWD	Psychological Warfare Division	Abteilung für psychologische Kriegsführung
RFC	Reconstruction Finance Corporation	U.S. Bank für Wiederaufbau
RGCO	Regional Government Coordinating Office	U.S. Verbindungsbüro beim Länderrat
SAG		Sowjetische Aktiengesellschaft
SHAEF	Supreme Headquarters, Allied Expeditionary Force	Hauptquartier der alliierten Expeditionsstreitkräfte
USFET	United States Forces in the European Theater	US-Streitkräfte in Europa
USGCC	United States Group Control Council	Amerikanische Gruppe des Kontrollrates
WSC	Working Security Committee	Ausschuß für Sicherheitsfragen

Zeittafel

1945

7. April	General Clay landet in Paris und übernimmt die Leitung der Amerikanischen Gruppe des Kontrollrates.
11. April	Denkschrift Clays an Eisenhower über die Organisation der US-Militärregierung.
17. April	General Clay wird zum stellvertretenden US-Militärgouverneur ernannt.
7./8. Mai	Deutschland kapituliert bedingungslos.
14. Mai	Die US-Direktive JCS 1067 wird als streng geheimer Befehl den US-Kommandostellen übermittelt.
16. Mai	Clays erste Pressekonferenz im Hotel Scribe in Paris.
Ende Mai	Die Amerikanische Gruppe des Kontrollrates übersiedelt nach Hoechst.
5. Juni	Erstes Treffen der Mitglieder des Alliierten Kontrollrats in Berlin.
21. Juni	Besprechung Clays mit den kommandierenden Generälen der US-Armeen.
3./4. Juli	Amerikanische und britische Truppen besetzen die westlichen Bezirke von Berlin.
7. Juli	Die Interalliierte Militärkommandantur nimmt ihre Amtstätigkeit auf.
7. Juli	Erste amerikanische Entnazifizierungs-Direktive.
10. Juli	Abzug der amerikanischen und britischen Truppen aus Sachsen und Thüringen.
14. Juli	Auflösung des Hauptquartiers der alliierten Expeditionsstreitkräfte.
17. Juli–2. Aug.	Potsdamer Konferenz.
Juli	Besprechung des US-Kriegsministers Stimson mit den Generälen Eisenhower und Clay in Bad Homburg.
10. Aug.	Calvin Hoovers Studiengruppe wird ernannt.
27.–29. Aug.	Erste Stabskonferenz der US-Militärregierung in Frankfurt a. M.
11. Sept.–2. Okt.	Konferenz des Rates der Außenminister in London.
26. Sept.	Das US-Militärregierungs-Gesetz 8 wird veröffentlicht.
28. Sept.	Rücktritt Dr. Schaeffers als bayerischer Ministerpräsident.
1. Okt.	General König gibt im Kontrollrat Frankreichs Opposition gegen die Potsdamer Beschlüsse bekannt.
5. Okt.	US-General Patton wird seines Kommandos enthoben.
5. Okt.	In Stuttgart wird der Länderrat gebildet.
8. Okt.	Die US-Militärregierung in Deutschland nimmt ihre Amtstätigkeit auf.
17. Okt.	Die Direktive JCS 1067 über die Hauptziele der US-Militärregierung wird zur Veröffentlichung freigegeben. Sie besagt, Deutsch-

	land werde nicht zum „Zweck seiner Befreiung", sondern als „besiegter Feindstaat" besetzt.
17. Okt.	Clay spricht zum ersten Mal vor dem Länderrat.
3. Nov.	Besprechung Clays und Murphys im Außenministerium in Washington.
20. Nov.	Der Nürnberger Prozeß beginnt.
20. Nov.	Eisenhower wird von McNarney abgelöst.
12. Dez.	Programmatische Erklärung des Außenministeriums in Washington bezüglich der deutschen Reparationen.
22. Dez.	Der Entwurf eines deutschen Entnazifizierungs-Gesetzes wird von den Justizministern in der amerikanischen Zone überreicht.

1946

12. Jan.	Die Entnazifizierungs-Direktive des Kontrollrates wird unterzeichnet.
20. Jan.	Erste Wahlen in der amerikanischen Zone.
20. März	Das Gesetz zur Befreiung vom Nationalsozialismus und Militarismus wird erlassen.
28. März	Bekanntgabe des ersten „Industrie-Plans" für Deutschland durch den Alliierten Kontrollrat.
25. April–16. Mai u. 15. Juni–12. Juli	Konferenz des Rats der Außenminister in Paris.
2. Mai	Clay ordnet Reparationsstop an.
20. Mai	Der „Plan für die Liquidierung der Kriegsfinanzierung und die finanzielle Rehabilitierung Deutschlands" (Währungsreform) wird fertiggestellt.
15. Juni	Clay reicht sein Rücktrittsgesuch ein.
Aug.	Erste amerikanische Amnestie für Mitglieder der NSDAP.
18. Aug.	Clay bittet erneut um Ablösung.
6. Sept.	In seiner Stuttgarter Rede kündigt Außenminister Byrnes den Wandel der US-Besatzungspolitik an.
20. Okt.	Berliner Wahlen und Niederlage der SED.
Nov.	Amerikanische Kongreßwahlen.
Nov.	Anglo-amerikanische Besprechungen in Washington über die Vereinigung der beiden Besatzungszonen.
4. Nov.–31. Dez.	Konferenz des Rats der Außenminister in New York.
Nov.	Unverbindliches Abkommen zwischen Clay und Sokolowskij über Deutschlands Reparationen.
2. Dez.	Amerikanisch-britisches Abkommen über die Vereinigung der Besatzungszonen wird unterzeichnet.
8. Dez.	Drei Länderverfassungen in der amerikanischen Zone erhalten durch Volksentscheid Gesetzeskraft.
23. Dez.	Zweite US-Amnestie für Mitglieder der NSDAP.

1947

1. Jan.	Das Vereinigte Ausfuhr- und Einfuhramt (JEIA) übernimmt die Verantwortung für den deutschen Außenhandel.
Jan.	Ungewöhnliche Kälte verursacht Produktions- und Lebensmittelkrise.

21. Jan.	Rücktritt von James Byrnes als US-Außenminister.
2. Febr.	US-Ex-Präsident Herbert Hoover tritt seine Inspektionsreise in Deutschland an.
Febr.	Das Entflechtungsgesetz 56 wird bekanntgegeben.
23. Febr.	Clay konferiert in Berlin mit den Ministerpräsidenten der amerikanischen Zone über Verwaltungsprobleme der Bizone.
8. März	Besprechung zwischen US-Außenminister Marshall, Dulles und Clay in Berlin.
10. März– 24. April	Konferenz des Rates der Außenminister in Moskau.
12. März	Die Truman-Doktrin zum Schutz Griechenlands und der Türkei wird bekanntgegeben.
15. März	Clay wird Militärgouverneur und übernimmt als Viersterne-General das Kommando über die amerikanischen Streitkräfte in Europa.
25. April	Besprechung zwischen Marshall und Clay am Flughafen Tempelhof in Berlin.
29. Mai	Der Zweizonen-Wirtschaftsrat wird gebildet.
5. Juni	US-Außenminister Marshall verkündet in einer Rede vor der Harvard-Universität ein europäisches Hilfs- und Wiederaufbauprogramm, an dem Deutschland teilhaben soll (Marshall-Plan).
Juli	Die Direktive JCS 1067 wird durch JCS 1779 ersetzt: Deutschland soll die Möglichkeit zum Wiederaufbau seiner Wirtschaft und zur Selbstverantwortlichkeit in den Ländern bekommen.
22.–27. Aug.	Dreimächte-Konferenz in London über das deutsche Industrieniveau.
29. Aug.	Der revidierte Industrieplan für die Bizone wird bekanntgegeben.
18. Okt.	Vorbesprechung in Washington über die Ablösung der Militärregierung durch das Außenministerium.
25. Nov.– 15. Dez.	Die Konferenz des Rats der Außenminister in London (wird ergebnislos abgebrochen).
17. Dez.	Das amerikanisch-britische Abkommen über die Finanzierung der Bizone wird unterzeichnet.
Dez.	Der Entwurf für den Marshall-Plan wird dem Kongreß vorgelegt.

1948

9. Febr.	Die Zweizonen-Wirtschaftsverwaltung nimmt ihre Arbeit auf.
9. Febr.	Der Zweizonale Hohe Gerichtshof wird gebildet.
23. Febr.–6. März u. 20. März– 1. Juni	Londoner 6-Mächte-Konferenz (Westmächte und Benelux-Staaten) empfiehlt föderatives Regierungssystem in Westdtl., Beteiligung am Marshall-Plan und Ruhrkontrolle.
25. Febr.	Prager Putsch.
1. März	Die Bank Deutscher Länder nimmt ihre Arbeit auf.
17. März	Brüsseler Pakt („Westunion") wird unterzeichnet.
20. März	Letzte Sitzung des Kontrollrates: der sowjetische Militärgouverneur Sokolowskij sprengt ihn aus Protest gegen die Empfehlungen der 6-Mächte-Konferenz.
23. März	Clays Ablösung wird durch das Außenministerium auf unbestimmte Zeit verschoben.

31. März	Die „kleine Berlin-Blockade" beginnt: Sowj. Inspektionen und Behinderungen erschweren den westalliierten Militär-, später auch den zivilen Personen- und Güterverkehr zu Lande und zu Wasser.
3. April	Der Marshall-Plan wird Gesetz.
6.–8. Apr.	Besprechungen zwischen Clay und Couve de Murville in Berlin.
7. Juni	Unterzeichnung des Londoner Abkommens über die Verwaltung des Ruhrgebiets.
20. Juni	Währungsreform.
25. Juni	Die Luftbrücke beginnt.
1. Juli	Zusammenkunft der drei Militärgouverneure mit den deutschen Ministerpräsidenten in Frankfurt. Unterbreitung der Frankfurter Dokumente.
4. Juli	Beginn der diplomatischen Bemühungen über die Beendigung der Blockade.
8.–10. Juli	Beratungen der deutschen Politiker in Koblenz; anstelle einer Verfassung soll ein Grundgesetz erarbeitet werden.
2. Aug.	Vorsprache der Vertreter der Westmächte bei Stalin.
Aug.	Der deutsche Verfassungsausschuß tagt in Herrenchiemsee.
23. Aug.	Zweite Vorsprache der Vertreter der Westmächte bei Stalin.
1. Sept.	Der Parlamentarische Rat beginnt seine Arbeit.
6. Sept.	Die Stadtverordneten von Groß-Berlin werden gezwungen, ihre Beratungen einzustellen.
10. Okt.	Die Westmächte appellieren wegen der Blockade an den Sicherheitsrat der Vereinten Nationen.
17. Okt.	John Foster Dulles, Berater der amerikanischen Regierung und Delegierter bei der UN-Gründungskonferenz, in Berlin.
30. Okt.	US-Diplomat Philip Jessup in Berlin.

1949

5. Jan.	Clay sucht wieder um seinen Rücktritt nach.
31. Jan.	Interview Stalins mit Kingsbury Smith.
20. März	Die D-Mark wird die legale Währung in West-Berlin.
März–April	Verhandlungen der Militärgouverneure mit dem Parlamentarischen Rat.
21. März	Verhandlungen über Beendigung der Berlin-Blockade zwischen Jessup und Malik beginnen.
1.–8. April	Treffen der Außenminister der drei Westmächte in Washington.
4. April	Unterzeichnung des Nordatlantikvertrages.
8. Mai	Annahme des Grundgesetzes der „Bundesrepublik Deutschland" durch den Parlamentarischen Rat.
12. Mai	Ende der Blockade.
15. Mai	Clay verläßt Deutschland.

Für einige Formulierungen der Zeittafel wurde herangezogen:
Hans Georg Lehmann, Chronik der Bundesrepublik Deutschland 1945/49–1983 (Beck'sche Schwarze Reihe 235), München ²1983.

Register